教育硕士考研系列图书

333教育综合
真题汇编

—› 解析册〈上〉 ‹—

主编 徐影

编委会 凯程教研室

北京理工大学出版社
BEIJING INSTITUTE OF TECHNOLOGY PRESS

图书在版编目（CIP）数据

333教育综合真题汇编.解析册.上册／徐影主编.—北京：北京理工大学出版社，2022.4

ISBN 978-7-5763-1191-4

Ⅰ.①3… Ⅱ.①徐… Ⅲ.①教育学－研究生－入学考试－题解 Ⅳ.① G40-44

中国版本图书馆 CIP 数据核字（2022）第 050905 号

出版发行 / 北京理工大学出版社有限责任公司

社　　址 / 北京市海淀区中关村南大街 5 号

邮　　编 / 100081

电　　话 /（010）68914775（总编室）

　　　　　（010）82562903（教材售后服务热线）

　　　　　（010）68944723（其他图书服务热线）

网　　址 / http://www.bitpress.com.cn

经　　销 / 全国各地新华书店

印　　刷 / 天津市蓟县宏图印务有限公司

开　　本 / 889 毫米 × 1194 毫米　1/16

印　　张 / 69.5　　　　　　　　　　　　　　　责任编辑 / 多海鹏

字　　数 / 2446 千字　　　　　　　　　　　　文案编辑 / 胡　莹

版　　次 / 2022 年 4 月第 1 版　2022 年 4 月第 1 次印刷　　责任校对 / 刘亚男

定　　价 / 199.80 元（全 3 册）　　　　　　　责任印制 / 李志强

目录
Contents

北京师范大学

2010 年北京师范大学 333 教育综合真题·凯程详解

一、名词解释

1. 有教无类

【答】孔子对于教育对象的基本主张是"有教无类"。本意是人人都可以入学受教育。孔子"有教无类"的提出是针对奴隶主阶级垄断学校教育而言的，打破了"礼不下庶人"的等级制度，把受教育的对象扩大到平民，满足了平民入学受教育的愿望，扩大了教育对象的范围。这有利于促进文化下移，推动百家争鸣。

2. 壬戌学制

【答】1922 年 11 月教育部以大总统令公布了《学校系统改革案》，即 1922 年"新学制"，或称"壬戌学制"。由于该学制采用的是美国式的"六三三"分段法，又称"六三三"学制。①从学制的七项标准看，强调了教育要适应社会进化需要、谋个性之发展、注意生活教育，与陶行知的思想具有一致性。②从学制内容看，采用美国的"六三三"学制，基本上是依据我国青少年的身心发展特点来划分的，这在中国近代学制发展史上是第一次。

3. 做中学

【答】杜威要求从做中学，从经验中学，要求以活动性、经验性的主动作业来取代传统书本式教材的统治地位。这种活动性、经验性课程的范围很广，包括园艺、烹饪、缝纫、印刷、纺织、油漆、绘画、唱歌、演剧、讲故事、阅读、书写等形式。在杜威看来，这些活动既能满足儿童的心理需要，又能满足社会性的需要，还能使儿童对事物的认识具有统一性和完整性。

4. 教学形式阶段论

【答】赫尔巴特认为兴趣可以分为四个阶段：注意、期待、要求、行动。在此基础上，他提出了教学形式阶段论：教师应采取符合学生心理活动规律的教学程序，有计划、有步骤地进行教学。他把教学过程分成四个连续的阶段：明了、联想、系统、方法。

5. 横向迁移

【答】迁移是一种学习对另一种学习的影响，指已经获得的知识、技能，甚至方法和态度对学习新知识、新技能的影响。这种影响可能是积极的，也可能是消极的。从迁移内容的抽象和概括水平来看，可分为横向迁移（水平迁移）和垂直迁移。横向迁移指的是同一抽象和概括水平的经验之间的相互影响，如直角、锐角、钝角等都是并列的概念。

6. 先行组织者

【答】奥苏伯尔提出了"先行组织者"的教学策略。先行组织者即先于学习任务本身呈现的一种引导性材料。它的抽象、概括和综合水平高于学习任务，并且与认知结构中原有的观念和新的学习任务相关联。其目的在于为新的学习任务和旧知识之间搭建一座桥梁，为新的学习任务提供观念上的固着点。先行组织者主要包括陈述性组织者和比较性组织者两种。

二、简答题

1. 简述教育的社会流动功能及其当代意义。

【答】（1）教育的社会流动功能指社会成员通过教育的培养、筛选与提高，能够在不同的社会区域、社会层次、职业岗位、科层组织之间转换、调整与变动，以充分发挥其个性特长，展现其智慧才能，实现其人生抱负。教育的社会流动功能按其流向可分为横向流动功能和纵向流动功能。

（2）教育的社会流动功能的意义：

①教育已成为现代社会中个人社会流动的基础。

②教育是社会流动的主要通道。

③教育的社会流动功能关乎人的发展权利的教育资源分配问题。

2. 简述活动课程的内涵及特点。

【答】（1）活动课程以杜威为代表，他反对以书本、教师、教室为中心的传统教育，主张以学生的兴趣或需要为基础，根据心理逻辑编排课程。活动课程是打破学科逻辑系统的界限，以学生的兴趣、需要、经验和心理逻辑为基础，通过引导学生自己组织的、有目的的活动而编制的课程。各种形式的活动居于课程的中心，通过活动将学生校内外的生活联系在一起。

（2）活动课程的特点是生活性、实用性、开放性等。各种形式的活动作业居于课程的中心地位，通过活动将学生校内外的生活联系在一起。活动课程可以是课堂教学的一部分，也可以是课堂教学的一种补充。活动课程种类繁多，如探索学习、实地考察、社会实践、社会服务、户外教育、消费教育、健康教育等。目前，我国新课改中也开始了对活动课程的探索。但是，活动课程夸大了学生个人的经验，而忽视了知识本身的逻辑顺序，影响了系统知识的学习，导致教育质量低下。

3.如何处理教师主导作用与学生主体性的关系？

【答】（1）发挥教师的主导作用是保证学生主体性的必要条件。只有教师主导，教学的高效性才能充分发挥，才能使学生更好地完成认识主体的作用，使学生的主体性不断提高，从而有效地学习知识，发展能力。

（2）保证学生的主体性是教师有效教学的重要保障。只有认识到学生是学习的主体，充分发挥学生的主观能动性，才能真正发挥教育应有的功能。

（3）防止忽视学生主体性和忽视教师主导作用的偏向。以赫尔巴特为代表的"传统教育"和以杜威为代表的"现代教育"是这两种偏向的典型代表。以教师为主导、学生为主体可谓是教学中师生关系的规律性联系，是各种各样师生关系理论的抽象概括，任何强调一方而忽视另一方的做法都是不合适的，应予以纠正。

4.简述德育中教育影响一致性和连贯性原则的内涵及基本要求。

【答】（1）德育中教育影响一致性和连贯性原则的内涵是：进行德育应当有目的、有计划地把来自各方面对学生的教育影响加以组织、调节，使其互相配合、协调一致、前后连贯地进行，以保障学生的品德能按教育目的的要求发展。

（2）贯彻教育影响一致性和连贯性原则的基本要求：①组建教师集体，使校内教育影响一致；②发挥学校教育的主导作用，使学校、家庭和社会对学生的教育影响互相配合；③做好衔接工作，促使对学生的教育工作前后连贯和一致。

三、论述题

1.试论述科举制度与学校教育的关系。

【答】（1）科举制度是选拔人才的制度，学校教育制度是培养人才的制度。在科举制度产生以前，选士制度和育士制度基本上是脱节的，而科举制度的产生使二者紧密结合在一起。

（2）科举制度与学校教育的关系：

①相互促进：科举制度促进学校教育的发展。学校根据科举考试的要求来组织教学活动，参加学校教育成为科举考试的前提，科举考试又是学生做官的必由之路。科举制度刺激了人们学习的积极性，促进了学校教育的发展。学校培育人才参加科举选拔，学校教育也促进了科举制度的发展。

②相互制约：科举制度与学校教育也相互制约彼此的发展。学校教育的兴衰直接影响科举取士的质量和数量；科举取士的标准和方法指导着学校教育的内容和方法。学校教育是科举制度的基础，科举制度是学校教育发展的指挥棒。

③当统治者偏重科举制度时，也用科举制度来操纵学校教育的发展，使学校成为科举制度的附庸。

（3）需要说明的是，决定封建学校教育发展的终极因素是封建社会的政治、经济、文化，而科举制度只是一个辅助因素，并非科举制度的产生导致学校教育衰落。相反，如果统治者将二者并重，则二者相互促进，共同巩固封建统治。

2.试论述个人本位论与社会本位论教育目的的分歧和调和原则。

【答】教育目的的价值取向是指教育目的的提出者或从事教育活动的主体依据自身的需要对教育价值做出选择时所持有的一种倾向。教育目的的选择上有两种典型的价值取向，即个人本位论和社会本位论。

（1）个人本位论与社会本位论。

①个人本位论：代表人物有卢梭、裴斯泰洛齐、洛克等，主张教育目的的制定应该依据个人需要。主要观点：a.教育目的的制定应当由受教育者的需要、潜能和个性决定；b.个人价值高于社会价值；c.教育的目的在于帮助人们充分地实现他们的自然潜能；d.教育的效果以人的个性自由发展的程度来衡量。

②社会本位论：也称国家本位论，主要代表人物有柏拉图、凯兴斯泰纳、涂尔干、赫尔巴特、孔德等，主张教育目的要根据社会需要来确定。主要观点：a.教育目的的制定应该由社会的需要来决定；b.社会价值高于个人价值；c.教育的最高目的在于使个人成为国家的合格公民；d.教育的效果以社会功能的发挥程度来衡量。

（2）个人本位论与社会本位论的分歧原则。

个人本位论在教育上和社会上都有一种革命的作用，有助于新兴资产阶级伸张自己在教育和社会政治层面上的权利，倡导人的自由与个性，提升人的价值与地位，是对人性的一种解放。社会本位论将对教育目的的考察角度从宗教神学转移到国家和社会事业上来，这是一个很大的进步。这种视角转换在近代有助于教育与教会的分离，在当代有助于动员国家和社会资源来发展教育事业。在一定意义上，个人本位论一般是针对社会现实损害了个人发展而强调人自身的发展需要；社会本位论是针对个人发展脱离或违背了社会规范而强调社会的发展需要。

（3）个人本位论与社会本位论的调和原则。

个人本位论将"自然性"与"社会性"及"个性"与"共性"对立起来，将个人的利益凌驾于社会利益和国家利益之上，最终毁坏教育的社会基础或前提。社会本位论忽视了个体的价值，否认了个体在社会和国家生活中的积极能动作用，完全将受教育者当成等待被加工的"原料"，违背了教育的人道主义原则。要认识到社会需要与个人发展的辩证关系，从而把两种理论辩证地统一起来，二者的统一在价值取向上最终要落在人的发展上。

3. 试论述维果茨基的社会文化历史发展理论及其对教育教学的启示。

【答】（1）基本内容。

①文化历史发展观。维果茨基区分了两种心理机能：一种是作为动物进化结果的低级心理机能；另一种则是作为历史发展结果的高级心理机能。正是高级心理机能使得人类心理在本质上区别于动物。高级心理机能的实质是以心理工具为中介，受到社会历史发展规律的制约。

②心理发展观。心理发展是个体心理自出生到成年，在环境与教育的影响下，以低级心理机能为基础逐渐向高级心理机能转化的过程。

③内化学说。内化是个体将外部实践活动转化为内部心理活动的过程。内化过程可以通过教学、日常的生活、游戏和劳动来实现。在儿童认知发展的内化过程中，语言直接促进了高级心理机能的发展。

④最近发展区。在论述教学与发展的关系时，维果茨基提出一个重要的概念——最近发展区，即实际的发展水平和潜在的发展水平之间的差距。最近发展区主张教学走在发展的前面。

（2）对教育教学的启示。

①从"最近发展区"的角度。最近发展区的提出说明了儿童发展的可能性。教学不等同于发展，也不可能立竿见影地决定发展，但如果从教学内容和方法上弄清楚儿童发展的两种水平，则更加有利于儿童的发展。

②从"教学应当走在发展的前面"的角度。教学可以定义为"人为的发展"。首先，教学主导着儿童智力的发展，这种主导作用既表现在智力发展的内容、水平和活动的特点上，也表现在智力发展的速度上；其次，教学"创造"着最近发展区。

③从"学习最佳期限"的角度。学习任何内容都有一个最佳年龄，如果不考虑学习的最佳年龄，从发展的角度来看是不利的。因此，在开始某一种教学时，除必须以儿童的成熟和发育为前提之外，还必须将教学建立在正在开始但尚未形成的心理机能的基础上，即教学应该走在心理机能形成的前面。

在维果茨基的理论基础上，后人提出了支架式教学、合作学习、情境教学等教学模式。

4. 这段话出自卢梭的《爱弥儿》，请你根据卢梭的教育思想，结合自己的理解，谈谈你对教育的认识。

【答】（1）卢梭的自然教育思想。

在卢梭看来，人所受的教育，也就是自然的教育、人为的教育和事物的教育。自然教育理论是卢梭教育思想的主体，核心是"回归自然"，即教育必须遵循自然，顺应人的自然本性。我们应该以自然的教育为中心，使事物的教育和人为的教育服从于自然的教育，使这三方面教育相互配合并趋于自然的目标，才能使儿童享受到良好的教育。在他看来，如果以成人的偏见加以干涉，结果只会破坏自然的法则，从根本上毁坏儿童。教师的作用只是要防范不良环境的影响，是消极的，因而他常提及"消极教育"。

（2）对卢梭教育思想的评价。

①积极：卢梭的教育学说包含着相当激进的思想，充满了新兴资产阶级自由、平等和博爱的精神，在法国大革命的前夜，具有解放人们思想的重要意义。有人称卢梭在教育界发动了一场哥白尼式的大革命，他把儿童放在教育过程的中心，认为儿童有一种潜在的发展可能，而教育就是为儿童提供一个优良的环境，使其充分地实现这种可能性。同时卢梭奠定了实用主义哲学和进步教育的理论基础，对欧美教育产生了深远影响。

②消极：虽然卢梭为教育的发展做出了突出贡献，但是他本身也是一位备受争议的教育家。其教育思想也有不足之处，如对儿童的天性认识过于理想化，过分强调儿童在活动中的自然成长，忽视社会的影响和人类文化传统的教育作用，过高估计儿童的直接经验，忽视学习系统的书本知识。

（3）我对教育的认识。

①树立正确的儿童观。卢梭关于儿童天性中包含主动、自由、理性和善良因素的结论，以及他呼吁保护儿童纯真的天性、让儿童个性充分发展的主张，适应了时代的潮流，促进了社会的进步。目前社会的竞争迫使越来越多的家长将孩子的童年牢牢地抓在手里，由此导致的童年悲剧层出不穷，树立正确的儿童观对家长和社会来说迫在眉睫。

②运用正确的教育方法。卢梭一直强调不能死读书，要在实践中学习知识。在实践教育中，卢梭认为应该让儿童直接面对自然这本书，根据亲身感受和直接观察来扩展知识范围。现在很大一部分孩子，长期娇生惯养，生活在狭小的空间中，书本中的大量知识很难转换成自己的语言和想法，也不能真正了解书中知识的含义。因此，应适当地让孩子回归自然，让他们自己到大自然中去学习和锻炼，去捕获他们所缺乏的知识。

2011年北京师范大学333教育综合真题·凯程详解

一、名词解释

1.鸿都门学

【答】（1）鸿都门学是东汉汉灵帝在洛阳办的官学，在性质上属于一种研究文学艺术的专门学校，是东汉宦官集团为了与太学生支持的官僚集团做斗争，利用教育培养拥护自己的知识分子而建立的。

（2）意义：a.鸿都门学打破了儒家独尊的教育传统，以诗、赋、书画作为教育内容，促进了学校的多样化，是教育史上的一大变革；b.它是一种专门学校，作为一种新的办学形式，为后来专门学校的发展提供了经验；c.它是世界上最早研究文学艺术的专门学校。

2.中体西用

【答】中体西用是"中学为体，西学为用"的缩略语，"体"，即根本的意思，"用"，即具体的措施。"中体西用"思想给僵化的封建文化打开了缺口，使西学在中国的发展成为可能，启动了中国近代教育改革的步伐，促进了新式教育的产生，打破了儒学一统天下的传统教育格局。但是其根本目的是维护封建统治，是在没有克服中、西学之间固有的内在矛盾情况下的直接嫁接，必然会引起二者之间的排异性反应。

3.最近发展区

【答】最近发展区即实际的发展水平和潜在的发展水平之间的差距。前者指学生现有的身心成熟程度，后者指在成人的指导下或与更有能力的同伴合作时，能够获得的新的解决问题的能力。最近发展区为学生提供了发展的可能性，教和学的相互作用刺激了人的发展，社会和教育对人的发展起主导作用。

4.元认知策略

【答】元认知策略是对信息加工流程进行控制的策略。元认知策略大致可以分为计划策略、监察策略和调节策略。计划策略指根据认知活动的特定目标，在一项认知活动之前计划各种活动，预计结果、选择策略，想出各种解决问题的方法，并预估其有效性。监察策略是在认知活动的实际过程中，根据认知目标及时评价、反馈自己认知活动的结果与不足，正确估计自己达到认知目标的程度、水平，根据有效性标准评价各种认知行动、策略的效果。调节策略是指根据对认知活动结果的检查，如发现问题，则采用相应的补救措施；根据对认知策略效果的检查，及时修正、调整认知策略。

5.苏格拉底法

【答】苏格拉底法，又称"问答法""产婆术"。苏格拉底在哲学研究和讲学中，形成了由讥讽、助产术、归纳和定义四个步骤组成的独特方法。该方法最大的优点是不将现成的结论硬性灌输或强加给对方。局限：受教育者必须有追求真理的愿望和热情；受教育者必须积累了一定的知识；这种方法不能机械地搬用于幼年儿童。

6.道尔顿制

【答】道尔顿制是美国进步主义教育家帕克赫斯特所创立的个别教学制度。主张：（1）在学校里废除课堂教学，废除课程表和年级制，代之以"公约"或"合同式"的学习。（2）将各教室改为各科作业室或实验室。（3）用"表格法"来了解学生的学习进度。道尔顿制的两个重要原则是自由与合作。道尔顿制存在的主要问题是过于强调个别差异，对教师要求过高，以及在实施时易导致放任自流。另外，将教室完全改为实验室也不太实际。

二、简答题

1.试评"环境决定论"。

【答】（1）"环境决定论"指的是环境决定人的发展，这个观点是错误的。

"环境决定论"夸大了环境的作用，忽视了其他因素的作用，没有全面地认识到影响人发展的因素还有遗传、教育与人的主观能动性。遗传是人的发展的前提条件，环境为人的发展提供外界条件，教育对人的发展起主导作用，人的主观能动性是人的发展的动力因素。这四个因素共同促进人的发展。

（2）环境对人身心发展的作用。

环境在儿童身心发展中起重要作用，但不起决定作用。环境特别是社会环境是影响人的身心发展的最为根本的因素，它提供人的发展所需的物质条件和社会条件，形成人的发展的巨大动力，影响人的发展的价值方向和人的发展内容，对人的发展具有一种广义的教育作用。不过由于环境具有复杂性，其影响是自发的、分散的和偶然的，因此环境的影响是有限的。主要表现在：

①环境因素的影响是广泛的，但常常是偶然的、片断的、分散的，没有既定目标，也不能持续、系统地产生影响。

②环境因素对儿童的影响是自发的、盲目的，既有有利的、积极的影响，也有不利的、消极的影响。

③随着儿童个体主观能动性的发挥，其接受环境的影响不是被动的、消极的，而常常是积极的、能动的过程。

2.学校教育中，怎样培养学生的创造力？

【答】创造力，即创造性，是个体利用一定的内外条件，产生新颖、独特、有社会或个人价值的产品的能力与相应的人格特征的心理品质。培养创造性的方法：

（1）营造鼓励创造的环境。主要包括社会环境、学校教育教学环境和家庭环境三个方面。营造有利于学生创造性发展的学校环境是促进儿童、青少年创造性发展的必要条件：①倡导民主式的教育和管理；②改革考试制度，为学生创造宽松的学习环境；③增加自主选择课程的机会，有针对性的设计课程；④为学生提供具有创造性的人物榜样。

（2）培养创造型的教师队伍。①转变教师的教育教学观念，使教师能够理解并鼓励学生创造；②教给教师必要的创造技法和思维策略；③教师应不断学习关于创造性的心理学知识，用心理学的理论指导自己的实践。

（3）培育创造意识，激发创造动机。一般来说，没有强烈的创造意识，就无法增强创造的动机和欲望，养成创造的思维习惯。因此，培养创造意识至关重要。

（4）开设创造课程，教授创造技法。教学是培养学生创造性的重要途径。促进创造性发展的教学方法主要有：头脑风暴法、直觉思维训练与头脑体操法、分合法、系统探求法、联想类比法、组合创新法、对立思考法、转换思考法等。

（5）发展和培养创造性思维。创造性思维是创造性的核心。创造性思维的培养应注意：①加大思维的"前进跨度"，培养思维的跳跃能力；②加大思维的"联想跨度"，使学生敢于把习惯上认为毫不相干的、表面上看来微不足道的问题联系起来或进行移植；③加大思维的"转换跨度"，引导学生敢于否定原来的设想，善于打破固有的思路；④给学生大胆探索与推测的机会。

（6）塑造创造性人格。创造性人格是创造性的重要组成部分，培养学生的创造性人格是培养学生创造性的重要内容。培养学生创造性人格的方法主要有：①保护好奇心；②解除对错误的恐惧心理；③鼓励独创性与多样性。

3.简述德育的疏导原则。

【答】（1）疏导原则的含义：疏导原则也称为循循善诱原则，指进行德育要循循善诱、以理服人，从提高学生的认识入手，调动学生的主动性，使他们积极向上。

（2）贯彻疏导原则的基本要求：

①讲明道理、疏通思想。对于学生的思想认识问题，只能疏导，不宜压制。压制往往会带来反抗，不利于学生的进步，而疏导才能使学生心悦诚服，自觉改进。

②因势利导、循循善诱。学生活泼爱动、精力旺盛，这是学生身体和心理健康的表现，是很自然的事。教师要善于把学生的积极性和志趣引导到正确的方向上来。

③以表扬、激励为主，坚持正面教育。教师要给学生以启示、指点，在他们的成长过程中，要坚持正面教育，对他们表现出的积极性和微小的进步要肯定，多加赞许、表扬和激励，以培养他们的优良品德。

4.教育为什么要"以人为本"？

【答】教育是有目地地培养人的社会活动，教育的对象是人。确立教育要"以人为本"的主要原因有以下两点：

（1）树立"以人为本"的教育观，意味着肯定教育的根本主旨在于促进人的全面发展，在生产力发展的基础上尽可能地满足大多数人的文化需要，尽可能地让每个人有公平的受教育机会，尽可能地开发每个人的发展潜能，启发每个人的自主性、能动性、创造性，引导每个人保持个人与他人、个人与自然和个人自身的和谐，成为社会的主人、国家的公民，自觉地为人民服务，为社会主义现代化建功立业。

（2）树立"以人为本"的教育观，还意味着肯定人是自我教育、自我发展的主体。教育对人的个性素质的发展无疑起着巨大的作用，但教育还不能决定人的发展、人的个性素质。教育对人的发展不论有多大作用，毕竟还只是人发展的外因，教育必须经过人发展的内因，经过人的自我教育，才能转化为人的个性素质。教育的艺术和教育的实效，在很大程度上也取决于启发、培养、引导、激励和发挥人的自我教育、自我发展的能动性。因此，教育必须尊重人在自我教育、自我发展中的主体地位。

三、论述题

1.论述蔡元培的"思想自由，兼容并包"原则及其对北大的改革。

【答】蔡元培是中国新文化运动的代表人物，是中国民主革命家和教育家。在五四运动时期，他接管了当时学风低下、自由散漫的北京大学，对北京大学进行改革，采取了一系列行之有效的方法和措施，使得北京大学的面貌焕然一新。

（1）"思想自由，兼容并包"的办学理念。

"思想自由，兼容并包"指的是在北京大学内，蔡元培允许各种学派自由发展，采取"学诣"第一的原则，只要这些思想言之有理，尚未达到自然淘汰的命运，就应该让这些思想自由发展。这其实是为新思想、新文化争取地位。这一办学理念反映了蔡元培的资产阶级民主主义思想，在当时具有冲破封建专制思想的作用，是积极的、进步的。在这个原则下，他对北京大学进行了改造。

（2）改革北大的具体措施。

①抱定宗旨，改变校风。第一，改变学生观念。第二，整顿教师队伍，延聘积学热心的教员。第三，发展研究所，广积图书，引导师生研究兴趣。第四，砥砺德行，培养正当兴趣。

②教授治校，民主管理。为贯彻这一原则，蔡元培在北大建立了全校最高立法和权力机构、全校最高行政和执行机构、全校教务传导机构等，还把治理大学的任务交给了教育家。

③学科与教学体制改革。蔡元培采取了以下措施：a.扩充文理，改变"轻学而重术"的思想；b.沟通文理，废科设系；c.改年级制为选科制（学分制）。

（3）蔡元培改革北大的教育启示。

①大学应当把研究学问作为第一要义。大学不是灌输知识的场所，教师与学生都应当热爱学问，培养自己的学者风范。

②大学应以引领社会、服务社会为职责，担起带领社会风气的责任。

③大学教育的目的是育人而非制器。大学教育要以养成学生的健全人格为宗旨。大学教育要帮助学生发展能力、完善人格，同时也兼顾学生的技能和道德的教育。

④大学的管理者、办学者，应当好好审视大学的意义、角色，做好正确的定位，只有把握好大学应有的特点、应做的事，才能真正把教育办好，把学校办活。

2.论述教学原则中的科学性和思想性统一原则。

【答】（1）定义：教学原则是根据一定的教学目的和任务，遵循教学过程的规律而制定的对教学的基本要求。其中科学性和思想性统一的原则是指教学要以马克思主义为指导，授予学生科学知识，并结合知识教学对学生进行社会主义品德和正确人生观、科学世界观的教育。

（2）科学性和思想性统一原则的基本要求。

①确保教学的科学性，结合教学内容的特点进行思想品德教育，要通过各个环节对学生进行思想品德教育，不断提高自己的业务能力和思想水平。如基本知识要准确无误；适当地引入错误知识作为反例来辨别知识；有争议的问题也要引入教学，开阔学生眼界；用生动的故事引出含有人文性的知识。

②发掘教材的思想性，注意在教学中对学生进行品德教育。教师应掌握马克思主义的思想观点，对学生进行辩证唯物主义世界观、人生观、价值观的教育。如发掘人文性的知识，提高思想修养；品德教育贯穿在一切教学中；永不说教。

③在教学过程中应讲求教学艺术，重视补充有价值的资料、事例或录像。如隐性的知识；重视对知识的领悟；精选故事，触动学生的心灵。

④教师要不断提高自己的专业水平和思想修养，跟上科学发展的潮流。如教师对知识理解的深度决定讲解知识的方式和深度；言传身教，充分认识到自己的一言一行对学生潜移默化的作用。

（3）科学性和思想性相统一的教学原则是教学规律的反映，关系到教学的方向。首先，它是我国教育目的的基本要求，我们要培养德、智、体、美、劳全面发展，具有独立个性的社会主义事业的建设者和接班人。其次，该原则也是教学具有教育性的反映。最后，科学性和思想性统一原则还体现了物质与精神相平衡的时代需要，有助于科技与人文的结合，具有时代意义。

3. 论述诊断性评价、形成性评价和终结性评价的内涵。

【答】布卢姆根据评价在教学过程中的作用不同，将教学评价分为诊断性评价、形成性评价和终结性评价。

（1）诊断性评价。

①诊断性评价是在一个学期开始或一个单元教学开始时，为了解学生的学习准备状况及影响学习的因素而进行的评价。主要方法有：摸底考试、问卷调查、小组座谈、个别访谈等。

②其目的是：a.确定学生的学习准备情况，明确学生发展的起点水平，为教学活动提供设计依据；b.识别学生的发展差异，适当安置学生；c.诊断个别学生发展上的特殊障碍，以作为采取补救措施的依据，在诊断性评价的基础上进行形成性评价。

（2）形成性评价。

①形成性评价是在教学过程中对学生的知识掌握和能力发展的比较经常而及时的测评与反馈。它包括在一节课或一个课题教学当中，对学生的口头提问、课堂作业与评议以及书面测验等。

②其目的是：a.对学生进行过程性激励，及时让学生了解自己的反馈信息，更好地促进下一个阶段的学习；b.及时了解学生对知识的掌握情况，有利于改善教学进程，从而更好地促进学生的学习与发展；c.对于整个评价进程来说，形成性评价体现了发展性、过程性的评价理念，有利于促进评价方式的多元化发展。

（3）终结性评价。

①终结性评价是在一个学习阶段、一个学期或者一门课程结束时，对学生学习结果的评价，也称总结性评价。主要方法有：期中测试、期末测试等量的评价方式。

②其目的是：a.考查学生群体或每个同学整体的发展水平，为各种评优、选拔提供参考依据；b.总体把握知识、技能的程度和能力水平，为教师和学生确定后续教学起点提供依据。

（4）学生评价的意义：①准确诊断学生的学业完成情况；②促进学生发展；③对学生的发展起导向作用；④方便学生的管理。

4. 论述杜威的教育思想。

【答】（1）简介。杜威是美国著名的哲学家、教育学家、心理学家和社会学家。他的思想对美国乃至世界教育的发展产生了深远的影响。其中以他的实用主义思想最具代表性。

（2）杜威的教育思想的内容。

①教育的本质。教育即生长，教育即生活，教育即经验的持续不断地改造。教育应该与学生的实际生活相联系，学校应与社会相联系，促进儿童的生长，因此他又提出了"学校即社会"，并提出了"从做中学"的原则。

评价：杜威的这些观点有利于使教育融入生活，对传统教育形成冲击，但是把获得主观经验作为教学的唯一目的，忽视了系统知识的传授。

②教育的目的。杜威提出，教育是一种过程，教育没有外在目的。由儿童的本能、冲动、兴趣所决定的具体教育过程，即"生长"，就是教育的目的。

评价：杜威反对那种普遍性的终极目的，而强调教育过程中教育者与受教育者心中的具体目的，但他却很难把教育的内在目的与教育的社会性目的的统一起来。

③课程与教材。杜威批判传统课程智育方面的课程极度贫乏，教材中充斥着呆板而枯燥无味的东西，于是提出了教材心理学化，并提出让儿童从做中学。

评价：教材心理学化使我们的课程编写更有科学依据，做中学对于传统的静坐学习也是有启发和进步意义的，但是他只强调直接经验，忽视了间接经验的学习。

④思维与教学方法。在思维方法上他提倡反省思维，提出思维五步法：a.疑难的情境；b.确定疑难所在；c.提出解决问题的假设；d.推断哪个假设能够解决这个疑难；e.验证假设。

评价：杜威非常重视学校对学生优良思维习惯的培养，他认为学校所做的一切都是为了培养学生的思维能力。但是，把整个教学过程完全建立在学生带有盲目摸索性的"做"的基础上，这是不科学的。

（3）综上所述，杜威的教育思想始终是围绕着"儿童中心"，以"做中学"的方式开展的，提倡教育的实用性，强调教育的实行，这些固然有很大的积极意义，然而，以上分析中关于杜威思想的一些不足和矛盾也是值得我们深思的。

2012年北京师范大学333教育综合真题·凯程详解

一、名词解释

1.京师同文馆
【答】京师同文馆是清末洋务运动时期由洋务派创办的第一所官办外语专门学校，后来并入京师大学堂，创办初期以培养外语翻译、洋务人才为目的，是近代中国被动开放的产物。在课程设置上，重"西学"与"西艺"；在教学方法上，注重理论与实际的结合。京师同文馆既有封建性，又有殖民性，是清政府在教育方面和外国资本主义结合的产物。它既是洋务学堂的开端，也是中国近代教育的开端。

2.生活教育
【答】生活教育是陶行知教育思想的核心，陶行知在晓庄学校开展了生活教育理论的实践。生活教育理论包含三个意思：首先，生活即教育，指生活含有教育的意义，实际生活是教育的中心。生活决定教育，教育改造生活。其次，社会即学校，指"社会含有学校的意味"和"学校含有社会的意味"。最后，教学做合一，要求"有教先学"和"有学有教"。

3.贝尔－兰卡斯特制
【答】贝尔－兰卡斯特制又称导生制，由英国传教士贝尔和兰卡斯特所创。其目的是解决英国近代教育大发展背景下师资匮乏的问题。其基本方法是教师在学生中选择一些年龄较大、学习成绩好的学生充任导生，教师先对导生进行教学，然后由他们去教其他学生。采用这种教学方式，导生的数量可大大增加，在一定程度上缓解了教师奇缺的压力。但采用这种方法不可避免地造成教育质量下降，因此，它最终被人们抛弃。

4.知识表征
【答】知识表征指知识在头脑中的表示形式和组织结构。知识是个体通过与信息甚至某个情境相互作用而获得的，个体一旦获得知识，就会在头脑中用某种形式和方式来代表其意义，把它储存起来。陈述性知识往往以概念、命题、命题网络、表象或图式表征，而程序性知识主要以产生式表征，有时也可能以图式表征。例如，我们说到小鸟，我们头脑中就会浮现出鸟的形象，知道鸟有翅膀、能飞行、有羽毛，甚至意识到鸟的叫声。这就是表征。

5.自我提高内驱力
【答】根据学习动机影响学生学业成就的不同，奥苏伯尔将学习动机分为认知内驱力、自我提高内驱力和附属内驱力。其中，自我提高内驱力是个体因自己的学业成就而赢得相应地位的需要，即把学业看成赢得地位和自尊的根源，属于一种外部动机。

6.恩物
【答】恩物是福禄培尔幼儿教育课程体系中的重要教学用具。其中真正的恩物应当满足三个条件：（1）既能使儿童理解周围世界，又能表达他对客观世界的认识；（2）每种恩物既应包含前面的恩物，又应预示后继的恩物；（3）每种恩物本身表现为完整的、有秩序的、统一的观念，即整体由部分组成，部分可形成有序的整体。

二、简答题

1.简述教育的政治功能。
【答】（1）教育通过培养人才为社会政治服务。

（2）教育可以促进政治民主化。首先，教育通过宣传科学文化思想，提高人的民主观念，使公众具有民主意识。其次，教育不仅能提高国民的政治素质，而且能提高他们参与政治的热情和能力，它是使政治走向民主化的助推器。最后，教育民主化本身就是政治民主化的重要组成部分。

（3）教育通过宣传统治阶级的思想意识，创造一定的社会舆论来为政治服务。教育能够利用社会上的一切宣传机构和媒体，宣传统治阶级的思想，造成一定的社会舆论，对社会公民产生影响，以达到维护社会稳定的目的。

（4）教育通过传播一定的社会政治意识形态，完成年轻一代的政治社会化。政治社会化是指引导人们接受一定社会的政治意识形态，形成适应于一定社会政治制度的政治态度和政治认同感，以及积极参与政治、监督政治的政治习惯与能力的过程。这一过程对年轻一代尤为重要，也是确保把他们培养成国家公民的过程。政治社会化主要通过教育进行。

2. 简述我国教育目的的基本精神。

【答】（1）我国教育目的在《中华人民共和国教育法》中的表述为"教育必须为社会主义现代化建设服务、为人民服务，必须与生产劳动和社会实践相结合，培养德、智、体、美等方面全面发展的社会主义建设者和接班人"。

（2）我国教育目的体现的精神实质是：

①培养"劳动者"或"社会主义建设人才"是社会主义教育目的的总要求。教育目的中最根本的问题是"培养什么样的人"。把每个人都培养成为劳动者，这是社会主义教育目的的根本标志和总要求。

②坚持教育目的的社会主义方向，是我国教育目的的根本性质。我国社会主义的教育目的明确规定，我们培养的是社会主义建设者和接班人，是新型的劳动者。

③坚持全面发展是社会主义的教育质量标准。我国教育方针在人才规格上提出德、智、体、美、劳的全面发展正是在于说明这一全面要求。

④以提高全民素质为宗旨。社会主义要求人人都应成为劳动者，成为国家的主人。社会主义的劳动者应该是一种新型的劳动者，即脑力劳动与体力劳动相结合的劳动者。

⑤培养独立个性。培养受教育者的独立个性，是马克思主义关于人的全面发展学说的基本内涵和根本目的。我国的教育目的注重培养人的独立个性，注重发挥、调动人的主体性。

3. 简述课程多样化的内涵。

【答】（1）内涵。

课程的多样化主要是指课程应当广泛反映不同地区的不同经济社会发展的要求；反映不同民族、阶级、阶层、群体的不同文化、利益与需求；反映不同学生个人的个性发展的选择与诉求。

（2）课程多样化的作用。

①有助于实事求是、以人为本，尊重不同地区、群体与个人的差异、特色及其对教育与课程的追求；②有助于肯定各方面的独特价值，调动每个人的积极性，增进社会的民主、公平，促使社会与个人都能更加丰富多彩、生动活泼地得到发展。

但是，我们不能盲目追求多样化，一味照顾各方面的局部利益。这样不仅会造成课程的繁杂，加重学生的课业负担，而且会削弱教育的正确政治方向，严重影响教学的质量。所以，我们必须要适当地处理好课程的一元化和多样化的矛盾。

4. 简述启发性教学原则的基本要求。

【答】（1）内涵。

启发性教学原则反映了学生的认识规律。教师要对学生进行启发，而不是告诉学生现成的答案，注意调动学生的主动性，促使学生在教师的引导下积极思考，自觉地掌握科学知识，提高学生分析问题和解决问题的能力。

（2）基本要求。

①调动学生学习的主动性。教师要发挥个人的创造性，善于运用发人深思的提问，充分显示教学内容的吸引力，以便激起学生的求知欲和积极性，全神贯注地投入学习。

②善于提问激疑，引导教学步步深入。在启发的过程中，教师要有耐心，给学生一定的思考时间；要有重点，问题不能多，也不能启而不发，要善于与学生探讨。

③让学生动手，培养学生独立解决问题的能力。在学生的学习过程中，教师要根据学生的情况，有针对性地指点和启发，再组织交流或讨论。这样学生不仅能掌握解决问题的方法，还能提高兴趣。

④引导学生反思学习过程，让学生从学习中学会学习。

⑤发扬教学民主。要创造宽松、和谐、民主、平等、活跃的课堂教学氛围。

三、论述题

1. 试评述孔子的教育实践与思想。

【答】（1）孔子在文化教育方面的贡献。

一是编订"六经"：《诗》《书》《礼》《乐》《易》《春秋》，整理和保存了我国古代文化典籍；二是开创私人讲学之风。

（2）孔子教育思想的内容。

①孔子理论体系的思想基础是"仁"和"礼"。孔子把"仁"视作最高的道德规范，其要义就是"爱人"，并要求统治者提倡礼教。

②教育作用包括对社会和对个人两方面。a. 对社会的作用："庶、富、教"；b. 对个人的作用："性相近也，习相远也"。

③教育对象方面主张"有教无类"，人人都可以入学。打破了"礼不下庶人"的传统，扩大了教育对象，顺应了历史潮流。

④教育目的："仕而优则学，学而优则仕"。培养的是治国安民的贤能之士。

⑤教学思想：在教育内容上，孔子承袭了西周的传统"六艺"教育，传授的教材为"六经"；在教学方法上，提出了因材施教、启发诱导、学思行并重、由博返约等方法。

⑥道德教育思想。孔子以"仁"与"礼"作为其道德教育的主要内容。德育原则为立志、克己、力行、中庸、内省、改过。

⑦关于教师的论述。他认为身为教师应该做到学而不厌、诲人不倦。强调教师要尽职尽责、爱护学生，还要以身作则、教学相长。

（3）评价。

积极影响：①孔子以自己一生的教育经验积累了丰富的教育思想，为后人留下了宝贵的精神财富，他对教育的社会作用和个人作用的肯定，提高了人们对教育的重视程度；②"有教无类"的教育对象观，打破了贵族子弟对受教育权的垄断，顺应了历史的潮流；③在教育目的和教育内容上的独到见解，为后人留下了许多启示，同时还给人们总结出了许多行之有效的教学方法和原则，成为教育史上的一笔巨大的财富。

消极影响：①由于受历史时代的局限，孔子的教育思想无法超出封建思想的界限，其根本目的是为封建统治阶级服务的，不可能具有完全的民主性；②从其教育内容中看出，其思想中明显地透露出对生产劳动知识和技能的鄙视。

2. 论述德育过程是提高学生自我教育能力的过程。

【答】（1）自我教育能力培养的意义。

①自我教育能力是德育的一个重要条件，只有注重培养和提高学生的这种能力，德育才能进行得更顺利、更有效。

②学生的自我教育能力的形成，又是学生思想道德发展过程的一个重要标志。德育的任务就在于把学生逐步培养成具有自我教育能力的、能独立自主地进行思想道德实践的主体。

③只有能够激发学生进行自我教育的教育，才是真正发挥了学生自主性、能动性和创造性的教育，这在学生的成长过程中意义重大。

（2）自我教育能力的构成因素。

①自我期望能力，是个体设定自我发展愿景的能力。它是自我教育的内在目的和动力。

②自我评价能力，是个体对自我发展现状与趋势的评判能力，是进行自我教育的认识基础。

③自我调控能力，是在自我评价的基础上建立起来的自觉调节、控制自己思想和行为的能力，它是进行自我教育的重要机制。

（3）学生自我教育能力的发展。

学生自我教育能力的发展是有规律的，大致是从自我中心发展到他律，又从他律发展到自律。教师应该依据这一规律，在实际中因势利导，有目的地培养学生的自我期望、自我评价和自我调控能力，以形成他们的自我教育能力。

3. 评述韦纳的动机理论。

【答】（1）韦纳在前人的基础上，对行为结果的归因进行了系统探讨，发现人们倾向于将活动成败的原因归结于六个因素：能力高低、努力程度、任务难易、运气好坏、身心状态、外界环境。

（2）他把这六个因素归为三个维度，即内部归因和外部归因、稳定归因和非稳定归因、可控归因和不可控归因。依据这三个维度，把成就行为归因于能力、努力、任务难度、运气四个有代表性的原因。

（3）在这四个有代表性的原因中，能力是稳定的内部因素，努力是不稳定的内部因素，任务难度是稳定的外部因素，运气是不稳定的外部因素。人们往往把自己的成功与失败归结为上述四个原因中的一个或几个，归结为不同的原因会带来相应的心理变化，表现为对下一次成就结果的期待与情感的变化，进而影响其以后的成就行为。

4.（1）该材料作者及其基本情况。

（2）该材料所包含的基本观点及其意义。

（3）该作者其他主要的教育观念。

【答】（1）这一思想是杜威提出的。

①杜威是美国著名的哲学家、教育学家、心理学家和社会学家。其教育学著作《民主主义与教育》，被西方教育家视为与柏拉图的《理想国》和卢梭的《爱弥儿》有同等地位的教育著作，其他代表作有《我的教育信条》

《学校与社会》等。

②杜威系哲学出身，后在多所大学从事哲学、教育学、心理学教学研究，并创办芝加哥实验学校进行教育实践。

③杜威教学研究的特点表现为：一是不限于教育理论的研究，二是关注社会问题。

④杜威的教育中心思想可以概括为：教育即生活、学校即社会、教育即经验、教育即生长、从做中学、以儿童为中心。杜威的主要观点包括教育的本质与目的、课程与教材论、思维与教学论和道德教育理论。

（2）材料的观点是教育的无目的论，也就是教育即生长的观点。

①教育的无目的论。

杜威认为由儿童的本能、冲动、兴趣所决定的具体教育过程，即"生长"，就是教育的目的。而由社会、政治需要所决定的教育目的则是"教育过程以外"的目的，杜威指责这是一种外在的、虚伪的目的。

②教育的社会性目的。

杜威认为教育为社会进步服务，为民主制度的完善服务，过程以内的目的并不否定教育的社会作用和社会目的。相反，杜威认为教育是社会进步和社会改革的基本方法，学校是社会进步和改革的最基本、最有效的工具。而教育的社会目的就是改造社会、完善民主。民主不仅是教育的目的，也是教育的要求。

③评价：杜威不是一般的教育无目的论者。他反对那种普遍性的终极目的，而强调教育过程中教育者与受教育者心中的具体目的。然而，他只强调教育过程而抛开社会影响来讲教育目的，很难把教育的内在目的与教育的社会性目的统一起来，是片面的。

（3）杜威其他主要的教育观念。（见2011年北京师范大学真题）

2013年北京师范大学333教育综合真题·凯程详解

一、名词解释

1. 京师大学堂

【答】京师大学堂是中国教育史上非常重要的高等学府。清末维新变法时期，维新派首次设立全国最高教育行政机构兼最高学府，即京师大学堂。在课程设置上，京师大学堂遵照"中学为体，西学为用"这一宗旨，分为溥通学和专门学两大类。京师大学堂所招收的学生全都是五品到八品的官员和举人，封建等级性非常浓厚。戊戌政变后，恢复八股取士，京师大学堂被学生当成了准备科举的场所。1912年，京师大学堂更名为北京大学。

2. 三舍法

【答】（1）"三舍法"是北宋王安石在"熙宁兴学"期间创立的一种学校管理制度，是对太学的一种改革，是在太学内部建立起来的严格的升舍考试制度。

（2）具体内容：将太学生员分为外舍、内舍、上舍三个等级，生员依学业程度，通过考核，依次升舍。初入学为外舍生，相当于预科生或旁听生。外舍升内舍，内舍升上舍。

（3）历史意义：对学生的考察与选拔力求做到将平时行艺与考试成绩相结合，有利于调动学生学习的积极性，提高太学的教学质量。同时上舍考试与科举结合，融养士与取士于太学，提高了太学的地位。总之，"三舍法"是中国古代大学管理制度上的一项创新，对后来元、明、清的教育都有深远影响。

3. 美国《国家处在危险之中：教育改革势在必行》的报告

【答】（1）背景：20世纪80年代初，美国为进一步提高中小学的教育质量而提出。

（2）报告的内容：①建议加强中学五门"新基础课"的教学，中学必须开设数学、英语、自然科学、社会科学、计算机课程；②提高教育标准和要求；③通过加强课堂管理等措施，有效利用在校的学习时间；④改进教师的培养，提高教师的专业训练标准、地位和待遇；⑤各级政府加强对教育改革的领导和实施。

（3）影响：①恢复和确立了学术性学科在中学课程结构中的主体地位；②加强了课程结构的统一性；③增强了公众对教育的信心。但是因过分强调标准化的测试成绩，导致忽视学生个性的培养。

4. 洛克的"白板说"

【答】洛克反对天赋观念论，提出了"白板说"和经验主义的观念论。他认为人出生后心灵如同"一块白板"，一切知识都是建立在由外部而来的感官经验之上的。"白板说"是其教育思想的主要理论基础。

5. 心理健康

【答】心理健康是一种良好而持续的心理状态和过程，表现为个人具有生命的活力、积极的内心体验、良好的社会适应，并能有效地发挥个人的身心潜能和积极的社会功能。

6.学习动机

【答】动机是一个人做某件事的动力倾向。学习动机是激发个体进行学习活动，维持已引起的学习活动，并使个体的学习活动朝向一定学习目标的一种动力倾向。它与学习活动可以互相激发、互相加强。学习动机一旦形成，就会自始至终，贯穿某一学习活动的全过程。

二、简答题

1.简述现代教育的主要特点。

【答】（1）学校教育逐步普及。19世纪中叶以后，各先进资本主义国家通过了有关普及义务教育的法律，这些法律大都具有强制性。

（2）教育的公共性日益突出。教育逐渐成为社会的公共事业，成为社会的公共话题，也成为政治家们优先考虑的社会问题。

（3）教育的生产性不断增强。在现代社会，随着机器大工业生产的发展和科学技术的进步，从事生产的劳动者就需要有一定的科学知识和技术。学校教育日益与生产劳动相结合。

（4）教育制度逐步完善。教育系统的形成，教育事业的普及，推动了教育制度化的进程；教育研究和教育改革的进展，教育经验的积累，使制度化教育趋于成熟。

2.简述学校教育的主要价值。

【答】（1）学校教育是一种有目的地培养人的活动，它规定着人的发展方向。

（2）教育，特别是学校教育给人的影响比较全面、系统和深刻。

（3）学校有专门负责教育工作的老师，他们对学生的思想、学业、身体是全面关心的，他们有明确的教育目的，熟悉教育内容，懂得教育这个转化活动的规律和方法，能自觉地促进学生按照一定的方向发展。

（4）学校教育是制度化、规范化、规律化、专门化的教育，它可以让青少年迅速而有效地掌握各个方面的专业技能，与家庭教育、自学、社会教育相比，具有无可比拟的优越性。

（5）现代社会的竞争是知识的竞争，而学校是传播和创造知识的主要场所，学校教育有利于青少年掌握必要的理论知识，它是一个人踏上社会所必不可少的。

（6）当今的劳动和社会分工，无不是以一个人的能力、技能来分配的，而学校就是专门提供这种人才的场所。因而年轻一代接受学校教育，也是他们优化职业选择的必由之路。

3.简述个人本位论教育目的的观点。

【答】（1）个人本位论的代表人物有卢梭、裴斯泰洛齐等，个人本位论者主张教育目的的制定应该依据个人需要。

（2）主要观点：①教育目的应从受教育者的本性出发，要充分发展受教育者的个性，提高受教育者的个人价值；②重视人的价值、个性发展和需要；③教育的目的在于帮助人们充分地实现他们的自然潜能，以便在此基础上建立理想的社会和国家；④人的本性在于"自然性"，个人价值高于社会价值。

（3）优点：倡导人的自由与个性，提升人的价值与地位，解放人性。

（4）局限性：将个人的利益凌驾于社会和国家利益之上，最终会毁坏教育的社会基础或前提。

4.简述教学的任务。

【答】（1）引导学生掌握科学文化基础知识、基本技能和技巧。教学的基础性任务是引导学生能动地学习、运用和掌握科学文化基础知识和基本技能。知识、技能、技巧三者相互制约、相互促进，教学要注重这三方面的结合。

（2）发展学生的智力、体力、能力和创造力。发展学生的体力、智力、能力和创造力是培养全面而自由发展的新人的要求。今天，技术革新和社会改革推动教学注重实践能力和创造能力的培养。

（3）培养学生正确的价值观、情感和态度。学生个人的价值观、情感和态度构成他个人的灵魂与个性，对人的发展起着引导、定向、组织和调节的作用，教学要注重培养学生的价值观、情感和态度。

三、论述题

1.试论述蔡元培的基本思想。

【答】（1）简介。

蔡元培是我国著名的教育思想家，他担任过民国第一任教育总长，做过北京大学的校长，为中国的教育事业做出了重大贡献。

（2）基本思想。

①"五育"并举的思想。从"养成共和国民健全之人格"的观点出发，提出了"五育"并举的教育思想。"五育"包括军国民教育、实利主义教育、公民道德教育、世界观教育和美感教育。以公民道德教育为根本。

②对北大进行改革，提出了"思想自由，兼容并包"的教育思想。

a.改革措施：抱定宗旨，改变校风；教授治校，民主管理；学科与教学体制改革，扩充文理，改变"轻学而重术"的思想，沟通文理，废科设系，改年级制为选科制。

b.评价：贯彻"思想自由，兼容并包"的办学原则，各种学问能够在大学自由地研究和讲授，这也是各国大学的共同准则，这样大学才能对学术的发展起促进作用。

③提出教育独立思想。要求教育经费独立、教育学术和内容独立、教育行政独立和教育脱离宗教而独立。这是对当时政治状况的无奈反抗，是一种历史唯心主义观点，教育不可能脱离政治而存在。

④大学院和大学区制。蔡元培主张学术领导行政，使教育行政学术化，摆脱腐败的官僚支配，但理想过高，最终导致学术机关官僚化，效率低下。这是一次失败的改革。

（3）意义。

蔡元培教育思想的现实意义凸显在"五育"并举的思想和北大改革上。"五育"并举旨在"养成共和国民健全之人格"。北大改革不仅是改革自身，而且是我国高等教育近代化发展中的一个里程碑。"兼容并包"包容不同学术学派，摒弃封建专制思想，包容无产阶级和资产阶级新思想、新文化和新人物。北大也因此成为新文化运动的主要阵地、马克思主义的传播中心和五四运动的策源地，影响远超教育领域。

2.上述名言皆出自哪位教育家？试根据材料分析他的教育思想。

【答】（1）上述皆是杜威的名言。（2）杜威的教育思想。（见2011年北京师范大学真题）

3.试论述德育原则中理论与实际相结合的原则。

【答】（1）理论与实际相结合原则的含义：指进行德育要注重引导学生把思想政治观念和社会道德规范的学习同参与生活实践结合起来，把提高道德认识与养成良好道德行为结合起来，做到心口如一、言行一致。

（2）贯彻这一原则的基本要求是：

①理论学习要结合学生生活实际，切实提高学生的思想。

道德源于生活，品德养成于生活，德育的理论教育与学习只有同学生的实际生活对话、互动，让学生感兴趣，为学生所需要、理解、体验、内化，这样，学生所学到的思想品德理论才会真正介入、渗透到学生的实际生活中去，提高学生评价生活、选择生活、更新生活的能力。

学生的生活既是个人的，又是社会的；既有特殊性，又蕴含普遍性。所以，德育的理论教育或学习只能是对话而不是灌输，只能是思想情感上的交流与沟通，而不是生硬说教或强迫命令。

②注重实践，培养道德行为习惯。

德育要以生活为基础，要引导学生的实践活动与交往。德育要以生活为基础，组织学生适当地参加集体生活、公益劳动、社会服务、政治活动等，让学生在实践中锻炼成长，深化思想认识和情感体验，养成好的行为习惯。如见师长就问好、认真听讲、先举手后发言、积极打扫教室等，只有日常的社会活动和道德实践才能激发他们遵守道德规范的积极性，才能使他们获得的道德知识转化为道德信念，形成高尚的道德。

4.试分析有意义学习的实质与条件。

【答】（1）有意义学习的实质：将符号所代表的新知识和学生认知结构中已有的适当观念建立起非人为的和实质性的联系。非人为的联系指这种联系不是任意的或人为强加的，而是新知识和原有的认知结构中的有关观念建立的某种合理的或逻辑基础上的联系；实质性的联系指新旧知识之间的联系是非字面的，是建立在具有逻辑关系基础上的联系，是一种内在的联系。

（2）有意义学习的条件。

①从客观条件看，有意义学习的材料本身必须能够与学生认知结构中的有关知识建立起非人为的和实质性的联系。

②从主观条件看，有意义学习主要包括三点：a.学习者要有有意义学习的心向或倾向性；b.学习者认知结构中必须具有适当的知识基础；c.学习者必须积极主动地使具有潜在意义的新知识与认知结构中有关的旧知识相互作用，从而加强对新知识的理解，使认知结构或旧知识得到改善，新知识获得实际意义。

2014年北京师范大学333教育综合真题·凯程详解

一、名词解释

1. 教育

【答】从广义上说，凡是增进人们的知识和技能，影响人们思想品德的活动都是教育。狭义的教育是指专门的、有组织的教育，主要指学校教育，其含义是教育者根据一定社会或阶级的要求，有目的、有计划、有组织地对受教育者的身心施加影响，把他们培养成为一定社会或阶级所需要的人的活动。

2. 苏湖教法

【答】苏湖教法也叫"分斋教学"，是北宋胡瑗在主持苏州、湖州州学时创立的一种新的教学制度，在"庆历兴学"时被用于太学的教学。胡瑗在苏湖两州任教期间，一反当时盛行的重视诗赋声律的学风，提倡经世致用的实学，主张"明体达用"，其内容是在学校内设立经义斋和治事斋，创行"分斋教学"制度。在胡瑗的苏湖教法中，学生可以主治一科，兼学其他科，创立分科教学和学科的必修、选修制度，这在世界教育史上也是最早的。

3. 进步主义教育

【答】19世纪末，进步教育运动崛起。以帕克的"昆西教学法"为起点，到20世纪50年代衰落。进步主义教育运动反思了传统教育，主张教育要以儿童为中心，尊重儿童的兴趣与需要、个性与自由，对美国乃至世界的教育产生了深远的影响，衰落的主要原因是过于强调儿童自由，忽视社会。1957年，《进步教育》杂志停办，标志着美国教育史上一个时代的结束。

4. 赫尔巴特的教育目的论

【答】在赫尔巴特的教育理论中，道德是教育的最高目的。赫尔巴特认为，教育所要达到的基本目的可分为两种，即"可能的目的"和"必要的目的"。"可能的目的"是指与儿童未来所从事的与职业有关的目的，这个目的是要发展多方面的兴趣，使人的各种潜力得到和谐发展。"必要的目的"是指教育所要达到的最高和最为基本的目的，即道德，这个目的就是要养成内心自由、完善、仁慈、正义和公平五种道德观念。

5. 最近发展区（见2011年北京师范大学真题）

6. 奥苏伯尔的有意义接受学习

【答】所谓有意义学习，就是将符号所代表的新知识和学生认知结构中已有的适当观念建立起非人为的和实质性的联系。非人为的联系指这种联系不是任意的或人为强加的，而是新知识和原有的认知结构中的有关观念建立的某种合理的或逻辑基础上的联系；实质性的联系指新旧知识之间的联系是非字面的，是建立在具有逻辑关系基础上的联系，是一种内在的联系。

二、简答题

1. 简述德育的基本途径。

【答】（1）德育课程与直接的道德教育。

直接的道德教育即开设专门的道德课（比如思想品德课和时事政治课）系统地向学生传授道德知识和道德理论。

（2）全方位德育与间接的道德教育。

①全方位德育：德育应当普遍存在于学校的一切教育活动之中。每一个教师都应该是德育教师，教师以自己的教学活动和日常生活全方位地影响着学生的道德成长。教师的活动并不仅仅存在于课堂之中，更在日常生活中，即直接德育和间接德育相结合，全方位地促进学生品德发展。

②间接的道德教育是在学科教学、学校与课程管理、辅助性服务工作和学校集体生活等各个层面对学生进行道德渗透的教育。间接的道德教育途径有：教学育人、指导育人、管理育人、活动育人、环境育人、协同育人。

2. 简述活动课程的主要特征。（见2010年北京师范大学真题）

3. 简述教师专业素质的主要内容。

【答】（1）专业知识素养：教师的专业知识是区别于其他职业的理论体系和知识经验，是教师专业素养的基础。

教师的专业知识结构包括：①学科专业知识。②教育学与心理学等知识。现代教师必须系统地学习掌握教育学、心理学、学科教学法等教育理论知识，遵循教育教学规律。③广博的知识文化修养。

（2）专业技能素养：教师的专业技能指教师在教学中运用一定的专业知识和经验顺利地完成某学科的教学任

务的基本技能和能力。

教师的专业技能包括：①教学认知能力，指教师对所教学科的基本概念和原理等概括水平，以及对所教学生的身心特点和自己所采用的教学策略的理解水平。②教学操作能力。③教学监控能力。④教育教学研究能力。

（3）专业情意素养：教师的专业情意是教师在教育教学工作中形成的对教育的世界观和方法论，是教师专业行为的理性支点和精神内核，是一个教师成为"好"教师的精神动力。

（4）身心素养：教师既要身体健康，又要心理健康。

4.简述社会规范学习的心理过程。

【答】社会规范学习指个体接受社会规范，内化社会价值，将规范所确定的外在于主体的行为要求转化为主体内在的行为需要，从而建构主体内部的社会行为调节机制的过程，即社会规范的内化过程。其过程包括：

（1）社会规范的遵从。

①定义：一般指行为主体在对别人或团体提出的某种行为要求的依据或必要性缺乏认识，甚至有抵触的认识和情绪时，既不违背，也不反抗，仍然遵照执行的一种现象。遵从是规范内化的初级阶段，也是进一步内化的基础，具有一定的盲目性、被动性、工具性和情境性。

②影响因素：群体特征、外界压力和个性特征。如一些纪律习惯不好的学生，在他们感受到严肃的集体氛围或者遇到严厉的教师时，会被迫遵守纪律。

（2）社会规范的认同。

①定义：社会规范的认同作为社会规范的一种接受水平，一般指行为主体在认识、情感与行为上与规范趋于一致，从而自愿接受社会规范的现象。

②影响因素：榜样的特点、规范本身的特性和强化方式。如一些学习成绩不好的学生，看到学习好的学生认真学习，以他们为榜样，也努力学习。

（3）社会规范的内化。

①定义：社会规范的内化是规范的一种高级接受水平或高度遵从的态度，是品德形成的最高阶段。社会规范的内化表现为主体规范行为的动机是以规范本身的价值信念为基础的，其规范行为是由社会规范的价值信念所驱动的。

②影响因素：对规范价值的认知和对规范价值的情感体验。如学生从内心认为学生的任务就是好好学习，因此严格要求自己认真学习。

三、论述题

1.试分析陶行知"生活教育"的主要内容。

【答】（1）"生活教育"是陶行知教育思想的核心。深受实用主义教育思想和进步教育运动影响的他回国后针对中国的现实，提出了生活教育理论。

（2）生活教育理论的内涵：生活即教育、社会即学校、教学做合一。

①生活即教育是生活教育理论的核心。a.生活含有教育的意义；b.实际生活是教育的中心；c.生活决定教育，教育改造生活。

②社会即学校是生活即教育在学校与社会关系问题上的具体化。a.指"社会含有学校的意味"或者说"以社会为学校"；b.指"学校含有社会的意味"。

③教学做合一是生活即教育在教学方法问题上的具体化。a.要求"在劳力上劳心"；b."行是知之始"；c.要求"有教先学"和"有学有教"；d.是对注入式教学法的否定，即教育要与实践相结合。

（3）启示。

①陶行知的生活教育理论以"生活"为中心，以生活和教育的辩证关系为基本矛盾展开。这种教育要培养的是实际动手能力强、自觉追求真理、喜欢探索的人。"生活教育"提醒我们将教育与实践相结合，将书本知识与社会活动相结合，提高学生的行动能力。

②要有民主平等的师生观。学生和教师之间以"做"为中介，达到教与学合一，师与生合一。在教育教学活动中，教师与学生的关系不是固定不变的，而是随活动的展开而发生转换的，这种师生观念、教学观念在今天仍有重要的借鉴意义。

③生活中随处存在可学习的东西，要拓宽我们的课程资源。教科书不应是唯一的课程资源，不能只会死读书本上的知识，而不把握生活中的学习机会。

④教学要给学生充分的自主空间和活动空间。在教育教学活动中，要尊重学生的主体地位，让学生做学习与活动的主人，探索个性的学习方法。

2.试论述夸美纽斯关于班级授课制的基本观点。

【答】（1）班级授课制的含义：为了克服当时学校教育中家庭教育式的个别教学的弊端，以及为普及教育服务，夸美纽斯大力提倡班级授课制。他所说的班级授课，就是把不同年龄、不同知识水平的儿童，分到不同班级，通过班级进行教学。

（2）班级授课制的具体设想包括：①根据儿童年龄及知识水平分成不同班级，每个班级一个教室，由一个教师对一个班的学生同时授课；②把全班学生分成若干小组，每组十人，委托一个优秀学生为组长，协助教师管理学生，考查学业；③为每个班级制订统一的教学计划，编写统一的教材，规定统一的作息时间，使每年、每月、每日、每时的教学都有计划地进行。

（3）评价。

优点：①扩大了教育对象，有利于普及教育；②教师面对众多的学生，工作兴趣大增，工作热情高涨，从而能够提高学生学习的积极性；③在学生方面，学习的伙伴在一起，可以互相激励、互相帮助。

缺点：无法照顾到每个学生的发展。

3.试分析促进知识迁移的措施。

【答】（1）迁移是指一种学习对另一种学习的影响，是指已经获得的知识、技能，甚至方法和态度对新知识、新技能的影响。

（2）促进知识迁移的措施主要有：

①整合学科内容。教师要注意把各个独立的教学内容整合起来，注意各门学科之间的横向联系，要鼓励学生把在某一门学科中学到的知识运用于其他学科中。这就是加涅所说的横向迁移。

②加强知识联系。教师要重视简单的知识技能和复杂的知识技能之间、新旧知识技能之间的联系，要促使学生把已学过的内容迁移到新知识上去，注意可以通过提问、提示等方式，使学生利用已有知识来理解新知识。这就是所谓的纵向迁移。

③重视学习策略。教师要有意识地教学生学会如何学习，帮助他们掌握概括化的认知策略和元认知策略。认知策略和元认知策略是可教的，教授学习策略就会促进学习迁移。

④强调概括总结。教师要有意识地启发学生对所学内容进行概括总结。一方面，教师可以引导学生自己总结出概括化的原理，培养和提高概括总结的能力，充分利用原理、原则的迁移。另一方面，在讲解原理、原则时要尽可能用丰富的案例，帮助学生尽可能把原理、原则运用到其他情境或实践中。

⑤培养迁移意识。教师通过反馈和归因控制等方式使学生形成关于学习的积极态度，鼓励学生大胆进行知识迁移，灵活应用知识。

4.试论述教育的社会功能。

【答】教育受社会发展的制约的同时表现出对社会的影响，教育主要通过育人功能来实现其社会功能，教育的社会功能分为教育的社会变迁功能和教育的社会流动功能。

（1）教育的社会变迁功能。

①定义：指教育通过开发人的潜能，提高人的素质，促进人的社会化，引导人的社会实践，使人不仅能适应社会的发展，而且能够推动社会的改革与发展。

②主要表现在以下几方面：

a.教育的经济功能。教育是使可能的劳动力转化为现实的劳动力的基本途径；教育是提高劳动者素质和生产率的重要因素；教育是科学知识再生产的重要手段，能生产新的科学知识。

b.教育的政治功能。培养人才为社会政治服务；促进政治民主化；宣传统治阶级的思想意识，创造舆论为政治服务；传播一定的社会政治意识形态，完成年轻一代的政治社会化。

c.教育的文化功能。传递、保存文化的功能；传播、交流与丰富文化的功能；选择、提升文化的功能；创造、更新文化的功能。

d.教育的生态功能。树立建设生态文明的理念；普及生态文明知识，提高民族素质；引导建设生态文明的社会活动。

（2）教育的社会流动功能。

①定义：指社会成员通过教育的培养、筛选与提高，能在不同的社会区域、社会层次、职业岗位、科层组织之间转换、调整与变动，以充分发挥其个性特长，展现其智慧才能，实现其人生价值。

②教育的社会流动功能的意义：a.教育已成为现代社会中个人社会流动的基础；b.教育是社会流动的主要通道；c.教育的社会流动功能关乎人的发展权利的教育资源分配问题。

（3）教育的社会变迁功能与社会流动功能既有严格区别，又有内在联系，相辅相成。

教育的社会变迁功能为社会流动功能的产生奠定了客观基础，并为其实现开拓了可能的空间；而教育的社会流动功能的实现程度，是衡量社会变迁的价值尺度，是推进社会变迁的动力。二者的互动是社会发展和进步的必要条件，体现了教育对增进社会发展利益的能动作用。

总之，我们要从总体上认识和把握教育的社会功能，让教育的社会功能对社会各个方面都产生积极的、正向的作用。

2015 年北京师范大学 333 教育综合真题·凯程详解

一、名词解释

1. 教育目的

【答】教育目的的概念有广义与狭义之分。广义的教育目的是指人们对受教育者的期望，即人们希望受教育者通过教育在身心诸方面发生什么样的变化，或者产生怎样的结果。狭义的教育目的是指国家或社会对教育所要造就的人才的总要求。我国的教育目的是教育必须为社会主义现代化建设服务、为人民服务，必须与生产劳动和社会实践相结合，培养德、智、体、美等方面全面发展的社会主义建设者和接班人。教育目的的内容、结构包含"为谁培养人"和"培养什么样的人"的问题。教育目的的层次结构是国家的教育总目的、各类学校的培养目标、课程目标和教学目标。

2. 学校管理

【答】学校管理是学校管理者在一定的社会历史条件下，通过一定的组织机构和制度，采用一定的方法和手段，带领和引导师生员工，充分发挥校内人、财、物、时间、空间和信息等资源的最佳整体功能，卓有成效地实现学校工作目标的组织活动。简言之，学校管理是管理者通过一定的组织形式和工作方式以实现学校教育目标的活动。它具有教育性、服务性、文化性与创造性等显著特性。

3. 教学评价

【答】教学评价是对教学工作质量所做的测量、分析和评定。它是以参与教学活动的因素如教师、学生、教学目标、内容、方法、教学设备、时间、场地等有机结合的过程和结果为评价对象，是对教学活动的整体功能所做的评价。教学评价是教学活动的反馈机制，有助于提高和改进教学活动。

4. 课程标准

【答】课程标准是依照课程计划的要求，每门学科以纲要的形式编定的、有关学科教学内容的指导性文件。它规定着每门学科的性质与地位，是教材编写、教学、评估与考试命题的依据，是国家管理与评价课程的基础。编写课程标准是课程开发的重要步骤。课程标准的结构包括说明部分、课程目标部分、内容标准部分、课程实施建议部分。

5. 社会性发展

【答】个体在发展过程中获得自身的个性和社会性。人的社会性指个体在特定的社会文化环境中，学习和掌握知识、技能、语言、规范、价值观等社会文化行为方式和人格特征，以便适应社会，或者说适应群体生活的特性。所谓社会性发展即个体在社会生活中不断地社会化的过程，个体能更好地适应社会，并积极作用于社会，创造新文化的过程，个体从而更好地习得社会中的标准、规范、价值和所期望的行为。个体的社会性发展是一个持续终身的过程。

6. 学习策略

【答】学习策略是指学习者为了提高学习的效果和效率，有目的、有计划地制定的有关学习过程的复杂方案。它是学习过程中信息加工的方式方法和调控技能的综合。迈克卡等人把学习策略分为认知策略、元认知策略和资源管理策略。

二、简答题

1. 简述教育的基本要素及各要素之间的相互关系。

【答】教育活动的基本要素主要有教育者、受教育者、教育内容、教育活动方式，即教育活动的四要素。

（1）教育者：指参与教育活动，与受教育者在教学或教导上互动，对受教育者的全面发展产生影响的专业人员，主要指教师。教育者是整个教育活动的主导者。

（2）受教育者：指参与教育活动，在教育者的指导下，自身积极主动地吸收经验，促进自我发展的个体，主要指学生。受教育者既包括学校中学习的儿童、少年和青年，也包括各种形式的成人教育中的学生。受教育者是整个教育活动的主体。

（3）教育内容：指教育者引导受教育者在教育活动中学习的前人积累的经验，主要指课程、教育材料或教科书。教育内容是构成教育活动的基本要素之一，是师生传承的精神客体。

（4）教育活动方式：指教育者引导受教育者学习教育内容所选用的交互活动方式。教育活动方式主要有教育手段、教育方法、教育组织形式等。教育活动方式是构成教育活动的基本要素之一，是沟通教育者与受教育者的中介、桥梁。

这些要素之间的相互活动构成教育活动的内部结构，教育者借助教育措施作用于受教育者，其结果是影响受教育者的身心发展。总之，教育活动的四个基本要素既相互独立，又相互联系，构成一个完整的系统。

2. 简述影响人的身心发展的基本要素。

【答】影响人身心发展的因素有遗传素质、环境、教育和个体的主观能动性。

（1）遗传素质是人的身心发展的物质基础和前提条件。其成熟程度制约着人的身心发展过程及其阶段；遗传素质的差异性对人的身心发展有一定影响作用；遗传素质具有可塑性；遗传素质在个体发展的不同阶段，作用大小不同，遗传素质作用随着个体的发展而日益减弱。

（2）环境是人发展的外部条件，蕴含着人的多种多样的发展可能性。人具有主观能动性，环境对人发展的作用离不开人对环境的能动活动，不能过分地夸大环境的作用。

（3）教育对人的身心发展起主导作用，教育是一种有目的地培养人的社会活动。教育主要通过文化知识的传递来培养人，知识具有认识价值、能力价值、陶冶价值和实践价值。学生通过学习获取知识，认识事物特性，也就有了通过社会实践改造事物的可能性。

（4）个体的主观能动性是决定人发展的一个重要因素。个体的主观能动性是在人的活动中产生和表现出来的，是人发展的内在动力。它影响人的自我设计和自我奋斗。

总之，只有遗传素质、环境、教育和个体的主观能动性四者相互作用才能充分促进人的身心发展。并且，教育对人身心发展的作用越来越大。

3. 简述孟子的教育思想。

【答】孟子是儒家代表人物之一，孟子关于教育的主张有：

（1）"性善论"与教育作用。孟子从社会和个人两个角度论述了教育的作用。

①"性善论"。人生来就拥有"善端"，且提出"人人皆可为尧舜"，体现了人性本质上的平等性。孟子从人性论上肯定了每个人发展的可能性。

②教育对个人的作用是扩充"善性"。"善"的习得依靠教育，教育的作用有两方面：一是"存心养性"；二是"求放心"，寻求失落、放任的心灵，恢复善良本性，找回丧失的"善端"。

③教育对社会的作用是经过教育来扩充人性的，进而达到国泰民安。

（2）"明人伦"与教育目的。教育的目的在于"明人伦"，"人伦"即"父子有亲，君臣有义，夫妇有别，长幼有序，朋友有信"，并以"孝"与"悌"为中心建立了一个道德规范体系——"仁、义、礼、智、信"。以伦理道德为基本教育内容。

（3）理想人格与修养学说。孟子对中国传统文化的重要贡献还在于他提出"大丈夫"的理想人格，丰富了中国人的精神境界。

①对"大丈夫"的理想人格的描绘："富贵不能淫，贫贱不能移，威武不能屈"。

②培养"大丈夫"的理想人格的途径：持志养气、动心忍性、存心养性、反求诸己。

（4）"深造自得"的教学思想。孟子认为知识的学习必须经过自己主动、自觉地学习和钻研，有自己的收获和见解，才能形成稳固而深刻的智慧。孟子强调理性思维的重要性。

4. 简述赫尔巴特的教育思想。

【答】（1）赫尔巴特的《普通教育学》标志着独立形态教育学的形成，它将教育学发展成一门独立学科，并提出了完整的教育理论体系。

（2）赫尔巴特的教育思想。

①赫尔巴特提出教育学的两大基础，即伦理学基础和心理学基础。

②赫尔巴特的目的论。"可能的目的"是与儿童未来所从事的职业有关的目的，这个目的是要发展多方面的兴趣，使人的各种潜力得到和谐发展。"必要的目的"是指教育所要达到的最高和最为基本的目的，即道德。

③提出教育性教学原则，这一原则成为德育存在于一切教学之中的理论基础。

④赫尔巴特的课程理论强调儿童的兴趣、经验、统觉和儿童的发展都影响到课程的编制。课程设置重视与儿童的经验、兴趣相吻合，要求课程中包含统觉的成分，体现儿童的发展过程。

⑤赫尔巴特的教学进程理论和形式阶段理论都对教学理论和实践的发展做出了贡献。至今，各国在教学中依然沿用形式阶段理论，虽然较为机械，但具有很强的操作性，使教师容易教学。他的教学理论容易保证教育质量，在教育实践中具有合理性。

（3）评价。赫尔巴特作为传统教育的代表人物，他强调课堂、书本、教师三中心，其教育理论反映了资本主义确立时期教育理论发展的水平。19世纪70年代后，赫尔巴特和赫尔巴特学派的教育思想曾在一个相当长的时期里，对世界许多国家的学校教育改革起支配作用。

三、论述题

1. 论述德育是培养知、情、意、行的过程。

【答】学生的品德由知、情、意、行四个因素组成，所以德育过程就是培养学生知、情、意、行的过程。

（1）知、情、意、行的关系。道德认识是思想品德形成的基础，同时也是道德情感、道德意志的基础。道德情感是道德认识转化为道德行为的内在动力，是加深道德认识、形成道德信念、坚定道德意志和巩固道德行为习惯的催化剂。道德意志既是一种自我控制、自我约束的能力，又是品德形成过程中的动力条件。道德行为是道德认识、道德情感、道德意志的集中体现，是思想面貌和道德品质的外在标志。四者相互联系、相互制约、相互促进，共同推动品德的发展。

（2）德育要注意发挥知、情、意、行的整体功能，既要全面培养，又要有针对性。品德发展中的知、情、意、行往往发展不平衡，导致各因素间的不协调或者严重脱节，如"言行不一"，所以教师要有的放矢，抓薄弱环节，有效地调节品德的结构。

（3）德育具有多开端性，要具体问题具体分析。每个学生品德发展的具体情况存在个别差异，表现出来的品德面貌或品德问题不尽相同。这就要求针对品德结构中诸多因素发展不平衡的状况，灵活处理、有的放矢、因材施教。

2. 论述陈鹤琴的"活教育"思想。

【答】（1）陈鹤琴是我国著名的教育家，他提出的"活教育"思想由"活教育"的目的论、课程论和教学论构成。

（2）陈鹤琴的"活教育"思想。

①目的论。

"活教育"的目的是"做人，做中国人，做现代中国人"。做一个人，要热爱人类，热爱真理；做一个中国人，要爱自己的国家与同胞，团结国民，为国家兴旺而努力。对于"做现代中国人"，陈鹤琴则赋予它五个方面的要求：a. 要有健全的身体；b. 要有建设的能力；c. 要有创造的能力；d. 要能够合作；e. 要服务。

"活教育"的目的论从抽象的人到具体的现代中国人，表达了陈鹤琴对人的发展、教育与社会变革的追求。

②课程论。

陈鹤琴反对传统的将书本看作唯一教育资料的做法，明确提出"大自然、大社会都是活教材"。所谓"活教材"就是指取自大自然、大社会的"直接的书"，即让儿童在与自然、社会的直接接触中，在亲身观察中获取经验和知识。但他并非绝对强调经验，决然否定书本。

"活教育"课程论追求完整的儿童生活，教学组织形式打破惯常的学科中心体系，采取符合儿童身心发展和生活特点的活动中心和活动单元体系——"五指活动"，即儿童健康活动、儿童社会活动、儿童科学活动、儿童文学活动、儿童艺术活动。

③教学论。

"做中教，做中学，做中求进步"是"活教育"教学方法的基本原则。"做"是学生学习的基础，也是"活教育"的出发点。它强调的是儿童在学习过程中的主体地位和在活动中直接经验的获取。

特点是：a. 强调以"做"为基础，确立学生在教学活动中的主体性；b. 儿童的"做"带有盲目性，需要教师积极正确的引导。

陈鹤琴还归纳出"活教育"教学的四个步骤：实验观察、阅读思考、创作发表、批评研讨。

（3）意义。"活教育"思想是一种有吸收、有改造、有创新的教育思想，在吸取杜威的实用主义思想时，也考虑到中国的时代背景和国情，对中国的现代教育产生了重要的影响。

3.论述终身教育思想。

【答】（1）终身教育思想的主要代表人物是保罗·朗格朗，著有《终身教育引论》。终身教育是"人们在一生中所受到的各种教育的总和"，包括人发展的各个阶段及各个方面的教育活动，既包括纵向的一个人从婴儿期到老年期在各个不同发展阶段所受到的各级各类教育，也包括横向的从学校、家庭、社会各个不同领域受到的教育。其最终目的在于"维持和改善个人社会生活的质量"。

（2）终身教育思想的主要观点：①终身教育是现代社会的需要，基本特点是连续性和整体性。随着知识社会和终身教育时代的来临，我国终身教育的对象已经从青少年扩大到成人乃至所有社会公民，家庭教育、学校教育与社会教育无缝衔接。②终身教育没有固定的内容和方法，任务是学会学习。我国的终身教育既包括正规教育，也包括非正规教育和非正式教育。如我国有国家开放大学，也有一些校外的培训机构等，这些教育机构共同促进了我国终身教育的发展。③终身教育是未来教育发展的战略，对实现教育机会均等和构建学习型社会有积极意义。如我国建立了成人高考、成人自考等制度，极大地促进了教育机会均等，只要考生愿意学习，愿意提升学历，有多种途径去提升自我，从而构建学习型社会。

（3）终身教育的意义。

①终身教育给予教育全新的诠释，主张教育应该贯穿人的一生，彻底改变了过去将人的一生截然划分为学习期和工作期两个阶段的观念。

②终身教育促进了教育社会化和学习型社会的建立。它改变了将学校视为唯一教育机构的陈旧思想，使教育超越了学校教育的局限，从而扩展到人类社会生活的整个空间。

③终身教育引发了教育内容和师生关系的革新。教育不是单纯的知识传递，而应贯彻人的全面发展精神，学习者不仅要学习已有的文化，更要培养个人对环境变化的主动适应性。传统的师生关系也将发生根本变化，代之以一种新型的、民主的、开放的关系。

④终身教育的多元化价值标准为学习者指出了一条自我发展、自我完善的崭新之路。

⑤终身教育的发展是必将实现的教育平等的制度基础。

4.举例论述影响知识理解的因素。

【答】（1）知识理解的定义：一般所说的知识理解主要指学生运用已有的经验、知识去认识事物的种种关系，直至认识其本质、规律的一种逐步深入的思维活动。它是学生掌握知识过程的中心环节。

（2）影响因素。

①客观因素。

a.感性材料。对于知识的理解，在丰富的、典型的、正确的感性材料和相关经验的基础上才能更好地进行比较、分析、综合、抽象、概括，从而理解事物的本质与规律。

b.学习材料的内容。学习材料的意义、具体程度、相对复杂性等都会影响学习者对知识的理解。

c.学习材料的形式。在表达形式上的直观性。如是否采用实物、模型等会影响学习者对知识的理解。

d.新旧知识的联系。理解是以旧知识、旧经验为基础的。学生在学习中往往从已有的知识出发，去认识和理解新事物。新旧知识之间的有机联系，能帮助学生理解新知识。

e.概念形成过程中的变式和比较。通过同类事物的比较，有利于帮助学生发现各种变式中同类事物的共同本质和特点，有助于帮助学生区别不同类事物之间的本质差异。

f.知识的系统化。知识的系统化就是理解各部分知识之间的关系，它有利于以完整的知识体系去理解新知识。

②主观因素。

a.学习者的相关经验。一般来说，学习者经验的丰富程度，以及经验与知识的关系会影响学习者对知识的理解。

b.学习者学习的积极主动性以及主动理解的意识与方法。这是理解知识的重要前提，会对知识的理解起重要的作用。

c.学习者的认知结构特征。如认知结构中有没有适当的、起固着作用的观念，以及起固着作用的观念的稳定性和清晰性。

2016 年北京师范大学 333 教育综合真题·凯程详解

一、名词解释

1. **教育**（见 2014 年北京师范大学真题）

2. **班级授课制**

【答】班级授课制是一种集体教学形式，它把一定数量的学生按年龄与知识程度编成固定的班级，根据周课表和作息时间表，安排教师有计划地向全班学生集体上课。同一班级的学生学习内容和进度必须一致。班级授课制最大的优点是教学效率高，有利于教育的普及。但是最大的缺点是很难顾及班级内的个性化差异。

3. **榜样法**

【答】榜样法是德育的方法之一，是以他人的高尚思想、模范行为和卓越成就来影响学生品德的方法。运用榜样法的要求有：选好学习的榜样，激起学生对榜样的敬慕之情，引导学生用榜样来调节行为、提高自身修养。

4. **校长负责制**

【答】校长负责制是指校长受上级政府主管部门的委托，在党支部和教职工代表大会的监督下，对学校进行全面领导和负责的制度。在这一领导体制中，校长是学校行政系统的最高决策者和指挥者，是学校的法人代表。他对外代表学校，对内全面领导和管理学校的教育、教学、科研和行政工作。在校长负责制中，要明确校长的权力与责任；发挥党组织的保证监督作用；建立以教师为主体的教职工代表大会制度，加强民主管理和监督。

5. **接受学习**

【答】接受学习是课堂学习的主要方式，是教师将知识作为定论，以系统组织的形式讲解给学生的一种学习方式。学习的内容大多是现成的、已有定论的、科学的基础知识，包括一些抽象的概念、命题、规则等。在奥苏伯尔看来，任何学习都有可能是机械的，也都有可能是有意义的。如果教师讲授恰当，并不一定会导致学生机械地接受学习。

6. **心智技能**

【答】心智技能指人脑借助内部语言，以简缩的形式对事物的主观表征进行加工、改造的过程，包括感知、记忆、想象和思维等认知因素，其中抽象思维因素占据着最主要的地位，即通过学习而形成的合乎法则的心智活动方式。它具有三个特点：动作对象的观念性、动作执行的内潜性和动作结构的简缩性。

二、简答题

1. **简述教育的文化功能。**

【答】（1）传递、保存文化的功能（教育的文化传承功能）。教育将人类的精神文化财富内化为个体的精神财富，教育也就有了保存文化的功能。

（2）传播、交流与丰富文化的功能（教育的文化交流和融合功能）。教育作为传播、交流文化的重要手段和途径，是最积极、最有效的，也就有了丰富文化的功能。

（3）选择、提升文化的功能（教育的文化选择功能）。教育对文化的选择意味着价值的取舍与认知意向的转变，并且是为了文化自身的发展与进步。学校教育在本质上就是一种文化价值的引导工作。

（4）创造、更新文化的功能（教育的文化创新功能）。教育通过创造新的思想与观念，发展社会科学技术，以及培养有创新精神的人，对社会文化进行创造与更新。

2. **简述课程设计的基本任务。**

【答】（1）目标设计。在目标的选定上应确立综合发展的要求，自觉坚持教学目标多元化、具体化。

（2）起点设计。学习者分析通常包含两方面的内容：学习者当前的状态和学习者的特征。学习者的当前状态与目标状态的差异构成了学习需要。

（3）内容设计。设计者要依据课程标准和教科书来选择、组织教学内容。

（4）方法和媒体设计。在教学方法上，既要考虑如何教给学习者已经概括了的社会基本经验，又要考虑能够使学习者有效地获得这些经验的方法。在选择教学媒介时，设计者需要考虑学习情境的特征、媒体的物质属性等因素。

（5）评价设计。教学评价应该贯穿教学活动的全过程。学习者通过教学评价来审视自己，对后续的学习活动做出相应的调整。

（6）结构设计。设计者在对教学结构进行决策时应体现科学性、整体性、协调性的理念。

上述各程序并不是直线式的，而是相互联系、相互制约的，共同组成一个有机的教学系统。

3.简述蔡元培的教育独立思想。（见2013年北京师范大学真题）

4.简述杜威的教育目的论。（见2012年北京师范大学真题）

三、论述题

1.论述教育过程中智力活动与非智力活动的关系。

【答】智力因素主要指感知觉、记忆、思维、想象等认知心理因素。非智力因素主要指兴趣、动机、需要、情感、意志和性格等个性心理特征方面的因素。二者是密切联系的。

（1）智力因素和非智力因素相互依存、相互作用。智力因素是非智力因素的基础，非智力活动依赖于智力活动，并积极作用于智力活动。学生的兴趣、动机等非智力因素是在认识事物、掌握知识的过程中产生和发展的，离开掌握知识的智力活动，非智力活动很难发展。反之，学生是有主观能动性的人，学习动机的强弱、意志品质的持久等非智力因素，直接影响学生的学习效果。从某种意义上说，智力水平大致相同的学生，在知识和能力上存在差异的原因就在于非智力因素的不同。

（2）按教学需要调节学生的非智力活动，才能有效地进行智力活动，完成教学任务。在教学中，一方面通过改进教学本身，使教学内容和过程富有趣味性、启发性、知识性，适合学生年龄特征，以便引起学生的求知欲；另一方面，要提高学生的自我教育能力，使其能自觉地按教学要求调节自己的非智力因素，积极地进行智力活动，以提高学习效率。

（3）防止忽视智力活动或忽视非智力活动的偏向。

2.论述王守仁的教育思想。

【答】（1）"致良知"与教育作用。

王守仁认为"心即理"。教育的作用在于除掉物欲对"良知"的昏蔽，以求"明其心"。这就是说教育是"致良知"或者是"学以去其昏蔽"的过程。王守仁认为人人都有良知的思想，说明人人都有受教育的天赋条件，强调人的主观能动性，人要自觉去恶为善。

（2）"随人分限所及"的教育原则。

"分限"是指人的认知发展水平和限度。"随人分限所及"包含两层意思：第一，对于不同的人来说，要因材施教，起到"益精其能"的效果；第二，对于每个人而言，要循序渐进，教学应照顾到学生的实际接受能力和基础，在"分限"内恰到好处地施教。这一原则承认人的差异，承认教育的作用，把教学和受教育者的心理特征结合了起来。

（3）论教学。

①教育内容：王守仁认为凡是有助于"求其心"者均可作为教学内容，"'六经'皆史"，读书不能迷信书本，他认为读经的目的是要通过经书的理，来启发自己的良知。

②教学方法：在修养方法方面，强调"事上磨炼"，这里的"事"指"人事"。

（4）论儿童教育。

①揭露和批判传统儿童教育不顾及儿童的身心特点，压抑儿童的个性发展。

②主张儿童教育应顺应儿童的性情。

③教育方法：采用"诱""导""讽"的"栽培涵养之方"。

④教育内容：发挥各门课程多方面的作用，加以综合地运用。

⑤教育程序：主张动静搭配、体脑并用，精心安排课程，使儿童既得到道德熏陶，又能学到知识，锻炼身体。

⑥教育原则："随人分限所及"，教学应量力而行，盈科而进，因材施教。

尽管王守仁进行儿童教育的目的是灌输封建伦理道德，但是他开始主张顺应儿童的性情，依据儿童的接受能力，使儿童在德、智、体、美方面都得到发展。这反映了他教育思想的自然主义倾向。

3.论述苏霍姆林斯基的和谐教育思想。

【答】（1）个性全面和谐发展的含义。

个性全面和谐发展意味着人在品行上以及同他人相互关系上的道德纯洁，意味着体魄的完美、审美需求和趣味的丰富及社会和个人兴趣的多样。一个个性全面和谐发展的人，应当表现为：①是社会物质生产领域和精神生活领域中的创造者；②是物质和精神财富的享用者；③是有道德和有文化素养的人，是人类文化财富的鉴赏者和细心的保护者；④是积极的社会活动者、公民；⑤是树立于崇高道德基础之上的新家庭的建立者。

（2）个性全面和谐发展教育的途径。

和谐教育就是将人们认识和理解客观世界的活动与自我实现的活动相结合。实施和谐教育主张教育与创造性劳动结合，课堂教学与课外、校外教育结合，教育与自我教育结合。

（3）个性全面和谐发展教育的内容。

个性全面和谐发展的教育由体育、德育、智育、劳动教育和美育组成。

①体育。苏霍姆林斯基十分重视身体健康发展在个性全面和谐发展中的作用，把体育看作健康的重要因素，生命活力的源泉。

②德育。个性全面和谐发展的核心是高尚的道德，在个性全面和谐发展教育中，德育应当居于首位。道德教育应当及早开始，以利于培养青少年良好的道德习惯。

③智育。智育包括获取知识，形成科学世界观，发展认识和创造能力，养成脑力劳动的技能，培养对脑力劳动的兴趣和要求，以及对不断充实科学知识和运用科学知识于实践的兴趣和要求。

④劳动教育。他认为，劳动教育的任务就是要让劳动渗入学生的精神生活中去，使学生在少年时期和青少年早期就对劳动产生兴趣并热爱它。

⑤美育。美育的第一步是要培养学生感知美、领会美的能力，在感知美的基础上还要培养学生创造美的能力。

4.举例论述社会规范学习的心理过程。（见2014年北京师范大学真题）

2017年北京师范大学333教育综合真题·凯程详解

一、名词解释

1.操作性条件反射

【答】操作性条件反射是行为主义学习流派的代表人物之一——斯金纳在白鼠打开斯金纳箱实验中提出的概念。操作性行为最初是由有机体自发做出的，经过强化后成为特定情境下有目的的操作。斯金纳的操作性条件作用说认为学习的实质是刺激与反应的联结，其关键在于联结的频率，强化是增强反应频率的手段。

2.艾宾浩斯遗忘曲线

【答】德国心理学家艾宾浩斯对遗忘发展的过程进行了系统的研究，后人将其实验结果绘制成曲线图，即艾宾浩斯遗忘曲线。该曲线显示遗忘在学习之后立即开始，而且遗忘的过程最初进展得很快，以后逐渐减慢，过了相当长的时间，几乎不会再遗忘。该研究表明遗忘的发展是不均衡的，其规律是先快后慢，呈负加速型。

3.班级授课制（见2016年北京师范大学真题）

4.双轨学制

【答】17—19世纪的西欧国家因为有特权传统而形成了欧洲现代教育的双轨学制。一轨自上而下，其结构是大学（后来也包括其他高等学校）、中学（包括中学预备班）；另一轨自下而上，其结构是小学（后来是小学和初中）及其后的职业学校（先是与小学相连的初等职业教育，后发展为和初中相连的中等职业教育）。双轨学制是一种不平等的学制，如今双轨学制在向单轨学制或者分支型学制转变。

二、简答题

1.简述影响学习迁移的因素。

【答】（1）相似性。①学习材料的相似性。这属于客观因素的相似性，会影响学习迁移。②学习目标与学习过程的相似性。这属于主观因素的相似性，也会影响学习的迁移。

（2）原有认知结构。①原有经验的水平。随着练习量的增加，原有经验水平提高，会促进正迁移。②原有经验的组织性。合理组织的信息易于提取，也易于迁移。③原有经验的可利用性。要产生迁移，原有的经验结构必须能够有效地被激活、提取。

（3）学习的定势。定势对迁移的影响是否积极，取决于许多因素，但关键要使学习者首先能意识到定势的双重性。

除这些基本因素外，年龄、智力、学习者的态度、教学指导、外界的提示和帮助等，都在不同程度上影响着迁移的产生。

2.简述赞科夫的发展性教学原则。

【答】（1）发展性教学原则的定义：教学的内容、方法和进度要适合学生的发展水平，但又有一定难度，需要学生经过努力才能掌握，以便有效地促进学生的身心发展。

（2）发展性教学原则的内容。

①以高难度进行教学的原则。以高难度进行教学，旨在引起学生的思考，促进学生特殊的心理活动过程，并不是在于无限度的难。"难度的分寸"限于"最近发展区"。

②以高速度进行教学的原则。高速度绝不意味着"越快越好"，也有一个掌握分寸的问题，即根据能否促进学生的一般发展来决定速度。

③理论知识起主导作用的原则。要求高难度必须体现在提高理论知识的比重上，而不是追求一般抽象的难度标准。

④使学生理解学习过程的原则。要求学生理解的对象是学习过程、掌握知识的过程，即让学生通过自己的智力活动去探索获得知识的方法和途径，掌握学习过程的特点和规律。

⑤使班上全体学生都得到一般发展的原则。这条原则是前面四条原则的总结，是大面积提高教学质量的有力保证。

（3）贯彻发展性教学原则的基本要求：①了解学生的发展水平，从实际出发进行教学；②考虑学生认识发展的时代特点。

3. 简述癸卯学制。

【答】（1）癸卯学制是中国近代第一个比较完整、正式颁布施行的全国性法定学制系统。

（2）学制内容。

该学制纵向地把整个学程分为三段七级：第一阶段为初等教育，包括蒙养院、初等小学堂和高等小学堂，其中将幼儿教育机构蒙养院纳入学制系统，标志着我国学前幼儿教育已进入国家发展规划的新阶段。初等小学堂为五年强迫教育阶段，儿童7岁一律入学。第二阶段为中等教育，第三阶段为高等教育。从小学堂到大学堂学制年限达20~21年。横向方面：除普通学堂外，另有师范教育和实业教育两个系统。

（3）学制性质。

①具有半资本主义性质，是传统性和近代性的综合产物，也是学习西方教育的系统性成果，在近代中国教育发展中具有标志性意义。a.仿照西方流行的三级学制系统模式，反映了教育的普及性和平等性要求；b.学制各阶段，尤其是初等教育阶段，确立"德、智、体"协调发展的三育发展模式；c.设置实业学堂，推动近代资本主义工商业发展；d.重视师范教育，加强教师职业训练；e.将分年课程规划、班级授课制作为基本的教学管理和教学组织形式；f.尊重儿童个性，禁止体罚；g.课程比重上，"西学"占主导地位。

②具有浓厚的封建性：a.指导思想是"中体西用"，首要任务是培养学生效忠封建王朝；b.读经、讲经课比重过大，所以导致学制年限偏长；c.大学堂在入学条件上仍有限制，以维护教育的封建等级性；d.广大妇女被排斥在学校教育之外；e.对教职员和学生的许多规定旨在维护封建统治秩序，显示了较强的封建性；f.根据学生的表现和学业程度奖励相应的科举功名，没有割断与旧教育的瓜葛。

4. 简述我国的基本学制。

【答】（1）我国的基本学制属于分支型学制。其结构是前段单轨、后段分叉。即小学和初中是单轨，高中后一部分学生去了职业学校，另一部分学生升入大学。后段双轨制的优点是上通高等学校，下达初等学校，并且使普通中等学校和中等职业技术学校左右畅通。

（2）目前，我国学制的发展趋势是向单轨制方向发展，义务教育实行到哪里，双轨学制就并轨到哪里，综合中学是实现并轨的一种理想形式。

三、论述题

1. 用自我效能感理论分析材料，回答如下问题：根据材料你想到了什么？小迪的学习变化最主要受什么影响？

【答】（1）自我效能感理论由班杜拉提出。自我效能感是个体对自己能否成功地进行某一成就行为的主观判断。自我效能感对个体的影响包括：①决定个体对某项活动的坚持和选择；②影响个体面对困难的态度；③影响个体新行为的获得和已获得行为的表现；④影响个体在获得中的情绪状态。

母亲去世，小迪的身心受到巨大打击，成绩开始变差，汤老师在不了解他的情况下，给了他"差"的反馈。这个反馈使得小迪的自我效能感降低，让他认为自己不具有获得优异成绩的能力。这就使小迪在之后的学习中依然表现不佳，因为自我效能感会影响小迪对学习活动的坚持以及面对学习困难的态度和影响小迪的情绪状态。当汤老师了解实情后，开始鼓励、关心小迪，小迪的学习开始好转并考上博士。老师的鼓励和关心使得小迪的自我效能感增强，因为言语劝说、情绪唤醒和身心状况都是影响个体自我效能感的因素。

（2）老师的鼓励和关心是小迪学习变好的最主要因素。影响自我效能感的因素主要有：①直接经验和归因方式；②间接经验；③言语劝说；④情绪唤醒；⑤身心状况。

老师的鼓励和关心对小迪自我效能感的影响主要体现在后三个因素。母亲去世对小迪的影响是巨大的，它影响了小迪的情绪，老师的鼓励和关心就是一种言语劝说，将小迪的奋斗的情绪唤醒，使得小迪的身心状况好转，成绩逐渐提高。也就是说，老师的关怀和小迪的奋斗使得小迪的自我效能感增强，这是小迪学习变化的最主要因素。

2.辨析教育教学是要遵循儿童的身心发展规律还是要尊重儿童的需要和兴趣。怎么协调二者的冲突？

【答】教育教学既要遵循儿童身心发展规律，又要尊重儿童的需要和兴趣。

（1）儿童身心发展具有规律性。身心发展的顺序性和阶段性要求教学要循序渐进；身心发展的差异性要求教学要因材施教；身心发展的阶段性与不平衡性要求教学要抓关键期。

（2）儿童的需要和兴趣。著名教育家赫尔巴特认为，只有符合儿童兴趣和需要的知识才会引起儿童的注意，并据此设置了兴趣课程体系。

（3）当二者发生冲突时，应以儿童身心发展的共性规律为基础展开教学，同时尽量尊重每个儿童的个性需要和兴趣，因材施教。但是，我们尊重儿童并不意味着要放纵儿童的需要和兴趣，必要时要加以抑制。

3.评述我国中小学教育存在的问题，选两个问题分析原因并给出解决的思路和方法。

【答】我国中小学教育存在诸多问题，如教育与生活相脱离、德育贯彻不彻底、城乡教育质量差距大、教师地位不高等。下面就教育与生活相脱离和德育贯彻不彻底来谈谈看法。

（1）教育与生活相脱离。

①原因：a.课程目标上，过于注重知识传授；b.课程结构上，过于注重学科本位，科目过多和缺乏整合；c.课程内容上，表现为"繁、难、偏、旧"，过于注重书本知识；d.课程实施上，强调接受学习、死记硬背和机械训练；e.课程评价上，过于强调甄别与选拔的功能；f.课程管理上，课程管理权限过于集中，多为国家统一课程。

②解决方法：a.课程目标上，培养德、智、体、美、劳全面发展的人，在生活中培育道德、发展智力、锻炼体能、培养鉴赏美的能力；b.课程结构上，优化课程结构，增加与生活实际相关的体验性课程的比重；c.课程内容上，加强课程内容与学生生活、现代社会和现代技术发展的联系，关注学生的学习兴趣和经验，精选终身学习必备的基础知识和技能；d.课程实施上，倡导学生主动参与、勤于动手，培养学生在生活中收集和处理信息的能力、获取新知识的能力、分析和解决问题的能力及交流与合作的能力；e.课程评价上，促进评价指标多元化，把与生活相关的能力或知识列入评价指标，课程评价要从终结性评价转变为与发展性评价、形成性评价相结合；f.课程管理上，实行国家、地方和学校三级管理，增强课程对地方、学校及学生的适应性，地方课程、校本课程更有利于联系生活实际。

（2）德育贯彻不彻底。

①原因：a.德育观念上，不够重视，认为智育的重要程度远胜于德育；b.德育原则上，遵循不到位，只了解传统的原则；c.德育方法上，以说服教育为主，不灵活；d.德育途径上，较单一，没有贯彻到教学的方方面面；e.德育内容上，较枯燥，多为老生常谈，学生没有兴趣。

②解决方法：a.德育观念上，要重视德育，国家要培养的是德、智、体等方面发展的社会主义建设者和接班人；b.德育原则上，遵循多样化的德育原则，如集体教育与个别教育相结合原则、知行统一原则、严格要求与尊重信任相结合原则等；c.德育方法上，灵活运用多种德育方法，如情感陶冶、榜样示范、自我教育等；d.德育途径上，通过多种间接途径开展德育，如课外活动、学科教学、心理咨询等，使德育渗透到一切教学活动之中；e.德育内容上，编排精致的德育内容，可与我国优秀传统文化相结合，并辅之以生动活泼的德育方法。

2018年北京师范大学333教育综合真题·凯程详解

一、名词解释

1.**有教无类**（见2010年北京师范大学真题）

2.**全纳教育**

【答】全纳教育是20世纪90年代兴起的一种教育思潮，是在国际教育民主化浪潮中，尤其是在国际组织的大力推动下兴起和发展的。全纳教育是通过增加学习、文化与社区参与，减少教育系统内外的排斥，关注并满足所有学习者多样化需求的过程。全纳教育作为一种教育思潮，它容纳所有学生，反对歧视和排斥，促进积极参与，注重集体合作，满足不同需求，是一种没有排斥、没有歧视、没有分类的教育。

3.隐性课程

【答】隐性课程又叫潜在课程。它是以内隐的、间接的方式呈现的课程，是学生在显性课程以外所获得的所有学校教育的经验。如学校的校风、办学理念、师生关系、班级管理、校园环境等。隐性课程是学生思想意识形成的重要诱因，是进行道德教育的重要手段。若隐性课程被人意识到，并有意识地加以挖掘和利用，就会变为显性课程。

4.终身教育思潮

【答】终身教育思想始于20世纪20年代，流行于20世纪60年代。"学习化社会""回归教育"思潮与实践，正是在这种指导思想的影响下产生的。终身教育的含义是人在一生各阶段中所受到的各种教育的总和，是人所受到的不同类型教育的统一综合。它包括教育体系的各个阶段和各种方式，既有学校教育，又有社会教育；既有正规教育，也有非正规教育。终身教育主要强调自主学习和自学能力。终身教育是世界各个国家重视并努力实践的重要理念。

二、简答题

1.简述斯宾塞生活准备说。

【答】斯宾塞提出了"什么知识最有价值"这一问题，并将评价知识价值的标准定义为对生活、生产和个人发展的作用，知识对生活的作用越大，则价值越大。根据这个标准，斯宾塞确定了教育的目的是"为完满生活做准备"，从而反对古典主义不实用的知识和教育。斯宾塞根据上述划定知识的价值高低的理论来选择课程，从而形成其独特的课程理论。

为此，他把人类生活的几种主要活动加以分类，并提出与之对应的课程。（1）直接有助于自我保全的活动：生理学和解剖学。（2）从获得生活必需品而间接有助于自我保全的活动：逻辑学、数学、力学、化学、天文学、地质学、生物学和社会科学。（3）目的在抚养和教育子女的活动：生理学、心理学和教育学。（4）与维持正常的社会和政治关系有关的活动：历史。（5）生活中闲暇的时间可用于满足爱好和各种感情的活动：文学、艺术学等。以上这些知识是比较有价值的，是教育中应该教给学生的知识。

2.简述韩愈对教师问题的见解。

【答】（1）韩愈的教育思想主要体现在他的《师说》中，在该文中，他提倡尊师重道。

（2）韩愈对教师问题的见解。

①尊师原因：a.教师闻道在先，在教学活动中起主导作用；b."天地君亲师"，师道体现君道，能尊敬师长，就能效忠皇帝，这是提倡师道的深层原因；c.社会原因，安史之乱后，儒学失去宣传阵地，佛、道宗教势力膨胀，韩愈提出用"尊师重道"来维护儒家的道统，重振儒道，抵制佛教和道教的思想。总之，尊师即卫道，"道"是封建道德的最高境界。

②教师的任务：传道、授业、解惑。即传授儒家仁义之道，讲授儒家"六艺"经传和古文，解答学生的疑问。传道是首要任务，授业和解惑是过程与手段。

③以"道"为求师的标准："道之所存，师之所存。"韩愈提出的学无常师、唯道是求的观点促进了思想文化的交流，有积极意义。

④建立合理的师生关系："是故弟子不必不如师，师不必贤于弟子。闻道有先后，术业有专攻，如是而已。"韩愈强调师生关系在"道"和"业"面前是一种平等关系，师生关系可以互相转化，这是对维护教师绝对权威的师道尊严思想的一种否定。这种含有辩证法和民主平等的师生观，极大地丰富了我国古代的教育理论，具有重要的历史意义。

（3）评价。

韩愈的《师说》是我国古代第一篇集中论述教师问题的文章，既肯定教师的主导作用，又强调师生相互尊重与学习，提倡建立平等的师生观，这是韩愈教育思想的独特之处。

3.简述我国中小学教学方法的内涵和基本类型。

【答】（1）教学方法的定义：为完成教学任务而采用的方法。它包括教师教的方法和学生学的方法，是教师引导学生掌握知识技能、获得身心发展而共同活动的方法。

（2）中小学常用的教学方法。

①讲授法：指教师通过语言系统连贯地向学生传授知识的方法。

②谈话法：指教师根据学生已有知识和经验，通过师生间问答、对话而使学生获得知识、发展智力的教学方法。

③读书指导法：指教师指导学生通过阅读教科书、参考书以获取知识或巩固知识的方法。

④练习法：指学生在教师指导下运用知识反复完成一定的操作以形成技能、技巧的方法。

⑤演示法：指教师向学生展示各种直观教具、实物，例如，让学生观察教师的示范试验，观看幻灯片、电影、录像等，从而使学生获得关于事物现象的感性认识的方法。

⑥实验法：指学生在教师指导下，运用一定的仪器设备进行独立实验作业，以获得知识或验证知识，培养操作能力的方法。

⑦实习作业法：指学生在教师的指导下进行一定的实际活动以培养学生实际操作能力的方法。

⑧讨论法：指学生在教师指导下为解决特定问题而进行探讨、辨明是非以获取知识的方法。

⑨研究法：指学生在教师的指导下通过独立地探索，创造性地解决问题，获取知识和发展能力的方法。

4. 我国中小学教师职业道德包含哪些内容？

【答】（1）爱国守法。热爱祖国，热爱人民，拥护中国共产党的领导，拥护社会主义。全面贯彻国家教育方针，自觉遵守教育法律法规，依法履行教师职责权利。不得有违背党和国家方针政策的言行。

（2）爱岗敬业。忠诚于人民教育事业，志存高远，勤恳敬业，甘为人梯，乐于奉献。对工作高度负责，认真备课上课，认真批改作业，认真辅导学生。不得敷衍塞责。

（3）关爱学生。关心爱护全体学生，尊重学生人格，平等公正对待学生。对学生严慈相济，做学生的良师益友。保护学生安全，关心学生健康，维护学生权益。不讽刺、挖苦、歧视学生，不体罚或变相体罚学生。

（4）教书育人。遵循教育规律，实施素质教育。循循善诱，诲人不倦，因材施教。培养学生良好品行，激发学生创新精神，促进学生全面发展。不以分数作为评价学生的唯一标准。

（5）为人师表。坚守高尚情操，知荣明耻，严于律己，以身作则。衣着得体，语言规范，举止文明。关心集体，团结协作，尊重同事，尊重家长。作风正派，廉洁奉公。自觉抵制有偿家教，不利用职务之便谋取私利。

（6）终身学习。崇尚科学精神，树立终身学习理念，拓宽知识视野，更新知识结构。潜心钻研业务，勇于探索创新，不断提高专业素养和教育教学水平。

三、论述题

1. 有个校长说："如果没有升学压力，我真想好好做德育。"请从学校教学和德育的关系分析这一看法。

【答】德育是教学过程中必不可少的教学目标。学校教学绝不能因为升学压力过大而仅以知识为重，忽视德育的重要性，在教学中要德智并重。因此材料中校长的说法是不可取的。

（1）现状：

受传统教育教学思想的影响，目前学校和社会仍然只抓升学率，唯分数论，忽视对学生思想品德的教育。家长更看重学生的成绩和班级排名，相比于普通学校，有能力的家庭更倾向于让孩子上升学率高的学校，国家和政府也会给办学优良的学校提供资金和政策上的支持，这样给学校施加了不少压力，将教学中心放在提高升学率上，而忽视了对学生道德的培养。

（2）学校应德智并重：

国家大力提倡素质教育，要求思想道德素质、文化素质、科学素质和身体心理素质四方面辩证统一、协调发展，核心就是人的全面发展。虽然升学压力巨大，但是学校仍然要顶着升学压力搞德育，培养德、智、体、美、劳全面发展的学生，德育和智育两手都要抓，两手要硬。要让家长和学生形成正确的价值观念，不能单纯地认为升学率是衡量一个学校好坏的唯一标准，高分数也不能成为衡量学生个人素质高低的唯一准绳。

（3）学校教学与德育的关系：

学校教学与德育并不矛盾，而是相辅相成、相互促进的关系，二者在学校管理中缺一不可。教学过程中既要重视知识的传授，又要重视智力的发展；学校德育搞得越好，教学质量也会越来越高。所以在学校建设管理过程中，要防止单纯传授知识、忽视思想教育的偏向。

（4）德育措施：

环境育人，德育应当普遍存在于一切教学之中。所以，学校应为学生创建一个校风良好的校园环境：一方面应开设专门的道德课，如思想品德课和时事政治课，系统地向学生传授道德知识和道德理论；另一方面要在学科教学、学校与课程管理和学校集体生活等各个层面对学生进行道德渗透的教育，如课外活动、校外活动、共青团与少先队活动、劳动与社会实践等。

2.（1）试通过强化理论分析这位教师运用的方法问题在哪里。

（2）你如何帮她改进？请给出建议。

【答】（1）虽然这位教师的初衷是好的，但是由于用错了方法，最后导致举手的同学越来越少。材料中的教师运用的教学方法是惩罚。惩罚的目的是减少事情发生的概率，这与教师的初衷相悖。"答错站着，答对坐下"

这一方法不仅不会"让每一个孩子带着成功坐下"，反而会使学生的自尊心受挫，学习的兴趣和积极性降低。

（2）建议：①教师在教学过程中要慎用惩罚。只有学生在屡教不改或有道德认知方面的错误时方可运用惩罚，而且惩罚方式还要考虑学生的身心发展阶段、年龄、时机和场合等因素。②可以将惩罚改成正强化，通过给学生呈现一个愉快刺激使学生某种行为发生的频率增强。如对回答正确的同学采取口头表扬、张贴光荣榜或给予适当的物质奖励等方式，进而提高学生的学习积极性，激发学生的学习兴趣，从而使学生正确地回答更多的问题，事半功倍。

2019年北京师范大学333教育综合真题·凯程详解

一、名词解释

1.课程

【答】学术界对课程没有统一的定论，说法较多。有人认为课程是教学科目；有人认为课程即学习经验；有人认为课程即文化再生产；还有人认为课程即社会改造的过程。总的来说，课程是由一定的育人目标、特定的知识经验和预期的学习活动方式构成的一种动态存在。从育人目标上讲，课程是培养人的蓝图；从课程内容上讲，课程是一种适合学生身心发展规律的、连接学生直接经验和间接经验的、引导学生个性全面发展的知识体系及其获取途径。

2.学制

【答】学校教育制度简称学制，是指一个国家各级各类学校的系统及其管理规则的总称。它规定着各级各类学校的性质、任务、入学条件、修业年限，以及它们之间的关系。学制是教育制度的核心内容。目前，学制主要有双轨学制、单轨学制和分支型学制三种类型。当代双轨学制逐渐向单轨学制方向发展，综合中学是实现并轨的一个好方法。

3.《颜氏家训》

【答】《颜氏家训》是我国南朝梁时期的教育家颜之推根据自己的经历和体验，写出的我国封建社会第一部系统、完整的家庭教科书，用以训诫其子孙。这部著作是我们了解颜之推教育思想的主要依据。它有助于我们研究颜之推在儿童教育、学习方法等方面的某些真知灼见，但也向我们展示了一幅封建士族教育腐败的画面。这本书的主要内容是儿童教育，比如提出了及早施教、严慈相济、均爱原则、重视语言教育、重视品德教育等教育思想。

4.观察学习

【答】班杜拉认为人们可以通过观察他人的行为及行为后果而间接地产生学习，班杜拉称这种学习为观察学习。他认为人类的大多数行为都是通过观察习得的，这个学习过程受注意、保持、动作再现和动机四个子过程的影响。班杜拉完善了行为主义关于学习的刺激—反应链条。

二、简答题

1.简述19世纪末20世纪初实验教育学的主要观点及评价。

【答】（1）实验教育学是19世纪末20世纪初兴起的用自然科学的实验法研究儿童发展及其与教育关系的理论。主要代表人物有德国教育学家、心理学家梅伊曼、拉伊等。

（2）实验教育学的主要观点。

①认为以赫尔巴特为代表的用思辨的方法建立起来的旧教育学缺乏科学性，与实际严重脱节，不能很好地解决教育实践中的问题。

②强调实验教育学是以实验的方法为基础的新的独立科学，教育实验与心理实验是有差别的，心理实验是在实验室进行的，教育实验则是在教学实践和学校环境中进行的。

③认为实验教育学必须借助相关学科，采用实验、统计、比较的方法探索研究。

（3）评价。

实验教育学强调的定量研究成为20世纪教育学研究的一个基本范式，近百年来得到广泛的应用和发展，极大地推动了教育科学的发展。但实验教育学也有一定的局限性，比如其片面强调儿童的生物性，因而过分考虑教育的自然科学化，忽视了社会因素；把实验方法推崇到极端，并将其视为教育研究的唯一方法，忽视了社会科学与自然科学之间的差异，以致简单地照搬自然科学的方法。

2. 简述王安石的教育改革。

【答】（1）王安石在宋神宗熙宁年间主持的"熙宁兴学"，是他主要的教育改革。

（2）改革措施。

①改革太学，创立"三舍法"。三舍法是将太学分为外舍、内舍和上舍，学生依据成绩依次升舍的制度。

②恢复和发展州县地方学校。a. 设置学官全权负责管理当地教育，地方当局不得随意干预学校事务；b. 朝廷为地方学校拨充学田，从而在物质条件上为州县学校的维持提供了保障。

③恢复与创立武学、律学、医学等专门学校，以培养具有一技之长的人才。

④编撰《三经新义》，作为统一教材。为了统一经学，熙宁六年设经义局，王安石亲自修撰《诗经》《尚书》《周礼》三经义，由朝廷正式颁行，成为官方考试、讲经所依据的标准教材。

（3）结果："熙宁兴学"因为王安石被逐出朝廷而半途夭折，但是它将北宋教育事业推进了一大步，并对后来的兴学运动产生了深刻影响。

3. 简述德育过程的定义并说明其规律。

【答】（1）定义：德育过程即依据德育目标，在教师有目的、有计划地教导下，通过学生积极主动地进行道德认知和道德实践，将经过选择的德育内容内化为学生个体的品德素质结构，并使之发生所期望的整体性变化的过程。

（2）规律。

①德育过程是学生在教师引导下的个体品德的自主建构过程。a. 学生对环境影响的主动吸收；b. 教师对学生的积极教导；c. 外部活动与内部活动相互促进。

②德育过程是培养学生知、情、意、行整体和谐的发展过程。a. 思想道德发展具有整体性；b. 德育过程具有多开端性；c. 德育实践具有针对性。

③德育过程是提高学生自我教育能力的过程。自我教育能力主要由自我期望、自我调控、自我评价构成。培养自我教育能力的意义有：a. 自我教育能力是德育的一个重要条件。b. 学生的自我教育能力又是学生思想道德发展过程的一个重要标志。c. 只有能够激发学生进行自我教育的教育，才是真正发挥了学生自主性、能动性和创造性的教育。

4. 简述教师的基本素养，并说明它们之间的关系。

【答】（1）教师的基本素养。（见2014年北京师范大学真题）

（2）关系：这四个方面相辅相成，互相影响，缺一不可，是作为教育者所必不可少的素养，拥有这些素养才能更好地为新时代中国培养社会主义建设者和接班人服务。

三、论述题

1. 分析这位学生的想法，并说明教师应如何引导。

【答】（1）该学生没有意识到上学的价值，把物质的满足等同于人活着的意义，是错误的。

（2）教师应进行言语说服。

①每个人都是有用之才，发现自己的才能是什么，是对自己负责任。教育提供了发现自己才能的机会。如果不上学，在家依靠收房租度过一生，就不能发现自己潜在的才能，更不能对自己的人生负责，而作为年轻人，人生才刚刚开始。

②不管做什么，都需要相应的教育，而在当今社会，最基本的途径是通过上学获得教育。这世界上不存在凭空就能得到好工作的美梦，任何工作都需要学习与付出，哪怕理想是收房租，也要学会识字和算术，也要上学接受教育。

③上学不仅对自己的人生大有裨益，对国家乃至世界的未来也会产生重要影响。对自己而言，上学接受了教育才有可能逐渐领悟到人活着不仅仅是追求物质的满足，不是依靠收房租来获取人生的意义；对国家和世界而言，上学学到的内容，在将来都有可能帮助我们的国家和世界变得更加美好和公平。

2. 韦纳提出了成败归因理论，请说明成败归因理论的基本观点及其教育实践启示。

【答】（1）学生小明在考试不理想后把原因归结于"没有猜中考试题目"，这是一种把失败原因归结于运气的表现。小明和小英一同依靠猜题复习迎考，这也是投机取巧，不能进行正确归因的体现。

（2）基本观点：韦纳的成败归因理论把人们活动的成败分成三个维度，分别是内部归因和外部归因、稳定归因和非稳定归因、可控归因和不可控归因。一个人解释自己的行为结果，将自己的成败归于不同因素，会反过来激发他的动机。按照这种理论，小明把失败的原因归结于运气不好、自己真倒霉，这属于外部的、不稳定的和不可控的归因，因此会产生气愤，从而会降低其学习的积极性。

（3）启示：教师要学会指导学生在成功或失败后正确地归因，引导学生找出成功或失败的真正原因，因材施教，对不同的学生进行不同的归因训练，促使学生继续努力，而不是在考试之前像小明和小英两位学生一样依靠猜题去复习准备。

2020年北京师范大学333教育综合真题·凯程详解

一、名词解释

1.劳动教育

【答】劳动教育是引导学生掌握现代劳动的知识和技能，养成良好的劳动习惯和正确的劳动态度，培养学生科学的劳动价值观的教育。它是全面发展教育的有机组成部分。

2.稷下学宫

【答】稷下学宫是战国时期齐国的一所著名学府，是百家争鸣的中心与缩影。稷下学宫的性质：（1）稷下学宫是一所由官家操办而由私家主持的特殊形式的学校。（2）稷下学宫是一所集讲学、著述、育才活动为一体并兼有咨政议政作用的高等学府，其突出特点是学术自由、尊师重道、待遇优厚、不治而议论，并且在管理规范上有了我国第一个学术守则——《弟子职》。稷下学宫是我国古代出色的教育典范。

3.美国进步主义教育运动（见2014年北京师范大学真题）

4.教育现代化

【答】教育现代化是一个国家教育适应现代社会发展要求所达到的一种较高水平状态，是传统教育在现代社会中的转化，是包括教育思想、教育制度、教育内容、教育方法在内的教育整体转换运动。其核心是人的现代化。

二、简答题

1.简述科学性与思想性相统一的教学原则。（见2011年北京师范大学真题）

2.简述《中庸》的基本教育思想。

【答】（1）《中庸》是《礼记》中的一篇，为"四书"之一，是儒家思孟学派的作品。它主要阐述了先秦儒家的人生哲学和修养问题，提出了"中庸之道"。

（2）教育思想。

①性与教。《中庸》开篇就指出："天命之谓性，率性之谓道，修道之谓教。"所以人性的保存与发展需要教育。

②中庸。孔子提出"中庸"思想，认为中庸是最高的道德准则。中庸即"两端执其中"和"中和"，就是说在政治和道德实践中，杜绝一切过激行为，以恰到好处为处事原则。这也体现出具有保守性和缺乏锐气的弊端。中庸对中国人的民族性格影响巨大。

③"自诚明"与"自明诚"，"尊德性"与"道问学"。人们可以从两条途径得到自身的完善：一是发掘人的内在天性，进而达到对外部世界的体认，这就是"自诚明，谓之性"，或者"尊德性"；二是通过向外部世界的求知，以达到人的内在本性的发扬，这就是"自明诚，谓之教"，或者"道问学"。人无非是通过向外求知以完善本性和向内省察以助于求知来完善自身的。

④"博学之，审问之，慎思之，明辨之，笃行之。"《中庸》把学习过程具体概括为学、问、思、辨、行五个先后相续的步骤，这一表述概括了知识获得过程的基本环节和顺序。

3.简述埃里克森社会发展理论的主要观点。

【答】（1）埃里克森把发展看作一个经过一系列阶段的过程，根据每个阶段不同的危机和冲突，把人的心理发展分为8个阶段：

①信任对怀疑（0～1.5岁）。如果婴儿得到较好的抚养并与父母建立了良好的亲子关系，婴儿将对周围世界产生信任感，否则将产生怀疑和不安。

②自主对羞怯（1.5～3岁）。儿童开始表现出自我控制的需要与倾向，也开始认识到自我照料的责任感。

③主动感对内疚感（3～6、7岁）。本阶段的危机就在于儿童既要保持对活动的热情，又要避免那些会造成危害或可能会被禁止的活动。

④勤奋感对自卑感（6、7～12岁）。本阶段的儿童开始进入学校学习，对学业产生勤奋感，并对集体生活感

到愉快，而面对学业困难时则会导致自卑感。

⑤角色同一性对角色混乱（12~18岁）。少年期和青春初期，此时个体开始体会到自我概念问题的困扰，体验着角色同一与角色混乱的冲突。

⑥亲密感对孤独感（18~30岁）。青年晚期，个体如果能在人际交往中建立正常的友好关系，可形成一种亲密感。如果害怕被他人占有并不愿与人分享便会陷入孤独之中。

⑦繁殖感对停滞感（30~60岁）。中年期和壮年期，发展顺利的个体表现为家庭美满且富有创造力；反之，则陷入自我专注，对他人及后代感情冷漠以至于颓废消极。

⑧完美无憾对悲观绝望（60岁以后）。老年期，如果个体在前几个阶段发展顺利，则在这一时期完全接受自我；相反，没有获得完满感的个体将陷入绝望，并害怕死亡。

（2）埃里克森社会发展理论对教育的启示。

①人格发展理论揭示了人格发展的连续性和阶段性。埃里克森是从个体心理发展的各个层面和相互关系中考察人的社会性发展与道德的形成和发展，而不是孤立地看待它们的发展。

②适当的教育能培养学生解决发展危机的能力，促进个体的发展；不适当的教育会导致危机发生，阻碍个体的发展。埃里克森的理论指出了人生每个阶段的发展任务和所需要的支持帮助，有助于通过教育来改变各阶段所面临的冲突，采取措施，因势利导，对症下药。

4. 简述奥苏伯尔提出的影响有意义接受学习的三大要素。

【答】奥苏伯尔认为，当学生把教学内容与自己的认知结构联系起来时，有意义学习也就发生了。影响有意义接受学习的三大要素：

（1）学习材料的逻辑意义。这种逻辑意义指的是材料本身在人类学习能力范围内的与有关观念可以建立非任意的和实质性的联系。如无意义音节的学习只可能是机械学习。

（2）学习者必须具有有意义学习的心向。学习者必须积极主动地把符号所代表的新知识与学习者认知结构中原有的适当知识加以联系。

（3）学习者认知结构中必须具有适当的知识，以便与新知识进行联系。如果缺乏适当的知识，则无法进行有意义的学习，因为在原有的认知结构中缺乏适当的旧知识，无法与新知识挂钩。

三、论述题

1. 论述班级授课制的时代局限性和变革趋势。

【答】（1）班级授课制的定义：班级授课制是一种集体教学形式，它把一定数量的学生按年龄与已有知识水平编成固定的班级，根据周课表和作息时间表，安排教师有计划地向全班学生集体上课。班级授课制是教学的基本组织形式。

（2）班级授课制的评价。

优点：①把相同或相近年龄和水平的学生组织在一起，教师可同时教授许多学生，具有高效、经济、规范等优点，有利于学生在集体中的相互切磋与启发，有助于学生社会性的健全发展。②教学按规定的课时安排，有利于预定的教学目标和教学任务的顺利完成。③分科教学有利于教师发挥主导作用，教师可以系统地讲授规定的学科内容，学生也可借此获得系统的知识、技能。④按照国家规定的课程标准确定教学内容，可以保证所有公民基础学历的发展。

局限性：①学生主体地位受限，自主创造性不易充分发挥。以书本为中心，忽视学生的实践能力。②坚持统一的教学进度，难以照顾学生的个体差异，容易走向"一刀切"。③班级授课制在某种意义上是应现代工业之科技文明提高效率的需要，所以，容易走向"效率驱动"。

（3）班级授课制的变革趋势。

①对班级授课制进行内部改革。比如缩小班级，增加教师的数量，缩短教学时间，改变座位摆放方式等。

②综合运用多种教学组织形式。如班级授课与个别辅导、分组教学相结合，课堂教学与课外教学相结合，传统的教学形式与现代教育技术相结合。

③探索教学组织形式的新模式。当代社会，单一的班级授课制已经不能满足培养新型人才的需要。因此，可以使整个教学过程个别化，用自学辅导以及借助现代教学技术的程序教学或计算机辅助教学等新的教学组织形式来代替班级授课制。

④利用新型的教学组织形式，如慕课、翻转课堂等方式来弥补班级授课制的缺陷。

2.（1）洛克认为教育的目标是什么？关键是什么？

（2）看似矛盾的地方是什么？为什么洛克说调和了看似矛盾的地方就能觅得教育的真谛？

（3）谈谈你如何看待这对矛盾。

【答】（1）洛克认为教育目标就是发展人的理智，关键是用理智和原则来规范儿童的行为。

（2）看似矛盾的地方是在儿童的约束和放任之间很难找到平衡点，即发展学生的个性和约束儿童的行为之间的矛盾。发展学生的个性和约束儿童的行为相结合能够促进儿童全面自由地向更好的方向发展，因此洛克说调和了看似矛盾的地方能觅得教育的真谛。

（3）发展儿童的个性与约束儿童的行为是辩证统一的关系。

①教育要尊重儿童的个性。儿童是一个正在发展的个体，儿童期不只是为成人期做准备，儿童具有自身存在的价值，儿童不能只是为将来而活着，他们也为现在而生活，他们应当充分享受儿童期的生活，拥有快乐的童年。

②儿童的发展离不开行为的约束。儿童尚处于发展之中，他们在许多方面还不够成熟，如果过分强调个性化，一味强调无条件地尊重个体及其发展，那么人作为社会成员的意义将不能体现。

③尊重儿童的个性发展要与约束儿童的行为相结合。教师不仅要尊重儿童的个性，遵循儿童发展的规律，同时更要注重儿童的活动，树立一个既尊重儿童个性又不偏废人的社会性的儿童观。儿童既是"自然的人"，也是"社会的人"，教育既要尊重儿童的个性，也要约束儿童的行为，符合一定的社会规则。

2021年北京师范大学333教育综合真题·凯程详解

一、名词解释

1. 美育（见2010年东北师范大学真题）

2. 教育评价（见2014年西南大学真题）

3. 新教育运动（见2019年华东师范大学真题）

4. 教育即生长

【答】（1）简介：杜威在批判传统教育的社会本位论和卢梭极端的个人本位论的基础上，提出了"教育即生长"的观点，这是杜威教育目的理论的观点之一。

（2）主要内涵：

①教育要摒弃压抑、阻碍儿童自由发展之物，即杜威反对传统的、远离儿童需要和理解能力的、抽象的、遥远的目的。

②教育的目的就是促进内在本能的生长，满足内在生长的各种需要。

③儿童的内在生长包含了社会化的过程。

④尊重儿童但不放纵儿童。

（3）评价：尊重儿童身心发展的特点是使儿童获得充分生长和发展的重要条件，而儿童的充分生长和发展既是民主社会的要求，也有助于促进民主社会的发展。

二、简答题

1. 简要评析21世纪我国基础教育课程改革的主要内容与成效。

【答】（1）主要内容。（见2010年首都师范大学真题）

（2）成效：新一轮基础教育课程改革在课程理念、课程结构、课程评价、教学方式、学习方式等上更突出了以人为本的价值观，引导学校教育教学发生了鲜明的变化。

①课程改革促进教师专业化成长。课程改革的最大制约点是教师的专业水平。教师需要更新教育观念、需要提高教育能力，需要转变教育行为等，而传统的在职培训、学历达标等继续教育方式已经不能满足这一挑战的需求。新课程实施几年来，课堂教学、教师的教学行为悄然发生着变化。

②学生学习方式发生变化。过去被动、机械、僵化的学习方式变为主动、合作、探究式的学习方式，老师不再是课堂的主宰者、统治者，而是学生的引导者、组织者、合作者。

③课堂教学更加注重效果。传统教学往往只是重视知识的获得，而对于知识的获得过程和获得知识后的应用重视不够，现在的课堂无论是学生提出问题，还是老师和学生合作学习，都离不开解决实际问题，让学生从身边

的生活实际中体会到知识的重要性。

④课堂教学更加注重学生的情感、态度与价值观。新课改要求寓教于乐，寓教于情，以情动人，以情感人。学生能够亲眼看到，体会到的东西都包含着很深的思想、感情，让学生在课堂中参与体会，从而培养正确的情感态度价值观。

⑤课堂教学更加注重学生过程性评价。新课改之后，学生的评价不再仅以学业成绩为标准，还涉及评价思想品德、公民素养、学习能力、交流与合作、审美与表现、运动与健康等多个方面。学生的学习方式也有所改变，强调学生学习的主动性。

2.简述欧洲文艺复兴时期全人教育理想及其影响。（见2019年华中师范大学真题）

3.简述变式练习及其在技能形成过程中的作用。

【答】（1）含义：变式练习是学习以产生式表征的程序性知识的必要条件，它是指在其他教学条件不变的情况下，变化概念和规则的例证。

（2）作用：练习是动作技能形成的必要条件，但是在练习的过程中，容易出现高原现象、起伏现象等，使得练习的成绩出现暂时停顿、不再升高甚至有所下降的情况，此时就需要进行变式练习。如在进行技能训练时，除实际的身体练习外，还可以进行心理练习；在练习方式上，应该将集中练习和分散练习相结合，以达到更好的练习效果，提高技能学习的效率。

4.简述双重编码理论并举例说明。

【答】（1）含义：双重编码理论由心理学家佩维奥提出，他在实验和教学中发现，有丰富形象的材料比纯抽象的材料容易记忆。因此，这一理论的重要原则是：同时以视觉形式和语言形式呈现信息能够增强记忆和识别。

（2）两套编码系统：双重编码理论认为，人的认知系统由两套编码组成，分别是言语编码和非言语编码。言语编码，如文本、声音等，其顺序回忆效果比较好；非言语编码，如图画、拟声等，其自由回忆效果比较好。

据双重编码理论，抽象材料只有言语编码，而形象材料则既有言语编码，又有非言语编码，即有两重记忆痕迹，这种冗余痕迹可以延长记忆，而且在非语言系统中的痕迹似乎更不容易遗忘。

（3）例如，思维导图就是双重编码理论的一个教学应用。从双重编码理论可以看出，思维导图将知识以图的方式表示出来，为基于语言的理解提供了很好的辅助和补充，大大降低了语言通道的认知负荷，加速了思维的发生。

三、论述题

1.结合以上材料，论述你对教育意义和价值的理解。

【答】上述这段材料出自雅斯贝尔斯的著作——《什么是教育》。

（1）对个体来说，教育的意义和价值首先在于涵养人的整体智慧，促进人的精神成长，使人精神成人。随着年龄的增长，儿童会成长为大人，这是生物学意义上的成人，但要使人精神成人则要通过教育。正如材料中所提到的那样，如果教育只是将青年人培养成有用的人才，只是为了培养服务于某些目的的专业工人，那么这样的教育就谈不上是真正的教育。在雅斯贝尔斯看来，一味地专业技术训练只能将人制造成最有用的工具，而如果一个国家想要振兴，就要让教育的内涵超越实用的专业技术教育，上升到培育人的精神、安顿人的心灵的高度，以此接近教育的本质。

雅斯贝尔斯认为："我们创建学校的目的是将历史上人类的精神内涵转化为当下生机勃勃的精神，并通过这一精神引导学生掌握知识和技术。"讲授亚里士多德是希望后代拥有不断探索的精神，讲授苏格拉底是希望后代拥有质疑精神……正是通过教育，将一代一代的新人带入人类优秀的文化精神中，让他们在完整的精神中生活、工作和学习。具有完整精神的人可以说相应地具备了健全的人格，这样的人"身有所为，心有所安"，他能对自己生活的意义进行严肃的思考，准确地找到自己的安身立命之本，并在不断的探索中充分发挥自己的潜能，实现自己的人生价值。

（2）对社会而言，教育有助于社会的发展和文明的构建。随着科技的发展，我们逐渐地步入了韦伯所说的理性化、祛魅化的时代。解蔽与祛魅在给人们带来物质和精神文化成就的同时，也带来许多深远的危机。如果不对这些危机加以察觉，将逐渐导致人的异化，而人的异化又易导致一个丧失活力、机械化的社会的形成。教育的意义和价值就在于提醒人们不断地反观自身、反观社会、反观文明，在拥有工具理性的同时，也不丧失对价值理性的追寻；在求真的同时，又不忘对善与美的呵护。教育是时代的平衡器。通过教育，使人回归本身；通过教育，使人精神成人，而这样的个体必将焕发出强大的活力和创造力，从而构建出一个更有活力、多样化的文明社会。

2.评述蔡元培"思想自由，兼容并包"的思想、教育实践及影响。（见2011年北京师范大学真题）

2022 年北京师范大学 333 教育综合真题·凯程详解

一、名词解释

1.《白鹿洞书院揭示》（见 2013 年西北师范大学真题）

2.义务教育（见 2012 年东北师范大学真题）

3.自由"七艺"（见 2016 年华东师范大学真题）

4.皮革马利翁效应（见 2012 年首都师范大学真题）

二、简答题

1.简述韩愈的教师思想。（见 2018 年北京师范大学真题）

2.简述我国教育目的的基本要求和基本精神。（见 2012 年北京师范大学真题）

3.简述影响课程实施的主要因素。（见 2013 年江西师范大学真题）

4.简述赫尔巴特的教育性教学思想及其意义。（见 2011 年杭州师范大学真题）

三、论述题

1.结合现实说说德育与教学关系的认识。（见 2010 年陕西师范大学真题）

2.某中学给学生做了心理测试，把学生的认知方式分为场独立型和场依存型，A 老师建议给班主任也做测试划分类型，同类老师和学生分到一个班级更合拍。请从个别差异和因材施教的角度来评价 A 老师的建议。

【答】对 A 老师的建议的评价如下：

（1）每个个体都有自身的独特性，世界上找不到完全相同的两个人。这就需要教育者在个体的差异性中增加针对性，进行因材施教。所以在班级分班的时候，可能更需要让场独立型、场依存型的学生混合在一起，使他们相互学习。同时要求教师要了解学生的个体差异，按照教育对象的不同提供不同的学习需求，做到因材施教，这样才能灵活处理教育问题，实施有效教学。

（2）教师在进行教学的时候要明确适应认知方式的两类教学策略。一种是匹配策略，即采用与学习风格一致的教学策略；另一种是失配策略，即采取学生缺乏的认知风格进行教学，这是一种弥补性的教学策略。学生认知类型的多样性要求教师在教学当中必须改变单一的教学风格，采用多种教学方法，组织多样化的教学活动来满足和弥补不同学习者的需要。

（3）因此，一个班级在分班的时候，不要完全按照学生是场独立型还是场依存型的认知方式来分班。在一个班级内部，老师要善于发现学生是场依存型的还是场独立型的，让匹配策略和失配策略都共同作用于一个学生，才能真正达到因材施教的效果。

华东师范大学

2010 年华东师范大学 333 教育综合真题·凯程详解

一、名词解释

1.教育目的（见 2015 年北京师范大学真题）

2.双轨制（见 2017 年北京师范大学真题）

3.京师同文馆（见 2012 年北京师范大学真题）

4.活教育

【答】著名教育家、儿童心理学家陈鹤琴提出了教师如何"教活书、活教书、教书活"与学生如何"读活书、活读书、读书活"的问题，并在总结自己以往教育实践和思想的基础上，明确提出"活教育"的理论。"做人，做中国人，做现代中国人"是陈鹤琴"活教育"的目的论；他主张"大自然、大社会都是活教材"的课程理论；

教学论的基本原则就是"做中教，做中学，做中求进步"。

5. 骑士教育

【答】骑士教育是西欧中世纪封建社会等级制度的产物，是一种特殊的家庭教育形式，是中世纪世俗教育的一种主要形式，主要目标是培养英勇善战、忠君敬主的骑士精神和技能。骑士教育重在灌输服从与效忠统治阶级的思想，训练勇猛作战的本领，培养封建统治阶级的忠实保卫者，不重视文化知识。这种状况是由当时社会生产、生活水平的低下和西欧封建社会的阶级关系的特点所决定的。

6.《莫雷尔法案》

【答】1862年，林肯总统批准了议员莫雷尔提议的《莫雷尔法案》(也称《莫里尔法》)。该法案规定，联邦政府按各州在国会的议员人数，拨给每位议员三万英亩土地，各州应将赠地收入用于开办或资助农业和机械工艺学院，又称赠地学院。赠地学院的诞生及发展确立了农业与工艺学科及与之相关的应用科学研究在美国高等学校中的地位，促进了美国高等教育的民主化和大众化，打破了美国联邦政府不过问教育的传统，使高等学校与联邦政府的关系进入了一个新时期。

二、简答题

1. 举例说明螺旋式课程内容组织及其依据和适用性。

【答】(1) 螺旋式课程的内涵。

布鲁纳在《教育过程》中提出了螺旋式课程。所谓螺旋式课程就是把与儿童思维方式相符的形式学科结构置于课程的中心地位，随着年级的提升，不断拓展、加深学科的基本结构，使之在课程中呈螺旋式上升的态势。如某门学科在基础教育阶段不只安排一次，但几次安排均依照基本结构进行，层层提升并层层深化，形成螺旋式发展格局。

(2) 螺旋式课程的内容组织。

①学科的基本原理及概念的螺旋式组织；②学习与探究态度的螺旋式组织。

(3) 螺旋式课程的依据。

①关于"学习准备"的理念；②现代课程重视学科结构的价值。

(4) 螺旋式课程的适用性。

螺旋式课程的理论性较强，对于学生不易理解、掌握的内容，尤其对低年级的学生来说，螺旋式课程比较适合。其实，即使在同一课程的内容体系中，直线式和螺旋式都是必不可少的。

2. 何谓发展性教学原则？在教学中遵循发展性教学原则有哪些基本要求？（见2017年北京师范大学真题）

3. 举例说明学校实施德育的途径。（见2014年北京师范大学真题）

4. 简述埃里克森人格发展理论的教育意义。（见2020年北京师范大学真题）

三、论述题

1. 试分析学校转型变革背景下教师的基本素养。（见2014年北京师范大学真题）

2. 阅读以下材料，分析和评论其中的教育思想。

【答】(1) 这段话出自《学记》。《学记》是我国战国后期重要的儒学著作，而且是世界上最早的论述教育教学问题的专著，第一次从理论上进行了较为全面系统的总结，被称为"教育学的雏形"。相传作者是乐正克，材料中的这段话体现的教育思想是"教学相长"。

(2) "教学相长"的内涵。

原意是教师以教为学，促进教师的发展。后来引申为教师与学生的相互促进。这段话着重阐述了学生只有学习了，才会知道自己的不足，知道了不足才会完善学习。教师只有在教学的过程中，才会发现自己的困惑，有了困惑，才会进一步想办法解决困惑。教学过程是教师和学生相互促进、共同发展的过程。"教学相长"是一个重要的教学原则，也是良好师生关系的体现。

(3) "教学相长"教学原则的意义和作用。

①能有效地促进教师教学水平的提高；②学生可以在教师的帮助下，获得学业进步；③很好地体现了现代提倡的新型的师生观，通过教学相长，有助于建立平等、民主、和谐的师生关系；④是实践终身教育的重要方法；⑤包含着教师要乐教、乐思，学生要乐学、乐思，师生民主的交流与对话的思想。

3. 试述永恒主义教育理论及其对当代世界教育实践的影响。

【答】(1) 在现代欧美教育思潮中，永恒主义教育是一种提倡复古的教育思想。它形成于20世纪30年代，代表人物是美国教育家赫钦斯和阿德勒、英国教育家利文斯通、法国教育家阿兰等。

（2）永恒主义教育的主要观点。

①教育的性质永恒不变。每个时代和每个地方的教育，本质上都是建立在永恒不变的人性基础上并表现和发展这种人性的教育。

②教育的目的就是理性的培养。教育应该以发展人的理性和智慧为目标，通过了解人类文化遗产中的精华，使学生成为有理性精神的公民。

③永恒的古典学科应该在学校课程中占有中心地位。所谓的"永恒学科"就是指历史上伟大思想家的著作，尤其是经历许多世纪的古典名著。学生应该从由"永恒学科"组成的"永恒课程"中汲取那些永恒的东西。

④提倡学习和钻研古典名著。学生应该背熟许多重要段落，深刻理解其内容和精神，并在各方面模仿伟大的思想家。

（3）对当代世界教育实践的影响：

①对当代世界教育实践影响的积极方面：一是重视古典学科的教育内容；二是重视教师教学的重要性；三是重视人性本身。在教育实践中，提倡人性化的教育，最终达到人性的自我实现、人的进步和完善。

②对当代世界教育实践影响的局限性：作为一种教育哲学思想的永恒主义教育在教育理论上有一定影响，但是由于永恒主义教育的复古态度遭到了许多人的批判，其在教育实践中的影响范围不大，主要局限于大学和上层知识界中的少数人。

4.结合学习实例，论述问题解决过程中各阶段的主要策略。

【答】（1）基克等人认为一般性问题解决的策略包括四个阶段，他们提出了一种问题解决过程的模式。

（2）四个阶段的内容。

①理解和表征问题阶段。将问题的情境转化为内部的心理结构。解决问题的第一步是确定问题到底是什么，也就是要识别与问题相关的信息。这一阶段包括：识别有效信息、理解信息含义、整体表征和问题归类。

②寻求解答阶段。在问题表征阶段，个体有可能凭借与之熟悉的问题直接提取相应的策略来解决现有的问题。若无这种经验，个体便不得不制订计划，如建立解决问题的子目标层级，或选择相应的解决策略。在寻求解答时，可能存在这样两种一般的途径：算法式和启发式。

a.算法式。就是为了达到某一个目标或解决某一个问题而采取的一步一步的程序。

b.启发式。就是使用一般的策略试图去解决问题。这种一般的策略可能会得出正确的答案。常用的启发式方法有：手段—目的分析法、逆向反推法、爬山法、类比思维法等。

③执行计划或尝试某种解答阶段。在对问题做出表征并选择某种解决方案后，个体要执行这一计划，尝试解答。

④评价结果阶段。在选择并运用某种解题策略之后，个体应对这一策略运用的结果做出评价，这一过程包括检查与答案相一致或相矛盾的地方。

2011年华东师范大学333教育综合真题·凯程详解

一、名词解释

1.教育先行

【答】教育先行是一种发展战略，即教育发展先于其他行业或者经济发展的现有状态而发展。主要是因为人的素质在社会主义现代化建设中的基础性作用，而教育又在于培养人。教育的发展对社会主义现代化建设具有引领作用。同时，教育的发展关乎社会主义现代化建设的方方面面，具有全局性的影响。因此，很多国家采取了教育先行的发展模式。但是这里的发展不是教育过度的超前发展，也不是教育的盲目发展，而是一种适度发展。

2.教育目的的社会本位论

【答】教育目的的社会本位论也称国家本位论，其主要代表人物有柏拉图、凯兴斯泰纳、涂尔干等。主要观点是：教育目的的制定应该从社会需要出发，根据社会需要来确定；教育的最高目的在于使个人成为国家的合格公民；社会价值高于个人价值，相对于个体而言，国家或社会是绝对的和优先的价值实体。社会本位论在当代有助于动员国家和社会资源来发展教育事业，但是它忽视了个体的价值，否认了个体在社会和国家生活中的积极能动作用，完全将受教育者当成等待被加工的"原料"，违背了教育的人道主义原则。

3.终身教育

【答】终身教育包括教育的各个方面、各项内容，从一个人出生的那一刻起一直到生命终结时为止的不间断的发展，也包括了在教育发展过程中的各个阶段之间紧密而有机的内在联系。终身教育没有固定的内容和方法，任务是学会学习，目标是培养新人和实现教育民主化。终身教育是未来教育发展的战略，它对实现教育机会均等和建立学习型社会有积极意义。

4.教师专业性发展

【答】教师专业性发展指的是教师以自身专业素质包括知识、技能和情意等方面的提高与完善为基础的专业成长、专业成熟过程，是由非专业人员转向专业人员的过程。教师专业性发展既包括教师队伍的专业发展，也包括教师个体的专业发展。

5.最近发展区（见 2011 年北京师范大学真题）

6.先行组织者（见 2010 年北京师范大学真题）

二、简答题

1.简述活动课程的特点。（见 2010 年北京师范大学真题）

2.简述集体教育原则的基本要求。

【答】（1）集体教育原则是指进行德育要注意依靠学生集体、通过集体进行教育，以便充分发挥学生集体在教育中的巨大作用。

（2）贯彻集体教育原则的基本要求。

①引导学生关心、热爱集体，为建设良好的集体而努力。

②通过集体教育学生个人，通过学生个人的转变影响集体。

③把教师的主导作用与集体的教育力量结合起来进行教育。

3.简述陶行知"生活教育"的基本内容。（见 2014 年北京师范大学真题）

4.简述人文主义教育的基本特征。

【答】（1）文艺复兴运动是欧洲新兴资产阶级在意识形态领域向封建主义和基督教神学体系发动的一场伟大的文化革命运动，人文主义是这场运动的旗帜。

（2）人文主义教育的特征。

①人本主义。在培养目标上注重个性发展，在教学方法上反对禁欲主义，尊重儿童天性，坚信通过教育力量，可以重塑个人、改造社会和自然，人的力量、人的价值被充分肯定。

②古典主义。人文主义教育思想吸收了许多古人的见解，人文主义教育实践尤其是课程设置已具有古典性质，但非纯粹复古，而是古为今用，这在当时是一种进步。

③世俗性。不论是从教育目的还是从课程设置等方面看，人文主义教育都充溢着浓厚的世俗精神，关注人道而非神道，教育更关注今生而非来世，与中世纪教育有巨大的区别。

④宗教性。人文主义教育家虽抨击教会的弊端，但不反对宗教，更不打算消灭宗教，希望以世俗和人文精神改造中世纪陈腐专横的宗教性，以造就更富世俗和人性色彩的宗教性。

⑤贵族性。这是由文艺复兴运动的性质决定的。人文主义教育对象主要是上层子弟；教育形式多为宫廷教育和家庭教育；教育的目的主要是培养上层人物，如君主、侍臣、绅士等。

三、论述题

1.针对班级授课制的优缺点探讨教学组织形式的改革方向。（见 2020 年北京师范大学真题）

2.评述韩愈《师说》中的教师观。（见 2018 年北京师范大学真题）

3.评述赫尔巴特的课程理论。

【答】赫尔巴特的课程理论主要包括三个方面的主张：

（1）课程内容的选择必须与儿童的经验和兴趣相一致。

①经验：儿童在日常生活中获得的经验是教学活动赖以进行的基础，但儿童早期的经验并不是完美无缺的（分散、杂乱），需要通过教学加以补充和整理，反映在教材中则为直观教材。

②兴趣：兴趣存在于经验之中。因此，只有与儿童经验相联系的内容，才能引起儿童浓厚的兴趣。它能使儿童保持意识的警觉状态，从而更好地接受教材。

③兴趣课程体系。赫尔巴特把多种多样的兴趣分为两大类——经验的兴趣和同情的兴趣。其中经验的兴趣包括经验的、思辨的、审美的兴趣；同情的兴趣包括同情的、社会的和宗教的兴趣。各种经验、兴趣有对应开设的课程，如对应经验的兴趣，应该开设自然、物理、化学、地理等课程。

（2）第二个基本主张是根据统觉的研究得出的。

新的观念和知识总是在原有的理智背景中形成的，是以原有观念和知识为基础产生的。课程的安排应当使儿童能够不断地从熟悉的材料逐步过渡到密切相关但还不熟悉的材料。据此，赫尔巴特提出了"相关"与"集中"的课程设计原则。

（3）课程应与儿童的发展相呼应。

文化纪元理论是课程设计和选择课程的基础。文化纪元理论认为，在人类历史早期，感觉在人的认识中起主导地位。在这之后，想象逐渐发展起来，人类的想象力在诗与神话中得到了完美的体现。最后，当理性发展起来时，人类就进入到成年。不同时代的文化成果集中反映了人类认识的不同发展水平。儿童个性和认识的发展重复了种族发展的过程，需要把儿童发展和课程联系起来。

4.论述精细加工策略及其教学要求。

【答】（1）所谓精细加工策略，主要指对学习材料进行深入细致的分析加工，理解其内在的深层意义，促进记忆的学习策略，即通过联系新学的知识与已有知识，增加新信息的意义。也就是说，我们运用已有的图式和已有的知识使信息合理化。通常精细加工策略就是我们所说的记忆方法。

（2）精细加工策略的内容。

①简单知识的精细加工策略。

对于简单的知识，精细加工策略是非常有效的。记忆术是一种常用的有效策略。比较流行的精细加工策略主要有位置记忆法、首字联词法、限定词法、关键词法等。

②复杂知识的精细加工策略。

对复杂知识进行精细加工，主要有以下几个方法：a.做笔记。从信息加工的角度来看，做笔记有助于对材料进行编码，同时还具有外部存储的功能，主要包括做笔记摘抄、评注、加标题、写段落概括语以及写结构提纲等活动。b.联系生活实际。在学习过程中，教师不仅要帮助学生理解所学知识的意义，更要让学生感受到这些知识的价值，教会学生如何利用这些所学的知识，并将知识迁移到课堂之外的环境中去。c.利用背景知识。在对复杂信息进行加工时，背景知识有助于把新旧知识联系起来，从而加深对新知识的理解，因此它具有非常重要的作用。d.提问策略。

（3）在我们的教学中，对精细加工策略的教学要求有以下四点：

①作为教师要善于运用精细加工策略，这可以提高教师的个体专业化水平。同时，教师要把自己精细加工的知识告诉学生。

②教师所教授的知识应经过各种精细加工，再呈现给学生，帮助学生理解和记忆知识。这样可以提高教学效率，更好地帮助学生同化和顺应知识。

③教师还应该把精细加工策略教给学生，让学生可以自己对知识进行精细加工。

④教师应该主动地创设一些问题情境，这些问题情境可以帮助学生对知识进行精细加工。

2012年华东师范大学333教育综合真题·凯程详解

一、名词解释

1.教育制度

【答】教育制度是一个国家各级各类教育机构与组织的体系及其管理规则。它包括两个基本方面：一是各级各类教育机构与组织；二是教育机构与组织赖以存在和运行的一整套规则。教育机构系统又包括两部分：一是教育的施教机构系统；二是教育的管理机构系统。教育制度具有客观性、规范性、历史性和强制性的特点。

2.综合课程

【答】所谓综合课程，也叫"广域课程""统合课程"或"合成课程"，是打破传统的学科课程的知识领域，组合相邻领域的学科构成一门学科的课程，其根本目的是克服学科课程分科过细的特点。

3.产婆术（见2011年北京师范大学真题）

4.绅士教育

【答】洛克所倡导的绅士教育是一种资产阶级贵族化的教育。该教育主张把贵族子弟培养成身体强健，举止优雅，有德行、智慧和才干的绅士。这种教育只能通过家庭教育来进行。在教育内容上，主张对贵族子弟实行体育、德育、智育的教育内容。洛克的绅士教育思想以其世俗化、功利性为显著特点。

5. "六艺" 教育

【答】"六艺" 具体指礼、乐、射、御、书、数，是西周时期主要的教育内容。礼，即道德规范和礼仪；乐，即艺术教育，包括诗歌、音乐等；射，即拉弓射箭的技术训练；御，即驾驭马战车的技术；书，即文字读写；数，即算法。其中礼、乐教育是 "六艺" 教育的中心。"六艺" 教育体现了文武兼备、诸育兼顾的特点。此外，西汉后，将孔子编订的 "六经"（《诗》《书》《礼》《易》《乐》《春秋》）也称为 "六艺"。

6. 1922 年 "新学制"（见 2010 年北京师范大学真题）

二、简答题

1. 简述教学模式的结构。

【答】教学模式是指在某一教学思想和教学原理的指导下，围绕某一主题，为实现教学目标而形成的相对稳定的规范化教学程序和操作体系。教学模式包括五个因素，这五个因素之间有规律的联系就是教学模式的结构，分别是：（1）理论依据。（2）教学目标。教学目标在教学模式的结构中处于核心地位。（3）操作程序或步骤。（4）实现条件。（5）教学评价。

2. 举例说明道德教育的社会学习模式。

【答】（1）德育的社会学习模式由班杜拉提出，强调人类行为是个体和环境交互作用的产物。人通过观察和模仿他人行为而获得知识、技能和行为习惯，即儿童通过替代强化而获得道德行为。所谓替代强化就是儿童通过对他人的行为强化（包括正强化和负强化）进行模仿，从而改变自己的行为。

（2）评价。这一模式的优点是强调成人与环境对儿童道德行为形成的作用，这符合教育规律的理论认识。同时，特别强调动机的激发以及动机对维持某特定行为的作用，这也是值得我们借鉴的。但是该模式忽略了儿童身心发展的 "成熟性" 和 "阶段性"。

（3）举例。学生观察到没有做完作业的学生被老师批评了，其他学生很大程度上都会好好完成作业，争取自己不被批评。学生观察到有学生认真完成作业，就会获得老师的表扬和奖励，他们也会积极完成作业，希望自己像替代强化榜样那样，获得表扬和奖励。

3. 简述教师的专业素养。（见 2014 年北京师范大学真题）

4. 简述奥苏伯尔的先行组织者策略。

【答】奥苏伯尔认为影响接受学习的关键因素是认知结构中起固定作用的观念。为此。他提出了先行组织者的教学策略。

（1）含义：先行组织者是指先于学习任务本身呈现的一种引导性材料。它的抽象、概括和综合水平高于学习任务，并且与认知结构中原有的观念和新的学习任务相关联。

（2）目的：为新的学习任务和旧知识之间搭建一座桥梁，为新的学习任务提供观念上的固着点，增加新旧知识之间的可辨别性，以促进类属性的学习。

（3）分类：组织者可分为两类。第一类是陈述性组织者。陈述性组织者的目的在于为新的知识提供最适当的类属者，与新的知识产生上位关系。如先学习地形，再举山脉、高原、平原的例子。第二类是比较性组织者。比较性组织者是比较新材料和已有认知结构中相类似的材料，目的在于增强新旧知识的可辨别性。如教师在讲授佛教之前，先比较佛教和基督教的异同。

三、论述题

1. 评述课程编制的泰勒原理。

【答】（1）泰勒指出开发任何课程和教学计划都必须回答四个基本问题：学校应该试图达到哪些教育目标（确定教育目标）；提供什么样的教育经验最有可能达到这些目标（选择教育经验）；怎样有效组织这些教育经验（组织教育经验）；如何确定这些目标正在得以实现（评价教育计划）。这四个基本问题构成著名的 "泰勒原理"。

（2）四个问题的关系。

确定教育目标是课程开发的出发点，也是课程开发的归宿；选择教育经验和组织教育经验是主体环节，指向教育目标的实现；评价教育计划是整个系统运行的基本保证。目标因素构成课程开发的核心。

（3）泰勒原理的贡献与局限。

贡献：①泰勒原理一直被作为课程开发的基本框架，它确定了课程开发与研究的基本思路和范围，综合了当时有影响的教育学流派和思想，囊括了课程开发的诸多重要因素，形成了一个系统的模式，简洁明了。②泰勒原理为我们提供了一个课程分析的可行思路，具有逻辑严密的课程编制程序以及引导性和调控性，各程序层次分明，具有较强的系统性。

局限：泰勒原理是课程开发的一个非常理性的框架，它不可避免地带有那个时代"科学至上"的印记；预先确定严格的行为目标与手段，也不利于发挥教师与学生的主动性与积极性。

2.评述卢梭自然主义教育思想及其影响。

【答】（1）自然主义教育的基本含义。

卢梭的"自然教育"就是服从自然的法则，顺应儿童天性的发展进程，促进儿童身心自然发展的教育。如果以成人的偏见加以干涉，结果只会破坏自然的法则，从根本上毁坏儿童。教师的作用只是要防范不良环境的影响，是消极的，因而他常提及"消极教育"。

（2）自然主义教育的培养目标。

自然主义教育的目的是培养"自然人"，即完全自由成长、身心和谐发展、能自食其力、不受传统束缚、能够适应社会生活的一代新人。

（3）自然主义教育的方法原则。

①正确看待儿童。这是自然教育的一个必要前提。

②给儿童以充分的自由。遵循儿童的自然天性，成人不干预、不灌输、不压制，让儿童遵循自然率性发展。

（4）自然主义教育的实施。

卢梭认为人的发展应该分为四个阶段：婴儿期（0～2岁），主要进行体育；儿童期（2～12岁），又称"理智睡眠期"，进行感官训练并继续发展身体；青年期（12～15岁），进行智育和劳动教育；青春期（15～20岁），进行道德教育。

（5）对自然主义教育的评价。

①积极意义：卢梭教育思想的基本内容是高度尊重儿童的天性，倡导的是自然主义和儿童本位主义的教育观，是现代教育思想的重要来源。他系统地论述了自然主义的教育思路，提倡性善论，反对封建社会对人性的压制，具有历史进步意义。

②消极意义：对儿童的天性认识过于理想化，过分强调儿童在活动中的自然成长，忽视社会的影响和人类文化传统的教育作用；过高估计儿童的直接经验，忽视学习系统的书本知识。

3.试论"五四"期间新文化思想对教育改革的影响。

【答】（1）新文化运动对封建传统教育进行了猛烈的抨击，对我国教育改革产生了巨大的影响。

（2）主要表现。

①促使我国教育观念发生很大的变革。

a.教育的个性化。人人都享有平等、自由的教育机会；要求教育尊重个人，以儿童为中心；使每个受教育者各尽其性，发挥最优本能为社会做贡献；学生应该主动求学，加强自我管理。

b.教育的平民化。平民教育思想发展为一场思潮。要求通过教育解决民众之苦，挖掘民众的无限智能，帮助民众改善其生存能力，让大众都能享受到教育。

c.教育的实用化。教育对培养学生的生存能力，发展社会生产力有重要作用；全面改革学校，强调学生主动、创造地学习和培养其操作能力，培养对社会有用的人才。

d.教育的科学化。促进教育内容、方法等科学化，用科学知识培养人才，加强科学知识的普及和教育；主张用科学方法研究教育，用科学手段管理教育，让教育活动更有理论指导性和研究推广性。

②促使我国教育实践领域发生很大的变革。

a.恢复民国初年教育宗旨。主张"养成共和国民健全之人格"，体现时代性，在教育内容上反对学习古文，主张废除读经课，要求恢复民国初年的教育方针，更突出资产阶级的发展要求。

b.有利于促进我国教育普及。在民主教育思潮的推动下，义务教育得到大力发展，中等教育规模扩大，明确提出中学教育要兼顾就业与升学的重任。

c.改革我国的教育内容，推行白话文和国语教育。首先，学校教育中逐渐使用白话文，一些优秀的文学作品成为理想的国语教材和课外读物，为推广国语和普及义务教育创造了条件；其次，中等教育专注科学与实用。

d.大力改革师范教育和大学。提出普遍建立师范学校，培养优秀师资力量。建立了一批重点师范院校。蔡元培改革北大，提出了"思想自由，兼容并包"的办学原则，引领了中国新式大学的发展方式和民主气息。

（3）影响。

总之，正是在教育个性化、科学化、实用化、平民化以及各种教育实践的推动下，我国在20世纪20年代出现了多元化的教育思潮，如平民教育思潮、工读主义教育思潮、职业教育思潮、乡村教育思潮、科学教育思潮和教育救国思潮等，都把教育和祖国命运连接在一起，呼唤一个新时代的到来。

4.试论学习动机的培养和激发。

【答】（1）创设问题情境，实施启发式教学。根据成就动机理论，问题的难度系数为50%时，挑战性与胜任力同在，最容易激发学生的学习动机。

（2）根据作业难度，恰当控制动机水平。学习动机与学习效果并不总是成正比的，根据耶克斯－多德森定律，最佳的动机水平与作业难度密切相关。对于简单、容易的任务，尽量让学生集中注意力、紧张一些；对于复杂、困难的任务，则要尽量创造轻松自由的气氛。

（3）充分利用反馈信息，给予恰当的评价。一方面可以调整学习活动，另一方面可以增强学习动机。不恰当的评定会有消极的作用，如使学生过分关注结果，抑制内在动机等。因此，在评价时应该注意用评价表示进步的快慢，根据学生的个别差异加上恰当的评语。

（4）妥善进行奖惩，维护内部学习动机。此步骤涉及的三条原理为：奖励能激发动机，惩罚则不能；滥用外部奖励会破坏内部动机，奖惩影响成就目标的形成；表扬应该针对学生的具体行为，而不是整个人，态度要真诚，要强调学生的努力。

（5）合理设置课堂环境，妥善处理竞争与合作。

（6）坚持以内部动机作用为主，外部动机作用为辅。

（7）适当地进行归因训练，促使学生继续努力。指导学生进行积极的成败归因，有时候，积极比正确更重要，尤其是差生，要引导其将失败归因于不够努力，而不是能力不足。

（8）注意学生的个别差异，因材施教。

（9）注意内外部动机的相互补充，相辅相成。

（10）加强自我效能感。引起和增强学生的自我效能感，有利于培养学生的学习动机，为此我们要做好以下三个方面：直接经验训练；间接经验训练；说服教育。

2013年华东师范大学333教育综合真题·凯程详解

一、名词解释

1.分支型学制

【答】分支型学制是在苏联发展起来的，它既有单轨学制的特点又有双轨学制的特点。它一开始并不分轨，而且职业学校的毕业生也有权进入对口的高等学校学习。苏联的分支型学制的前段（小学、初中阶段）是单轨，后段分叉，是介于双轨学制和单轨学制之间的分支型学制。苏联的分支型学制的中学，上通（高等学校）下达（初等学校），左（中等专业学校）右（中等职业技术学校）畅通，这是苏联型学制的优点和特点。

2.教育目的（见2015年北京师范大学真题）

3.课程方案

【答】课程方案也称课程计划，是指教育机构或学校为了实现教育目的而制定的有关课程设置的文件。普通小学与中学的课程方案，是指在国家教育目的与方针的指导下，为实现各级基础教育的目标，由国家教育主管部门制定的有关课程设置、顺序、学时分配以及课程管理等方面的政策性文件。

4.教学评价（见2015年北京师范大学真题）

5.人文主义教育

【答】人文主义是文艺复兴时期最重要的文化标志，表现在教育方面就是人文主义教育。其内涵是：歌颂、赞扬人的价值和尊严；宣扬人的思想解放与个性自由；肯定现世生活的价值和尘世的享乐；提倡学术，尊崇理性。经历了早期意大利和北欧人文主义的发展，到后期以法国为阵地，以人文主义、古典主义、世俗性、贵族性和宗教性为特征。人文主义教育复兴了古典的培养身心全面和谐发展的完人的教育理想，要求培养具有资产阶级绅士的品质。

6.道尔顿制（见2011年北京师范大学真题）

二、简答题

1.简述教育的社会流动功能。（见2010年北京师范大学真题）
2.简述蔡元培的高等教育实践对我国现代大学发展的意义。

【答】（1）大学应当以研究学问为第一要义。大学不是灌输知识的场所，教师和学生都应当热爱学问，培养自己的学者风范。

（2）大学以引领社会、服务社会为职责，应当担起带领社会风气的责任。作为高级知识分子聚集的地方，大学代表着一个社会最高层次群体的精神面貌，也是一个国家精神面貌的标志，应当有强烈的责任心来维持这种良好的精神状态。

（3）大学教育的目的是育人而非制器。教育要以养成学生的健全人格为宗旨。教育要帮助学生发展能力、完善人格，在人类文化上尽一份责任的同时也兼顾学生的技能和道德教育。

（4）大学的管理者、办学者，应当好好审视大学的意义、角色，做好正确的定位，只有把握好大学应有的特点、应做的事，才能真正把教育办好，把学校办活。

3.简述建构主义学习观。

【答】（1）知识观。知识它并不是问题的最终答案。学生对知识的"接受"只能靠他自己的建构来完成，以他们自己的经验、信念为背景来分析知识的合理性。学生的学习不仅是对新知识的理解，而且是对新知识的分析、检验和批判。

（2）学习观。学习不是由教师向学生传递知识的过程，而是学生建构自己的知识的过程。学生不是被动的信息接收者，而是有意识的主动建构者，这种建构不可能由其他人代替。学习者的知识建构过程具有三个重要特征：

①学习的主动建构性：面对新信息和新命题，学生都以原有的知识经验为基础建构自己的理解。学习是个体建构自己的知识的过程，即学习要对外部信息做主动的选择和加工。

②学习的社会互动性：学习任务是通过各成员在学习过程中的沟通交流、共同分享学习资源完成的。

③学习的情境性：知识并不是脱离活动情境而抽象地存在，知识只有通过实际情境中的应用活动才能真正被人理解。学习应该与情境化的社会实践活动结合起来

（3）学生观。学生并不是空着脑袋走进教室的。在教学过程中，要把学生现有的知识经验作为新知识的生长点，避免将教学看成知识的传递，而要将其视为知识处理和转换的过程。

（4）教学观。建构主义强调帮助学生从现有的知识经验出发，在真实情境中，通过操作、对话、协作等进行意义建构。所以，建构主义提倡让学生通过问题解决来学习，要激发学生学习的积极性和探索精神，培养学生的问题解决能力和创造性。

三、论述题

1.评述结构主义教育。

【答】（1）结构主义学习理论的主要代表人物是布鲁纳，他反对以强化为主的程序教学，倡导发现学习，强调学科结构在学生认知结构形成中的重要作用。

（2）主要观点。

①强调教育和教学应重视学生的智能发展。结构主义教育家认为教育教学的最终目的是促进学生认知的发展，这也是完善智慧的过程。这一过程需要教育者引导学生不断地实现知识向能力的转化。

②注重教授各门学科的基本结构。所谓学科的基本结构，指一门学科的基本概念、定义、原理、原则和方法，掌握学科的基本结构有助于理解和把握整个学科的内容。

③主张学科基础的早期学习。结构主义教育家十分注重学生的早期学习，学生认知发展的每个阶段都有认识和理解世界的独特方式，任何一门学科的基础知识都能以一定的形式教给任何阶段的任何学生。

④提倡"发现学习法"。对学生来说，最重要的是要学会学习，使用发现法就是由学生自主探究知识、发现知识的过程。

⑤教师是结构教学中的主要辅助者。学生都是在教师的引导下进而发现知识的。

（3）评价。

优点：结构主义弥补了建构主义的不足，以发现学习为教学法则，教师在教学中充当学习的设计者和指导者，为学生提供完整、丰富的材料。这样就确保学生学到系统的知识，不用走前人的老路去寻找已有的真理。

局限性：结构主义在注重学生先前经验，以及发挥和提倡学生主导性方面做得较差。虽然它提倡学生主动学习，但学习内容是外界既定的"真理"，常常给学生套上固定的解释和领会，不允许有个性化的想法，设定标准答案等。这些都是结构教学存在的弊端。

2.论述社会变迁对教师角色及教师专业发展的具体影响。

【答】随着社会的变迁，教师角色和教师专业发展都发生了重大的变化。

（1）教师角色的变化。

教师不再仅仅是知识的传授者，还兼具了其他角色。主要包括：①"家长代理人"和"朋友、知己者"的角色；②"传道、授业、解惑者"的角色；③"管理者"的角色；④"心理调节者"的角色；⑤"研究者"的角色。

（2）教师专业发展。

教师专业发展不再仅仅是指发展自身的专业知识、技能，而是教师以自身专业素质包括知识、技能和情意等方面的提高与完善为基础的专业成长、专业成熟的过程，是由非专业人员转向专业人员的过程。教师专业发展既包括教师队伍的专业发展，也包括教师个体的专业发展。

3.试以白鹿洞书院为例，分析我国书院的宗旨、特点与意义。

【答】（1）书院教育的宗旨。

①"父子有亲，君臣有义，夫妇有别，长幼有序，朋友有信"为教育目的。

②"博学之，审问之，慎思之，明辨之，笃行之"为治学顺序。

③"言忠信，行笃敬，惩忿窒欲，迁善改过"为修身之要。

④"正其义不谋其利，明其道不计其功"为处事之要。

⑤"己所不欲，勿施于人，行有不得，反求诸己"为接物之要。

（2）书院教育的特点。

①书院精神："自由讲学"是书院教学的基本精神。

②书院功能：书院重视藏书，重视培养人才，要求学生读儒家经典，强调道德和学问并进。

③书院组织：有私办、公办和私办公助等多种形式，书院主持者叫"山长"或"洞主"。

④书院教学：讲学活动是书院的主要内容，也是书院作为教育机构的主要标志。

⑤学生学习：书院强调学生读书自学，重视对学生自修的指导。

⑥书院制度：最著名的是《白鹿洞书院揭示》，它使学规成为书院教学的总方针。此外在经费制度、管理方面都做了规定，南宋后期书院已经制度化。

⑦师生关系：中国教育尊师爱生的优良传统，在书院中尤为突出。

⑧书院发展倾向：自南宋起书院已经出现了官学化的倾向，到了明清时期，政府加强对书院的控制，官学化日益严重，逐渐成为科举考试的附庸。

（3）书院产生的历史意义。

书院丰富了中国古代学校教育的类型，起到了弥补官学不足的作用。书院提倡自由讲学，注重讨论，学术风气浓厚，开辟了新的学风，成为推动教育和学术发展的重要动力。书院在办学和管理领域也实施了许多行之有效的经验措施，成为中国封建社会中后期一种重要的教育组织形式。

4.论述科尔伯格的道德发展阶段理论。

【答】（1）科尔伯格通过用道德两难故事来培养学生的道德判断能力，将人的道德发展分为"三水平六阶段"。

（2）"三水平六阶段"的内涵。

①前习俗水平（0～9岁）。

第一阶段：惩罚和服从的道德定向阶段。这一阶段的儿童根据行为的后果来判断行为是好是坏及严重程度。他们服从权威或规则只是为了避免处罚。

第二阶段：工具性的相对主义定向阶段。儿童为了获得奖赏或满足个人需要而遵从准则，偶尔也包括满足他人需要的行动，认为如果行为者最终得益，那么为别人效劳就是对的。

②习俗水平（9～15岁）。

第三阶段：人际和谐的定向阶段，又称为"好孩子"定向阶段。这一阶段的儿童尊重大多数人的意见和惯常的角色行为，避免非议以赢得赞赏，重视顺从和做好孩子。

第四阶段：维护权威或秩序的定向阶段。这个阶段的儿童注意的中心是维护社会秩序，认为判断行为的好坏，看他是否符合维护社会秩序的准则。

③后习俗水平（15岁以后）。

第五阶段：社会契约定向阶段。这一阶段道德推理具有灵活性，认为法律可通过共同协商和民主程序加以改变，反映大多数人意愿或最大社会福利的行为就是道德行为。

第六阶段：普遍道德原则的定向阶段。道德原则已被内化为人的自觉追求，规则已经不再是外在的判定标准，他做决定的标准来自自身的良心。

（3）科尔伯格的道德发展阶段理论的教学意义。

①教学应该首先了解儿童的道德发展水平，只有这样，道德教育才更有针对性和实效性。

②儿童道德发展的顺序是一定的，不可颠倒，这与儿童的思维发展有关。但具体到每个人，时间有早有迟，这与文化背景、交往等有关。

③要促进儿童道德发展，必须让他不断地接触道德环境和道德两难问题，以便于讨论和展开道德推理练习，进而提高儿童的道德敏感度和道德推理能力。

（4）评价。

该理论发现了人类道德发展的两大规律——由他律到自律和循序渐进，并且提出道德教育必须配合儿童心理的发展。理论不足之处在于强调的是道德认知，而不是道德行为，因而不能作为学校实施道德教育的根据。

2014年华东师范大学333教育综合真题·凯程详解

一、名词解释

1. 贝尔－兰卡斯特制（见2012年北京师范大学真题）

2. 城市学校

【答】城市学校是应新兴市民阶层的需要而产生的，它不是一所学校的名称，而是为新兴市民子弟开办的学校的总称，其种类有行会学校、商会学校（也称基尔特学校）。在领导权上，城市学校大多属于行会和商会。后期，城市学校逐渐由市政当局接管。在教学内容上，以读、写、算及与商业、手工业相关的世俗知识为主。在培养目标上，主要是培养从事手工业、商业的职业人才。在学校性质上，多为世俗性质的初等学校，但也具有一定的职业训练的性质。所以，城市学校属于世俗性质学校。城市学校的兴起和发展对处于萌芽阶段的资本主义生产方式的成长起了促进作用。

3. 自我效能感

【答】自我效能感指人们在进行某一活动之前，对自己是否能够成功地进行某一成就行为的主观判断。这一概念是由班杜拉最早提出的。自我效能感主要受到以下四个因素的影响：（1）直接经验；（2）替代性经验；（3）言语说服；（4）情绪的唤起。在教学中要培养学生积极的自我效能感。

4. 现代教育制度

【答】现代教育制度是一个国家各级各类教育机构与组织的体系及其管理规则。它包括教育的施教机构系统方面和教育的管理系统方面，以及这些教育机构成立以来已存在和运行的一整套规则。教育制度有客观性、规范性、历史性和强制性的特点。现代教育制度的核心是学制，它规定着各级各类学校的性质、任务、入学条件、修业年限，以及它们之间的关系。现代教育制度主要包括双轨学制、分支型学制和单轨学制。

5. 德育过程

【答】德育过程即在德育目标的指导下，将经过选择的德育内容内化为学生个体的品德素质结构，并使之发生所期望的整体性变化的过程。从教育者的角度来说，德育过程是德育目标的实施和实现的过程；从受教育者的角度来说，它是个体的素质结构不断形成和改善的过程。德育过程是在一系列的矛盾中展开的，是一系列的矛盾运动和变化的过程。

6. 有意义学习

【答】美国教育心理学家奥苏伯尔和罗杰斯均提出过有意义学习的概念，但二者意义不同。奥苏伯尔的有意义学习主要指将符号所代表的新知识与学习者认知结构中已有的适当观念建立非人为的和实质性的联系。罗杰斯的有意义学习是一种全人参与的学习，是人的情感和认知因素共同参与的有意义学习。

二、简答题

1. 简述白鹿洞书院的教育宗旨。（见2013年华东师范大学真题）

2. 简述文艺复兴时期弗吉里奥的教育贡献。

【答】弗吉里奥是率先表达文艺复兴教育思想的人。他曾在多地从事教育活动，并对昆体良的《雄辩术原理》一书进行注释，引发了人们对昆体良教育经验的极大关注。同时他发表《论绅士风度与自由学科》的论文，全面概括了人文主义教育的目的和方法。另外他对"七艺"做了较大的修改，提升了"四艺"的学科地位。他主张对青年实施通才教育以培养身心全面发展的人。在教育方法上，他认为必须使所学的科目适合学生的个人爱好和年龄。在教育内容方面，他推崇的三门科目是历史、伦理学（道德哲学）和雄辩术，并认为这三门学科最能体现人文主义精神。

3. 简述美国的《国防教育法》。

【答】（1）背景：进入20世纪50年代以后，随着国际形势的发展，教育质量差成为美国教育被批评的焦点。1957年苏联卫星上天后，美国开始反思自身的教育问题，并将教育提高到国防高度。为适应与苏联进行国际竞争的需要，改革教育的呼声更为强烈，1958年美国国会颁布《国防教育法》。

（2）主要内容有：①加强普通学校的自然科学、数学和现代外语（即"新三艺"）的教学；②加强职业技术教育；③强调"天才教育"；④增拨大量教育经费，作为对各级学校的财政援助。

（3）评价：《国防教育法》旨在改变美国教育水平的落后状况，使美国教育能够适应现代科学技术的发展并满足国际竞争的需要。它的颁布有利于美国教育的发展，有利于教育质量的提高，有利于培养科技人才。

4. 简述班集体的发展阶段及培养方法。

【答】（1）一个班的几十个学生，从刚组建的群体发展为坚强的集体，要经历一个发展过程。这个过程可分三个阶段：

①组建阶段。班主任须对学生提出明确的集体目标和应当遵守的制度与要求，引导学生积极开展活动，促进集体的发展。

②核心初步形成阶段。同学间有了一定了解，学生中积极分子不断涌现并团结在班主任周围，班级组织与功能较健全，集体核心初步形成，班主任与班干部共同领导集体并履行教育职能。

③自主活动阶段。这时，班集体已形成，它已成为教育的主体，能主动地根据学校和班主任的要求以及班上的情况，自觉地向集体成员提出任务与要求，自主地开展集体活动。

（2）班集体的培养方法：

①确定集体的目标。目标是集体的发展方向和动力。培养集体首先要使集体明确奋斗的目标。

②健全组织、培养干部以形成集体核心。培养集体必须注意健全集体的组织与功能，使它能正常开展工作，发挥应有的作用。关键是要做好班干部的选拔与培养工作。

③有计划地开展集体活动。使每个学生都能在活动中得到锻炼与提高，为形成集体奠定情感基础，逐渐形成集体的核心，激发学生的工作责任感和集体主义精神。

④培养正确的舆论和良好的班风。班主任要善于抓住时机，通过积极的思想斗争，分清是非，以推动正确舆论的形成。

三、论述题

1. 试以张之洞的《劝学篇》为例，评述"中体西用"的教育思想。

【答】（1）张之洞在《劝学篇》中集中阐述了"中体西用"的教育思想。

（2）张之洞《劝学篇》的内容。

《劝学篇》分内篇和外篇，"内篇务本，以正人心，外篇务通，以开风气"。通篇主旨归于"中学为体，西学为用"。"旧学为体，新学为用，不使偏废。""中学"着重的是人品行的修养，具有德育的功能，"中学"治身心，"西学"应世事。如此一来，"西学"是"中学"的补充。

（3）评价。

积极影响："中学为体，西学为用"的思想，对教育的影响是深远的，涉及教育领域的各个方面。

①从整体上看："中学为体，西学为用"的思想，给僵化的封建文化打开了一个缺口，使"西学"在中国的发展成为可能，为中国近代的变革注入了新的物质力量和精神力量，加速了封建制度的解体，推动了近代化的发展。

②在教育方面："中体西用"作为洋务教育的指导纲领，对中国近代教育的影响是双重的。

a. 启动了中国近代教育改革的步伐，促进新式教育的产生。兴办新式学堂，增加自然科学知识，开展留美教育等，打破了儒学一统天下的传统教育格局。

b. 引进西方近代科学、课程及制度，对清末教育改革有思想层面的启发和实践层面的推动。

c. 极大地冲击了传统教育的价值观，为进一步推广新式教育扫清了障碍。

消极影响：①根本目的是维护封建统治，新式教育一直受到"忠君、尊孔"的封建信条的支配，阻碍了新式教育的发展进程。尤其是阻碍了维新思想更为广泛地传播，不利于近代刚刚开始的思想启蒙运动。②"中体西用"作为中、西文化接触后的初期结合方式，有其历史合理性。但作为文化的整合方案和教育宗旨又是粗糙的，是在没有克服中、西学之间固有的内在矛盾的情况下的直接嫁接，必然会引起二者之间的排异性反应。

2. 试论述元认知策略及其教学应用。

【答】（1）元认知策略。元认知策略是指学生对自己学习过程进行有效监控的策略。大致可以分为以下几种：

①计划策略。计划策略指根据认知活动的特定目标，在一项认知活动之前计划各种活动，预计结果、选择策略，想出各种解决问题的方法，并预估其有效性。

②监察策略。监察策略是在认知活动的实际过程中，根据认知目标及时评价、反馈自己认知活动的结果与不足，正确估计自己达到认知目标的程度、水平，根据有效性标准评价各种认知行动、策略的效果。

a.领会监控。领会监控一般在阅读中使用。熟练的读者在头脑里有一个领会的目标，诸如发现某个细节、找出要点等。于是，为了该目标而浏览课文。随着这一策略的执行，达到目标后会体验到一种满意感。如果领会监控的最终目标没有达到，则会产生一种挫折感，接着采取补救措施，如重新浏览材料或者更仔细地阅读课文。

b.集中注意力。教师要教学生一些对注意力进行监控和自我管理的学习策略，如注意此刻自己正在做什么，避免接触能分散注意力的事物等，提高学生的学习效果。提高注意力的方法有提前注意学习目标、重点标示（如教师讲话的重音）、增加材料的情绪性（如假如你是李鸿章，你会签订《马关条约》吗）、使用独特的刺激（如教师上课演示实验过程）、告知重要性等。

③调节策略。调节策略是指根据对认知活动结果的检查，如发现问题，则采用相应的补救措施；根据对认知策略效果的检查，及时修正、调整认知策略。

（2）元认知策略的教学应用。

①利用计划策略促进教学。教师要帮助学生给学习做计划，学会预测完成作业的时间，预测获得相关信息的途径，确定考试前的复习材料，预计是否有必要组织学习小组，以及计划和使用各种办法促进教学。

②利用监控策略促进教学，表现为领会监控和集中注意力两个策略。领会监控的教学方法有变化的阅读速度、中止判断、猜测、重读较难的段落等。集中注意力的教学方法有提前注意学习目标、标示重点、增加材料的情绪性、使用独特的刺激、告知重要性等。

③利用调节策略促进教学。a.元认知策略总是和认知策略一同起作用。元认知过程帮助我们估计学习的程度和决定如何学习；认知策略帮助我们将新信息与已知信息整合在一起，且存储在长时记忆中。所以，认知策略是学习内容必不可少的工具，元认知策略是监控和指导认知策略的运用。b.学生应学会使用各种不同的策略。如果没有元认知策略来帮助他们决定在某种情况下使用哪种策略或改变策略，他们就不是成功的学习者。

3.试分析课程内容的组织对学生学习的影响。

【答】（1）课程内容采取何种逻辑形式编排和组织，直接影响课程内容结构的性质和形式，制约着课程实施中的学习活动方式。

（2）要想组织好课程内容，我们应着手处理好以下几种关系。

①直线式与螺旋式。

直线式是指把课程内容组织成一条在逻辑上前后联系的"直线"，前后内容基本不重复。螺旋式是指在不同单元或阶段乃至不同课程门类中，使课程内容重复出现，逐渐扩大知识面，加深知识难度。

直线式和螺旋式各有利弊，分别适用于不同性质的学科、不同年级的学生。对理论性较强、学生不易理解和掌握的内容，尤其对低年级的学生来说，螺旋式较适合；对一些理论性相对较低的学科知识、操作性较强的内容，则直线式较适合。其实，即使在同一课程的内容体系中，直线式和螺旋式都是必不可少的。

②纵向组织与横向组织。

纵向组织是指按照知识的逻辑序列，从已知到未知、从具体到抽象等先后顺序组织编排课程内容。横向组织是指打破学科的知识界限和传统的知识体系，按照学生发展的阶段，以其需要探索的、社会和个人最关心的问题为依据来组织课程内容，构成一个个相对独立的专题。

纵向组织注重课程内容的独立体系和知识的深度，而横向组织强调课程内容的综合性和知识的广度。这是两种适合于不同性质知识经验的课程内容组织形式，同直线式与螺旋式的关系一样，都是不可偏废的。

③逻辑顺序与心理顺序。

逻辑顺序是指根据学科本身的体系和知识的内在联系来组织课程内容。心理顺序是指按照学生心理发展的特点来组织课程内容。

课程内容的组织要把逻辑顺序和心理顺序结合起来。逻辑顺序与心理顺序的统一，在课程观上，体现为把学生与课程统一起来；在学生观方面，体现为把学生的"未来生活世界"与"现实生活世界"统一起来。

4.针对教师专业发展的不同阶段，应该怎样帮助教师成长？

【答】（1）入职前：

①教师自身要有专业发展的观念和意识，寻求自我专业发展的途径。

②参加职前培训（师范教育）与在职培训。学习教师专业发展的一般理论，建立专业责任感。教师专业发展

的培训模式有：a.教师发展学校。这是以中小学为基地，大学和中小学合作建设，旨在通过合作研究，实现教师专业发展，同时也促进学生发展的学校。b.校本培训。这是中外教育专家和学校所崇尚的有效在职培训方法，这种培训是由学校发起并组织实施，旨在提高教师的教育教学能力，使教师得到专业发展的一种方式。简而言之，校本培训就是"为了学校、在学校中、基于学校"的培训。

（2）刚入职时：

①制订自我生涯发展规划。a.认识自我及所处的时间与空间环境；b.审视发展机会，确定发展目标；c.制订行动策略并按目标逐步执行；d.评价发展计划。

②新教师的入职辅导。入职辅导就是学校为新教师适应环境安排了一个有序的计划，主要由有经验的导师进行现场指导。

（3）入职一段时间后：

①进行教育研究。这是提高教师自身素质，促进教师专业发展的一条有效途径。

②进行经常化、系统化的教学反思。反思是教师专业发展的重要方式。

③在参与课程改革和课程开发中获得专业发展。

2015年华东师范大学333教育综合真题·凯程详解

一、名词解释

1.《师说》

【答】《师说》是韩愈专门论述教师问题的一篇文章。在这篇文章里他系统阐述了他的教师观，提倡社会要尊师重道。主要包括教师的作用与地位、教师的任务与建立合理的师生关系。《师说》是我国古代第一篇集中论述教师问题的文章，它既肯定教师的主导作用，又强调教师要尊重学生，对构建和谐的师生关系具有启发意义。

2.三舍法（见2013年北京师范大学真题）

3.生计教育

【答】生计教育是美国教育总署署长马兰于1971年开始倡导的一种教育。生计教育的实质是以职业教育和劳动教育为核心的适应瞬息万变的社会教育。这种教育要求以职业教育为中心重新建立教育制度。生计教育是在美国社会失业率较高的背景下，人们对自己的就业问题表现出忧心忡忡的心态在教育制度上的反映。这种教育不可能消除社会制度固有的弊端，只能是一种安慰人们适应社会现实的改革措施，并不鼓励人们奋起改造社会。

4.设计教学法

【答】美国进步主义教育家克伯屈提出设计教学法。强调有目的的活动是设计教学法的核心，儿童自动的、自发的、有目的的学习是设计教学法的本质。设计教学法主张放弃固定的课程体制，取消分科教学，取消现有的教科书，将设计教学法分成生产者的设计、消费者的设计、问题的设计和练习的设计四种模式。

5.有意义学习（见2014年华东师范大学真题）

6.自我效能感（见2014年华东师范大学真题）

二、简答题

1.简述陈鹤琴的"活教育"。（见2015年北京师范大学真题）

2.简述班主任的素质要求。

【答】（1）高尚的思想品德。班主任是学生的教育者、引路人，是他们的学习榜样。班主任应有崇高的品德、饱满的工作热情、坚持不懈的进取精神，并且言行一致、表里如一、为人师表。

（2）坚定的教育信念。班主任只有确信教育的力量，树立坚定的教育信念，才能在工作中不畏困难，顽强而耐心地工作，收获教育的硕果。

（3）家长的心肠。班主任对待学生要像家长对待孩子一样，集严父与慈母二者于一身。

（4）较强的组织能力。善于组织学生开展活动是教育学生的重要条件，班主任必须善于根据情况的变化迅速做出决定、采取措施、进行调整。

（5）多方面的兴趣与才能。一般来说，性格活泼开朗、兴趣广泛、多才多艺的班主任，与学生有较多的共同语言，容易打成一片，便于开展工作。

（6）善于待人接物。只有那些善于交往、能把学生团结起来的教师，才能更好地协调各方面的教育力量，把班主任工作做好。

3.简述《学记》中"善喻"的教育意义。

【答】《学记》中"善喻"就是要求我们在教学中要重视启发性教学原则的作用。

启发性原则的基本要求：①调动学生学习的主动性；②善于提问激疑，引导教学步步深入；③注重在解决实际问题中启发学生获取知识；④发扬教学民主。

启发性原则反映了学生的认识规律。教师对学生进行启发，而不是告诉学生现成的答案，有利于调动学生的主动性，促使学生在教师的引导下积极思考，自觉地掌握科学知识，提高分析问题和解决问题的能力。

4.简述德育过程中教师指导下的学生能动作用。

【答】（1）学生品德的发展是在活动和交往中能动地实现的。学生不仅是被影响的对象，也是能动地吸收环境和教育影响的主体，外界的影响只有通过学生内部的思想情感活动，才能被他们理解、选择和吸取。

（2）道德活动是促进外界的德育影响转化为学生自身品德的基础。外界的影响必须通过学生主动的选择，才能内化为学生的品德，单纯的说教很难使这种内化实现，教师必须设计各种活动，引导学生实现这样的品德内化。

（3）进行德育要善于组织、指导学生的活动和交往。教师既要引导学生参与各种教育活动，还要引导学生积极思考，内化道德修养，才能引起学生品德能动的发展。

三、论述题

1.评述布鲁纳的结构主义教育。（见2013年华东师范大学真题）

2.比较博比特的"活动分析法"和泰勒的"目标模式"。

【答】（1）博比特的"活动分析法"。

1918年，博比特出版了《课程》一书，主张将社会生活活动分为10大类作为教育的主要目标，并据此来确定教育应当将儿童获得的知识、技能、能力、态度与品行等方面的要求作为课程的基础，这种方法叫"活动分析法"，为后来盛行的课程目标的确定提供了方法论基础。注重适应社会生活发展的需要，有其积极意义，但过于烦琐、具体，既忽视与排斥了社会教育总的价值取向与教育目的，也未突出儿童身心发展的特点及需求。

（2）泰勒的"目标模式"。

1949年，泰勒出版了《课程与教学的基本原理》一书，认为课程原理是围绕四个基本问题组成和运作的：学校应该达到哪些教育目标？提供哪些教育经验才能实现这些目标？怎样才能有效地组织这些教育经验？我们怎样才能确定这些目标正在得到实现？确定目标是主要的、基础的一环。因此他的理论被称为"目标模式"，对课程理论的发展有很大影响，至今仍在西方课程领域中占有主要的地位。

（3）二者的异同点。

相同点：二者都提出了课程编制的相关理论，且二者的课程编制都包括确定目标、选择经验和组织经验三个基本步骤。

不同点：

①目标来源：博比特认为目标来源于社会生活活动；泰勒认为目标来源于学生的兴趣和需要、社会活动、学科专家。

②目标的表述：博比特将目标的表述分为观念和活动两个维度，且目标要依据必要性排列；泰勒将目标分为行为和内容两个维度。

③经验的选择：博比特主张筛除在校外生活就可以实现得很好的目标，没有足够的条件去实现的目标和存在分歧的目标；泰勒主张选择学习经验的一般性原则，旨在使教师在遵从这些原则的基础上，根据所教的学科及学生的特点，构建多种教学情境，促进学生对知识的有意义建构。

④经验的组织：博比特主张按照儿童的身心发展顺序组织经验；泰勒认为学习经验的组织原则有连续性、顺序性和整合性。

⑤课程目标的评价：博比特没有对课程目标进行评价；泰勒提出了在课程实施后对课程目标进行评价，从而不断完善目标。

3.根据创造性的心理结构分析，说明学生创造力的培养措施。

【答】（1）创造性的心理结构包括创造性认知品质、创造性人格品质、创造性适应品质。

①创造性认知品质指创造性心理结构中与认知加工有关的部分，它是创造心理活动的核心，包括创造性想象、创造性思维和创造性认知策略。

②创造性人格品质指富有创造性的人所具有的个性品质，对创造性的发挥有着极其重要的推动作用，包括创

造性动力特征、创造性情意特征和创造性人格特质等。主要表现为创造动机、创造情感和创造意志等。

③创造性适应品质指个体在其创造性认知品质和创造性人格品质的基础上，通过与社会生活环境的交互作用，表现出对外在社会环境进行创造性的操作应对，对内在创造过程进行调适的创造性行为倾向，表现为创造的行为习惯、创造策略和创造技法的掌握运用等。

（2）创造性的培养措施。（见2011年北京师范大学真题）

4.试分析教师素养及社会变迁中教师角色的发展趋势。

【答】（1）教师素养的构成。（见2014年北京师范大学真题）

（2）教师角色的发展趋势：①履行多种职能。在教学过程中更多地履行多样化的职能，更多地承担组织教学的责任。②组织学生学习。从一味强调知识的传授转向着重组织学生的学习。③注重学习差异。注重学习的个性化，改进师生关系。④做好教师间合作。实现教师之间更为广泛的合作，改进教师与教师之间的关系。⑤利用信息技术。更广泛地利用现代教育技术，掌握必需的知识与技能。⑥做好家校合作。更密切地与家长和其他社区成员合作，经常参与社区活动。⑦积极参与活动。更广泛地参加校内服务和课外活动。⑧削弱教师权威。削弱加之于孩子身上，特别是大龄孩子及其家长身上的传统权威。

教师角色的这些转换，不仅意味着学校教育功能的某些变化，而且对教师的素养以及相应的师资培训问题也提出了更高的要求。

2016年华东师范大学333教育综合真题·凯程详解

一、名词解释

1.**苏湖教法**（见2014年北京师范大学真题）

2.**班级授课制**（见2016年北京师范大学真题）

3.**中体西用**（见2011年北京师范大学真题）

4.**自由"七艺"**

【答】自由"七艺"指自由人应该具有的学识和应该学习的七门学科，是相对于专业的、职业的和技术性的课程而言的，即七种人文学科：文法、修辞学、辩证法（合称"三艺"），算术、几何、天文和音乐（合称"四艺"）。现代西方大学的文科设置都受自由"七艺"的影响。文学、语言、哲学、历史、数学、科学等学科被普遍认为是普通教育和文科教育的基础。

5.**绅士教育**（见2012年华东师范大学真题）

6.**双轨制**（见2017年北京师范大学真题）

二、简答题

1.**简述朱子读书法及其现代价值。**

【答】（1）朱子读书法的内容。

①循序渐进。a.读书要按照首尾篇章的顺序，不要颠倒；b.要根据自己的实际情况和能力，量力而行，安排读书计划，切实遵守；c.强调扎扎实实，一步一步前进，不可囫囵吞枣，急于求成。

②熟读精思。读书必须反复阅读，不仅要能够背熟，而且对书中的内容要了如指掌，熟读是精思的基础，在此基础上，进一步深刻理解文章的精义及其思想真谛。

③虚心涵泳。"虚心"指读书要虚怀若谷，精心思虑，体会书中的意思，来不得半点主观臆断或随意发挥。"涵泳"指读书时要反复咀嚼，细心玩味。

④切己体察。读书不能仅仅停留在书本上，要见之于具体行动。

⑤着紧用力。读书学习一定要抓紧时间、废寝忘食，必须精神抖擞、勇猛奋发、绝不放松，反对松松垮垮。

⑥居敬持志。读书的关键还在于学者的志向及良好的心态。"敬"指读书时要端正态度，精神专注。"持志"即有坚定的志向，并用顽强的毅力坚持下去。

（2）朱子读书法的现代价值。

"朱子读书法"是古代最有影响的读书方法论。六条内容均反映了读书学习的基本规律和要求，在今天仍具有一定的参考价值。但是它所提倡读的书是宣扬封建伦理道德的圣贤之书，读书法主要强调怎样读书，不重视书本与实际知识的结合，具有一定的历史局限性。

2. 简述校长负责制的内涵及需要注意的问题。

【答】（1）校长负责制的内涵：校长负责制是指校长受上级政府主管部门的委托，在党支部和教代会的监督下，对学校进行全面领导和负责的制度。在这一领导体制中，校长是学校行政系统的最高决策者和指挥者，是学校的法人代表，他对外代表学校，对内全面领导和管理学校的教育、教学、科研和行政工作。

（2）需要注意的问题：①明确校长的权力与责任；②发挥党组织的监督保障作用；③建立以教师为主体的教职工代表大会制度，加强民主管理和监督。

3. 简述蔡元培的"五育"并举

【答】（1）"五育"并举的内容。

①军国民教育，即体育。主张将军事教育引入到学校和社会教育之中，在学校教育中，强调学生生活的军事化，特别是体育的军事化，希望改变重文轻武的教育传统，强体强兵。

②实利主义教育，即智育。"以人民生计为普通教育之中坚"，密切加强教育与国民经济生活的关系，加强职业技能培训，使教育发挥提高国家经济能力和改善人民生活水平的作用。

③公民道德教育，即德育。基本内容是自由、平等、博爱。主张尊重与继承中国传统文化，汲取有利于资产阶级道德建设的养分，将二者结合起来，培养国民的道德感。

④世界观教育。即培养人们立足于现象世界，但又能超脱现象世界而贴近实体世界的观念和精神境界。

⑤美感教育。与世界观教育紧密联系。要引导人们具有实体世界的观念，最有效的方式就是通过美感教育，美感可超越利害关系、人我分界，陶冶、净化人的心灵。

（2）"五育"的关系。

"五育"不可偏废其一，尽管各自目的不同，但都是"养成共和国民健全之人格"所必需的，是统一整体中不可分割的有机部分。应以公民道德教育为根本，美感教育辅助德育，世界观教育将德育、智育、体育三育合而为一，是教育的最高境界。

（3）评价。

蔡元培"五育"并举的思想，是以公民道德教育为中心的德、智、体、美诸育和谐发展的思想。这在中国近代教育史上是首创的，是对中国的半殖民地半封建教育宗旨的否定。它顺应了当时中国社会的变革，以及世界发展的潮流。

4. 简述社会建构主义理论对学习的作用。

【答】（1）社会建构主义是以维果茨基的理论为基础的建构主义，以鲍尔斯菲尔德和库伯为代表。他们认为，世界是客观存在的，对于每个认识世界的个体来说是共通的。知识是在人类社会范围里建构起来的，它不断地被改造，尽可能地与世界本来面目保持一致，尽管永远达不到一致。另外，他们也认为学习是个体建构自己的知识和理解的过程。学习者在自己的日常生活、交往和游戏等活动中，形成了大量的个体经验，这叫"自下而上的知识"。而在个体的学习中，在人类的社会实践活动中形成的公共文化知识，首先以语言符号的形式出现，由概括向具体经验领域发展，所以也可称为"自上而下的知识"。

（2）儿童在与成人或比其更为成熟的社会成员的交往活动中，获得他们的帮助，解决自己还不能独立解决的问题，即"自上而下的知识"，并以自己已有的知识为基础，使之获得意义，从而把"最近发展区"变成现实的发展，这是儿童知识经验发展的基本途径。

三、论述题

1. 评述要素主义。

【答】（1）20世纪30年代，要素主义教育作为实用主义教育和进步主义教育的对立思想而出现，主要代表人物是美国教育家巴格莱、科南特和里科弗。

（2）要素主义教育思想的基本观点。

①把人类文化的共同要素作为学校教育的核心。在人类的文化遗产中存在着永恒不变的、共同的、超时空的要素，它们是种族文化和民族文化的基础。

②教学过程是一个训练智慧的过程。在教学上，强调传统的心智训练，传授整个人生的知识。

③强调学生在学习上必须努力和专心。在教育教学过程中，不能把学生的自由当作手段，而应将其看作过程的目的与结果。

④强调教师在教育和教学中的核心地位。在系统的学习过程中，要树立教师的权威，加强教师的控制。教师必须具有一流的头脑和渊博的知识，精通所教的科目，了解学生在学习过程中的心理，具有较强的传授知识的能力，并能全身心投入于自己的工作中。

⑤强调"新三艺"（数学、自然科学和外语）的教学，并按逻辑系统编写教材。

（3）评价。

由于忽视学生的兴趣、身心特点以及能力水平，片面强调系统的、学术性的基本知识学习，加上所编教材脱离学校教育实际，要素主义教育从20世纪70年代起逐渐失去优势地位。

2.评述课程内容设计对学生学习的影响。

【答】（1）课程内容是根据课程目标从人类的经验体系中选择出来的，并按照一定的逻辑序列组织编排而成的知识体系和经验体系。课程内容的设计是课程设计的核心。

（2）课程内容的选择和组织。

①课程内容的选择：课程内容包含间接经验和直接经验两种性质的知识内容。因此，对不同性质和形态的知识内容的选择，其规则也不同。

②课程内容的组织：泰勒明确提出了课程内容编排和组织的三条逻辑规则，即连续性、顺序性、整合性。课程内容组织除这些逻辑规则外，还应处理好直线式与螺旋式、纵向组织与横向组织以及逻辑顺序与心理顺序这三对逻辑组织形式的关系。

（3）课程内容设计对学生学习的影响。

①课程内容设计是否突出学生的主体性。课程内容设计要体现"以人为本"、以学生为主的思想，能够突出学生的主体性才有助于学生的学习和发展。

②课程内容的设计是否联系学生的生活实际。有些课程内容严重脱离学生生活，造成理论知识和生活实际脱节，造成学生学习困难，因此在对其进行设计时要注重联系学生生活，便于学生学习。

③课程内容的设计是否建立在学生的已有认知基础之上和是否符合学生的认知发展规律。按照皮亚杰的认知发展阶段理论，处于不同阶段的儿童具有不同的认知能力。在对课程进行设计时，要认真考虑学生的认知基础和认知规律，遵循规律，促进学生的发展。

④课程内容设计是否能够帮助学生对世界进行整体认识和整体把握。课程内容设计要注意整合性和促进学生对知识的横向和纵向联系，能让学生对整个世界和生活进行宏观认识、整体把控。

3.评述班集体培养。（见2014年华东师范大学真题）

4.试从元认知视角分析提升学生学习效能的教学策略。

【答】（1）学习的信息加工系统存在着一个对信息流动的执行控制的过程，它监视和指导认知活动的进行，它负责评估学习中的问题，确定用什么学习策略来解决问题，评价所选策略的效果，并且改变策略以提高学习效果。这种执行控制功能的基础就是元认知。元认知策略是与认知策略共同起作用的，认知策略是学习必不可少的工具，元认知策略则监控认知的运用。

（2）元认知策略包括计划策略、监察策略和调节策略。（见2014年华东师范大学真题）

2017年华东师范大学333教育综合真题·凯程详解

一、名词解释

1.致良知

【答】"致良知"是明朝教育家王守仁的重要观点，是其教育思想的基础。王守仁继承了孟子的"良知"学说，认为"良知即是天理"。"良知"的三大特点是：（1）与生俱来，不学自能，不教自会；（2）人人所具有，不分圣愚；（3）不会泯灭。王守仁认为教育的作用就是"学以去其昏蔽"，进而激发本心所具有的"良知"，这个过程就叫作"致良知"。

2.以吏为师

【答】春秋战国时期，商鞅最早提出"以吏为师"的思想并付诸实施。法家代表人物韩非发展了商鞅设置吏师的实践，并明确表述为"以吏为师"。法家主张选择知法的官吏担任法令的解释者和宣传者，并从中央到地方设置官吏，负责对全体人民进行法治教育。

3.实科中学

【答】实科中学是以实用学科教学为重点的一种不完全普通中学。18世纪末到19世纪中叶，以实科教学为主的学校纷纷建立起来。这类学校通常修业6年，主要培养工业、农业、商业方面的管理和技术人才，学生多为市民阶层子弟。但学校名称不一，有的除实科教学外，还增授拉丁语，称为文实中学；有的将修业年限延长为9年，称为实科中学。

4. 学科课程

【答】学科课程也叫分科课程，是根据各级各类学校培养目标和学生发展水平，从各学科中选择适合一定年龄阶段学生发展水平的知识，组成各种不同的科目的课程。各科目都有特定的内容、一定的学习时数、一定的学习期限和各自的逻辑系统。学科课程是一种基本的课程形式，具有结构性、系统性、简约性等优点，有助于学生学习和巩固基础知识，也易于教师教授。学科课程的缺点是不重视学科之间的相互联系，与学生的生活实际相脱离，忽视学生的兴趣和需要等。

5. 发现学习

【答】布鲁纳认为"发现是教育儿童的主要手段"，学生掌握学科的基本结构的最好方法是发现法。发现学习主张创设问题情境，提出和明确使学生感兴趣的问题，以此激发探究的欲望，提供解决问题的各种假设，引导学生运用分析思维去验证结论，最终使问题得到解决。这个过程中，教师要提供资料，让学生亲自发现结论或规律。发现学习有利于激发学生的好奇心及探索未知事物的兴趣，有利于调动学生的内部动机和学习的积极性，但是，发现学习比较浪费时间，不能保证学习的效率。

6. 要素主义

【答】作为实用主义教育和进步主义教育对立面的要素主义教育，最初形成于20世纪30年代末，其形成标志是1938年在美国成立的"要素主义促进美国教育委员会"。代表人物是美国教育家科南特和里科弗。主要观点是：（1）把人类文化的"共同要素"作为学校教育的核心；（2）教学过程必须是一种训练智慧的过程；（3）学生在学习上必须努力和专心；（4）强调教师在教育和教学中的核心地位。

二、简答题

1. 简述朱子读书法及其当代价值。（见2016年华东师范大学真题）
2. 简述形成性评价在教育中的作用。（见2011年北京师范大学真题）
3. 简述颜元的实学教育内容及"六斋"。

【答】（1）实学教育内容。

为了培养"实才实德之士"，颜元提出了"真学、实学"的教育内容。他把以"六艺"为中心的"三事""六府""三物"作为教育内容。其特点是：反对重文轻武，提倡文武兼备；反对不劳而获，提倡劳动教育。

（2）"六斋"教学内容。

①文事斋：课礼、乐、书、数、天文、地理等科；②武备斋：课黄帝、太公及孙、吴五子兵法，并攻守、营阵、陆水诸战法，射御、技击等科；③经史斋：课《十三经》、历代史、诰制、章奏、诗文等科；④艺能斋：课水学、火学、工学、象数等科；⑤理学斋：课静坐、编著、程、朱、陆、王之学；⑥帖括斋：课八股举业。

"六斋"教学把诸多自然科技知识、各种军事知识和技能正式纳入教学内容，并且进行分科设教，蕴含着近代课程设置的萌芽，影响深远。

4. 简述安德森的心理技能形成的三阶段。

【答】（1）著名认知心理学家安德森认为心智技能的形成需经过三个阶段，即认知阶段、联结阶段和自动化阶段。

（2）三阶段的具体内容。

①认知阶段。要了解问题的结构，即问题的起始状态、要达到的目标状态、从起始状态到目标状态所需要的步骤。对于复杂的问题而言，要了解问题的各个子目标及其达到子目标所需要的步骤。

②联结阶段。学习者应用具体的方法来解决问题。主要表现在把某一领域的描述性知识转化为程序性知识，这种转化即程序化的过程。随着对某一技能的不断练习，学习者对解决问题的法则的言语复述逐渐减少，直至能够直接再认出某一法则。在该阶段，个体逐渐产生一些新的产生式法则，以解决具体的问题。

③自动化阶段。此阶段个体获得了大量的法则并完善这些法则，操作某一技能所需的认知投入较小，且不易受到干扰。安德森认为，复杂技能的学习可以分解为对一些个别成分的法则的学习。但这些个别成分并不是分散、孤立的，而是可以组织成一个大的技能学习过程。

三、论述题

1. 论述《郎之万－瓦隆教育改革方案》的内容及对教育民主化的影响。

【答】（1）具体内容。

①提出了法国战后教育改革的六项基本原则：社会公正原则；社会上的一切工作价值平等；人人有接受完备教育的权利；加强专门教育的同时，适当注意普通教育；各级教育实行免费；加强师资培养，提高教师地位。

②实施6～18岁的免费义务教育，主要通过基础教育阶段、方向指导阶段和决定阶段进行。

③对义务教育后的高等教育改革提出了设想。

④对教育中注意学生的特点、采取小组教学、鼓励学生的创造性和责任感等提出了要求。

（2）影响。该法案虽没有实施，但是为法国战后教育改革提供了重要依据，对法国教育的发展产生了重要影响。

①促进了教育权利的民主化，使人人可以接受完备教育的观念深入人心。

②促进了义务教育的普及化。其后颁布的1959年《教育改革法》将义务教育年龄延长至16岁，就是受其影响。

③促进了高等教育民主化。该法案也涉及高等教育改革。

④促进了教育对象民主化。教育对象即学生的特点，学生的身心发展规律及其创造性都得到了重视。

2. 论述班主任工作对班集体发展和学生品德发展的影响。

【答】（1）班主任工作对班集体发展的影响。

①班主任工作有利于创造性地规划班级发展目标。班级发展目标的确定与实施是班级管理的基本要素。既要注重提高班级整体发展水平，又要为班级中的各成员规划其个性发展目标。

②班主任工作有利于合理地确定学生在班级中的角色位置。班主任在工作中可以科学地诊断班级人际关系的现状，丰富班级管理角色，并正确对待班级中的非正式群体。

③班主任工作有利于协调好班内外各种关系。包括班级内各种成员和组织的关系；班级与各任课老师及学校其他部门、其他班级的关系；班级与社会、家庭的关系；班级内各种活动和事务。

④班主任工作有利于构建"开放、多维、有序"的班级活动体系。班主任在工作中可以开展多种多样的班级活动，包括日常活动和主题活动，它们都蕴藏着丰富的教育资源。

⑤班主任工作有利于营造健康向上、丰富活跃的班级文化环境。具体包括文化性物质环境、社会化环境、良好的人际环境、正确的舆论与班风，以及健康的心理环境。

（2）班主任工作对学生品德发展的影响。

①在道德认知上，班主任在工作中可以向学生渗透正确的道德认知，为他们的品德发展打下良好的基础。

②在道德情感上，班主任在工作中可以培养学生善于调控自己的情绪，并通过陶冶等方法进行道德情感渗透，为学生的品德发展增强内在动力。

③在道德意志上，班主任在工作中可以培养和锻炼学生顽强的道德意志，进而使学生形成坚定的道德信念。

④在道德行为上，班主任在工作中要以身作则，重视自己的行为对学生的感化和榜样作用，从而发展学生良好的道德行为。

3. 论述课程内容组织中"纵向组织"和"横向组织"的关系。

【答】（1）含义。①纵向组织是指按照知识的逻辑序列——从已知到未知、从具体到抽象等先后顺序组织编排课程内容。②横向组织是指打破学科的知识界限和传统的知识体系，按照学生发展的阶段，以学生发展阶段需要探索的问题、社会和个人最关心的问题为依据，组织课程内容，构成一个个相对独立的专题。

（2）关系。①纵向组织注重课程内容的独立体系和知识的深度。②横向组织强调课程内容的综合性和知识的广度。③这是两种适合于不同性质知识经验的课程内容组织形式，二者不可偏废。在具体的课程组织实践中，要根据实际情况相互结合使用。

4. 论述奥苏伯尔的有意义学习的实质与条件。（见2013年北京师范大学真题）

2018年华东师范大学333教育综合真题·凯程详解

一、名词解释

1. 学校教育制度（见2019年北京师范大学真题）

2. 课程标准（见2015年北京师范大学真题）

3. 道尔顿制（见2011年北京师范大学真题）

4.苏格拉底法（见2011年北京师范大学真题）

5.学习策略（见2015年北京师范大学真题）

6.程序性知识

【答】根据知识的不同状态和表述形式，知识分为陈述性知识与程序性知识。其中，程序性知识主要反映活动的具体过程和操作步骤，说明做什么和怎么做，是一种实践性知识，主要用于实践操作，因此，也称作操作性知识、策略性知识和方法性知识。例如，如何驾驶一辆汽车。程序性知识的表征方式是产生式结构。

二、简答题

1.简述中世纪西欧世俗教育的主要形式。

【答】（1）城市学校。城市学校是应新兴市民阶层需要而产生的，为新兴市民子弟开办的学校的总称，其种类有行会学校、商会学校（也称基尔特学校）。

（2）中世纪大学。最初的中世纪大学是一种自治的教授和学习中心；教育目的是进行职业训练，培养社会所需要的专业人才；按领导体制可分为"学生大学"与"先生大学"；已有学位制度；教学方法主要为讲演和辩论。

（3）骑士教育。骑士教育是中世纪西欧封建社会特殊的家庭教育形式，教育内容是"骑士七技"。骑士教育是一种典型的武夫教育，重在灌输服从与效忠的思想观念，使其成为封建统治阶级的保卫者。

（4）宫廷学校。宫廷学校是一种设在国王或贵族宫廷中，主要培养王公贵族后代的教育机构。宫廷学校的教学内容主要为"七艺"、拉丁语、希腊语，具有浓厚的宗教色彩；教学方法主要采用问答法；教育目的是培养封建统治阶级所需要的官吏。

2.简述颜元的学校改革主张。

【答】（1）明末清初著名的教育家颜元创办了漳南书院，在漳南书院实践了自己的实学教育思想。

（2）学校改革主张。

①"实才实德"的教育目标：他主张学校应培养"实才实德之士"。此目标具有鲜明的经世致用的特性，反映了要求发展生产的新兴市民阶层对人才的新要求。

②"习行"的教学方法：是颜元关于教学方法的一个最基本、最主要的主张。他认为，要获得真正有用的知识必须"躬行而实践之"，强调在教学过程中要联系实际，坚持躬亲实践。

③"实学"与"六斋"的教育内容：以"六艺"为中心。颜元在漳南书院陈设六斋，实行"分斋教学"，并规定了各斋的具体教育内容，六斋分别是文事斋、武备斋、经史斋、艺能斋、理学斋、帖括斋。

（3）评价。

颜元"真学""实学"的教育内容，不仅同理学教育有着本质的区别，而且无论是在广度和深度上，都大大超越了"六艺"教育。除了教授经、史、礼、乐等知识外，还把诸多门类的自然科技知识，各种军事知识和技能正式列进教学内容，并分科设教，这在当时确实是别开生面的。它蕴含着近代课程设置的萌芽，并将中国古代关于教育内容的理论推到一个崭新的发展阶段，这是颜元对中国古代教育理论的重要贡献，值得人们重视。

3.简述德育中的严格要求与尊重学生相结合的原则。

【答】（1）严格要求与尊重学生相结合是中小学常用的德育原则，它是指进行德育要把对学生的思想和行为的严格要求与对他们个人的尊重和信任结合起来，使教育者对学生的要求易于转化为学生的品德。

（2）贯彻这一原则的基本要求是：①爱护、尊重和信任学生；②严格要求学生。

4.简述裴斯泰洛齐的要素教育。

【答】（1）瑞士著名教育家裴斯泰洛齐提出了"教育心理学化"，认为教育科学应该以人的心理活动为基础。任何事物都是由最基本的要素构成，教育应从最基本、最简单的要素开始，由易到难，循序渐进地进行，适合儿童的接受能力，并且系统论述了智育、德育、体育中的要素问题。

（2）要素教育的内容。

①智育。智育是整个要素教育的核心。儿童智力的最初萌芽是对事物的感觉和观察能力，与事物的最基本的外部特征相统一，即事物的数目、形状、名称。

②德育。德育最基本的要素是爱，而儿童的爱最初表现为对母亲的爱，然后由爱母亲扩展到爱父亲、爱家人、爱周围的人，乃至爱全人类。

③体育。体育的萌芽在于儿童身体各关节的活动，因而关节活动是体育最基本的要素；体育教学必须依据儿童日常生活中的各种最简单的动作进行。

（3）评价。

裴斯泰洛齐用自己毕生的实践总结出了要素主义的教学思想，对后来的教育产生了深远的影响，尤其是在语言教学上，至今人们都还延续着从词开始的这种要素教育的做法。虽然裴斯泰洛齐对各种教育领域要素的确定未必绝对准确，但这种思想为我们指出一种有效的、便捷的教育途径，可以说是教育史上的一大贡献。

三、论述题

1. 结合实际，谈谈如何在教学中有效地应用讨论法。

【答】（1）讨论法是中小学常用的教学方法，是学生在教师指导下通过独立地探索，创造性地解决问题、获取知识和发展能力的方法。

（2）教学当中使用讨论法应注意以下几点：

①正确选用研究课题：依据教学目标、教学内容和学生已有的发展水平，在教师的指导下选择合适的研究课题。

②提供必要的条件：如实验所用器材、书籍、材料等。必要时，还要对研究过程进行一定的引导性提示。

③让学生独立思考与探索：探索过程应以学生为主体，让学生在合作中通过讨论得出结论，教师不应直接告诉学生现成的答案。

④循序渐进、因材施教：对于不同水平的学生，应该采取不同的指导策略。

2. 评析陈鹤琴的"活教育"探索。（见2015年北京师范大学真题）

3. 有人强调依法治校，有人主张以德治校，你怎么看？

【答】我认为现代学校管理既要法治化，又要人性化，即依法治校和以德治校并重。

（1）学校管理法治化。

①依法治校就是把学校管理纳入法治轨道，依法对学校进行管理。依法治校可以分为两个方面：一方面是政府及教育主管部门依法管理和规范学校行为；另一方面是学校管理者依法管理学校的各项内部事务。

②推进依法治校工作，学校管理者应采取的措施有：a. 转变行政管理职能，切实依法行政；b. 加强制度建设，依法加强管理；c. 推进民主建设，完善民主监督；d. 加强法制教育，提高法律素质；e. 严格教师管理，维护教师权益；f. 完善学校保护机制，依法保护学生权益。

（2）学校管理人性化。

①人性化管理是指学校管理工作要关注人的情感、满足人的需要、崇尚人的价值、开发人的潜能、尊重人的主体地位和人格。

②实行人性化管理，应做到：a. 要考虑人的因素，一切从人的实际出发；b. 在分配工作任务时，要考虑人的个体差异；c. 要强调人的内在价值，把满足需要作为工作的起点，通过激励的方式来提高工作效率；d. 要努力构建一种充满尊重、理解和信任的人际环境，增强教职工和学生的集体归属感；e. 加强校园文化建设，充分发挥校园文化的管理和育人功能；f. 转变管理观念，改变管理方式，贯彻"管理即育人、管理即服务"的思想。

4. 如何培养和激发学习动机？（见2012年华东师范大学真题）

2019年华东师范大学333教育综合真题·凯程详解

一、名词解释

1. 欧洲新教育运动

【答】欧洲新教育运动是指19世纪末20世纪初在欧洲兴起的教育改革运动，又称为新学校运动。主要内容是在教育目的、内容、方法和道德教育上建立与传统学校完全不同的新学校，作为新教育的"实验室"。代表人物有英国的雷迪、德国的利茨和法国的德莫林等。

2. 教育目的（见2015年北京师范大学真题）

3. 学科课程（见2017年华东师范大学真题）

4. 观察学习（见2019年北京师范大学真题）

5. 学习风格

【答】学习风格指学生在加工信息时所习惯采用的不同方式，即个体在认知活动中所显示出来的独特而稳定的认知风格，是个体所偏爱的信息加工方式。主要分为场依存型与场独立型、沉思型与冲动型、辐合型与发散型、抽象型与具体型。

6. 学校即社会

【答】根据"教育即生活"，杜威又提出了一个基本的教育原则——"学校即社会"，即学习不仅要教人成才，也要教人成人，使学校成为社会的雏形的同时，也让学校变成改造社会的有效工具。该教育原则是杜威实用主义教育学的体现，是美国文化精神的反映，对以赫尔巴特为代表的传统教育理念进行了深刻批判，推动了教育学的发展。但它在一定程度上忽略了系统知识的学习，忽视了教师的主导作用，忽视了教育的相对独立性，因此不断遭到批判。

二、简答题

1.简述欧洲乡村寄宿学校的主要特征。

【答】（1）欧洲新学校大多设在乡村或大城市的郊区，周围环境幽静，风景优美，设备优良，采用家庭式教育管理方式。

（2）新学校重视体育、手工、园艺活动，以此培养学生的自由精神、观察能力、审美能力和独创精神。

（3）在教学内容上，重视现代人文科学与自然科学课程。

（4）在教学方法上，反对体罚，重视儿童兴趣与思维能力的发展。

（5）在道德教育上，向儿童灌输资产阶级民主、合作的观念，培养儿童的责任心和进取心。

2.简述教育的经济功能。

【答】（1）教育是使可能的劳动力转化为现实的劳动力的基本途径。

普通教育传授一般的文化知识，提高受教育者的文化素质，为经济发展提供良好的人力资源；职业教育传授专门的知识与技能，提高人的劳动能力，在生产中直接运用高科技，并且创新技术。

（2）现代教育是使知识形态的生产力转化为直接的生产力的一种重要途径。

要实现将知识形态的生产力转化为现实的生产力，除了通过艰巨而复杂的科学研究、发明创造或革新实践外，其技术成果的推广、经验的总结与提升都需要通过教育与教学的紧密配合。

（3）教育是提高劳动者素质和生产率的重要因素。

教育能提高生产者对生产过程的理解程度和劳动技能的熟练程度，从而提高工作效率；教育也能帮助人合理地操作、使用工具和机器，注意对工具的保养和维护，减少工具的损坏率；教育还能提高人的创新意识和创造力。

3.简述孟子的教育思想。（见2015年北京师范大学真题）

4.简述欧洲中世纪大学享有的特权。

【答】（1）中世纪大学是12世纪左右兴起的自治的教授和学习中心，一般由一名（或数名）在某一领域有声望的学者和他的追随者自行组织起来，形成类似于行会的团体进行教学和知识交易。

（2）中世纪大学的特权。①设立法庭，内部自治。②大学生可免除赋税及服兵役的义务。③颁发特许证。凡领到特许证者即有执业或教所修专业的资格，可到处开业或教学而不被阻拦。④大学有罢教和迁校自由。

（3）历史意义。①在权利上，它打破了教会对教育的垄断，促进了教育的普及，大学也成了一些著名学者的舞台及育才基地。②在思想上，动摇了人们盲目的宗教信仰，讲求实效和理解力，对传统的死记硬背等教学法有了突破。③在制度上，现代意义上的大学基本上都直接来源于欧洲中世纪大学，现代大学的一系列组织结构和制度建设都与欧洲中世纪大学有着直接的历史渊源。④在局限性上，宗教色彩浓厚，大学教学受经院哲学的影响很深。

三、论述题

1.论述加德纳多元智力理论对教育工作的启示。

【答】（1）多元智力理论的内容。

①加德纳认为人类的心理能力中，至少包括八种不同的智力，即言语智力、数理智力、空间智力、音乐智力、体能智力、社交智力、内省智力和自然智力。这八种智力在人体身上的不同组合使每个人的智力都有独特的表现方式和特点，因此，很难找到适用于任何人的统一评价标准来评价一个人的聪明程度和智力水平的高低。

②加德纳并不否认历史文化的作用。他认为智力形成的前提是在特定社会文化情境中，不同的文化和历史时代重视不同的智力类型。加德纳智力理论的创新在于突破了传统的智力范畴，提出了多元智力的理念，并相应引发了人们对教育、人才、智力开发、教育评价的思考。该理论既注重神经生理学证据，又不忽视社会文化作用，这使得其理论更具说服力。

（2）多元智力理论对教育工作的启示。

①重新看待学生。第一，承认每个学生都是具有不同智力组合的个体。智力没有高低之分，更不可以测量，个体之间的智力差异表现为不同智力相互组合的结果。第二，针对不同学生和不同智力特点进行相应的教育教学。第三，对学生的评价应该是多渠道的、多维度的。

②致力于学生多种智力的整体发展。传统教育独断地将焦点放在语文与逻辑数学能力的培养上，并且只重视与这两种能力有关的学科，致使学生在其他领域的智力难以获得充分发展。因此，教育工作应致力于学生多种智力的整体发展。

③关注学生特殊能力的发展。每一个体都有相对而言的优势智力领域，有的人会显露出过人的"音乐天赋"，有的人则会表现出超常的"语言天赋"。所以教师要有目的、有计划地发展每个学生的优势智力领域，使其得到充分的发展。

④提供多元的课程。教学的目的是开发学生的多元智力，因此，在课程设计的时候，要求使不同智力领域得到全面发展的同时，通过调动不同智力活动在教育教学工作中的不同作用，使用多样化的教学手段，极大地提高课堂教学的实际效果。

⑤培养创造力。教学不能仅仅定位在培养学生的书面能力和逻辑抽象能力上，我们应该从培养学生的实践能力着手，培养他们解决实际问题的能力。

2.论述陶行知生活教育的实践探索和理论创新。（见2014年北京师范大学真题）

3.结合实际谈谈因材施教。

【答】（1）因材施教最早是孔子提出的，是指教师从学生的实际情况和个别差异出发，有的放矢地进行有差别的教学，使每个学生都能扬长避短，获得最佳发展。

（2）因材施教的基本要求。

①针对学生的特点进行有区别的教学。例如，学生的性格各异，特长有别，教师在课堂提问时可以给活泼大胆的同学展示的机会，在课外竞赛时可以多给沉稳内敛的学生发挥的机会。

②采取有效措施使学生的才能得到充分的发展。教师要创新教学形式，例如，利用合作学习的方式让每个小组成员在团队中发挥自己的才能，提高人际交往的能力。

（3）教师在进行教学时，不仅要根据"学生"来组织教育，还要考虑到教材的因素、学习过程中的情况和教师的自身条件。实施因材施教时应做到：

①分组划分层次。由于学生的禀赋、知识基础等不可能完全相同，教师应了解同学的兴趣爱好、知识基础、智力因素和非智力因素等状况，把班上学生分层，并制订授课计划。在分层教学中，教师既要注重学生的共性，也要注意学生的个性，做到共性与个性相结合。要把集体教学、分组讨论与个别指导有机结合起来，最大限度地调动每个学生学习的积极主动性，逐步使他们达到教学要求，使每个学生的知识、能力都不断提高，充分体现学生在学习中的主体性，从而大面积地提高教育教学质量。

②教师主导，学生主动。首先要改变教育思想，改革课堂教学方法，明确"学生探索，教师引路"的教与学的关系，多让学生动脑、动手、动口去获得知识。比如在教授"三角形分类"这一知识点时，可以先让学生回顾之前所学习的角的知识，接着再想想三角形又有哪些特征，教师再加以点拨，让同桌之间互相讨论、探究。这样的教学方式既发挥了教师的主导作用，又激发了学生学习的积极性。

③要精心设计教案，满足不同层次学生的要求。在设计教案时，教学内容的选择、教学要求的提出和教学过程的安排，除了要考虑班上大多数学生是否能够接受之外，还要综合考虑班级里较少数的差生和优等生，平等对待每一位学生，使所有人都得到最大程度的发展。

4.结合班主任的工作论述如何培养班集体。（见2014年华东师范大学真题）

2020年华东师范大学333教育综合真题·凯程详解

一、名词解释

1.课程标准（见2015年北京师范大学真题）

2.走班制

【答】走班制是指学科教室和教师固定，学生根据自己的能力水平和兴趣愿望选择适合自身发展的层次班级上课，不同层次的班级，其教学内容和程度要求不同，作业和考试的难度也不同的教学方法。

3.教育即生活

【答】杜威从教育与社会生活的关系这一角度提出"教育的本质即生活"。杜威批判传统教育远离儿童生活，学校与社会脱节，忽视儿童的兴趣和需要，压抑和束缚儿童。"教育即生活"的主要内涵有：教育是生活的过程，学校是社会生活的一种形式；教育不是为学生未来的生活做准备，而是为学生的当下的生活做准备；学校生活应与儿童自己的生活相契合；学校生活应与学校以外的社会生活相契合；学校生活应是充满现代精神的理想生活。"教育即生活"的主要实践有："学校即社会"；活动课程与"从做中学"。

4. 中体西用（见 2011 年北京师范大学真题）

5. 平民教育运动

【答】平民教育运动的主要内容是破除千百年来封建统治者独占教育的局面，使普通平民百姓享有受教育的权利，获得知识文化，改变生存状况。一部分以陈独秀、李大钊、邓中夏为代表，主张向平民普及教育，提倡教育平等。实践活动如工人夜校、长辛店劳动补习学校的创办等。另一部分以资产阶级和小资产阶级知识分子为代表，在杜威民主主义教育思想的影响下，把平民教育视为救国和改良社会的主要手段，肯定劳动人民受教育的权利，并且希望通过平民教育来实现平民（民主）政治。

6. 形式训练说

【答】形式训练说以官能心理学为基础，认为人的心智是由各种官能（如注意力、记忆力、推理力等）组成的，这些官能可以像肌肉一样通过训练而得到发展和加强。如果一种官能在某种学习情境中得到改造，就可以在与该官能有关的所有情境中自动地起作用，从而表现出迁移的效应。

二、简答题

1. 简述教育的生态功能。

【答】（1）树立建设生态文明的理念。

学校和社会要加强生态文明的教育与宣传，让学生从小具有爱护自然、爱护生命、节约资源、保护生态环境的思想情感，从而逐步在全社会牢固树立建设生态文明的理念。

（2）普及生态文明知识，提高民族素质。

造成自然灾害与生态失衡的原因大多与人的素质不高相关，应当有计划地普及生态文明知识，引导学生保护生态环境。

（3）引导建设生态文明的社会活动。

学校的生态文明教育不应仅局限于校内，还要组织学生参加社区的生态文明建设，让学生在社会实践中加深、提高认识，经受熏陶与锻炼，培养生态文明建设的兴趣与信念。

2. 简述夸美纽斯的班级授课制。（见 2014 年北京师范大学真题）

3. 简述陈鹤琴的"活教育"思想。（见 2015 年北京师范大学真题）

4. 简述教学工作的基本环节。

【答】从教师"教"的方面分析，备课、上课、课后辅导工作和教学评价构成教学工作的基本环节。

①备课。备课是上好课的先决条件。教师既要备好课，又必须做好以下工作：a. 认真钻研教材；b. 深入了解学生；c. 合理选择教法。

②上课。上课是教学的中心环节，提高教学质量的关键是上好课。一节好课的标准是：目的明确、内容正确、方法恰当、组织有效、积极性高、表达清晰。

③课后辅导工作。它是因材施教的一个重要措施，有个别辅导和集体辅导两种形式。主要有两方面的工作：a. 做好学生的思想教育工作；b. 做好对学生学习的辅导和帮助工作。

④教学评价。可通过书面考试（开卷与闭卷）、口试、实验操作考试等多种形式来实施。考试是对学生水平的检测，主要用于评定学生的学业成绩。

三、论述题

1. 结合实际，谈谈中小学德育过程的基本特点。（见 2019 年北京师范大学真题）

2. 结合现实，试述中小学生的创造性及其培养。（见 2011 年北京师范大学真题）

3. 试述教师素养的构成及对教师成长的启示。

【答】（1）教师的专业素养是教师作为专业人员应该具备的多方面的专业要求，是顺利进行教育活动的前提，也是教师胜任工作的基本条件。教师的专业素养不仅具有多样性、时代性特征，而且具有结构性特征。

（2）教师素养的构成。（见 2014 年北京师范大学真题）

（3）对教师成长的启示。教师要不断地学习、进步。关于促进教师成长可以从教师队伍和教师个体两个角度进行。

①教师队伍专业化的主要途径：a. 国家有教师资格的准入制度和在职教师的管理制度。b. 国家有专门的教师教育机构、内容和措施，促进教师教育专业化。c. 国家完善了教师教育制度，提供各种教师培训是师资队伍建设

的基本途径与手段。d.形成了公认的教师专业团体。

②教师个体专业化的主要途径：a.教师自身要有专业发展的观念和意识，寻求自我专业发展的途径。b.职前培训（师范教育）与在职培训。c.制订自我生涯发展规划。d.进行教育研究。这是提高教师自身素质、促进教师专业发展的一条有效途径。e.进行经常化、系统化的教学反思。反思是教师专业发展的重要方式。f.新教师的入职辅导。g.在参与课程改革和课程开发中获得专业发展。

4.试述学校管理的趋势及实践启示。

【答】（1）学校管理的趋势。

学校管理的趋势主要体现在学校管理的法治化、人性化、校本化、信息化和民主化五个方面。

①学校管理的法治化。依法治校有两个方面：一方面是政府及教育主管部门依法管理和规范学校行为；另一方面是学校管理者依法管理学校的各项内部事务。

②学校管理的人性化。考虑人的因素，分配工作时考虑个体差异，强调人的内在差异，通过激励方式来提高工作效率，构建充满尊重、理解和信任的人际环境，贯彻管理即育人、管理即服务的思想。

③学校管理的校本化。教育部门简政放权；倡导集体参与、共同决策；开展校本研究，提高学校管理者的决策能力。

④学校管理的信息化。一是开发和使用信息技术，将现代技术应用于管理，以提高管理的实效；二是学校管理方式和内容由"人—人"管理、"人—物"管理转变为"人—机"管理，注重对有关信息资源的管理。

⑤学校管理的民主化。学校领导者的民主精神是实行学校管理民主化的根本；重视人人参与管理是实行学校管理民主化的基础；营造民主、公平的管理氛围是实行学校管理民主化的关键；健全民主监督机制是实行学校管理民主化的保证。

（2）实践启示。

①学校要加强硬件投入与软件开发，为学校管理信息化提供物质基础。例如，教师和学生间的互动交流方式多样，可以通过线上论坛讨论答疑，也可以利用移动终端的便捷，建立课程QQ群或微信群进行交流。

②改进培训内容和方式，提高学校教职员工的信息管理素养。

③完善学校信息化管理的政策和规章制度。

2021年华东师范大学333教育综合真题·凯程详解

一、名词解释

1.教育方法

【答】（1）含义：教育方法是指在一定的教育思想指导下形成的实现其教育思想的策略性途径。

（2）内容：教师直接指向教育内容的教学方法、学生学习方法指导及学前教育和家庭教育的方法。

（3）意义：教育方法是教育的客观规律和原则的反映和具体体现，正确地运用各种教育方法，对提高教学质量，实现教育目的，完成教育任务具有重要的意义。

2.亲社会行为（见2012年山西师范大学真题）

3.因材施教（见2010年东北师范大学真题）

4.白板说（见2013年北京师范大学真题）

5.教育内容（见2019年哈尔滨师范大学真题）

6.最近发展区（见2011年北京师范大学真题）

二、简答题

1.简述人的发展规律性。（见2010年华中师范大学真题）

2.简述教育的政治功能。（见2012年北京师范大学真题）

3.简述教育的心理学化。（见2013年陕西师范大学真题）

4.简述杜威的无目的论。（见2016年北京师范大学真题）

三、论述题

1.结合教学实际，谈谈如何处理好教师主导作用与学生主动性之间的关系。（见2010年北京师范大学真题）

2.结合实际，谈谈学校管理发展的主要趋势。（见2020年华东师范大学真题）

3.试述学习动机的需要层次理论，及该理论对激发学生学习动机的启示。（见2013年西南大学真题）

4.结合现实，谈谈中小学生常见的心理健康问题及其教育措施。

【答】（1）从学生心理健康问题的内容、成因及其所涉及的生活领域来分析，中小学生常见的心理健康问题主要表现在以下几个方面。

①学习问题。包括厌恶学习、逃学、学习效率低、阅读障碍、考试焦虑、学校恐惧症、注意缺陷及多动障碍等。

②人际关系问题。包括亲子关系、师生关系、同伴关系等，如社交恐惧、人际冲突等。

③学校生活适应问题。包括生活自理困难、对学校集体生活不适应、对高学段学习生活不适应等。

④自我概念问题。包括缺乏自知、自信，自我膨胀，沉湎于自我分析，理想自我与现实自我的差距过大，自贬的思维方式等。

⑤与青春期性心理有关的问题。包括青春期发育引起的各种情绪困扰，以及异性交往中的问题，如性困惑、性恐慌、性梦幻、性身份识别障碍等。

（2）根据教育内容、情境和青少年的特点，青少年心理健康教育有多种多样的组织形式和教育措施。概括起来，主要有以下几种：

①认知法。这种方法主要靠调动学生的感知、记忆、想象、思维等心理过程来达到教学目标。它可以派生出阅读，听、讲故事，观看幻灯片、图片、录像，案例分析、判断和评价等形式。

②游戏法。竞赛性游戏能够调动学生参与活动的积极性，培养学生的竞争意识和团结合作精神；非竞赛性游戏可缓解学生的紧张和焦虑情绪，使学生获得新的体会与认识。

③测验法。通过智力、性格、态度、兴趣和适应性等各种问卷测验，帮助学生自我反省、自我分析，了解自己某方面心理素质的发展现状，形成正确的自我认识和自我评价。

④交流法。通过学生间的交流活动，各自介绍自己的心理优势或个体经验，促进其他同学对训练策略的认识、领悟和掌握。

⑤讨论法。通过师生、学生间广泛深入的思想交流，引导学生积极思考，步步深入，提高认识，转变思维方式和看问题的角度，掌握科学的行动步骤。

⑥角色扮演法。教师提供一定的主题情境并讲明表演要求，让学生扮演某种人物角色，演绎某种行为方式、方法与态度，达到深化学生的认识的目的。

⑦行为改变法。通过奖惩等强化手段帮助学生建立某种良好的行为，或消除、矫正其不良行为。此法可分为代币法、契约法、自我控制法等多种形式。

⑧实践操作法。让学生亲自动手，完成某种操作任务。常用于验证某种心理效应，以达到加深学生体验和增强其认同感的目的。

2022年华东师范大学333教育综合真题·凯程详解

一、名词解释

1.课程（见2019年北京师范大学真题）

2.教育制度（见2012年华东师范大学真题）

3.设计教学法（见2015年华东师范大学真题）

4.骑士教育（见2010年华东师范大学真题）

5.最近发展区（见2011年北京师范大学真题）

6.贝尔－兰卡斯特制（见2012年北京师范大学真题）

二、简答题

1.简述教育的政治功能。（见2012年北京师范大学真题）

2.简述教师的师德素质。（见2012年陕西师范大学真题）

3.简述中国共产党领导下的革命根据地的教育经验。（见2020年华中师范大学真题）

4.简述皮亚杰的认知阶段论。（见2012年东北师范大学真题）

三、论述题

1.举例说明，在教育过程中运用"直观性原则"的基本要求。（见2018年华中师范大学真题）

2.结合实际，分析论述班主任素质的基本要求。（见2015年华东师范大学真题）

3.结合实际，谈谈如何培养和提高学生的问题解决能力。（见2010年华中师范大学真题）

4.结合实际，谈谈如何落实学校管理的"民主化"思想。

【答】（1）含义：民主管理是指学校管理充分发扬民主，以对个体价值的肯定为基础，以个体才能的充分发挥和潜能挖掘为前提，积极吸引全员参与管理活动，集思广益，群策群力，共同参与，以取得最优的管理效益。

（2）学校如何实行：

①学校领导者的民主精神是实行学校管理民主化的根本。选择有民主精神和观念的领导者至关重要，他会减少管理中的专制，听取大众的建议，为学校管理带来民主气息。

②重视人人参与管理是实行学校管理民主化的基础。所谓民主，是全民参与。所谓学校的民主管理，是指学校里的广大教师、学生，包括家长都有参与管理学校事务的权利。

③营造民主、公平的管理氛围是实行学校管理民主化的关键。作为管理者，要营造公平、民主的管理氛围，如完善教职工代表大会制度、力求处理学校事务公平公正等，这些都是民主氛围的体现。

④健全民主监督机制是实行学校管理民主化的保证。民主的最大特点就是权力制衡，学校的监督机制是民主管理的重要组成部分，目前学校的主要监督制度有党组织的监督和教职工代表大会的监督。

东北师范大学

2010年东北师范大学333教育综合真题·凯程详解

一、名词解释

1.美育

【答】美育是全面发展教育的重要组成部分，是培养学生健康的审美观，发展他们感受美、鉴赏美、表现美、创造美的能力，培养他们的高尚情操和文明素质的教育。美育有形象性和情感性等特点。美育也是我们实施智育、德育、体育的重要途径，是全面发展教育不可忽视和缺少的部分。

2.因材施教

【答】因材施教最早是由孔子提出的，是指教师从学生的实际情况和个别差异出发，有的放矢地进行有差别的教学，使每个学生都能扬长避短，获得最佳发展。

3.《论语》

【答】《论语》是专门记录孔子及其弟子言行的书。《论语》是教育学萌芽时期的著作。《论语》中零散地保存了很多具有教育价值的语录，供后人研究。其中着重记录了孔子的教育思想，如"学而不思则罔，思而不学则殆""知之为知之，不知为不知""学而不厌，诲人不倦"等。

4.蔡元培

【答】蔡元培是中国近代著名的资产阶级革命家和民主主义教育家，是民国第一任教育总长。他坚决清除教育中的封建专制主义因素，苦心规划民国教育的未来。1917年任北大校长后，他以自由、民主的原则改革北大，为中国高等教育开辟了一片天地。他提出了"五育"并举的教育和教育独立的思想，并进行了一系列改革北大的教育实践。

5.《理想国》

【答】柏拉图的《理想国》是一部讨论政治和教育的著作，被认为是西方教育史上最为重要和伟大的教育著作之一。在《理想国》中，柏拉图精心设计了一个他心目中理想的国家，并为这个理想国家的实现，提出了完整的教育计划。其中的内容有：教育目的、教育作用、教育内容、教育阶段和论男女平等的教育等。

6.终身教育（见2011年华东师范大学真题）

二、简答题

1.简述全面发展教育的组成部分及其各自的地位、作用。

【答】全面发展教育是指教育者根据社会的政治经济需要和人的身心发展的规律和特点，有目的、有计划、有组织、有系统地对受教育者实施的旨在促进人的素质结构全面、和谐、充分发展的系统教育。

全面发展教育的组成部分及其各自的地位与作用：

（1）德育：

①含义：德育有广义和狭义之分，广义的德育指关于人生活的意义和规范的各种教育活动的总和。它涉及人成长生活的各种品质内容，如思想教育、政治教育、法制教育、心理健康教育、道德教育，甚至包括生命教育、公民教育和人格教育等。狭义的德育指"育德"，即道德教育。

②地位与作用：德育在全面发展教育中处于思想引领的地位，在"五育"并举中起着保证方向和动力的作用。

（2）智育：

①含义：智育是教授学生系统的科学文化知识和技能，培养和发展学生的学识素养和智慧才能的教育。

②地位与作用：智育是全面发展教育的基础。智育帮助学生认识大千世界，学会知识和技能，开阔眼界，提升能力，能够培养学生的创造力和问题解决能力，使其学会生存的本领。

（3）体育：

①含义：体育是授予学生健身知识和技能，发展他们的体力，增强他们的体质的教育。增强学生的体质是学校体育的根本任务。

②地位与作用：体育是人的个性全面发展的生理基础。人们进行生产劳动、社会活动、军事活动和幸福的生活都需要强健的体魄作为基础。

（4）美育：

①含义：美育是培养学生健康的审美观，发展他们感受美、鉴赏美、表现美、创造美的能力，培养他们的高尚情操和文明素质的教育。

②地位与作用：美育具有启智、育德、健体的作用，美育也是实施德、智、体的途径。美育在净化学生心灵，激发学生热爱生活和追求美好生活方面有重要作用。

（5）劳动教育：

①含义：劳动教育是引导学生掌握现代劳动的知识与技能，养成良好的劳动习惯和正确的劳动态度，培育学生科学的劳动价值观的教育。

②地位与作用：劳动教育具有启智、育德、健体和育美的作用，劳动教育也是实施德、智、体的重要途径之一。

2.简述影响人身心发展的因素及其各自的地位、作用。（见2015年北京师范大学真题）

3.简述教育的本体功能。

【答】教育的个体发展功能也称为教育的本体功能，是在教育系统内部发生的。简而言之，教育的个体发展功能表现为教育的个体个性化功能、个体社会化功能、谋生功能和享用功能。

（1）教育的个体个性化功能。所谓个性化，是指个体在社会活动中形成自主性和独特性的过程。教育作为促进个体个性发展的重要途径，其功能主要体现在对个体自主性和独特性的培养上：①教育能促进主体意识的发展，培养个体合理的自主性。②教育能促进个体特征的发展，培养个体的独特性。③教育开发人的创造性，促进人的个体价值的实现。

（2）教育的个体社会化功能。所谓社会化，是指个体接受文化规范，学习其所处社会的行为模式，由一个自然的人转化为社会的人的过程。教育的个体社会化功能主要体现在三个方面：①教育促进人的观念社会化。②教育促进人的行为和能力的社会化。③教育促进人的职业、身份和角色的社会化。

（3）教育的谋生功能。这一功能是指通过教育，使学生获得一定的职业知识和技能，为他们谋生创造条件。

（4）教育的享用功能。这一功能是指教育成为个体生活的需要，受教育过程是需要满足的过程，在满足需要的过程中，求知欲得到实现，获得高层次的精神享受，并进而获得自由和幸福。教育不仅使个体在受教育的当下获得一种幸福的体验，而且还培养人高尚的情趣和感受幸福的能力，为享用终生创造条件。

4.简要介绍几种主要的动机理论。

【答】（1）学习动机的强化理论。这一理论的核心是刺激与反应之间的联结，不断强化可以巩固联结。在引导学生开展学习活动时，要有效增加正强化，合理利用负强化，激发学生的学习动机。

（2）学习动机的人本理论。

马斯洛的需要层次理论和罗杰斯的自由学习理论是人本理论的典型代表。

①需要层次理论。马斯洛认为，有七种基本需要，即生理的需要、安全的需要、归属与爱的需要、尊重的需要、求知与理解的需要、审美的需要和自我实现的需要。前四种属于缺失性需要，一旦缺失性需要得到满足，其强度就会降低；后三种属于成长性需要，其特点在于永不满足。

②自由学习理论。主要内容有：a.每个学生都有天生的、潜在的学习能力；b.只有当教材有意义且符合学生的学习目的时，学生才会学习；c.教师要努力营造减少学生压力的学习氛围；d.主动、自发、全身心投入的学习才会有良好效果；e.自我评价可以培养学生的独立思维和创造力；f.要重视学生对生活能力的学习；g.涉及学习者整个人的学习才是深刻的学习。

（3）学习动机的认知理论。

①期望—价值理论。阿特金森认为个体趋向成就的动机由成就需要、期望水平和诱因价值共同决定，即动机强度（Ts）=需要（Ms）×期望（Ps）×诱因（Is）。人在追求成就时存在两种倾向，力求成功的倾向和避免失败的倾向。根据动机强度，可将个体分为力求成功者和避免失败者。

②成败归因理论。由海德最早提出，韦纳进行系统探讨并发现人们倾向于将活动成败的原因归结为六个因素：能力高低、努力程度、任务难度、运气好坏、身心状态、外界环境等。他把这六个因素归为三个维度，即内部归因和外部归因；稳定归因和非稳定归因；可控归因和不可控归因。

③自我效能感理论。由班杜拉提出，自我效能感指人们对自己是否能够成功地进行某一成就行为的主观判断。班杜拉把强化分为直接强化、替代性强化和自我强化三种。影响自我效能感的因素有：a.直接经验；b.替代性经验；c.言语说服；d.情绪唤醒。

④自我价值理论。代表人物是科温顿。该理论认为，人天生就有维护自尊和自我价值感的需要。基本观点有：a.自我价值感是个人追求成功的内在动力；b.个人把成功看作能力的展现，而不是努力的结果；c.成功难以追求，则以逃避失败来维持自我价值；d.学生对能力与努力的归因随年龄而改变，将学生划分为四种类型，即高驱低避型、低驱高避型、高驱高避型和低驱低避型。（根据掌握的熟练程度列举几个即可）

三、论述题

1.什么是创造性？如何对学生的创造性进行培养？（见2011年北京师范大学真题）

2.评述20世纪60年代美国的课程改革。

【答】美国20世纪60年代的教育改革主要在三个方面进行：一是中小学的课程改革；二是继续解决教育机会不平等的问题；三是发展高等教育，提高高等教育的质量。

在中小学课程改革方面，心理学家布鲁纳发表了《教育过程》并引领了20世纪60年代的结构主义课程改革。其主要观点有：a.重视早期教育；b.逐条下放科学技术课程；c.以结构主义教育思想指导编制课程结构；d.鼓励学生采用发现式方法进行学习；e.强调教育和教学应重视学生的智能发展；f.注重教授各门学科的基本结构；g.教师是结构教学中的主要辅助者。

优点：课程改革把认知发展与教育统一起来，为心理学研究和教育研究的互相协作提供了一个范例，并提出了一些值得研究的问题，对西方课程论影响很大。结构主义还成为美国20世纪60年代课程改革的指导思想。

局限性：由于教材有知识深度，难度比较大，过分强调课程理论化、抽象化，引起人们的争议。缺乏教学经验，教师不能使用好发现法教学，学生不感兴趣，引起大多数师生的反对，导致改革没有达到预期效果。

3.试分析论述陶行知的生活教育思想及其当代价值。（见2014年北京师范大学真题）

4.结合我国近年来对应试教育和素质教育的讨论，谈谈你对素质教育的认识和理解。

【答】（1）素质教育是指以提高全民族素质为宗旨的教育，是以面向全体学生、全面提高学生的基本素质为根本目的，以注重开发受教育者的潜能，促进受教育者德、智、体诸方面生动活泼地发展为基本特征的教育。

（2）应试教育和素质教育的联系与区别。

①实施素质教育正是为了克服应试教育的弊端，准确地贯彻全面发展的教育方针。同时，素质教育既体现为一种教育思想，又表现为一种实践模式。

②素质教育不是不考试，而是旨在通过素质教育纠正那种把考试作为目的的错误教育思想，把考试作为提高教学质量的一种手段，把作为具体方法的考试和作为指导思想的应试教育区别开来。

③素质教育强调面向全体学生，绝不是否定个体的差异，恰恰相反，素质教育追求的是"一般发展"与"特殊发展"的统一，注重因材施教，面向有差异的每一个个体，根据不同学生的不同实际，促进学生的全面发展。

（3）实施素质教育的要求。

①充分认识到课程、教材、教学方面的改革是推进素质教育的核心，应当作重点来抓；②从应试教育向全面素质教育的转变根本取决于是否有一定适应素质教育要求的教师队伍，要求教师不仅要有崇高的职业道德和奉献精神，而且要有过硬的教学本领和现代化的教学思想；③通过改革升学、考试以及评估制度，逐步淡化学校教师以及学生的升学意识和分数观念，建立多元化的评定标准，减轻学校和学生的压力，为全面实施素质教育创造良好的人文环境。（可结合具体案例作答）

2011年东北师范大学333教育综合真题·凯程详解

一、名词解释

1.**有教无类**（见2010年北京师范大学真题）

2.**"五育"并举的教育方针**

【答】蔡元培在1912年发表的《对于教育方针之意见》中，从"养成共和国民健全之人格"的观点出发，提出了"五育"并举的教育思想。"五育"包括军国民教育、实利主义教育、公民道德教育、世界观教育和美感教育。蔡元培强调"五育"不可偏废。"五育"尽管各自的作用不同，但都是"养成共和国民健全之人格"所必需的，是统一整体中不可分割的有机部分。"五育"中也有重点，即必须以公民道德教育为根本。

3.**苏格拉底法**（见2011年北京师范大学真题）

4.**《初等教育法》**

【答】19世纪下半期，随着英国工业革命的完成，普及义务教育的问题成为社会关注的主要问题。1870年，英国政府颁布了《初等教育法》。法案的主要内容有：（1）国家对教育有补助权和监督权；（2）将全国划分为若干个学区，设学校委员会管理地方教育；（3）对5~12岁儿童实施强迫初等教育；（4）在没有学校的地方，允许私人在一年内设校，过期由地方委员会设立公立学校；（5）学校中世俗科目与宗教科目分离。该法案的颁布，标志着英国国民初等教育制度的正式形成。从此，英国出现了公、私立学校并存的双轨制局面。

5.**概括化理论**

【答】概括化理论是早期的知识迁移理论。贾德认为共同成分只是产生迁移的必要条件，而迁移产生的关键在于学习者能够概括出两组活动之间的共同原理。学习者的概括水平越高，迁移的可能性就越大。

6.**努力管理策略**

【答】努力管理策略是指学习者将成功归因于努力，通过调整心境、自我谈话、坚持不懈、自我强化等方式，激发学习积极性的策略。其目的是使学习者能够更有效地将精力用于学习上。具体来讲，主要包括情绪管理、动机控制、环境管理以及自我强化等策略。系统性的学习大都是需要意志努力的，为了使学生维持自己的意志努力，需要不断地鼓励学生进行自我激励。如激发内在动机、树立为了掌握而学习的信念、自我奖励等。

二、简答题

1.**简要回答教学过程中应处理好的几种关系。**

【答】（1）间接经验与直接经验的关系。①学生认识的主要任务是学习间接经验；②学习间接经验必须以学生个人的直接经验为基础；③防止忽视系统知识的传授或直接经验积累的偏向。

（2）掌握知识与发展智力的关系。①智力的发展与知识的掌握二者相互依存、相互促进，学生对知识的掌握依赖于他们智力的发展；②生动活泼地理解和创造性地运用知识才能有效地发展智力；③防止单纯抓知识教学或只注重智力发展的片面性。

（3）智力因素与非智力因素的关系。①智力因素是非智力因素的基础，非智力活动依赖于智力活动，并积极作用于智力活动；②按教学需要调节学生的非智力活动才能有效地进行智力活动，完成教学任务；③防止忽视智力因素或忽视非智力因素的偏向。

（4）教师主导作用与学生主体作用的关系。①发挥教师的主导作用是学生简捷有效地学习知识、发展身心的必要条件；②学生在教学过程中具有主体地位，调动学生的学习主动性是教师有效教学的一个主要因素；③防止忽视学生积极性和忽视教师主导作用的偏向。

（5）掌握知识与培养思想品德的关系。①学生思想的提高以知识为基础；②引导学生对所学知识产生积极的态度，才能使他们的思想得到提高；③学生思想的提高又推动他们积极地学习知识；④防止单纯地传授知识、忽视思想教育，或脱离知识的传授而另搞一套思想教育的偏向。

2.**简要回答我国教育目的的基本精神。**（见2012年北京师范大学真题）

3.**简述影响人身心发展的因素及其各自的作用。**（见2015年北京师范大学真题）

4.**列出两例我国基础教育中存在的主要问题，并就其中一例做深入分析。**

【答】（1）两个教育问题：一方面，我国目前的道德教育流于形式，说理枯燥，不能真正打动学生，效果不佳；另一方面，教师队伍的素养普遍低，经济差距大的地区，教师队伍的教学水平差距也大，造成了教育的两极分化，势必会出现教育公平问题。

（2）提高教师队伍的整体素质，是我国当前新课程改革中的重要任务之一。因为教师的水平直接制约着新课程改革，也影响着教育质量，不同经济发展水平地区的教师水平的差异，也直接造成了教育的不平等。

（3）提高教师队伍的素养，要做到：①国家要为教师提供各种在职培训的机会，尤其要重在向教师讲解新课程的教育观念和教学方法，提高教师的理论素养。②不同经济条件的地区，要加强联系，实行互帮互助政策。如北京市某重点中学与青海某贫困县的小学结成互助关系，实现资源共享；发动优秀教师去贫困地区支教，传播先进的教育方法和理念。③加强教师与专家之间的合作。④改变教师观念，教师需要在教育岗位上不断提升自己的教学水平。⑤学校应该开办一些讲课比赛活动，重视老教师带新教师，一些竞赛活动可以调动教师改进讲课的积极性。⑥国家还要不断地完善教师从业制度和管理制度等。

5.简述奥苏伯尔的有意义接受说。

【答】（1）有意义学习的实质与条件。（见2013年北京师范大学真题）

（2）接受学习是教师直接呈现要传授的知识及其意义，学生通过新、旧知识之间的相互作用来获得新知识。学生的学习主要表现为接受学习，是通过教师的传授来接受事物意义的过程，它是一种有意义的接受，而且完全可以是有意义的学习。

（3）有意义的接受学习：在接受学习中，教师所呈现的新知识大多数都是现成的，包括一些抽象的概念、命题、规则等，学生主要通过利用和这些新知识有关的、认知结构中已经具有的旧知识去同化理解新知识的意义。

在奥苏伯尔看来，无论是接受学习还是发现学习，都有可能是机械的，也都有可能是有意义的，那种认为接受学习必然是机械的，发现学习必然是有意义的观点是毫无根据的。如果教师教法得当，并不一定会导致机械的接受学习。任何学习，只要符合有意义学习的条件，就是有意义学习。

6.简述成败归因理论。

【答】（1）韦纳在前人的基础上，对行为结果的归因进行了系统探讨，发现人们倾向于将活动成败的原因归结于六个因素：能力高低、努力程度、任务难易、运气好坏、身心状态、外界环境等。他把这六个因素归为三个维度，即内部归因和外部归因，稳定归因和非稳定归因，可控归因和不可控归因。依据这三个维度，他把成就行为归因于能力、努力、任务难度、运气四个有代表性的原因。

（2）在这四个有代表性的原因中，能力是稳定的内部因素，努力是不稳定的内部因素，任务难度是稳定的外部因素，运气是不稳定的外部因素。人们往往把自己的成功与失败归结为上述四个原因中的一个或几个，归结为不同的原因会带来相应的心理变化，表现为对下一次成就结果的期待与情感的变化，进而影响以后的成就行为。

三、论述题

1.试论《学记》在教育管理和教学论上的贡献。

【答】《学记》是《礼记》中的一篇，是世界上最早的论述教育、教学问题的专著，被认为是"教育学的雏形"。其作者一般被认为是思孟学派的乐正克，其内容主要包括教育制度与学校管理，教育、教学的原则与方法，论教师等几部分。

（1）教育制度与学校管理。

①学制与学年。

在学制上，以托古改制的方法提出建立从中央到地方的学制系统，"古之教者，家有塾，党有庠，术有序，国有学"，这种按行政建制设学的思想对后世兴学影响很大。在学年上，《学记》把大学教育定为两段、五级、九年。第一、三、五、七学年毕，共四级，为第一段，七年完成，谓之"小成"；第九学年毕为第二段，考试合格后，谓之"大成"。这是古代年级制的萌芽。

②视学与考试。

在视学上，《学记》十分重视大学开学和入学教育，认为这是教育管理的重要环节。开学之日，天子率百官，祭祀"先圣先师"，还定期视察学宫，新生入学要重视训诫仪式，明确从政而学习。

在考试上，考查学业成绩和道德品行，不同年级要求不同。第一、三、五、七、九年，都有考试，分别是："视离经辨志""视敬业乐群""视博习亲师""视论学取友"（"小成"）；"知类通达，强立而不反"（"大成"）。整个考试制度体现了循序渐进、德智并重的特点。

（2）教育、教学的原则。

①预防性原则：要求事先预计到学生可能会出现的种种不良倾向，预先采取防治措施。

②及时施教原则：教育应该按照学生的年龄特征和心理状况安排适当的教学内容。

③循序渐进原则：学习内容要有先后顺序，要求教师根据知识难易程度和逻辑结构来施教。

④学习观摩原则：同学之间要相互切磋研究，共同提高，既要专心学习，又要融入集体。

⑤长善救失原则：教师应了解不同学生的不同心理倾向，帮助他们发扬优点，克服缺点。

⑥启发诱导原则："道而弗牵，强而弗抑，开而弗达。"

⑦藏息相辅原则：既要有有计划的正课学习，又要有课外活动和自习，有张有弛，劳逸结合。

⑧教学相长原则：本意并非教与学的相互促进，仅指以教为学，后人引申为在教学过程中教师与学生双方相互促进，共同提高。

（3）教育、教学方法。

①讲解法："约而达""微而臧""罕譬而喻"。

②问答法：教师的提问应先易后难，答问则应有针对性，恰如其分，适可而止。

③练习法：根据学习的内容，来安排必要的练习，练习需要有规范，并且应逐步地进行。

（4）论教师。

《学记》强调尊师，要求形成社会普遍的尊师风气。首先，社会上每个人，从君到民都是由教师教出来的，"师严然后道尊，道尊然后民知敬学"。其次，"为师、为长、为君"是一个逻辑过程，"为师"实际上成为"为君"的一种素质、一项使命。

《学记》为中国教育理论的发展树立了典范，其历史意义和理论价值十分显著，它的出现意味着中国古代教育思维专门化的形成，是中国教育理论发展的良好开端。

2.试论20世纪60年代美国中小学的课程改革。（见2010年东北师范大学真题）

2012年东北师范大学333教育综合真题·凯程详解

一、名词解释

1.课程标准（见2015年北京师范大学真题）

2.义务教育

【答】义务教育又称强迫教育和免费义务教育，是根据法律规定，适龄儿童和青少年都必须接受，国家、社会、家庭必须予以保障的国民教育。其实质是国家依照法律规定对适龄儿童和青少年实施的一定年限的强迫教育的制度。义务教育具有强制性、免费性、普及性的特点。目前，世界义务教育的发展趋势是向两端延长。我国义务教育法规定的义务教育年限为九年，这一规定是符合我国国情的。

3.学而优则仕

【答】"学而优则仕"是儒家孔子的观点，其基本含义是将做官与学习紧密联系起来，有官职的人应该是受过教育并继续学习的人，受过教育的人应该得到一定的官职，教育就是要培养能治国安民的贤能之士。

进步意义：①反对不学而仕的世袭制，为平民开拓了从政的道路；②把学优与仕优联系起来，以学优保证仕优，有利于推行贤人治邦，改良社会政治。

消极影响：①强化了中国"官本位"的传统观念；②使中国知识分子从一入学读书开始，就产生了严重的功名意识。

4.苏格拉底法（见2011年北京师范大学真题）

5.生活教育（见2012年北京师范大学真题）

6.《学制令》

【答】《学制令》是日本明治维新之后由文部省颁布的一项规定学制的法令，在确立教育领导体制的基础上，建立全国的学校教育体制。规定全国实行中央集权式的大学区制，全国分为8个大学区，各设一所大学，每个大学区分为32个中学区，各设一所中学，每个中学区分为210个小学区，各设一所小学。《学制令》加强了日本中央集权式的教育领导体制。

7.流体智力

【答】流体智力是由美国心理学家卡特尔等人提出的，根据智力的不同功能，将智力划分为两种：流体智力和晶体智力。流体智力是指人不依赖于文化和知识背景而学习新事物的能力，如注意力、知识整合力、思维的敏捷性等。从时间上看，流体智力在人的成年期达到高峰后，就随着年龄的增大而逐步衰退。

8.先行组织者（见2010年北京师范大学真题）

二、简答题

1. 简述中小学研究性学习的目标。

【答】（1）研究性学习是指学习者以问题解决为主要内容，以发展研究能力为主要目的的一种新型学习方式。

（2）中小学研究性学习的目标。

①获得参与探索的经验。关注的重点是学生的学习过程。因而要激发其观察生活、发现和探究问题的兴趣，通过思考与操作实践，获得自己探究问题的喜悦及解决问题的经验。

②提高发现问题、探索问题和解决问题的能力。

③形成合作和分享的意识。立足于个性化基础之上兼顾群体合作与交往，培养团队精神。

④培养科学态度和道德品质。良好的道德品质、求实的态度是研究性学习的根本要求。

⑤培养对社会和自然的责任感。

⑥培养搜集、分析、处理信息和综合运用知识的能力。具有研究可能、有价值的问题都可以研究。

2. 简述皮亚杰认知发展阶段论的主要内容。

【答】皮亚杰认为，个体从出生到成熟的发展过程分为四个阶段：

（1）感知运动阶段（0～2岁）。通过探索感知觉与运动之间的关系来获得动作经验，主要特点有：①从对事物的被动反应发展到主动的探究；②认识事物的顺序是从认识自己的身体到探究外界事物；③儿童获得了客体永恒性，不能用语言和抽象符号来命名事物。

（2）前运算阶段（2～7岁）。运算是内部化的智力或操作。儿童的特点是：①泛灵论；②以自我为中心；③认知活动具有相对具体性，思维具有不可逆性和刻板性；④尚未获得物体守恒的概念。

（3）具体运算阶段（7～11岁）。这一阶段儿童的认知结构已发生了重组和改善，思维具有可逆性，儿童已经获得了守恒概念。但思维仍需要具体事物的支持，还不能进行抽象思维。

（4）形式运算阶段（11～16岁）。这一阶段儿童的思维是以命题形式进行的，并能发现命题之间的关系；能够根据逻辑推理、归纳或演绎的方式来解决问题；能理解符号的意义，其思维发展水平已接近成人。

3. 简述归因理论的基本观点。（见2011年东北师范大学真题）

三、论述题

1. 在全面发展教育中如何认识和处理各育的关系？

【答】（1）全面发展教育的组成部分。（见2010年东北师范大学真题）

（2）德育、智育、体育、美育、劳动教育之间的关系：

①"五育"相对独立、缺一不可，不可相互替代。全面发展的五个组成部分各有自己的特点、规律和功能，是相对独立、缺一不可的，不能互相替代。每部分的社会价值和满足个体发展的价值都是不同的。我们应该主张"五育"并举，组成完整的统一体。

②它们又相互联系，互为目的和手段，在实践中，共同组成统一的教育过程。德育对其他部分起着保证方向和动力的作用；智育为其他部分提供了认识基础；体育是实施其他部分的机体保证；美育在促进学生全面发展中具有重要作用；劳动教育是全面发展教育的有机组成部分。

③我们要坚持"五育"并举，处理好它们的关系，使其相辅相成，发挥教育的整体功能。也就是说，随时都要注意引导学生在德、智、体、美、劳诸方面的发展，防止和克服顾此失彼的片面性，坚持全面发展的教育质量观。

2. 论述教学中掌握知识与发展智力的关系。

【答】（1）掌握知识与发展智力互为基础、互为条件，相互依存、相互促进。

掌握知识是提高能力的基础。对学生来说，掌握、运用知识及其反思、改进的过程，也就是他们发展智力的过程。同时知识的掌握又依赖于学生的智力发展，智力发展好的学生接受能力强、学习效率高，而智力发展较差的学生在学习中则有较大的困难。随着时代的快速发展，教学内容迅速增多，难度不断加大，只有在教学中关注学生的学习方法，提高学生的智力和创造才能，才能使他们有效地掌握现代科学知识。

（2）生动活泼地理解和创造性地应用知识才能使其有效地转化为智力。

知识不等于能力，学生掌握知识的多少并不完全代表其能力水平的高低。学生的智力是在掌握和运用知识、认识和改造世界过程中的智慧活动与行动的内化，是在主客体相互作用的过程中发展起来的一种能力。所以，在教学中，不仅要教给学生知识，而且要引导学生通过生动活泼的教学活动，了解获取知识的过程与方法，学会独立思考、创造性地解决实际问题，这样才能使学生的智力获得高水平的发展。

（3）防止重知轻能或轻知重能的倾向。

教学过程中既要重视知识的传授，又要重视智力的发展，并将二者辩证地统一于教学活动中。因此，教育者要探索二者相互转化的过程与条件，以引导学生在掌握知识的同时，有效地发展他们的智力和能力。

3. 评述终身教育思潮。（见2015年北京师范大学真题）

4. 论述孔子的德育论及其当代价值。

【答】（1）孔子的德育论。

孔子认为，成为君子的主要标准是道德品质修养。"仁"与"礼"是孔子道德教育的主要内容，"礼"为道德规范，是人必须接受的外在社会行为规范。"仁"是最高道德准则，是对生命及其价值的珍视和关爱，即"仁者，爱人也"。

孔子道德教育的原则和方法有立志、克己、力行、中庸、内省、改过、学思行并重。

（2）孔子德育论的当代价值。

①孔子的德育论是以"君子"为目标的理想信念教育。孔子主张培养"修身""齐家""治国""平天下"的"圣人"和"君子"，他为整个中华民族定格了人格理想。现代德育中德才兼备、以德为重的培养目标是与孔子的思想一脉相承的。当前，我国教育应该通过创造人人所景仰的人格典范，引导人们追求崇高的道德境界，激励个人完善自我。

②孔子的德育论是以"仁"为核心内容的和谐精神教育。"仁"是君子的核心精神表现。"仁"是人际交往的重要前提。如今，"仁"与"礼"依然是处理人际关系的重要核心思想，"仁"的精神将会被传承，以符合当今时代"礼"的形式予以表达。

③孔子的德育论是以"德性优先"为原则的道德自律思想。孔子主张身体力行、学思行并重、立志、自省等德育原则和方法。人的道德教育的本质是个体积极主动的建构过程。面对多元文化社会的时代背景，我们应认识到孔子思想中培养道德主体人格的重要性，树立现代德育观，尊重主体，由灌输走向对话，由限制个性走向发展个性。

④孔子的德育论是以"下学而上达""学思行并重"为方法的德育活动。孔子尤其注意"下学"，"能下学，自然上达"。现代德育学术气氛浓厚，德育形式化，今天的道德教育应进行改革，不仅要学习书本的知识，而且要走与实践相结合的道路，使受教育者得到全面的锻炼和发展，做到言行一致、多做实事，从而将德育落到实处。

2013年东北师范大学 333 教育综合真题·凯程详解

一、名词解释

1. 义务教育（见2012年东北师范大学真题）

2. 活动课程

【答】开展活动课程的代表人物是杜威。活动课程是以儿童的兴趣或需要为基础，根据心理逻辑而编排的课程。其具有生活性、实用性、开放性等特点。各种形式的活动作业是居于课程中心地位的，通过活动，把学生校内外的生活联系在一起。活动课程可以是课堂教学的一部分，也可以是课堂教学的一种补充。活动课程种类繁多、灵活多样，但是活动课程夸大了儿童个人的经验，忽视了知识本身的逻辑顺序，影响了系统的知识学习，导致教育质量低下。

3. 班级授课制（见2016年北京师范大学真题）

4. 直观性教学原则

【答】直观性教学原则是指在教学中通过学生观察所学事物或教师语言的形象描述，引导学生形成对所学事物及过程的清晰表象，丰富他们的感性认识，从而使他们能够理解书本知识并发展认识能力。

5.《学记》

【答】《学记》是《礼记》中的一篇，是中国教育史和世界教育史上一部最早的、最完整的专门论述教育教学问题的论著。其由战国末期思孟学派所著，对先秦的教育理论和教育实践做了相当全面的总结和概况。主要包括教育作用与教育目的，教育制度与学校管理教育，教学原则与方法等。总之，《学记》对教育学基本问题均有论述，被认为是"教育学的雏形"。

6. 中华职业教育社

【答】20世纪20年代为宣传职业教育思潮，黄炎培发起并组织了中国近代第一个研究、倡导和推选职业教育的专门机构，并在理论上探讨，在实践中推进，使职业教育思潮达到顶峰。之后中华职业教育社在上海创办中华职业学校，通过学校教育的形式开展职业教育。它充分体现了黄炎培的"大职业教育"思想。认为职业教育的作用是：谋个性之发展、为个人谋生之准备、为个人服务社会之准备、为国家及世界增进生产力之准备。

二、简答题

1. 简述我国教育目的在《教育法》中的体现及其体现的精神实质。（见2012年北京师范大学真题）

2. 简述教学与智育的关系。

【答】（1）教学是由教师的"教"和学生的"学"所组成的双边活动过程。通过教学，学生在教师有计划、有步骤地引导下，积极主动地掌握系统的科学文化知识和技能，发展智力、体力，陶冶品德，养成全面发展的个性。

（2）智育是全面发展教育的组成部分，是教授学生系统的文化知识和技能，发展他们的智力与非智力因素的教育，是全面发展教育的基础。

（3）教学与智育既有联系，又有区别。智育主要是发展学生的智力，向学生传授系统的科学文化知识和技能。智育主要是通过教学来完成的，是教育的重要组成部分，但教学不等于智育，教学也是进行德育、美育、体育、综合实践活动教育的途径。同时，智育也需要通过课外活动等途径才能全面实现。

3. 简述苏格拉底法的基本内容。

【答】（1）"苏格拉底法"，又称"问答法""产婆术"。苏格拉底在哲学研究和讲学中，形成了由讥讽、助产术、归纳和定义四个步骤组成的独特的方法，称为"苏格拉底方法"。

（2）"苏格拉底法"的基本内容。

①讥讽：就对方的发言不断追问，迫使对方自陷矛盾、无词以对，最终承认自己的无知。

②助产术：帮助对方依靠自己得到问题的答案。

③归纳：从各种具体事物中找到事物的共性、本质，通过对具体事物的比较寻求"一般"。

④定义：把个别事物归入一般的概念，得到关于事物的普遍概念。

（3）评价。

优点：该方法不是将现成的结论硬性灌输或强加给对方，而是通过探讨和提问的方式，诱导对方认识并承认自己的错误，自然而然地得出正确的结论。

局限：①受教育者必须有追求真理的愿望和热情；②受教育者必须就所讨论的问题积累了一定的知识；③谈话的对象是已经有了一定知识基础和推理能力的成年人，这种方法不能机械地套用于幼年儿童。

4. 简述科尔伯格的道德发展理论。（见2013年华东师范大学真题）

三、论述题

1. 有人说："一两遗传胜过一吨黄金。"这种说法对吗？说明你的道理。

【答】（1）这种说法是错误的，这是遗传决定论的观点。

（2）"遗传决定论"认为人的身心发展完全取决于人先天良好的禀赋，即遗传素质，否认其他因素在人的发展中的作用，如教育和个人的主观能动性的作用。但是，人的身心发展是多种因素交互作用的结果，它受到人的遗传素质、环境、教育和人的主观能动性共同的影响。其中遗传素质是人身心发展的前提条件和物质基础；环境提供人发展所需要的物质和社会条件；学校教育在人的发展中起到主导作用；个人的主观能动性起决定性的作用。

（3）因此，遗传素质是人发展的物质基础，它能为人提供便利条件，加速人的发展，但遗传素质也只是为人的发展提供了一种可能，离开了环境的影响、良好的教育和个人的主观能动作用，这种可能就无法转变为现实。

2. 试论述杜威的课程与教材论的相关内容及其现实意义。

【答】（1）相关内容。

①批判传统课程。杜威强烈反对传统教育所使用的以既有知识为中心的课程和教材，他认为传统课程在智育方面极度贫乏，教材中充斥着许多呆板而枯燥无味的东西。杜威指出，把那些"早已准备好了的教材"强加给儿童，是"违反儿童天性"的。多种多样的学科课程只会将儿童统一而完整的生活经验加以割裂和肢解，从而阻碍儿童的生长。

②教材心理化。他认为教材应该和儿童充满活力的经验相联系。根据这些原则，他提出"教材心理化"，儿童获取的知识应当符合儿童的心理水平，在课程中占中心地位的应是各种形式的活动作业，让儿童从做中学。

③从做中学。对于教学和课程，杜威的基本原则是"从做中学"，他把这一原则贯穿教学过程、教学方法、

课程、教学组织形式等各个方面。杜威认为，应为学生提供"设备相当的环境，使学生'由做事而学习'"，在"做"中习得经验，从而掌握知识，发展思维能力。

（2）现实意义。

①杜威认识到传统课程的缺点，主张重视儿童直接经验的积累，教材的编写更是要注重学生心理水平，教材心理化进一步将教育和心理学相结合，使我们的课程编写更具有科学依据。同时，杜威强调的"从做中学"对于传统的静坐学习也是有启发和进步意义的，这与我们新课改中所提倡的"综合实践活动"和"小组合作学习"的思想具有一致性。

②但是，杜威将传统的学科课程一概否定，仅仅满足于活动课程和个人的经验，这是不科学的。这种做法最终导致了美国教育质量的落后。因此，我们在实际的课程编制的过程中，应该将教材的知识逻辑和心理逻辑相结合。在实际的教学活动中，应该以学科课程为主，保证学生可以学到系统的、科学的文化知识，提高教学的效率，同时以活动课程为辅助，培养学生的创造能力和实践能力。

3.某地某学校根据学生入学前的智商高低来分快慢班，谈谈你的想法，并用心理学的相关知识进行评价。

【答】（1）这种做法是不正确的。

根据学生入学前的智商高低来分快慢班，尽管对于学校来说有利于集中优势教育资源提高升学率和学校的知名度，但是这种做法不但难以落实因材施教，还会导致慢班的学生厌学、老师厌教。这一举动不仅不利于推行素质教育，不利于培养德、智、体、美、劳全面发展的高素质人才；还会打乱教学秩序，不利于教育公平和学生的均衡发展。总之是弊大于利，是不可取的。

（2）加德纳提出的多元智力理论，认为人类的心理能力至少包括八种不同的智力。这八种智力在人体身上的不同组合使每个人的智力都有独特的表现方式和特点，因此，智力没有高低之分，更不可以测量，个体之间的智力差异表现为不同智力相互组合的结果。而"智商"测验只包括了对数学和语言两种能力的测验，这种测验会使其他方面优秀的孩子得不到重视，不利于学校教学和学生发展。

（3）根据学生入学前的智商高低来分快慢班对学生造成的影响。

①从慢班学生心理反应来说，主要存在三个问题：a.学生很难客观地正视自己，这会伤害学生的自尊心，降低他们的学习积极性，阻碍其智力发展；b.不利于班级正常管理，慢班学生心理受到伤害后，容易产生特别强的逆反心理，难以形成良好的班风和学风；c.加速学生流失，使他们过早地步入社会，不利于青少年健康成长。

②从快班学生心理状况来说，情况也不容乐观：a.学生易产生骄傲自满的心理，不利于学生健全心理的发展；b.学生会偏重学习，而不重视其他方面素质的培养与提高，导致高分低能，不利于学生日后发展。

（4）综上所述，学校应公平理性地对待每一位学生，承认每个学生都是具有不同智力组合的个体，因材施教。针对不同学生的不同智力特点进行相应的教育教学，对学生的评价也应该多渠道、多维度，致力于学生多种智力的整体发展。还应关注学生特殊能力的发展，每一个个体都有相对而言的优势智力领域，如有的人会显露出过人的音乐天赋，有的人则会表现出超常的语言天赋。所以教师要有目的、有计划地发展每个学生的优势智力领域，使其得到充分的发展。

（此题属于开放性问题，答案仅供参考。）

4.论述孔子的教学方法及其现实意义。

【答】孔子认识到教学过程不仅是教师教的过程，更重要的是学生学的过程，他提出了一系列的教学方法：

（1）因材施教。因材施教是根据学生的个性特点和个别差异采取不同的教学方法，主要解决教学中统一要求与个别差异的矛盾。孔子是我国历史上首位倡导因材施教的教育家。他认为只有了解学生，才能对他们做出准确的评价，并且根据具体情况，有针对性地进行教育。

（2）启发诱导。孔子是世界上最早提出启发式教学的教育家，孔子认为无论是培养道德还是学习知识，都要建立在学生自觉需要的基础上，充分发挥学生的积极主动性，反对机械学习，提倡启发式教学。

（3）学、思、行并重。"学而知之"是孔子进行教学的主导思想，学是求知的途径，也是唯一的手段。孔子还强调学习知识要"学以致用"，学是手段不是目的，行才是终极目的，行比学更重要。由学而思进而行，是孔子探索的学习过程，也就是教育过程，基本符合人的一般认识过程。

（4）训练学生的思考方法。①"由博返约"：意思是博学以获得较多的具体知识，"返约"是在对具体事物分析的基础上进行综合、归纳，形成基本的原理、原则和方法。②"叩其两端"：从事物的正反两方面思考问题，进而解决问题。这种方法注意到事物的对立面，合乎辩证法。

（"现实意义"可结合目前教学的实际情况进行论述，言之有理即可。）

2014年东北师范大学333教育综合真题·凯程详解

一、名词解释

1. 美育（见2010年东北师范大学真题）

2. 因材施教（见2010年东北师范大学真题）

3. 最近发展区（见2011年北京师范大学真题）

4. 学习策略（见2015年北京师范大学真题）

二、简答题

1. 简述《学记》在教育教学方面的启示。

【答】（1）《学记》是《礼记》中的一篇，是世界上最早的论述教育、教学问题的专著，被认为是"教育学的雏形"。

（2）《学记》在教育教学方面的思想。（见2011年东北师范大学真题）

（3）启示。

《学记》中的有些教育制度沿用至今，例如，其考试制度一直具有借鉴意义，并且在一定程度上对选拔人才发挥了至关重要的作用；教育教学原则成为当今教学过程中的准则，是教师和学生都要遵循的基本原则和基本方法；教学方法也给现代教学方法的创新提供了基础和依据，有利于新方法的探索和旧方法的改进。

2. 简述英国《1988年教育改革法》的内容。

【答】《1988年教育改革法》被看作自《巴特勒教育法》以来，英国教育史上又一次里程碑式的教育改革法案，强化了中央集权式的教育管理体制。其内容包括：（1）法案主张实施全国统一课程，确定在5～16岁的义务教育阶段开设三类课程（核心课程、基础课程和附加课程）；（2）建立与课程相联系的考试制度，规定在义务教育阶段，学生要参加四次全国性考试（7岁、11岁、14岁、16岁时各参加一次）；（3）改革学校管理体制，实施"摆脱选择"政策；（4）规定建立一种新型的城市技术学校；（5）加强对高等教育的控制等。

3. 简述我国当前教育方针的最新表述及其精神实质，就我国当前教育实践在教育方针贯彻执行中所存在的问题谈谈你的看法。

【答】（1）我国现行的教育方针是：教育必须为社会主义现代化建设服务、为人民服务，必须与生产劳动和社会实践相结合，培养德、智、体、美等方面全面发展的社会主义建设者和接班人。

（2）我国中小学的精神实质是：一贯坚持教育为社会主义事业服务的方向；坚持德、智、体、美全面发展的质量规格和标准；坚持为社会培养劳动者；坚持教育与生产劳动相结合的育人道路。

（我国当前教育实践在教育方针贯彻执行中所存在的问题可开放性作答，言之有理即可。）

三、论述题

1. 论述基础教育的独立价值和意义。

【答】（1）基础教育的内涵。

基础教育就是人们在成长中为了获取更多学问而在前期要接受的掌握基本知识的教育。就如同盖房子先要打地基一样，要想学好一门语言就要从认字开始。基础教育，作为造就人才和提高国民素质的奠基工程，在世界各国面向21世纪的教育改革中占有重要地位。中国的基础教育包括幼儿教育、小学教育、普通中等教育。

（2）基础教育的独立价值。

基础教育在整个教育系统内部，具有它自己独立的、不依附于其他类型和层次教育的价值。确立关于基础教育的这样一种价值观，是促进基础教育由"应试教育"向"素质教育"转变的非常重要的观念基础。目前，"应试教育"的现象之所以如此顽固地存在于学校之中，重要原因之一便是没有充分认识到基础教育的独立价值，而是以能否为高一级教育或学校提供更多更好的生源作为衡量其价值的标准，实际上也就是放弃了基础教育的独立价值，也就否定了基础教育最根本的意义。

（3）基础教育独立的价值观与基础教育的效益观相联系。

基础教育的对象是全体人民，目标是提高整个民族的素质。可以形成两个基本认识：第一，平等地接受基础教育是每个人都具有的基本权利。第二，这种权利必须是通过政府的行为来实现的。这也正是基础教育中教育机会均等原则的特点，这种权利的实现是保证每一个人在社会中发挥其积极性的重要前提。这是基础教育的效益观的基本特点，从这个角度说，强调基础教育的机会均等，其社会效益与经济效益并不是矛盾的。

（4）目前基础教育改革，以及从"应试教育"向"素质教育"转变过程中存在的一些问题，在一定程度上与这种对基础教育价值认识的误区有关。在深化基础教育改革的过程中，充分认识基础教育的这种独立价值，是深化基础教育改革的先导。

2. 论述研究性学习。

【答】（1）研究性学习是指学生基于自身兴趣，在教师的指导下，从学习生活、社会生活和自然中选择和确定研究专题，用类似科学研究的方式，主动地获取知识并应用知识去解决问题的学习活动。研究性学习是指学习者以问题解决为主要内容，以发展研究能力为主要目的的一种新型学习方式。依据研究对象和内容的不同，研究性学习从形式上可以分为两类，即课题研究类和项目（活动）设计类。

（2）研究性学习的目标。

①获得参与探索的经验。②提高发现问题、探索问题和解决问题的能力。③形成合作和分享的意识。④培养科学态度和道德品质。⑤培养对社会和自然的责任感。这是更高层次的目标。⑥培养搜集、分析、处理信息和综合运用知识的能力。

（3）研究性学习的过程。

①澄清或识别问题。②针对问题提出假设，或者提出解决问题的想法或思路。③围绕问题的解决，制订一个初步的研究计划。④按计划采取行动，获取解决问题所需要的资料信息。⑤对搜集到的资料信息进行组织和加工处理，得出结论。

（4）研究性学习的要求。

①在研究性学习中"学什么"要由学生自己选择。②在研究性学习中"怎么学"要由学生自己设计。③在研究性学习中"学到什么程度"要由学生自己做出预测和规定。

（5）研究性学习的作用和意义。

①研究性学习是一种实践性较强的教育教学活动。和现有的学科教学不同，研究性学习不再局限于对学生进行纯粹的书本知识的传授，而是让学生参加实践活动，在实践中学会学习和获得各种能力。

②研究性学习强调知识的联系和运用。学生通过研究性学习，不但知道如何运用学过的知识，还会很自然地在已经学过的知识之间建立一定的联系，而且，为了解决问题学生还会主动地去学习新的知识。

③研究性学习能充分调动学生学习兴趣和积极性。"研究"这个词本身就具有挑战性，而学生选的课题往往是平时自己最感兴趣的，这样就能充分调动学生的学习积极性。

3. 论述1922年"壬戌学制"。

【答】（1）受新文化运动的影响以及社会发展的需要，1922年11月，北洋政府教育部顺应形势，公布了《学校系统改革案》，即"壬戌学制"，又称1922年"新学制"。它是中国近代史上实施时间最长、影响最大的学制。

（2）"新学制"的七项标准。

①适应社会进化之需要；②发扬平民教育精神；③谋个性之发展；④注意国民经济实力；⑤注意生活教育；⑥使教育易于普及；⑦多留各地伸缩余地。

（3）"新学制"的学制体系。

采用美国"六三三"分段法，从纵向看，小学六年，初小和高小采用4—2分段；中学六年，初中和高中采用3—3分段；大学4~6年。小学之下有幼儿园，大学之上有大学院。从横向看，与中等学校平行的有职业学校和师范学校。

（4）"新学制"的特点。

①根据儿童的身心发展规律划分教育阶段。采用美国的"六三三"制。

②初等教育阶段趋于合理，更加务实。缩短小学年限，有利于初等教育的普及。幼稚园纳入初等教育阶段，使幼小教育得以衔接，确立了幼儿教育在中国教育史上的地位。

③中等教育是改制的核心，是"新学制"中的精粹：a.延长中学年限；b.中学分为初、高中，增加地方办学收缩余地和学生的选择余地；c.中学实行分科制和选科制，适应学生发展需要。

④高等教育缩短年限，取消大学预科，有利于大学进行专门教育和科学研究。

⑤建立比较完善的职业教育系统，兼顾升学与就业。

⑥改革师范教育制度，设师范大学，并在大学设教育科。突破了师范教育自成系统的框架，使师范教育种类增多、程度提高、设置灵活。

（5）"新学制"的评价。

①优点：体现在上述"特点"中。

②缺点：在移植美国综合中学学制上脱离了中国当时的实际。

③比起前两部学制，有很大进步。表现在：a.指导思想上，注重教育和社会的联系，强调发展儿童个性，有民主气息和科学精神；b.整体结构上缩短了小学年限，延长了中学年限，中学分为两段，有利于普及初等教育，提高中等教育水平，兼顾学生升学和就业两种准备；c.注重学制的弹性和多样性，以适应国情需要。

（6）历史意义。

①1922年"新学制"在学年分段形式、各阶段年限、中等教育模式等方面采用了美国当时还处于探索试验中的"六三三"学制，是中国近代学制改革由日本向美国寻求借鉴的标志。

②虽然说还带有一定程度的模仿痕迹，但考虑到了我国民族工业的发展对教育的要求，适应了学生的个性发展，也考虑到了学龄儿童的身心发展特点和年龄分期问题。

③"新学制"的颁布和实施，标志着中国资产阶级新教育制度的确立，标志着中国近代以来的学制体系建设的基本完成。

④"六三三"学制的产生是一种历史的进步，是中国教育现代化发展到一个重要阶段的标志，是中国教育学制史上的里程碑。

4. 论述杜威的教学论。

【答】（1）杜威的教学论思想。

①杜威认为，"从做中学"能使学校里知识的获得与生活过程中的活动联系起来。儿童能从那些真正有教育意义和有兴趣的活动中学习，有助于儿童的成长和发展。

②"从经验中学"，就是在我们对事物有所作为和我们所享有的快乐或所受的痛苦这一结果之间，建立前前后后的联结。在这种情况下，行动就变成尝试，变成一次寻找世界真相的实验，而承受的结果就变成教训——发现事物之间的联结。

③杜威把教学过程看成"做的过程"。知识经验均是在主客体的相互作用，即生活过程中得到的，强调儿童应从实际活动中学习，主张学校应成为雏形社会，让学生从事他们所感兴趣的活动。在活动中，为解决实际问题，搜集有关资料，确定问题所在，并提出各种假设。这种过程能使学生丰富自己的经验。

④杜威提出"教学五步法"，即创设情境、明确问题、提出假设、解决问题、检验假设。

⑤在思维方法上，他提倡反省思维，意思是对某个经验情境中的问题进行反复、严肃、持续不断地思考，其功能在于求得一个新情境，把困难解决、疑虑排除。

（2）评价。

①积极：有利于培养学生观察、分析、解决问题的能力和独立工作的能力，注重教学内容和教学方法的选择，重视学习兴趣的作用。

②消极：杜威的"从做中学"所强调的"做"主要是个人亲自尝试的工作和活动，仅是获得和改组个人的经验，以使儿童自己的兴趣和需要得到满足；而且，这种"做"完全是建立在尝试错误之上的盲目的和个人摸索的活动，从理论上看，这无疑是片面的。

5. 如何培养学生的学习动机?（见2012年华东师范大学真题）

2015年东北师范大学 333 教育综合真题·凯程详解

一、名词解释

1. 狭义的教育（见2014年北京师范大学真题）
2. 隐性课程（见2018年北京师范大学真题）
3. 榜样示范法（见2016年北京师范大学真题）
4. 教学评价（见2015年北京师范大学真题）
5. 骑士教育（见2010年华东师范大学真题）
6.《教育诗篇》

【答】《教育诗篇》是苏联教育家马卡连柯的著作。《教育诗篇》的教育思想包括：尊重、信任儿童，以正面教育的方法情真意切地去感染儿童；教师要以身作则并倾注自己的心血去塑造儿童的灵魂；对儿童进行集体主义教育和劳动教育；注重提高儿童的科学文化水平。《教育诗篇》是一部很有意义的作品，达到了崇高理想性和高度艺术性的完美统一，在苏联甚至全世界都产生了深远的影响。

7.朱子读书法

【答】朱熹将有关读书的经验和见解整理归纳成为"朱子读书法"六条，在教育史上具有重要影响，包括循序渐进、熟读精思、虚心涵泳、切己体察、着紧用力和居敬持志。朱子读书法是朱熹自己长期的读书经验以及对前人读书经验的概括和总结，比较集中地反映了我国古代对读书方法的研究成果。

8.京师同文馆（见2012年北京师范大学真题）

9.发现学习（见2017年华东师范大学真题）

10.自我效能感（见2014年华东师范大学真题）

二、简答题

1.简述教学工作的基本环节及各自的意义。（见2020年华东师范大学真题）

2.简述教师劳动的特点。

【答】（1）复杂性。首先，教师的劳动不是一个单向灌输的过程，而是一个双向运动的过程。其次，教师的劳动是一种以知识信息的传递和转化为主要形式的过程，这是一个复杂的脑力劳动过程。最后，教师的劳动任务是多方面的。

（2）创造性。教师劳动的这种独特的创造性，是由教育对象的特殊性和复杂性决定的。

（3）示范性。"教育是培养人的活动"这一本质特点决定了教师的劳动必须带有强烈的示范性。教师的劳动之所以具有示范性，还在于模仿是青少年学生的一个重要学习方式。

（4）专业性。教师劳动的专业性突出表现在教师对育人的崇高敬业精神和道德修养上，以及对教育教学专门化知识和技能的掌握和教育活动的自主权上。而这一点在我国现阶段并未得到完全的贯彻落实。

三、论述题

1.试从政治、经济、文化三个方面联系实际论述教育的社会功能。（见2014年北京师范大学真题）

2.试分析比较赫尔巴特与杜威的课程理论的异同。

【答】（1）在教育理论界，赫尔巴特与杜威被视为传统教育派与现代教育派的代表人物，对课程也分别有自己的观点。

（2）赫尔巴特的课程理论主要包括：①课程内容的选择必须与儿童的经验和兴趣相一致；②根据统觉的研究提出了"相关"与"集中"的课程设计原则；③课程应与儿童的发展相呼应。

（3）杜威的课程理论主要包括：①"以儿童为中心"是建立课程的基础；②"以活动为中心"是建立课程的手段；③"以经验为中心"是实现课程的目的；④批判传统课程，提出"教材心理化"与"做中学"。

（4）不同点：

①课程目标不同。

赫尔巴特认为，教育所要达到的基本目的可分为"可能的目的"和"必要的目的"。"可能的目的"是指与儿童未来所从事的职业有关的目的，这个目的是要发展多方面的兴趣，使人的各种潜力得到和谐发展。"必要的目的"是指教育所要达到的最高和最为基本的目的，即道德，这个目的就是要促进学生内心的自由、完善、仁慈、正义和公平五种道德观念的形成。

杜威认为"教育过程在它自身以外无目的，它就是它自己的目的"。这就是杜威最著名的教育无目的论。

②课程内容不同。

在赫尔巴特的教育思想中，兴趣占有重要的地位。他根据"多方面兴趣"的理论，建立了一个广泛的学科课程体系。兴趣分为两大类：经验的兴趣和同情的兴趣。各种经验、兴趣有对应开设的课程，如对应经验的兴趣，应该开设自然、物理、化学、地理等课程。

杜威的课程内容以经验和环境为主，他倡导从直接经验中获取知识，强调直接经验和环境的重要性，儿童在学校学习的知识与将来的社会密切相关。

③课程实施不同。

赫尔巴特认为在课程实施过程中，教师应采取符合学生心理活动规律的教学程序，他把教学过程分为四个连续的阶段：明了、联想、系统、方法。

杜威提倡在教育中用从"做中学"把"知"和"行"统一起来。"做中学"的教育原则要求学生亲自接触具体事物，用感官去感受事物，再通过所获取的感性认识去思维，最后达到亲自动手解决问题的目的。

（5）相同点：都强调课程的组织要符合儿童的兴趣和经验。

3.论述孔子的道德教育思想及对当代德育的启示。（见2012年东北师范大学真题）

4.结合实际谈谈面对一个对考试失败无能为力、自暴自弃的学生，教师应该怎么做。

【答】提示：结合 2012 年华东师范大学真题"试论学习动机的培养和激发"的解析作答。

2016年东北师范大学 333 教育综合真题·凯程详解

一、名词解释

1.**学制**（见 2019 年北京师范大学真题）

2.**培养目标**

【答】培养目标是根据教育目的制定的某一级、某一类或某一专业人才培养的具体要求，是国家的教育目的在不同阶段、不同类型学校、不同专业的具体化。教育目的与培养目标是一般与个别的关系。

3.**道德教育**

【答】德育的概念有广义和狭义的区分。广义的德育包括"政治教育""思想教育""道德教育""法律教育"等。狭义的德育专指"道德教育"，即教育者根据一定历史时期社会的道德要求和个体的品德心理发展规律，有目的、有计划、有组织地在受教育者身上培养所期望的道德素质，使他们具有正确的道德观念、丰富的道德情感、坚强的道德意志、热切的道德信念和较高的道德实践能力，不断提升他们的道德境界的教育过程。

4.**教师**

【答】教师一词有两重含义，既指一种社会角色，又指这一角色的承担者。广义的教师泛指传授知识、经验的人；狭义的教师是指受过专门教育和训练并在教育（学校）中担任教育、教学工作的人。

5.**精细加工策略**

【答】所谓精细加工策略，主要指对学习材料进行深入细致的分析加工，理解其内在的深层意义，促进记忆的学习策略，即通过把新学的信息和已有的知识联系起来，来增加新信息的意义。也就是说我们运用已有的图式和已有的知识使信息合理化。通常精细加工策略就是我们所说的记忆方法。

6.**同化**

【答】同化是指个体利用已有的图式把新的刺激纳入已有的认知结构中的认知过程。同化是图式发生量变的过程，它不能引起图式的质变，但影响图式的生长。如将"苹果树"的概念纳入已经学习过的"树"的概念中。皮亚杰用图式、同化、顺应、平衡四个概念来解释复杂的认知发展过程。

二、简答题

1.**简述教学与教育、智育的关系。**

【答】（1）教学是由教师的教和学生的学所组成的双边活动过程。通过教学，学生在教师有计划、有步骤地引导下，积极主动地掌握系统的科学文化知识和技能，发展智力、体力，陶冶品德，养成全面发展的个性。

（2）教学与教育的关系。

教学是学校教育工作的中心，但是除了教学外，还有课外活动等方式也可以对学生进行教育。

（3）教学与教育、智育的关系。

①智育是全面发展教育的组成部分，是教授学生系统的文化知识和技能，发展他们的智力与非智力因素的教育，是全面发展教育的基础。

②教学与智育既有联系，又有区别。智育主要是发展学生的智力，向学生传授系统的文化知识和技能。智育主要是通过教学来完成的，是教育的重要组成部分，但教学不等于智育，教学也是进行德育、美育、体育、综合实践活动教育的途径。同时，智育也需要通过课外活动等方式才能全面实现。

2.**简述班级授课制的优缺点。**（见 2020 年北京师范大学真题）

3.**简述蒙学教材及其特点。**

【答】（1）宋元时期蒙学教材的种类有：

第一类：识字教学类。如《三字经》《百家姓》《千字文》等。

第二类：伦理道德类。如朱熹的《小学》《童蒙须知》等，主要传授伦理道德知识以及为人处事、待人接物的准则。

第三类：历史教材类。如《十七史蒙求》，既传授历史知识，又进行思想教育。

第四类：诗歌类。如《千家诗》《唐诗三百首》，主要进行文辞和美感教育。

第五类：名物制度和自然常识类。如《名物蒙求》等。

（2）蒙学教材的特点：①宋元时期的蒙学教材开始出现按专题分类编写的现象，在内容和形式上呈现多样化；②注重儿童的心理特点，将识字教育、基本知识教育和伦理道德教育有机地结合起来；③一些学者亲自编写教材，提高了蒙学教材的质量；④注意与日常生活的联系；⑤重视汉字的特点，文字浅显通俗，字句讲究韵律，内容生动丰富，包含多种教育功能，儿童易读、易诵、易记。

4.简述《国防教育法》的基本内容。（见2014年华东师范大学真题）

三、论述题

1.试述学校教育对人的身心发展的重要作用。

【答】（1）教育是一种有目的地培养人的活动，它规定着人的发展方向。

（2）教育，特别是学校教育对人的影响比较全面、系统和深刻。

（3）学校有专门负责教育工作的老师，他们对学生的思想、学业、身体是全面关心的，而且有明确的教育目的，熟悉教育内容，懂得教育这个转化活动的规律和方法，能自觉地促进学生按照一定的方向去发展。

（4）学校教育是制度化、规范化、规律化、专门化的教育，它可以让青少年迅速而有效地掌握各方面专业的技能，比起家庭教育、自学、社会教育的诸多局限性来说，具有无可比拟的优越性。

（5）现代社会的竞争是知识的竞争，而学校是传播和创造知识的主要场所。学校教育有利于青少年掌握必要的理论知识，这些知识是一个人踏上社会所必不可少的。

（6）当今的劳动和社会分工，无不是以一个人的能力、技能来分配的，而学校就是专门提供这种人才的场所。因而年轻一代接受学校教育，也是他们优化职业选择的必由之路。

2.试论蔡元培的"五育"并举教育方针。（见2016年华东师范大学真题）

3.论述观察学习的过程及其在教育中的作用。

【答】（1）班杜拉认为人们可以通过观察他人的行为及行为后果而间接地学习，班杜拉称这种学习为观察学习。

（2）班杜拉的实验结论。人类大多数的行为都是通过观察习得的，这个学习过程受注意、保持、动作再现和动机四个子过程的影响。①注意过程：调节着观察者对示范活动的探索与知觉。②保持过程：使得学习者把瞬间的经验转变为符号概念，形成内部表征，这一过程有赖于表象系统、语言系统，有时还有动作演练系统。③动作再现过程：以内部表征为指导，做出反应。④动机过程：决定所习得的行为中哪一种将被表现出来。

（3）班杜拉将习得与行为表现相区分，动机过程包括外部强化、替代性强化和自我强化。

①外部强化。如果按照榜样行动会导致有价值的结果，而不会导致无奖励或惩罚的后果，人们倾向于展现这一行为。

②替代性强化。观察到榜样行为的后果，与自己直接体验到的后果，是以同样的方式影响观察者的行为表现的，即学习者的行为表现是受替代强化影响的。

③自我强化。自我强化是指人们能够自发地预测自己行为的结果，并依靠信息反馈进行自我评价和调节。

（4）理论在教育上的作用。

该理论在实际德育工作中有很多启发性意义。例如，教师应该注意为学生提供良好的学习资源和借鉴的榜样，引导学生学习和保持榜样行为，并为学生创造再现榜样行为的机会，对良好的行为给予及时的表扬和鼓励，对错误的行为则给予批评和教育，适时强化。

观察学习理论较多地应用于品德与规范的学习，在实施过程中应该注意以下问题：①选择适当的榜样行为并反复示范榜样行为。②给学生提供再现行为的机会，并促使学生不断进行自我调整。③及时表扬良好行为，还要促进自我强化。此外，要重视榜样的作用，消除社会环境中不良榜样行为。

4.试论卢梭的自然教育思想及其现实意义。（见2012年华东师范大学真题）

2017年东北师范大学333教育综合真题·凯程详解

一、名词解释

1.教育目的（见2015年北京师范大学真题）

2.外铄论（环境决定论）

【答】外铄论者都强调外部力量的意义，一般看重教育的价值，但外铄论为认识外界因素对人的发展作用，以及外部作用如何才能被作用对象接受并内化为人的发展等方面提供了认识材料。

3. 说服法

【答】说服法是重要的德育方法之一。说服法是通过摆事实、讲道理，使学生提高认识，形成正确观点的方法，包括讲解、谈话、报告、讨论、参观等。其基本要求包括：具有明确的目的性；富有知识趣味性；注意时机；以诚待人。在具体的德育过程中，要将说服法与其他德育方法相结合，以促进学生的品德发展。

4. 学校管理（见2015年北京师范大学真题）

5.《学记》（见2013年东北师范大学真题）

6. 书院

【答】书院是中国封建社会自唐末以后的一种重要的高级私学的教育组织形式。它以私人创办和组织为主，将图书的收藏、校对与教学、研究合为一体，是相对独立于官学之外的民间性学术研究和教育机构。南宋时期，白鹿洞书院的《白鹿洞书院揭示》标志着书院发展逐渐制度化，各朝各代都有典型的书院，如明代的东林书院、清代的诂精经舍和学海堂等。书院最大的特点是学术自由。

7.《莫雷尔法案》（见2010年华东师范大学真题）

8. 英国公学

【答】公学是17—18世纪在英国发展起来的一种私立教学机构。它是相对于私人延聘家庭教师的教学而言，由公众团体集资兴办的，教学目的是培养一般公职人员，学生在公开场所接受教育。它比一般的文法学校师资及设施设备条件更好、收费更高，是典型的贵族学校。曾为英国培养了不少政治、经济领袖人才，被称为"英国绅士的摇篮"。公学的修业年限通常为5年，以升学为教育宗旨，注重古典语言的学习，同时为适应上层社会交往的需求，也注重体育和军事训练，以养成绅士风度。

二、简答题

1. 简述教师的专业素养。（见2014年北京师范大学真题）

2. 简述我国新一轮课程改革的目的。

【答】新课程改革的核心理念是"以人为本"和"以学生发展为本"。新课程改革的目的包括：

（1）在课程目标上，改变传统的过于注重知识传授的倾向，强调形成积极主动的学习态度，使学生获得基础知识和基本技能的过程同时成为学会学习和形成正确价值观的过程。

（2）在课程结构上，改变传统的过于注重学科本位、科目过多和缺乏整合的状况，体现课程的均衡性、综合性和选择性。

（3）在课程内容上，改变传统课程内容"繁、难、偏、旧"和注重书本知识的现状，加强课程内容与学生生活、现代社会和现代技术发展的联系，关注学生的学习兴趣和经验，精选终身学习必备的基础知识和技能。

（4）在课程实施上，改变传统教学强调接受学习、死记硬背和机械训练的状况，倡导学生主动参与、勤于动手，培养学生收集和处理信息的能力、获取新知识的能力、分析和解决问题的能力及交流与合作的能力。

（5）在课程评价上，改变传统课程评价过于强调甄别与选拔的功能，发挥课程评价促进学生发展、教师发展和改进教学实践的功能。课程评价要从终结性评价转变为与发展性评价、形成性评价相结合。

（6）在课程管理上，改变传统课程管理权限过于集中的弊端，实行国家、地方和学校三级管理，增强课程对地方、学校及学生的适应性。

3. 简述陈鹤琴的"活教育"思想及其现代价值。

【答】（1）"活教育"思想。（见2015年北京师范大学真题）

（2）"活教育"思想的现实意义。

①"做人，做中国人，做现代中国人"：我们的教育道路应该是在指导思想上坚持中国特色的社会主义理论，教育改革坚持适合中国国情、国力。

②"大自然，大社会都是活教材"："活教育"课程论对于批判书本主义教育观念有十分重要的意义。他把学生从狭隘的课堂引向广阔的生活大舞台，引向充满乐趣的大自然和大社会，这对于激发学生的学习欲望和创造精神具有积极意义。

③"做中教，做中学，做中求进步"：我们应该遵循"活教育"注重以"做"为核心的方法论思想，在当今课程改革中借鉴这一思想，并用于指导实践，在教学中注重直观性和感性经验。

（3）现代价值。

陈鹤琴"活教育"的理论促进了当时的教育改革，尤其是幼稚教育思想向科学化、合理化、系统化方向的转变。现在，重新研究陈鹤琴先生的"活教育"思想，可发现其深刻的现实意义。"活教育"是我国现代教育史上影响深远的教育理论，它是我国近代以来教育新旧变革中的教育理论和实践工作者进行艰苦探索的代表性成果。"活教育"理论的许多原则和方法在不同条件和程度上符合教育的客观规律，从不同角度启迪着我们今天的教育实践。它在向传统教育挑战中所提倡的理论和实践结合、调动儿童学习的自觉性和兴趣、发展儿童的自动研究和创造精神，无疑符合了现代教育发展的时代潮流。

4.简述韩愈《师说》中的教师观及其现实价值。（见2018年北京师范大学真题）

5.简述赫尔巴特的四步教学法。

【答】（1）赫尔巴特认为教师应采取符合学生心理活动规律的教学程序，有计划、有步骤地进行教学，因此，他把教学过程分成四个连续的阶段：明了、联想、系统和方法。

（2）四步教学法的内容。

①明了。指教师讲解新教材，把教材分解为许多部分，提示给学生，便于学生领悟和掌握。这时，学生的心理处于"静止的专心"状态，其兴趣阶段是注意，教师适合用叙述的方法传授知识。

②联想。指通过师生谈话把新旧观念结合起来。教学的任务是把前一阶段教师所提示的新观念和学生意识中原有的旧观念结合起来。这时，学生的心理表现为"动态的专心"。其兴趣阶段发展到"期待"新的知识，教师的任务是与学生交流，自由交谈是联想的最好方法。

③系统。指在教师指导下寻找结论和规则，使观念系统化，形成概念。这时，学生的心理处于"静止的审思"状态，兴趣活动处于要求阶段，教师要运用综合的方法，使知识系统化。

④方法。指通过练习把所学知识应用于实际，以检查学生对新知识的理解是否正确。这时学生的心理表现为"动态的审思"。其兴趣点在于进行学习行动，教学方法主要是让学生做作业、写文章与修改等，对知识进行运用。

6.简述裴斯泰洛齐的要素教育。（见2018年华东师范大学真题）

三、论述题

1.教学中应处理好的几对关系是什么？（见2011年东北师范大学真题）

2.一位数学老师没有直接告诉学生答案，而是通过一步一步地设计问题，诱导学生通过自己的探究最后得到答案。请问这位老师的做法是否符合维果茨基和布鲁纳的教学理论？要达到教学目的应注意哪些问题？

【答】材料中老师的做法符合维果茨基的最近发展区和内化说理论以及布鲁纳的发现学习理论。

（1）维果茨基强调教学要走在发展的前面，提出了最近发展区。最近发展区是儿童现有水平和将要达到的发展水平之间的差异，即儿童在有指导的情况下，借助成人帮助所能达到的解决问题的水平与独自解决问题所达到的水平之间的差异。维果茨基的内化说理论提出，要实现知识的内化，不仅要依靠教师的传授，还需要学生自己主动思考，才能真正实现知识的转化。材料中老师并没有直接为同学解答，而是循循善诱，在学生探究过程中给予支持，鼓励学生主动思考，使知识内化为自己的经验，通过自己的努力最终寻求答案。这更有利于学生的发展。

（2）布鲁纳的发现学习理论要求教师要把重点放在如何组织课堂以促进学生"发现"知识的问题上，强调学生学习的主动性和学习的认知过程，重视认知结构的形成，注重学习者的知识结构、内在动机、独立性与积极性在学习中的作用。材料中老师一步一步地设计问题，循序渐进，让学生自己发现问题并且解决问题的做法符合布鲁纳的发现学习理论。

教师要达到教学目的应注意：①教师教学要引起学生学习的意向或兴趣；②教师教学要指明学生所要达到的目标高于学生已有水平而又通过努力可以达到；③教师教学要提示或展示学生所需要学习的内容；④教师教学要采用便于学生理解的、最能调动学生积极性和主动性的方式。

3.论述学生的自我效能感受哪些因素的影响。

【答】（1）自我效能感指人们在进行某一活动之前，对自己是否能够成功地进行某一成就行为的主观判断。这一概念最早由班杜拉提出。

（2）人除了结果期望外，还有一种效能期望。

①结果期望指的是人对自己某种行为会导致某一结果的推测。如果人预测到某一特定行为将会导致特定的结果，那么这一行为就可能被激活和被选择。例如，儿童感到上课注意听讲就会获得他所希望取得的好成绩，他就有可能认真听课。

②效能期望指的是人对自己能否进行某种行为的实施能力的推测或判断，即人对自己行为能力的推测。它意

味着人是否确信自己能够成功地进行某一结果的行为。当人确信自己有能力进行某一活动，他就会产生高度的"自我效能感"，并会去进行那一活动。例如，学生不仅知道注意听课可以带来理想的成绩，而且还感到自己有能力听懂教师所讲的内容时，才会认真听课。

（3）自我效能感的影响因素。

①直接经验。学习者的亲身经验对自我效能感的影响最大，成功的经验会增强自我效能感，反之，多次失败的经验会削弱自我效能感。②替代性经验。学习者观察别人的成败，会间接影响自我效能感。③言语说服。这种方法效果不持久。④情绪的唤起。情绪和生理状态也影响自我效能感，高度的情绪唤起、紧张的生理状态会妨碍行为操作，降低对成功的预期水准。

（4）评价。自我效能感理论克服了传统心理学重行轻欲、重知轻情的倾向，把人的需要、认知、情感结合起来研究人的动机，具有极大的科学价值，但仍然没有形成一个比较完整的、统一的理论框架。

2018 年东北师范大学 333 教育综合真题·凯程详解

一、名词解释

1.癸卯学制

【答】癸卯学制由清政府于 1904 年正式颁布，是我国第一个正式实施的学制。该学制把整个学程分为三段七级，分别为初等教育、中等教育、高等教育，长达 20～21 年之久。横向方面除直系各学堂外，还有师范教育及实业教育两个系统。它具有半资本主义、半封建性，是传统性和近代性的综合产物，也是学习西方教育的系统性成果，在中国教育近代化发展中有标志性意义。

2.智者学派

【答】"智者"专门用来指以收费授徒为职业的巡回教师，他们有共同的思想特征，即相对主义、个人主义、感觉主义和怀疑主义。作为西方最早的职业教师，他们对希腊教育实践和教育理想的发展做出了卓越的贡献：（1）智者云游讲学，推动文化传播，促进社会流动；（2）扩大了教育内容，首先确定"七艺"中的"前三艺"（文法、修辞学、辩证法）；（3）提供了一种新型的教育，即政治家或者统治者的教育。

二、简答题

1.简述教育的基本形态及每种形态的基本特征。

【答】教育的基本形态有学校教育、家庭教育和社会教育。

（1）学校教育：是指通过专门的教育机构对受教育者所进行的一种有目的、有计划、有组织，系统地传授知识、技能，培养思想品德，发展智力和体力的教育活动。学校教育在一个国家的整个教育体系中是一种主导的教育形态。

（2）家庭教育：是指在家庭内由父母或其他年长者对新生一代和其他家庭成员所进行的有目的、有意识的教育。广义的家庭教育主要是指一个人在一生中接受来自家庭其他成员的有目的、有意识的影响。狭义的家庭教育则是指一个人从出生到成年之前，由父母或其他家庭长者对其所施加的有意识的教育。

（3）社会教育：广义的社会教育和我们所说的广义的教育在含义上几乎无异，是指有意识地培养人、有益于人的身心发展的各种社会活动。狭义的社会教育是指学校和家庭以外的社会文化机构以及有关的社会团体或组织，对社会成员所进行的教育。

2.简述教师的主要角色地位。

【答】（1）教师角色丛是指与教师特定的社会职业和地位相关的所有角色的集合。

（2）教师的主要角色。

①"家长代理人"和"朋友、知己"的角色。教师是儿童继父母之后遇到的另一个社会权威——家长的代理人。有的同学视教师为分享快乐与幸福、分担痛苦与忧愁的朋友、知己。

②"传道、授业、解惑者"的角色。教师通过自身的言论、行动潜移默化地引导学生，并启发他们的智慧，解除他们的困惑，促使他们全面发展。

③"管理者"的角色。教师要管理班集体，制定和贯彻规章制度，维持班级纪律，组织班级活动，调节人际关系等。

④"心理调节者"的角色。教师应适应社会的要求，提高自身的心理健康水平，掌握心理、卫生常识，帮助学生解决心理问题。

⑤"研究者"的角色。教师要积极参与教学研究，提高教学质量。

三、论述题

1.论述教育与生产劳动相结合的现实意义。

【答】（1）教育与生产劳动相结合不仅是提高社会生产的一种方法，而且是造就全面发展的人的唯一方法，是改造现代社会强有力的手段之一。

（2）由于大工业的本性需要尽可能多方面发展的工人，于是，客观上一方面要求将生产劳动与教育结合起来，使工人尽可能受到适应劳动职能变更的教育；另一方面要求将教育与生产劳动相结合，以培养能多方面发展的劳动者。

（3）由于机器大工业生产是建立在现代科学技术基础上的，这就为通过科学这一中介，将教育与生产劳动有机地结合起来提供了基础。

（4）综合技术教育使儿童和少年了解生产各个过程的基本原理，同时使他们获得运用各种生产的最简单的工具技能的现代教育内容，为教育与生产劳动相结合提供了重要的"纽带"。

（5）教育与生产劳动相结合尽管是现代社会发展的客观要求，但在资本主义社会，这种"结合"不能不受资本主义基本经济规律的制约。因此，只有彻底变革旧的生产方式，在合理的社会制度下，才能实现生产劳动与教育的结合，实现人的全面发展。

2.论述教学过程中的教学原则有哪些，并说明每个原则的要求。

【答】（1）教学原则是根据一定的教学目的和任务，遵循教学过程的规律而制定的对教学的基本要求，既指导教师的教，也指导学生的学，应贯穿于教学过程的各个方面和始终。

（2）我国中小学的教学原则。

①直观性原则运用于教学中就是指在教学中要通过学生观察所学事物或教师语言的形象描述，引导学生形成对所学事物、过程的清晰表象，丰富他们的感性认识，从而使他们能够正确理解书本知识并发展认识能力。基本要求是：正确选择直观教具和现代化教学手段；直观要与讲解相结合；重视运用语言直观；防止直观的不当和滥用。

②启发性原则反映了学生的认识规律。教师要对学生进行启发，而不是告诉学生现成的答案，这样有利于调动学生的主动性，促使学生在教师的引导下积极思考，自觉地掌握科学知识，提高分析问题和解决问题的能力。基本要求是：调动学生学习的主动性；启发学生独立思考或者提问激疑，引导教学步步深入；让学生动手，培养学生独立解决问题的能力；引导学生反思学习过程；发扬教学民主。

③系统性原则是指教学依据所传授的学科知识的内在逻辑结构、学生能力发展水平和掌握知识的顺序，循序渐进地进行，又称循序渐进原则。基本要求是：按教材的系统性进行教学；抓主要矛盾，解决好重点和难点；由浅入深，由易到难，由简到繁；将系统连贯性与灵活多样性结合起来。

④巩固性原则是指教学要引导学生在理解的基础上牢固地掌握知识和技能，长久地将知识保持在记忆中，并能根据需要迅速再现出来，卓有成效地运用。基本要求是：在理解的基础上巩固；重视组织各种复习；在扩充、改组和运用知识中积极巩固；把握巩固的度，如区分知识的清晰度、布置作业要适度等。

⑤量力性原则是指教学的内容、方法和进度要适合学生的身心发展水平，是他们能够接受的，但又要有一定的难度，需要学生经过努力才能掌握，以促进学生的身心发展。基本要求是：了解学生的发展水平，从实际出发进行教学；考虑学生认识发展的时代特点。

⑥思想性和科学性统一的原则是指教学要以马克思主义为指导，教授学生科学知识，并结合知识教学对学生进行社会主义品德和正确人生观、科学世界观的教育。基本要求是：确保教学的科学性；发掘教材的思想性，注意在教学中对学生进行品德教育；要重视补充有价值的资料、事例和录像；教师要不断提高自己的专业水平和思想修养。

⑦理论联系实际原则是指教学要以学习基础知识为主导，从理论与实际的联系上理解知识，注意学以致用，发展动手能力，领悟知识的价值。基本要求是：书本知识的教学要注重联系实际；重视引导学生运用知识；初步培养并使学生形成综合运用知识的能力；面向生活现实，培养学生解决实际问题的能力。

⑧因材施教原则指教师要从学生的实际情况和个别差异出发，有的放矢地进行有差别的教学，使每个学生都能扬长避短、长善救失，获得最佳发展。基本要求是：针对学生的特点进行有区别的教学；采取灵活多样的有效措施，使有才能的学生得到充分的发展。

3.论述韦纳的成败归因理论并举例说明。（见2011年东北师范大学真题）

4.论述学习策略的各种类型及意义。

【答】（1）学习策略是指学习者为了提高学习的效果和效率，有目的、有计划地制订的有关学习过程的复杂方案，它是学习过程中信息加工的方式方法和调控技能的综合。迈克卡等人把学习策略分为认知策略、元认知策略和资源管理策略。

（2）学习策略的类型。

①认知策略。认知策略是学习者信息加工的方法和技术。其基本功能有两个：一是对信息进行有效的加工和整理；二是对信息进行分门别类的系统储存。包括复述策略、精细加工策略和组织策略。

②元认知策略。元认知策略是指学生对自己学习过程的有效监控，包括计划策略、监察策略、调节策略。元认知策略教学应该注意提高学生元认知学习的意识；给学生创设和谐、民主的反馈条件；注意引导学生对非智力因素的调控等。

③资源管理策略。资源管理策略是辅助学生管理可用环境和资源的策略。它有助于学生适应环境和调节环境以适应自己的需要，对学生的学习动机具有重要作用。主要包括时间管理策略、学习环境管理策略、努力管理策略和学业求助策略等。

（3）意义：学习策略的目的就是帮助学生控制学习的信息加工系统，以便更好地存储和提取信息。通过有效应用学习策略不仅可以改进学生的学习，提高学生的学习质量和效率，还能更有效地促进教师的教，从而使学生更好地适应与发展。

5.论述《学记》的教育思想。（见2011年东北师范大学真题）

6.论述杜威的教育本质观。

【答】（1）在杜威看来教育的本质就是：教育即生长；教育即生活；教育即经验的持续不断地改造。

①教育即生长。儿童的心理发展基本上是以本能为核心的情绪、冲动、智慧等天生机能不断开展、生长的过程。教育的目的就是促进这种本能的生长。杜威批评传统教育无视儿童内部的本能与倾向，只是从外部强迫他们学习成人的经验，教育成为一种"外来的压力"，他明确提出了以儿童为中心的教育主张。

②教育即生活。在杜威看来，一切事物的存在都是由人与环境相互作用而产生的，人不能脱离环境，学校也不能脱离眼前的生活。因此，教育即生活本身，而不是为未来的生活做准备。根据"教育即生活"，杜威又提出了一个基本教育原则——"学校即社会"，明确提出应把学校创造成一个小型的社会，从而培养能够适应现实生活的人。

③教育即经验的持续不断地改造。经验是杜威实用主义哲学和实用主义教育体系中的核心概念。他把教育视为从已知经验到未知经验的连续过程，这种过程不是教给儿童既有的科学知识，而是让他们在活动中不断增加经验。经验的获得离不开儿童的亲身活动，由此杜威又提出了另一个基本教育原则——"做中学"，他认为这是教学的中心原则。

（2）评价：杜威的这些观点在当时教育严重脱离社会生活的情况下，对于促进受教育者参与生活是有积极意义的。在当时对传统教育（只教死知识的书本教学）形成了有力的冲击，但是把获得主观经验作为教学的唯一目的，忽视系统知识的传授，这是错误的。

2019年东北师范大学333教育综合真题·凯程详解

一、简答题

1.简述美国1958年《国防教育法》的背景和主要内容。（见2014年华东师范大学真题）

2.简述学习者的个体差异。

【答】（1）认知差异与教育。认知差异主要表现在认知水平的差异和认知方式的差异两个方面。①认知水平的差异，也称智能差异。表现在：a.智力类型上的差异。b.智力发展水平上的差异。c.智力发展速度上的差异。d.智力发展有性别上的差异，但无高低之分。②认知方式的差异，其主要包括知觉方式差异、记忆方式差异、思维方式差异和认知反应方式差异。例如，认知反应方式差异中，根据认知速度和情绪反应的差异，可分为反思型和冲动型。

（2）人格差异与教育。①针对性格差异：a.心理活动倾向差异分为内向型和外向型；b.理智、情绪、意志在性格结构中的优势差异分为理智型、情绪型和意志型；c.个人独立程度差异可以分为独立型和顺从型。②针对气质差异，分为胆汁质、多血质、黏液质和抑郁质。

（3）性别差异与教育。①性别差异的原因：a.男性和女性的不同生活经历，其中包括社会观念和成人对不同性别类型行为的强化。b.学校教学中普遍存在性别偏见（也叫性别刻板印象）。②性别差异主要表现在智力、言语、行为、兴趣、自信心等方面的差异。

3.简述教学中掌握知识与发展智力的关系。（见2012年东北师范大学真题）

二、论述题

1.比较雅典和斯巴达的教育体制。

【答】雅典和斯巴达都是古希腊的著名城邦，二者的教育体制有相同之处，也有各自的特色。

（1）二者的共同点表现在：①政治上都是奴隶制城邦，教育为奴隶主阶级服务；②因时代要求，二者的教育都重视体育，斯巴达是为了征服和奴役土著居民，雅典是为了强大自己；③二者的教育体制都有年龄分期，且比较完善。

（2）虽然二者存在以上这些共同的地方，但是由于经济、政治条件的影响，二者的教育体制也表现出很大的差异，具体体现在以下几个方面。

①因地理环境不同造成经济、政治的差异。

a.斯巴达是平原，与外界交通不便，自给自足的农业经济发达。这种经济基础导致斯巴达在政治上是保守的军事贵族寡头统治，教育具有较强的专制性。

b.雅典三面环海，工商业发达，是地中海和黑海地区的贸易中心。在此基础上雅典建立起奴隶制民主政体，教育体制也具有浓厚的民主色彩。

②不同的政治体制决定不同的培养目标、内容和方法。

a.斯巴达的政治是军事贵族专制，其教育目标是培养英勇、果敢的保家卫国的战士，相应地其内容只重视军事体育，教育方法是野蛮训练和鞭笞。

b.雅典在政治上是奴隶制民主政体，其目标是培养身心和谐发展的国家公民。教育内容上德、智、体和谐发展，设置了文法、修辞、体操、音乐等各种类型的学校，方法上也比较重视启发诱导。

2.如何理解教育公平是社会公平的基础？

【答】（1）教育是民族振兴的基石，教育公平是社会公平的基础，是实现社会公平最重要的手段，通过教育可以改变那些处于不利地位的人群的生存状态。发展教育也是把我国巨大人口压力转化为人力资源优势的根本途径。教育具有社会流动功能，社会成员通过教育的培养、筛选与提高，能够在不同的社会区域、社会层次、职业岗位、科层组织之间转换、调整与变动，以充分发挥其个性特长，展现其智慧才能，实现其人生抱负。教育已成为现代社会中个人社会流动的基础，教育是社会流动的主要通道，教育的社会流动功能关乎人的发展权利的教育资源分配问题。教育直接影响社会流动，教育公平影响社会公平。

（2）党的十七大把坚持优先发展教育，促进教育公平作为国家基本教育政策。因此，必须坚持把教育放在优先发展的战略位置，促进教育公平，使人民满意。教育具有滞后性，即教育对经济、政治、文化、科技等的作用要经过一个较长的时期才能体现出它的功效。这种功效作用强大，所以各国看重教育，要求优先发展教育。教育在我国社会主义现代化建设中具有基础性、先导性、全局性意义。落实科学发展观，实现科教兴国战略和人才强国战略，就必然要求把教育摆在优先发展的战略地位。

（3）教育这种促进社会公平的功能，决定了教育公平不但是一种美好的社会理想，也必须成为现代教育的基本理念。

3.介绍三种学习迁移理论。

【答】（1）形式训练说。以官能心理学为基础，认为人的心智是由各种官能，如注意力、记忆力、推理力等组成的，这些官能可以像肌肉一样通过训练而得到发展和加强。如果一种官能在某种学习情境中得到改造，就可以在与该官能有关的所有情境中自动地起作用，从而表现出迁移的效应。

（2）共同要素说。该理论认为一种学习情境到另一种学习情境的迁移，只是由于这两种学习情境存在相同的成分，即桑代克和伍德沃斯的"共同元素"，其实质就是两次学习在刺激 — 反应联结上具备共同成分。

（3）概括化理论。贾德认为共同成分只是产生迁移的必要条件，而迁移产生的关键在于学习者能够概括出两组活动之间的共同原理。学习者的概括水平越高，迁移的可能性就越大。

4.介绍奥苏伯尔的有意义学习理论及其在教学中的运用。

【答】（1）奥苏伯尔的有意义学习理论。

①理论内涵：有意义学习理论指在学习知识的过程中，将符号所代表的新知识与学习者认知结构中已有的适

当观念建立实质性和非人为的联系的过程。

②有意义学习的客观条件：a.材料必须具有逻辑意义；b.材料应该在学生学习能力范围之内，符合学生的心理年龄特征和知识水平。

③有意义学习的主观条件：a.学习者要有有意义学习的心向或倾向性；b.学习者认知结构中必须具有适当的知识基础；c.学习者必须积极主动地使新旧知识发生相互作用。

（2）有意义学习理论在教学中的作用。

①注重发挥学生的自主性。教学中注重发挥学生学习的自主性，正是与奥苏伯尔提出的学习者具有主观能动性这一课堂学习的首要特点相吻合的教学行为。

②合理利用先行组织者策略。有意义学习的重点在某种意义上就是寻找学习者头脑中的固着点。先行组织者实际上就是学习者认知结构中"原有观念"的具体体现。

③以"接受学习"为主，力求学习方式多样化。在学习方式的改革中，我们要坚持以有意义接受学习为主，积极与自主学习、探究性学习（发现学习）、合作学习等学习方式相结合。

④促进认知结构的完善。有意义学习的心理机制是同化，而同化是新旧知识相互作用的过程，也就是学生逐渐实现知识结构转化为认知结构的过程。

5.论述陶行知生活教育理论的主要内容及其现实启示。（见2014年北京师范大学真题）

6.一个合格教师的专业素养由哪几方面构成？如何培养教师的专业素养？

【答】（1）教师专业素养的构成。（见2014年北京师范大学真题）

（2）培养教师专业素养的主要途径：

①教师自身要有专业发展的观念和意识，寻求自我专业发展的途径。

②职前培训（师范教育）与在职培训。如教师发展学校、校本培训等。

③制订生涯发展规划，包括自我认知、确定目标、制订并执行计划和评价计划。

④进行教育研究。这是提高教师自身素质、促进教师专业发展的一条有效途径。

⑤进行经常化、系统化的教学反思。反思是教师专业发展的重要方式。

⑥新教师的入职辅导。入职辅导就是学校为新教师适应环境安排了一个有序的计划，主要由有经验的老师进行现场指导。

⑦在参与课程改革和课程开发中获得专业发展。如开拓校本培训和教师教育网络联盟。

2020年东北师范大学333教育综合真题·凯程详解

教育学原理

一、简答题

简述教学评价的CIPP模式。

【答】（1）CIPP模式由美国现代著名教育评价专家斯塔夫尔比姆提出，又称为决策导向评价模式。斯塔夫尔比姆认为：教育评价就是"为判断各种备择的决策方案而进行的描述、获取和提供有用信息的过程"。此模式包括四个评价阶段，即背景评价、输入评价、过程评价和结果评价。CIPP模式主要围绕着为决策者提供信息进行评价。这种评价可以使研究者用一种比较客观的眼光来看待评价对象，尽可能地全面描述、分析研究对象的特征，从而为教育决策者提供更有效的信息。

（2）优点：突出形成性评价和综合性评价的功能，突出为教育决策而服务。

（3）缺点：缺乏价值判断，评价人员的作用受到限制。

二、论述题

1.简述中小学主要的教学组织形式。

【答】（1）班级授课制。班级授课制是一种集体教学形式，它是一定数量的学生按年龄与知识程度编成固定的班级，根据周课表和作息时间表，安排教师有计划地向全班学生集体上课。同一班级的学生学习内容和进度必须一致。班级授课制最大的优点是教学效率高，有利于教育的普及。但是最大的缺点是很难顾及班级内的个性化差异。

（2）个别辅导。个别辅导指一位辅导老师对单个学生进行的针对性辅导。

（3）个别化教学。个别化教学是一种适应学生个别差异的教学。它指为了适应个别学生的需要、兴趣、能力和学习进度而设计的教学方法。教师须在教学过程中特别设计不同的教学计划。

（4）分组教学。分组教学指在班级授课制的前提下，将学生按能力或学习成绩分成不同的组分别进行教学的一种教学组织形式。分组教学最显著的优点在于它比班级授课制更切合学生个人的水平和特点，便于因材施教，有利于人才的培养，便于学生的交流与合作。但很难科学地鉴别学生的能力和水平。

（5）小组合作学习。小组合作学习是在班级授课制背景下的一种教学方式，即在承认以课堂教学为基本教学组织形式的前提下，教师以学生学习小组为重要的教学组织形式，通过指导小组成员展开合作，形成"组内成员合作，组间成员竞争"的学习模式，发挥群体的积极功能，提高个体的学习动力和能力，达到完成特定的教学任务的目的。它强调学生要有合作意识和责任感。

（6）分层教学。教师根据学生现有的知识、能力水平和潜力倾向把学生科学地分成水平相近的群体并区别对待，教师根据不同班组的实际水平进行教学。实质是尊重学生的个别差异，使学生个性特长得到充分发挥。

（7）走班制。走班制又称"跑班制"，是指学科教室和教师固定，学生根据自己的能力水平和兴趣愿望选择适合自身发展的班级上课，不同的班级，其教学内容和程度要求不同，作业和考试的难度也不同，没有固定的教室。它以学生个别差异为出发点，让学生的各个方面都得到充分的发展。与美国的走班制相似的有芬兰的"无班级授课制"。

（列举常见的几种即可，合理安排作答时间。）

2. 教育是什么？选一种观点论述。

【答】（1）教育是促进个体个性化与社会化的过程。这种观点认为，教育的产生是由社会的发展和人的发展的需要共同决定的，同时，又是由社会要求和个体心理水平之间的矛盾所决定的。教育的过程就是生物学意义上的个体转化为社会中的个体的过程。所以，这个观点的本质就是，教育既要促进个体社会化，也要促使个体个性化，社会化与个性化同步存在并相互交织。

（2）教育的个体个性化功能。

所谓个性化，是指个体在社会活动中形成自主性和独特性的过程。教育作为促进个体个性发展的重要途径，其功能主要体现在对个体自主性和独特性的培养上。

①教育能促进主体意识的发展，培养个体合理的自主性。个体的主体意识是人对自我的主观能动性的认识。由于教育的影响，个体在道德、智力、能力等方面都得到了较好的发展。相应地，个体对自我的认识水平也大大提高。

②教育能促进个体特征的发展，培养个体的独特性。教育培养个体独特性的功能主要是通过发展个体特征来实现的，这里侧重指个体的心理发展特征，诸如个人兴趣、爱好、智能结构、性格、气质等方面的特征。

③教育开发人的创造性和促进人的个体价值的实现。教育可以让人认识到生命的存在与意义，并努力去追求人生的价值。

（3）教育的个体社会化功能。

所谓社会化，是指个体接受文化规范，学习其所处社会的行为模式，由一个自然的人转化为社会的人的过程。教育的个体社会化功能主要体现在以下三个方面：

①教育促进人的观念社会化。教育在促进个体社会化的过程中，首要的任务就是使个体获得一定的文化价值和社会规范。其实现途径多种多样。

②教育促进人的行为和能力社会化。人的行为和能力的发展都离不开教育，教育的主要功能就是指导、规范并加速人的行为和能力的社会化。

③教育促进人的职业、身份和角色社会化。在现代社会中，个体所从事的职业与个体在社会中的地位，在很大程度上与其所接受的教育息息相关。在现代社会，教育促进人的职业、身份和角色社会化的功能越来越明显。

（其他观点有："上层建筑说""生产力说"；教育具有上层建筑和生产力的双重属性；教育是一种综合性的社会实践活动；教育是培养人的社会活动。）

中外教育史

一、简答题

简述稷下学宫。

【答】稷下学宫是战国时期齐桓公在都城临淄的稷门附近地区创办的一所著名学府。它是战国百家争鸣的中心与缩影，也是东方文化教育和学术的中心。

（1）性质。

①稷下学宫是一所由官家操办而由私家主持的特殊形式的学校。从主办者和办学目的来看，它是官学；同时，稷下学宫的教学与学术活动，由各家各派自主，官方不多加干预，这又体现了私学的性质。

②稷下学宫是一所集讲学、著述、育才活动为一体并兼有咨政议政作用的高等学府。

（2）特点。

①学术自由。a.来者不拒、包容百家是稷下学宫的办学方针。b.各家各派学术地位平等。c.自由还体现在欢迎游学，教师来去自由，学生自由择师，且学无常师。d.相互争鸣与吸取是学术自由的又一大表现，促进了学术的繁荣。

②尊师重道，待遇优厚。齐王不仅在精神上尊重教师，而且在物质待遇上对教师也很优厚。

③不治而议论。稷下先生不担任具体职务，不加入官僚系统，却可以对国事发表批评性言论，他们在地位上与君主不是君臣关系，而是师友关系。学者们既拥有更多的自由和独立性，又体现了君主给予学者们极高的政治待遇。

④在管理规范上出现了我国第一个学生守则——《弟子职》。

二、论述题

1.试论蔡元培的教育思想及对北大的改革。（见2013年北京师范大学真题+2011年北京师范大学真题）

2.试论裴斯泰洛齐的教育思想。

【答】（1）论教育目的。

裴斯泰洛齐认为教育的首要功能是促进人的发展，尤其是人的能力的发展。教育问题不在于传授专门的知识或技能，而在于发展人类的基本能力。该观点带有浓厚的人道主义和理想主义。

（2）论教育心理学化。

裴斯泰洛齐是西方教育史上第一个明确提出"教育心理学化"口号的教育家。他认为教育科学应该建立在人的心理活动规律的基础上。教育心理学化包括教育目的的心理学化、教学内容的心理学化、教学原则和教学方法的心理学化。

（3）论要素教育。

裴斯泰洛齐认为，任何事物都是由最基本的要素构成的，教育也应从最基本的要素开始，并且系统论述了智育、德育、体育中的要素问题。智育是整个要素教育的核心；德育最基本的要素是爱；关节活动是体育最基本的要素，体育教学必须依据儿童日常生活中的各种最简单的动作进行。

裴斯泰洛齐的要素教育论为初等学校各科教学法打下了基础。如语言教学法、测量教学法和算术教学法。

（4）教育与生产劳动相结合。

①裴斯泰洛齐不是第一个提出教育与生产劳动相结合思想的人，但却是西方教育史上第一个将这一思想付诸实践的教育家，并在自己的实践活动中推动和发展了这一思想。他初期进行了新庄"贫儿之家"实验，把无内在联系的教育与生产劳动结合起来，后期进行了斯坦兹孤儿院实验，以学习为主，劳动为辅，深信教育与生产劳动相结合对培养人的重大教育意义，并认为这是基于教育心理学化的教育途径。

②评价。a.反映了资本主义工场手工业时代对教育与生产劳动之间的关系的新要求。b.在一定程度上看到了教育与生产劳动相结合对人的和谐发展和社会改造的重要意义。c.他把教育与生产劳动相结合思想付诸实践，在理论上加以发展，在教育史上具有重要影响。d.由于时代限制，未能真正找到教育与生产劳动相结合的内在联系，未能做出全面历史分析。

教育心理学

一、简答题

简述建构主义的学习理论。（见2013年华东师范大学真题）

二、论述题

1.结合布卢姆的教育目标分类学，就中小学任何一门课程谈谈怎样出高质量的测试题。

【答】布卢姆将教育目标分为认知领域、情感领域和动作技能领域。教学目标是有层次结构的，每一领域的目标由低级向高级分为若干层次，从而形成了目标的层次结构。同时，以外显行为作为教育目标分类的对象，因为只有外显行为是可观察、可测量的。有效的测试题必须依据科学而明确的教学目标。高质量的评价，在结构上，应该包含认知领域、情感领域和动作技能领域。

（1）测试题应考查学生是否达到认知领域的教育目标。认知领域的教育目标按照从简单到复杂的顺序分为六个层次：记忆、理解、应用、分析、评价、创造。后五个层次属于理智能力和理智技能。语文测试题一般分为三个部分：基础知识、阅读与写作。教师在考查的过程中要考查这六个层次的目标是否达到。记忆层次的题目一般为记住所学的材料，如默写《春晓》；理解就是领悟，如概括出《老人与海》的故事情节；应用就是将所学理论运用到新的情境中，如使用词语造句；分析代表了比运用更高的智能水平，如让学生将《荷塘月色》的结构分解出来；评价是对材料进行判断，如评价孔乙己的价值观；创造需要产生新的模式或结构，如根据材料，让学生写一篇作文。

（2）测试题应考查学生是否达到情感领域的教育目标。按照价值内化的程度分为五个具体类别：接受、反应、价值化、组织、价值体系个性化。接受是对环境中正在发生的事情的低水平知觉，如让学生能够对父母、教师、亲人的付出做轻微的反应；反应是由经验引起的新的行为反应，由学生主动参与；价值是学生能够将特殊的对象、现象或行为与一定的价值标准相联系，如欣赏文学作品；组织是纳入新的价值观，形成自己的价值观；价值体系个性化是表现出与新价值观一致的行为，学生愿意利用课余时间去准备考试。

（3）测试题应考查学生是否达到动作技能领域的教育目标。按照从简单到复杂的顺序分为六个层次：知觉、模仿、操作、准确、连贯、习惯化。学生对知识的理解与掌握最终都要落实到考卷上，做试卷的过程其实就是对所学的知识加以利用以适应考试这个具体情境，在这个过程中还需要有所创新，才可以取得更好的成绩。

2. 教师如何帮助学生进行学习迁移？（见2014年北京师范大学真题）

2021年东北师范大学333教育综合真题·凯程详解

教育学原理

一、简答题

简述我国中小学常用的德育原则。（见2011年湖南师范大学真题）

二、论述题

1. 结合案例论述教育的政治功能和经济功能。（见2012年北京师范大学真题+2019年华东师范大学真题）

2. 联系实际论述马克思的人的全面发展学说的主要内容及其现实意义。（见2017年华南师范大学真题）

3. 结合实际谈谈生产力对教育的制约。

【答】生产力的发展水平决定着教育的发展水平的高低，教育的发展水平是生产力的发展水平的反映。

（1）生产力的发展水平制约着人才培养的规格。教育的根本问题是培养什么样的人的问题。社会生产力的水平、方式决定着劳动力的规格，进而也决定着教育所培养的人的规格，尤其是人的知识、技能和态度的规格。

（2）生产力的发展水平制约着教育事业发展的速度、规模和教育结构。社会生产力的发展水平决定了社会对教育事业的需求程度，也决定着社会对劳动力的需求水平，进而决定着教育事业的速度与规模。并且，在现代社会里，义务教育的普及与延长、职业教育的大力发展、高等教育大众化等教育结构的变化都是由生产力决定的。

（3）生产力的发展水平制约着课程的设置和教育内容的沿革。生产力发展一方面促进科学技术的发展，另一方面又对学校教育内容提出要求，要求学校培养的人必须掌握与生产力发展水平相适应的科学技术知识和生产技能。因此，学校教育内容总是随着社会生产力的发展而不断充实和更新的。

（4）生产力的发展水平促进了教学组织形式、教育教学手段和方法的沿革。学校的物资设备、教学实验仪器、组织管理所使用的某些工具和技术手段，都随着社会生产力发展水平的提高而逐步地获得改善和提高。

中外教育史

一、简答题

1. 简述科举制度对学校教育的影响。（见2010年北京师范大学真题）

2. 简述中世纪大学的主要成就及其影响。（见2018年南京师范大学真题）

二、论述题

1. 试述"中体西用"思想的主要内容和历史作用。（见 2014 年华东师范大学真题）

2. 试述赞科夫教学理论的主要内容及其影响。

【答】赞科夫是 20 世纪六七十年代苏联最有影响力的教育家，其代表作是《教学与发展》《和教师的谈话》，他通过"教育与发展关系问题"的实验提出发展性教学理论。

（1）发展性教学理论的主要内容。（见 2017 年北京师范大学真题）

（2）影响：赞科夫认为，在传统教学条件下优生的发展受阻，而差生的发展几乎毫无进展，这是因为没有把学生的一般发展看作最重要的任务。赞科夫的实验教学特别注意对差生的帮助。他认为要解决学习差的问题，就要增强学生的学习信心，培养他们的求知欲，发展他们所缺乏的心理品质。

教育心理学

一、简答题

简要阐述规范学习的心理过程。（见 2014 年北京师范大学真题）

二、论述题

试述教育心理学在研究内容上呈现的新趋势。

【答】（1）研究学习者的主体性。例如，探讨学生如何进行知识建构，如何为学生创设最近发展区以促进其自身的认知发展；研究学生在多元智力、学习风格等方面存在的个体差异。

（2）研究学习者的能动性。例如，探讨学生如何在学习过程中进行反思、自我监控、调节和管理，学生如何进行自我激励（涉及自我效能感、学习目标、信念系统以及成就归因等）。

（3）研究学习的内在过程和机制。例如，研究知识获得的深层加工过程，高级知识的获得过程等。认知与学习机制的研究与脑科学研究结合在一起，成为基础研究的新方向。

（4）研究社会环境的影响。例如，研究社会合作、师生之间或同伴之间的互动对认知与情感的影响等。

（5）研究实际情境的影响。例如，探讨实际问题情境性和真实性任务对学习的作用、基于问题的学习等；深入研究不同学科的学习和教学问题，以及学校以外的各种情境中的学习问题（成人学习、基于工作的学习、终身学习等）。

（6）研究文化背景的影响。例如，研究不同文化背景对学习的影响、多元文化的交汇对教学的影响。

（7）研究学习环境设计和有效教学模式。例如，研究发现和探索学习、合作学习、建模、支架式教学，以及跨学科项目研究的制作等。

（8）研究信息技术，尤其是网络、人工智能的利用。例如，研究如何利用和管理学习资源与过程，信息技术环境下的学习过程与教学模式，网络环境下的学习与远距离教学等。

2022 年东北师范大学 333 教育综合真题·凯程详解

一、简答题

1. 简述教育的基本要素。（见 2015 年北京师范大学真题）

2. 简述分科课程和活动课程的优缺点。（见 2015 年陕西师范大学真题）

3. 简述《学记》的理论及对我国教育的启示。（见 2011 年东北师范大学真题 +2014 年东北师范大学真题）

4. 简述 1922 年"新学制"。（见 2014 年东北师范大学真题）

5. 简述罗杰斯有意义学习的基本内涵。（见 2015 年山西师范大学真题）

6. 简述 19 世纪美国进步教育运动的基本内容及影响。（见 2014 年江西师范大学真题 +2015 年福建师范大学真题）

二、论述题

1. 论述影响人身心发展的基本因素。（见 2015 年北京师范大学真题）

2. 论述德育过程中如何培养学生的知、情、意、行。（见 2015 年北京师范大学真题）

3.论述美国公立学校运动内容的影响。（见2010年天津师范大学真题+2011年四川师范大学真题）
4.论述夸美纽斯的教学理论和贡献。（见2016年西南大学真题）
5.试论述如何培养和激发学习动机。（见2012年华东师范大学真题）

华中师范大学

2010年华中师范大学 333 教育综合真题·凯程详解

一、名词解释

1.学校教育

【答】学校教育是一种狭义的教育，指有组织、有计划、有目的、有专业人员、有固定场所进行的培养人的教育活动。学校教育最大的特点就是用知识来陶冶人。如今各个国家的学校教育都非常发达，基本上都有完整的教育体系和制度，各国都普及了义务教育。要充分发挥学校教育在培养人方面的主导作用，重视其对个体社会化和个体个性化产生的重要作用。

2.教育目的（见2015年北京师范大学真题）

3.讲授法

【答】讲授法是常用的一种教学方法，指教师通过语言系统连贯地向学生传授知识的方法，它又可分为讲述、讲解、讲演三种。运用讲授法的要求是：（1）讲授的内容要有高度的科学性、思想性和系统性；（2）讲授要条理清楚、层次分明；（3）注意启发性；（4）讲授的语言要准确、简练、生动、形象，有艺术性。

4.《学记》（见2013年东北师范大学真题）

5.道尔顿制（见2011年北京师范大学真题）

6.元认知

【答】元认知是对认知的认知，具体地说，是关于个人自己认知过程的知识以及调节这些过程的能力。在学习的信息加工系统中，存在着一个对信息流动的执行控制过程，它监视和指导认知活动的进行，负责评估学习中的问题，确定用什么学习策略来解决问题，评价所选策略的效果，并改变策略以提高学习效果。这种执行控制功能的基础就是元认知。

二、简答题

1.简述教育的相对独立性。

【答】（1）教育的相对独立性是指作为社会的一个子系统的教育，它对社会的能动作用具有自身的特点：规律性、连续性和继承性。一方面，教育对社会具有依存性；另一方面，教育又是一种主体性的实践活动，能动地反作用于社会发展。

（2）教育的相对独立性的主要表现：①教育是培养人的活动，主要通过所培养的人作用于社会；②教育具有自身的活动特点、规律与原理；③教育具有自身发展的传统与连续性。

（3）教育一经产生、发展便将形成和强化其相对独立性，包括形成由教育者、受教育者、教育中介系统组成的特定教育结构；逐步建立形式化、班级化、制度化、系统化的教育组织形式；逐步构建按专业、系、院、校运行的学科规则与专业规范等方面整合的教育系统。这是教育发展积累的珍贵智慧、资源和财富。

2.简述上好一堂课的要求。

【答】（1）上课是教学工作的中心环节，提高教学质量的关键是上好课。

（2）教师上好课的基本要求：①明确教学目的；②保证教学的科学性与思想性；③调动学生的学习积极性；④注重解惑纠错，解决学生的疑难；⑤组织好教学活动，教学效果要好；⑥布置好课外作业。

（3）一节好课的标准是：目的明确、内容正确、方法恰当、组织有效、积极性高、表达清晰。

3.简述教师劳动的特点。（见2015年东北师范大学真题）

4.简述影响学习动机的因素。

【答】（1）内部条件。

①学生的自身需要与目标结构。②成熟和年龄特点。③学生的性格特征和个别差异。它们都影响着学习动机的形成。④学生的志向水平和价值观。学生的人生观、世界观、价值观所直接反映的理想情况或志向水平影响着学习动机和目标结构的形成。⑤学生的焦虑程度。它不仅影响动机，而且影响成绩。

（2）外部条件。

①家庭环境和社会舆论。社会要求通过家庭对学生的学习动机起着重要的作用；家庭的文化背景、精神面貌也起着极其重要的作用。②教师的榜样作用。教师本人是学生学习动机的榜样；教师的期望会对学生的动机和行为产生影响；教师是沟通社会、学校要求与学生成长的纽带。教师要善于把各种外部因素和学生的内部因素结合起来。

三、论述题

1.论述人的发展的规律性及其教育学意义。

【答】（1）人的身心发展的规律性主要表现为顺序性、阶段性、差异性、不平衡性和整体性。

①顺序性。整个身心发展表现出一定的顺序性，身心发展的个别过程也是如此。例如，人的认知的发展总是从无意注意到有意注意，从具体形象思维到抽象逻辑思维。

②阶段性。不同年龄阶段表现出不同特征，前后相邻的阶段有规律地更替着，每一发展阶段需要一定的时间。各阶段心理的发展都表现出一般的、典型的、本质的特征。

③差异性。主要表现在两个方面：一是不同个体身心发展的速度不同；二是不同个体身心发展的质量可能不同，比如有的早慧，有的大器晚成。

④不平衡性。表现在两个方面：一方面，在不同的年龄阶段，其身心发展是不均衡的；另一方面，在同一时期，青少年身心不同方面的发展也是不均衡的。

⑤整体性。教育面对的是一个个活生生的、整体的人。要求教育把学生看作整体，促进学生在德、智、体、美等方面全面和谐地发展，把学生培养成完整、完善的人。

（2）人的身心发展规律对教育教学的意义。

①顺序性和阶段性要求我们的教育必须遵循由具体到抽象、由浅入深、由简到繁、由低级到高级的教育规律，遵循量力性原则，循序渐进地促进青少年的发展。

②依据发展的阶段性，对不同年龄阶段的学生，在教育内容和方法上应有所不同。

③人的身心发展的差异性要求教育必须从实际出发，充分考虑受教育者在不同年龄阶段的不同发展特征，做到因材施教、有的放矢。

④青少年身心发展的阶段性与不平衡性要求教育工作者必须重视研究不同时期个体的成熟状况及其特征，了解成熟期，抓住关键期，不失时机地采取有效的教育措施，积极促进青少年身心迅速健康地发展。

2.论述朱子读书法及其当代意义。（见2016年华东师范大学真题）

3.评述苏霍姆林斯基的个性全面和谐发展教育思想。（见2016年北京师范大学真题）

4.联系实际论述问题解决能力的培养。

【答】（1）充分利用已有经验，形成知识结构的体系。

（2）分析问题的构成，把握问题解决的规律。问题解决需要一个过程，掌握问题解决的基本程序有利于问题解决。在教学中教给学生一些通用的问题解决的方法和思维策略，会有效提高他们解决问题的能力。

（3）开展研究性学习，发挥学生的主动性。在教学活动中，教师应注意训练学生发现问题的能力，引导学生进行研究性学习，对问题展开全面分析，使学生的积极主动性在问题解决中得以发挥。

（4）教授问题解决策略，灵活变换问题。帮助学生习得多种解决问题的策略，是培养学生问题解决能力的有效方式，其中启发式策略最能有效地提高解决问题的效率。

（5）允许学生大胆猜想，鼓励实践验证。教师应让学生打开思路，从多种角度提出问题解决的策略，并鼓励学生进行积极的尝试和实验，在实践中验证自己的猜想。例如，①当我们想写字，手中又没有笔，我们可以变换思路，用口红写字。②我们想记住一段文字，又苦于文字太多记不住，我们可以尽量编成顺口溜来帮助记忆。

2011年华中师范大学333教育综合真题·凯程详解

一、名词解释

1.学校教育制度（见2019年北京师范大学真题）

2.课程标准（见2015年北京师范大学真题）

3.智育

【答】智育是全面发展教育的重要组成部分和基础。智育是传授给学生系统的科学文化知识和技能，发展他们的智力与非智力因素的教育。智育为其他各育提供了认识基础。在教学中，我们要处理好智育与其他各育的关系，既不放松智育，也不能只局限于智育。

4.分组教学

【答】分组教学是指按学生的能力或学习成绩把他们分为水平不同的组进行教学。分组教学的类型主要有能力分组和作业分组。能力分组是根据学生的能力发展水平来分组教学，各组课程相同，学习年限各不相同。作业分组是根据学生的特点和意愿来分组教学，各组学习年限相同，课程则各有不同。分组教学也可以分为内部分组与外部分组两种形式。

5.陶冶

【答】陶冶是通过创设良好的情境，对学生进行潜移默化的熏陶和感染，使其在耳濡目染中受到感化的方法，包括人格感化、环境陶冶和艺术陶冶。运用陶冶法要注意以下几点要求：（1）创设良好的情境；（2）与启发引导相结合；（3）引导学生参与情境的创设。

6.技能

【答】技能就是通过练习而获得的动作方式和动作系统。技能也是一种个体经验，但主要表现为动作执行的经验。技能首先表现为一种活动方式，其次表现出规则性。技能作为活动的方式，有时表现为一种操作活动方式，有时表现为一种心智活动（智力活动）方式。

二、简答题

1.简述我国教育目的的基本精神。（见2012年北京师范大学真题）

2.简述上好一堂课的要求。（见2010年华中师范大学真题）

3.简述教师的素养。（见2014年北京师范大学真题）

4.简述培养集体的方法。（见2014年华东师范大学真题）

三、论述题

1.论述人的发展的规律性及其教育学意义。（见2010年华中师范大学真题）

2.论述陶行知的"生活教育"理论。（见2014年北京师范大学真题）

3.论述赞科夫的发展性教学理论。

【答】（1）赞科夫是苏联著名的心理学家和教育家。其教学理论主要处理的是教育与人的发展关系问题。

（2）理论内容。

①强调教学要着眼于使学生获得一般发展。所谓一般发展，既不同于特殊发展，也不同于智力发展，一般发展主要是儿童个性的发展。

②对一般发展的界定突出了一般发展与智力发展的区别，扩大了发展的内涵。

③深刻地揭示了发展的内部源泉和外部源泉（内因和外因）之间的辩证关系。

④以系统论为理论基础，强调教育的整体性、综合性和全面性。

⑤从整体性的观念出发，提出把观察活动、思维活动和实际操作作为研究儿童发展进程的三条线索。

⑥强调了揭示和研究学生精神需要各种表现的必要性。

（3）教学原则。（见2017年北京师范大学真题）

（4）评价。

这五条原则相互联系，不可分割。以这五条原则为重要标志的实验教学论体系，是赞科夫首创的苏联发展性教学的完整体系。这一体系以辩证唯物主义的认识论为指导，以整体性观点为方法论基础，揭示了教学的结构与学生的发展进程之间的因果联系，提出了在教学实践中促进儿童一般发展的原则和具体途径。但赞科夫把新体系与"传统教学论和教学法"对立，以革新派自居，这是欠妥的。

4.联系实际，谈谈创造性的培养措施。（见2011年北京师范大学真题）

2012 年华中师范大学 333 教育综合真题·凯程详解

一、名词解释

1. 学校教育（见 2010 年华中师范大学真题）
2. 教育目的（见 2015 年北京师范大学真题）
3. 分组教学（见 2011 年华中师范大学真题）
4. 讲授法（见 2010 年华中师范大学真题）
5. 陶冶（见 2011 年华中师范大学真题）
6. 技能（见 2011 年华中师范大学真题）

二、简答题

1. 简述上好一堂课的要求。（见 2010 年华中师范大学真题）
2. 简述培养集体的方法。（见 2014 年华东师范大学真题）
3. 简述教师劳动的特点。（见 2015 年东北师范大学真题）
4. 简述影响学习动机的因素。（见 2010 年华中师范大学真题）

三、论述题

1. 论述人的发展的特点及其教育学意义。（见 2010 年华中师范大学真题）
2. 论述陶行知的"生活教育"理论。（见 2014 年北京师范大学真题）
3. 论述赞科夫的发展性教学理论。（见 2011 年华中师范大学真题）
4. 联系实际论述问题解决能力的培养。（见 2010 年华中师范大学真题）

2013 年华中师范大学 333 教育综合真题·凯程详解

一、选择题

1～5. CDCDA　　6～10. CDBCA　　11～15. ABDDA

二、名词解释

1. 体育

【答】体育是授予学生健康的知识和技能，发展他们的体力，增强他们的体质，培养他们的意志力，使其养成良好的卫生保健习惯的教育。增强学生的体质是学校体育的根本任务。

2. 程序性知识（见 2018 年华东师范大学真题）

3. 形成性评价

【答】根据评价在教学过程中的作用不同，布卢姆将评价分为诊断性评价、形成性评价和总结性评价。形成性评价是指在教学过程中为了改进和完善教学活动而进行的对学生学习过程及其结果的评价，是在教学过程中对学生的知识掌握和能力发展的较为经常而及时的测评与反馈。它使教师与学生都能及时获得反馈信息，能更好地促进学生的学习和发展，改进教学过程，提高质量，而不强调成绩的评定。

4. 白板说（见 2013 年北京师范大学真题）

三、简答题

1. 简述朱子读书法。（见 2016 年华东师范大学真题）
2. 简述教育的文化功能。（见 2016 年北京师范大学真题）
3. 简述人格发展的一般规律。

【答】人格是指人所具有的与他人相区别的独特而稳定的思维方式和行为风格，也指一个人整体的精神面貌，是具有一定倾向性的和比较稳定的心理特征的总和。人格体现在一个人的思想、情感、情绪、性格、意志力、需要、动机、兴趣、价值观、世界观等方面。

（1）人格发展具有顺序性和连续性。

（2）人格发展具有阶段性和针对性。

（3）人格发展具有共同性和差异性

（4）人格发展具有整体性和关联性。

（5）人格发展具有稳定性和可变性。

（6）人格发展具有社会性。

4.简述教师的基本素质。（见2014年北京师范大学真题）

四、论述题

1.论述陈鹤琴的"活教育"思想体系。（见2015年北京师范大学真题）

2.举例说明启发性原则在教学中的要求。（见2012年北京师范大学真题）

3.论述加德纳的多元智力理论及其教学意义。（见2019年华东师范大学真题）

2014年华中师范大学333教育综合真题·凯程详解

一、选择题

1～5. CBCDB   6～10. CACDC

二、名词解释

1.学校教育（见2010年华中师范大学真题）

2.教育制度（见2012年华东师范大学真题）

3.苏格拉底方法（见2011年北京师范大学真题）

4.元认知（见2010年华中师范大学真题）

三、简答题

1.简述教育的生态功能。（见2020年华东师范大学真题）

2.简述德育的途径。（见2014年北京师范大学真题）

3.简述蔡元培的教育思想。（见2013年北京师范大学真题）

4.简述心理健康的标准。

【答】（1）心理健康是一种良好的、持续的心理状态与过程，表现为个人具有生命的活力、积极的内心体验、良好的社会适应性，能够有效地发挥个人的身心潜能以及作为社会一员的积极的社会功能。

（2）六条标准是：①对现实的有效知觉；②自知、自尊与自我接纳；③自我调控能力；④与人建立亲密关系的能力；⑤人格结构的稳定与协调；⑥生活热情与工作高效率。

四、论述题

1.论述直接经验和间接经验的关系。

【答】（1）学生认识的主要任务是学习间接经验。在教学过程中，坚持学生以掌握间接经验为主，可以减少认识过程的盲目性，节省时间和精力，有效地避免人类历史上的偶然性和曲折性，从而大大提高认识效率；使学生尽快获得大量的科学文化知识，在此基础上为更加深入、广泛地认识世界和改造世界创造有利条件。

（2）学习间接经验必须以学生个人的直接经验为基础。间接经验和书本知识是学生没有亲身实践的，在学习的过程中如果没有个人的直接经验参与和帮助，是很难对间接经验和书本知识进行接受、理解、消化和巩固的。直接经验在学生的学习过程中有着不可替代的特殊价值。所以，教学必须利用学生已有的感性经验，才能保证教学顺利进行。

（3）防止忽视系统知识传授或直接经验积累的偏向。在传统教学中，我们只重视书本知识，在实用主义教育观的影响下，我们又只偏向于学生的个人经验，这都是违反教学规律的。

2.论述卢梭的自然主义教育思想。（见2012年华东师范大学真题）

3.试述发现学习与接受学习的异同。

【答】（1）布鲁纳的发现学习。

①发现学习的四项原则：a.教师要将学习情境和教材性质向学生解释清楚；b.要结合学生的经验适当组织教材；c.要根据学生的心理发展水平，适当安排教材的难度与逻辑顺序；d.确保材料的难度适中，以维持学生的内

部学习动机。

②发现学习的实施步骤：a.创设问题情境，提出使学生感兴趣的问题；b.激发学生探究的欲望，提供解决问题的各种假设；c.从理论上和实践上检验自己的假设；d.引导学生运用分析思维去验证结论，最终使问题得到解决。

（2）奥苏伯尔的有意义接受学习。

①奥苏伯尔将学习划分为有意义学习和机械学习。有意义学习是指学习者将符号所代表的新知识与其原有认知结构中的适当观念建立起非人为的、实质性联系的过程。

②奥苏伯尔根据学习进行的方式将学习划分为接受学习和发现学习，认为学习的主要方式是接受而不是发现。接受学习是将教学内容以定论的形式呈现，在心理学上称为内化，就是将教学内容纳入自己的认知结构，以便将来能够再现或派作他用。

（3）两种观点的比较。

①相同点。a.他们都属于认知学派。b.他们都强调学生原有认知结构的重要性。布鲁纳的发现法强调学生用自己的头脑去亲自获得新知识，奥苏伯尔的接受学习强调充分利用学生原有认知结构的同化作用。事实上，学生发现新知识不是建立在空中楼阁的基础上，而是以认知结构中原有的、适当的知识为基础。c.他们都强调学生是在主动地学习。

②不同点。a.学习方式不同。布鲁纳强调发现学习；而奥苏伯尔强调接受学习。b.学习过程不同。布鲁纳主张从特殊发现到一般发现；而奥苏伯尔强调从一般的理解到特殊的理解。

2015年华中师范大学333教育综合真题·凯程详解

一、名词解释

1. 教育（见2014年北京师范大学真题）

2. 修养

【答】修养是在教师的引导下，学生经过自觉学习、自我反思和自我行为调节，使自身品德不断完善的一种重要方法。修养包括立志、学习、反思、箴言、慎独等。运用修养要注意以下几点：（1）培养学生自我修养的兴趣与自觉性；（2）指导学生掌握修养的标准；（3）引导学生积极参加社会实践。

3. 学园

【答】学园是柏拉图创立的西方最早的高等教育机构，存在了九百多年，影响深远，也成为后世学术机构的统称。学园开设哲学、数学、音乐、天文学等学科，并实行教学和探索思辨相结合、讲授与自由讨论相结合的教育模式，培养了大量人才，成为希腊的哲学和科学中心。

4. 活动课程（见2013年东北师范大学真题）

5. 心理发展

【答】心理发展是指个体从胚胎期经由出生、成熟、衰老一直到死亡的整个生命过程中所发生的持续而稳定的内在心理变化过程。心理发展反映的是个体心理随年龄增长而出现的持续稳定的一系列变化过程，主要包括认知发展和人格发展两大方面。

二、简答题

1. 简述教育的相对独立性及其表现。（见2010年华中师范大学真题）

2. 简述直观性教学原则的含义及特点。

【答】（1）含义：

直观性原则运用于教学中就是指在教学中要通过学生观察所学事物或教师语言的形象描述，引导学生形成对所学事物、过程的清晰表象，丰富他们的感性认识，从而使他们能够正确理解书本知识并发展认识能力。

（2）特点：

①直观手段的选用符合教学的目的要求和各科教学的特点。②直观教具的选用符合学生的年龄特征和认识水平。③运用直观手段与教师适当的讲解相配合。④重视运用语言直观。⑤教师合理考虑使用直观教具的数量、时间和地点。

3. 简述教师劳动的特点。（见2015年东北师范大学真题）

4.简述梁启超的教育思想。

【答】（1）教育的作用是"开民智""伸民权"。

（2）教育的目的是培养"新民"。

（3）论学制：根据学生身心发展的阶段性特征来确定学制的不同阶段和年限是近代西方教育心理研究的成果，梁启超是中国近代最早系统介绍和倡导这一理论的人。

（4）师范教育：《变法通议·论师范》首次以专文论述师范教育，最早提出设立师范学校。

（5）女子教育：《变法通议·论女学》系统论述了女子教育问题。梁启超积极参加中国第一所女学——经正女学的筹办。

（6）儿童教育：《变法通议·论幼学》比较中西幼儿教育特点，建议中国应从编写儿童教学用书入手对儿童教育进行改革。

5.简述青少年心理健康培养的途径。

【答】开展心理健康教育的途径和方法多种多样，各学校应该根据自身的实际情况来灵活选择、使用，注意发挥各种方式和途径的综合作用，增强心理健康教育的效果。

（1）专题训练：一般由判断鉴别、训练策略、反思体验三个基本环节构成。

（2）咨询与辅导：指在一种新型的建设性的人际关系中，辅导教师运用专业知识和技能，给学生提供心理上需要的协助与服务，帮助学生处理问题，发展潜能，使其获得自助能力与意愿，克服困难，增强与维持自身的心理健康，以便在学习工作等各个方面做出良好适应。

（3）学科渗透：指教师在进行常规的学科教学时，自觉地、有意识地运用心理学的理论、方法和技术，让学生在掌握知识、形成能力的同时，完善各种心理品质。在学科教学、各项教育活动、班主任工作中，都应注重对学生心理健康的教育，这是心理健康教育的主要途径。

三、论述题

1.论述掌握知识和发展智力的关系。（见2012年东北师范大学真题）

2.论述德育过程是在教师引导下的能动的活动过程。

【答】德育过程即依据德育目标，在教师有目的、有计划地教导下，通过学生积极主动地进行道德认知和道德实践，将经过选择的德育内容，内化为学生个体的品德素质结构，并使之发生所期望的整体性变化的过程。

（1）学生对环境影响的主动吸收。

学生在积极吸收社会和教育影响的活动中，不完全是被动的教育客体，能能动地选择、吸收环境，是教育影响的主体。外界的影响，只有通过学生自己的理解、选择、吸取与践行，才能内化成为他们自己的观点立场，成长为他们的品德习性。

（2）教师对学生的积极教导。

教师的教导是学生品德健全发展的一个必不可少的指针和动力，教师有目的地组织引导学生积极参与丰富多彩的各种群体活动，是德育最有效的方式。

（3）外部活动与内部活动相互促进。

学生思想道德的形成，包含两种活动，一是学生的学习、研讨、劳动等外显的实践活动；二是学生在思想认识、情感、意志上展开的内隐心理活动。外显活动是可以直接观察的，内隐活动却不易察觉。而这两种活动是相互连接、相互促进的。所以，在德育过程中，我们要组织好各种外显活动，来引导和激发学生的内隐心理活动，当学生的内隐心理活动，一旦发动起来，又会表现出巨大的能动力量，将进一步推动学生思想品德的发展与提升。

3.论述创造性的培养措施。（见2011年北京师范大学真题）

4.评述实验教学学。（见2019年北京师范大学真题）

2016年华中师范大学333教育综合真题·凯程详解

一、填空题

1.赫尔巴特　　2.批判教育学　　3.《师说》　　4.班级授课制

5.张之洞　　6.癸卯学制　　7.巴西多　　8.卢梭

9.动作技能　　10.元认知策略

二、名词解释

1. **教育目的**（见 2015 年北京师范大学真题）

2. **讲授法**（见 2010 年华中师范大学真题）

3. **道尔顿制**（见 2011 年北京师范大学真题）

4. **先行组织者**（见 2010 年北京师范大学真题）

三、简答题

1. **简述教育学的任务。**

【答】（1）教育学就是研究教育现象和教育问题，揭示教育规律的科学。

（2）教育学的任务：

①揭示教育的规律。即揭示教育内部诸因素之间、教育与外部诸事物之间的本质性联系，以及教育发展变化的必然趋势，阐明教育的各种规律。

②科学地解释教育问题。即对纷繁复杂的教育问题提供超越日常习俗认识和传统理论认识的新解释，促进教育知识的增长。

③沟通教育理论与实践。即通过对教育规律的揭示和教育问题的解释，为教育工作者提供理论和方法上的依据，进而成为沟通教育理论和教育实践的桥梁。

2. **简述培养班集体的方法。**（见 2014 年华东师范大学真题）

3. **简述恽代英的教育思想。**

【答】（1）恽代英是中国共产党早期出色的活动家和理论家，杰出的青年运动领导人，同时也是一位教育理论的探索者和教育改革的实践者。

（2）恽代英教育思想的内容。

①恽代英论述了教育与社会改造的关系，肯定了教育是改造社会的有力工具，但要发挥这一作用，关键在于以社会改造的目的和需要来办教育。同时，他批判了"教育救国论"，主张把教育放在社会中，把改造教育与改造社会结合起来。

②在对教育的改造问题上，恽代英以社会改造为其教育改造的根本目的和依据，提出新教育的构想。他主张实行儿童公育，认为中等教育首先应该明确其教育目的，这样才能培养出符合社会发展的人才，并提出中等教育的课程、教科书和教学方法的改造思想。

4. **简述学习动机的强化理论。**

【答】（1）学习动机的强化理论是由联结主义学习理论家提出来的，他们不仅用强化来解释学习的发生，而且用它来解释动机的产生。

（2）联结主义心理学家用 S—R 的公式来解释人的行为，认为动机是由外部刺激引起的一种对行为的冲动力量，并特别重视用强化来说明动机的产生与作用。在他们看来，人的某种学习行为倾向完全取决于先前的这种学习行为与刺激因强化而建立起来的稳固联系，强化可以使人在学习过程中增加某种反应重复出现的可能性。与此相应，联结学习理论的中心是刺激与反应之间的联结，而不断地强化则可以使这种联结得到巩固和加强。按照这种观点，任何学习行为都是为了某种报偿。因此，在学习活动中，采取各种外部手段如奖赏、评分、竞赛等，都可以激发学生的学习动机，引起相应的学习行为。

四、论述题

1. **谈谈你对德育过程是培养学生知、情、意、行的过程的认识。**（见 2015 年北京师范大学真题）

2. **论述陶行知的生活教育理论及其当代价值。**（见 2014 年北京师范大学真题）

3. **论述心智技能的培养方法。**

【答】（1）心智技能指人脑借助内部语言，以简缩的形式对事物的主观表征进行加工、改造的过程，包括感知、记忆、想象和思维等认知因素，其中抽象思维因素占据着最主要的地位。心智技能即通过学习而形成的合乎法则的心智活动方式。

（2）心智技能的培养方法：

①形成条件化知识。即在头脑中储存大量的"如果……那么……"的产生式。在学习知识的同时，要把握该知识在什么情况下适用。

②促进产生式知识的自动化。认知心理学的研究表明，产生式知识必须通过练习达到十分熟练的程度，甚至达到自动化的程度，才能变成一种心智技能。

③加强学生的言语表达训练。言语活动有利于避免学生思维的盲目性，帮助学生寻找到新的最佳思路，能引发执行的控制加工过程，使学生的注意力集中在问题的突出方面或关键因素上，提高问题解决的成功率。

④要科学地进行练习。练习是促进陈述性知识向程序性知识转化的必要条件，心智技能要通过练习才能形成，但是练习的效率受很多因素和条件制约。

2017年华中师范大学333教育综合真题·凯程详解

一、填空题

1. 孟子　　　2. 个体的主观能动性　　　3. 心里想求通而又未通　　　4. 陶行知
5. 上课　　　6. 发展学生的各种官能或能力　　　7. 了解和研究学生　　　8. 裴斯泰洛齐
9. 皮亚杰　　　10. 阿特金森

二、名词解释

1. 美育（见2010年东北师范大学真题）

2. 谈话法

【答】谈话法是中小学常用的教学方法之一。谈话法又称问答法，是教师根据自己已有的知识和经验，通过师生间的问答、对话使学生获得知识、发展智力的教学方法。在教学的实际过程中应该将谈话法与其他方法结合起来使用，共同促进教学质量的提高。

其要求包括：①谈话法的关键在于精心设问；②提问要有启发性；③提问方式方法的灵活性；④做好归纳与小结。

3. 学在官府

【答】学在官府是对西周教育制度的高度概括，也是我国奴隶社会教育制度的重要特征，主要体现在：礼不下庶人；官师不分；政教合一。"学在官府"产生的根本原因是生产力发展水平以及西周的社会制度；产生的客观原因是：①惟官有书，而民无书；②惟官有器，而民无器；③惟官有学，而民无学。

4. 发现学习（见2017年华东师范大学真题）

三、简答题

1. 简述现代教育对经济发展的影响。（见2019年华东师范大学真题）

2. 简述启发性原则及其要求。（见2012年北京师范大学真题）

3. 简述蒙台梭利的教育思想。

【答】（1）蒙台梭利是20世纪杰出的幼儿教育家，创办了"儿童之家"。

（2）蒙台梭利的教育思想。

①她认为儿童的心理发展存在四个有着内在联系的显著特点：具有独特的心理胚胎期；心理具有吸收力；发展具有敏感期；发展具有阶段性。

②幼儿教育的内容：感官教育；知识教育，即初步读、写、算的练习；实际生活练习。

③阐述了环境、自由、纪律、工作及其相互关系。

a. 环境：要提供有准备的环境，使成人的世界适应儿童的发展。有准备的环境是一个符合儿童需要的真实环境，是一个提供儿童身心发展所需活动、练习的环境，是一个充满自由、爱、营养、快乐与便利的环境。

b. 自由：真正科学的教育学的基本原则是给学生以自由，允许儿童按其本性个别地、自发地表现。

c. 纪律：真正的纪律对于儿童来说必须是主动的，只能建立在自由活动的基础之上。自由活动是指一种手脑结合、身心协调的作业，即"工作"。

d. 工作：起到中介作用，把自由与纪律有机地联系在一起。

4. 简述品德不良的含义和类型。

【答】（1）含义：品德不良是指学生经常违反道德要求或犯有较为严重的道德过错。他们最初的表现是一般的过错行为，这些过错行为虽然在其严重性和稳定性上还没有达到违法的程度，但是如不及时加以矫正，就会沉积为严重的道德过错，从而酿成不良品德，甚至走上违法道路。

（2）类型：

①作弊行为。考试作弊属于学习领域最普遍的品德不良的表现之一。该现象长期存在，并且一直受到社会的广泛关注。

②诚信缺失及文明礼仪缺失。这是青少年在社会生活领域中品德不良的主要表现。

③责任意识淡薄。责任在整个道德规范体系中居于最高层次。一个人能否形成一定的责任意识，能否勇于承担一定的社会责任，关键要看青少年阶段所受教育的情况。责任意识淡薄的主要表现有：a.注重个人意识，对集体、社会责任意识淡漠；b.自私、冷漠、懦弱，缺乏正义感；c.行为上表现出怕负责任或逃避责任。

四、论述题

1.联系实际谈谈主观能动性对人的身心发展的作用。

【答】（1）个体的主观能动性主要指个体在后天生活中形成的人生态度、价值理想、道德品质、知识结构、身体素质、个性特征等，其核心是人生态度和价值理想。

（2）个体的主观能动性在人的身心发展中的作用主要表现在：

①起着最终的决定作用。

个体的主观能动性是在人的发展的活动中产生和表现出来的。学校、环境和遗传素质只是为个体提供了发展条件，这些条件能否发挥作用以及能在多大程度上发挥作用，最终完全取决于个体自己。

②制约着环境影响的内化与主体的自我建构。

在与环境的相互作用中，人改造着环境，也在改造环境的过程中提升了个人的能力与素质，这是主体的自我建构过程。在这个过程中，不同主体对同一环境的内化是不同的，如同一个班、同一个老师的学生，有的学生上课认真，有的学生学习困难，有的学生完全对教学环境视而不见、充耳不闻。可见，每个学生发展的特点和成就，主要取决于他的态度和能动性的发挥状况。

③个体通过能动的活动选择，建构着自我的发展。

人在发展中，自我意识和自我控制能力也发展起来，个体就能够逐步地、有目的地、自觉地影响自己的发展。它意味着人不仅能把握自己与外部世界的关系，而且能把自身的发展当作自己认识的对象和自觉实践的对象，进行自我设计和自我奋斗。孔子在总结自己的人生经验时指出："吾十有五而志于学，三十而立，四十而不惑，五十而知天命，六十而耳顺，七十而从心所欲，不逾矩"。其实，这就是一个具有自我意识的人通过学习奋进最终达到自觉、自由境界的发展过程的自我概括。

2.论述我国书院的发展过程及特点。

【答】（1）书院的发展过程。

①书院最早起源于唐末时期，如集贤殿书院和丽正修书院。

②宋元时期，书院获得了极大的发展，白鹿洞书院标志着书院发展制度化。

③明清时期，书院逐渐失去自身独立性，成为科举的附庸，但还有一些书院很有特色，如明朝的东林书院是政治与学术的中心，清朝的诂经精舍和学海堂是学术圣地。

（2）书院的特点。（见2013年华东师范大学真题）

3.论述人本主义理论及其现实意义。

【答】人本主义理论以罗杰斯为代表，是学习理论的重要流派之一。

（1）人本主义理论的内容。

①知情统一的教学目标观。人本主义认为教学的目标是培养全人，既用情感的方式也用认知的方式行事的知情合一的人。

②有意义的自由学习观。

a.人本主义提出认知学习是无意义学习，而经验学习是有意义学习。所谓有意义学习，不仅是一种增长知识的学习，而且是一种与每个人各部分经验都融合在一起的学习，是一种使个体的行为、态度、个性以及在未来选择行动方针时发生重大变化的学习。

b.人本主义提出有意义学习的四个要素：全神贯注、自动自发、全面发展、自我评价。

③学生中心的教学观。人本主义认为促进学生学习的关键在于特定的心理气氛因素，包括真诚一致、无条件的积极关注、移情性理解（同理心）。

（2）人本主义理论的现实意义。

①在教学目标上，要培养德、智、体、美、劳全面发展的人，既要注重发展学生的智力因素，也要发展学生的非智力因素，包括情感因素。

②在学习观上，要调动学生的已有经验，激发学生的情感和兴趣，使学生不仅掌握书本知识，而且能灵活运用知识引导行动和实践。

③在教学观上，要尊重学生的主体地位，建立民主平等的师生关系，经常进行移情性理解，站在学生的角度思考问题。

2018年华中师范大学333教育综合真题·凯程详解

一、名词解释

1. 学制（见2019年北京师范大学真题）
2. 修养（见2015年华中师范大学真题）
3. 产婆术（见2011年北京师范大学真题）
4. 稷下学宫（见2020年北京师范大学真题）
5. "五育"并举（见2011年东北师范大学真题）
6. 学习策略（见2015年北京师范大学真题）

二、简答题

1. 简述教育的政治功能。（见2012年北京师范大学真题）

2. 简述孔子认为教师应该具备的基本特点。

【答】（1）学而不厌：教师应该重视自身的学习修养，掌握丰富的知识，具备高尚的道德品质。

（2）诲人不倦：教师要以教为乐，要用耐心去说服教育学生，给予学生高度的爱和责任。

（3）温故知新：教师既要掌握过去的政治、历史知识，又要借鉴有益的历史经验来认识当代的社会实际问题，知道解决问题的办法。

（4）以身作则：强调言传身教，认为身教比言传更重要，身教对学生有重大的感化作用。

（5）爱护学生：提倡客观公正地对待学生，爱护学生，更要尊重学生，才会得到学生的爱戴。

（6）教学相长：教学过程中教师对学生不是单方面的知识传授，经常进行学问切磋，不但教育了学生，也提高了自己。

3. 简述文艺复兴时期人文主义教育的主要特征。（见2011年华东师范大学真题）

4. 简述赫尔巴特教学形式阶段论的内容。（见2017年东北师范大学真题）

三、论述题

1. 论述文化知识的育人价值。

【答】（1）教育主要通过文化知识的传递来培养人。文化知识之所以对人的发展至关重要，主要是因为文化知识蕴含着有利于人发展的多方面价值。

（2）文化知识的育人价值。

①知识的认识价值。学生掌握知识，意味着他对知识所指的事物的认识，即弄清事物是什么，把握事物的特性；意味着掌握认识的资料和资源。学生认识的发展依赖于对知识资料、资源的思维加工。

②知识的能力价值。知识是心理操作与行为操作的认识结晶。学生学习知识的过程，要经历知识的展开过程和知识的发现过程，对知识进行心理操作和行为操作。这种操作方式的定型和积淀过程，也就是学生心理的认识能力和行为操作技能的形成过程。

③知识的陶冶价值。知识蕴含着科学精神和人文精神，是构成人生智慧的基本要素。科学精神引导人不唯上，不唯书，不迷信，不盲从，不妄言，不作伪，不搞假、大、空。人文精神引导人追求人的价值、尊严、自由、权益和社会平等。学生经历科学精神和人文精神的陶冶，才能真正形成人生智慧，成为具有人生理想的人，才能担当起社会责任、人类责任。

④知识的实践价值。知识具有社会实践的有用性或有效性。学生通过学习获取知识，认识事物特性，可获得通过社会实践改造事物的可能性。可以依据事物的特性、新需要或生活中面临的问题重组知识，在观念上形成实践的目标和程序，并付诸实施以改变事物或生活的现状，创造出新的事物或新的生活情境。对学生来讲，大体上是一种将外在知识转化为内在素质，又将其外显为社会实践的过程，人们常说的学习目的在于运用，其实在很大

程度上就是强调知识的实践价值。

（3）启示。

鉴于知识的多方面价值，教育必须引导学生尊重知识、热爱知识，主动学习、探究真知，创造性地理解和运用知识，在这个过程中使儿童的智能、品德、个性和人格都获得发展。在教学过程中，要抵制忽视和贬低知识、降低教育教学质量的倾向，也要克服教育脱离生活的弊端。

2. 论述黄炎培的职业教育思想。

【答】在长期的教育教学实践中，黄炎培逐步形成了完整的职业教育思想体系，其要点包括职业教育的地位、目的、方针、教学原则和职业道德教育的基本规范等。

（1）职业教育的作用和地位。

①职业教育的作用就理论价值而言：谋个性之发展；为个人谋生之准备；为个人服务社会之准备；为国家及世界增进生产力之准备。职业教育有助于解决中国最大、最急需解决的生计问题。

②职业教育在整个教育体制中的地位：一贯的、整个的、正统的。

（2）职业教育的目的：使无业者有业，使有业者乐业。帮助社会解决生计问题和失业问题，引导人们热爱所职，从而解决社会问题。

（3）职业教育的方针。

①社会化：强调职业教育必须适应社会需要，必须与社会沟通。他的职业教育社会化内涵丰富，要求办学宗旨、培养目标、办学组织、办学方式等都要社会化。

②科学化：指用科学来解决职业教育问题，包括物质方面的工作和人事方面的工作，均需遵循科学原则。前者强调事前调查与实验、事后总结、逐步推广的原则；后者强调把科学管理方法引入职业教育管理的原则。另外，应专门设立科学管理的研究机构。

（4）职业教育的教学原则：①手脑并用；②做学合一；③理论与实际并行；④知识与技能并重。

（5）职业道德教育：敬业乐群。"敬业"指热爱所业，尽职所业，有为所从事的职业和社会做出贡献的追求；"乐群"指高尚的情操和群体合作的精神。黄炎培认为离开职业道德的培养，职业教育就失去了方向，职业教育的第一要义是"为群众服务"。

（6）评价：作为中国近现代职业教育的先行者，黄炎培的教育思想不仅开创和推动了中国的职业教育事业，更具有平民化、实用化、科学化和社会化的特征，丰富了中国的教育理论，对中国20世纪20—30年代的教育产生了巨大影响，对当今的职业教育也有重大借鉴意义。

3. 举例论证教学过程中的直观性原则及要求。

【答】直观性原则指在教学中通过学生观察所学事物或教师语言的形象描述，引导学生形成对所学事物及过程的清晰表象，丰富他们的感性认识，从而使他们能够理解书本知识并发展认识能力。直观性教学的基本要求有：

（1）正确选择直观教具和现代化教学手段。直观教具一般分为实物直观、模象直观和多媒体教学。但是，不论选用哪种直观方式，都要注意其典型性、代表性、科学性和思想性，以适合儿童发展的特点，符合教学的要求，使学生能形成所学事物的清晰表象，掌握抽象的文字概念。因此，直观教具或多媒体课件的制作和运用，要注重使它与教学的需要相契合；要放大所学部分，用色彩显示所要观察的部分；要动态地揭示、呈现所学事物的运动、变化和发展。

（2）直观要与讲解相结合。教学中的直观不是让学生自发地看，而是要在教师的指导下有目的地观察，或配合讲解边听边看。教师要通过提出问题，引导学生去把握事物的特征，发现事物之间的联系；应鼓励学生提问，解答学生在观察中的疑惑，以便更深刻地掌握理性知识。

（3）防止直观的不当与滥用。一节课是否运用直观，以什么方式、怎样进行直观，都应当根据教学的需要来决定。不管教学是否需要，一味追求直观和多媒体的生动形象、刺激与时尚，必然导致直观过多或直观不当。这样不仅无助于教学，而且将影响学生抽象思维、创造性想象能力的发展。

（4）重视运用直观语言。教师用语言做生动的讲解、形象的描述、通俗的比喻，都能够起直观的作用。

4. 论述创造性的内涵及培养途径。（见2011年北京师范大学真题）

2019年华中师范大学333教育综合真题·凯程详解

一、选择题

1～5. BBABC　　6.《国防教育法》　　7～10. 题目缺失

二、名词解释

1. 个体发展（狭义）

【答】"人的发展"在教育心理学上，主要讨论的是个体发展问题。广义的个体发展是指个人从胚胎到死亡的变化过程，其发展贯穿人的一生。狭义的个体发展则是指个人从出生到成人的变化过程，主要是指儿童的发展。人的发展是整体性的发展，大体上可以分为三个方面：生理发展、心理发展和社会性发展。人的发展的特点是未完成性和能动性，并呈现出自身的一些规律，如顺序性、阶段性、差异性和不平衡性。

2. 发展性原则

【答】发展性原则也叫可接受性原则或量力性原则，是指教学的内容、方法和进度要适合学生的发展水平，既是学生能够接受的，但又有一定的难度，需要他们经过努力才能掌握，以便有效地促进学生的身心发展。

基本要求：（1）了解学生的发展水平，从实际出发进行教学；（2）考虑学生认识发展的时代特点。

3. 教育适应自然

【答】自然主义教育思潮形成于18世纪，其主要代表人物有亚里士多德、夸美纽斯、卢梭、裴斯泰洛齐等。主要观点包括：教育目的要以人的自然本性为基础，促进人的全面发展；把儿童分为婴儿期、儿童期、青年期和青春期四个发展阶段，不同的年龄阶段有不同的教育目标；提出凡是增进人的能力的知识都属于泛智课程并提出了一系列教学原则与方法。自然主义教育思想丰富了教育理论的发展，为西方近代教育理论的科学化奠定了必要基础。但是它的核心概念"自然"不甚清晰，缺乏严谨性，导致可行性差，易给学生过度自由。

4. 终身教育（见2011年华东师范大学真题）

5. 负强化

【答】当某种刺激消失或减少时，有机体反应概率增加，这一过程便是负强化，即消极强化。比如，当学生表现不好，受到学校或教师的处罚，一旦处罚解除，学生表现好的概率增加，这里解除处罚就是消极强化。负强化包括两种形式：逃避条件作用和回避条件作用。

6.《大学》

【答】《大学》是《礼记》中的一篇，是"四书"之首，是儒家学者论述大学教育的一篇论文，着重阐明"大学之道"，主要内容是"三纲领""八条目"。"三纲领"是"大学之道，在明明德，在亲民，在止于至善"，这是儒家对大学教育目的和为学做人目标的纲领性表述；"八条目"即"格物、致知、诚意、正心、修身、齐家、治国、平天下"，这是实现"三纲领"的具体步骤。

三、简答题

1. 简述新文化运动反对传统教育及对改变教育观念的主要表现。（见2012年华东师范大学真题）

2. 简述文艺复兴中人文主义的特征及影响与贡献。

【答】（1）文艺复兴运动是14—17世纪欧洲新兴资产阶级在意识形态领域向封建主义和基督教神学体系发动的一场伟大的文化革命运动，人文主义是这场运动的旗帜。

（2）人文主义的特征。

①人本主义。在目标上注重个性发展，在教学方法上反对禁欲主义，尊重儿童天性，坚信通过教育，可以重塑个人、改造社会和自然，人的力量、人的价值被充分肯定。②古典主义。人文主义教育实践尤其是课程设置具有古典性质，但非纯粹复古，而是古为今用，这在当时是一种进步。③世俗性。从教育目的及课程设置等方面看，关注人道而非神道，教育更关注今生。④宗教性。人文主义教育家虽然抨击天主教会的弊端，但不反对宗教，更不打算消灭宗教。⑤贵族性。由文艺复兴运动性质决定，教育的对象是上层子弟，目的是培养上层人物。

（3）人文主义的影响和贡献。

①教育内容发生变化。对古希腊罗马的热情使其知识和学科成为教学的主要内容，引起了美育和体育复兴并关注自然知识的学习。②教育职能发生变化。从束缚自己服从上帝到使人更好地欣赏和履行上帝赋予人的职责。③教育价值观发生变化。重新发现人，确立了人的地位，复兴了古希腊的个人主义价值观。④复兴了古典的教育理想。形成了全面和谐发展的完人的教育观念，从中世纪培养教士的目标转向文艺复兴培养绅士的目标。⑤复兴

了自由教育的传统。教育推崇理性，复兴古希腊的自由教育。⑥兴起了自然主义教育思想。按照人的需求和本性来设置课程，尊重受教育者的兴趣、爱好、欲望和天性，出现了直观、游戏、野外活动等教育新方法。⑦出现了新道德教育观。人道主义等新的道德观在人文主义的学校中开始取代天主教会的以原罪论为中心的道德观。尊重儿童，反对体罚，已成为某些教育家的强烈要求。⑧提出教育与劳动相结合及共产主义的教育思想。⑨建立了新型的人文主义教育机构。⑩促进了大学的改造和发展。⑪使教育理论不断丰富。⑫推动了教育世俗化的历史进程。

3. 简述元认知策略的类型。（见2016年华东师范大学真题）

4. 简述教育价值观中个人本位论的观点及评价。（见2013年北京师范大学真题）

四、论述题

1. 论述科举制的演变、影响及其对高考改革的启示。

【答】（1）科举制度的演变。

①科举制产生于隋朝，在唐朝得到了进一步的发展。②宋朝的科举制基本沿袭了唐制，但是也根据实际情况做了改革，如科举地位提高，考试规模扩大，考试内容改革。③元代的科举制：考试进入中落时期，但开创了以"四书"试士的先例。④明代的科举制：进入鼎盛时期，确立八股取士，也标志着封建社会开始走向衰落。⑤清代的科举制：与明代基本相同，沿用八股取士，科举制的弊病日益显现，徇私舞弊现象严重，科举考试日益僵化、衰落。⑥清末新政时期，废除了科举制。

（2）影响。

①积极作用。

a. 有利于加强中央集权制。扩大统治基础，笼络人心；提升官员质量。

b. 使选士与育士紧密结合。统一思想，使社会形成良好的学习风气，刺激学校发展，有利于教育普及；种类繁多的考试科目扭转人们重文轻武的现象。

c. 使选拔人才较为公正客观。重视人的知识才能而非门第；我国首创科举取士。

②消极作用。

从整个发展历程看，科举制从隋唐到宋朝，积极作用大于消极作用；到了明清时期，消极作用日趋明显，最终被社会淘汰。

a. 国家只重科举取士，忽略了学校教育，学校成为科举制的附庸。

b. 科举制具有欺骗性。评分主观，考官受贿，考试作弊现象严重，使知识分子为追求功名利禄而学习。

c. 科举制束缚思想，败坏学风。形成教条主义学习风气；缺少创新精神；影响知识分子性格，形成功利主义的读书观。

（3）对高考改革的启示。

①理论上：a. 要坚持公开、公平、公正的原则。高考在注重考试公平的同时也要注意人才选拔的区域上的公平。b. 高考内容与形式应走向多样和开放，单一内容和形式选拔出的人才不符合社会需要和发展。c. 高考改革的根本是为了求才和求发展，是为了广大学生的根本利益。

②实践上：a. 增加考试次数，可以实行地方考试、国家考试、高校考试的三级考试模式，借鉴科举制的乡试、省试和殿试。b. 拓宽招生渠道，为特长生、专才、偏才开通"绿色通道"，但为了避免投机取巧，考试的难度和选拔标准要高。

2. 论述社会建构主义学习理论及其教学启示。

【答】（1）社会建构主义学习理论的内容。

社会建构主义是认知建构主义的进一步发展，是以维果茨基的思想为基础发展起来的，它主要关注学习和知识建构的社会文化机制。

①虽然知识是个体主动建构的，但这种建构也不是随意的建构，而是需要与他人磋商后调整和修正，且要受到当时社会文化因素的影响。

②学习是一个文化参与的过程，学习者只有借助一定的文化支持来参与某一学习共同体的实践活动，才能内化有关的知识。

③学习共同体，就是由学习者及其助学者（包括专家、教师、辅导者）共同构成的团体，成员之间相互影响，形成了一定的规范和文化。

④知识建构的过程，不仅需要个体与物理环境的相互作用，更需要通过学习共同体的合作互动来完成。

（2）社会建构主义学习理论的教学启示。

社会建构主义学习理论启示后人在教学中要重视情境的作用，并以"情境"为核心推出很多教学模式，对教学应用有很大帮助。

①情境性教学：强调与实际情境相类似的教学，强调以事例、问题为基础，要求教学过程中要使学生的学习与具体情境结合起来，完成真实的任务，加深学生对知识的理解和应用。

②支架式教学：起初助学者为学习者提供某种外部支持，随着活动的进行，逐步减少外部支持，直到最后完全由学生独立完成任务为止。

③抛锚式教学：将学习活动与某种有意义的情境挂钩，让学生在真实的情境中进行学习。

④合作学习：这是一种教学策略，同一小组的学生通过合作共事，共同完成小组的学习目标。

3.论述教师素养的品德要求。

【答】（1）教师素养的品德要求即教师职业道德，又称"教师道德"或"师德"，是教师在从事教育劳动中所遵循的行为准则和必备的道德品质。它是社会职业道德的有机组成部分，是教师行业特殊的道德要求。它从道义上规定了教师在教育劳动过程中以什么样的思想、感情、态度和作风去待人接物，处理问题，做好工作，为社会尽职尽责。它是教师行业的特殊道德要求，是调整教师与教师、教师与学生、教师与学校领导、教师与学生家长以及教师与社会其他方面关系的行为准则，是一般社会道德在教师职业中的特殊体现。

（2）爱与责任是师德的核心与灵魂。当前教师职业道德的时代特征主要有爱国守法、爱岗敬业、教书育人、关爱学生、为人师表、终身学习。

4.论述教育对人的作用及实现条件。

【答】（1）人的身心发展受多种因素的影响和制约，其中学校教育起着主导作用。

①学校教育是一种有目的、有计划、有组织、系统地培养人的活动，它规定着人的发展方向；②学校教育给人的影响比较全面、系统和深刻；③学校有专门负责教育工作的教师和管理人员；④学校教育通过知识培养人，知识具有认识价值、实践价值、思想价值、陶冶价值；⑤学校教育对提高人的现代性有显著作用，学校教育不仅培养人具有现代化的知识，更培养了现代人的价值、态度和行为方式。

（2）学校教育主导作用有效发挥的条件。

从学校教育的内部来讲：①学校教育要尊重受教育者的主观能动性与身心发展规律。②学校教育的办学水平主要包括：教育的物质条件、教师的素质、教育管理水平及其课程设置的合理性等。

从学校教育的外部来讲：①家庭教育与学校教育的积极配合程度。②社会发展的稳定性以及社会教育与学校教育的配合程度。③科技、信息对学校教育的改造程度。

2020年华中师范大学333教育综合真题·凯程详解

一、名词解释

1.**教育目的**（见2015年北京师范大学真题）

2.**学校课程**

【答】学校课程是指学校学生所应学习的学科总和及其进程与安排。广义的课程是指学校为实现培养目标而选择的教育内容及其进程的总和，它包括学校所教的各门学科和有目的、有计划的教育活动。狭义的课程是指某一门学科。

3.**有教无类**（见2010年北京师范大学真题）

4.**社学**

【答】社学创办于元朝，是设在乡镇地区、利用农闲空隙时间、以8～15岁的农家子弟为对象的初等教育形式，并带有某种强制性。明代继承发展了社学，社学制度更趋完善。社学的普遍设立，成为对民间儿童进行初步文化知识和伦理道德教育的重要形式。直至清代，各省的州县都设立社学，社学的普及面更广。社学对农村地区文化教育事业的发展具有一定的意义。这是元朝在教育组织形式上的一种创新，对后世产生了深远影响。

5.**产婆术**（见2011年北京师范大学真题）

6.**现代人文主义教育思潮**

【答】（1）现代人文主义教育思潮是20世纪60—70年代美国盛行的一种建立在人文主义哲学和心理学基础上

的教育思潮，代表人物是马斯洛、罗杰斯。

（2）主要观点：强调教育的目标是培养完整的人；主张课程人本化，学生的自我实现是课程的核心；强调学校应该创造自由的心理气氛，有利于学生"自我实现"。

（3）影响：这一教育思潮带来了教育观念上的革新，提出教育不仅能塑造人的行为，而且能发展人的价值、理想、真善美等高级心理品质。它影响了美国的各级各类教育，并成为一些国家教育改革的重要理论基础。但其强调个体潜能的实现，而忽视社会环境和学校教育对个人发展的影响。

二、简答题

1.简述教育相对独立性的内涵及其主要表现。（见2010年华中师范大学真题）

2.简述革命根据地和解放区教育的基本经验。

【答】（1）教育为政治服务。坚持教育为革命战争和阶级斗争服务。以武装斗争为手段夺取革命胜利，动员群众投入和支援革命战争，提高人民军队干部战士的觉悟，是中国共产党面临的中心任务。在这一中心任务上，教育功能得到了最大限度的发挥。

（2）新型的教育体制。新型的教育体制包括干部教育、群众教育、儿童教育三部分。群众教育重于儿童教育，干部教育又重于群众教育。

（3）教育与生产劳动、社会政治活动紧密联系。

（4）多种形式的办学途径，依靠群众办学。

（5）教学制度和方式的改革。①缩短学制；②教学紧密联系实际；③注重实效的教学方法；④提倡小先生制。

3.简述赫尔巴特的课程论。（见2011年华东师范大学真题）

4.不同的归因对学生有什么影响？如何指导学生正确归因？

【答】（1）归因是人们对自己或他人活动及其结果的原因所做的解释和评价。在学习和工作过程中人们会把成功归结为不同的原因，并产生相应的心理变化，从而影响今后的行为。

（2）不同的归因方式对学生学习的影响。

①对成功与失败的情感反应。只有将成功归因于内部因素时，个体才会感到自豪。相反，将失败归因于内部因素，个体会感到自卑、自责或内疚；归因于外部因素，个体会感到生气或愤怒。

②对成功或者失败的期望。学生将成败归因于稳定因素时，对未来结果的期待是与目前的结果一致的；相反，若归因于不稳定因素，则对以后成败的预期影响较小。

③所投入的努力。若学生认为失败是由于不够努力造成的，则他们在以后有可能更加努力，遇到困难也能坚持；若将失败归因于缺少能力，则他们很容易放弃。

④自我概念。随着学生年龄的增长，越来越坚信能力是一个相对稳定的、不可控制的心理特征。如果不断成功，则他们的自我概念中就会包含较高的自我效能感，否则自我效能感就会较低。

（3）引导学生进行积极归因的方法。

①教师应该引导学生进行客观归因，尽量将学习上的成功归因于努力和自己的能力，而将学习上的失败归因于内部的不稳定因素，只有这样才能使学生产生更高的学习动机。

②教师应该帮助学生建立积极的自我概念。这是激发学生的学习动机，形成良好的归因模式的一个重要因素。

三、论述题

1.结合教育实际，论述德育过程是培养学生知、情、意、行发展的过程。（见2015年北京师范大学真题）

2.结合教育实际，论述启发性原则的内涵及要求。（见2012年北京师范大学真题）

3.论述新文化教育思潮。（任意写五个）

【答】（1）平民教育思潮。

①一部分以陈独秀、李大钊、邓中夏等初步具有共产主义思想的知识分子为代表；另一部分以资产阶级和小资产阶级知识分子为代表。

②意义：使平民受到了一定程度的文化知识教育，扩大了教育对象，在一定范围内普及了教育。

（2）职业教育思潮。

①由实利主义和实用主义教育思想发展演变而来。包括"授人一技之长"和"促进实业发展"两方面。代表人物是黄炎培。

②意义：产生了系统的、有中国特色的职业教育理论，且促进了中国职业教育事业的发展。对1922年"新学制"影响甚大，20世纪30年代中期，趋于消沉。

（3）实用主义教育思潮。

①实用主义教育的信条有教育即生活、教育即生长、学校即社会、从做中学等。其中，教育即生活、学校即社会、儿童中心符合教育救国和改革传统教育的需要。

②意义：实用主义教育思潮的兴起，说明了中国教育观念的转变，其在教育理论和教育实践中都有十分显著的反映。

（4）科学教育思潮。

①以任鸿隽为代表的中国科学社和《科学》杂志，主张将科学内容与方法渗透到各项社会事业中。"五四"后的科学教育运动表现为两个方面：科学的教育化和教育的科学化。

②意义：以科学的方法研究教育蔚然成风，各种新教学方法的试验广泛开展，高校中开始设置培养教育学科专门人才的学科和专业。

（5）国家主义教育思潮。

①国家主义教育思潮是一种具有强烈资产阶级民族主义色彩的社会思潮，于20世纪20年代初在中国兴起，其内涵为：以教育为国家的工具，教育是国家的任务，国家对教育不能采取放任态度。

②意义：促成了国家收回教育权运动，促进了学校对军国民教育和爱国教育的加强，也促成了中华教育改进社年会一度以国家主义为教育宗旨。目的是培养具有爱国精神和国家意识的好国民。本质上是一种教育救国论，与教育民主观念相抵触，一开始就受到马克思主义者的批判。随着北伐战争的胜利，国家主义教育思潮就此消沉。

4.论述信息加工学习理论及其对教学的启示。

【答】（1）加涅根据现代信息加工理论提出了学习过程的基本模式。这一模式表示，学习者环境中的刺激作用于他的感受器，通过感觉登记器进入神经系统。当信息进入短时记忆后被再次编码，并以语义的形式储存下来，经过复述、精细加工和组织等编码，信息转移到长时记忆中，以备日后回忆。

（2）依据学习的信息加工模式，加涅把学生的学习过程划分为八个阶段：

①动机阶段，加涅把动机分成诱因动机、操作动机和成就动机三种。

②领会阶段，即学生对学习材料的注意和觉察过程。

③习得阶段，即学生把感知到的材料在短时记忆系统中进行编码的过程。

④保持阶段，即把习得的信息以语义编码的形式进入长时记忆的储存阶段。

⑤回忆阶段，即学生把已经在长时记忆系统中保持的信息给予重视的过程。

⑥概括阶段，即学生把已获得的知识推广到更广泛的领域中的过程，也就是学习的迁移过程。

⑦操作阶段，一个完整的学习过程只有通过作业才能反映学生是否已习得所需内容。

⑧反馈阶段，即对操作的效果进行评价的过程。教学过程中教师应及时给予反馈。

（3）信息加工学习理论对实际教学的启示。

①吸引学生的注意在教学中非常重要。在呈现重要的教学内容之前，教师应该让学生停止手头上的活动，把注意力转移过来。

②要让学生带着问题去学习。比如，在进行物理实验之前，教师可以让学生预测实验的结果，不同学生的预测可能不同。为了解决争议，学生设计和进行实验，并收集和分析数据，把实验同自己的问题结合起来，这样可以把学生的注意力集中到与学习有关的活动上，而不只是动手和图热闹。

③教师应该突出教学的重点，在重要的地方做强调，以便于学生对信息的选择编码。

④教师应该引导学生复述学习内容，并用原有的知识来理解和解释这些内容，比如用自己的话说出来，通过举例或用自己的经验来解释某种知识，这样可以增强学生对知识的记忆。

2021年华中师范大学333教育综合真题·凯程详解

一、名词解释

1.苏湖教学法（见2014年北京师范大学真题）

2.教育的社会变迁功能（见2011年山东师范大学真题）

3. 赠地学院（见2010年华东师范大学真题）

4. 形成性评价（见2013年华中师范大学真题）

5. 京师同文馆（见2012年北京师范大学真题）

6. 智者学派（见2018年东北师范大学真题）

二、简答题

1. 教育过程中知识迁移有哪些策略？（见2014年北京师范大学真题）

2. 中国古代书院教育的特点有哪些？（见2013年华东师范大学真题）

3. 简述教育的质的本质特征。（见2020年天津师范大学真题）

4. 简述要素主义。（见2016年华东师范大学真题）

三、论述题

1. 结合教育实践，论述教师专门的教育素养。（见2014年北京师范大学真题）

2. 论述观察学习理论。（见2016年东北师范大学真题）

3. 对比洪堡的高等教育改革与蔡元培的北京大学改革，指出异同。

【答】（1）蔡元培改革北大的措施：1917年，蔡元培来到北大，针对北大的官僚习气进行改革。他提出以"思想自由，兼容并包"为办学原则，转变学生对大学的观念，并提出大学是"研究高深学问之地"，要砥砺德行，敬爱师长。他积极进行一系列教学改革、管理改革、德育改革、学生学风改革和教师聘用改革，造就了今天的北大，使之成为中国高等教育的"领头羊"。

（2）洪堡改革柏林大学：1810年，法国侵占普鲁士，在民族危亡、经济困难的状况下，洪堡怀着民族振兴的希望领导、创办了柏林大学这所研究型大学。他认为大学不能仅仅服务于眼前利益，而应是一个进行学术研究和人格完整教育的独立自主的机构。柏林大学改革的三大宗旨如下：①独立性、自由与合作相统一；②教学与研究相统一；③各种科学统一到哲学基础之上。

（3）二者比较：

相同点：

①发展背景相似：虽然两所学校是在不同国家、不同时期发展起来的，但两所大学是在本国封建性、宗教性的保守、腐朽学术风气的环境下，都面临着改革不良风气，打造学术圣地的挑战。同时两所大学都是在国家衰弱、经济困难之时发展起来的，被寄予了民族振兴的厚望。

②宗旨相同：两所学校都提倡学术自由和研究自由，促进高校的学术发展，同时崇尚民主科学，体现了资本主义现代大学的特征。

③师资聘用和学生培养方法相同：洪堡和蔡元培都诚聘既有学术造诣又有高超教学技能的教授任教。同时学校也重视学术研究和注重培养学生的研究能力，让大学成为研究高深学问的地方。

④改革方向相同：北京大学和柏林大学分别是中国和德国最早的现代大学，在各自国家的高等教育发展中处于开创性地位，并引领了本国高等教育的发展。

不同点：

①发展的时期不同，面对的保守势力不同：柏林大学发展于19世纪初，欧洲的保守势力是天主教神学，柏林大学反对腐朽的宗教气息；而北大的改革比柏林大学晚，中国的保守势力是落后的封建思想和官僚习气。

②自由的程度不同：柏林大学的自由仅仅指学术自由，强调学术为国家服务，但反对保守思想；北大继承了学术自由的思想，更发展了这一思想，提倡兼容并包，先进的、保守的思想在北大都占有一席之地。

③学校管理上不同：蔡元培改革北大提倡教育独立于政治与宗教，为学术服务；柏林大学明确提出大学进行学术研究并为国家服务。

4. 结合教育实践，论述教育过程是以交往为背景和手段的活动过程。

【答】（1）简介：教学是以交往为背景的过程，以师生交往、沟通、交流为重要手段和方法。交往说超越教师中心论和学生中心论，强调师生平等对话，倡导自由民主、相互理解和关爱的人际关系。

（2）原因：教学活动不是孤立的个体认识活动，它离不开师与生、生与生之间的交往、互动，离不开人们的共同生活。个体最初的学习与认识就是在共同生活与交往中发生与发展的。所以，教学也必须以交往为背景和手段，来增进、活跃和检验学生的学习效果，理解、深化与确证所学知识的实际意义与社会价值。

（3）意义：

①以交往为背景和手段的教学过程能促进学生的认知能力发展。在教学过程中，教师要常常引导学生，围绕

学习与运用系统的科学文化知识，有意识地在师与生、生与生之间进行问答、讨论、互助，以便学生进行思想碰撞，获得启发与进行反思，能够使学生集思广益、加深理解、探析应用，使教学中的认知活动进行得更加生动、活泼、有效。

②教师能通过交往与学生进行情感的沟通与共鸣。教学中师生思想情趣的沟通、共享与培养，也就是教学追寻的思想情感增值的体现。所以，我们的教学应当注意师生之间的思想情趣的坦诚沟通，以便激起师生在认识与情感上的共鸣与共享，从而在学生的个性发展上形成教育者需要的品质。

（4）结合教育实践。詹大年校长创办的丑小鸭中学生动、有力地诠释了教育过程是以交往为背景和手段的活动过程。他曾说，教育，首先是一种交往，在交往中建立关系。学生的"学习问题"其实是关系问题。教育的本质其实就是在师生交往中帮助学生构建关系。具体而言，就是帮助学生建立与自己的关系、与社会的关系、与他人的关系以及与自然的关系。交往说其实是把人当作了教育的最高价值。正是在这种理念下，詹大年帮助两千多名在他人眼中所谓的"问题孩子"重返了正常的学习轨道，重拾了对生活的自信。

2022年华中师范大学333教育综合真题·凯程详解

一、名词解释

1. 课程标准（见2015年北京师范大学真题）
2. 相对性评价（见2018年辽宁师范大学真题）
3. 习行教学法

【答】（1）含义："习行教学法"是颜元关于教学方法的一个最基本也是最重要的主张。"习行"就是强调在教学过程中要联系实际，坚持练习和躬行实践。

（2）评价：颜元并非排斥通过读和讲来学习知识，而是主张将读书、讲学与"习行"相结合。这种反对脱离实际的、注入式的、背诵教条的教学方法，可以说是教学法理论和实践上的一次重大革新。

4. 监生历事（见2011年湖南师范大学真题）
5. 骑士教育（见2010年华东师范大学真题）
6. 德可乐利教学法

【答】（1）简介：比利时教育家德可乐利根据儿童的发展特点和教育要求，创造了德可乐利教学法。其将学校设在便于儿童自由活动、接触自然的环境中；打破传统的分科体系，将课程分为关于个人的知识和关于环境的知识两大类，组成教学单元，逐年学习；在教学方法上，根据单元学习分为三段：观察、联想和表达。

（2）评价：德可乐利教学法改变了旧的教学方法，在保证教学质量的基础上，增加了有用的知识和技能，激发了学生对学习和生活的热情。这种方法同样适用富裕阶层和普通学生，并且被引入国立学校，对西方教育产生了深远影响。

二、简答题

1. 简述提升在职教师素养的主要途径。（见2020年华东师范大学真题）
2. 简述英国在1870年颁布的《初等教育法》的主要内容。（见2018年湖南师范大学真题）
3. 简述杜威的教育本质观。（见2018年东北师范大学真题）
4. 简述影响学生自我效能形成的因素。（见2017年东北师范大学真题）

三、论述题

1. 结合教育教学实际，论述个体活动在人的发展中的作用。（见2017年华中师范大学真题）
2. 结合教育教学实际，论述德育过程是学生自我教育能力提升的过程。（见2012年北京师范大学）
3. 论述陶行知的生活教育理论的主要内容及当代价值。（见2014年北京师范大学真题）
4. 结合教育教学实际，论述影响学生问题解决的主观因素。（见2017年陕西师范大学真题）

陕西师范大学

2010年陕西师范大学333教育综合真题·凯程详解

一、名词解释

1. **教学评价**（见2015年北京师范大学真题）

2. **创新教育**

【答】创新教育也称创造教育。广义的创新教育，指对人的创造力的开发，也可指创造技法和创造性思维的训练。狭义的创新教育是指在学校教育中，对学生的创新品质、创新性思维和创新能力的培养。通过创新教育使学生在德、智、体、美、劳等方面全面发展的同时，在认知结构和人格结构中，培养构成创造力所需的一些特质。

3. **校本课程**

【答】校本课程是课程的类型之一，是以学校为课程编制的主体，学校自主开发与实施的课程。校本课程的主要目的是凸显本校的办学理念。校本课程开发难度大，对教师的要求较高，且缺乏系统长远的规划。要想开发校本课程，学校首先要保证教师队伍成员的多样化；其次，要加强学校之间的交流；再次，鼓励本校教师积极参与到课程改革中去，拓宽视野；最后，校本课程的开发要遵循儿童的身心发展水平，结合儿童的生活需要，从而更好地促进儿童个性的全面发展。

4. **成就动机**

【答】阿特金森提出成就动机理论。他认为个体的成就动机强度由成就需要、期望水平和诱因价值三者共同决定。人在追求成就时存在两种倾向：一种是力求成功的倾向，另一种是避免失败的倾向。成功概率为50%的任务是力求成功者最有可能选择的，避免失败者在选择任务时则倾向于选择非常容易或者非常难的任务。

5. **稷下学宫**（见2020年北京师范大学真题）

6. **定势**

【答】定势也称心向，指由先前的活动所形成的并影响后继活动趋势的一种心理准备状态，即个体经由学习而积累起来的习惯性倾向。定势在问题解决中有积极作用，也有消极作用。当问题情境不变时，定势对问题的解决有积极的作用，有利于问题的解决；当问题情境发生变化时，定势对问题的解决有消极影响，阻碍主体用新方法来解决问题，不利于问题的解决。

7. **实科中学**（见2017年华东师范大学真题）

8. **泛智论**

【答】泛智论是夸美纽斯教育体系的指导原则之一，也是其教育理论的核心，是他从事教育实践和研究教育理论的出发点和归宿。所谓泛智，就是"把一切事物教给一切人"。它包括两个方面的内容：一是教育内容泛智化；二是教育对象普及化，一切青年男女都可进学校。在泛智学校，实行班级授课制、学年制，编写统一的教材。

二、填空题

1. 赫尔巴特；传统   2. 社会主义现代化建设服务、为人民；生产劳动和社会实践

3. 宋   4. 范仲淹；"庆历兴学"   5. 导生制   6. 主观；客观

三、简答题

1. **建立学制的依据有哪些？**

【答】（1）社会依据：①学制的确立受生产力发展水平与科技发展状况的制约。②学制的确立受社会政治经济制度和国家教育方针政策的制约。③文化传统也制约着学制的确立。任何教育活动都是在一定的社会文化背景下进行的。④学制的确立必须考虑人口状况。

（2）人的依据：学制的确立受学生身心发展规律和年龄特征的制约。青少年的身心发展具有一定的规律。每

一阶段，各有其年龄特征。在确立学制时必须适应这种特征。

（3）学制本身的因素：学制的确立既受国内学制的历史发展的影响，也要合理地参照国外学制的合理经验。任何一个国家的学制都有它建立和发展的过程，既不能脱离本国学制发展的历史，也不能忽视外国学制中的有益经验。

2. 简述马卡连柯集体教育理论的主要内容。

【答】（1）集体教育是马卡连柯教育理论的重要组成部分。他的集体教育理论可以概括为"在集体中、通过集体、为了集体"的教育体系。

（2）具体内容。

①尊重与要求相结合原则。②平行教育影响原则。教育个人与教育集体的活动应同时进行，每一项针对集体开展的教育活动应收到既教育集体又教育个人的效果。③前景教育原则。马卡连柯要求教师不断地向集体提出新的奋斗目标来刺激集体的活力。这种新的目标就是前景，是人们对美好前途的希望。④优良的作风和传统。

3. 简述中世纪大学兴起的原因及对当时文化教育和社会发展的作用。

【答】（1）中世纪的大学一般由一名在某一领域有声望的学者和他的追随者自行组织起来，形成类似于行会、商会的团体进行教学和知识交易。

（2）产生的原因：政治上是受东方文化的影响，经济上是因为城市的发展需要，出现的大学主要有波隆那大学、萨莱诺大学。

（3）特点：进行职业训练培养社会所需人才；领导体制是"学生大学"和"先生大学"；学位制度是学士、硕士和博士；有文、法、神、医四科；教学方法是辩论和演讲。

（4）意义：打破了教会对教育的垄断，促进了教育的普及，在思想和教育方法上都有了突破，在权力上提高了教育的独立性、自制性，在制度上对欧洲教育有直接影响。其局限性是受经院哲学的影响深刻。

4. 简述德育过程的基本特点。（见2019年北京师范大学真题）

5. 比较陈述性知识和程序性知识学习的异同。

【答】（1）陈述性知识关心"是什么"的问题，它是对事件的一种描述，如教育学是关于什么的学问。程序性知识主要关心的是"怎么样""如何去做"，如如何驾驶一辆汽车。陈述性知识与程序性知识是根据表述形式的不同对知识进行的分类。

（2）二者的差异：

①陈述性知识是一种静态的知识，它只是对事件的一种描述；程序性知识是一种动态的知识，如"如何驾驶一辆汽车"就包含着许多的过程。

②陈述性知识比较容易获得，但是也很容易遗忘；程序性知识比较复杂，获得的过程比较难，但是一旦获得，巩固性比较好，不容易遗忘。

（3）二者的相同点：

虽然二者在人们长时记忆中的表征特征方面完全不同，但它们都对贮存在人脑中的知识和经验做了同样的表征。并且，这种知识在有限的工作记忆的容量中能够被灵活地使用。例如，在陈述性知识当中，当以命题的形式保留了客观世界在意义上的联系后，有可能使人在工作记忆中以当时想到的为数有限的命题（观念）为线索，不时地从自己的长时记忆网络中提取出与此相关的命题或观念，因此人们由此及彼的联想应归之于这种观念网络化的形成。同样，对于程序性知识而言，它通过自身的目的流来流畅地控制人的一连串举动，以减轻人的工作记忆的负担。

6. 简述董仲舒的三大文教政策。

【答】（1）推明孔氏，抑黜百家。

汉武帝在董仲舒的建议下，下令国家政策和文化教育皆以儒术为本，儒学成为统一的指导思想。以儒家经典为教育内容，用严格的师法代替自由讲学，书本知识在教学中占主要地位，长句古训代替现实问题的探讨。

（2）兴太学以养士。

兴太学以养士，这是落实"独尊儒术"教育政策的重要步骤。汉武帝下令为五经博士设弟子，标志着太学的正式成立，以经学教育为内容的中国封建教育制度正式确立。

（3）重视选举，任贤使能。

①察举制在汉武帝时期得以确立，是先经考察举荐，再经考试，据考试成绩优劣选人任官的制度，是对太学养士选才的补充。其实也保障了读书做官、以儒术取士的选官方式，称为科举制度的先导。

②汉武帝先后实行的具体措施有：设立五经博士；开设太学；察举制的完全确立。

四、论述题

1. 评述教育与生产力的关系。

【答】（1）生产力对教育的影响与制约。（见 2021 年东北师范大学真题）

（2）教育具有经济功能，促进经济的发展。（见 2019 年华东师范大学真题）

2. 评述陶行知"生活教育"理论的基本内容及其现实启示。（见 2014 年北京师范大学真题）

3. 试从教育发展的历史角度论述美国近现代教育发展的原因。

【答】（1）纵观美国近现代教育，在教育民主化和教育科学化的道路上，都是快步向前的。形成这一状况的原因是多方面的，如政治和经济发展的需要；政府的重视和支持；善于向欧洲学习；充分调动社会各方面的力量来办学等。

（2）原因：①面对现实建设需要锐意创新；②视教育为立国之本，是政治革新、社会进步的必由之路；③政府重视支持，移民踊跃参与；④善于吸取别国的先进经验，以别国之长来补美国教育之短；⑤重视教育科学研究。

4. 论述加德纳多元智能理论并分析其对教学实践的启发。（见 2019 年华东师范大学真题）

5. 试分析论证教学、教育及德育的关系。

【答】（1）德育。

德育是政治、思想、道德和心理品质教育。它把学生培养成爱国的、具有社会公德和文明习惯的、遵纪守法的好公民，引导他们逐步确立科学的人生观、世界观，并不断提高社会主义觉悟，为使他们中的优秀分子将来能够成为坚定的共产主义者奠定基础。

（2）教育。

教育是一种影响，一种积极的影响，一种对人类认识和改造自身及客观世界的积极的影响。教育的最终目的是不教，即教会学生自我反思、自我管理的生存和发展的能力。教学是教师的教和学生的学所组成的一种人类特有的人才培养活动。通过这种活动，教师有目的、有计划、有组织地引导学生积极自觉地学习和加速掌握文化科学基础知识和基本技能，促进学生多方面素质的全面提高，使他们成为社会所需要的人。

（3）教学。

广义的教学就是一定时间、地点、场合下的传授经验的活动，即教的人指导学的人进行学习的活动；狭义的教学是在学校中传授经验的活动，即在学校教育活动中，以教师传授知识、技能和学生获得知识、技能为基础，教师的教和学生的学相互联系、相互作用的统一活动。教学引导学生掌握科学文化基础知识和基本技能，从德、智、体、美、劳诸方面促进学生身心的发展，所以教学是学生全面发展的有效途径，也是促进社会发展的有力手段。

（4）教学、教育及德育的关系。

①教学与德育的关系：教学与德育是一个整体的两个方面，它们是相互依存、相互促进、相辅相成的关系。没有良好的德育工作基础，学生学习就没有动力，不知道为什么而学习，也就不可能真正提高学习质量。只有德育工作抓好了，学生才可能增强自律意识，这样教学工作也就有了一个良好的环境，教学质量也就会随之提高。反之，没有坚实的教学工作，学生学习质量上不去，德育也会失去根基。换一句话说，没有学习质量做保证的德育是空的德育，应该说是没有意义的。对学生成长而言，切不能只重智育抓教学，也不可只重德育抓活动。

②教育与教学的关系：教育包含教学，无论是在生活中还是在学校里，教育都无处不在，而教学通常指学校的教育和教学，有了空间的限制；教育的施教者可以是一切对受教育者在身心、知识、品德等方面有影响的人，教学的施教者就指学校的教师。

③教育与德育的关系：教育也包含德育，德育是教育内容的一个方面。

2011 年陕西师范大学 333 教育综合真题·凯程详解

一、名词解释

1. 教育学

【答】教育学是指通过对教育现象和教育问题的研究，揭示教育规律的一门科学。教育学的研究对象是教育问题和教育现象，只有那些有价值的，能够引起社会普遍关注的教育问题和教育现象才能构成教育学的研究对象。教育学的研究任务是揭示教育规律，探讨教育价值观念和教育艺术，指导教育实践。

2.**课程**（见 2019 年北京师范大学真题）

3.**贝尔－兰卡斯特制**（见 2012 年北京师范大学真题）

4.**苏湖教法**（见 2014 年北京师范大学真题）

5.**有意义学习**（见 2014 年华东师范大学真题）

6.**学习策略**（见 2015 年北京师范大学真题）

二、填空题

1. 课后的教导工作；教学评价　　　2.《乐》

3. 分斋教学　　　　　　　　　　　4. 音乐

5. 贺拉斯·曼　　　　　　　　　　6. 单纯的提示教学；分析教学；综合教学

7. 感知运动阶段；前运算阶段；具体运算阶段；形式运算阶段

8. 符号、概念、命题和命题网络、表象和图式

9. 魏源

三、简答题

1. 学生的智力活动形成包括哪几个阶段？

【答】（1）加里培林的阶段形成理论。

加里培林将心智动作的形成分成五个阶段：①活动定向阶段；②物质活动或物质化活动阶段；③有声的言语活动阶段；④无声的外部言语活动阶段；⑤内部言语活动阶段。

（2）冯忠良的三阶段理论。

我国心理学家冯忠良根据有关研究并结合教学实际，将上述五个阶段进行了简化和改进，提出了心智技能形成的三阶段说，即原型定向阶段、原型操作阶段、原型内化阶段。

（3）安德森的三阶段理论。

①认知阶段：了解问题的结构，即问题的起始状态、要达到的目标状态、从起始状态到目标状态所需要的步骤，从而形成最初的问题表征。

②联结阶段：学习者把某一领域的描述性知识"编辑"为程序性知识。

③自动化阶段：个体对特定的程序化的知识进一步进行深入加工和协调。此时，个体操作某一技能所需的有意识的认知投入较小，且不易受到干扰。

2. 教师应该如何进行概念教学？

【答】（1）根据概念学习的两种形式，可以相应地把概念教学划分成两种方式：①先向学生呈现某个概念的正例和反例，然后要求学生进行比较、归纳，最后概括出一个定义。②先给学生一个明确的定义，紧接着呈现几个正例和反例，要求学生根据定义识别正例和反例，然后进一步分析这些例子是如何表现这一定义的。

（2）这两种概念教学方式是目前课堂教学中常常使用的，尤其是后一种教学方式。无论采用哪种教学方式，都必须涉及概念的四个方面：名称、定义、本质和非本质特征、正例和反例。

（3）为了帮助学生有效地掌握概念，在教学中要注意以下几点：①以准确的语言明确揭示概念的本质；②突出本质特征，控制非本质特征；③恰当使用正例和反例；④多用变式和比较；⑤在实践中运用概念。

3. 朱熹的道德教育方法有哪些？

【答】（1）朱熹道德教育思想的主要内容有：道德教育的根本任务是"明天理，灭人欲"，道德教育必须进行以"三纲五常"为核心的封建伦理道德教育。

（2）关于道德教育的方法。

①立志：要求学者首先应该树立远大的志向，人有了远大志向就有了前进的目标。

②居敬：指专心致志，谨慎认真的意思。

③存养：朱熹认为每个人都有与生俱来的善性，但同时会有外物之蔽，需要用存养的方法来发扬善性。

④省察：即反省检查，朱熹认为一个人要搞好自身的道德修养，就应当无时不省察。

⑤力行：将学到的伦理道德知识用于自己的实际行动，进而转化为道德行动。

4.1958 年美国颁布实施的《国防教育法》的主要措施有哪些？（见 2014 年华东师范大学真题）

5. 遗传在人的发展中具有什么作用？

【答】（1）遗传素质是人的身心发展的物质基础和前提条件，为人的身心发展提供了可能性。但遗传素质只

是人的发展在生理方面的可能性，它不能决定人的发展。

（2）遗传素质的成熟程度制约着人的身心发展过程及其阶段。人的身心发展的阶段性，正是人遗传素质成熟的表现。

（3）遗传素质的差异性对人的身心发展有一定的影响作用。先天的差异性使人的后天发展具有自己的独特特点。

（4）遗传素质具有可塑性。随着环境、教育和人的实践活动的改变，遗传素质也会发生变化，如一个在遗传素质上不平衡、不灵活的人，在良好的教育影响下，也会变得很有涵养，很守纪律。

（5）遗传素质在个体发展的不同阶段作用的大小不同，并随着个体的发展作用不断减弱。

总之，遗传素质对人的发展有重要作用，但也不能因为遗传素质为人的发展提供物质基础和可能性，就夸大遗传素质的作用。

6.教学评价的原则有哪些？

【答】（1）教学评价是对教学工作质量所做的测量、分析和评定。

（2）教学评价的原则有：

①客观性原则：教学评价要客观公正、科学合理，不能主观臆断、掺杂个人情感，防止评价不符合实际的情况。

②发展性原则：教学评价应着眼于学生的学习进步、动态发展，着眼于教师的教学改进和能力提高，以调动师生的积极性，提高教学质量。

③指导性原则：教学评价应在指出学生的长处与不足的基础上提出建设性意见，使被评价者发扬优点，克服缺点，不断前进。

④计划性原则：教学评价必须紧密配合教学工作有计划地进行，科学地控制各科教学评价的次数及总量并做出合理的安排，避免评价太多或过于集中，使学生和教师负担过重。

四、论述题

1.谈谈你对教育的相对独立性的认识。（见2010年华中师范大学真题）

2.联系教学实践，谈谈如何激发学生的学习动机。（见2012年华东师范大学真题）

2012年陕西师范大学333教育综合真题·凯程详解

一、名词解释

1.最近发展区（见2011年北京师范大学真题）

2.自我提高内驱力（见2012年北京师范大学真题）

3.学制（见2019年北京师范大学真题）

4.研究性学习

【答】（1）研究性学习是指学习者以问题解决为主要内容，以发展研究能力为主要目的的一种新型学习方式。它有三种组织形式：个人独立研究、小组合作研究、个人研究与集体讨论相结合。学习程序是：①问题情境阶段；②实践体验阶段；③表达、交流阶段。

（2）研究性学习有帮助学生获得参与和探索的经验，帮助学生培养发现、探索和解决问题的能力，培养学生搜集、处理信息和综合运用知识的能力等作用。

5.教育适应生活说

【答】教育适应生活说就是教育即生活，杜威主张教育应当是生活本身的一个过程而不是未来生活的准备，要求学校把教育和儿童眼前的生活联系在一起，教会儿童适应眼前的生活环境。杜威提出这个思想是为了改变传统教育过分重视前人知识的传授，忽视让儿童参加社会实践的弊端，他认为学校作为专门培养人的场所，必须着重培养儿童适应现实生活的能力。

6.建构主义教学理论

【答】建构主义者提出了自己的一套教学理论，该理论的主张如下：

①知识观。知识是人对客观现实的一种解释，并不是问题的最终答案。

②学习观。学习是学生主动建构意义的过程，而不是直接接受现成结论的过程。

③学生观。学生是学习的主体。

④教学观。提倡让学生通过问题解决来学习，提倡在情境当中来学习，提倡师生之间、学生与学生之间进行

丰富而多样的交流与讨论，如交互教学、合作学习等。

总之，建构主义提倡激发学生学习的积极性和探索精神，培养学生的问题解决能力和创造性。

二、填空题

1. 图式；顺应
2. 初等教育；中等教育；高等教育
3. 单纯的提示教学；分析教学
4. 1922年"新学制"
5. 知识与技能；过程与方法；情感态度与价值观

三、简答题

1. 简述班主任的素质要求。（见2015年华东师范大学真题）
2. 简述课程设计的依据。

【答】（1）社会因素：经济、政治和文化的发展程度。

（2）人的因素：人的身心发展规律和特点。

（3）教育内部因素：课程理论和课程类型，教育目的、培养目标和课程目标，以前的课程设计的经验、学制、课程内容与学科知识，组织课程内容的原则等。

3. 简述我国的教育方针。（见2014年东北师范大学真题）

四、论述题

1. 论述启发性原则及其在教学中的运用。（见2012年北京师范大学真题）
2. 你认为教师最重要的素质是什么？

【答】（1）教师的素养主要是高尚的师德、深厚的文化素养、专门的教育素养和健康的心理素质。我认为教师最重要的素养是高尚的师德。

（2）当前众多的教育事件很多都与师德有关。

例如，某位教师因为学生没有完成作业，就实行小刀划破手指的惩罚制度，把一个班的小学生吓得哭声一片。某位教师收取家长的钱财，安排该家长的孩子做班长。某位教师不喜欢某个学生，就对他不断批评，恶语伤人，并经常罚跪。这样的事情频繁在网上爆出，不得不引人深思。而所有的问题都源于教师没有在教学过程中表现出良好的德行，没有关爱学生，没有重视学生的发展，没有让自己在教育事业中保持纯洁，保持热爱。

（3）对教师的要求。

①热爱教育事业，富有献身精神和人文精神。热爱教育事业，是搞好教育工作的基本前提。许多优秀教师之所以能在教育工作中做出卓越的成绩，首先是因为他们热爱教育事业，愿意为下一代的成长贡献自己的毕生精力。另外，教师还应具备基本的人文精神，要关怀学生的生存和发展、人生价值的实现，要关怀民族、人类的现实生存境遇和未来发展前景。

②热爱学生，诲人不倦。热爱教育事业具体体现在热爱学生上。爱学生是教师的天职，是教育好学生的重要条件。教师只有热爱学生，才能教育好学生，才能使教育最大限度地发挥作用。

③热爱集体，团结协作。教师的劳动既具有个体性，又具有集体性。教师与教师之间，教师与其他为教育服务的工作人员之间应该相互尊重、团结协作，热爱、尊重并依靠教师集体，最大效度地发挥集体的教育力量。

④严于律己，为人师表。教师的劳动具有示范性，因此教师必须以身作则，严于律己，凡是要求学生做到的，教师都要首先做到；凡是要求学生不能做的，教师首先要自律。

2013年陕西师范大学333教育综合真题·凯程详解

一、选择题

1～5. DABAB　　6～10. DACDA

二、名词解释

1. 学习

【答】学习是由经验引起的能力或倾向相对持久的变化。学习有广义和狭义之分。广义的学习指人和动物在生活中获得经验，并由经验引起较为持久的适应性变化。狭义的学习是专指学生在学校里的学习，是学习的一种特殊形式，即学生在教师的指导下，有目的、有计划、有组织和有步骤地获得知识、形成技能、培养才智的过程。

2．苏湖教学法（见2014年北京师范大学真题）

3．自然主义教育（卢梭）

【答】（1）卢梭强调自然教育的核心是"回归自然"，即教育要遵循自然，顺应人的自然本性，人要接受三种教育：自然的教育、人为的教育、事物的教育。（2）自然教育的培养目标是"自然人"，即自由成长，不受传统束缚，身心协调发展，能适应新社会的新人。（3）自然教育的方法和原则是正确看待儿童，给儿童充分的自由，遵循天性，不压制、不灌输，教育的内容符合儿童各个阶段的年龄特征。

4．教学

【答】教学有广义和狭义之分。广义的教学就是一定时间、地点、场合下的传授经验的活动，指教的人指导学的人进行学习的活动；狭义的教学是在学校中传授经验的活动，指在学校教育活动中，以教师传授知识、技能和学生获得知识、技能为基础，教师的教和学生的学相互联系、相互作用的统一活动。

5．教育目的（见2015年北京师范大学真题）

三、判断题

1．【答】错误。前科学概念不一定都是错误概念，而且"前科学概念"的特定指向是科学，错误概念的范围不局限于科学。

2．【答】错误。影响人的创造力的因素不仅有知识水平，还有创造性人格品质、创造性适应品质等。

3．【答】错误。"尚自由，展个性"是蔡元培的教学思想，改革北京大学的主导思想是"思想自由，兼容并包"。

4．【答】错误。我国最早的蒙学教材是《史籀篇》，相传是周宣王时太史所作。

5．【答】正确。我们在教学中可以利用多媒体展示很多直观的教学内容，方便学生理解和运用知识，所以说多媒体教学是直观教学的一种形式。

6．【答】错误。"教育准备生活说""科学知识最有价值"都是由斯宾塞提出来的。

7．【答】正确。学校管理主要有教学管理、教务管理、学生管理、教师管理。这四项管理中教学管理是学校的核心工作和任务，其余的教务管理、学生管理和教师管理都是服务于教学管理的，都是为教学的顺利进行而开展的。

8．【答】错误。《民主主义与教育》最集中、最系统地表达了杜威的教育理论。

9．【答】正确。①培养人是教育的本体功能；②教育通过培养人产生了教育的衍生释放功能，即教育促进社会发展的功能。

10．【答】错误。德育包含育德的意思，除此之外，德育还包括法制教育、政治教育和思想教育。

四、简答题

1．知识整合与升华的方法与策略有哪些？

【答】知识的整合与升华实际上是运用记忆规律促进知识保持的过程，其方法与措施有：

（1）提高对知识的加工水平。学生要利用知识的特点，特别地做一些有趣、有逻辑的加工，理解和掌握相关知识。

（2）多重编码。学生对要求掌握的知识进行多种方式的编码，如除了找到知识的逻辑，还编纂了口诀，使用了当时学习这个知识的环境印象，学生对知识的编码方式越特殊，或多重编码，记忆越牢固。

（3）将知识结构化。依据布鲁纳的结构主义理论，将知识梳理为逻辑图，更有利于理解和记忆。

（4）过度学习与试图回忆相结合。过度学习指学生达到掌握水平后，继续进行过度的学习，有助于增强记忆效果，但过度学习时最好加强对知识的回忆，使用回忆法提取知识，效果最佳。

（5）及时且多重复习。学习新知识后，要想达到整合知识的效果，应该及时复习。往往复习次数较少容易遗忘，应依据艾宾浩斯遗忘曲线，加强复习的次数，这样才会记忆犹新。

2．简述陈鹤琴的"活教育"思想。（见2015年北京师范大学真题）

3．简述赫尔巴特的教育心理学化思想。

【答】赫尔巴特的教育理论体系有两个基础，即伦理学和心理学。他自己曾经概述："教育作为一种科学，是以实践哲学和心理学为基础的。前者指明目的，后者指明途径、手段以及对教育成就的阻碍"。其教育心理学化思想具体体现在以下五个方面：

（1）教育目的心理学化。

赫尔巴特把教育的所有目的和最高目的指向了道德，道德普遍地被认为是人类的最高目的，因此也是教育的最高目的。多方面的兴趣立足于社会，是可能的目的或选择性目的，也是间接目的或意向目的，道德培养是最高目的和必要目的，二者具有统一性。从观念心理学出发，赫尔巴特论证了道德目的受五种力量支配，心灵只有具备五种力量才能引向至善的方向，即内心自由、完善、仁慈、正义、公平。他所倡导的五种道德观念着眼于人的内心世界，关注改造儿童内部的心理结构，发展儿童明辨的见识及相应意志，促进心理的主动性与积极性。

（2）教育过程心理学化。

在教学过程中，赫尔巴特以其兴趣培养学说为心理依据，把多方面兴趣的培养作为教学的核心活动，认为教学论的基础是多方面的兴趣，兴趣是专心所随、审思所聚的对象，兴趣能激起爱好并过渡到欲望或意愿，激发学生主动追求知识的内在动力，是接受新知识，形成新观念的基本条件。

赫尔巴特认为，"观念"是事物呈现于感官，在意识中留下的印象。他认为，观念是人意识活动的最基本素材，一切心理现象都由各种观念的相互作用而产生。它从作为感知的对象，到保留在意识中，要经过一系列复杂的心理过程，即统觉的过程。"统觉"即新观念为已经存在于意识的旧观念所同化和吸收。赫尔巴特认为，任何观念、任何经验的取得，都是统觉的结果。这一理论成为其教学阶段论的心理基础。

（3）教育内容心理学化。

赫尔巴特把观念来源归纳为两种：一是经验——来自人与自然的接触，二是社会交往——来自人与人的交往，各种心理现象的产生来自二者的融汇。相应地，他把多方面兴趣划分为两大类：经验的兴趣（又分为经验的兴趣、思辨的兴趣和审美的兴趣）与同情的兴趣（又分为同情的兴趣、社会的兴趣和宗教的兴趣），因此，学校教学科目就必须有"科学的"（自然）和"历史的"（社会）两大类。

在教育内容的选择上，赫尔巴特强调儿童与成人的心理差异，反对盲目迁就儿童，忽视心理内容即观念提供的真实性，反对单纯通过读物进行道德教化，不应因看到距离而为儿童编写特殊书籍，避开他们不懂的一切以适应其狭隘的理解范围，而要具有严格的心理真实性，提供具有多方面性的材料，以引起多方面的判断，不脱离儿童的感觉与观念。

（4）教育方法心理学化。

赫尔巴特提出的教育方法包括教学方法、管理方法、训育及交际等内容，对教育方法的论述更集中、更具体地体现了他的心理学思想。

（5）教育管理心理学化。

赫尔巴特的管理措施体现为权威和爱，具体表现在儿童管理方面，这是其教育心理学化思想的重要内容。

4.如何理解教学过程？

【答】（1）教学过程是一种特殊的认识过程。师生为传承知识而相互作用的认识活动是教学活动区别于其他活动的最突出、最基本的特点。其特殊性在于间接性、引导性、简捷性。

（2）教学过程必须以交往为背景和手段。教学中应当注意师生之间的平等对话、坦诚沟通，以便激起认识与情感上的共鸣，从而在学生的个性发展上培养和形成教育者所期望的品质。

（3）教学过程也是一个促进学生身心发展、追寻与实现价值目标的过程。引导学生掌握知识，是教学的基本活动；而促进学生身心发展及其价值目标的实现则是在这个认识及交往活动过程中所要完成的教学任务。

5.简述品德发展的一般规律。（见2019年北京师范大学真题）

五、论述题

1.结合杜威对教育本质的"三大主张"谈谈教育与生活的关系。

【答】（1）在杜威看来，教育的本质是：教育即生长；教育即生活；教育即经验的持续不断地改造。在"教育即生长"这一命题上，杜威认为儿童心理活动的基本内容就是以本能活动为核心的心理机能不断发展和生长的过程，教育就是起促进本能生长的作用。

（2）教育与生活。

杜威认为理想的学校生活首先应该能与儿童自己的生活相契合，满足儿童的需要和兴趣，让儿童在校园当中得到快乐。其次，学校生活应该与学校以外的社会生活相契合，这就要求教育应适应现代社会的不断变化，使儿童通过各种形式积极参与到形形色色的社会生活中，在社会中获得更多生活的真谛和价值。

（3）教育即生活。

杜威还强调教育要从现实出发，而不是为未来的某种生活做准备。杜威认为教育不仅仅是单纯地传授知识，而是一种生活，是一种发展，学校生活、家庭生活和社会生活应该是相互联系着的，彼此之间不能脱节而孤立地发展。

（4）教育与生活的关系。

从杜威的"教育即生活"的思想中我们可以看到他所重视的学校教育是与生活紧密相连的。他反对以教师、书本和课堂为中心的传统教育，主张以生活化的活动教学代替传统的课堂讲授，以儿童的亲身经验代替书本知识，以学生的主动活动代替教师主导。这些思想给我们当今学校教学以很大的启示。怎样将生活化的活动融入教学，怎样恰如其分地把学生的直接经验运用到教学中等一系列问题，值得我们深思。因此我们必须从另一个高度出发，去寻找适合学生自身的道路，让学校教学因融入生活而愈显生动完美。

2.什么是启发性教学原则？结合自己任教的学科谈谈如何在课堂教学中贯彻启发性原则。（见2012年北京师范大学真题）

3.结合班级管理实际谈谈班集体的发展阶段及其培养方法。（见2014年华东师范大学真题）

六、材料题

结合上述材料谈谈现代化教育具有哪些经济功能，并据此分析我国当前教育如何更好地发展这些经济功能。

【答】（1）材料中体现的教育的经济功能有：

①教育把可能的劳动力转化为现实的劳动力，实现劳动力的再生产。

②教育通过提高劳动者素质来促进经济发展。教育提高生产者对生产过程的理解程度和劳动技能的熟练程度，从而提高工作效率，也能帮助人们合理操作、使用工具和机器，注意对工具的保养与维修，减少工具的损坏率，并且教育能提高人的创新意识和创造力。

③现代教育是生产科学技术、促进经济的重要途径。教育传播科学文化知识和技术，实现科学文化知识和技术的再生产；教育也会生产新的科学文化知识；教育还培养创新人才和科技人才，促进科技的发展。

④教育能够产生经济效益，是经济发展的新的增长点。人力资本理论和其他多项研究表明，教育对经济增长的贡献率在30%以上，现代教育与经济增长之间呈显著正相关。这说明教育发展对经济增长具有明显的促进作用，教育投资越来越成为经济发展的新的增长点。

（2）要更好地发展教育的经济功能，就要贯彻教育优先发展战略。

①教育先行是一种发展战略，即教育发展先于其他行业或者先于经济发展的现有状态而超前发展。教育优先发展的原因是教育在我国社会主义现代化建设中具有基础性、先导性、全局性意义。落实科学发展观，实现科教兴国战略和人才兴国战略，必然要求把教育摆在优先发展的战略地位。

a.教育的基础性，指人的素质在社会主义现代化建设中的基础性作用。

b.教育的先导性，指教育的发展对社会主义现代化建设具有引领作用。

c.教育的全局性，指教育的发展关乎社会主义现代化建设的方方面面，具有全局性的影响。

②教育优先发展不是教育过度地超前发展，也不是教育的盲目发展，而是一种适度发展，要依据一个国家的经济发展水平来确定教育投资。所以，我国采用教育适度优先发展战略，这一战略能更好地保证人才兴国和科教兴国。

a.要进行职业教育，使人经过教育和训练，掌握一定生产部门的劳动知识、技能和技巧，并参与生产某种使用价值。

b.要推进科学研究、发明创造或者革新实践，经验的总结与提升都需要通过教育与教学的紧密配合。

c.要依靠科学技术，提高劳动者受教育的程度和质量，扩大脑力劳动者的比重，发挥劳动者在生产和改革中的创造性。

d.教育要优化自身结构，分流培养各层次、各类型的劳动者和专门人才，使可能的生产力转变为现实的生产力，提高劳动生产率，以获得巨大的经济效益。

2014年陕西师范大学333教育综合真题·凯程详解

一、名词解释

1.教育的劳动起源论

【答】教育劳动起源说是由苏联教育学家麦丁斯基，以及我国的教育史学家和教育学家等提出的观点，符合马克思主义的历史唯物论与辩证法，为科学、合理地揭示教育起源问题奠定了基础。主要观点是：①人类教育起源于劳动和劳动过程中所产生的需要；②教育是人类特有的一种社会活动；③教育以人类语言和意识的发展为条件；④教育职能就是传递劳动过程中形成的社会生产和生活经验；⑤教育范畴是历史性与阶级性的统一。

2. 学制（见2019年北京师范大学真题）

3. 校本课程（见2010年陕西师范大学真题）

4. 班级授课制（见2016年北京师范大学真题）

5. 教育先行（见2011年华东师范大学真题）

6. 发现学习（见2017年华东师范大学真题）

二、填空题

1. 赫尔巴特　　　2. 前运算阶段　　3.《中庸》　　　4. 癸卯学制

5. 人的主观能动性　6. 行为　　　　7. 确定研究课题　8. 亚里士多德

9. 确定学习目标

10. 直观性原则 / 激发学生求知欲原则 / 巩固性原则 / 系统性原则 / 量力性原则

三、简答题

1. 简述教师职业的特点。

【答】教师职业的特点：

①任务的全面性和艰巨性。教师要使自己的受教育对象获得全面、充分、和谐的发展。

②工作方式的个体性和独立性。教师当然也需要合作和相互学习，但更多的是独立地开展工作。

③工作对象的主体性、多样性和发展性。教师面对的是活生生的、成长中的人。

④工作的长期性和复杂性。正如俗话所说："十年树木，百年树人"。

⑤工作价值的迟效性和间接性。教师的工作价值要转化为学生身心全面、健康、和谐地发展，以及学生将来对社会所做出的贡献。

⑥工作成果的集成性和社会性。任何一个学生的成长和成功都是教师集体以及各种教育因素共同作用的结果。

2. 在教学中如何激发学生的学习动机？（见2012年华东师范大学真题）

3. 中小学教学中最常用的、具有我国特色的、影响较大的教学模式有哪些？

【答】（1）传递—接受模式：我国中小学在教学实践中长期以来普遍采用的、广为人知的一种教学模式。教学基本程序：①引起求知欲；②感知教材；③理解教材；④巩固运用；⑤检查评价。

（2）自学—辅导模式：在教师指导下学生自己独立进行学习的模式。这种教学模式是我国教育界根据培养学生独立思考能力、教会学生学习的教学指导思想，在实践实验的基础上形成的。

（3）情境陶冶模式：指在教学活动中，创设一种情感和认知相互促进的教学环境，让学生在轻松愉快的教学气氛中有效地获得知识，同时陶冶情感的一种教学模式。

（4）示范模仿模式：通过教师讲解、示范，学生进行参与性的练习而获得知识技能的一种教学模式。教师应该注重行为技能的原理、程序及关键环节的说明和演示。

（5）尝试教学模式：教授新课时，先让学生进行尝试练习，然后教师再讲解，即"先练后讲"。教学基本程序：①出示尝试题；②自学课本；③尝试练习；④学生讨论；⑤教师讲解。

（6）目标教学模式：指以明确教学目标为导向，以教学评价为动力，以矫正、强化为活动中心，让绝大多数学生掌握教学内容的教学模式。教师是目标的提供者和学生达标的组织者。

（7）引导发现模式：以解决问题为中心，注重学生的独立活动，着眼于思维力和意志力培养的教学模式。

（8）概念获得模式：该模式的目标是使学习者通过体验所学概念原理的形成来发展学生的归纳、推理等思维能力，掌握探究思维的方法。

4. 如何才能有效地运用讲授法？

【答】（1）讲授法是教师通过语言系统连贯地向学生传授知识，促进学生智能和品德发展的方法，它又可以分为讲读、讲述、讲解、讲演。

（2）运用讲授法的要求。

①精炼讲授内容。教师要避免语言冗长烦琐，尽量言简意赅，同时还要注意教学内容要有科学性、思想性、启发性、趣味性和系统性。

②注意讲授的策略与方式。对不同阶段的学生实施不同的讲授策略与方式，照顾到他们的年龄特点和接受水平。

③注意启发性。启发性不仅是一条重要的教学原则，也是常用的教学方法，在运用讲授法进行教学时要配合启发性以达到更好的教学效果。

④讲究语言艺术。教师的语言艺术是教学艺术的体现，是有效教学的催化剂，是教师个人魅力的体现。

5.简述百日维新的教育改革措施。

【答】（1）创办京师大学堂。

1898年光绪在《明定国是诏》中宣布设立京师大学堂，各省大学堂均属京师大学堂管辖。《京师大学堂章程》的主要内容有：①京师大学堂不仅是全国最高学府，也是全国最高教育行政机关。②办学宗旨是"中学为体，西学为用"。③在课程设置方面，西学比重高于中学。④封建等级性非常浓厚。

（2）书院改办学堂。

维新派主张各地大小书院一律改为兼习中学、西学的新式学堂，还计划设立实业学堂，广派人员出国游学，设立译书局与编译学堂，奖励开设报馆，开放言论，书籍、报纸实行免税等。

（3）改革科举制度。

1898年6月，光绪皇帝下诏废除八股，催立经济特科，并宣布以后的取士以"实学实政"为主。这一措施的实施，为思想的解放创造了条件。

四、论述题

1.评述《基础教育改革纲要》中的教育改革目标。

【答】（1）为了应对时代挑战，全面推进素质教育，优化人才培养模式，教育部颁布了《基础教育改革纲要》。教育课程改革的总体目标是面向现代化、面向世界、面向未来，实质是要面向人的发展，确立以人为本的科学发展观。

（2）课程改革的具体目标。（见2017年东北师范大学真题）

（3）启示。

由上可见，新课程不再是单一的、理论化的、体系化的书本知识，而是向学生呈现人类群体的生活经验，并把它们纳入学生生活世界中加以组织。所以，课程内容也不再只是死记硬背一些对实际生活毫无助益的抽象知识，而是着重培养学生日常生活中所必须具备的基本能力和正确的生活态度，这正成为课程生活化之要旨。

2.《国家中长期教育改革与发展规划纲要（2010—2020年）》提出"科教兴国，人才强国"。中国未来发展，中华民族伟大复兴，关键靠人才，基础在教育。试论述教育如何实现其社会发展功能。（见2014年北京师范大学真题）

2015年陕西师范大学333教育综合真题·凯程详解

一、名词解释

1.卢梭的自然主义教育（见2013年陕西师范大学真题）

2.成就动机（见2010年陕西师范大学真题）

3.稷下学宫（见2020年北京师范大学真题）

4.教学（见2013年陕西师范大学真题）

5.学习（见2013年陕西师范大学真题）

二、选择题

1～5.BBDBD　　6～8.AAB

三、简答题

1.简述孔子给我国教育带来的影响。（见2012年北京师范大学真题）

2.简述董仲舒的三大文教政策。（见2010年陕西师范大学真题）

3.简述学制确立的依据。（见2010年陕西师范大学真题）

4.简述赫尔巴特的教育心理学的思想。（见2013年陕西师范大学真题）

5.简述陈述性知识学习和程序性知识学习的区别。（见2010年陕西师范大学真题）

四、论述题

1. 试论述活动课程和学科课程的分歧。

【答】（1）学科课程。

①学科课程是从各门学科中选取最基本的内容，组成各种不同的学科，分学科安排教学顺序、学习时数和期限的课程。

②优点：a.从内容看，以学科作为教学活动的单位，方便编订教材，教学内容的选择、结构、顺序就是学科知识的选择、结构、顺序。课程目标以学科知识的掌握为目标。b.从教学看，以科学文化知识为主体的学科课程便于教学。c.从学习的角度看，便于让学生学到系统的科学文化知识，便于管理，便于评价。

③缺点：学科各自独立，割裂各学科间的联系。只重视系统学科知识的学习，不利于培养学生的能力。知识与能力培养相脱离，轻学科间的联系，难以培养出现代化建设所需要的人才。

（2）活动课程。

①活动课程即以儿童活动为中心来组织教学过程。课程应是一系列儿童自己组织的活动，儿童通过活动获得经验，从中培养学习兴趣，学会独立解决问题，锻炼能力。

②优点：以儿童为中心，从儿童需要和个性出发设计课程，课程的组织是综合性的；课程顺序强调心理结构；课程进度无严格规定；重视学生的主动性和发展学生的个性；注意学生的动机和兴趣，强调经验的获得。

③局限：过分地夸大了儿童的个人经验，忽视了间接知识的系统学习，降低了教学质量；不顾及这些经验本身的逻辑顺序，降低了学生的系统知识水平；对于教师而言，活动课程的组织较困难。

（3）分歧。

①补充说。认为活动课程是学科课程的补充，在我国课程结构中，应以学科课程为主，活动课程为辅，二者相辅相成，共同发挥育人功能。

②对立说。认为活动课程和学科课程有着本质的不同，是根本对立的两种课程形态。

③发展说。活动课程是对学科课程的超越，活动课程实质上包含了学科课程，活动课程可以说是学科课程的一种整合形态，以活动作为特殊形式把学科课程有机地结合起来。

总之，我们主张当下的课程改革要将活动课程和学科课程结合起来，要互为补充，才能促进学生的全面发展。

2. 根据1922年"新学制"的观点和标准谈谈我国现行学制的改革。

【答】（1）1922年11月教育部以大总统令公布了《学校系统改革案》，这就是1922年的"新学制"，或称"壬戌学制"。由于该学制采用的是美国式的"六三三"分段法，又称"六三三"学制。

（2）学制内容。

①"新学制"的七项标准。受实用主义思想的影响，"新学制"不定教育宗旨，而以七项标准作为指导。"新学制"的标准为：a.适应社会进化之需要；b.发扬平民教育精神；c.谋个性之发展；d.注意国民经济力；e.注重生活教育；f.使教育易于普及；g.多留各地伸缩余地。

②学制体系。"新学制"以儿童身心发展规律为依据，采用"六三三"分段标准，将学制划分为三段。纵向看，小学6年，其中初级小学4年（义务教育阶段）、高级小学2年，中学分为初、高中各3年，大学4～6年，小学之下有幼稚园，大学之上有大学院。横向看，与中学平行的有师范学校和职业学校。

（3）我国现行学制。

我国现行学制是"六三三"学制，并且是分支型学制，与普通教育并行的还有职业教育、技术教育等多种类型。发展趋势是：①义务教育年限的延长；②普通教育与职业教育的综合化；③高等教育的大众化；④终身教育体系的建构。

（4）1922年"新学制"对我国现行学制的启示。

①加强实用主义和学生生活化倾向，体现科学与民主的精神。学生所学就是学生所用的知识，既为了学生的未来生活，又为了学生的当下生活。②坚持"六三三"学制，并努力把我国的分支型学制改革为单轨制；③注意国家经济实力，依据国家经济水平的不断提升，快速实现义务教育的全面普及；④依据儿童身心发展的规律来制定学制，在教育阶段的划分和衔接上，要让学习内容能够适应学生的发展和需要。

2016年陕西师范大学333教育综合真题·凯程详解

一、名词解释

1. **学制**（见2019年北京师范大学真题）
2. **教育**（见2014年北京师范大学真题）
3. **最近发展区**（见2011年北京师范大学真题）
4. **三舍法**（见2013年北京师范大学真题）
5. **学习动机**（见2013年北京师范大学真题）

二、简答题

1. 简述班级授课制的局限性。（见2020年北京师范大学真题）
2. 简述德育的途径。（见2014年北京师范大学真题）
3. 如何促进知识的迁移？（见2014年北京师范大学真题）
4. 简述《国防教育法》。（见2014年华东师范大学真题）
5. 简述创造性的培养。（见2011年北京师范大学真题）
6. 简述"三纲领八条目"的内容。

【答】（1）"三纲领"。

《大学》开篇讲："大学之道，在明明德，在亲民，在止于至善。"这是儒家对大学教育目的和为学做人目标的纲领性表述。

①所谓"明明德"，就是将天生的善性发扬光大，这是每个人为学做人的第一步。②所谓"亲民"，就是由己推人，从事治民，治民要爱民。③所谓"止于至善"，就是要求每个人在其不同身份时都要努力做到尽善尽美，这是儒家封建伦理道德的至善境界，也是大学教育的终极目标。

（2）"八条目"。

为了实现"三纲领"，《大学》提出了一系列具体的步骤：格物、致知、诚意、正心、修身、齐家、治国、平天下。后世将其称为《大学》的"八条目"，是实现"三纲领"的具体步骤。"八条目"前后相续，逐个递进而又逐个包含，体现了阶段与过程的统一。

①"格物""致知"是"八条目"的基础，被视为"大学始教"的内容。这里所格的"物"、所致的"知"是指伦理和道德原则，其实就是指学习儒家经典，提高自身素质。"格物"指穷尽事物之理，即学习儒家的"六德""六艺""六行"之类的经典；"致知"是在"格物"基础上的提高，旨在综合而得最后的启迪。

②"诚意""正心"。"诚意"就是要不自欺，指人的意念和动机要纯正；"正心"就是不受各种情绪的左右，始终保持认识的中正。"诚意"和"正心"是行为发生前的心理活动，局限于自我。

③"修身"。这是人的一种综合修养过程，是人品质的全面养成，是中心环节。

④"齐家""治国""平天下"。这是个人完善的最高境界。"齐家"是从"修身"自然引出的，是一个施教过程，即成为家庭与家族的楷模，为人效法；"治国"是"齐家"的扩大和深化；"平天下"是"治国"的扩大。

三、论述题

1. 论述张之洞"中体西用"的历史意义和局限性。（见2014年华东师范大学真题）
2. 比较赫尔巴特和杜威的教学过程理论。

【答】（1）赫尔巴特的教学过程理论。

赫尔巴特认为教学是在教师的引导下，学生的观念积极活动的过程。他把教学活动分为"明了、联想、系统、方法"四个主要阶段，称之为"四步教学法"：

①明了，指教师讲解新教材时，把教材分解为若干个部分，提示给学生，以便学生领悟和掌握。

②联想，指通过师生谈话把新旧观念结合起来，但又没出现最后的结果。

③系统，指在教师指导下寻找结论和规则，使观念系统化，形成概念。

④方法，指通过练习把所学的新知识应用于实际，以检查学生对新知识的理解是否正确。

（2）杜威的教学过程理论。

杜威认为教学是儿童通过亲身实践、探究而获取经验的过程，同时也是儿童思维发展的过程。依据思维发展的阶段，杜威把教学过程划分为五个阶段，称之为"五步教学法"。这五个阶段分别为：①要有一个真实的经验的情境；②产生一个真实的问题；③提出解决问题的种种假设；④推断哪个假设能解决这个困难；⑤验证这个假设。

（3）两种教学过程理论的异同。

不同点：①杜威更加强调思维的培养。赫尔巴特更加强调知识的习得。②杜威更加强调情境性教学、活动教学和做中学。赫尔巴特更加强调教师中心的授课方式，学习系统的知识，其中讲授法是主要的学习方法。

相同点：①他们都将教学过程分为了不同阶段，杜威是反省思维五步法，赫尔巴特是教学四步法，并且都提出了具体落实的教学模式。②他们都重视兴趣的作用，高度重视学生学习动机的启迪。③这两种教学模式在当今教学中都有运用，赫尔巴特的教学模式更适合学习系统知识，而杜威的教学模式更适合探究式的教学任务。

3.论述新一轮基础课程改革的六大目标。（见2017年东北师范大学真题）

4.论述启发性教学原则。（见2012年北京师范大学真题）

2017年陕西师范大学333教育综合真题·凯程详解

一、名词解释

1.教育（见2014年北京师范大学真题）

2.讲授法（见2010年华中师范大学真题）

3.朱子读书法（见2015年东北师范大学真题）

4.接受学习（见2016年北京师范大学真题）

5.学习兴趣

【答】学习兴趣是一个人倾向于认识、研究获得某种知识的心理特征，是可以推动人们求知的一种内在力量。学生对某一学科感兴趣，就会持续地、专心致志地钻研它，从而提高学习效果。学习兴趣可以划分为直接兴趣与间接兴趣、个体兴趣与情境兴趣。发生、发展的过程一般是有趣、兴趣和志趣。教育必须要引起学生的兴趣才是有意义的教育。

6.课程标准（见2015年北京师范大学真题）

7.最近发展区（见2011年北京师范大学真题）

8.要素教育（裴斯泰洛齐）

【答】按照裴斯泰洛齐的观点，任何事物都是由最基本的要素构成的，儿童掌握了这些要素就能够很到位地学习。教育也应从最基本、最简单的要素开始，由易到难，循序渐进，适应儿童的接受能力。裴斯泰洛齐详细论述了各育的基础要素，如智育的基本要素是直线和音词；德育的基本要素是母爱；体育的基本要素是关节活动。

二、简答题

1.教学过程的性质是什么?（见2013年陕西师范大学真题）

2.简述培养班集体的方法。（见2014年华东师范大学真题）

3.简述建构主义的学习观。（见2013年华东师范大学真题）

4.简述影响问题解决的因素。

【答】（1）有关的知识经验。如果个体有与问题相关的背景知识，则可以促进问题的表征和解答。例如，学习完乘法之后再学习除法会变得比较容易。

（2）个体的智能与动机。智力的成分影响问题的分析，动机水平则影响问题解决的进程。例如，逻辑—数学智能比较好的学生能够更好地解决数学问题，中等强度的动机最有利于问题解决。

（3）问题情境与表征方式。问题情境是指呈现问题的客观情境，情境中事物的空间排列、包含事物的多少以及与个人知识结构的相似度都会影响问题解决。如果不能恰当地进行问题表征，就会导致问题解决的失败。

（4）思维定势与功能固着。①思维定势。思维定势表现为一种易于以习惯的方式解决问题的倾向。例如，看两张照片，一张照片上的人英俊、文雅，另一张照片上的人丑陋、粗俗。这两个人中有一个是全国通缉的罪犯，多数人会认为后者是通缉犯。②功能固着。功能固着是指个体往往只看到某种事物的通常功能。例如，假设一个螺丝松了，人们通常都会找螺丝刀，很难想到小刀也有这一功能。

（5）原型启发与酝酿效应。①原型启发。原型启发是指在其他事物或现象中获得的信息对解决当前问题的启发。例如，鲁班受到两边长着锋利的齿的叶子的启发，发明了锯子。②酝酿效应。酝酿效应是指当一个人长期致力于某问题而不得其解的时候，暂停后可能会忽然想到解决办法。例如，有人在反复探索一个问题的解答而毫无结果时，如果把问题暂时搁置几小时、几天或几周，然后再回过头来解决，这时常常就可以很快找到解决方法。

5.简述人文主义教育的特点。（见2011年华东师范大学真题）

6.简述革命根据地教育的基本经验。（见2020年华中师范大学真题）

三、论述题

1.结合实际论述核心素养对教育改革的影响。

【答】（1）"核心素养"指学生应具备的适应终身发展和社会发展需要的必备品格和关键能力，突出强调个人修养、社会关爱、家国情怀，更加注重自主发展、合作参与、创新实践。核心素养的构成包括三大方面、六大要素、十八个基本点，具体如下：

①文化基础。

人文底蕴：人文积淀、人文情怀、审美情趣。

科学精神：理性思维、批判质疑、勇于探究。

②自主发展。

学会学习：乐学善学、勤于反思、信息意识。

健康生活：珍爱生命、健全人格、自我管理。

③社会参与。

责任担当：社会责任、国家认同、国际理解。

实践创新：劳动意识、问题解决、技术运用。

（2）核心素养的提出，将会进一步落实立德树人的根本目标，改变教育领域内依然大量存在的"唯分数论"的状况。明确核心素养，一方面可通过引领和促进教师的专业发展，改变当前存在的"知识本位"现象；另一方面可帮助学生明确未来的发展方向，激励学生朝这一目标不断努力。另外，核心素养的提出，还可以在教育方针和具体的教育实践之间搭建桥梁，使广大教师在教育教学过程中，能够时刻将自己的教育教学与核心素养相对照，使得教育评价始终在一个科学、理性的轨道中推进。

2.根据陶行知的生活教育思想，谈谈学校教育与学生生活的理想关系。

【答】（1）陶行知的生活教育理论。（见2014年北京师范大学真题）

（2）学校教育与学生生活的理想关系。

①学校教育应该充分体现学生的生活内容，让教育内容充满生活性，让教育方法生活化，教育目的不要远离学生的生活需要；②学校教育既要体现学生的当下生活，还要引领学生未来生活的发展方向和满足学生未来生活的需要；③学校教育应该突出教、学、做合一，重视做与学的联系、做与教的联系，让学生活学活用、手脑并用。

3.您认为赫尔巴特的教学理论和课程理论对今天的教育还有没有作用？

【答】（1）赫尔巴特的教学理论。

他认为教师应采取符合学生心理活动规律的教学程序，有计划、有步骤地进行教学。他把教学过程分成四个连续的阶段：①明了，指教师讲解新教材时，把教材分解为许多部分，提示给学生，便于学生领悟和掌握；②联想，指通过师生谈话把新旧观念结合起来，但又没出现最后的结果；③系统，指在教师指导下寻找结论和规则，使观念系统化，形成概念；④方法，指通过练习把所学知识应用于实际，以检查学生对新知识的理解是否正确。

（2）赫尔巴特的课程理论主要包括三个方面的主张：

①课程内容的选择必须与儿童的经验和兴趣一致。经验是教学活动赖以进行的基础。经验需要教学加以补充和整理，如直观教材。兴趣存在于经验之中，因此，只有与儿童经验相联系的内容，才能引起儿童浓厚的兴趣，从而更好地接受教材。

②新的观念和知识是以原有观念和知识为基础产生的。课程的安排应当从儿童熟悉的材料逐步过渡到密切相关但还不熟悉的材料。赫尔巴特提出了"相关"与"集中"的课程设计原则。

③课程应与儿童的发展相呼应。文化纪元理论是儿童与课程维度设计和选择课程的基础。文化纪元理论认为不同时代的文化成果集中反映了人类认识的不同发展水平。儿童个性和认识的发展重复了种族发展的过程。

（3）评价。

①依据人的身心发展规律，赫尔巴特提出兴趣是课程设置和教学的基础和前提。

②为学生学习提供了心理学基础，赫尔巴特重视已有知识和经验对学习新知识的重要性。

③赫尔巴特的四段教学法后来被他的学生发展为五段教学法。他的分段教学，可以极大程度地提高整个教师队伍的教学水平。

综上所述，赫尔巴特的教学理论与课程理论有很大的适用性。但是，由于时代局限，赫尔巴特的思想带有一定的机械性和浓厚的思辨色彩，在今天的教学实践中应该取其精华、去其糟粕，而不能完全照搬。

四、材料分析题

主题是"无师课堂"。结合材料中河南汝阳县声讨学校无师课堂案例，用教师的主导作用与学生的主体地位的理论分析此教学现象。（材料缺失）

【答】（1）教学活动应该以学生为主体。教学在本质上是特殊的认识过程，是教师教学生认识的过程。教学作为学生的个体认识过程，学生是主体，发挥着主体性。没有学生主体，教学活动既无存在的意义，也不可能现实存在。

（2）教学活动也需要以教师为主导。教学作为一种社会现象，体现一定的社会价值，存在着复杂的规律性联系，而学生作为培养对象，既不可能自觉实现社会要求，又难以按教学的规律去自主活动。因此，教学活动必须由专门的教师来设计和组织。教学必须由教师来领导，教师决定教学的方向、方法、内容、形式等。

（3）教师主导和学生主体是不可分割的。①教师主导是对学生主体活动的领导，或者说，教师设计、组织的恰恰是学生认识教学内容这一活动。②学生主体是教师主导下的主体，或者说，学生是在教师设计、组织的教学认识过程中充当主体，学生成为主体正是教师主导的体现和结果。

综上所述，在师生的社会关系基础上教师为教学活动的主导、学生为教学认识的主体。

2018年陕西师范大学333教育综合真题·凯程详解

一、判断题

1.【答】错误。我国最早的蒙学教材是《史籀篇》。

2.【答】错误。斯宾塞最先提出生活准备说。

3.【答】错误。课程包括课程目标、课程内容、课程实施、课程评价等。教科书只是课程的一种实施文本。

4.【答】错误。（见2013年东北师范大学真题）

5.【答】错误。授人以鱼指的是学生学到的知识与技能，授人以渔指的是学生学习掌握知识的方法与过程。我们在学习中既要重视学到的知识与技能，也要重视如何学习。所以知识和能力并重，二者不存在优劣之分。

6.【答】错误。动机强度的最佳水平会随学习活动的难易程度不同而有所变化。从事比较容易的学习活动，动机强度的最佳水平会高些；而从事比较困难的学习活动，动机强度的最佳水平会低些。

7.【答】错误。教师的不良言行、本身的素质欠缺会对学生的道德发展产生不良示范作用，有些教师教学无方，大量占用学生时间，会影响学生的身体健康。

二、名词解释

1.产婆术（见2011年北京师范大学真题）

2.启发式教学

【答】启发式教学是指教师在教学过程中，根据教学任务和学习的客观规律，从学生的实际出发，采用多种方式，以启发学生的思维为核心，调动学生学习的主动性和积极性，促使学生生动活泼地学习的一种教学指导思想。

3.最近发展区（见2011年北京师范大学真题）

4.苏湖教学法（见2014年北京师范大学真题）

5.学校教育（见2010年华中师范大学真题）

三、简答题

1.简述教育的基本要素及其相互间的关系。（见2015年北京师范大学真题）

2.简述教师主导作用与学生主体作用相统一的关系。（见2010年北京师范大学真题）

3.简述《中庸》中的学习过程。

【答】《中庸》将教学过程表述为："博学之，审问之，慎思之，明辨之，笃行之。"这是对求知学习过程的阐述，把学习过程具体概括为学、问、思、辨、行五个先后相续的步骤，这一表述概括了知识获得过程的基本环节和顺序，它是对从孔子到荀子学习过程的发展。

4.简述赫尔巴特的教育心理学化思想。（见2013年陕西师范大学真题）

5.简述活动课程的基本特点。（见2010年北京师范大学真题）

四、论述题

1.论述《学记》的贡献和地位。（见2011年东北师范大学真题）

2.比较杜威与赫尔巴特的教学理论并论述二者对我国不同阶段的教育实践和教育思想的影响。

【答】（1）不同点。

①教育目的不同。赫尔巴特认为教育作用有"可能的目的"和"必要的目的"。"可能的目的"是指与儿童未来从事职业相关的目的。"必要的目的"是指教育所要达到的最高和最为基本的目的，即道德。杜威提出教育无目的论，反对外在强加的目的，认为教育本身之外无目的。

②教师与学生地位不同。赫尔巴特强调以教师为中心，学生处于被动地位。杜威提出儿童中心论，整个教育过程中要以儿童为中心，要求尊重儿童的天性。

③课程方面不同。赫尔巴特强调以系统知识为中心，重视学科学习。杜威提出了从"做中学"和从经验中学的课程理论，主张以儿童的直接经验为教育的起点。

④教学方法不同。赫尔巴特强调教师的讲授。杜威推崇从"做中学"或从经验中学的教学方法，强调教学必须考虑儿童本性发展的特点，必须考虑儿童的接受能力和个别差异。

⑤教学重点不同。赫尔巴特强调学生对知识的掌握。杜威非常关注对学生思维能力的培养和训练，他要求学生必须掌握科学的思维方法。

⑥教学过程不同。在教学过程上，赫尔巴特试图根据心理学来阐述教学过程，提出了明了、联想、系统、方法四个阶段，发挥教师在教学中的领导作用，使上课规范化，教学质量得到提高。杜威提出"五步教学法"，它被简明地概括为：困难、问题、假设、验证、结论。

（2）相同点。①都强调教育所培养的人为社会发展服务；②都重视学生的道德教育；③都强调教学阶段。

（3）对我国不同阶段教育思想和教育实践的影响。①作为传统教育的代表人物，赫尔巴特强调课堂、书本、教师三中心，其教育理论反映了资本主义确立时期教育理论发展的水平。我国很长时间以来都在以赫尔巴特的三中心论作为教育的基本理论依据，重视书本知识的学习和学科课程的教学，奠定了我国教育的基调。②杜威认识到传统课程的弱点，主张重视儿童的直接经验积累，教材的编写更要注重学生的心理水平。同时，杜威强调的"做中学"对于传统的静坐学习也有启发性和进步意义，这与我们新课改中所提倡的"综合实践活动"和"小组合作学习"的思想具有一致性。但他将传统的学科课程一概否定，仅仅满足于活动课程和个人的经验，这是不科学的。因此我们在实际的课程编制上，应该将教材的知识逻辑和心理逻辑相结合。

（4）启示：赫尔巴特的课堂中心理论和杜威的活动中心理论，对教学来说都具有不可或缺的价值，只有将二者结合起来，才能促进学生的全面发展。

五、材料分析题

（1）根据影响人身心发展的因素及关键期分析狼孩儿的故事。

（2）请提出一些措施帮助他。

【答】（1）影响人身心发展的因素。（见2015年北京师范大学真题）

对于狼孩儿来说，环境和教育对其影响巨大，使其遗传素质和主观能动性都几乎没有显现。狼孩儿因为在狼的环境中成长，接受狼群的教育，所以才成了"狼孩儿"。

（2）措施。①教授最基础的知识，使其循序渐进地适应人类生活。②不主张一定要让狼孩达到人类正常的水平。③通过日常生活中的教育，使其不断适应环境。

2019年陕西师范大学333教育综合真题·凯程详解

一、名词解释

1.教育制度（见2012年华东师范大学真题）

2.探究性学习

【答】探究性学习，即学习者通过发现问题和解决问题而建构知识的过程。研究表明，以问题为中心的探究性学习有利于帮助学生提高灵活应用知识的能力，形成有效的问题解决和推理策略，发展他们的自主学习能力。探究性学习被广泛采用的一个具体模式是项目式学习，基本步骤是针对课程内容设计出一个个学习单元——项目，每个项目围绕着一个发现的问题而展开，学习者以合作的方式来分析问题、搜集资料、确定方案，直到解决问题。其基本环节是提出驱动性问题，形成具体的探究问题和探究计划，实施探究过程，形成和交流探究结果，反思评价。

3. **成就动机**（见2010年陕西师范大学真题）

4. **道尔顿制**（见2011年北京师范大学真题）

5. **综合课程**（见2012年华东师范大学真题）

二、填空题

1. 礼；乐；射；御；书；数

2. 生理的需要；安全的需要；归属与爱的需要；尊重的需要；求知与理解的需要；审美的需要；自我实现的需要

3. 幼儿教育　　　　　　　　　4. 2015　　　　　5. 场依存型和场独立型

6. 文化基础；自主发展；社会参与　　7. 壬寅学制　　8. 国家课程；地方课程；校本课程

9. 人们在一生中所受到的各种教育的总和

三、判断题

1. 【答】错误。官家主持、私家操办写反了，稷下学宫是一所由官家操办、私家主持的一种特殊形式的学校。

2. 【答】错误。旧知识对新知识的影响是顺向迁移，倒摄反应即倒摄抑制，是指后学习材料对识记和回忆前学习材料的干扰。

3. 【答】正确。有效教育活动是智力因素和非智力因素的综合过程，即科学因素和人文因素的综合过程。

4. 【答】错误。学习迁移广泛存在于各种知识、技能与社会规范的学习中。

5. 【答】错误。八股文确立于明代，是明清科举考试的主要文体。

6. 【答】正确。颜元的思想体系就是实学思想体系（也叫真学），主张培养实学人才，即"实德实才之士"，并为此建立实学的六斋教学体系，重视实践的教育方法。

7. 【答】正确。实验教育学的代表人物是梅伊曼和拉伊。19世纪末20世纪初，实验教育学在欧美兴起，它是用自然科学的实验法研究儿童发展及其与教育关系的理论。1901年，德国教育家梅伊曼出版了他的代表著作《实验教育学纲要》。1907年，教育家拉伊出版了《实验教育学》一书，系统阐述了实验教育的思想。

8. 【答】错误。题干中的观点是教育家杜威提出的。在杜威看来，教育的本质就是教育即生活、教育即生长、教育即经验的改造。

9. 【答】错误。根据评价在教学过程中的作用不同，可分为诊断性评价、形成性评价、终结性评价。诊断性评价一般是在教育教学实施前期开展的评价，旨在对学生已经形成的知识能力、情感等发展情况做出合理的评价。形成性评价是在教学过程中为了改进和完善教学活动而进行的对学生学习过程的评价，通过及时的反馈信息来调控教学过程，激励学生学习。终结性评价是在一个大的学习阶段、一个学期或者一门课程结束时对学生学习结果的评价。

四、简答题

1. **简述泰勒原理。**（见2012年华东师范大学真题）

2. **简述科尔伯格的道德认知理论——三水平六阶段。**（见2013年华东师范大学真题）

3. **简述创造性思维。**

【答】创造性思维是指用超常规方法，重新组织已有的知识经验，产生新方案和新成果的心理过程，是创造性认知品质的核心。其主要特征有：流畅性、变通性、独特性、综合性、突发性。现在多数研究者认为，创造性思维是一个复合体，它是由多种思维有机组成、协同作用的。第一，创造性思维是发散思维与聚合思维的统一；第二，创造性思维是逻辑思维与非逻辑思维的统一。

4. **简述要素教育。**（见2017年陕西师范大学真题）

5. **简述建立良好师生关系的策略。**

【答】（1）师生关系是教师和学生在教育过程中为完成一定的教育任务，以"教"和"学"为中介而形成的一种特殊的社会关系，是学校中最基本的人际关系。

（2）建立良好师生关系的策略。

①转变观念（转变传统的角色心理）。这是创建新型师生关系的前提，其主要表现在：a.教师要有正确的学

生观；b. 教师要有平等的师生观；c. 教师要有正确的人才观。

②尊重与理解是创建新型师生关系的关键。教师要做到如下几点：a. 充分了解和信任学生，让学生做课堂的主人，做教育教学的主人；b. 主动接近学生、研究学生；c. 民主公正地对待学生；d. 尊重和理解学生，主动与学生沟通，教师要能做到"移情体验"；e. 以自身的形象影响学生。

③努力提高自我修养，健全人格。教师的素质是影响师生关系的核心因素。教师的师德修养、知识能力、教育态度、个性品质都将对学生产生深刻的影响。

五、论述题

1. 朱子读书法的内容和要点是什么？当代社会快餐文化与朱子读书法二者之间有何关系？

【答】（1）朱子读书法的内容。（见 2016 年华东师范大学真题）

（2）当代社会快餐文化与朱子读书法的关系。

快餐文化是只求速度不求内涵的一种现象。比如看名著只看精简版，想学东西只报速成班。它是人们生活节奏加快的产物，是人们对名利过多追逐的产物，是人们只求其名不求其实的表现。快餐文化只能填饱肚子，但没有太多营养，吃多了反而会坏了身子。食之无味，弃之不惜。读书若只是浮光掠影地泛读，不但无法提升文学素养，反而可能因知识的杂乱和浅薄而适得其反。

至于读书学习，还是应该踏踏实实。朱子读书法在当今快餐文化盛行的潮流下是一种经典文化的式微，是我们更应该找回，更应该认真奉行的读书学习的方法和道理。

2. 学校可利用移动设备上课。请谈谈其利弊。

【答】当下，科技迅速发展，移动设备逐渐普及，移动设备与教育的结合大势所趋，移动设备进课堂也存在着诸多利与弊。

（1）利：

①激发学生的学习兴趣和学习的积极性，让学生能够"游戏化学习"。将移动设备应用于课堂实践，有助于进一步推进现代化课堂教学改革。

②丰富课堂交互方式，提高学生对知识的理解和应用能力。借用移动设备，提高学生信息加工处理、问题解决和表达交流的能力。

③移动设备有利于取得好的小组协作效果，培养合作学习精神，获得即时反馈和利用设备进行质性评价，使课堂讨论过程和结果效度最大化。

④无限拓展课堂外的学习空间，实现自主性、个性化的学习方式。它满足了不同的学习习惯和学习喜好，必然会对师生产生一定的辐射作用和积极影响。

（2）弊：

①公平问题。不是每一个学生都拥有或买得起移动设备，如何避免由此产生的教育均衡问题。或许可以依靠学校提供，但需耗费大量财力。

②需要不断增强网络基础设施，在人手一台移动设备同时上网的情况下，对网络宽带尤其是无线网提出了更高的要求，还可能会造成一系列的网络安全问题。

③学校鼓励学生自带移动设备进课堂，需要有丰富的教学资源作基础。在海量的互联网资源中，教师选择合适的资源和学生找到适合的应用都是不轻松的。

④学生缺乏自制力，无法抗拒上网玩游戏、聊天的诱惑，会分散学习精力。从教育角度来说，如何在移动互联网时代培养学生良好的学习习惯，是学校和教师过去从未遇到的问题。

六、综合题

按照教育目的的层级结构进行分类，并简述各自的含义、区别、联系。

【答】（1）分类。

①教育目的：教育目的是把受教育者培养成为一定社会所需要的人的总要求，是学校教育所要培养人的质量规格。

②课程目标：课程方案设置的各个教学科目所规定的教学应达到的要求或标准。

③教学目标：教师在实施课程计划的过程中，在完成某一阶段（如一节课、一个教学单元或一个学期）的教学工作时所期望受教育者达到的要求或产生变化的结果。

④培养目标：各级各类学校的培养人才的具体要求，即在总目的的指导下，依据学校的层次、性质、人才培养的具体质量规格的不同，形成不同学校的不同培养目标。

⑤核心素养：学生应具备的适应终身发展和社会发展需要的必备品格和关键能力，突出强调个人修养、社会关爱、家国情怀，更加注重自主发展、合作参与、创新实践。

⑥教育方针：国家或政党根据一定的政治、经济发展总路线、总任务规定的教育工作的发展思路和发展方向，是教育工作的总方针和根本指针，是教育政策的总概括。

⑦德育目标：一定社会对教育所要造就的社会个体在品德方面的质量和规格的总的设想或规定。也就是说，在进行德育之前，人们对于要把受教育者培养成具有何种品德的人，在观念中所具有的某种预期的结果或理想形象。

（2）区别与联系。①教育方针包含教育目的。②国家教育目的有层次结构，从宏观到微观为：教育目的—培养目的—课程目标—教学目标。③由于教学是进行全面发展教育的过程，教学目标可以细化为德、智、体等各育的目标，所以，教学目标包含德育目标。④核心素养是课程目标和教学目标的深化。

2020年陕西师范大学 333 教育综合真题·凯程详解

一、选择题（10个）（缺失）

二、名词解释

1. 学制（见 2019 年北京师范大学真题）

2. 进步教育运动（见 2014 年北京师范大学真题）

3. 学习动机（见 2013 年北京师范大学真题）

4.《学记》（见 2013 年东北师范大学真题）

5. 教育目的（见 2015 年北京师范大学真题）

三、简答题

1. 简述教学原则。（见 2018 年东北师范大学真题）

2. 简述德育方法。

【答】德育方法是指为达到德育目的而在德育活动中所采用的教育者与受教育者相互作用的活动方式的总和，包括教育者的施教传道方式和受教育者的受教修养方式。德育的方法包括说服、榜样、锻炼、修养、陶冶和奖惩。

（1）说服，是通过引导学生摆事实、讲道理，经过思想情感上的沟通与互动，让他们认识道理的真谛，自觉践行的方法。

（2）榜样，以他人的高尚思想、模范行为和卓越成就来影响学生品德的方法。

（3）锻炼，有目的地组织学生进行一定的实践活动以培养他们的良好品德的方法，包括练习、执行、委托任务和组织活动等。

（4）修养，在教师引导下，学生经过自觉学习、自我反思和自我改进，使自身品德不断完善的一种重要方法，包括立志、学习、反思、箴言、慎独等。其中，慎独是自我修养的最高境界。

（5）陶冶，通过创设良好的情境，对学生进行潜移默化的熏陶和感染，使其在耳濡目染中受到感化的方法，包括人格感化、环境陶冶和艺术陶冶。

（6）奖惩，是对学生的思想和行为做出评价，包括表扬、奖励和批评、处分两个方面。

3. 简述赞科夫的发展性教学理论的五个原则。（见 2017 年北京师范大学真题）

4. 简述赫尔巴特的教学阶段论。（见 2017 年东北师范大学真题）

5. 教育的个体功能表现为哪两个方面？

【答】教育的个体功能指教育促进个体发展的功能，它是一个包含着两个矛盾方向的变化，而又重新系统化的过程。教育的个体功能表现为个体的个性化和个体的社会化。

（1）教育促进个体的个性化，即促进个体在社会活动中形成自主性和独特性。①教育能促进主体意识的发展，培养个体合理的自主性；②教育能促进个体特征的发展，培养个体的独特性；③教育开发人的创造性，促进人的个体价值的实现。

（2）教育促进个体的社会化，即促进个体接受文化规范，学习其所处社会的行为模式，由一个自然的人转化为社会的人的过程。①教育促进人的观念社会化；②教育促进人的行为和能力社会化；③教育促进人的职业、身份和角色的社会化。

四、论述题

1.教师的专业素养有哪些？如何培养教师的专业素养？（见2014年北京师范大学真题+2019年东北师范大学真题）

2.论述陶行知的生活教育理论及其历史影响。（见2014年北京师范大学真题）

3.创造性发展的影响因素是什么？如何培养学生的创造性？

【答】（1）创造性发展的影响因素：

个人因素：包括智力因素、知识基础、认知风格、人格特征、动机等。

环境因素：

①家庭。家庭环境、父母的教养方式、父母的榜样行为等对个体的创造力发展起着重要的作用。有利于儿童创造力发展的家庭因素主要有：a.家庭比较民主；b.家庭对儿童的好奇心、探求精神和行动给予鼓励和支持；c.父母信任孩子的能力，给予引导并提供独立锻炼的机会；d.儿童在家里与父母之间无拘无束，不怕犯错误，有安全感；e.父母具有独立性和创造性，儿童在家庭中受父母潜移默化的影响。

②学校：学校教育对个体的创造力发展也起着至关重要的作用。教师的态度、课堂气氛、课程设置、教学模式、学校环境等都对学生的创造性有着深刻的影响。

其中，教师对学生的创造力发展起着核心主导作用。

③社会文化环境：a.民主型开放环境更能推动创造性的发展。b.个体的创造力发展必然会受到科技与学术环境的影响。

（2）创造性的培养措施。（见2011年北京师范大学真题）

2021年陕西师范大学333教育综合真题·凯程详解

一、名词解释

1.书院官学化

【答】（1）含义：书院官学化是指书院逐渐丧失自身的独立性，被纳入官学体系，按照国家和科举的要求办学。在宋代，书院出现官学化的倾向。在元、明两代，由于封建王朝特别注重官学，又大力强化了科举制度，书院教育几经波折，染上浓重的科举色彩，走上了一条官学化的道路。

（2）表现：政府控制书院办学的领导权；控制书院的师资延聘权；控制书院的经费使用权。此外，政府还在书院的招生、考试、学生毕业后的出路等方面严格控制。

（3）影响：书院官学化一方面保证了书院的正常运行和发展；另一方面，造成了书院独立精神的逐渐丧失。

2.中世纪大学（见2013年西南大学真题）

3.师生关系（见2017年西南大学真题）

4.有意义学习（见2014年华东师范大学真题）

5.道德两难法

【答】（1）含义：道德两难法又称道德两难故事法，由科尔伯格提出。故事包含一个在道德价值上具有矛盾冲突的情境，让被试听完故事后对故事中人物的行为进行评论，从而了解被试进行道德判断所依据的原则及其道德发展水平。

（2）应用：在科尔伯格使用的一系列两难推理故事中，最典型的故事是"海因兹偷药"。

（3）评价：科尔伯格道德两难故事法是科尔伯格研究儿童道德认知发展的一种研究方法。科尔伯格认为，在教学过程中，教师要能灵活运用知识来确定儿童处在道德发展水平中的哪一阶段，并将高于儿童现有道德发展水平阶段的思维模式提供给儿童，供他们学习和思考。

二、填空题

1.生物起源说	2.诊断性评价、形成性评价	3.批判教育学
4.教育强国	5.归纳	6.斯宾塞；科学知识
7.准备律、练习律、效果律	8.虚心涵泳	

三、辨析题

1.教学永远具有教育性。

【答】正确。

（1）赫尔巴特提出"教育性教学原则"。他认为，没有无教育性的教学，也没有无教学性的教育。教育有且仅有通过教学才能实现。他认为教学若不进行道德教育，则只是一种没有目的的手段，而道德教育若无教学，就是失去了手段的目的。

（2）在当下高校中，我们所倡导的课程思政其实质就是要进一步将道德教育融入每一位老师的课堂教学中，实行全员育人，全面育人的宗旨，这又进一步强调了教学永远具有教育性。

2.公学是英国的一种贵族学校。

【答】正确。

公学是由公众团体集资兴办，培养一般公职人员，学生在公开场所接受教育的中等私立学校。公学招收的对象是贵族子弟，教育目的是培养学生升入学术型大学，它是典型的贵族学校。公学培育了英国很多精英人才，被誉为"英国绅士的摇篮"；但公学只满足贵族子弟的需要，不向平民开放，是教育不平等的产物。

3.隐性课程也具有德育功能。

【答】正确。

（1）隐性课程是指国家没有正式实施，但是在学校环境中伴随着显性课程的实施与评价而产生的实际存在的课程。其表现形式有：观念性隐性课程；物质性隐性课程；制度性隐性课程；心理性隐性课程等。

（2）无论是观念性、物质性、制度性还是心理性的隐性课程都对学生的道德发展有着潜移默化的影响，且这种影响是弥散性、普遍性和持久性的。在当下，学者们提出的优化学校整体育人环境的理念，其实就凸显了隐性课程在德育中的重要性。通过隐性课程对学生进行道德教育往往能达到一种润物细无声的效果。

4.核心课程是最重要的课程。

【答】错误。

（1）核心课程又称问题课程，是综合课程的一种。它是以问题为核心，将几门学科结合起来，由一个教师或教师小组连续教学的课程。它旨在把独立的学科知识综合起来，并谋求与生活实际紧密结合。

（2）核心课程是综合程度最高的一种课程，但并不是最重要的课程，最重要的课程是学科课程。

5.孔子编订了《诗》《书》《礼》《易》《乐》《春秋》，这就是"六艺"教育。

【答】错误。

（1）"六艺"教育起源于夏代，在商代又有发展，西周时期，在继承的基础上，更加发展和充实。"六艺"是指礼、乐、射、御、书、数。

西周的教育内容可以总称为"六艺"教育，它是西周教育的特征和标志。

（2）孔丘继承西周贵族"六艺"教育传统，吸收采择了有用学科，又根据现实需要创设新学科，虽袭用"六艺"名称，但对所传授的学科都作了调整，充实了内容。孔子编订的"六经"，即《诗》《书》《礼》《易》《乐》《春秋》，为孔子私学的主要教育内容。

因此，题干说法错误，孔子编订的"六经"并不等同"六艺"教育。

四、简答题

1.简述京师同文馆的办学特点。

【答】（1）简介：京师同文馆是近代中国被动开放的产物，是我国第一所洋务学堂，同时也是我国最早的官办新式学校。初创时只有英文馆，以外语教学为主，后来成为兼习各门西学的综合性学校。学校建立了中国近代最早的化学实验室和博物馆。1900年，八国联军攻占北京时停办，1902年并入京师大学堂。

（2）特点：

①培养目标：专门培养洋务人才，不再培养科举考试人才，注重学以致用。

②课程设置：外语居于首位，侧重"西学"与"西艺"，汉文经学贯穿始终。

③教学组织形式：最早开始了中国的班级授课制和分年课程。

④教学方法：由浅入深，循序渐进，改变了死记硬背的学风，强调理论与实际相结合。

2.简述学校教育起主导作用的条件。

【答】学校教育不是任何时候都能发挥主导作用，学校教育自身的合理性与校外的环境等都影响着学校教育主导作用能否发挥和发挥的程度。

（1）从学校教育内部来讲：

①学校教育要尊重受教育者的主观能动性与身心发展规律。②学校教育需要具有一定的办学条件。如教育的管理方式、物质条件和环境氛围。③学校教育要重视教师的素质。教师素养是制约教育作用的重要因素。④学校教育的课程设置的合理性、教学方法的有效性等都制约着学校教育主导作用的发挥。

（2）从学校教育外部来讲：

①家庭教育与学校教育的积极配合程度。②社会发展的稳定性以及社会教育与学校教育的配合程度。③科技、信息对学校教育的改造程度等。

3.简述榜样法的定义及实施要求。

【答】（1）含义：榜样示范法是以他人的高尚思想、模范行为和卓越成就来影响学生品德的方法。

（2）实施要求：

①榜样真实可信。选好榜样是学习的前提。从古至今，人们习惯拔高榜样，通过故事美化榜样，这是不可取的。尤其是当学生有了自己的判断能力后，这样做只会令人反感，适得其反。

②激起学生对榜样的积极情感。学生通过模仿榜样的言行举止来习得其中的道德价值和行为方式，这种模仿的倾向有赖于学生对榜样的积极情感。

③注重教师自身的示范作用。德育的教育效果，在很大程度上取决于教师本人的以身作则。

④为不同年龄阶段的学生树立不同的榜样。中小学时期长达12年，跨度大，学生的道德发展也经过了多个不同的阶段，因而要为不同年龄阶段的学生树立不同的榜样。

4.简述布卢姆的情感领域的目标体系。

【答】（1）简介：美国心理学家布卢姆于20世纪50—60年代建立起教育目标分类学，也称"布卢姆教育目标分类学"。布卢姆将教育目标分为认知领域、情感领域和动作技能领域。教学目标是有层次结构的，每一领域的目标由低级向高级分为若干层次，从而形成了目标的层次结构。

情感领域教育目标的层次按照价值内化的程度分为5个具体类别：接受、反应、价值化、组织、价值体系个性化。

（2）情感领域的目标体系：

①第一个水平是接受，对环境中正在发生的事情的低水平觉知。例如，不经意地听或对教师付出的努力做轻微的反应。

②第二个水平是反应，由经验引起的新的行为反应，由学生主动参与。例如，主动举手回答问题。

③第三个水平是价值化，指学生将特殊的对象、现象或行为与一定的价值标准相联系。例如，欣赏文学作品。

④第四个水平是组织，指纳入新的价值观，形成自己的价值系统。例如，参加各种俱乐部。

⑤第五个水平是价值体系个性化，指表现出与新价值观一致的行为。例如，愿意做出牺牲以继续参加活动。

5.简述程序性知识学习的一般过程。

【答】（1）含义：程序性知识主要反映活动的具体过程和操作步骤，说明"做什么"和"怎么做"，是一种实践性知识，主要用于实践操作，因此，也称作操作性知识、策略性知识和方法性知识。

（2）程序性知识学习的一般过程如下：

①智慧技能的学习过程。不同的研究者对智慧技能的形成有不同的看法，其中主要有苏联心理学家加里培林和现代认知心理学的观点。

a.加里培林提出了著名的智慧活动按阶段形成的理论：活动的定向阶段；物质活动或物质化活动阶段；出声的外部言语活动阶段；无声的外部言语阶段；内部言语活动阶段。

b.认知心理学根据智慧技能形成过程中认知加工活动的不同，把智慧技能的形成分为以下两个阶段：模式识别学习；动作步骤学习。

②动作技能的学习过程。动作技能的形成是通过领悟和练习，逐步掌握某种动作操作程序的过程。复杂运动技能的形成，一般要经历四个主要阶段：认知阶段；分解阶段；联系定位阶段；自动化阶段。

③认知策略的学习过程。关于认知策略的学习过程，研究较少，但大致有两种情况：一是自上而下的学习；二是自下而上的学习。

五、论述题

1.（1）"摇号入学"可能解决了哪些问题？

（2）"摇号入学"可能带来哪些新问题？

（3）针对这些新问题中的一个问题提出你的解决思路。

【答】（1）①"摇号入学"会解决民办教育管理与招生过程中的不规范及由此带来的教育不公平问题。民办学校在政策实施之前存在着提前"锁定学生"的现象，同时一些城市的民办学校的办学质量比公办学校高，导致家长趋之若鹜地选择民办学校。这些现象有违教育公平，损害了其他民办学校和公办学校的均衡发展。其实早在《中华人民共和国民办教育促进法》中就规定了"民办学校与公办学校具有同等的法律地位"。此次《意见》中提出对报名人数超过招生计划的，实行电脑随机录取。这样既满足招生人数要求，又确保客观公平，维护正常招生秩序，促进公办学校与民办学校协调发展。

②"摇号入学"促使民办学校注重内涵式发展。在义务教育阶段，一些地区的民办学校千方百计地变相"掐尖"招生，依赖优质生源打造所谓的"名校"，这一现象打乱了正常的招生秩序，破坏了教育生态，加剧了社会中的教育焦虑。"摇号入学"有助于促使民办学校回归到义务教育的本真，促使其注重内涵式的发展。

（2）①"摇号入学"会妨碍家长的教育决策权，不利于满足学生的多样化需求。在"摇号入学"之前，家长和学生可根据自身的需要选择适合自身发展的民办学校，但"摇号入学"之后，家长和学生则处于相对被动的地位，难以满足自身的发展需要。同时，各民办学校之间的发展不均衡引发的入学质量不均等又给家长带来了新的焦虑。

②"摇号入学"在促使民办学校和公办学校协调发展的同时，也可能因为缺乏学校之间的竞争，使得民办学校自身的质量和发展得不到保障。

（3）①针对"摇号入学"会引发入学质量不均等，从而给家长带来焦虑的问题，可采用集团化办学的方式。集团化办学是以行政指令为主，兼顾学校共同意愿，将一所名校和若干所学校组成学校共同体（名校集团）的办学体制。优质的民办学校可以创办自己的分校或者同其他的学校组成学校共同体，复制、传播自身的经验，从而实现师资、管理、设备等优质教育资源的共享，促进教育质量的均衡。

②要真正促进民办教育的均衡发展，政府还要对民办学校的发展给予规划和帮扶。生源的均衡只是教育均衡的其中一个环节。真正要实现教育均衡，还涉及其他很多方面，包括政府的规划、政策以及经费分配等。除了招生环节，在同一个区域，所有的学校在政策、资金、师资等各个环节上被平等对待，才可能达到教育均衡的整体效果，从而减少家长的焦虑，满足大众对优质教育的需要。

2.（1）我国中小学教学方法存在哪些问题？

（2）以一节中小学课堂为例，提出你对教学方法的选择与使用策略。

【答】（1）我国中小学教学方法以听说训练和阅读等被动的教学方法为主，学生的知识留存度低。这些方法通常是以教师为权威和主导，忽视了学生的积极性和主动性；同时教师的教学方法单一，缺少多样性与灵活性。

（2）①教学方法的选择要依据教学目标、教学内容、学生的特点、教师的特点及社会的要求等方面。

②我们选择的方法要最大限度地发挥学生学习的主动性与积极性。在教学中，我们可以根据知识的类型选择灵活多样的方法，将听说训练的被动学习方式和主动学习方式相结合并以合理的方式搭配，以提升教学的效果。

③举例说明：以小学语文课文《采莲曲》为例，首先可以让学生在熟读课文的基础上讨论诗歌的意象和情感；其次，在把握主旨的基础上再仿写和创作类似的诗歌；最后，可以让学生把这首诗歌讲给自己的父母或者朋友听。这节课例中就将听说、阅读等语文学习的基本方法同讨论、探究、讲授给他人的主动方法相结合，既有效地完成了教学目标，又契合了学生的年龄特征和兴趣，使得教学内容和学生的生活发生了关联，将书本上的知识转化为学生个人的生命体验，增强知识的留存度，从而取得理想的教学效果。

3.（1）①材料一体现了杜威的什么教育理论？

②试述生活教育理论把它"翻了半个跟斗"的原因。

③谈一下生活教育理论中体现学校与社会关系的观点。

【答】①材料一体现了杜威的"教育即生活、学校即社会"的实用主义教育理论。杜威明确提出应把学校和社会紧密联系起来，把学校创造成一个小型的社会，使学校生活成为一种经过选择的、净化的、理想的社会生活，使学校成为一个合乎儿童发展的雏形社会。

②杜威的实用主义教育理论提出了"教育即生活，学校即社会"。陶行知提出的生活教育理论认为"生活即教育，社会即学校"。因此，可以说，生活教育理论把杜威的理论"翻了半个跟斗"。"翻了半个跟斗"的原因是中国与美国教育的国情是不同的。美国注重的是学校教育与学校教育质量的提升，中国注重的是社会教育与普及教育。因此，陶行知是在契合中国国情的基础上对杜威的理论进行了改造。

③陶行知提出的"社会即学校"有两层含义：

"社会含有学校的意味"或者说"以社会为学校"。因为到处是生活，所以到处是教育，整个社会就像一个教育的场所。

"学校含有社会的意味"。即学校通过与社会生活相结合，一方面"运用社会的力量，使学校进步"；另一方面"动员学校的力量，帮助社会进步"，使学校真正成为社会生活必不可少的组成部分。陶行知认为"学校即社会"是半开门，"社会即学校"是拆除学校的围墙，在社会中创建学校。"不运用社会的力量，便是无能的教育；不了解社会的需求，便是盲目的教育。"

评价："社会即学校"扩大了学校教育的内涵和作用，使传统的学校观、教育观有所改变，使劳苦大众能够受到起码的教育，贯穿了普及民众教育的良苦用心。

（2）①材料二中"好事就成了坏事"指的是什么？

②布鲁纳提出的结构主义理论是如何解决这一问题的？

③杜威和布鲁纳的教育改革对我国教育改革有何启示，请说明理由。

【答】①杜威注重直接经验的价值，强调经验中人的主动性，并把直接经验置于教育的中心，催生了新式的课程类型、新式的课程理论和新式的教学理论，这是好事。但在教学中由于只注重直接经验，忽视了间接经验，忽视了知识体系，忽视了教师的主导作用，造成了教育质量下降的现象，因此好事又变成了坏事。

②布鲁纳的结构主义理论既强调直接经验，提倡在教学中运用发现法让学生自主探究知识，发现知识；又强调间接经验，注重教授各门学科的基本结构；同时，布鲁纳认为教师是结构教学中的主要辅助者，学生都是在教师的引导下进而发现知识的。

③a.注重儿童的直接经验。儿童的直接经验是丰富的教育资源，当教师在教育教学过程中，把儿童的直接经验与书本中的间接经验联系起来时，教育活动也就变得更为鲜活生动起来。这样的教育也更能体现以人为本的教育理念，取得更好的效果。

b.注重教育与生活的联系。我国第八次基础教育课程改革中明确提出在课程内容方面，要树立学生生活观，即改变传统课程内容"繁、难、偏、旧"和注重书本知识的现状，加强课程内容与学生生活、现代社会和现代技术发展的联系，关注学生的学习兴趣和经验，精选终身学习必备的基础知识和技能。

c.探究式、发现式的学习方法更有利于发挥学生的主动性与创造性。我国的新课程改革中倡导改变传统教学强调接受学习、死记硬背和机械训练的现状，通过自主、合作与探究的方式培养学生收集和处理信息的能力、获取新知识的能力、分析和解决问题的能力及交流与合作的能力。探究式、发现式的学习方法有利于培养学生的主人翁意识，从而充分发挥他们在学习中的主动性与创造性。

2022年陕西师范大学333教育综合真题·凯程详解

一、名词解释

1.**"四书五经"**（见2014年曲阜师范大学真题）

2.**"八年研究"**

【答】（1）含义：1930年美国进步教育协会成立了"大学与中学关系委员会"。该委员会制定了一项为期八年的大规模的高中教育改革实验研究计划，即"八年研究"计划，专门研究高等教育与高中教育的关系问题。实验涉及的主要问题有教育目的、教育管理、课程、教育方法以及评估工作。

（2）评价："八年研究"通过对高中教育和高等教育关系的实验，研究了高中教育发展中过去没有涉及的许多问题，推动了美国教育改革向纵深方向发展。

3.**培养目标**（见2016年东北师范大学真题）

4.**社会本位论**（见2011年华东师范大学真题）

5.**学习策略**（见2015年北京师范大学真题）

二、辨析题

1.**综合实践活动课程是义务教育和高中阶段的必修课程。**

【答】正确。

（1）综合实践活动指在教师指导下，依据学生的生活实际，通过让学生自主进行实践活动，来培养解决问题的能力与综合运用知识的能力。其内容主要包括信息技术教育、研究性学习、社区服务与社会实践，以及劳动与技术教育。

（2）综合实践活动课程是新的基础教育课程体系中设置的必修课程，自小学三年级开始设置，每周平均3课时。《基础教育课程改革纲要（试行）》中规定：从小学至高中设置综合实践活动并作为必修课程。

综上所述，题干表述正确。

2.社会生产力发展水平决定教育目的的性质。

【答】错误。

（1）社会生产力的发展是确立教育目的的最终决定性因素。社会生产力的发展水平体现人类的发展程度，这对人的进一步发展提出了要求，也提供了人发展的可能性。在推动社会发展的各因素中，社会生产力的发展起到最终的决定作用，因而也是确立教育目的的最终决定性因素。

（2）教育目的的性质和方向是由政治、经济、文化决定的。在阶级社会里，教育目的反映统治阶级的利益，集中体现统治阶级对人才培养的根本要求。

综上所述，题干表述错误。

3.蔡元培的"五育"并举就是德、智、体、美、劳全面发展的教育。

【答】错误。

蔡元培在1912年发表的《对于教育方针之意见》一文中，从"养成共和国民健全之人格"的观点出发，提出了"五育"并举的教育思想。"五育"包括军国民教育、实利主义教育、公民道德教育、世界观教育和美感教育。文章系统地阐述了"五育"各自的内涵、作用和相互关系。所以蔡元培的"五育"并举与我们现在强调的德、智、体、美、劳全面发展的教育不同。

综上所述，题干表述错误。

4.科尔伯格的道德发展阶段理论是按照不同发展阶段中的任务和矛盾划分的。

【答】错误。

科尔伯格依据人们关于"海因兹偷药"的道德两难故事给出的原因分析，专门研究了道德判断这个主题。他根据被试的回答，发现人的道德发展是分为若干阶段的，每个阶段都表现出共有的特点，于是提出了三水平六阶段道德发展理论。所以科尔伯格的道德发展阶段理论是按照人们对道德两难故事的原因的阐述进而进行划分的，而不是按照不同发展阶段中的任务和矛盾。

综上所述，题干表述错误。

5.教学工作包括课外辅导。

【答】正确。

（1）从教学的主要方面看，备课、上课、作业的布置和批改、课外辅导以及教学评价构成教学工作的基本环节。

（2）课外辅导是适应学生个别差异，实行因材施教的一个重要措施。它是上课的一种补充形式，但不是上课的继续。课外辅导可以分为个别辅导和集体辅导两种形式。

综上所述，题干表述正确。

三、简答题

1.简述抗日根据地的教育政策／抗日战争时期中国共产党的教育方针政策。

【答】中国共产党领导的各抗日民主根据地依党的"一切为着前线，一切为着打倒日本侵略者和解放中国人民"的总方针，执行了中共中央制定的一系列教育政策。

（1）抗战初期毛泽东关于教育政策的论述：延续苏区教育总方针的基本精神，更为强调教育与民族解放战争的结合。

（2）"干部教育第一，国民教育第二"的政策：是出于民族解放战争的需要、根据地文化教育的实际状况和党的未来事业发展等多方面的综合考虑的政策。

（3）"实行教育与生产劳动相结合"的政策：一方面是出于坚持抗战的需要，另一方面是出于对青年教育的需要。

（4）"民办公助"的政策：是一条从处在战争环境中、经济条件极其有限的农村抗日民主根据地的教育实践中总结出来的经验，不仅有效地促进了根据地教育事业的发展，也是穷国办教育的有效对策，为建国后教育的普及积累了经验。

2.简述王守仁的儿童教育思想。（见2016年北京师范大学真题）

3.简述终身教育思潮的主要观点。（见2015年北京师范大学真题）

4.简述德育的一般途径。（见2014年北京师范大学真题）

四、论述题

1.结合实际，讨论课程改革的影响因素。（见2020年南京师范大学真题）

2.论述问题解决能力的培养途径。（见2010年华中师范大学真题）

3.简要说明变式练习是什么，在技能形成过程中有什么作用？（见2021年北京师范大学真题）

4.阐述双重编码理论，并举例说明。（见2021年北京师范大学真题）

五、 材料分析题

1.如何培养学生的关键能力以及促进学生身心发展的有效机制？（材料缺失）

【答】学生的关键能力包括认知能力、合作能力、创新能力、职业能力。在培养学生基础知识和基本技能的过程中，要强化学生关键能力的培养。

（1）培养认知能力，引导学生具备独立思考、逻辑推理、信息加工、学会学习、语言表达和文字写作的素养，养成终身学习的意识和能力。

（2）培养合作能力，引导学生学会自我管理，学会与他人合作，学会过集体生活，学会处理好个人与社会的关系，遵守、履行道德准则和行为规范。

（3）培养创新能力，激发学生好奇心、想象力和创新思维，养成创新人格，鼓励学生勇于探索、大胆尝试、创新创造。

（4）培养职业能力，引导学生适应社会需求，树立爱岗敬业、精益求精的职业精神，践行知行合一，积极动手实践和解决实际问题。

要建立促进学生身心健康、全面发展的长效机制，就要切实加强和改进体育，改变美育薄弱局面，深入开展劳动教育，加强心理健康教育和国防教育。

2.面对日益变化的社会，当前教育面临哪些挑战？（材料缺失）

【答】（1）教育现代化与教育变革。教育现代化是整个社会现代化进程中一个不可或缺的部分，是一个具有指向性的、能动的教育变革过程，是教育的整体性转型，是教育获得和深化现代性的过程。

（2）全球化与教育变革。教育全球化是一种社会存在，是人类社会的教育不断跨越空间障碍和制度、文化等社会障碍，在全球范围内实现充分沟通，达成更多共识，采取更多共同行动，同时不断获得和深化现代性的过程。

（3）知识经济与教育变革。知识经济是"以知识为基础的经济"。它直接依赖于知识的创造、传播和应用，是以现代科技为核心的建立在知识和信息的生产、储存、使用和消费之上的经济。

（4）信息社会与教育变革。信息化社会给教育带来了机遇，信息技术改变教育管理方式，变革教学组织形式和手段，拓展人们学习的时空。

（5）学习化社会与教育变革。学习化社会也叫学习型社会，是指具有相应的机制和手段促进和保障全民学习和终身学习的社会。创建学习化社会是全民学习和终身学习的必然要求。

（6）多元文化与教育变革。多元文化旨在促进教育机会均等，使不同民族、种族、宗教、阶层、性别和特殊群体的学生都受到同样的教育，消除教育歧视。

（7）民主化与教育变革。民主化要求教育具有平等、民主、合作、能调动教育者与受教育者的积极性等特点。它包括教育的民主和民主的教育两个方面。

（8）本土化、民族化与教育变革。教育本土化可以理解为外来教育思想与中国教育在实际相互沟通与融合的过程中，外来教育思想会自觉发生一定的变化来适应我国教育现状的过程。

西南大学

2010年西南大学333教育综合真题·凯程详解

一、 名词解释

1.教育学（见2011年陕西师范大学真题）

2.中体西用（见2011年北京师范大学真题）

3.苏格拉底法（见2011年北京师范大学真题）

4.发现学习（见2017年华东师范大学真题）

二、简答题

1.简述我国当前教育目的的基本精神。（见2012年北京师范大学真题）

2.简述中国古代书院教育的重要特点。（见2013年华东师范大学真题）

3.近代人文主义教育的基本精神主张有哪些？

【答】（1）主要观点：①教育的目标是培养"完整的人"；②主张人本化课程；③学校应该创造自由的心理气氛。

（2）教育目的：培养有世俗学问、身心全面发展的完人，培养具有资产阶级企业品质、开拓精神，懂礼貌的资产家。

（3）教育内容：知识和学科成为主要的教学内容，复兴体育和美育，并且关注自然知识的学习。

（4）教育价值观：树立人的主体地位，强调人的高贵，复兴了古希腊的个人主义价值观。

（5）教育的职能：从训练、束缚自己服从上帝到使人更好地欣赏、创造和履行地位所赋予的职责。

三、论述题

1.指出教学过程中存在的基本关系，并以其中一种关系为例进行简要论述。（见2011年东北师范大学真题+2014年华中师范大学真题，也可选择其他关系进行回答）

2.影响问题解决的主要因素有哪些？试举例加以说明。（见2017年陕西师范大学真题）

四、综合题

1.试从学生观、教师观、师生关系观等角度加以阐述。

【答】（1）教师泛指把知识、技能、思想、品德传授给学生的教育工作者。在教学过程中，要充分发挥教师的主导地位和学生的主体地位，教师只有充分了解学生才能更好地进行教学，教好学生。

（2）学生观。①教师要真正认识到学生是一个客观存在的、有独立意识的人。②教师要正确认识到学生是有个性差异的、独特的人。③学生是学习的主体。④学生是有巨大的发展潜能并处于发展中的人。⑤在教学过程中，教师与学生的位置是会转化的，学生可以是教师，教师也可以是学生，要建立民主平等的师生关系。⑥教师要及时反思自己的教育教学行为，心中要有学生，要增强服务意识。⑦教师要正确地评价学生。

（3）教师观。教师要对自己有信心，更要对学生有信心，要树立现代教师观。教师要成为促进学生发展的指导者、塑造心灵的工程师、学生学习的支持者、沟通学生与社会的中介者和教育科学的研究者。

（4）师生关系观。师生关系是教师和学生在教育过程中为完成一定的教育任务，以"教"和"学"为中介而形成的一种特殊的社会关系，是学校中最基本的人际关系。只有建立平等、民主的师生关系，才能实现教学相长。

建立良好师生关系要做到：①转变观念，树立正确的学生观、师生观和人才观。②师生互相尊重与理解。③教师要努力提高自我修养，健全人格。教师的素质是影响师生关系的核心因素。教师的师德修养、知识能力、教育态度、个性品质都会对学生产生深刻的影响。

2.终身教育思潮的基本观点是什么？联系我国实际举例加以阐述。（见2015年北京师范大学真题）

2011年西南大学333教育综合真题·凯程详解

一、名词解释

1.教育目的（见2015年北京师范大学真题）

2.学制（见2019年北京师范大学真题）

3.榜样法（见2016年北京师范大学真题）

4.课程（见2019年北京师范大学真题）

5.朱子读书法（见2015年东北师范大学真题）

6.道尔顿制（见2011年北京师范大学真题）

二、简答题

1. 当前学校管理呈现哪些发展趋势？（见 2020 年华东师范大学真题）

2. 建构主义学习理论的基本观点有哪些？（见 2013 年华东师范大学真题）

3. 书院产生的条件有哪些？它有什么特点？

【答】（1）书院是中国封建社会自唐末以后的一种重要的教育组织形式。它以私人创办和组织为主，将图书的收藏、整理与教学、研究合为一体，是相对独立于官学之外的民间学术研究和教育机构。

（2）书院产生的条件：①社会动荡，官学衰落，士人失学；②我国有源远流长的私学讲学传统；③佛教禅林制度的影响；④印刷术的发展，书籍大量增加。

（3）书院的特点。（见 2013 年华东师范大学真题）

4. 人文主义教育的特征有哪些？（见 2011 年华东师范大学真题）

三、论述题

1. 试论述教育与人的发展关系。（见 2010 年华中师范大学真题）

（提示：阐述时要紧密结合人的发展规律以及影响人发展的因素）

2. 试论述教学过程的本质。（见 2013 年陕西师范大学真题）

3. 举例说明影响问题解决的主要因素。（见 2017 年陕西师范大学真题）

4. 分析卢梭的自然主义教育理论。（见 2012 年华东师范大学真题）

2012 年西南大学 333 教育综合真题·凯程详解

一、名词解释

1. 狭义的教育

【答】狭义的教育是指教育者专门组织的不断趋向规范化、制度化和体系化的教育，主要指学校教育。学校教育是一种狭义的教育，指教育者根据一定社会或阶级的要求，遵循年轻一代身心发展的规律，有目的、有计划、有组织地引导受教育者获得知识技能，陶冶思想品德，发展智力、体力的一种活动，以便把受教育者培养成一定社会和阶级所需要的人。人的身心发展受多种因素的影响和制约，其中学校教育起着主导作用。

2. 学校管理（见 2015 年北京师范大学真题）

3. 朱子读书法（见 2015 年东北师范大学真题）

4. 苏格拉底法（见 2011 年北京师范大学真题）

5. 学习策略（见 2015 年北京师范大学真题）

6. 心理发展（见 2015 年华中师范大学真题）

二、简答题

1. 简述教学过程中应该处理好的几种关系。（见 2011 年东北师范大学真题）

2. 简述班主任工作的基本内容。

【答】（1）了解和研究学生。这是教育学生、做好班主任工作的必要条件。了解学生集体情况是在了解学生个人情况的基础上进行的。

（2）教导学生学好功课。一般来说，教师要注意教导学生的学习目的和态度；还要加强学习纪律教育，指导学生改进学习方法。

（3）组织班会活动。班会的内容和形式应该多样化、有计划，班会的内容还要能吸引学生，能调动全班同学的兴趣。

（4）组织课外活动、校外活动和指导课余生活。这些活动能培养学生的志趣、才能，丰富学生的生活，但要严格要求学生遵守学校制度和纪律，自觉抵制不良思想风气的侵蚀。

（5）组织学生的劳动。班主任在劳动前要做好劳动准备、思想准备和组织准备。在劳动过程中，要进行教育工作。劳动过后，要进行总结工作，并展示班级学生的劳动成果。

（6）通过家访建立家校联系。班主任应该与家长形成教育合力，共同培养学生，这是一个教师与家长互相协作、共同促进学生发展的过程。

（7）协调各方面对学生的要求。只有班主任将来自各方面的要求进行统一，形成教育合力，对学生的教育才会起作用。

（8）评定学生操行。操行评定是学校对学生进行教育的重要方法。给学生写评语时，要实事求是，抓主要问题，有针对性，能反映学生思想品德的发展趋势和全面表现。

（9）做好班主任工作的计划与总结。班主任工作面广、内容多、连续性强，是一项极为复杂的工作。班主任可以在工作的计划与总结中不断提升自己，获取教师职业更大的发展。

3.简述陶行知的生活教育理论。（见2014年北京师范大学真题）

4.学校进行心理健康教育的主要途径有哪些?（见2015年华中师范大学真题）

三、论述题

1.试论述教育的社会功能。（见2014年北京师范大学真题）

2.试论述如何提高教师素养。（见2020年华东师范大学真题）

3.评述夸美纽斯的教育适应自然原则。

【答】（1）"教育必须适应自然"是夸美纽斯整个教育理论体系的一条根本的指导性原则，它贯穿于《大教学论》的始终。

（2）主要内容。

①教育适应自然原则的中心思想是教育应当服从"普遍秩序"，即教育必须遵循自然界的普遍规律（客观规律）。这包含两层意思：一是教育工作有规律可循，教育者应当遵循；二是教育者在教育过程中应当探求教育的规律。人类的教育活动必须与自然界的普遍规律相适应。他认为旧学校的根本错误是它违背了"自然"。

②根据人的自然本性和年龄特征进行教育是教育适应自然原则的另一个重要内容。夸美纽斯认为各级学校要根据学生的年龄以及已有的知识循序渐进地教学。

（3）评价。

夸美纽斯虽然没有完全抛弃引证《圣经》的做法，但是在教育研究和教育实践中，他能够引证自然界的普遍规律来说明和论证自己的教育主张，并努力把以往零散的教育经验上升为系统化的教育理论。他的这一做法已经把教育理论研究从神学的束缚中解放出来，迈向科学的道路，实现了教育理论的突破性进展。当然，他引证自然，采用与自然或社会现象类比的方法来论述教育问题，不免存在片面性。

4.评述建构主义学习理论。（见2019年华中师范大学真题）

2013年西南大学333教育综合真题·凯程详解

一、名词解释

1.课程（见2019年北京师范大学真题）

2.教学（见2013年陕西师范大学真题）

3.苏格拉底教学法（见2011年北京师范大学真题）

4.中世纪大学

【答】中世纪大学是12世纪左右兴起的自治的教授和学习中心，一般由一名在某一领域有声望的学者和他的追随者自行组织起来，形成类似于行会的师生团体进行教学和知识交易。它不仅是一种新型的教育组织，更代表了一种新的教育思想和精神。它打破了教会对教育的垄断，有利于教育的普及，现代意义上的大学基本上都直接来源于欧洲中世纪大学。但因当时教会势力过大，它的宗教色彩较为浓厚。

5.道尔顿制（见2011年北京师范大学真题）

6.恩物（见2012年北京师范大学真题）

二、简答题

1.简述教师劳动的特点。（见2015年东北师范大学真题）

2.简述洋务学堂的特点。

【答】洋务学堂是洋务运动的重要组成部分，具有新旧杂糅的特点。

（1）洋务学堂的"新"：

①培养目标：造就各项洋务运动事业需要的人才。

②办学性质：提供专门训练的专科性学校，属于部门办学，直接为本部门的需要而培养人才。

③教学内容：以"西文"与"西艺"为主，课程多包含各自专业相关的科学技术课程，注意学以致用。

④教学方法：按照知识的接受规律由浅入深、循序渐进地安排教学内容，重视理解，理论与实践相结合。

⑤教学组织形式：制订分年课程计划和学制年限，采用班级授课制。

（2）洋务学堂的"旧"：

①缺乏全国性的整体规划和学制系统，学校之间很孤立。

②在"中学为体，西学为用"的总原则下，不放弃学习"四书五经"。

③管理上有封建官僚习气，关键管理环节受洋人挟制，影响学堂的正常办理。

（3）意义。

洋务学堂拉开了中国教育近代化的序幕，它以西方近代科技文化为主要课程，在形式上引入了资本主义因素，初步具备近代教育的特征。它产生之初，并未有意与以科举为核心的旧教育相对抗，但产生之后，逐渐动摇和瓦解了旧教育体系，实际上启动了近代中国教育改革的进程，历史意义重大。

3.简述赫尔巴特的教育心理学。（见2013年陕西师范大学真题）

4.简述需要层次理论。

【答】（1）需要层次理论是人本主义心理学理论在动机领域中的体现，美国心理学家马斯洛是这一理论的提出者和代表人物。

（2）马斯洛认为，人的基本需要有七种，它们由低到高依次排列成一定的层次，即生理的需要、安全的需要、归属与爱的需要、尊重的需要、求知与理解的需要、审美的需要和自我实现的需要。这些需要不仅有高低层次之分，还有先后顺序。前四种属于基本需要，是缺失性需要，缺失性需要一旦被满足，其强度就会降低。后三种需要属于成长性需要，其特点在于永不满足，少数人可以达到自我实现的境界。

（3）需要层次理论说明，在某种程度上学生缺乏学习动机可能是由某种缺失性需要没有充分得到满足而引起的。如家境贫寒，生理的需要不能满足；父母离异，归属与爱的需要不能满足；教师过于严厉，尊重的需要不能满足。这些因素会成为学生学习和自我实现的主要障碍。所以，教师不仅要关心学生的学习，也要关心学生的生活和情感，以排除影响学习的一切干扰因素。

三、论述题

1.试论教学评价的CIPP模式。（见2020年东北师范大学真题）

2.试论教育与人的发展关系。（见2010年华中师范大学真题）

3.论述陶行知的生活教育思想及其对我国当前教育的启示。（见2014年北京师范大学真题）

4.论述创造性培养的措施。（见2011年北京师范大学真题）

2014年西南大学333教育综合真题·凯程详解

一、名词解释

1.**学校教育**（见2010年华中师范大学真题）

2.**《学记》**（见2013年东北师范大学真题）

3.**课程标准**（见2015年北京师范大学真题）

4.**班级授课制**（见2016年北京师范大学真题）

5.**教育目的**（见2015年北京师范大学真题）

6.**教育评价**

【答】教育评价是对教育各方面工作质量所做的测量、分析和评定。它以参与教育活动的教师、学生、教学目标、内容、方法、教学设备、时间、场地等因素的有机结合的过程和结果为评价对象，是对教育教学活动的整体功能所做的评价。教育评价有助于提高和改进教学活动，主要包含教学评价、课程评价、学生评价、各项校园活动评价以及学校综合质量评价等。

二、简答题

1.原始社会的教育有哪些特点？

【答】（1）教育目的一致，教育权利平等；（2）以生活经验为教育内容；（3）教育活动在生产、生活中进行；（4）教育的手段局限于言传身教；（5）男女教育有区别，根源在于分工不同；（6）教育还没有专门的场所和专职人员。

2.教师的劳动有哪些特点？（见2015年东北师范大学真题）

3.我国全面发展教育的组成部分及其关系。（见2010年东北师范大学真题+2012年东北师范大学真题）

4.教育有哪些社会功能？（见2014年北京师范大学真题）

5.教育科学研究的基本步骤是什么？

【答】（1）教育科学研究是一种有目的、有计划、有步骤地采用多种方法去认识教育现象及其规律的创造性认识活动。

（2）教育科学研究的基本步骤：①选题；②研究设计；③搜集资料；④整理与分析资料；⑤撰写研究报告；⑥总结与评价。

6.简述学校管理的发展趋势。（见2020年华东师范大学真题）

三、论述题

1.试论述教育对人的发展的重大作用。（见2016年东北师范大学真题）

2.论述如何处理教师的主导作用和学生主体性二者之间的关系。（见2010年北京师范大学真题）

3.联系实际论述如何处理教书与育人的关系。

【答】教书与育人的关系即智育与德育的关系。

（1）智育是传授学生系统的文化知识和技能，发展他们的智力与非智力因素的教育。智育是全面发展教育的基础，为其他各育提供了认识基础。德育即培养人思想道德的教育，是向学生传授一定社会思想准则、行为规范并使其养成相应思想品德的教育活动，是思想教育、政治教育、道德教育、法制教育、健康心理品质教育等方面的总称。

（2）智育和德育都是全面发展教育的重要组成部分。其中智育为人的全面发展提供认识基础，德育为人的全面发展保证方向、提供动力。

2015年西南大学333教育综合真题·凯程详解

一、填空题

1.科学研究渗透到自然和社会中的广泛领域；不同学科的相互渗透

2.教育即生活；教育即生长

3.学而优则仕；社会人事和文事

4.社会主义方向；劳动者

5.教师和学生在教育教学过程中结成的相互关系；人与人之间的关系

6.以高难度进行教学的原则；以高速度进行教学的原则；使学生理解学习过程的原则；使班上全体学生（包括最差的学生）都得到一般发展的原则

7.常模参照测验；标准参照测验

8.学校为主体；上级或外部强加的

二、名词解释

1.终身教育（见2011年华东师范大学真题）

2.社会本位论（见2011年华东师范大学真题）

3.教育实验法

【答】教育实验法是研究者按照研究目的，合理地控制或创设一定的条件，人为地影响研究对象，从而验证假设，探讨教育现象因果关系的一种研究方法，是一种特殊的科学实验活动。教育实验法的特点主要体现在对因果关系的探讨、自变量的操作和对无关变量的合理控制上。

4. 活动课程（见 2013 年东北师范大学真题）

三、简答题

1. 简述学生身心发展的普遍特征及其教育要求。（见 2010 年华中师范大学真题）

2. 简述教师职业发展专业化的内涵及要求。

【答】（1）教师职业发展专业化是指教师以自身专业素质包括知识、技能和情意等方面的提高与完善为基础的专业成长、专业成熟过程，是由非专业人员转向专业人员的过程。教师专业发展既有教师队伍的专业发展，也包括教师个体的专业发展。

（2）教师职业发展专业化的要求：

①教师自身要有专业发展的观念和意识，寻求自我专业发展的途径。

②职前培训（师范教育）与在职培训。教师要学习一般理论，建立专业责任感。

③制订生涯发展规划。认识自我及所处的时间与空间环境；审视发展机会，确定发展目标；制订行动策略并按目标逐步执行；评价发展计划。

④进行教育研究。这是提高教师自身素质、促进教师专业发展的一条有效途径。

⑤进行经常化、系统化的教学反思。反思是教师专业发展的重要方式。

⑥新教师的入职辅导。入职辅导就是学校为新教师适应环境安排了一个有序的计划，主要由有经验的导师进行现场指导。

⑦在参与课程改革和课程开发中获得专业发展。

3. 简述写一篇学术论文的基本结构。

【答】学术论文是科学研究成果的文字陈述。学术论文的总特点是学术性，具体表现为创新性、科学性和实践性。其基本结构为：（1）标题；（2）内容摘要；（3）前言；（4）正文；（5）结论与讨论；（6）引文注释与参考文献。

四、论述题

1. 论述基础教育课程改革的基本动向。

【答】①以学生发展为本、促进学生全面发展与培养个性相结合。把学生的发展作为课程开发的着眼点和目标，强调学生是能动实践的主体。"为了每位学生的发展"是我国基础教育课程改革的核心理念，也是未来课程改革的基本趋势。这种趋势将使学习者有更多机会主动地参与教学过程，充分激发学习主体的自觉性和主动性。

②稳定并加强基础教育。

③加强道德教育和人文教育，加强课程科学性与人文性的融合。道德教育绝不只是政治思想品德课的责任，不仅要重视正式课程的作用，也要重视非正式课程即隐性课程潜移默化的作用，进而形成学校、社会、家庭三位一体的局面。

④加强课程综合化。综合化课程既是为了避免增设新学科造成学生课业负担的需要，也是学生认识和把握科学知识基础的需要。学生在学习综合化课程中不仅可以初步建立合理的认知结构，而且可以养成综合思维能力，培养自主创新的品质。

⑤课程与现代信息技术相结合，加强课程个性化和多样化。课程个性化实际上就是因材施教的问题。网络信息技术在学校教育中的普遍运用，为课程个性化和教学过程的因材施教提供了技术支持。多样化的课程是我国未来的课程改革所倡导的。多样化是统一性前提下的多样化，它是与特色化、层次性、可选择性结合在一起的。

⑥课程法制化。随着我国法制建设的日益完善，我国基础教育课程教材改革也必然会沿着法制化的轨道健康前进。目前，我国已经制定了一系列关于课程教材建设的政策与法规。

2. 分析"传授—接受"教学和"引导—发现"教学的区别。（见 2014 年华中师范大学真题）

3. 分析"素质教育倡而不兴，应试教育批而不立"的原因。

【答】素质教育是指一种以提高受教育者诸方面素质为目标的教育模式。应试教育是一种以提升学生应试能力为主要目的且十分看重考试成绩的教育模式，与素质教育相对应，但并非绝对对立。应试教育虽然有弊端，但就我国国情而言，仍比素质教育更具有可行性，原因如下：

（1）应试教育是一种相对公平公正的教育模式。

我国地域辽阔，教育资源分布不均衡。素质教育比拼教师素质、学校硬件等，实际上是比拼教育资源，最终结果是贫困地区更贫困。应试教育虽然存在一些弊端，但是选拔性的考试也能让贫困地区的学生有机会接受良好的高等教育，是相对公平公正的教育模式。

（2）目前没有更好的办法来代替中考、高考。

素质教育要求全面考查学生，这需要投入大量的人力资源，且具有很大的主观性。每年中考、高考的报考人数众多，实施素质教育是不现实的。而应试教育只需要调整试卷的难度系数，根据学生的考试成绩筛选符合要求的学生录取即可，不需要大量的专家，试卷也有标准答案，选拔过程与结果更客观公正，暂时无可替代。

（3）应试教育有利于学生全面系统地学习基础知识。

应试教育虽然死板、枯燥，但却显示出教学最基础的特点。以接受的方式学习书本知识，可以让学生更快速、高效地掌握系统的科学文化知识。经过系统知识学习的人不容易被不科学的东西影响。

（4）素质教育本身具有一些缺陷：①对"素质"的界定不够清晰、明确；②素质教育理论基础来源于国外，在一定程度上不符合中国的国情；③缺乏能够较好地实施素质教育的师资；④大多数学校并没有切实执行素质教育改革的一些要求。

综上所述，素质教育与应试教育并不是对立的，二者都有其合理性，也都具有一定的局限性，应该把二者结合起来，促使考试制度更加科学化。

（这是发散型问题，考生可以畅所欲言，能够说明道理即可。）

2016年西南大学333教育综合真题·凯程详解

一、名词解释

1. 教育功能

【答】教育功能是教育活动与教育系统对个体发展和社会发展所产生的各种影响和作用。从不同的角度，可将教育功能划分为不同的类型。从教育作用的对象上划分，可以分为个体发展功能与社会发展功能；从教育作用的方向上划分，可以分为正向功能与负向功能；从教育作用的呈现方式上划分，可以分为显性功能与隐性功能。

2. 美育（见2010年东北师范大学真题）

3. 活动课程（见2013年东北师范大学真题）

4. 教学评价（见2015年北京师范大学真题）

5. 科举制度

【答】科举制度产生于隋朝，发展于唐朝，经过宋、明、清各朝代的发展更加完备，清末废除，共存在了1300年。它是我国封建社会中持续时间最长、影响范围最广的选士制度。科举制度以考试为主，荐举为辅。科举制度实行的前期，刺激了学校教育的发展，为封建国家选拔了有才能的人为官，整个社会形成了热爱学习的风气；但后期导致学校成为科举的附庸，科举的弊端显露无遗。总之，科举制度对封建社会产生了重大影响并在当代仍有研究意义。

二、简答题

1. 简述我国教育目的的基本精神。（见2012年北京师范大学真题）

2. 有哪些帮助后进生的方法？

【答】（1）找准原因，对症下药。要使后进生的个别教育工作取得实际效果，就必须调查研究，掌握后进生的性格特点，找准导致他们暂时落后的原因，采取有针对性的措施。

（2）寻找闪光点，增强自信心。自尊心的满足和自信心的树立对于推动后进生的进步至关重要。教师要注意鼓励后进生，及时给予他们中肯的评价和表扬，让他们得到尊重，重拾信心。

（3）以情动人，以理服人。教师要主动亲近后进生，用爱感染他们。要深入浅出地讲道理，结合学生身边的实际情况，使他们感到真实可信，从而树立正确的是非观念。

（4）抓住时机。对后进生的转化教育要善于抓住转变时机。教师要审时度势，当机立断，勇敢冲击。

（5）注意反复，坚持不懈。后进生的个别转化教育是长期性的工作，进步过程也不会都是直线的，教师要有耐心和决心，帮助后进生不断进步。

3. 简述夸美纽斯的教育思想。

【答】（1）17世纪捷克伟大的教育改革家和教育理论家夸美纽斯在《大教学论》中系统阐述了他的教育思想。

（2）思想内容。

①教育目的与教育作用。宗教性的教育目的是为人来世生活做好准备；现实性的教育目的是培养具有"学问、德行、虔信"的人。教育的作用是改造社会、建设国家以及发展人的天赋。

②教育适应自然原则。一方面，教育应当服从大自然的"普遍秩序"，即客观规律；另一方面，教育要根据人的自然本性和年龄特征进行。

③泛智教育、普及教育。泛智思想要求"把一切事物教给一切人"，并且认为"一切儿童都可以教育成人"。夸美纽斯建立了普及教育理论体系，主张广设泛智学校，由国家普及教育。

④统一学制。为了便于管理全国学校，更好地普及教育，他主张建立全国统一学制：婴儿期，进入母育学校；儿童期，进入国语学校；少年期，进入拉丁语学校；青年期，进入大学。

⑤学年制和班级授课制。所有公立学校统一招生时间，同时开学与放假，通过考试同时升级。班级授课制，就是把不同年龄、不同知识水平的儿童，分成不同班级，按班级进行教学。

⑥教学原则。夸美纽斯是首个把教学原则进行归纳总结的人。教学原则主要有直观性、自觉主动性、巩固性、量力性、系统性和循序渐进原则。

⑦德育论。夸美纽斯认为，德育比智育更重要，要求把世俗道德的培养从宗教中分离出来。德育要为国家政治服务，关心国家的文化繁荣。

⑧教育管理思想。夸美纽斯认为，国家应该重视教育，普遍设立学校。他主张国家设置督学，对全国的教育进行监督，以保证全国教育的统一发展。

（3）评价。

①夸美纽斯基于"泛智"思想，第一次提出了统一的学校体系，打破了封建教育的等级限制，在西方教育发展史上是一个重大的进步，也是夸美纽斯的巨大贡献。

②夸美纽斯普及教育思想、教育适应自然原则的提出，充分地显示了他的民主主义和人道主义教育思想。

③在历史上，他第一次系统地总结了教学原则，其教学理论包含了大量宝贵的教学经验，在一定程度上反映了教学工作的客观性、规律性，具有普遍的指导意义。

④他论述了教育的作用，试图让所有的人都接受高等教育，制定了学制和班级授课制，编写了教科书，他的很多创举在教育领域都具有开拓意义，尤其在教育理论方面，奠定了近代教育理论的基础。

⑤他的思想也存在着一些缺陷，主要是认识和时代的局限性，导致其教育思想中带有严重的宗教性，对科学知识的认识也不够准确。但是，从整体来看，夸美纽斯在世界教育史上建立了丰功伟绩。

4. 简述皮亚杰的认知理论。（见 2012 年东北师范大学真题）

5. 简述教师在教学活动中的职业角色。（见 2018 年东北师范大学真题）

6. 简述学校管理的发展趋势。（见 2020 年华东师范大学真题）

三、判断说理题

1. 教育对人的影响不是主要影响。

【答】错误。

影响人身心发展的因素有遗传素质、环境、教育和人的主观能动性。其中，教育对人的身心发展起主导作用。

教育起主导作用的原因有：①教育是一种有目的地培养人的活动，它规定着人的发展方向；②教育，特别是学校教育，给人带来的影响比较全面、系统和深刻；③学校有专门负责从事教育工作的教师；④学校教育是制度化、规范化、规律化、专门化的教育，可以让青少年迅速、有效地掌握各方面的专业技能；⑤现代社会的竞争是知识的竞争，学校教育有利于青少年掌握必要的理论知识，是一个人踏上社会所必不可少的；⑥年轻一代接受学校教育，也是优化职业选择的必由之路。

因此，教育对人的影响是主要影响。

2. 恩物是福禄培尔为儿童设计的玩具，其体现了自然教育原则。

【答】正确。

恩物是福禄培尔幼儿教育课程体系中的重要教学用具。其中真正的恩物应当满足三个条件：①既能使儿童理解周围世界，又能表达他们对客观世界的认识；②每种恩物包含前面的恩物，并应预示后继的恩物；③每种恩物本身表现为完整的、有秩序的、统一的观念——整体由部分组成，部分可形成有序的整体。

自然教育原则包括两方面：一是顺应大自然，二是顺应儿童的"自然本身"，即儿童的身心发展规律。

在福禄培尔看来，恩物就是"大自然的缩影"。恩物的教育价值就在于它是帮助儿童认识自然及其内在规律的重要工具。恩物作为自然的象征，能帮助儿童由易到难、由简及繁、循序渐进地认识自然，既与大自然的规律相一致，又符合了儿童的身心发展规律。

因此，恩物体现了自然教育原则。

3.学生的学习动机完全依赖于外界的物质奖励。

【答】错误。

根据学习动机影响学生学业成就的不同，奥苏伯尔将学习动机分为认知内驱力、自我提高内驱力、附属内驱力。认知内驱力是在要求理解和掌握知识需要的基础上产生的，指向学习任务本身；自我提高内驱力是个体因自己的学业成就而赢得相应地位的需要，把学业看成赢得地位和自尊的根源；附属内驱力是在个体希望获得他人关心、认可、友谊与支持需要的基础上产生的，其目标是获得他人的赞许和认可。后两者都是外部动机。

外界的物质奖励属于附属内驱力，而学习动机还有认知内驱力和自我提高内驱力。因此，题中的说法是错误的。

4.教学过程就是教师教授知识的过程。

【答】错误。

教学是由教师的"教"和学生的"学"所组成的双边活动过程。通过教学，学生在教师有计划、有步骤的引导下，积极主动地掌握系统科学文化知识和技能，发展智力、体力，陶冶品德，养成全面发展的个性。

题中的说法仅仅把教学说成是教师传授知识的过程，忽视了教学对发展学生智力的作用和对学生进行德育、体育、美育和综合实践活动的作用，因此是错误的。

四、论述题

1.为什么说班级授课制是主要的教学形式？

【答】（1）班级授课制是一种集体教学形式，它把一定数量的学生按年龄与知识程度编成固定的班级，根据课表和作息时间表，安排教师有计划地向全班学生集体授课。同一班级的学生的学习内容和进度必须一致。

（2）班级授课制的特点：学生固定、教师固定、时间固定、场所固定、内容固定。

（3）班级授课制具备以下优点，而这些优点是其他教学组织形式所不具备的，所以班级授课制成了最主要的教学组织形式。

①大规模向全体学生教学，教学效率高。

②以课为单位进行教学是比较科学的方式，能提高教学质量，并使学生获得系统的科学知识。

③它能发挥教师系统讲授的优势，有效发挥教师的主导作用。

④有利于发挥班集体的教育作用，培养学生的集体感。

⑤有利于教育的普及与发展。

⑥形成一整套严格制度，如学年、学期、学周制，招生、考试、留级和毕业制度等。

⑦能促进学生的社会化与个性化。

⑧班级授课制是主要的也是基本的教学组织形式，是因为它能解决教学的基本矛盾：个体认识和总体认识之间的矛盾。它是一种经济高效的教学制度和教学组织形式。与此同时，其自身也在不断地改革和完善，实现以班级授课制为基础的教学组织形式的多样化。

2.论述孔子的教育对象、教育内容、教育方法。（见2012年北京师范大学真题）

3.论述掌握知识和发展智力的关系。（见2012年东北师范大学真题）

2017年西南大学333教育综合真题·凯程详解

一、名词解释

1.《论语》（见2010年东北师范大学真题）

2.师生关系

【答】师生关系是教学活动中所产生的教师和学生之间的关系，它对实现教学目标有重要影响。这种关系首先表现为：①师生之间的工作关系，是师生为完成一定的教学任务而产生的关系；②师生之间的人际关系，是师生在教学中为满足交往的需要而产生的关系；③师生之间的组织关系，是师生在教学中所处不同位置，履行不同职责而产生的关系；④师生之间的心理关系，是师生在教学中相互感知和理解而产生的关系。

3.教育评价（见2014年西南大学真题）

4.教育研究

【答】教育研究是以发现或发展科学知识体系为导向，通过对教育现象的解释、预测和控制，以促进一般化原理、原则的发展。教育研究由三个基本要素组成：客观事实、科学理论和方法技术。教育研究的过程分为六个阶段，分别是选题阶段、研究设计阶段、搜集资料阶段、整理与分析资料阶段、撰写研究报告阶段和总结与评价阶段。

二、简答题

1. 现代教育的基本特征是什么？（见2013年北京师范大学真题）

2. 我国教育目的的精神实质是什么？（见2012年北京师范大学真题）

3. 学校管理的概念及内容是什么？

【答】（1）学校管理是学校管理者在一定的社会历史条件下，通过一定的组织机构和制度，采用一定的方法和手段，带领和引导师生员工，充分发挥学校人、财、物、时间、空间和信息等资源的最佳整体功能，卓有成效地实现学校工作目标的组织活动。学校管理的构成要素包括学校管理者、学校管理对象和学校管理手段。

（2）学校管理的内容：

①教学管理：包括教学思想管理、教学组织管理和教学质量管理。

②教师管理：包括教师的选拔、任用、培养和考评。

③学生管理：包括学生思想品德的管理、学习管理、健康管理、组织管理、课外活动管理等方面。

④总务管理：包括财务管理、生活管理、校产管理和环境管理等方面。

三、论述题

1. 论述学校教育影响人发展的机理。

【答】（1）学校教育的内涵。

学校教育是一种狭义的教育，指教育者根据一定社会或阶级的要求，遵循年轻一代身心发展的规律，有目的、有计划、有组织地引导受教育者获得知识技能，陶冶思想品德，发展智力、体力的一种活动。它能把受教育者培养成一定社会和阶级所需要的人。

（2）学校教育在人的身心发展中的作用及实现条件。（见2019年华中师范大学真题）

2. 论述教师专业发展的内涵及其要求。（见2015年西南大学真题）

3. 论述综合课程的含义、优势与不足。

【答】（1）含义：所谓综合课程，也叫"广域课程""统合课程"和"合成课程"，是打破传统的学科课程的知识领域，组合相邻领域的学科构成的一门学科，其根本目的是克服学科课程分科过细的问题。

（2）优势：①综合课程坚持课程统一性的观点，符合学生认识世界的特点，有利于学生整体把握客观世界。②有利于促进知识的迁移。③可以弥合知识间的割裂性，培养学生综合分析、解决问题的能力。④综合课程是学生未来就业的需要。⑤综合课程贴近社会现实和生活实际。

（3）不足：①忽视每门学科自身的逻辑结构。②教材编写困难。怎样把各门学科的知识综合在一起，这是个棘手的问题；通晓各门学科的人才较少，聘请各科优秀的教师合作编写综合课程的教材也困难重重。③师资问题。没有很好的综合课程的教师能够驾驭综合课程，培养综合课程的师资也是一大困难。

4. 举例说明如何组织和培养学生班集体。（见2014年华东师范大学真题）

5. 如何实施中小学校园文化建设？

【答】（1）校园文化建设主要分为三个部分，包括物质文化建设、精神文化建设和制度文化建设。这三个方面建设的全面、协调发展，将为学校树立起完整的文化形象。

（2）表现。

①物质文化：在校园文化建设中，精神文化是目的，物质文化是实现目的的途径和载体，是推进学校文化建设的必要前提。物质文化建设是校园文化建设的重要组成部分和重要的支撑。

②精神文化：精神文化建设是校园文化建设的核心内容，也是校园文化的最高层次。校园精神文化又被称为"学校精神"，并具体体现在校风、教风、学风、班风和学校人际关系上。

③制度文化：校制度文化作为校园文化的内在机制，包括学校的传统、仪式和规章制度，是维系学校正常秩序必不可少的保障机制，是校园文化建设的保障系统。

（3）措施。

①宣传教育，即开展以形势政策、爱国主义主旋律教育为主要内容的各种报告、讲座、媒体宣传等。

②各种文化活动，即开展知识讲座、辩论赛、演讲赛、征文比赛、读书工程、体育节、学术讲座等。

③社会实践，即开展社会调查、社会服务等。

④社团活动，即学生根据兴趣爱好自愿组成社团组织，在学校有关部门的指导下开展活动。

⑤社区文化活动，即以社区为单位组织的各种文化活动，如宿舍文化活动等。

⑥心理咨询，即心理测试等活动。

（4）意义。

①校园文化是一种氛围、一种精神。校园文化是学校发展的灵魂，是凝聚人心、展示学校形象、提高学校文明程度的重要体现。健康、向上、丰富的校园文化对学生的品性形成具有渗透性、持久性和选择性的影响，对于提高学生的人文道德素养、拓宽同学们的视野、培养跨世纪人才具有深远意义。

②校园文化建设可以极大提升学校的文化品位。校园文化作为一种环境教育力量，对学生的健康成长有着巨大的影响。校园文化建设的终极目标就在于创建一种氛围，以陶冶学生的情操，构建健康的人格，全面提高学生素质。

③校园文化是一所学校综合实力的反映。校园文化的核心竞争力主要表现在文化的凝聚力和创造力上，优秀的校园文化能赋予师生独立的人格、独立的精神，激励师生不断反思、不断超越。

四、材料分析题

用教育学原理分析"虎妈米爸"的教育方式及网友关于教育的观点。

【答】（1）"虎妈米爸"的教育方式是不恰当的。主要原因如下：

①从教育目的来看，教育的目的是促进人的全面发展。人的全面发展是指受教育者必须在德、智、体、美诸方面都得到发展，而"虎妈米爸"更重视孩子的学习成绩是否优异，拉琴是否能够得到奖项，并未关注孩子的全面发展。

②从教育规律来看，教育过程要遵循受教育者的身心发展规律，尊重其主观能动性。"虎妈"的威逼利诱和"米爸"让两岁孩子拉琴都是违背教育规律的。两岁的孩子，骨骼还没有发育好，不仅单手拿琴的支撑力量不够，其理解能力等也都不够。

（2）网友 A 与网友 B 的观点有一定的合理性，网友 C 的观点则是不正确的。具体原因如下：

①对于孩子的兴趣爱好，家长应该根据孩子的身体机能以及特定心理来进行谋划。专家一般建议三岁半到四岁开始学习拉琴，最好是四岁，两岁的小孩喜欢拉琴，父母可以从小培养，但是两岁的孩子心智不成熟，单手拿琴的支撑力量也不够，练琴也会给孩子带来一定生理上的压力。因此，父母可以从小给孩子营造一种氛围，可以给孩子放一些演奏的视频，在家长的协助下让孩子拉一些简单的音符等，等到孩子各方面发展符合要求了，再进行锻炼，才会收到事半功倍的效果。

②"有痛苦的童年才有成功的成年"这种观点是错误的。童年期是为一生的学习活动奠定基础知识和学习能力的时期，是心理发展的一个重要阶段。如果童年期过得很痛苦，则容易造成心理问题，未来难以成为一个身心全面发展的成年人。

2018年西南大学333教育综合真题·凯程详解

一、理论阐述

描述未来教育的基本特征，分析未来教育的产生背景及其启发。

【答】"百年大计，教育为本。"一个国家或民族要想在竞争激烈的社会中占有一席之地，必须大力发展教育事业，将教育事业推向时代的顶端。教育是面向未来的事业，随着互联网信息技术的高速发展，教育教学形式、方法等都发生了巨大变化，未来的教育将会朝着信息化、智能化、多样化的方向发展。

（1）信息技术在教育中应用更广泛。

在教育领域，以互联网、云计算、人工智能等为代表的信息技术在教育领域中的应用越来越广泛，教育业务开始智能化、自动化和数字化。信息技术在教育领域的应用提高了教育的效率，降低了教育投入的成本，取得了更好的教学效果。

（2）教育培养目标转向以能力培养为主。

未来社会所需要的人才和当今社会需要的人才有着极大的不同，面对未来职业的改变，教育领域必须及时调整人才培养目标，由以知识记忆为主转向以能力培养为主，更加注重培养人的批判性思考能力、创造能力、创新精神。

（3）教师的角色和作用发生变化。

随着社会的进步，教师的角色和作用的变化主要体现在两个方面：一是教师角色的分工更加明显；二是教师将主要承担起学生学习规划者和引导者的作用，而不是直接的知识传授。随着信息技术特别是人工智能的广泛应用，混合式学习日渐普及，学习更加以学生为中心，大部分教师的作用将不再是直接传授知识，而是要承担起为学生制订个性化学习方案的角色。

（4）学生的培养更加个性化。

个性化培养是指学校根据每个学生的特点而采取针对性教育培养的人才培养模式。随着技术的进步，特别是互联网、大数据、人工智能和物联网在教育中的应用，为学生的个性化培养提供了技术上和经济上的可能性，有利于发挥学生的最大潜能，激发学生的学习兴趣。

（5）终身学习成为人们的生活方式。

终身学习是一种学习理念，随着人类社会迈入知识社会，社会对人们知识和能力的要求日新月异，学习主要在学校完成的方式已经不能够适应社会发展的需要，技术的进步尤其是信息技术的发展也为人们终身学习提供了可能。学习将伴随人的一生，终身学习将成为人们的日常生活方式。

二、分析应用

概括全面发展教育内容之间的关系并联系实际探讨该关系理论的实践指导意义。（见 2010 年东北师范大学真题 +2012 年东北师范大学真题）

三、课程教学

阐述综合课程的内涵及特点并联系中小学教学的实际分析综合课程的利与弊。

【答】（1）综合课程的内涵、优点与缺点。（见 2017 年西南大学真题）

（2）综合课程问题目前的解决对策：①采用协同教学方式，即几个教师共同承担一门综合课程的讲课任务，但难免带有"拼盘教学"的感觉，没有真正体现综合课程的真谛；②开设综合课程专业来培养综合课程的教师。

四、名著研讨

概括、评价杜威的著作《民主主义与教育》的基本思想。

【答】（1）《民主主义与教育》是美国著名教育家杜威的代表作，与柏拉图的《理想国》和卢梭的《爱弥儿》一起被称为教育史上三个里程碑式的著作。书中全面阐述了杜威的实用主义教育理论，包括"教育即生长""教育即生活""教育即经验的持续不断地改造"的教育本质论和杜威的教育目的论、课程与教学论、德育论、反省思维等。

（2）杜威的教育思想。（见 2011 年北京师范大学真题）

五、实践探讨

评析当前我国中小学教师专业发展的现状，概括影响教师专业发展的因素，提出改善教师专业发展的建议。

【答】（1）我国中小学教师专业发展的现状。

①教师的分布与结构失衡。由于城市教师的工作条件和待遇较好，农村教师的工作条件比较艰苦，所以城市中小学教师的数量较多。

②教师的质量不均衡。例如，我国相当一部分教师尤其是农村中小学教师原有的基础较差；有的教师所学专业并非所教的专业，进而出现所学非所用、所用非所学的状况。

③教师队伍不够稳定，师资流失严重。主要影响因素是教师的物质待遇。

④不少教师还缺乏现代教育的意识和能力。由于受到传统教育思想的影响，又缺乏接触与研习新的教育思想的机遇，许多教师仍持有传统的教育教学观和师生观。

（2）影响教师专业发展的因素：①教师自身寻求发展的心向；②学校环境及校长支持；③社会环境与生存状况。

（3）改善教师专业发展的建议。（见 2015 年西南大学真题）

六、管理研究

假如你是一位中小学的校长，为了本校的发展，请阐述你将如何开展"校本教研"的活动。

【答】（1）我们应该本着边学习、边实践、边反思、边改进、边发展的原则，开展"以校为本"的教学研究，努力培养教师教学的科研素质，促进教学科研和学生素质的发展，不断提高教学质量，逐步凸显我校的教学管理特色。

（2）措施。

①建立校本培训制度，提高教师的思想政治和业务素质。

②建立学习交流制度。学校利用周日工作例会，让教师交流学习心得。为了提高学习的有效性，交流的内容由学校教科室根据各阶段安排事先指定，使其有所针对和准备。

③建立协作制度。协作制度主要包括校际协作及同伴互助。校际协作主要是指骨干学校与我校之间的结对帮扶式协作。校内以教研组、备课组为互助载体，促进教师与同伴的对话。

④建立青年教师培养制度。学校对青年教师，提出"一年适应、两年胜任、三年挑大梁"的奋斗目标。学校选配业务精、能力强、有敬业精神的骨干教师与青年教师结成师徒对子。

⑤建立备课组集体备课管理制度。组长要做好备课组活动计划，做到备课组活动记录和总结反思。备课组活动要有主题，要精心组织开展、提高备课组的活动质量。

⑥建立学科组建设管理制度。对学科组长进行培训，指导学科组长组织好每月一次的全组教育理论、学科质量、教研等学习交流活动，平时注重发挥学科组长的作用，积极做好工作。

⑦除此之外，还有教学教研常规检查制度、听课制度、总结评比制度、教学反思制度等。

（3）评价。

校本教研，激发了教师的内驱力，营造了良好的学习氛围。教研活动的开展，使教师的日常教学更符合新课程理念，更新了教师的教学观念和方法，有效提高了教师课堂的教学水平。走符合学校的校本教研之路，开展适合教师实际的校本教研活动，让每位教师都在研究自己的过程中得到发展。

2019 年西南大学 333 教育综合真题·凯程详解

一、理论阐述

教育当中学生身心发展主要的共性特征是什么？这些共性特征对学校的教育教学工作提出的要求是什么？（见 2010 年华中师范大学真题）

二、分析综合

何谓立德树人？学校当前在立德树人方面有哪些偏差？你认为应该如何进一步提高学校立德树人工作的成效？

【答】（1）立德，就是坚持德育为先，通过正面教育来引导人、感化人、激励人；树人，就是坚持以人为本，通过合适的教育来塑造人、改变人、发展人。立德树人就是自身树立德业，给后代做榜样，培养人才。

（2）学校当前在立德树人方面的偏差：①对德育工作的意义和价值认识不到位；②缺乏校园文化氛围；③缺乏高水平的师资和管理队伍。

（3）提高学校立德树人工作成效的措施：

①我们要充分认识社会主义核心价值体系对于学校思政和德育工作的重要意义和价值。学校作为培养青少年学生的重要阵地，学校的思政和德育工作是社会主义核心价值体系建设中不可分割的一部分。

②我们要积极营造社会主义核心价值观的校园文化氛围，加强校园文化建设和管理，形成良好的校园文化环境。要充分发挥校园文化的引导作用，建设社会主义核心价值观的校园文化。

③要做好立德树人的工作，最为核心的是在学校培养"德才兼备，以德为先"的高水平的师资和管理队伍，形成以德修身、以德服众、以德领才、以德润才、德才兼备的用人导向。

三、评价应用

何谓教育现代化？如何判断一所学校的现代化水平？如何推进一所学校的现代化建设工作？

【答】（1）教育现代化的核心是人的现代化，特别是人的观念的现代化。其主要表现在现代人的观念的确立，教育发展水平和科学技术应用的广度和深度的不断提高，教育制度的不断创新和教育结构的丰富多样性上。

（2）学校现代化水平的表现：

①观念层面的现代化。适应社会发展的先进教育观念对社会和教育发展起着积极的促进作用，教育观念的现

代化就是树立与现代社会发展需要相一致的教育观念，如终身教育观、教育主体观、教育民主观等。教育观念的现代化是实现教育现代化的一个重要前提。

②制度层面的现代化。教育制度现代化是教育现代化的基本内容和重要保障。具体来说，国家要建立高质量、高效的教育管理体制；坚持开放、民主的教育管理原则；使用现代管理技术的教育管理手段。

③教育内容的现代化。通过教育内容的调整推进教育现代化是各国教育改革的一个焦点，注重课程的时代性和稳定性、结构性和系统性的统一，加强学科之间的相互渗透，调整必修课和选修课的比例，引进科技发展的新成就、新理论，是教育内容现代化的表现形式。

④教育条件设备的现代化。教育条件设备是反映教育教学水平的一个重要标志。现代科学技术的发展为教育条件设备现代化创造了条件，在教育教学中使用先进教学手段，如幻灯片、投影、录音、录像、闭路电视、计算机多媒体等都是教育现代化的标志。

⑤教师素质的现代化。教育现代化的关键是教师素质的现代化，包括教师的思想观念现代化、职业道德素质现代化、知识构成现代化和教育能力现代化等方面。

（3）推进学校的现代化建设工作需要做到以下几点：

①建设现代学校制度，大力倡导"以人为本"的管理理念，建立健全民主管理制度。②改进教育条件设备，使用先进的教学手段。③提高教师素质，培养现代化的教师队伍。

四、课程教学

何谓创新型教学？比较创新型教学与传统型教学的异同。开展创新型教学时需要注意哪些事项？

【答】（1）创新型教学的含义：

创新型教学指教师在教学过程中遵循创造活动的一般规律，引导学生以创造性的态度、运用创造性思维、充分发挥自主力量和身心潜能来吸收和掌握已有文化成果以及探索某些未知问题。

（2）创新型教学与传统型教学的异同：

相同点：都重视基础知识和基本技能的传授，都是为了促进学生的发展。

不同点：①教师角色不同。在创新型教学中，学生占主体地位，教师是课堂情景的设计者；在传统型教学中，教师占主导地位，是信息的唯一提供者。②教育目的不同。传统型教学的目的是传授基本知识与技能；创新型教学虽也重视这些，但其最终目标是促进创新能力的发展。③教学方法不同。传统型教学注重知识的灌输，向学生提供现成的结论；创新型教学引导学生自己去发现、揣摩、探究，自己去获得知识的结论，从而培养分析问题和解决问题的能力。

（3）开展创新型教学时需要注意的事项：

①转变教学理念。教师在教学中既要把知识传授给学生，也要引导学生成为学习的主体，从传统的只是一味地讲授知识的灌输型教学模式转变到与学生一起思考、一起学习的研究型教学模式。

②转变教学方法。教学方法应从以教师为中心的知识传授型向知识传授与探索相结合转变。例如，可以采用启发式的教学方法，让学生成为知识的发现者，启发学生的求知欲，提高学生的创新能力。

③创设良好的课堂氛围。在教学过程中，创设良好的氛围，让学生敢于发表不同的见解，敢于提出一些意料之外又在情理之中的问题，培养学生的独立思考能力与创新能力。

④教师要培养自己的创新意识、创新精神和创新人格。进行创新型教学，关键要有创新型教师。教师要转变教育教学观念；不断学习关于创造性的心理学知识并指导实践；保护学生的好奇心，鼓励独创性与多样性。

五、学校管理

何谓校本管理？你认为当前中小学校本管理存在哪些问题？如何改进校本管理？

【答】（1）校本管理是20世纪80年代后期发端于美国而后影响许多国家和地区的国际性教育管理改革。它强调教育管理权的下移，把中小学作为决策主体，构筑学校与外部及学校内部之间的新型关系。其着眼点在于学校效能的提高。戴维所概括的"校本管理＝自主＋共同决策"，反映了校本管理的基本特点。校本管理具有学校自主、共同决策、校长负责的特点。

（2）中小学校校本管理存在的问题：

①学校自主方面。校本管理是以学校自主办学模式取代过去的政府包揽办学模式，学校成为独立办学主体，并以独立的法人资格对学校发展承担责任。我国的现状是：为了方便教育行政部门的计划安排，学校的许多权利都被控制在教育行政部门手中。

②共同决策方面。共同决策主要是指校长、教师、家长、社区人员，有时也包括学生共同参与学校的各项决

策。但家长制作风和蔑视教职工的民主权利等现象时有发生。

③校长负责方面。校长负责制主要是校长全面地对学校负责，党组织负责监督，教职工民主参与。但很多时候校长有责无权。

（3）改进校本管理的措施：

①教育行政部门要简政放权。教育行政部门控制的学校内部管理应全部返还给学校，学校必须拥有完整的办学自主权，校长接受教育行政部门的委托，代表国家行使这些权利。基层教育行政部门，其管理工作无论怎样具体，都不能代替校长行使学校内部的管理权。

②倡导集体参与、共同决策。校长与教职工代表、社区人员、家长委员会等形成良好的互动关系，集体参与，共同决策，促进学校的发展。

③完善校长负责制。一是建立科学的校长遴选制度，做到规范化、民主化、公开化，形成优胜劣汰的淘汰机制；二是营造学校改革的宽松环境；三是建立合理的咨询监督机制，防止校长权力滥用的同时为校长出谋划策；四是配套改革，整体推进；五是建立严格的法律保障制度，将改革成果制度化、法治化，提高教育立法和执法水平，维护校园和谐。

六、教育研究

何谓教育研究？阐述教育研究所包括的各个基本步骤的工作要领。

【答】（1）教育研究是一种有目的、有计划、有步骤地采用多种方法去认识教育现象及其规律的创造性认识活动。教育研究由三个基本要素组成：客观事实、科学理论和方法技术。它们同样执行着解释、预测和控制的功能，只是研究对象的特点不同。

（2）教育研究的过程。

①选题阶段。选定课题包括提出问题和确定课题。首先要判断问题本身的理论价值或应用价值；进而考虑研究人员的研究实力和学术兴趣；最后还须考虑资料、仪器、设备等物质条件。

②研究设计阶段。研究计划的设计是整个研究工作中的重要一步。研究设计是否合理完善，不仅直接影响研究的预定目标能否实现，影响研究工作的效率，而且还会影响研究结果的可靠性、科学性。

③搜集资料阶段。为了完成研究课题，必须形成对客观存在的有关事实的科学认识。因此，应运用多种方法来搜集和获取资料。在教育研究中用来搜集资料的主要方法有观察法、问卷调查法、访谈调查法、测验法等。

④整理与分析资料阶段。运用科学的方法对搜集到的资料进行整理，使之系统化、条理化。资料搜集后要进行整理和分析，最关键的问题是形成科学事实，即把分析和研究的结果归纳成几条原理、原则或者对其做出事实判断。

⑤撰写研究报告阶段。对教育研究的总结是指对研究课题的选择，研究设计，研究资料的搜集、整理、分析以及研究结论的形成等全过程进行系统的整理和概括。在此基础上按照规范撰写科研论文或研究报告，以展示科研成果。

⑥总结与评价阶段。总结和评价是研究活动的最后一个环节。评价首先是要对研究成果的学术水平和应用价值进行鉴定，其次是要对研究活动的科学性进行评估。

2020年西南大学333教育综合真题·凯程详解

一、名词解释

1.教育原则

【答】教育原则是教育规律在教育中的反映。教育原则是第二性的，是人们根据需要制定的教学活动的基本准则，它与科学发展水平、人们的认识能力密切相关。人们的认识、对经验的概括程度、时代要求等不一样，教育原则也就不同。

2.教育作品法

【答】教育作品法是教育心理学的研究方法之一，又称作品分析法或产品分析法，是指通过分析学生的活动产品，以了解学生的能力倾向、技能、熟练程度、情感状态、知识范围和科学素养发展水平。

3.劳动技术教育

【答】劳动技术教育是指把劳动教育与工农业生产、社会服务性劳动的技术教育结合起来，培养学生的劳动观点，形成劳动习惯，并使学生初步掌握一定的劳动技术知识和技能的教育，既有利于促进学生德、智、体等方面的全面发展，也为他们将来的就业准备一定的条件。

4. 课程标准（见 2015 年北京师范大学真题）

二、辨析题

1. 学校教育中学生是主、客体的合一。

【答】正确。一方面，在教育过程中，学生是教育的对象，教师是整个教育过程的组织者和领导者，从而决定学生在教育过程中处于客体地位；同时，学生本身所具备的可塑性、依附性和向师性的特点，也说明学生处于客体地位。另一方面，学生是处于发展中的人，具有主观能动性。学生在教育过程中的活动是有意识、有目的的活动，学生始终是教育活动中的积极参与者。学生作为有自觉性和独立性的人，决定了他们又是自我教育和发展的主体。

2. 学校体育的任务就是增强学生体质。

【答】错误。体育是授予学生健康的知识和技能，发展他们的体力，增强他们的体质，培养他们的意志力，使其养成良好的卫生保健习惯的教育。增强学生的体质是学校体育的根本任务，并不是唯一任务。

3. 根据课程设计和课程目标的来源，一般可把课程资源分为校内课程资源、校外课程资源和信息化课程资源。

【答】错误。根据课程设计和课程目标的来源，一般可把课程资源分为社会资源、自然资源、人力资源和文化资源；根据课程的物理特性和呈现方式，课程资源可分为文字资源、实物资源、活动资源和信息化资源。

4. 网络教育因其信息借助于网络传播突破了时间与空间的限制，展现出开放性、全球性和交互性等特点。

【答】正确。网络教育主要是指以多媒体技术为主要媒体，在网上进行跨时空、跨地域，实时或非实时的交互式教学形式。

（1）开放性体现在：①开放的办学理念，其教育对象广泛，有着终身教育的理念，为实现教育公平做出了巨大贡献。②开放的教学平台，体现为教学资源、学习方式和教学互动模式的开放性。③开放的管理体系，包括远程、独立的个体管理模式和开放的评价体系。

（2）全球性体现在其可通过网络共享全球范围内的优质资源。

（3）交互性体现在网络教育具有丰富的教学交互手段和突出的教学交互功能，可以为学生与教师之间、学生与学生之间进行教学互动和协作学习提供网络学习交互环境和平台，学生通过教学交互获得需要的教学资源、学习指导和支持服务。

三、简答题

1. 简述教育价值的基本类型。

【答】（1）从同一教育现象或者教育活动的两种不同功用，将教育价值分为教育的内在价值和教育的外在价值，亦称教育的理想价值和教育的工具价值。其代表人物是杜威。

观点：杜威从目的和手段的关系说明教育的内在价值和外在价值。当某一教育内容或者要素成为教育的直接目的时，它具有内在价值属性；当它成为实现别的目的的手段、方法或途径时，具有外在价值属性。杜威认为内在价值和外在价值不能截然分开，它们是相对的，同一客体在不同的关系背景中可能具有两种价值属性。

（2）从教育内容中所包含的知识类型进行分类，将教育价值分为知识的价值和训练的价值。其代表人物有斯宾塞、巴格莱、怀特海。

观点：知识的价值就是指导行为的作用，而训练的价值是对学生思维的培养和人格的陶冶作用。斯宾塞根据知识价值论将教育活动分为五大类：①直接保全自己的活动；②间接保全自己的活动；③目的在于抚养和教育子女的活动；④与维持正常的社会政治关系有关的活动；⑤在生活中的闲暇时间满足爱好和感情的各种活动。

（3）从哲学的基本观点出发对教育价值进行分类：有以哲学基本观点或流派为划分依据的，如唯心主义、存在主义、实用主义等教育价值论；有以教育哲学思想为理论基础，具体讨论某种教育哲学指导下的教育价值观点的，如进步主义、要素主义等。

2. 简述教育的社会性表现。（见 2014 年北京师范大学真题）

3. 简述义务教育的基本特点。

【答】（1）义务教育是根据法律规定，适龄儿童和青少年都必须接受的，国家、社会、家庭必须予以保障的国民教育。其实质是国家依照法律的规定对适龄儿童和青少年实施的一定年限的强迫教育的制度。义务教育又称强迫教育和免费义务教育。

（2）义务教育的特点。

①强制性，又叫义务性。让适龄儿童、少年接受义务教育是学校、家长和社会的义务。义务教育的国家强制性是义务教育最本质的特征。义务教育不仅是受教育者的权利，而且是国家应尽的义务。

②普及性。根据法律规定，所有适龄儿童、少年都必须完成规定年限的教育，并接受基础知识、基本技能、基本方法和基本态度等方面的教育。这不仅是社会生产力发展的客观要求，而且是现代社会对每一个公民素质的最基本要求。

③免费性。这是指国家对接受义务教育的学生免除全部或者大部分的就学费用。这是世界各国实施义务教育的一个共同特点。

4.简述现代教师的角色转换。（见2018年东北师范大学真题）

四、论述题

1.试述教育评价的环节以及存在的问题。

【答】教育评价是根据一定的目标，按照一定的价值标准，采用一切可行的评价技术和方法，对教育活动满足社会与个体需要的程度做出的价值判断的活动。

（1）教育评价的基本工作环节：

第一步：准备阶段。准备阶段的主要任务有：①制订评价目的；②选择评价内容；③确定评价组织；④运用评价手段。

第二步：实施阶段。教育评价实施阶段的工作按时间顺序可分为宣传动员、预评价和正式评价几个阶段。

第三步：总结分析阶段。该阶段的工作包括：①形成综合评判；②分析诊断问题；③估计本次评价的质量；④撰写评价报告；⑤向有关方面反馈信息。

（2）教育评价存在的问题有：

①教育评价的层次过于单一。现阶段，教育评价根据应用领域分析，对于教育结果的认知评价较为系统，而教育过程之中，学生的行为活动和认知评价还未完善，并且重视程度不足。从评价方式分析，普遍的教育评价中，主要采用目标中心评价与终结性评价，其中鼓励性、诊断性及对策性的评价方式较少。

②教育评价体系缺少针对性。教育领域中，评价者在进行评价时，普遍忽视了评价的全面性及针对性，导致教育评价活动缺少客观性和重点性。过于重视评价指标体系的全面和完整，会导致评价体系的实效性缺失。

③教育评价体系缺少权威性。教育领域的评价环节中，缺少一定的权威性，教师及学校在进行教育评价时过分追求公平和民主，继而导致评价过程相对性不足。教育评价过程中若只是单纯的制定单一评价指标，评价者对被评价者针对制定的指标体系进行评价，会削弱领导和上级评价权威性，长此以往，不利于教育评价工作的发展。

④教育评价体系不够健全。我国教育评价中存在的最主要的问题就是教育评价体系不够健全，导致教师与学校在评价环节中面临很多困难。教育评价环节中应包含两个被评价者，即学生和教师。完整的教育评价体系中不仅重视对于学生学习环节和能力的客观评价，与此同时，也会完善对教师进行评价的环节，从而建立健全教育评价体系。

2.试述现代学生观的内涵。

【答】（1）现代学生观认为学生是积极的主体，是学习的主人，是正在成长着的人，教育的目的就是育人。

（2）现代学生观的内涵。

①把学生当作学生：在传统的教学理念中，对于学生总是有各种各样的要求，但从来不考虑学生的要求，这是将学生看作机器，而不是看作一个人。现代学生观认为教师首先要将学生看作学生，看作一个活生生的人。学生的首要任务是学习科学文化知识以及培养自己良好的思想道德情操。

②把学生当作朋友：教师要敢于打破"师道尊严"的传统观念，不再强调"学生必须服从教师"，而要坚持把自己放在与学生平等的地位，建立一种民主平等的师生关系。

③把学生当作教育的主体：教育的主体是学生，教育的过程、方法、手段都应紧紧围绕这个主体进行。

五、材料分析题

1.说出该实验中的自变量和因变量。

【答】该实验中的自变量是数字化教材，因变量是学生的学习成绩。

2.尝试说出该实验的具体名称和设计方案。

【答】（1）该实验的具体名称是随机分派控制组前后测实验。

（2）设计方案为：

①确定研究问题：数字化教材对学生成绩的影响。

②使用随机抽样的方法，将六个班分为两组，三个班为实验组，三个班为对照组。实验组使用数字化教材，对照组不使用数字化教材。

③选定教育研究方法，使用随机分派控制组前后测设计，对六个班都进行了前测。

格式：

$$RG_1: O_1 \quad X \quad O_2$$
$$RG_2: O_3 \quad C \quad O_4$$

3.列举该实验设计的优点。

【答】（1）因为是随机分派，可以控制选择、被试缺失等因素。

（2）有控制组，都进行了前后测，便于对照比较，可以控制成熟、练习、统计回归等因素。实验的结果是具有可信度的。

（3）6个班在进行前测的时候，发现他们的成绩是相当的，没有显著的差异，减少了实验的误差。

（4）在统计分析上，要比单组实验设计的统计分析把握性大一些。在教育研究中，常常采用整组比较设计。

（5）教育实验是人为地创造实验条件，可以观测到自然环境中不易观察到的信息，还可以扩大研究范围。

（6）实验法要求用比较严格的程序组织研究，便于重复验证，提高结论的科学性。

4.什么是简单随机抽样？简述其操作步骤。

【答】（1）简单随机抽样是以随机原则为依据的最基本的抽样方法。每个个体被抽取的概率均等，而且个体之间彼此独立。

（2）常见方法。

①抽签法：把总体中的所有单元都编上号，做成签，放到一起充分混合后，每次从中取出一个签，记下号码，然后把抽取的签放回去，再次混合并抽取，直到抽取到所需要的样本量为止。

②随机数目表抽样法：把总体中每个单元标号，以随机数字表为基础，操作时，首先随机确定一个表上取数的"起点"，然后按表上所示的标号取样。

（3）使用条件：适用于总体异质性不是很大，且样本数较小的情况。

（4）优点：简单易行，可以保证全部标识的代表性，能够确定抽样误差的理论值。

（5）缺点：一是总体数量较大时，将每个个体编号费力、费时；二是总体异质性较大时，会导致较大的抽样误差。

2021年西南大学333教育综合真题·凯程详解

一、名词解释

1.课堂教学

【答】（1）含义：教学是教师的教和学生的学共同组成的一种双边互动的教育活动。通过教学，学生在教师有计划、有步骤地引导下，积极主动地掌握系统的科学文化知识和技能，发展智力、体力，陶冶品德，养成全面发展的个性。

（2）主要任务：引导学生掌握科学文化基础知识、基本技能和技巧；发展学生的智力、体力、能力和创造才能；培养学生正确的价值观、情感和态度。

（3）主要作用：教学是提高教育质量和效率的重要手段；教学是促进学生身心全面发展的最有效形式；教学是实现培养目标的基本途径，是学校的主要工作。

2.融合课程

【答】（1）含义：融合课程是综合课程的一种，是由若干相关学科组合成的新学科，例如，把动物学、植物学、微生物学、遗传学融合为生物学。

（2）优点：①坚持课程统一性的观点，符合学生认识世界的特点，有利于学生整体把握客观世界。②有利于促进知识的迁移，可以弥合知识间的割裂性，培养学生综合分析、解决问题的能力。③融合课程是学生未来就业的需要。④融合课程还贴近社会现实和生活实际。

（3）局限：①忽视每门学科自身的逻辑结构；②教材编写困难，怎样把各门学科的知识综合在一起，这是个棘手的问题，通晓各门学科的人才较少，聘请各科优秀的教师合作编写融合课程的教材也困难重重；③师资问题，没有很好的综合课的教师能够驾驭融合课程，培养融合课程师资也是一大困难。

3.时间取样法

【答】（1）含义：时间取样法是取样记录法的一种，指以时间作为选择标准，专门观察和记录在特定时间内发生的行为，主要记录行为呈现与否、呈现频率及其持续时间。

（2）适用范围：时间取样法仅仅适用于研究经常发生的行为和观察外显的行为。

（3）评价：具有较强的客观性、可控性与有效性。既可获得可靠的观察资料，又节省了人力、物力和记录所需的时间。

4.量化研究

【答】（1）含义：量化研究是科学主义范式的主要特征之一，主张教育研究过程注重理论假设、客观实证或寻找事实和理论根据进行演绎推理，或收集样本数据进行统计推断。

（2）方法：常运用的方法有实验法、问卷调查法、结构性观察法、注重科学考证的历史研究法，以及相关分析为基础的预测法等。

（3）评价：量化研究的优点是其研究过程严谨、科学，研究结果客观、精确。当前我们主张教育研究应该将量化研究与质的研究相结合，充分发挥两种研究方法的优势，达到优势互补。

二、辨析题

1.人的发展具有主观能动性。

【答】正确。

（1）个体的主观能动性主要指个体在后天生活中形成的人生态度、价值理想、道德品质、知识结构、身体素质、个性特征等，其核心是人生态度和价值理想。

（2）人的发展受遗传、环境、学校教育及个体主观能动性的影响。其中个体的主观能动性对人的发展起着决定性的作用。个体的主观能动性是在人的发展的活动中产生和表现出来的。学校教育、环境和遗传素质只是为个体提供了发展条件，这些条件能否发挥作用以及能在多大程度上发挥作用，最终完全取决于个体自己。

2.素质教育就是要取消考试。

【答】错误。

（1）含义：素质教育是以全面提高人的基本素质为根本目的，尊重人的主体性和主动精神，以人的性格为基础，注重开发人的智慧潜能，注重以形成人的健全个性为根本特征的教育。

（2）辨析：素质教育是针对应试教育的弊端提出来的。应试教育的错误不在于应试，而在于这种教育只追求应试：考什么教什么；不考就不教。这样的教育是畸形的教育。素质教育强调注重培养和提升人的素养，但它并不是排斥应试，而是包含了应试，且追求应试成绩。因为如果没有考试，就无从检测教育的效果，没有基于所有学生原有学习水平提高的考试成绩，就称不上是完整的素质教育。

3.义务教育的强迫性剥夺了人的教育选择权。

【答】错误。

（1）义务教育的含义：义务教育是指国家统一实施的、所有适龄儿童和少年必须接受的教育，是国家必须予以保障的公益性事业。义务教育质量事关亿万少年儿童健康成长，事关国家发展，事关民族未来，所以，义务教育具有强迫性。

（2）人的教育选择权是指每一位家长和学生都有选择学校与学习方式的自由与权利。

（3）辨析：义务教育的强迫性与人的教育选择权二者并不矛盾，义务教育的强迫性是保障所有的适龄儿童接受教育，而人的教育选择权则是学生在接受教育的基础上对学校以及学习方式自由选择的权利。

4.书院是古代最高级的教育形式，其办学主体是国家。

【答】错误。

书院是我国封建社会自唐朝以来一种重要的教育组织形式。书院的名称始于唐朝，当时有两种场所被称为书院。一种是由中央政府设立的主要用作收藏、校勘和整理图书的机构；另一种是由民间设立的主要供个人读书治学的地方，这类书院或者直接以个人名字称呼，或者以所在地命名。宋朝出现书院官学化倾向。书院并不仅仅只是一种教育形式，也有其他的功能，并且办学主体不全是国家。

三、简答题

1.简述教育政策的基本特点。

【答】（1）定义：教育政策是国家或政党为实现一定时期的教育任务而制定的行动准则。教育政策体现了国家或政党的意志，是国家或政党对教育领域实施政治权力和影响的工具和手段。教育政策属于国家的公共政策，是国家教育职能的体现。

（2）特点：

①主体的多样性。制定机关的多样性；教育政策类型的多样性。

②结构的层次性。教育政策的层级包括宪法、教育法律、教育法规等。

③性质的公益性。教育政策必须符合国家和社会的公共利益，体现全体公众的教育利益。

④地位的合法性。教育政策一旦颁布，就具有强制力，对所要调整的教育行为具有了约束力。

⑤状态的稳定性。教育政策一经颁布，一般不会随意调整和取消，否则就会影响公信力；但不是一成不变，可以根据社会环境的变化做出调整。

⑥作用的指向性。对教育行政和教育教学工作具有指导和约束作用。

2.简述家庭教育的特点。

【答】（1）启蒙性、奠基性。一般而言，孩子一出生，父母等长辈就开始了对孩子的教育，这种教育主要是作为人需掌握的基本的日常生活习惯和群体生活规范、基本的情感态度和言行倾向、基本的事物认识和认知方法等。

（2）熏陶性、感染性。与学校形式化的说教相比，家庭教育带有显著的熏陶性、感染性特征，即家庭教育不像制度化的学校那样形式化地进行，而是以家庭物质条件、精神氛围的情景性熏陶、感染为基本形式。因此，人们强调父母是孩子的第一任教师，强调父辈对子女"言传身教"的示范性影响。

（3）针对性、综合性。家庭教育是针对孩子的具体情况，因材施教，有针对性地进行熏陶、感染、引导、指导及教育，还针对孩子在不同年龄阶段、不同季节、不同生活场景中进行灵活性的或暗示或明示的说教。父母对孩子的家庭教育，很难分清楚哪些是思想品德的，哪些是知识技能的，哪些是体力体能的，这种灵活的教育带有浓厚的综合性色彩。

（4）终身性、长期性。家庭既是人生的第一所学校，也是人生的终身学校，一个人一生在家庭中度过的时间是最长的，家庭教育长期影响着个人。这种终身的、长期的影响是多方面的，既有生活常识的，也有职业技能的；既有情感情绪的，也有智能技术的；既有间或性的，也有连续性的。

3.简述师生关系的类型。（见2018年南京师范大学真题）

4.简述教育的科技功能。

【答】科技水平是衡量一个国家综合国力的重要标志，而教育则具有促进科技发展的社会功能。

（1）教育是科学知识再生产的重要手段。

科学技术只有被劳动者掌握才能转化为现实生产力，而劳动者掌握现代科学技术就必须通过教育，因此，教育是科学技术向生产力转化的中介。只有传播科技知识，培养科技人才，才会促进社会兴旺发达。

（2）教育是直接生产科学技术的重要手段。

教育，特别是高等教育可以促进科学研究与创新，并使科研体制化。随着大学里专门的科学教育与研究机构的增多，科研体制将越来越完善。目前，许多国家的大学广泛地参加到知识产业的发展中，围绕大学形成了高新科技产业园区。

四、论述题

1.论述课堂教学的基本原则。（见2018年东北师范大学真题）

2.论述课程资源的类型和开发的策略。

【答】（1）含义：课程资源是课程设计、实施和评价等整个课程编制过程中可利用的一切人力、物力以及自然资源的总和，包括教材以及学校、家庭和社会中所有有助于提高学生素质的各种资源。课程资源既是知识、信息和经验的载体，也是课程实施的媒介。

（2）类型：

①根据来源，课程资源可分为校内课程资源和校外课程资源。

②根据性质，课程资源可分为自然课程资源和社会课程资源。

③根据物理特性和呈现方式，课程资源可分为文字资源、实物资源、活动资源和信息化资源。

④根据存在方式，课程资源可分为显性课程资源和隐性课程资源。

（3）课程资源开发的策略：

①从学生的现状出发开发课程资源：所有的课程最终都要落实到学生的身上，开发出来的课程资源也是为他们服务的。学生的现状是课程资源开发的重要导向，要从两方面入手进行分析：一是要对学生各方面的素质现状进行调查分析；二是要对学生的兴趣以及各种他们喜爱的活动进行研究，在此基础上开发课程资源。

②从师资的条件出发开发课程资源：师资条件是开发课程资源的基础要素，并直接制约对课程资源有效合理的利用。从学校现有的师资情况出发，看看教师具有什么样的素质，他们在哪些方面有专长、特长，开发课程资源时教师们才能游刃有余，这是一种非常实际且有效开发课程资源的做法。

③从学校的特色出发开发课程资源：所谓学校的特色也就是学校的资源优势，这种优势既可以是精神文化方面的，也可以是设施设备方面的。要充分利用好学校课程资源的优势，这也进一步深化和促进了学校的办学特色。

④从社会的需要出发开发课程资源：我国的教育目的是培养德、智、体、美、劳全面发展的社会主义建设者和接班人。学校的一个主要任务就是要为社会输送合格的社会人才。从社会需求的角度开发课程资源，培养学生在这些方面的素质，可以让学生将来较好地适应社会。

其他参考答案角度：

角度一：

根据需求和当地特色：①需求导向策略。②因地制宜策略。

角度二：

建立课程资源管理系统：①建立课程资源库。②形成课程资源开发的网络。③构建资源开发的激励机制。

五、材料题

（1）为这一研究拟一个合适的标题。

（2）如果该研究使用观察法，说说观察的步骤和注意事项。

（3）制定事件取样观察表，确定至少五个观察项目。

【答】（1）标题：小学语文课堂师生互动的问题及策略研究。

（2）①步骤：

a.界定研究问题，明确观察目的和意义。

观察者首先要明确在观察中要了解什么情况，搜集哪些材料，确定观察的对象、时间、地点、内容和方法，回答为什么观察和如何观察等问题。在本研究当中，要通过对小学语文课堂中师生互动现状的分析，发现师生互动中存在的问题并提出相应的策略。

b.编制观察提纲，进入研究情境。

观察者对所观察的客体要进行明确分类，确定最主要的观察方向。观察提纲要有一定的灵活性和可变通性，防止有效材料被遗漏。在本研究中，要编制小学语文课堂师生互动的观察提纲。

c.实施观察，搜集、记录资料。

观察者要进行有计划、有步骤、全面而系统的观察，并对有关资料进行搜集、记录。观察是进行记录的前提，记录是对观察结果的保存，二者是整个观察研究中最核心的环节。观察和记录可以同时进行，也可以先观察后记录。

d.分析资料，得出研究结论。

对资料的分析主要包括定性分析与定量分析。定性分析即描述性分析，运用归纳法，由特殊推出一般性的结论；定量分析即对研究中取得的数据进行统计意义的分析并得出结论。

②注意事项：

a.要明确观察目的，选择好与目的有关的行为和重要事实进行观察记录。

b.创造自然的观察环境和气氛。观察者要尽可能地创造自然的观察环境和氛围，避免学生出现紧张、非自然的行为，保证观察结果的真实。

c.观察时要认真专注并做好观察记录。观察者在观察时要力求做到专注、敏锐和客观，注意要及时记录，精确记下反映学生行为的事实及发生的条件、环境，以便对学生的发展做出正确判断。

d.可以对学生的行为进行多次观察，提升观察结果的可靠性。

（3）事件取样观察表。

小学语文课堂师生互动的表现

学校 _____　　　年级 _____　　　班级 _____

教师 _____　　　观察者 _____　　　日期 _____

观察项目	互动次数	互动人数	提问次数	互动表情	互动肢体语言
出现次数					

2022年西南大学333教育综合真题·凯程详解

一、名词解释

1. **教育的本质**（见2014年北京师范大学真题）

2. **教育功能**（见2016年西南大学真题）

3. **校园文化**

【答】（1）含义：从广义上讲，校园文化是指学校整体文化的总和，包括校容校貌、教学与管理制度、师生的共识、价值观与规范等；狭义的校园文化是指相对于正式的课程文化而言的，主要是指学校的校容校貌、校纪校风、领导作风、教风学风，以及深藏在这些表面之下的价值观念等内容。

（2）校园文化的特点：超前性与制约性并存；稳定性与变革性并存；广泛性与潜在性并存；自觉性与规范性并存。

4. **义务教育**（见2012年东北师范大学真题）

二、辨析题

1. **全面发展即平均发展。**

【答】错误。

（1）全面发展教育是指教育者根据社会的政治经济需要和人的身心发展的规律和特点，有目的、有计划、有组织、有系统地对受教育者实施的旨在促进人的素质结构全面、和谐、充分发展的系统教育，由德育、智育、体育、美育、劳动教育等部分组成。

（2）全面发展并不是指人的各方面"平均发展"或"均衡发展"。如果把人的发展看成平均发展，这种认识是非常机械的。全面发展强调的是人的各方面素质的和谐发展。

综上所述，题干表述错误。

2. **国家课程、地方课程、校本课程是按照组织内容的方式进行划分的。**

【答】错误。

当前我国基础教育新课程实行三级课程管理体系，提出了国家课程、地方课程和校本课程的管理框架，这是按课程决策层次划分的课程类型。

综上所述，题干表述错误。

3. **校本管理只管校内事，不管校外事。**

【答】正确。

校本管理是20世纪80年代后期发端于美国而后影响许多国家和地区的国际性教育管理改革。它强调教育管理权的下移，把中小学作为决策主体，构筑学校与外部及学校内部的新型关系。它的主要特点：学校成为独立办学主体，并以独立的法人资格对学校的发展承担责任；校长、教师、家长、社区人员，有时也包括学生共同参与学校的各项决策。所以校本管理是校内人员与部分校外人员，对学校的事务进行决策与管理。

综上所述，题干表述正确。

4. **教学就是上课。**

【答】错误。

从教学的主要方面看，备课、上课、作业的布置和批改、课外辅导以及教学评价构成教学工作的基本环节。所以，教学包括上课，上课只是教学的一个环节。

综上所述，题干表述错误。

三、简答题

1. 简述教师工作的特点。（见2015年东北师范大学真题）
2. 简述教育的构成要素。（见2015年北京师范大学真题）
3. 简述现代学生的义务。

【答】（1）遵守国家法律和法规。学生所遵守的法律和法规包括全国人民代表大会制定的宪法、法律，国务院制定的行政法规，地方人民代表大会制定的地方性法规以及根据法律法规制定的行政规章。这些法规包括教育法律、教育法规和教育规章等。

（2）遵守学生行为规范。学生在校必须遵守学生行为规范，这是学生必须履行的重要义务，学生行为规范特指原国家教委颁发的《小学生日常行为规范》《中学生日常行为规范（试行）》《高等学校学生行为准则（试行）》。这三个规章集中体现了国家对学生在政治、思想、品德、学习以及行为等方面的基本要求。

（3）完成规定的学习任务。对义务教育阶段的学生来说，努力学习和完成规定的学业是带有强迫性质的，任何学生都不能逃避。对非义务教育阶段的学生来说，进入某一层次的学校接受教育是自己的权利，同时也有义务努力学习并完成教学计划规定的学习任务，否则就不能毕业或获得相应的学业证书。

（4）遵守学校管理和规定。学生进入某一所学校或某一个教育机构，就必须遵守该校或该教育机构的管理制度。每一所学校都有自己学校的管理制度，这些制度都是依据有关法律法规和规章制定的，是学校正常运转的保证，学生有义务遵守这些制度。

4. 简述教育的独立性表现。（见2010年华中师范大学真题）

四、论述题

1. 论述课外活动的作用和要求。

【答】课外活动是指在学校的课堂之外，由学校认可的、教师组织的或由校外教育机关组织和指导的，用以补充课堂教学、实现培养目标的一种教学活动。

（1）课外活动的作用。

①有助于巩固所学课堂知识，扩大学生的知识面。学生可把在课堂上获得的知识运用于课外活动，从而有助于加深对课堂知识的深刻理解。课外活动也有利于学生在已获得知识的基础上通过实际操作来发现新知识、掌握新技能。

②有助于发展学生的能力，提高学生的综合素质。学生通过课外阅读、参观、访问、讲演、竞赛等活动，不断丰富自己的知识，提高自己的能力，从而提高学生的综合素质。

③有助于促进学生形成正确的情感态度、价值立场。课外活动对学生的情感感受、情绪锻炼有很好的熏陶作用，对学生的价值立场与态度倾向具有很好的指导或矫正作用。

（2）课外活动的要求。

①有明确的目的性、计划性。将课外活动与课堂教学作为一个整体纳入学校教育工作的范畴进行考虑，统筹兼顾。明晰每次课外活动的目的，对每次课外活动进行严格的计划。

②符合学生共性与个性特征。组织课外活动时既要考虑活动对学生整体年龄特征及其教育要求的适宜性，又要兼顾个别学生的特殊爱好和需求。

③活动的形式要丰富、生动。可以组织开展诸如科学技术活动、文化艺术活动、体育竞赛活动、劳动公益活动、社会公益活动等丰富多彩的活动。

④发挥学生的自主性、创造性。组织课外活动时，教师要"退到幕后"充当助手，让学生成为表演的组织者、活动的表演者，让学生在组织表演和表演过程中发挥自主性，培育创造性。

2. 试析如何构建现代师生关系。（见2019年陕西师范大学真题）

五、材料分析题

（1）写封书面信。
（2）确定调查维度。
（3）设计三个开放式问题和封闭式问题。
（4）写出一种抽样方法，并谈谈它的优缺点。

【答】（1）书面信。

尊敬的教师：

您好！首先非常感谢您参加这次问卷调查。本问卷旨在了解目前民办小学教师的专业发展情况，该问卷答案仅作研究之用。请您根据实际情况和真实感受回答问题。回答的客观性和真实性是最重要的，它将直接影响到研究的质量和价值。您的答案没有正确与错误之分，不要有任何顾虑。本问卷采用不记名方式，为您的资料保密是我们最为重视的事，请放心填写。

真诚感谢您对本研究的大力支持！

（2）调查维度：①专业理念的发展；②专业知识的发展；③专业能力的发展；④专业动机与态度等。

（3）开放式问题：

①您现在碰到的主要的专业发展困难是什么？请具体解释说明。

②请您解释一下培训、进修等各类教师专业发展项目对您的事业发展有什么样的帮助？

③您目前有哪些专业发展计划？

封闭式问题：

①您的职称是：A.未参评　B.初级　C.中级　D.高级

②您的教龄是：A.1年以下　B.1至5年　C.6至10年　D.11至20年　E.21年以上

③您是否有自己的专业发展计划：A.有计划　B.考虑过　C.没有考虑过这个问题

（4）采用随机分层抽样：根据各个学校教师人数的比例在各个学校抽取一定数量的教师，并且按照学校原有的男女教师比例在各学校进行抽取，共抽取60人。

优点：合适的分层抽样能有效降低抽样误差。同时，分层抽样容许研究人员对抽样进行更多的控制，以自己的研究意图来确定每一层大约需要多少个体。

缺点：分层抽样要求对总体中各层的情况有较多的了解，否则难以进行科学分析。

南京师范大学

2010年南京师范大学333教育综合真题·凯程详解

一、名词解释

1.课程（见2019年北京师范大学真题）

2.最近发展区（见2011年北京师范大学真题）

3.自我提高内驱力（见2012年北京师范大学真题）

4.终身教育（见2011年华东师范大学真题）

5.自我效能（见2014年华东师范大学真题）

6.苏格拉底法（见2011年北京师范大学真题）

7.赫尔巴特的四段教学法（见2010年北京师范大学真题）

二、简答题

1.简述《学记》在教学思想上的贡献。（见2011年东北师范大学真题）

2.道德教育如何与生活相联系？

【答】（1）在德育途径方面，尽量开拓更多间接的德育途径，如校外劳动、参观学习、保护环境等活动。这样的德育活动要在生活中进行，为了生活而进行，围绕生活内容而进行。

（2）在德育方法方面，主要通过生活中的典型事例来引导学生，树立榜样，重在陶冶。

（3）在德育内容方面，编写教材时，教材中要更多地体现生活中的事情，即教材贴近生活实际。可以运用体谅模式中大量的人际情境故事，或者认知发展模式中的道德两难故事。

（4）在德育原则方面，以生活为教育的中心，让生活来决定教育，并且也让学生在德育中，真正理解充满社会精神的生活内涵，并努力打造这样的新生活。

3.简述班级授课制及其改革。（见2020年北京师范大学真题）

4.简述校本课程开发的特征、优势、不足及思考。

【答】（1）校本课程是由学校参照国家课程标准、地方课程框架和本校学生发展兴趣及需要而开发的，旨在体现学校办学特色的课程，是由学生所在学校的教师编制、实施和评价的课程。

（2）特征：①具有鲜明的地方特色，体现学校的办学特点；②校本课程是一个持续的、动态的、逐步完善的过程；③能使教师获得工作的满足感和成就感；④校本课程鼓励教师、学生、家长和社会人士的参与。

（3）优势：①提高学校办学水平，彰显学校办学特色；②提高教师专业水平；③学校之间可以资源共享，促进交流；④能最大限度地体现地方教育特色，促进学生发展，做到因地制宜。

（4）不足：①扩大了学校与学校之间课程的差异，加剧了学校与学校之间教育质量的不平衡；②所耗费的教育资源明显高于实施国家课程的需求；③校本课程往往缺乏长远的、系统的规划，不能真正融入学校的办学特色。

（5）思考：①应加强学校、教师与专家之间的交流，更专业地打造校本课程；②教师在年龄、学历、能力、专业、特长上要多样化，为校本课程的开发增添新的活力和思想；③校本课程开发之前，要建立有效的领导核心力；④校本课程注重系统性和长远性的规划设计，有了规划后方可进一步细化和具体化；⑤强化教师的教育理论素养等。

三、论述题

1.结合你自己的教育教学实践，谈谈教育与人身心发展的关系。（见2010年华中师范大学真题）

2.论述皮亚杰的认知发展阶段理论及其对学校教育的启示。

【答】（1）皮亚杰的认知发展阶段理论。（见2012年东北师范大学真题）

（2）教育启示：

①提供活动。教师要为学生提供大量的、丰富的活动，这些活动也是真实环境中发生的活动。

②创设最佳的难度。教师创设或提供的教学情境应该是恰好合适的，这种情境既能引起学生认知的不平衡，又不过分超越学生已有的认知水平和知识经验。

③了解学生如何思考。当学生在学习中出现错误或体会到一种认知冲突时，他们会重新思考自己的理解，也就可能会获得新的理解或知识。因为学生是在与周围人的相互作用中获得知识，检验自己的思维并不断地得到反馈的，具体的经验也提供了思维的素材，教师只有了解学生的思考方式，才能更好地引导学生的认知发展。

④认识学生认知发展水平的有限性。教师需要认识各年龄阶段学生认知发展所达到的水平，在教学过程中更主动。

3.试论述唐代科举制度的作用及其影响。（见2019年华中师范大学真题）

4.评述杜威的实用主义教育理论。（见2011年北京师范大学真题）

2011年南京师范大学333教育综合真题·凯程详解

一、名词解释

1.**中体西用**（见2011年北京师范大学真题）

2.**教育**（见2014年北京师范大学真题）

3.**班级授课制**（见2016年北京师范大学真题）

4.**道尔顿制**（见2011年北京师范大学真题）

5.**问题解决**

【答】（1）含义：问题解决是指个体在面临问题情境而没有现成方法可以利用时，将已知情境转化为目标情境的认知过程。

（2）特点：①所解决的是新的问题，即初次遇到的问题。②在问题解决中，个体要把所掌握的规则重新组合形成高级规则，以适用于当前问题。③问题一旦解决，个体的能力或倾向随之发生变化。如能力会得到提升。

6.**学习动机**（见2013年北京师范大学真题）

二、简答题

1.**简述当代学制改革的趋势。**

【答】（1）义务教育年限的延长。义务教育年限延长，以立法形式推行义务教育是现代教育制度的重要标志之一。

（2）普通教育与职业教育的综合化。在普通中学教育中增加职业性课程，为普通中学毕业生做就业准备；在职业技术教育中增加普通教育课程，使学生在未来的职业上具有更强的适应能力。

（3）高等教育的大众化。大众化是我国高等教育的必然选择，深挖高校内部潜能，打破单一办学模式，走多元化、多形式办学道路，是我国高等教育实现从精英阶段到普通化阶段转变的重要途径。

（4）终身教育。终身教育不仅包括学前教育、青少年教育，还包括社会、家庭等各方面的教育。终身教育不仅是一个贯穿于一切教育的理念，更是构建未来教育体系的一种制度实践。终身教育要培养自学本领，以便学生走出校门能够获得新的知识和技能，适应不同的工作要求。

2.简述"六艺"教育及其对当代教育改革的意义。

【答】（1）"六艺"即夏、商、西周时期教育的六项基本内容：礼、乐、射、御、书、数。其中，礼、乐是"六艺"的中心。

（2）具体内容。

①礼：周礼的教育不仅在于养成礼仪规范，同时还具有深刻的社会政治作用。②乐：包括诗歌、舞蹈和音乐，使强制性的礼转化为人们内在的道德和精神的需求。③射：拉弓射箭的技术训练。④御：驾驭马拉战车的技术。⑤书：文字读写。⑥数：算法、历法等与数字计算相关的知识。这也是西周小学的主要教学内容。

（3）意义："六艺"教育经历了夏、商的发展，到西周最为完备，是西周教育的特征和标志。"六艺"既重视思想道德，也重视文化知识；既重视传统文化，也重视实用技能；既重视文事，也重视武备；既要求符合礼仪规范，又要求内心情感修养。总之，"六艺"体现了文武兼备、诸育兼顾的特点，反映了中华文明发展早期的辉煌。

3.简述卢梭的自然主义教育及其意义。（见2012年华东师范大学真题）

三、论述题

1.评述19世纪末20世纪初欧美新教育和进步主义教育思潮的共同特征、意义及其局限。

【答】（1）共同特征：

①都把矛头指向了传统教育，批判传统教育观的一些做法；②都要求改革，并且进行了实验；③都对以前的教育著作进行了深入的研究，并在它们的基础上提出了新的观点；④都有实践经验丰富的教师。

（2）意义：

①新教育成功引起世人对新教育的关注和对传统教育的反思，建立起各国新学校之间的紧密联系，为新教育赢得了国际声誉，为国际交流开辟了道路。

②进步教育运动促进了美国教育现代化的转变，制约了现代美国教育发展的方向和格局，对形成美国学校的特征产生了深远的影响，从根本上改变了美国学校和教室的气氛，促进了美国教育理论研究的发展和教育理论研究的美国化。

③对世界产生了广泛影响。进步主义运动和西欧新教育运动一起，共同构成了西方现代教育的重要开端。

（3）局限：

①新教育收费昂贵，以激进思想的上层社会和高收入阶层的少数学龄儿童为对象，规模一般很小，并独立于国家教育制度之外，不能产生大规模的教育影响。

②进步教育运动不能始终与美国的社会变化一致，未能较好地适应美国社会发展对教育提出的新要求。

③理论与实践本身有矛盾。过分强调儿童个人的自由，忽视社会和文化对个人发展的决定作用。过分否定学校工作的一些基本规律，导致教学质量的下降。进步教育运动在理论上的分化，导致运动内部的决裂。

④进步教育运动对教师提出过高的要求，使教师难以完成和达到进步教育家所期望的教育效果。

2.评述陶行知的生活教育理论。（见2014年北京师范大学真题）

3.论述师生关系的历史转变，并结合自己的经验谈谈你对这一问题的认识。

【答】（1）师生关系的历史转变。

师生关系是指教师和学生在教育教学过程中结成的相互关系，包括彼此所处的地位、作用和相互对待的态度等。

①主体的缺失。中国传统的教育，是以"功利为本"的教育观为主要特征的应试教育。②主体的发现。20世纪末我国教育界就开始对教育教学活动中教师和学生的主体地位进行讨论，并且一直持续到现在。在这场大讨论中，学生作为受教育主体的观点已经成为共识。③交互主体性。当我们把师生关系放在关系思维中理解，就会发现，不论教师还是学生，没有哪一方是纯粹、一贯、单一的"主体"。理想的师生关系应该是"交互主体性"的关系。

（2）新型师生关系的特点：①尊师爱生，相互配合；②民主平等，和谐亲密；③共享共创，教学相长。

（3）培养良好的师生关系。

①了解和研究学生；②树立正确的学生观；③热爱、尊重学生，公平对待学生；④主动与学生沟通，善于与学生交往；⑤努力提高自我修养，健全人格。

（4）启示。

现实生活中我们可以看到，许多的教师和学生已经处于一种新型的师生关系中。他们相互尊重，共同进步，学生对教师的信任感也越来越强。

4.结合中学生的时代特点谈谈你对当前基础教育的理解。

【答】（1）基础教育的内涵：基础教育是面向全体学生的国民素质教育。其根本宗旨是为提高全民族的素质打下扎实的基础，为全体适龄儿童、少年的终身学习和参与社会生活打下良好的基础。基础教育面向的中学生群体在生理上正处于青春发育期。这一时期的中学生最大特点是：生理上的蓬勃成长、急骤变化；智力迅速发展；中学生的情绪和情感的内容十分丰富，其形式也比较复杂，他们重感情、讲友谊，稳定性也在逐步提高。

（2）基础教育的意义：教育发展水平的高低决定着国家的发展及命运，国与国之间的竞争说到底是科技的竞争，是人才的竞争，也是教育的竞争。在十九大报告中也明确提出："要优先发展基础教育事业""教育能使社会流动具有有序性"。中学生处于少年期和青年初期，刚好是从儿童期向青年期发展的一个过渡时期。少年期是一个半幼稚、半成熟的时期，是独立性和依赖性、自觉性和幼稚性错综复杂、充满矛盾的时期，青年初期则是一个逐步趋于成熟的时期，是独立地走向社会生活的准备时期。中学阶段是理想、动机和兴趣发展的重要阶段，是品德发展的重要阶段。良好的品德或不良品德都在中学阶段形成并获得初步成熟。因此，提高中学教育质量，提高中学生的素质具有极其重要的意义。

（3）在基础教育中根据中学生的时代特点所采取的措施有：

a.探索新型的课堂教学模式。优化教学过程，改革陈旧的教学模式，提高课堂教学的实施水平，促进学生全面发展，培养学生独立思考的能力，形成以"自主、合作、探索"学习为主要特征的现代课堂教学新模式，开创生动活泼、民主开放、科学高效的课堂教学新局面。

b.完善新型的教育评价体系。在对学生进行评价中，不完全以学业成绩作为唯一评价标准，建立促进学生全面发展科学评价体系。中学生的精力充沛，能力也在发展，但性格未最后定型。因此要设置完善的评价体系，促进学生全面发展。

c.在集体中通过集体进行教育与个别教育相结合。集体教育与个别教育相结合，通过集体教育个别学生，通过个别学生影响集体，既注重个性又注重个别差异，因材施教，能达到预期的教育效果。

d.突出以人为本的教育理念，倡导尊重的教育。在对学生的教育与管理中，要突出以人为本的理念，尊重学生，加强交流与对话，取得学生的理解与支持。

2012年南京师范大学333教育综合真题·凯程详解

一、名词解释

1.教学目标

【答】教学目标是教育者在教育教学的过程中，在完成某一阶段（一个教学单元、一节课、一个学期）的教学任务时，希望受教育者达到的要求或产生的变化结果。教学目标是教育目的最具体化的一个层次。

2.学校教育（见2010年华中师范大学真题）

3."六艺"教育（见2012年华东师范大学真题）

4.苏格拉底法（见2011年北京师范大学真题）

5.道德情感

【答】道德由知（道德认识）、情（道德情感）、意（道德意志）、行（道德行为）组成。其中，道德情感是道德认识转化为道德行为的内在动力，是加深道德认识、形成道德信念、坚定道德意志和巩固道德行为习惯的催化剂。道德情感与品德结构中的知、意、行等因素，各有自己的特点，四者相互联系、相互制约、相互促进，共同推动品德的发展。

二、简答题

1.简述德育的途径。（见2014年北京师范大学真题）

2.简述蔡元培的"五育"并举。（见2016年华东师范大学真题）

3.简述人文主义教育的特征。（见2011年华东师范大学真题）

4.简述布鲁纳发现学习的步骤。

【答】（1）布鲁纳的发现学习就是学生在学习情境中通过自己的探索来寻找、获得问题答案的学习方式。教学不应当使学生处于被动地接受知识的状态，而应让"学生自己把事物整理就绪，使自己成为发现者"。

（2）发现法的一般步骤：①创设问题情境，提出和明确使学生感兴趣的问题；②激发探究的欲望，提供解决问题的各种假设；③检验假设；④引导学生运用分析思维去验证结论，最终使问题得到解决。在这个过程中，教师要提供资料，让学生亲自发现结论或规律。

三、论述题

1.论述教育的社会功能。（见2014年北京师范大学真题）

2.试论述陈鹤琴的"活教育"。（见2015年北京师范大学真题）

3.论述杜威的教育思想。（见2011年北京师范大学真题）

4.结合实际，论述激发学生学习动机的方法。（见2012年华东师范大学真题）

2013年南京师范大学333教育综合真题·凯程详解

一、名词解释

1.活动课程（见2013年东北师范大学真题）

2.教学（见2013年陕西师范大学真题）

3.化性起伪

【答】荀子将教育的作用描述为"化性起伪"。他高度重视教育的作用，认为教育在人的发展中起着"化性起伪"的作用。他指出人人都可以通过"化性起伪"，改变自己的恶性，化恶为善，从而成为君子其至禹那样的高尚人物。荀子主张的教育作用主要包含两个方面：一是人的主观能动性；二是环境的作用。因而，化性起伪是环境、教育和个体努力的结果。

4.道尔顿制（见2011年北京师范大学真题）

5.最近发展区（见2011年北京师范大学真题）

6.信度与效度

【答】信度和效度都是测量工具的评价指标。信度是指测验所得分数的稳定性和可靠性，是指测量多次，测量的结果都是一致的，而且个人在数次接受同一测验时，获得的分数近似。效度是指测量的准确性和有效性，也就是测量的结果与所要达到的目标二者相符合的程度。测量的信度与效度既相互联系又相互制约，具有效度的测量一定具有信度，而具有信度的测量则不一定具有效度。所以不能认为信度高的测量效度就一定高，而毫无信度可言的测量根本谈不上效度。

二、辨析题

1."教育先行"是20世纪现代社会的新现象，它意味着教育发展必须先于社会的物质发展。

【答】错误。

教育优先发展，即教育先行。教育先行是一种发展战略，即教育发展先于其他行业或者经济发展的现有状态而超前发展。值得注意的是，教育优先发展不是教育过度地超前发展，也不是教育的盲目发展，而是一种适度发展。要依据一个国家经济的发展水平来确定教育投资，过多的教育投资反而会造成浪费。所以，我国采用教育适度优先发展战略，能更好地保证人才兴国和科教兴国。

2.在学习方式上，课程改革反对接受学习，主张以自主、合作、探究的方式取代接受学习。

【答】错误。

接受学习是教学的基本方法，在教学过程中有其不可替代的优越性，如有利于教学效率的提高，有利于教学质量的提高。接受学习从另一方面来讲，不利于发展学生的探究能力、合作能力和自主学习能力，所以在教学过程中，我们需要补充其他的教学方法，如小组学习、合作学习、研究性学习等，促进学生的全面发展。如果完全摒弃了接受学习，就会使学生的学习效率下降，无法在短时间内高效地掌握知识，也无法让学生学习到科学、系统的学科知识。因此，接受学习是不可替代的。

3.卢梭认为事物的教育和自然的教育都要服从于人为的教育。

【答】错误。

在卢梭看来，人所受的教育，来源不外乎三种：自然的教育、人为的教育、事物的教育。这三方面的教育是相互联系的。如果这三方面的教育是一致的，都趋于同一目的，人就能受到良好的教育。只有以自然的教育为中心，使事物的教育和人为的教育服从于自然的教育，使这三方面教育互相配合并趋于自然的目标，才能使儿童享受到良好的教育。

三、简答题

1.简述个人本位论。（见2013年北京师范大学真题）

2.简述价值澄清模式。

【答】（1）价值澄清模式是在路易斯·拉思斯等人的倡导下，于20世纪60年代逐渐成为学校德育实践中的一种重要模式。

（2）观点：价值观并不是固定的观点或永恒不变的真理，它是建立在个体亲身经历的社会基础经验上的一种指南。教师要利用专门设计的方法，创造一种没有威胁、非强迫的对话环境。

（3）评价：有较强的实践性，提供的多种方法都有可操作性程序，易教易学。这种尊重儿童的主体作用，注重发展儿童道德意识、道德判断和价值观选择能力，注重现实生活以及有很强的可操作性的道德教育模式，也是我国道德教育改革的趋向。

然而，该模式强调每个人都有自己的价值观且都是合理的，会陷入极端的个人相对主义，其结果必然使社会变得混乱甚至出现无政府状态，这是我们必须避免的。

3.简述我国新课程改革的基本理念。

【答】新课程改革的核心理念是"以人为本"和"以学生发展为本"，即一切为了学生的发展。

（1）为了学生的终身发展：为了学生的终身发展是本次课程改革的根本理念。

（2）为了每位学生的发展：基础教育是奠基工程，关系到未来中华民族的整体素质，课程改革要面向全体学生，充分考虑到各地区的差异，增强课程对地方、学校、学生的适应性，使全体学生都能得到充分的发展。

（3）为了学生的全面发展：未来社会需要高素质的、具有广泛适应性的、全面发展的人。

（4）为了学生的个体发展：现行课程体系强调整齐划一、规模效应，忽视学生的个性发展，忽视学生发展的具体性、差异性。新课程追求学生的个性发展，承认学生是发展的、有潜力的、有差异的人，是活泼的、具有独立个性的人。教育要尊重学生的独特性和具体性。

4.简述要素主义教育思想的基本观点。（见2016年华东师范大学真题）

四、论述题

1.品德及其构成要素是什么？如何根据品德的要素进行道德教育？

【答】（1）品德作为个体社会行为的内在调节机制，是合乎社会规范要求的稳定的心理特性，是道德行为产生的内因，又称为德性。品德的实质就是人际交往经验结构，根本内容为对人、对事、对己方面的社会规范的遵从经验。

（2）品德的构成要素：

①道德认知：又称道德观念，是对道德准则及其执行意义的认识。

②道德情感：是伴随道德认识产生的内心体验。

③道德行为：是实现道德动机的行为意向及外部表现，是衡量个人品德的重要标志。

（3）进行道德教育：

在进行德育教育时，必须全面兼顾品德的各个要素，不能简单地让学生记忆各种社会规范，也不能只靠纪律、惩罚等约束儿童的行为，必须将道德认知、道德情感、道德意志和道德行为结合起来。品德发展是这四个因素相互协调、统一的发展，其中道德认识是基础，道德情感是动力，道德意志起调控作用，道德行为是前三者的综合表现，也是个体品德发展水平的主要标志。

2.请自拟题目，写一篇800字左右的短评，阐述自己的观点，并对上述观点进行评论。

【答】（1）从教育目的的价值取向看材料。

以上的观点阐述了教育目的的两种不同的价值取向，以及教育对社会的作用。在教育目的的价值取向上，争论最多、影响最大、最具根本性的问题，是教育活动究竟应注重满足人的个性发展需要，还是应注重满足社会发展需要。由此，构成了教育目的选择上的两种典型的价值取向，即个人本位论和社会本位论。

①教育的个人本位论。（见 2010 年北京师范大学真题）

②教育的社会本位论。（见 2010 年北京师范大学真题）

（2）从教育对社会的作用看材料。

一方面教育受到社会政治经济制度、经济发展水平、文化和人口等因素的影响和制约，另一方面教育也反作用于社会。教育作为社会的子系统，它首先承担培养人的功能，并通过育人功能进而实现其社会功能，保障社会的延续与发展。

教育的社会功能主要体现在推动社会发展变迁和促进社会流动上。教育的社会变迁功能是就教育所培养的社会实践主体在生产、科技、经济、政治和文化等社会生活各个领域发挥的作用而言的，它指向的主要是社会整体的存在、延续、演变和发展。教育的社会流动功能则是就教育所培养的社会实践主体，通过教育的培养和提高以及在此基础上的个人能动性、创造性的弘扬，以实现在职业岗位和社会层次之间的流动和转换而言的，它指向的主要是社会个体的生存与发展境遇的改善。

2014 年南京师范大学 333 教育综合真题·凯程详解

一、名词解释

1. 赫尔巴特的《普通教育学》

【答】德国著名教育家赫尔巴特写的《普通教育学》，是近代第一部系统的教育学著作，它的出现标志着教育学已成为一门独立的学科。赫尔巴特在《普通教育学》中提出了著名的形式阶段理论，即明了、联想、系统与方法，他还提出了教育性教学的观点，形成了对整个世界教育理论与实践产生过影响的赫尔巴特学派。其主要思想可以概括为：教材中心、课堂中心、教师中心。

2. 社会本位论（见 2011 年华东师范大学真题）

3. 最近发展区（见 2011 年北京师范大学真题）

4. 有效教学

【答】有效教学就是在符合时代和个体积极价值建构的前提下，其效率在一定时空内不低于平均水准的教学。在有效教学的理念中，关注学生需求是核心，而关注的心理基础则是尊重，教师尊重学生，是实行新课程改革的重要前提。只有尊重学生，才能切实地关注学生，站在学生的角度看问题。只有使每一个教学环节能够在学生身上发生作用，才能根除课堂教学顽疾，使有效的教学理念在教学过程中得到具体的贯彻落实。

5. 行动研究

【答】行动研究就是实践者为了解决实践中的问题，在实际工作情境中通过自主的反思性探索，解决实际问题的一种研究活动。行动研究主张研究者是实践者本人，主张在真实情境中研究，主张研究的目的是解决实际问题，因而研究过程就是解决问题的过程。行动研究包括教育行动研究，教育行动研究是当前非常重要且常用的一种研究范式，也是适合于广大实际教育工作者的研究方法。教育行动研究是在教育情境中，研究人员和实际工作者联合起来解决某一实际问题或提高教师素质的一种方法，是指通过研究真实的学校教育过程与情境，以提高自己的教育行动质量与教育行动效率为目的的研究模式。它一方面旨在提高教育实践者自身的专业判断能力与对教育问题的洞察力；另一方面也为优化教学实践提供具体策略。教育行动研究的特点是：为教育行动而研究，由教育行动者研究，在教育行动中研究。

二、填空题

1. 传递生产和生活经验的社会需要　　2. 政治经济制度

3. 马克思主义关于人的全面发展学说　4. 综合课程

5.《教育部关于全面深化课程改革，落实立德树人根本任务的意见》

6. 形成性评价　　　　　　　　　7. 道德认知、道德情感、道德行为

8. 单轨制　　　　　　　　　　　9. 班级授课制

10. 人本主义学习

三、辨析题

1.义务教育的特点是强制性、免费性和普及性。

【答】正确。

义务教育是根据法律规定，适龄儿童和青少年都必须接受的，国家、社会、家庭必须予以保障的国民教育。其实质是国家依照法律的规定对适龄儿童和青少年实施的一定年限的强迫教育的制度。义务教育又称强迫教育和免费义务教育。因此，义务教育具有强制性、免费性、普及性的特点。

2.教育影响都是积极正向的。

【答】错误。

根据教育作用的方向，教育的功能可以分为正向功能和负向功能。教育的正向功能是指通过教育促进了个人或社会的发展，如教育有助于提高学生学习的兴趣，有利于促进社会经济发展等；教育的负向功能是指通过教育阻碍了个人或社会的发展，如应试教育的负面影响等。

3.师生关系就是知识的传授关系。

【答】错误。

师生关系是指教师和学生在教育过程中完成一定的教育任务，以"教"和"学"为中介而形成的一种特殊的社会关系，是学校中最基本的人际关系。良好的师生关系不能只包括知识的传授关系，还应包括社会关系、人际关系、心理关系等。如果只注重知识的传授，忽视师生之间的其他关系，则是一种畸形的师生关系，不利于学生的全面发展。

4.教学是用教材教，而不是教教材。

【答】正确。

教材是根据课程计划、课程标准和学生接受能力编写的教学用书。教科书是课程标准的具体化，是学生学习的主要材料，是教师进行教学的主要依据。

但是，教师在课程实施过程中，不能完全按照教材来教，因为每个教师、每个班级的学生都有自己的特点，因此，真正的课程是教师与学生以教材为依据，联合创造的过程。

5.班级是一个"准自治组织"。

【答】正确。

所谓"准自治组织"是指由未成年学生组成的班级并不能完全依靠自己的力量来管理自己，在一定程度上要依靠外部的力量。班级的主要成员是学生，中小学学生是处于发展中的未成年人，因此班级组织是一个"准自治组织"。班级作为一个组织，不完全是学生的自治组织。班主任也是班级的一员，他有指导、帮助学生的职责，在"准自治"中要突出的是"自治"的一面，这种"准自治"是发展式的"准自治"，指导和帮助的最终目的是学生学会自我教育、自我管理，最终走向完全的自治。

四、简答题

1.简述人的身心发展特点及其对教育的要求。（见2010年华中师范大学真题）

2.我国教育目的的基本精神是什么？（见2012年北京师范大学真题）

3.简述课程编制（开发）的基本程序或步骤。（见2019年陕西师范大学真题）

4.简述杜威的教育思想及其现实意义。（见2011年北京师范大学真题）

五、材料分析题

（1）这位教师的行为是否合适，为什么？

（2）如果换作是你，你会怎么做？

【答】（1）该教师的行为是不合适的。因为学生都是独立的个体，都有自己的思考和理解，而教师却要求学生必须回答出教师所设想的准确答案，对学生的疑惑没有给予合理的解释和引导，反倒对学生呵斥，导致学生害怕提问、害怕回答问题。长此以往，学生将会逐渐丧失信心。

（2）如果我是该教师，在生1提出疑惑后，我会称赞他思考问题的角度新颖且独特，并带领全班同学针对这个问题展开讨论、发表意见，最终解决该生的疑惑。对于生2的回答，我会先表扬他回答得很准确，再进一步追问："父亲的严格体现在哪件事上？这件事你觉得有哪些值得我们学习的地方？"逐渐引导学生得出最终答案。然后再强调说："好，我们接着思考最开始提的问题，我再来说一下问题是什么，大家这次独自思考之后再举手回答"。这样就不会使同学们因讲错或答错丧失在课堂的主动性，而是让同学们更愿意积极主动地回答问题，增强学生的自信心的同时，亦可拉近师生之间的关系。

2015 年南京师范大学 333 教育综合真题·凯程详解

一、选择题

1～5. CCDDC　　6～10. BDABC

二、名词解释

1. 学制（见 2019 年北京师范大学真题）

2. 课程标准（见 2015 年北京师范大学真题）

3. 书院（见 2017 年东北师范大学真题）

4. 美国进步教育运动（见 2014 年北京师范大学真题）

三、辨析题

1. 教育为社会所制约，具有社会制约性。因而，教育是社会的附属品，没有独立性。

【答】错误。

教育的独立性是一种相对独立性。所谓教育的相对独立性，是指作为社会的一个子系统的教育，它对社会的能动作用具有自身的特点与规律性，它的发展也有其连续性与继承性。其主要表现在：①教育是有目的地培养人的活动，主要通过所培养的人作用于社会；②教育具有自身的活动特点、规律与原理；③教育具有自身发展的传统与连续性。教育的社会功能是教育的相对独立性的依据和主要体现。如果教育没有自己特有的社会功能，便不可能发展成社会的一个重要子系统。

因此，教育相对于社会来讲，是有独立性的。题目的说法是错误的。

2. 教学就是教师传授知识的活动。

【答】错误。

教学是在学校中传授经验的活动，是指在学校教育活动中，以教师传授知识、技能和学生获得知识、技能为基础，教师的教和学生的学相互联系、相互作用的统一活动。教学引导学生掌握科学文化基础知识和基本技能，从德、智、体、美、劳诸方面促进学生身心的发展，所以教学是学生全面发展的有效途径，也是促进社会发展的有力手段。

因此，教学不仅包括传授知识，还包括促进学生技能、品德、能力等多方面的发展；而教学也不是传授知识的唯一手段，讲座、网络学习等手段均可以传授知识。

3. 品德教育就是要晓之以理、动之以情、持之以恒、导之以行。

【答】正确。

晓之以理：培养正确的道德认知。动之以情：培养正确的道德情感。在对学生进行道德教育时，一定要富有真情实感，与学生进行情感的交流。持之以恒：培养学生的道德意志，使之逐渐养成良好的行为习惯和高尚的道德品质。导之以行：培养学生的道德行为。

因此，德育就是要促进学生知、情、意、行的协调发展。题目的说法是正确的。

四、简答题

1. 简述当代学制改革的趋势。（见 2011 年南京师范大学真题）

2. 试比较学科课程与活动课程的优缺点。（见 2015 年陕西师范大学真题）

3. 简述陶行知的生活教育思想。（见 2014 年北京师范大学真题）

4. 简述建构主义的知识观、学习观、学生观和教学观。（见 2013 年华东师范大学真题）

五、论述题

1. 试述教学过程的性质。（见 2013 年陕西师范大学真题）

2.（1）该班主任运用了什么样的德育方法？

（2）试述运用该德育方法的基本要求。

【答】（1）案例中教师运用了说服教育的德育方法。

说服教育法是通过摆事实、讲道理使受教育者明辨是非、善恶，掌握行为规范标准，提高品德水平的一种方法，是德育的基本方法。说服的形式多种多样，包括讲解、报告、谈话、讨论、参观、访问、阅读书籍和报刊等。

（2）基本要求。

①内容有针对性。针对性是提高说服教育实效性的前提和条件。在说服的时候，必须实事求是地从受教育者

的思想实际、年龄特点、个性差异以及心理状态等的实际出发，做到有的放矢，切中要害，防止"放空炮""模式化""一刀切"。

②情感要充沛。情感在品德形成过程中，起着催化剂的作用。"情通则理达"，要求教育者要善于以自己充沛的热情和坚定的信念去唤起学生情感上的共鸣，激起思想上的波澜，从而转化为他们内心的信念，达到良好的教育效果。

③态度要民主。说服教育要坚持民主、平等、和蔼、诚恳的待人态度，循循善诱，坦诚相见，不"扣帽子""揪辫子""小题大做"，也不讽刺、挖苦、盛气凌人、以权压人，让学生在一种和谐的良好氛围中心悦诚服地接受意见。

④讲究教育时机。说服的成效，往往不取决于花了多少时间、讲了多少道理，而取决于是否善于捕捉教育的时机，拨动学生的心弦，引起他们的情感共鸣，被他们所接受。

2016年南京师范大学333教育综合真题·凯程详解

一、填空题（选项遗失，改为填空题）

1.礼、乐、射、御、书、数　　2.赫尔巴特　　3.教育是一种有意识地培养人的活动

4.蔡元培　　　　　　5.斯宾塞　　　6.学校教育活动　　7.苏霍姆林斯基

8.有计划的正课学习与课外活动、自习相结合，有张有弛，让学生感受到学习的乐趣，使学习成为学生的一种内在需要

9.孟子　　　　　　　　10.班杜拉

二、名词解释

1.终身教育（见2011年华东师范大学真题）

2.道德情感（见2012年南京师范大学真题）

3."中体西用"（见2011年北京师范大学真题）

4.最近发展区（见2011年北京师范大学真题）

三、辨析题

1.人既是社会历史的"剧中人"，又是社会历史的"剧作者"。

【答】正确。

人的身心发展是遗传因素、环境、学校教育和人的主观能动性交互作用的结果。

人是社会历史的"剧中人"，是因为人的身心发展受到遗传因素、环境和学校教育的影响。其中遗传因素是人身心发展的前提条件和物质基础；环境提供了人发展所需的物质和社会条件；学校教育在人的发展中起到了主导作用。

人是社会历史的"剧作者"，是因为人的主观能动性对人的身心发展起到决定性的作用，是人发展的根本动力。人的主观能动性是根据人的活动体现出来的，离开人的能动的活动，遗传素质、环境、学校教育所赋予的一切发展条件，都不可能成为人的发展的现实。

2.在我国新课程改革中，小学的"品德与生活（社会）""艺术""科学"，初中的"社会""科学"等课程都属于综合课程。

【答】正确。

综合课程是与分科课程相对的一类课程，它打破传统的从一门科学中选取特定内容构成课程的做法，而根据一定的目的，从相邻的几门学科中选取内容并将这些内容进行相互融合，构成课程。"社会"是历史、地理综合而成的课程；"科学"是物理、化学、生物综合而成的课程；"艺术"是音乐、美术综合而成的课程。这些课程均属于综合课程中的融合课程。

3.在政府倡导"全民阅读"的背景下，读书指导法具有重要的时代意义。读书指导法是指学生在教师的指导下通过独立的探索，创造性地解决问题，获取知识和发展能力的方法。

【答】正确。

读书指导法是教师指导学生通过阅读教科书、参考书和课外读物获取知识、培养独立阅读能力的教学方法。

其特点和标志就是学生基本能够自己阅读教材，大略明白所要学习的内容，但却不一定能够理解得确切、全面、透彻，也不一定能够抓住要领，并且常常会感到学习上有许多困难。同时，他们还没有掌握一套自学的方法和养成自学的习惯。因此，他们还不能独立地进行阅读和学习，需要教师指导和帮助。教学生学会阅读是读书指导法的关键和核心。

四、简答题

1. 请简述人的发展的特点和规律性。（见2010年华中师范大学真题）

2. 请简述布鲁纳的教育思想。

【答】（1）认知表征理论。

布鲁纳常常把智慧生长与认知生长作为同义语，把它们看作形成表征系统的过程。而表征或表征系统，是人们知觉和认识世界的一套规则。他认为人类经历了三种表征系统的阶段，依次为：动作性表征、映象性表征、符号性表征。

（2）认知结构理论。

布鲁纳认为，对一门学科的学习包含三个差不多同时发生的过程：①新知识的获得。②知识的转换。学习者把信息转换为各种不同的方式，学到更多的知识。③评价。教师在评价中常常具有决定性作用。学生不是被动的知识接受者，是积极的信息加工者。

（3）发现学习。

发现学习是一种让学生独立学习，自行发现问题，并掌握科学原理的一种教学方法。发现学习强调学生自己去发现和创造，通过自己独立思考，找出解决问题的方法，形成正确的结论与概念。

3. 请简述循序渐进教学原则的含义和要求。

【答】（1）循序渐进教学原则又叫系统性原则，是指教学依据所传授的学科知识的内在逻辑结构、学生能力发展和知识掌握的顺序，循序渐进地进行。

（2）循序渐进教学原则的基本要求。

①按教材的系统性进行教学；②抓主要矛盾，解决好重点和难点的教学；③教学内容的安排应由浅入深、由易到难、由简到繁；④将系统连贯性与灵活多样性结合起来。

4. 请简述有意义接受学习的内涵和条件。（见2013年北京师范大学真题）

五、论述题

1. 试析学生在不同教学模式下掌握知识的基本阶段。（注：这里的"不同教学模式"是指以师生授受知识为特征的教学模式和以学生主动探索知识为特征的教学模式。）

【答】我们常用的教学模式有两种，分别为传递—接受教学模式和问题—探究教学模式。

（1）传递—接受教学模式下学生掌握知识的基本阶段。

①定义：传递—接受教学是指教师主要通过语言传授、演示与示范使学生掌握基础知识、基本技能，并通过知识授受向他们进行思想情趣熏陶的教学，亦称接受学习。

②它包括六个基本阶段：第一，引起求知欲；第二，感知教材；第三，理解教材；第四，巩固知识；第五，运用知识；第六，检查知识、技能、技巧。

③评价：

优点：能充分发挥教师的主导作用；能按学科知识的逻辑系统循序渐进地进行教学；能提高教学的功效。

缺点：压抑学生的主动性；以书本知识为主而易脱离生活实际；容易出现注入式教学和学生死记硬背的现象。

（2）问题—探究教学模式下学生掌握知识的基本阶段。

①定义：问题—探究教学是指在教师引导下，学生主要通过积极参与对问题的分析、探索，主动发现或建构新知，并掌握其方法与程序，培养他们的科研能力、科学态度和品行的教学，亦称探究学习、发现学习。

②它包括三个环节：第一，明确问题；第二，深入探究；第三，得出结论。

③评价：

优点：调动学生的学习主动性；提高学生独立思考、分析问题与解决问题的能力。

缺点：不能充分发挥教师的主导作用；费时过多，学生的独立研究容易产生盲目性。

2. 试论德育过程及其规律。

【答】德育过程即依据德育目标，在教师有目的、有计划地教导下，通过学生积极主动地进行道德认知和道德实践，将经过选择的德育内容，内化为学生个体的品德素质结构，并使之发生所期望的整体性变化的过程。

（1）德育过程是教师引导下学生能动的道德活动过程。

①学生品德的发展是在活动和交往中能动地实现的。

②道德活动是促进外界的德育影响转化为学生自身品德的基础。教师必须设计各种活动，引导学生实现品德内化。

③进行德育要善于组织、指导学生的活动和交往。

（2）德育过程是培养学生知、情、意、行的过程。

学生的品德由知、情、意、行四个因素组成，所以德育过程就是培养知、情、意、行的过程。道德认识是思想品德形成的基础，同时也是道德情感、道德意志的基础；道德情感是道德认识转化为道德行为的内在动力；道德意志既是一种自我控制、自我约束的能力，又是品德形成过程中的动力条件；道德行为是道德认识、道德情感、道德意志的集中体现，是学生思想面貌和道德品质的外在标志。

这四者相互联系、相互制约、相互促进，共同推动品德的发展。德育不但要注意全面培养还要有针对性。知、情、意、行如果发展得不平衡，就会导致各因素之间不协调或者严重脱节。

（3）德育过程是提高学生自我教育能力的过程。

一方面，自我教育能力是德育的一个重要条件；另一方面，学生的自我教育能力又是学生品德发展过程的重要标志。德育要从实际出发，因势利导，有目的地培养学生的自我意识，提高学生的自我期望、自我评价和自我调控能力，形成和发展他们的自我教育能力，以便能够在德育过程中更好地调动学生的积极性，充分发挥他们在培养自身品德中的主体作用。

（4）德育过程是促进学生品德发展的矛盾积极转化的过程。

德育过程的基本矛盾是社会通过教师向学生提出的道德要求与学生已有的品德水平之间的矛盾。德育的过程就是要促进学生品德发展内部矛盾的积极转化。

2017年南京师范大学333教育综合真题·凯程详解

一、名词解释

1. 班级文化

【答】班级文化是作为社会群体的班级所有或部分成员共有的信念、价值观、态度的复合体。班级文化是一个班级的灵魂，是每个班级所特有的。它具有自我调节、自我约束的功能。班级文化涉及与班级有关的各类人群，既包括我们以往比较关注的学生与学生之间的关系、师生之间的关系，也包括我们容易忽略的教师之间以及教师与家长之间的关系。而教师与教师之间是合力的关系，教师与家长之间是互补的关系。

2. 泰勒原理

【答】泰勒认为课程原理是围绕四个基本问题组成和运作的：学校应该达到哪些教育目标？提供哪些教育经验才能实现这些目标？怎样才能有效组织这些教育经验？我们怎样才能确定这些目标正在得到实现？这就明确了课程编制过程的四个步骤：确定教育目标、选择教育经验、组织教育经验、评价教育计划。

评价：泰勒原理被称为"目标模式"，充分重视了教育目标在课程编制中的作用，有极强的可操作性，对课程理论的发展有很大影响，至今仍在西方课程领域中占有主要地位。但也容易造成课程编制、实施与评价过程的机械性、不灵活性。

3. 白板说（见2013年北京师范大学真题）

4. 测验效度

【答】测验效度是测验的准确性和有效性，也就是测验的结果与所要达到的目标二者之间相符合的程度。提高效度的方法有精选试题、提高信度等。效度与信度既相互联系又相互制约，具有效度的测量具有一定的信度，而具有信度的测量则不一定具有效度。

二、辨析题

1. 班级主体是老师，有引导监督作用。

【答】错误。

老师对班集体具有引导监督的作用，但是班级主体并不是老师，而是学生。班级组织是一个有一定人数规模的学生集体，是学校行政根据一定的任务、按照一定的规章制度组织起来的有目标、有计划地执行管理和履行教育职能的正式小群体。班级不仅是学生在校生活的基本组织单位，而且也是促进学生成长的正式组织之一。

2.非指导性教学的核心是学生自主学习。

【答】正确。

罗杰斯提出了"以学生为中心"的非指导性教学的理论与策略。罗杰斯认为教师的作用应该是为学生提供学习资源，提供促进学习的气氛，如何学习由学生自己来决定。

3.对不良行为者的不良行为进行抑制，强化静止越长效果越好。

【答】错误。

不良行为的抑制属于负强化，即通过呈现不愉快刺激，使反应发生的概率减少。强化过多、过长，会使行为者对不愉快刺激习以为常，从而不再对不愉快刺激有不愉快情绪，则行为的抑制效果会减弱。因此，并不是强化静止越长越好。

三、简答题

1.简述德育理念。

【答】德育理念的内涵非常丰富，它包括：

（1）正确认识德育过程的规律。德育过程是在教师指导下学生能动的道德活动过程；德育过程是培养学生知、情、意、行的过程；德育过程是促进学生品德发展的矛盾积极转化的过程。

（2）综合运用多种德育原则。例如，集体教育与个别教育相结合的原则、知行统一的原则、正面引导与纪律约束相结合的原则等。

（3）灵活使用多种德育方法。例如，说服教育、情感陶冶、实践锻炼、自我教育等。

（4）拓宽德育途径。直接的德育途径是开设专门的道德课，间接的德育途径包括思想政治课之外的其他各学科教学、课外活动与校外活动、劳动心理咨询和职业指导、校园环境建设等，应使德育贯彻于一切教学活动之中。

（5）促进德育模式的多样化。道德认知发展模式侧重于发展道德认知，体谅模式侧重于发展道德情感，价值澄清模式着眼于价值观教育，应促进德育模式的多元化发展。

2.简述交往谈话的新型师生关系的特征。

【答】交往谈话的过程体现了一种民主平等的师生观，其特征为：

（1）社会关系：民主平等，和谐亲密。教师尊重学生的人格，发扬教学民主，有助于教师发挥创造性和主导作用。

（2）人际关系：尊师爱生，相互配合。师生之间彼此尊重、友爱是建立良好师生关系的感情基础。

（3）教育关系：教学相长，共享共创。在教学过程中教师和学生要相互促进、共同提高。

（4）心理关系：宽容理解。教师能够对学生的不同特点有充分的认识，能够理解学生之间的差异，包容学生的不足和错误。

3.简述校本课程开发的优劣。（见2010年南京师范大学真题）

2018年南京师范大学333教育综合真题·凯程详解

一、名词解释

1.教师专业发展

【答】教师专业发展指的是教师以自身专业素质包括知识、技能和情意等方面的提高与完善为基础的专业成长、专业成熟过程，是由非专业人员转向专业人员的过程。教师专业发展既包括教师队伍的专业发展，也包括教师个体的专业发展。

2.京师同文馆（见2012年北京师范大学真题）

3.要素教育（见2017年陕西师范大学真题）

4.认知结构

【答】认知结构，简单来说是学生头脑中的知识结构。广义上，认知结构是学生已有的观念的全部内容及其组织；狭义上，它是学生在某一学科的特殊知识领域内的观念的全部内容及其组织。奥苏伯尔提出了三个主要的影响有意义学习和迁移的认知结构变量：观念的可利用性、观念的可辨别性和观念的稳定性与清晰性。

二、辨析题

1.教育传承文化，但是教育不能创造文化，不能产生新文化。

【答】错误。

教育和文化之间的关系有两方面。

一方面，文化对教育有制约作用。其包括：文化知识影响教育的内容和水平；文化模式制约教育环境与教育模式；文化传统制约教育的传统与变革。

另一方面，教育对文化有影响作用。其包括教育的文化传承功能、文化交流和融合功能、文化选择功能和文化创新功能。其中，教育的文化创新功能即教育可以创造文化，教育不仅直接生产新的文化，包括新的作品、新的思想和新的科学技术，还通过培养创造性人才并把他们输送到社会的各行各业去，使他们直接从事文化创造活动。

2.17—18世纪，德国中等教育的主要类型是实科中学。

【答】正确。

受经济和科学技术发展的影响，德国实科教育在18世纪得以兴起并得到发展。实科中学是一种既具有普通教育性质，又具有职业教育性质的新型学校。18世纪末到19世纪中叶，以实科教学为主的学校纷纷建立。实科中学是德国近代着重讲授自然科学和实用知识的学校。

3.德国教育家康德提出教育性教学原则，他认为教育目的就是要让学生尽可能地获得知识和技能。

【答】错误。

教育性教学原则是由德国教育家、心理学家赫尔巴特提出来的，依据心理学和伦理学的广泛研究，他认为知识与道德有内在联系。人只有认识了道德规范，才能产生符合道德规范的行为。愚蠢的人是不可能有德行的。要进行道德教育必须先有知识，先有一般教育。因而，教育性教学的含义就是教育（道德教育）是通过，而且只有通过教学才能真正产生实际作用，教学是道德教育的基本途径。

三、简答题

1.简述教育与教学的关系。

【答】学校教育是指依据社会要求和学生的身心发展规律，有目的、有计划、有组织、有系统地向学生传授知识技能，培养学生的思想品德，发展学生的体力与美感，增进其劳动能力并发扬其个性的社会实践活动，通过这种活动把受教育者培养成一定社会所需要的人才。

教学是教师的教和学生的学共同组成的一种双边互动的教育活动。通过教学，学生在教师有计划、有步骤地引导下，积极主动地掌握系统的科学文化知识和技能，发展智力、体力，陶冶品德，养成全面发展的个性。

（1）教育与教学是整体与部分的关系。

（2）教育包括教学，教学只是学校进行教育的一个基本途径。除教学外，学校还通过课外活动、生产劳动、社会活动等途径对学生进行教育。

（3）教学是学校教育工作的中心，除教学外，还有德育工作、体育工作、后勤工作等。

2.简述中华民国临时政府教育部的教育改革内容。

【答】（1）制定教育方针。

蔡元培在1912年提出了"五育"并举的教育思想。"五育"包括军国民教育、实利主义教育、公民道德教育、世界观教育和美感教育。"五育"不可偏废，以公民道德教育为根本。在民国初年，将军国民教育、实利主义教育、公民道德教育和美感教育作为中华民国临时政府的教育方针。

（2）颁布学制。

1912年，教育部在参照日本学制，立足于本国国情的基础上制定了"壬子癸丑学制"，主系列划分为三段四级，设立师范类和实业类学校。壬子癸丑学制仍保持以小学—大学教育为骨干，兼重师范教育和实业教育的整体结构，是民国的第一个学制，比较全面地反映了资产阶级的教育要求。

（3）蔡元培改革北大。

蔡元培确定了"思想自由，兼容并包"的办学方针，作为改造旧大学的指导思想。他聘请教师时"以学诣为主"，在破除中国封建社会长期文化专制主义方面起到了积极的作用，为各种新思想在大学讲坛上传播提供了有利条件，使北大成为新文化运动和马克思主义的传播中心、五四运动的策源地。

3.什么是程序性知识？如何进行程序性知识的教学？

【答】（1）根据知识的不同状态和表述形式，将知识分为陈述性知识与程序性知识。其中，程序性知识主要反映活动的具体过程和操作步骤，说明做什么和怎么做，是一种实践性知识，主要用于实践操作，因此，也被称作操作性知识、策略性知识和方法性知识。例如，如何驾驶一辆汽车。程序性知识的表征方式是产生式结构。产生式的基本原则是"如果条件是 A，那么实施行动 B"。解决一个简单的问题需要一个产生式，解决一个复杂的问题就需要若干个产生式，这些产生式组成产生式系统。所谓产生式系统，就是人所能执行的一组内隐的智力活动。

（2）程序性知识的学习本质就是掌握一个程序，即在长时记忆中形成一个解决问题的产生式系统，以后遇到同样类型的问题，就按这个产生式系统来行动。产生式的提出为程序性知识的教学提供了便于操作的科学依据。

4. 简述西欧中世纪大学的特征与意义。

【答】（1）最初的中世纪大学是一种自治的教授和学习中心，一般由一名（或数名）在某一领域有声望的学者和他的追随者自行组织起来，形成类似于行会的团体进行教学和知识交易。

（2）中世纪大学的主要办学特色。

①教育目的：中世纪大学的基本目的是进行职业训练，培养社会所需的专业人才。②领导体制："学生大学"与"先生大学"。③学位制度：中世纪大学已有学位制度，学生修完大学课程，经考试合格，可获得"硕士""博士"学位。④课程设置：大学的课程开始并不固定，后趋向统一，应社会需求分文、法、神、医四科。⑤教学方法：讲演和辩论。⑥自治：中世纪大学从最初形成就表现出自治的特点。

（3）中世纪大学的历史意义。

中世纪大学的出现，奠定了现代大学的办学基础，为高等教育发展做出了贡献，具有非常重要的历史意义。①它树立了学术自由、探求真理的典范。推行学术自由，鼓励学者和学生探求真理，为人类文化的发展做出了巨大贡献。②形成了学术中心，推动了思想和学术的发展。③为后期大学发展提供了许多有意义的办学实践经验。比如学位制度，现代各国高等教育的学位制度虽然存在一些差别，但都直接源于中世纪大学。

四、论述题

1. 论述教育与经济、政治的关系。

【答】（1）教育与经济的关系。（见 2021 年东北师范大学真题 +2019 年华东师范大学真题）

（2）教育与政治的关系。

①政治经济制度对教育发展的影响与制约：政治经济制度的性质制约着教育的性质；政治经济制度制约着教育目的；政治经济制度制约着教育的领导权；政治经济制度制约着受教育权；政治经济制度制约着教育内容、教育结构和教育管理体制。

②教育的政治功能：教育通过传播一定社会的政治意识形态，完成年轻一代的政治社会化；教育通过造就政治管理人才，促进政治体制的变革与完善；教育通过提高全民文化素质，推动国家的民主政治建设；教育是形成社会舆论、影响政治时局的重要力量。

2. 论述师生关系的模式和理想的师生关系。

【答】（1）师生关系的模式。

①学生中心论。学生中心论是美国进步主义教育思想家杜威针对赫尔巴特的传统教育理论与思想进行批判而提出的。他把学生视为教育过程的中心，全部的教育教学都要从学生的兴趣、需要出发，教师只能处于辅助地位。但是这种观念往往往往造成放任式的师生关系，师生人格并不能真正平等，容易滋生个人主义或无政府主义。

②教师中心论。教师中心论是由传统教育的集大成者赫尔巴特提出的，他强调教师的权威，教师在教育中处于绝对支配地位，学生绝对服从教师，处于被动地位。这是不平等的专制型师生关系，学生的价值与尊严得不到真正的尊重，个性发展也被严重扭曲。

（2）理想的师生关系。

根据师生之间在教育过程中不同的情感、态度和行为表现，可将师生关系分为三种类型：专制型、放任型和民主型。民主型师生关系是当今社会理想的并正在努力实践的师生关系类型。

3. 论述奥苏伯尔提出的机械学习和有意义学习。（见 2013 年北京师范大学真题）

2019 年南京师范大学 333 教育综合真题·凯程详解

一、选择题

1～5. BCCDA　　6～10. CDCCB

二、名词解释

1. **班级授课制**（见2016年北京师范大学真题）

2. **稷下学宫**（见2020年北京师范大学真题）

3. **福建船政学堂**

【答】福建船政局是由洋务派左宗棠创办的近代第一个专门制造近代轮船的工厂。福建船政学堂是其重要组成部分。学堂把造船与培养人才结合起来，主要培养造船和驾驶人才。学堂有前学堂和后学堂之分，前学堂学习制造技术，后学堂学习驾驶和轮机技术，之后前学堂内添设"绘事院"和"艺圃"。其中艺圃开创我国近代职工在职教育的先声。福建船政学堂是洋务学堂中持续时间最久的一所。它为近代中国海军输送了第一批舰战指挥和驾驶人才，是近代中国海军人才的摇篮。

4. **遗忘原因的同化说**

【答】奥苏伯尔根据其同化理论指出，遗忘是知识的组织和认知结构简化的过程。在有意义学习中，新旧知识之间通过相互作用建立起非人为的、实质性的联系，新知识同化到原有的认知结构中，人们长时记忆中储存的是经过转换后较为一般性的观念结构，遗忘的往往是一些被较为高级的观念所替代的低一级的观念，从而减轻了记忆的负担。

三、辨析题

1. **"教师专业化"就是通过专业化提高教师的社会地位。**

【答】错误。

提高教师地位仅仅指出了教师专业化的其中一个作用，且错把这个作用当作唯一的目的，这是不科学的，也是不全面的。教师专业化有助于教师各方面素质的提升，对师范教育乃至全国教育的质量都有重要影响，且有利于推动教育领域的改革与完善。当然，教师专业化也有可能带来教师社会地位的提升，但这绝不是教师专业化的目的。

2. **恩物是福禄培尔创制的一套供儿童使用的教学用品。**

【答】正确。

恩物又称福禄培尔恩物，是福禄培尔创造的一套供儿童使用的教学用品，实际上是幼儿园里做游戏和进行作业时的玩具和材料。恩物的教育价值是帮助儿童由易到难、由简到繁、循序渐进地认识自然及其内在规律。

3. **昆体良认为教学是一种双边活动。**

【答】正确。

昆体良认为"教师的职责是教，学生的职责是证明他们是可教的"。对此，他提出了教和学的方法和原则。

在教的方法中：①反对体罚，提倡教师采用榜样示范法；②教师要善于观察学生，因材施教；③教师要量力而行，根据学生水平、能力而教；④善于运用启发诱导法。

在学的方面：①儿童要快乐学习，学习是一种乐趣；②学习要劳逸结合，保持良好的身体健康和精神健康；③儿童要投入有游戏的成分的教学中，但不能游戏过度；④主张自主学习，反对强迫。

四、简答题

1. **在中小学教学过程中，选择和运用教学方法的依据有哪些？**

【答】（1）课题（或单元）与课时的教学目的和任务，学科的任务、内容和教学法特点。

（2）教学过程、教学原则和班级上课的特点。

（3）学生的兴趣、可接受水平，智能的发展状况，学习态度、学风与习惯。

（4）教师本身的条件，包括思想业务水平、实际经验与能力、个性与特长。

（5）学生参与教学过程中的答问、讨论、作业、评析的积极性与水平。

（6）教师与学生双边活动的配合、互动的状况与质量。

（7）班、组活动与个人活动结合的状况，课堂教学与课外作业或课外活动结合的状况与质量。

（8）学校与地方可能提供的条件，包括社会条件、自然环境、物资设备等。

（9）教学的时限，包括规定的课时以及其他可利用的时间，如早自习、晚自习等。

（10）对可能取得的效果的慎重预计与意外状况出现时的应变措施。

2. **请简述当代世界学校教育制度改革与发展的主要趋势。**（见2011年南京师范大学真题）

3. **简述北宋"三次兴学"的主要内容。**

【答】（1）第一次兴学：范仲淹在宋仁宗庆历四年主持的，史称"庆历兴学"。

①令州县立学，保障学校的正常教学秩序；②改革科举考试内容，停帖经和墨义，着重策论和经学；③创建太学，将胡瑗的"苏湖教法"引入太学，创立分科教学和学科的必修、选修制度，体现了对当时教育空疏、流于形式的教育的批判。

（2）第二次兴学：王安石在宋神宗熙宁年间主持的，史称"熙宁兴学"。

①改革太学，创立"三舍法"；②扩建和整顿地方官学；③恢复与创立武学、律学、医学等专门学校，以培养具有一技之长的人才；④编撰《三经新义》，作为统一教材。

（3）第三次兴学：蔡京在宋徽宗崇宁年间主持的，史称"崇宁兴学"。

①全国普遍设立地方学校。至此，形成了遍布全国州县的学校网络，无论在数量上、规模上，还是在分布的范围上，都远远地超过了以往任何一次兴学。②建立县学、州学、太学三级相联系的学制系统；③扩建太学，营建太学之"外学"，作为太学的外舍；④恢复设立医学，创立算学、书学、画学等专科学校；⑤罢科举，改由学校取士。

三次兴学虽然都因为守旧派的阻挠而中断，但是从总体上讲，促进了学校教育的发展。

4.简述杜威关于教育制度的基本主张。（见2011年北京师范大学真题）

五、论述题

1.根据十九大报告，结合实际谈谈你对"公平而有质量的教育"的看法。

【答】（1）公平的教育。

①含义：公平的教育指我们可以为任何学生，在任何时间、地点为他们提供所需要的和合理的教育。

②主要表现在：a.受教育机会均等；b.平等享受教育资源；c.教育终结点上平等享受就业与升学的权利。教育公平是教育民主的主要体现。

③在实施公平的教育时要注意：a.为所有的学生提供相同的教育；b.为不同的学生提供有差异的教育；c.要特别优待学习有一定困难的学生。

（2）有质量的教育。

①含义：有质量的教育指依据学生的兴趣与规律，在完成国家的教育目的的基础之上，能够促进学生身心全面和谐发展和个性发展的教育。

②主要表现在：a.教育的普及；b.学习内容的广泛；c.学习方法、途径的多样；d.学生的全面发展。

③在实施有质量的教育时要注意：a.尊重学生的兴趣，遵守教育规律，正确看待学生，注重学生的主体性，发挥学生的能动性，让学生能够自主学习；b.能够基本完成我国的教育目的——德、智、体、美、劳的全面发展，提高全民素养；c.要让每个人全面发展、个性发展，学有所获、学有所用。

④衡量标准：通过教育实施，将结果与是否完成国家相应的标准对照，由此判断有质量的教育实现与否。

（3）公平而有质量的教育的实现途径。

①国家要在制度上推动城乡义务教育一体化。

②国家在立法上要充分尊重每个人享受教育的权利。

③国家在管理上要发挥社会监督的职能，发挥社会舆论的正面作用。

④国家在教育经费上要严查经费的落实，严厉打击经费的挪用和滥用。

⑤国家要大力推动和促进当前的新课程改革，提高我国的教育质量。

2.结合当前实际，谈谈如何激发学生的学习动机。（见2012年华东师范大学真题）

2020年南京师范大学333教育综合真题·凯程详解

一、选择题（题目不全，解析略）

二、名词解释

1.**终身教育**（见2011年华东师范大学真题）

2.**生活即教育**

【答】生活即教育是陶行知生活教育思想的一部分，是生活教育理论的核心。具体内容包括：第一，生活含有教育的意义。人们积极投入生活中，在生活的矛盾和斗争中向前、向上。第二，实际生活是教育的中心。教育不能脱离生活，教育要通过生活来进行，其方法和内容都要根据生活的需要来确定。第三，生活决定教育，教育改造生活。教育的目的、原则、内容和方法都由生活决定。

3.《儿童的世纪》

【答】《儿童的世纪》是瑞典教育家爱伦·凯的著作，因其倡导自由教育，此书被视为新教育的经典作品。这本书预言"20世纪将成为儿童的世纪"。这一思想影响重大。

4.人本主义学习理论

【答】人本主义学习理论强调学生自主学习，自主建构知识的意义，强调协作学习。与建构主义不同，它更强调以人的发展为本，即强调学生的自我发展，强调发掘人的创造潜能，强调情感教育。人本主义学习理论主要可以分为五大观点，即潜能观、自我实现观、创造观、情感因素观与师生观。

三、辨析题

1.学生在教学过程中既是认识的客体，又是认识的主体。（见2020年西南大学真题）

2.骑士教育是一种特殊形式的家庭教育。

【答】正确。骑士教育是西欧中世纪封建社会等级制度的产物，是一种特殊的教育形式，也是中世纪世俗教育的一种主要形式，以培养当时封建制度中骑士阶层的人员为目的。骑士教育是一种特殊的家庭教育形式，无专设的教育机构和教育人员。骑士教育的主要目标是培养英勇善战、忠君敬主的骑士精神和技能。

3.公学是英国的一种公立学校。

【答】错误。公学是17—18世纪在英国发展起来的一种私立教学机构。这种学校是由公众团体集资兴办的，其教学目的是培养一般公职人员，其学生在公开场所接受教育。它比一般的文法学校师资及设施设备条件更好、收费更高，是典型的贵族学校。

四、简答题

1.简述培养良好师生关系的基本策略。（见2019年陕西师范大学真题）

2.简述影响课程改革的主要因素。

【答】（1）政治因素与课程改革。政治因素对课程改革的影响是多层次的、深刻的，比科技、文化的变革更为直接：①政治因素制约着课程目标的制定；②政治因素制约着课程改革的内容选择；③政治因素制约着课程的编制过程。

（2）经济因素与课程改革。①经济领域劳动力素质提高的要求制约着课程目标；②经济的地区差异性制约着课程改革；③市场经济影响课程改革。

（3）文化因素与课程改革。①文化模式影响课程改革；②文化变迁影响课程改革；③文化多元影响课程改革。

（4）科技革新（科技因素）与课程改革。①科技革新制约着课程改革的目标；②科技革新推动课程结构的改革；③科技革新影响着课程改革的速度。

（5）学生发展（学生因素）与课程改革。①学生身心发展的特征与课程改革；②学生的需要与课程改革；③课程改革的着眼点——最近发展区。

3.简述1922年"新学制"中对中等教育的改革举措。

【答】中等教育是改制核心，是"新学制"中的精粹。其改革内容包括：①延长中学年限，初中和高中各三年，提高中等教育的程度，克服旧学制中学只有四年而造成基础教育薄弱的缺点，改善中学和大学的衔接关系；②中学分为初中、高中两级，不仅增加了地方办学的伸缩余地，而且增加了学生的选择余地；③中学实行分科制和选科制，力求使学生有较大的发展余地，适应不同发展水平的学生的需要。

4.简述文艺复兴时期人文主义教育实践的基本特征。（见2011年华东师范大学真题）

五、论述题

1.论述在教学过程中应当处理好的几对关系。（见2011年东北师范大学真题）

2.试述建构主义理论的基本观点并做出评价。

【答】（1）建构主义理论的基本观点。（见2013年华东师范大学真题）

（2）评价：当代建构主义者们往往只是将建构主义与客观主义相对立，认为认识是一个主动解释并建构个体知识表征的过程。但是，建构主义在否定客观主义的同时，还必须防止自己陷入另外一个极端——主观主义、主观经验主义。一些极端的建构主义者主张，如实体（真实世界）取决于认识者，是人脑的产物，符号过程建构实体，这片面地夸大了主观的作用，难免走入主观唯心主义、唯我论、不可知论的泥坑。无外乎有人批评当代的某些建构主义是"披着建构主义羊皮的现代经验主义老狼"。实际上，形形色色的极端建构主义观点以各种面孔出现，对教育实践的指导不仅无益，反而有害，正所谓过犹不及。因此，我们应以辩证的眼光来审视各种建构主义，正确处理学习与教学、学生与教师、参与学习与替代学习、具体与抽象、情境与符号、个体创造与社会传递、主观知识与客观知识、感性经验与理性经验之间的关系。

2021 年南京师范大学 333 教育综合真题·凯程详解

一、选择题（10 个）（缺失）

二、名词解释

1. 教师专业发展（见 2018 年南京师范大学真题）
2. 学校教育制度（见 2019 年北京师范大学真题）
3. 鸿都门学（见 2011 年北京师范大学真题）
4. 导生制（见 2012 年北京师范大学真题）

三、辨析题

1. 全面发展和个性发展是对立的。

【答】错误。

（1）全面发展是指受教育者必须在德、智、体、美、劳诸方面得到发展，每一方面都不可欠缺。

（2）个性发展是指德、智、体、美、劳等素质在受教育者这一个体身上的特殊组合，不可一律化。

（3）全面发展与个性发展的关系并不是对立的，在当下，我们提倡个性的全面发展与全面发展的个性，由此可见二者是辩证统一的关系。

2. 思维定势会阻碍问题的解决。

【答】错误。

（1）思维定势是指由先前的活动所形成的并影响后继活动趋势的一种心理准备状态，即个体经由学习而积累起来的习惯倾向。

（2）思维定势在问题解决中有积极作用，也有消极影响。当问题情境不变时，思维定势对问题的解决有积极的作用，有利于问题的解决；当问题情境发生了变化，思维定势对问题的解决有消极影响，阻碍主体用新方法来解决问题，不利于问题的解决。

3. 卢梭的认知过程包括判断和接纳两个阶段。

【答】正确。

卢梭主张用自然的方法和原则学习知识，他是主张学习德育、宗教和智育知识的。在学习智育知识时，第一个认知过程是判断，判断是学生对事物的属性的判定；第二个认知过程是接纳，学生可以认识事物，接纳事物的特点，与其他人和物相互联系。

四、简答题

1. 简述生产力发展水平对教育的影响。（见 2010 年陕西师范大学真题）
2. 简述当代学制的发展趋势。（见 2017 年北京师范大学真题）
3. 简述杜威教学法的主要内容。（见 2011 年北京师范大学真题）
4. 简述黄炎培职业教育的办学方针。（见 2018 年华中师范大学真题）

五、论述题

1. 教师做研究者、开展教育研究有什么意义？

【答】（1）含义：教师对学校和课堂工作进行的一种系统的、有目的的探究，是教师与研究者、教学与研究的统一。

（2）教师成为研究者的意义：

①教师的教育研究有利于解决教育教学实际问题。面对日益复杂且深刻的教育教学变革，教师需要不断地直面新情况、分析新问题、解决新矛盾，以主动研究者的身份进行主体参与，以不断研究这一"不变"，才能应对

社会和教育发展这一"万变"，才能使自己的工作与时俱进。

②教师的教育研究可以使课程、教学与教师真正融为一体。从我国新一轮的课改看，教师必须将新课改的理念与知识本质付诸实际行动，才能使课程变为实际。

③教师的教育研究也是教育科学发展的需要。教师不仅是教育实践的主体，也应该是教育研究的主体，教师的教育研究是教育科学发展不可或缺的重要力量。

④教师的教育研究促进教师持续的专业成长与发展。教师的教育研究可以使教师成为有思想、有智性、有悟性的教育实践主体。通过教育教学研究，教师才能不断找到专业发展的新基点。

2. 结合实际，论述专业教师和新手教师在课堂教学过程中的差异。

【答】（1）对教材的研读程度上：专业教师愿意花更多的时间钻研教材，对教材的解读更加地细致、深入，具有创造性；新手教师钻研教材的时间较少，且对教材的解读主要依据参考书目，研读相对浅显，也缺少创造性。随着经验的累积，专业教师积累了大量的专业知识，对教学内容也更加地敏锐，他们通常会细读文本，并且在教学内容的选择上通常会借助课外的知识扩充文本，深化学生对知识的理解。

例如，小学语文名师窦桂梅和王崧舟。两位名师的教学中具有如下的共同点：首先，他们通常会花一两个月的时间研读一篇课文，为了上好一堂课，写下几万字的文本分析；其次，他们都推崇细读文本，例如，窦桂梅在讲解《丑小鸭》时通过一个"啄"字让学生体会鸭妈妈和其他同伴对丑小鸭不同的情感；最后，两位专业教师的教学从来都不止于文本，他们会将与文本有关的经典文学纳入教学之中，从而开拓学生的视野，正如窦老师所说，教学应立足教材，超越教材。

（2）对学情的把握上：专业教师能更加准确地把握学情，新手教师常常对学情把握不准。专业教师更加了解学生的认知规律与个性特点，因而在他们的教学过程中更能体现循循善诱、层层深入的特点，他们更能把握教学的重难点并且以学生易于接受的方式传递给学生。在教学过程中，专业教师更善于以多样化、有针对性的方式激励学生。

（3）对教学方法与组织形式的选择上：专业教师能够根据课程内容的不同，选择恰当的教学方法与组织形式，并且他们对各种教学方法与组织形式的使用都了然于心，因此能灵活自如地搭配与运用各种方法与组织形式。新手教师在教学过程中的教学方法与组织形式相对单一。

（4）对教学过程的把握上：在教学过程中，专业教师能更好地组织教学顺利地开展，更准确地分配与把控教学时间，能根据学生的状态随时调整自己教学的方式与教学内容，同时专业教师更能发挥教育机智，灵活处理教学过程中遇到的各类突发问题。新手教师在教学的组织上、教学时间的把控上及对突发事件的处理等问题上相对欠缺。

2022年南京师范大学 333 教育综合真题·凯程详解

一、选择题

1～5. ABACC   6～10. ACBDA

二、名词解释

1. 学制（见 2019 年北京师范大学真题）

2. 虚心涵泳

【答】虚心涵泳是朱子读书法其中的一条，它包括"虚心"和"涵泳"两方面的含义。"虚心"指读书要虚怀若谷、静心思虑，体会书中的意思，不要先入为主，牵强附会。"涵泳"指读书时要反复咀嚼，细心玩味。

3. 掌握学习策略

【答】掌握学习是由布卢姆等人提出来的，其基本观点是：只要给了足够的时间和适当的教学，几乎所有的学生对几乎所有的学习内容都可以达到掌握的程度。学生在学习能力上的差异并不能决定他能否学会教学内容，而只能决定他将要花多少时间才能达到对该项内容的掌握程度。

4. 葛雷制

【答】（1）简介：葛雷制亦称"双校制""二部制"或"分团学制"，创始人是美国教育家沃特。

（2）内容：葛雷制在教学中采用二重编法，即将全校学生一分为二，一部分在教室上课，另一部分在体育运动场、图书馆、工厂和商店、礼堂等场所活动，上下午对调。它以杜威的教育思想为依据，以具有社会性质的作业为学校的基本课程。

（3）评价：葛雷制曾被认为是"美国进步教育思想的最卓越的例子"。它的课程设计能保持儿童的天然兴趣和热情，管理方式经济，效率较高，成为进步学校流行最广的一种形式。

三、辨析题

1.文化本身就是一种教育力量。

【答】正确。

文化化人，文化立人，文化具有潜移默化的作用。文化对教育发展的制约和影响具有广泛性、基础性、深刻性和持久性的特点。文化模式制约教育背景和教育模式，文化模式为教育提供了特定的背景，每个社会成员都无法逃避它的影响，这就是政治经济制度大体相同而文化模式却迥异的国家，其国民性大相径庭的主要原因。

综上所述，题干表述正确。

2.教师应指导学生将学业的成功和失败归因于个人能力。

【答】错误。

（1）个人能力属于内部不可控归因，把学业的成功归结为不可控因素，学生学习的信心会下降；把学业的失败归结为不可控因素，学生的心情是沮丧的，甚至是绝望的。

（2）努力属于内部可控归因，把学业的成功归结为可控因素，学生学习的信心会提升；把学业的失败归结为可控因素，学生很内疚，认为自己可以通过努力改变失败现状。所以，教师应该指导学生将学业的成败归因于努力。

综上所述，题干表述错误。

3.贺拉斯·曼将师范教育视为提高公立学校教育质量的重要手段。

【答】正确。

贺拉斯·曼是19世纪美国杰出的教育家，终生投身于美国的公立教育事业，被誉为"美国公立学校之父"。贺拉斯·曼重视对教师的培养，认为师范教育是提高公立学校教育质量的重要手段。在他的宣传和领导下，马萨诸塞州建立了美国第一批公立师范学校。

综上所述，题干表述正确。

四、简答题

1.简述如何理解教育的相对独立性。（见2010年华中师范大学真题）

2.简述《巴特勒教育法》的主要内容。（见2020年湖南师范大学真题）

3.简述近代洋务学堂的特点。（见2013年西南大学真题）

4.简述课程的内涵。

【答】学术界对课程没有统一的定论，大致有以下四种课程的界定：

（1）课程即教学科目。这是最普遍的也是最常识化的课程定义。广义上的课程指学生所学的全部学科以及在教师指导下的各种活动的总称；狭义的课程是指一门学科或一类课程。

（2）课程即学习经验。美国教育家杜威认为，课程就是学生在教师指导下或自发获得的经验或体验。其突出特点是把学生的直接经验置于课程的中心位置，但忽略了系统知识的重要性。

（3）课程即文化再生产。鲍尔斯等人认为，课程就是从某种社会文化里选择出来的材料，学校教育要再生产对下一代有用的知识与价值。

（4）课程即社会改造的过程。巴西的弗莱雷认为，课程不是要使学生顺从或适应社会文化，而是要帮助学生摆脱社会制度的束缚。他们建议课程把重点放在当代社会的主要问题和弊端、学生关心的社会现象，以及改造社会和社会活动规划等方面。

总的来说，课程是以实现各级各类学校的教育目标而规定的学科及它的目的、内容、范围与进程的总和，包括为学生全面发展而营造的全部内容。课程主要体现在课程计划、课程标准和教材中。

五、论述题

1.论述新课程理念指导下有效教学设计如何体现新思维。

【答】（1）教学目标设计。新课程改革特别强调我们在教学时应该注重课程目标的更新，从三维目标走向核心素养。所以在设计教学目标时要改变传统课程过于注重知识传授的倾向，强调形成积极主动的学习态度，使学生在获得基础知识和基本技能的过程中同时学会学习和形成正确的价值观。

（2）教学结构设计，也叫作教学过程设计。新课程改革强调树立综合课程观。所以应改变传统课程结构过于注重学科本位、科目过多和缺乏整合的状况，体现课程的均衡性、综合性和选择性。

（3）教学内容设计。新课程改革强调在课程内容方面，树立学生生活观。所以要改变传统课程内容"繁、难、偏、旧"和过于注重书本知识的现状，加强课程内容与学生生活、现代社会和现代技术发展的联系。关注学生的学习兴趣和经验，精选终身学习必备的基础知识和技能。

（4）教学评价设计。新课程改革强调在课程评价方面，树立发展评价观。所以应改变传统课程评价过于强调甄别与选拔的功能，发挥课程评价促进学生发展、教师发展和改进教学实践的功能。课程评价要从终结性评价转变为与发展性评价、形成性评价相结合。

（5）单元整体教学设计。单元整体教学设计是系统设计的教与学的互动过程，它以单元为基本的教学单位，以融合为基本的教学理念，以探究为基本的学习方式。新课程改革强调培养学生的核心素养，所以教学设计应该向单元整体教学设计发展，培养学生具备能够适应终身发展和社会发展需要的必备品格和关键能力。

2. 如何提高学生的问题解决能力?（见2010年华中师范大学真题）

湖南师范大学

2010年湖南师范大学333教育综合真题·凯程详解

一、名词解释

1. 学习定势

【答】学习定势是一种特殊的心理准备状态，是由先前学习引起的、对以后的学习活动能产生影响的心理准备状态。学习定势对学习具有定向作用。定势既可以成为积极迁移的心理背景，也可以成为消极迁移的心理背景。它的清晰性和稳定性直接关系到新知识学习的效果。

2. 替代强化

【答】替代强化指观察者因看到榜样受强化而接受到的强化。如当教师强化一个助人为乐的学生时，班里其他学生也更愿意表现出帮助他人的行为。替代强化还有一个功能，就是情绪反应的唤起。

3. 文纳特卡计划

【答】文纳特卡计划是美国教育家华虚朋推行的教育实验计划。其主要内容包括：重视使学校的功课适应学生的个别差异；将个别学习和小组学习结合起来，使个性发展与社会意识培养相联系；课程分为共同知识或技能和创造性、社会性作业。前者按学科进行，以学生自学为主，教师适当进行个别辅导，以考试来检验学习效果；后者分小组开展或施教，无确定的程序，不考试。

评价：文纳特卡计划加强了不同年龄学生之间的联系，培养了学生的合作精神。局限性是其影响了学科知识的深入学习，实施比较困难，在20世纪50年代后逐渐衰落。

4. 《国防教育法》

【答】进入20世纪50年代以后，随着国际形势的发展，教育质量差成为美国教育被批评的焦点。1957年苏联卫星上天后，改革教育的呼声更为强烈，1958年美国国会颁布了《国防教育法》。其主要内容包括：①加强普通学校的自然科学、数学和现代外语（即"新三艺"）的教学；②加强职业技术教育；③强调"天才教育"；④增拨大量教育经费，作为对各级学校的财政援助。《国防教育法》旨在改变美国教育水平的落后状况，使美国教育能够适应现代科学技术的发展并满足国际竞争的需要。它的颁布有利于美国教育的发展，有利于教育质量的提高，有利于培养科技人才。

5. 有教无类（见2010年北京师范大学真题）

6. 苏湖教法（见2014年北京师范大学真题）

二、简答题

1.简述影响人发展的基本要素。（见2015年北京师范大学真题）

2.简述现代教师的基本素养。（见2014年北京师范大学真题）

3.简述教育目的的层次结构和内容结构。

【答】（1）教育目的的层次结构。

这是指在国家教育总目标的指导下，由各级各类学校的培养目标以及实现这些目标所必需的课程和教学目标构成的教育目标系统，它们由抽象到具体形成了一个完整的目标体系结构。一般来说，这一目标体系由四个层次构成。

①国家或社会所规定的教育目的，即代表国家或社会对受教育者提出的总的要求。

②各级各类学校的培养目标，即在总目标的指导下，依据学校的层次、性质、人才培养的具体质量规格的不同，形成的不同学校的不同培养目标。

③课程目标，即课程方案设置的各个教学科目所规定的应达到的教学要求或标准。

④教学目标，即教师在实施课程计划的过程中，在完成某一阶段（如一节课、一个单元或一个学期）的教学工作时所期望达到的要求或结果。

（2）教育目的的内容结构。

这是指教育目的由哪几个部分构成及其相互之间的关系。教育目的一般由两部分构成。

①"培养什么样的人"：就是提出受教育者在知识、智力、品德、审美、体质诸方面的发展要求，以期受教育者形成某种个性结构。这是教育目的内容结构的核心部分。

②"为谁培养人"：就是指明这种人符合什么社会的需要或为什么阶级的利益服务。

4.中小学德育工作中存在哪五个方面的问题？

【答】①德育工作中严重的功利主义倾向。德育工作者希望在短时间内看到效果，而没有看到德育是一个长期的过程。

②德育过程中严重的知识主义倾向。重视德育的知识，不重视德育的实践，致使学生知行脱节。道德认识和道德行为不能互相转化。在遇到复杂社会现象需要做道德判断时难以适应。

③德行管理中严重的主观主义倾向。德育缺乏明确的目标、明确的计划，单从个人意志出发、从个人兴趣出发。

④德育研究中严重的经验主义倾向。重视个人的直接经验，却忽视间接经验的学习，不善于把当前的社会实际和学生的思想实际结合起来。

⑤德育评价过程中严重的形式主义倾向。德育评价没有落到实处，没有全面评价的指标体系，评价避重就轻、泛泛而谈、轻描淡写。

上述问题使德育工作日益空泛和形式化。这是与德育在全面发展教育中的重要地位、与德育在整个社会主义精神文明建设中的作用不相称的，对学生身心的健康发展也十分不利。

三、分析论述题

1.联系实际，谈谈"动机与学习的关系"对教育的启示。

【答】（1）动机与学习的关系：

①学习动机是影响学习效率的一个重要因素，但不是唯一因素。

②学习动机与学习效率的关系并不是直接的，它们之间往往以学习行为为中介。学习行为不仅受到学习动机的影响，也会受到一系列主、客观因素的影响。所以，只有把学习动机、学习行为、学习效果三者放在一起，才能看出学习动机与学习效果之间的关系。

③学习动机强度与学习效率并不完全成正比。依据耶克斯-多德森定律：学习动机存在一个最佳水平，即在一定范围内，学习效率随学习动机强度的增大而提高，直至达到学习动机最佳强度而获最佳，之后则随学习动机的强度进一步增大而下降；动机强度的最佳水平会随学习活动难易程度的变化而变化；动机强度的最佳水平还会因人而异；学习动机强度与学习效率之间不是一种线性关系，而是一种倒U型曲线的关系。中等强度的动机，最有利于任务的完成，一旦动机强度高于这个水平，就会对行为具有阻碍作用。

（2）对教育的启示：

①学生是学习过程中的主体，要维持他们的学习动机，提高其学习效果，就要从学习者自身入手。首先，学习者应该明确自己的学习动机，充分发挥动机的激励作用。其次，学习者应该树立学习目标，增强学习信心。学

习者可以根据自己的实际情况设立恰当的学习目标，安排切实可行的学习计划。

②教师在教学过程中起着引导作用，教师的素质与态度会影响到每个学生的发展，教师的一言一行是学生外在动机的重要组成部分。教师应注重维持并强化学生的原有动机，引导学生利用其动机来提高学习效果，面对各类动机强度不同的学生应该采取不同的教学策略。

③课堂是培养学生学习兴趣和激发学生学习动机的重要阵地，课堂教学是学习的重要环节，课堂应实现因材施教，教师应注意对学生采取科学的教学方法、针对不同学生群体设置不同形式和难度的学习任务，充分激发学生的学习动机，提高他们的学习效果。

2.论述卢梭的自然主义教育理论及其影响。（见2012年华东师范大学真题）

3.简要论述我国学校教育发展的历史过程与值得借鉴的经验教训。

【答】（1）学校教育自产生之日起，它就随着人类社会的发展变化而发展变化。在不同的社会历史阶段中，形成各种历史形态。

（2）我国学校教育发展的历史过程。

①原始社会的学校教育。原始社会的教育水平低，没有形成制度化的教育机构，教育只是在社会生活和生产中进行的，教育内容贫乏，教育方法主要是口耳相传和实践中的模仿。

②古代社会的学校教育。古代社会教育与生产劳动相分离，一部分人可脱离生产专门从事教育。文字的产生促进了知识和经验的积累，也改变了原始的教学形式，学校的产生成为了历史的必然。我国古代文献中所记载的最早的学校类型有成均之学和虞庠之学。

③现代社会的学校教育。当代社会，科学技术成为制约社会发展的重要因素，教育发展程度成为衡量一个国家综合国力的重要标志之一。各国都十分重视教育发展以及人口质量的改善，学校教育体系更加完善。学校教育从某种意义上讲，决定个人社会化的水平和性质，是个体社会化的重要基地。

（3）学校教育发展带给我们的经验教训。

学校教育应以培养全面发展的人为目标。学校教育应提倡学术自由，兼容并包，以传递和发展文化为己任。在课程设置上，学校教育还需要注意的是学科课程与经验课程并重，提高学生的实践能力。学校教育的培养目标还应该面向社会和国家，为社会建设培养需要的人才。

4.阅读下面的材料，根据你所看到的中小学的教学实际情况，结合所学的教学理论，概括出教学实践活动中存在的一个主要问题，分析其中两个方面的主要原因，并提出解决这一问题的思路和对策。

【答】（1）我国中小学教学采用班级授课制，在教学实践活动中对全班学生使用同一种教材，按照同一进度和要求进行教学，不利于照顾学生的个别差异，不利于因材施教，不利于充分发挥学生的独立性和内在潜力，容易使教学产生理论与实践脱节的现象。

（2）主要原因：

①班级授课制只注重集体化、同步化、标准化，没有照顾学生的个别差异和对学生进行个别指导，不利于培养学生的特长和发展他们的个性。

②教学的实践性不足，主要是以教师传授知识为主，学生亲身参与实践与动手机会少。

（3）思路和对策：

①课程设置要合理。

课程设置要与教育培养目标相适应，各门课的教学内容不能太多，所要达到的知识标准不能太高，应该是同一层次的所有学校和全体学生经过正常的教学活动所能达到的。只有这样，才能使广大师生从应试教育下过重的课业负担中解放出来，有时间和精力来开展生动活泼的因材施教活动。

②进行小班化教学。

小班化教学是指在学生人数较少的班级中开展教育教学活动的一种教学组织方式。进行小班教学不仅意味着师生将拥有更大的教室空间和更多的教学设备，而且，更重要的是师生的交流机会增多。对学生而言可以得到教师更多的个别注意和发言机会。对教师而言，方便他们走动，有利于课堂管理和教具、课堂组织形式的灵活使用。他们可以在时间和精力相同的情况下，照顾到学生的个别差异，从而给每个学生更多的关心和个别化辅导。小班化教学还能使课堂气氛更为活跃和民主，最终达到促进每个学生的个性获得更好发展的目的。

2011年湖南师范大学333教育综合真题·凯程详解

一、名词解释

1.学习迁移

【答】学习迁移是一种学习对另一种学习的影响，指已经获得的知识、技能，甚至方法和态度对学习新知识、新技能的影响。这种影响可能是积极的，也可能是消极的。它广泛地存在于知识、技能、态度和行为规范的学习中。任何一种学习都要受到学习者已有的知识经验、技能、态度等的影响，只要有学习，就有迁移。迁移是学习的继续和巩固，又是提高和深化学习的条件，学习和迁移不可分割。

2.元认知（见2011年北京师范大学真题）

3.道尔顿制（见2011年北京师范大学真题）

4.四段教学法（见2010年北京师范大学真题）

5.监生历事制

【答】监生历事制是明朝国子监监生的实习制度。"历事"指到监外历练政事，规定国子监生学习到一定年限，分拨于在京各衙门，历练事务，锻炼和考察政务才能。如不合格则送回国子监读书。"监生历事"是中国古代大学里最早的教学实习制度。该制度使学校培养人才与业务部门使用人才直接挂钩，有利于促进学校的教学，提高人才素质。

6."六艺"（见2012年华东师范大学真题）

二、简答题

1.简述现代教师的基本素养。（见2014年北京师范大学真题）

2.教学过程中应当处理好哪些基本关系？（见2011年东北师范大学真题）

三、分析论述题

1.试析奥苏伯尔的有意义学习及其对课堂教学的启示。（见2019年东北师范大学真题）

2.论述夸美纽斯在教育史上的地位。（见2016年西南大学真题）

3.简要比较儒墨两家教育思想的异同。

【答】（1）关于教育的作用。

儒家认为教育是一种统治手段，可收到"德礼为治"的效果；认为教育可以使人性向善的方向发展，这就为"仁政""德治"提供了理论基础。墨家认为对人的教育是一种社会的兴利除弊；在人的发展上反对命定论，重视教育和环境的作用，提出了著名的"素丝说"。

（2）关于教育的目的。

儒家认为教育是为了培养德才兼备的君子，是一种官本位的教育模式，教育为政治服务，为国家培养政治人才。墨家的教育在于培养"贤士"或"兼士"，以备担当治国利民的职责，必须能够"厚乎德行，辩乎言谈，博乎道术"。

（3）关于教育的对象。

儒家秉持"有教无类"的教育思想。而墨家代表着"农与工肆之人"的利益，但墨家倡导的以"兼爱"为核心的教育思想，则说明墨家的教育对象又具有全社会性。

（4）关于教育内容。

先秦儒家教育的内容包括政治道德和文化知识两方面。道德教育在整个儒家教育中居于首要地位，文化知识为道德教育服务。其传授的教材是《诗》《书》《礼》《乐》《春秋》等。而墨家以"兼爱""非攻"为教，不仅注重文史知识及逻辑思维能力的培养，还注重实用技术的传习。

（5）关于教学方法。

"学而知之"是儒家进行教学的主导思想，学是求知的途径，也是求知的唯一手段。从学开始，由学而思进而行。启发诱导、因材施教、好学与实事求是也是儒家在进行教育时常用的教育方法。

墨家依靠推理的方法来追求理性知识。关于认识客观事物的方法与检查认识的正确性问题，还提出了有名的三表法，即"有本之者，有原之者，有用之者"。墨家重视思维的发展，注意逻辑概念的启迪。墨翟还特别重视"强说人"的积极的教育态度。

（6）关于道德教育。

在儒家的教育中，道德教育居首要地位。道德观念以文化知识为基础，道德教育的过程包括道德认识，形成道德信念，道德行为实践。其主要内容是"礼"和"仁"。其主要原则有：立志、克己、力行、中庸、内省、改过。

墨家把道德修养放在教育工作的第一位，重视劳动，进行道德教育在于言传身教和感化。

（7）总结：从总体上看，先秦儒家是教育、道德、政治三位一体的教育体系，其中教育是基础。道德由学习培养得来，即把伦理教育化；治人属于政治范畴，由教育培养得来，又把政治教育化。其体现了儒家积极入世的美政理想。墨家的品德教育、论辩教育和科学教育重视实践和联系实际，强调通过实际行动来教人。

4. 请说说你的看法，并论述当前德育应该坚持什么样的原则。

【答】（1）德育原则是指教育者在德育过程中必须遵守的基本要求。德育原则对于德育工作具有直接的具体的指导作用。

（2）德育原则的内容。

①理论和生活相结合原则，指进行德育要以学生的现实生活为基点，联系学生生活，把提高道德思想境界与养成道德行为习惯结合起来，做到心口如一、言行一致。

②疏导原则，指进行德育要循循善诱、以理服人，从提高学生认识入手，调动学生的主动性，使他们积极向上，疏导原则也称为循循善诱原则。

③长善救失原则，指进行德育要调动学生自我教育的积极性，依靠并发扬他们自身的积极因素去克服品德上的消极因素，促进他们的道德成长。

④严格要求与尊重学生相结合原则，指进行德育要将对学生的思想和行为的严格要求与对他们个人的尊重和信赖结合起来，使教育者对学生的影响与要求易于转化为学生的品德。

⑤因材施教原则，指进行德育要从学生品德发展的实际出发，根据他们的年龄特征和个性差异进行不同的教育，使每个学生的品德都能得到最大限度的发展。

⑥在集体中教育原则，是指进行德育有赖于学生的社会交往、共同活动，教育者要注意依靠学生集体，通过社会交往和集体活动进行教育，充分发挥学生集体在教育中的巨大作用。

⑦教育影响的一致性和连续性相结合原则，指进行德育应当有目的、有计划地把来自各方面对学生的教育影响加以组织、调节，使其互相配合、协调一致、前后连贯地进行，以保障学生的品德能按德育的目的发展。

5. 请针对以上内容，结合当今的社会特点，论述教育所应培养的人才的基本要求。

【答】准确把握经济社会发展的阶段性特征和战略目标，积极应对日趋激烈的国际人才竞争，是高等教育人才培养的根本任务。当前，中国经济社会发展的新特征、新变化对高等教育人才培养的规模、类型、层次、规格等都提出了新的要求。

（1）突出创新精神和创新能力的培养。

创新精神和创新能力是人才的核心要素，是时代对人才质量最主要的内涵要求。在未来经济社会发展的过程中，一个国家的整体活力和发展潜力将更多地依赖于国家整体的创新实力，依赖于国家经济活动参与者的求知能力和创新能力；建设创新型国家是中国面向未来的重大战略，致力于创新型国家建设是逐步实现国家繁荣富强和人民生活富裕的需要。因而，为适应建设创新型国家的战略要求，高等教育应把创新精神和创新能力的培养贯穿于各类人才的培养当中。

（2）注重终身学习意识和学习能力的培养。

建设学习型社会是促进人的全面发展的需要，也是中国全面建设小康社会的奋斗目标之一。世界科学技术飞速发展，知识信息总量激增，知识更新的周期缩短，使得人的学习不可能"一劳永逸"。学生在校学习时只能获取所需知识的一部分，而更多的知识依赖于以后通过不断学习来获取和更新。适合经济社会发展要求的人才不仅仅是应当"具有什么技能"，更重要的是应当"具有学习能力"。学习型社会要求人才培养不仅要教给学生专而深的知识，培养学生的专业技能和职业能力，更重要的是要使学生树立终身学习的意识，教会他们学习的能力，为学生终身教育、自我发展奠定牢固的基础。因而，重视学习能力的培养是中国经济社会发展对高等教育人才培养的要求。

（3）构建适应经济社会发展要求的高等教育人才培养体系。

培养适应经济社会发展要求的、多样化的人才，是中国高等教育人才培养的根本使命。但从现实状况来看，目前中国高等学校在人才培养理念、专业学科结构、人才培养模式等方面还不能很好地适应高等教育大众化和经济社会发展的新要求，人才培养与经济社会发展需要之间的结构性矛盾比较突出。因而，构建适应经济社会发展要求的人才培养体系，是高等学校人才培养面临的重要任务。

2012年湖南师范大学333教育综合真题·凯程详解

一、名词解释

1. 科举（见2016年西南大学真题）
2. 苏湖教法（见2014年北京师范大学真题）
3. 导生制（贝尔－兰卡斯特制）（见2012年北京师范大学真题）
4. **算法式策略**

【答】问题解决策略主要有两种类型：算法式策略和启发式策略。算法式策略指的是把解决问题的所有可能方案都列举出来，逐一尝试，直到选择一种有效的方法解决问题，即为了达到某一个目标或解决某一个问题而采取的一步一步的程序。例如，拼图存在一种固定的程序，如果你找到了就能很快地解决问题。

5. 成就动机（见2010年陕西师范大学真题）

二、简答题

1. 简述学校教育在人的发展中的重要作用。（见2016年东北师范大学真题）
2. 简述教学过程的基本性质。（见2013年陕西师范大学真题）

三、分析论述题

1. 简要评述陈鹤琴"活教育"的目的论。（见2015年北京师范大学真题）
2. 论述夸美纽斯的自然适应性原则。（见2012年西南大学真题）
3. **试析品德学习的过程及其条件。**

【答】（1）品德学习的一般过程：从依从到认同再到内化。

①依从。依从包括从众和服从两种。

②认同。认同是在思想、情感、态度和行为上主动接受他人的影响，使自己的态度和行为与他人相接近。认同实质上就是对榜样的模仿，其出发点就是试图与榜样一致。榜样的特点、榜样行为的性质、示范的方式等都影响着认同。

③内化。内化指在思想观点上与他人的思想观点一致，将自己所认同的思想和自己原有的观点、信念融为一体，构成一个完整的价值体系。由于在内化过程中解决了各种价值的矛盾和冲突，当个人按照自己内化了的价值行动时，会感到愉快和满意；而当出现了与自己的价值标准相反的行动时，会感到内疚、不安。

（2）影响品德学习的一般条件。

①外部条件：

a. 家庭教养方式。学生的态度和品德特征与家庭的教养方式有密切关系。若家庭教养方式是民主、信任、容忍的，则有助于儿童的优良态度与品德的形成与发展。若家长对待子女过分严格或放任，则孩子更容易产生不良的、敌对的行为。

b. 社会风气。社会上的良好与不良的风气都有可能影响学生道德信念与道德价值观的形成。

c. 同伴群体。正式的班集体、非正式的小团体等对学生都具有一定的吸引力，他们试图使自己的言行态度与同伴群体保持一致，以得到同伴群体的接纳和认可。

②内部条件：

a. 认知调节。人类具有一种维持平衡和一致性的需要，即力求维持自己的观点、信念的一致，以保持心理平衡。认知失调是态度改变的先决条件。

b. 态度定势。个体由于过去的经验，对所面临的人或事可能会具有某种肯定或否定、趋向或回避、喜好或厌恶等内心倾向性，帮助学生形成对教师、对集体的积极的态度定势或心理准备是使学生接受道德教育的前提。

c. 道德认识水平。态度、品德的形成与改变取决于个体头脑中已有的道德准则和规范的理解水平及掌握程度，取决于已有的道德判断水平。

4. **试论为什么要树立以人为本的教育观。**（见2011年北京师范大学真题）

5. **有人主张教育回归生活，也有人认为实际生活中鱼龙混杂，教育不应回归生活。结合这些看法，谈谈你对教育与生活问题的看法。**

【答】（1）教育和生活的本质区别。

生活是人的意义生命的延续历程，而教育则是贯穿这个历程的特殊引导活动。生活以其实然与应然两重性的互动为主要特征，教育则以其对积极生命意义的引导为终极追求。

（2）生活是实然与应然两重性的否定之否定历程。

人是一种对象性存在，不能脱离他的对象物而存在，人在一种实然状态中生活着。人的生活是有目的、有意识的意义生命的延续。它能够按照自己生命的需要通过对象性活动去超越各种既定的对象性关系，去实现其意义。人的生活既是预成的，又是生成的。生活的两重性在人的意义生命中获得统一。人的意义生命的本质决定了人总是不满足于实然的生活状态，而不断地创造和追求一种应然的生活。

（3）教育是依附性与超越性的辩证统一。

教育作为引导人追寻积极生命意义的自觉实践，使其最大程度地发挥功能的重要保证就是要合目的、合规律地进行。生活需要的也正是能自觉摆脱依附状态，并具有相对独立的话语系统和运行规律的教育。一方面，它力图适应当下、具体的生活世界的种种合理需要；另一方面，它又更多地表现出对现实生活中传统、守旧限制因素的摆脱和超越。教育规律是一个自成体系的相对独立的发展系统，主要包括自然规律和自身规律。认识和驾驭教育规律，使教育活动合规律地进行是保证教育相对独立性的重要条件。

（4）生活与教育的辩证统一。

①教育源于生活。

生活是教育的源头，是广阔的教育情境。家庭和社会等生活情境也都扮演着重要的教育角色，发挥着教育的功能。家庭、学校和社会这三个方面分别以不同的空间和时间形式占据着人的完整生活，它们共同构成了完整的生活教育情境。

②生活需要教育。

教育作为培养人的活动，核心是要培养出具有实践意识和实践能力，能改造现存世界的人。在精神上，教育给予人们精神营养；在人的生存和生活中，教育是必不可少的。教育能影响人的价值定向和爱的方式的生成。

③生活在教育中更新进步。

社会的延续与发展是生活的实践，人们在社会生活中积累了大量的经验乃至生存的理论。教育面向人们的未来生活，把知识或理论通过人的生活实践的经验有效地转化为人内在的思维方式，使人们的生活在教育的传递中得以更新、进步。

2013年湖南师范大学333教育综合真题·凯程详解

一、名词解释

1.《论语》（见2010年东北师范大学真题）

2.中华职业教育社（见2013年东北师范大学真题）

3.替代强化（见2010年湖南师范大学真题）

4.终身教育思潮（见2018年北京师范大学真题）

5.道尔顿制（见2011年北京师范大学真题）

二、简答题

1.简述学生掌握知识的基本阶段。（见2016年南京师范大学真题）

2.试述现代教育的基本特点。（见2013年北京师范大学真题）

三、分析论述题

1.教学过程中的性质决定教学特点，请论述教学的特点。

【答】（1）教学过程是一种特殊的认识活动。（特殊认识说）

教学过程是教师有目的地引导学生学习人类积累起来的科学文化知识，学生掌握科学文化知识的过程实质上就是能动地认识世界、提升自我的过程。

教学过程作为特殊的认识过程，特殊之处在于：①间接性，教学过程主要以掌握人类长期积累起来的科学文化知识为中介，使学生间接地认识现实世界；②引导性，教学过程中学生的认识活动需要在富有知识的教师引导下进行，而不能独立完成；③简捷性，教学过程走的是一条认识的捷径，是一种科学文化知识的再生过程；④制约性，教学过程要受到人类认识事物的一般规律的制约。

（2）教学过程是以交往为背景和手段的活动。（交往说）

持这一观点的人认为教学是以交往为背景的过程，并以师生交往、沟通、交流为重要手段和方法。交往说超越教师中心论和学生中心论，强调师生平等对话，倡导自由民主、相互理解和关爱的人际关系。

（3）教学过程是一个促进学生身心发展、追寻与实现价值目标的过程。（价值目标说）

教学过程是教师引导学生掌握知识、认识世界、进行交往，以促进学生的身心发展，并追寻与实现价值增值目标的过程。其中，引导学生掌握知识、进行认识及交往是教学的基本与基础的活动；而促进学生的身心发展及其价值目标的实现则是在这个认识及交往活动过程中所要完成的教学任务。

（4）特点：教育以培养全面发展的人为根本目的。

教学由教与学两方面组成，教学是师生双方的共同活动；学生的认识活动是教学中的重要组成部分；教学具有多种形态，是共性与多样性的统一。

2.运用教育心理学的相关理论知识，谈谈在现实教育中应该如何对待奖励。

【答】一般来说，奖励比批评和指责更能有效地激发学生的学习动机，但奖励也不是万能的。外部奖励可能反而削弱内部动机。实际上，奖励的本质比奖励的形式更为重要。对奖励的成功运用取决于奖励时间和方式更恰当。教师要奖励个体的良好成绩和表现，而不是奖励参与活动；奖励是对能力的认可；奖励要针对不感兴趣但需要完成的任务；奖励的内容属于社会性的而非物质性的。

例如，教师要求学生读完100本书，就可以奖励玩具。这个奖励条件破坏了孩子读书的乐趣，让学生成了勉强的阅读者，而且，如果对所读书籍没有制定选择的标准，学生将会选择薄而简单的书以尽快完成任务，这将造成他们对教育玩世不恭的态度。奖励最好用于完成常规的任务而不是新的任务，用于具体的、有目的的学习任务而不是偶然发现的学习任务，用于更多关注行为速度或者结果质量的任务而不是关注创作性、艺术性的任务，最好把奖励作为促进学生达到行为技能标准的动力。这些技能要求进行大量的练习，而不是作为进行重要研究或演示项目的动力。

同时奖励必须充分考虑学生的个别差异。对于低年级学生，教师评价起的作用更大一些；而对于少年期的学生，通过集体舆论进行评价效果更好。对自信心差的学生，应该给予更多的表扬和鼓励；对于过于自信的学生，则应更多地提出严格要求。成绩差的学生对奖励很敏感，故宜多奖励；成绩好的学生，往往对批评很敏感，故宜适当惩罚。对女生宜个别谈话，切忌当众严厉指责。只有这样，奖励才能起到激发学习动机的作用。

3.请从教师专业的角度谈谈对这一案例的看法。

【答】本题目中的导师的认知存在偏差，教师多到教学队伍中实践，其实是教师专业化的重要方式，也是必要方式，这样我们的教学才能够更好地提升。

（1）教师专业化发展是提高教育质量的关键。学校教育质量的高低主要由教师来决定。课程的执行者是教师，再好的理念和内容，没有好的教师，课程改革也搞不好。

（2）教师专业化发展是教育改革的原动力。教师自身的理念更新了，能力提高了，就会认识到现行的教育方法的弊端，要改掉它。这时候，教改的原动力就是教师自己。

（3）教师专业化发展是提高学校凝聚力的核心要素。一个学校有没有凝聚力，教师是关键。而教师的力量从教师的发展而来。发展是一种事业感、成就感，是在教育岗位上的职业发展。教师发展是教师自身幸福感的源泉。

（4）教师专业化发展是学生发展的根本保障。中小学教育是为学生终身发展打基础的，一切为了学生的发展。只有通过教师的发展才能促进学生的发展。教师的专业化发展不仅有利于新课程的改革与发展，更有利于教师的成长，有利于学生的发展与社会的进步。教师的专业化发展是一个必然的趋势。

4.试述19世纪末20世纪初期欧美教育运动的异同点。

【答】（1）19世纪末20世纪初期资本主义的弊端日益显现，在教育领域也有相关的反映，在欧洲和美国爆发了新教育运动和进步主义教育运动，这两场运动都旨在对传统教育进行批判，强调学生的主体地位，但二者也有所不同。

（2）共同点：

①都把矛头指向了传统教育，批判了传统教育观和他们的一些做法；②都要求改革，并且进行了实验；③都对以前的教育著作进行了深入的研究，并提出新的观点；④都有实践经验丰富的教师。

（3）不同点：

①两种教育运动的具体操作方式不同。新教育运动始于欧洲，主要是在原有的新学校中进行一些教学改革和实验，且这些学校大多建立在乡村或者城市郊区。进步主义教育运动始于美国，其主要是通过建立一些新的学校

来进行教学改革和实验。

②两种教育运动的理论基础不同。新教育运动主要以梅伊曼、拉伊的实验教育学以及凯兴斯泰纳的相关理论进行指导。而进步主义教育运动的思想来源于卢梭、裴斯泰洛齐和福禄培尔。理论基础不同也是两场运动非常重要的区别。

③两种教育运动的侧重点不同。相比较新教育运动来说，进步主义教育运动更强调与社会生活的联系，更加贴近生活实际。

④两种教育运动的教育对象不同。新教育运动主要面向上层社会群体，这和欧洲传统的双轨制传统不无关系。进步主义教育运动主要面向普通民众。

5.谈谈洋务运动中的教育革新。

【答】（1）19世纪60—90年代，洋务派发起了洋务运动，要求向西方学习，维护封建统治。

（2）教育改革的具体措施有：

①兴办学堂。

洋务学堂是洋务运动的重要组成部分，其目的在于培养洋务运动所需要的翻译、外交、工程技术、水陆军事等多方面的专门人才，教学内容以"西文"与"西艺"为主。洋务学堂的举办是随着洋务运动的展开而开始的。其主要类型包括：外国语（"方言"）学堂，如京师同文馆等；军事（"武备"）学堂，如福建船政学堂等；技术实业学堂，如福州电报学堂等。

②派遣留学生。

洋务派先后启动了幼童留美和留欧教育。留美教育最早由容闳提议，主张选择聪慧的幼童，分四批前去美国学习。可惜的是，由于守旧派的阻挠，这批学生大部分没有完成学业便相继回国。留欧教育是以福建船政学堂的学生为主，送往英国、法国、德国留学，学习造船技术和驾驶技术，分三批进行，学成归国。留美与留欧教育的学生都对中国的发展做出了杰出的贡献，尤其是留欧学生在造船、海军军官以及海军教育事业上做出了杰出的贡献。

（3）教育改革的指导思想对中国近代教育的影响。

洋务派以"中体西用"作为洋务教育的指导思想，该思想对中国近代教育的影响是双重的，既有促进作用，又有阻碍影响。主要的促进作用是"中体西用"思想启动了中国近代教育改革的步伐，促进了新式教育的产生，兴办新式学堂，增加了自然科学知识，开展了留美教育等，打破了旧学形式一统天下的传统教育格局。洋务派比较切实地引进西方近代科学、课程及制度，对清末教育改革既有思想层面的启发，又有实践层面的推动。它极大地冲击了传统教育的价值观，为新式教育的进一步推广扫清了障碍。

2014年湖南师范大学333教育综合真题·凯程详解

一、名词解释

1.**中学为体，西学为用**（见2011年北京师范大学真题）

2.**附属内驱力**

【答】根据学习动机影响学生学业成就的不同，奥苏伯尔将其分为：认知内驱力、自我提高内驱力、附属内驱力。附属内驱力是在个体希望获得他人关心、认可、友谊与支持需要的基础上产生的，其目标是获得他人的赞许和认可。

3.**顺向迁移**

【答】迁移是一种学习对另一种学习的影响，指已经获得的知识、技能，甚至方法和态度对新知识、新技能的影响。这种影响可能是积极的，也可能是消极的。从迁移的方向看，可以分为顺向迁移和逆向迁移。顺向迁移指的是前面的学习对后面的学习的影响。

4.**《理想国》**（见2010年东北师范大学真题）

5.**三舍法**（见2013年北京师范大学真题）

6.**终身教育**（见2011年华东师范大学真题）

二、简答题

1.**简述学校教育产生的条件。**

【答】（1）社会生产水平的提高，为学校的产生提供了必要的物质基础。

（2）脑力劳动与体力劳动的分离，为学校产生提供了专门从事教育活动的知识分子。体脑分工，使一部分人脱离直接生产劳动，从事社会管理和文化活动。

（3）文字的产生和知识的记载与整理达到了一定程度。到了奴隶制社会，人类积累了大量的生产劳动经验和社会生活经验不少已系统化、抽象化，形成了分门别类的知识和学问，客观上要求有专门的学校教育来传授这些知识。

（4）国家机关的产生，需要专门的教育机构来培养官吏和知识分子。社会出现了阶级和国家，占统治地位的奴隶主阶级，为了维护本阶级的利益，需要有各种国家机关和力量。这些专业人员都须经过专门的培养和训练，从而产生了设立专门学校的需要。

2.普通教育学的任务分为理论建设和实践应用两部分。试说明理论建设的任务（原则和要求）。

【答】教育学作为一门独立学科的存在，除了满足社会与人的发展提出的要求和研究对象的客观性之外，关键在于自身研究的深入与拓展。教育学理论建设的主要任务有：

（1）批判和继承传统的教育理论，立足于现实，构建面向未来的教育学逻辑体系；应对古今中外的重要的教育理论流派进行系统地分析，改造、吸收合理部分并做出新解释和综合。

（2）学习和消化西方教育学理论，构建中国特色的教育理论体系。中西文化既有共同性也有差异性。我们既要看到其中的共同特点，也要尊重各自的特殊性。

（3）学习相邻学科的研究成果和研究方法，建立科学的教育学理论体系。各种相邻学科的横向渗透，是当代教育理论发展的大趋势。借鉴这些研究方法和成果，可以促进教育科学的发展。

（4）总结和升华教育实践经验，为教育理论的发展提供坚实的实践基础。科学的教育学逻辑体系必须是理论与实践相互推进。

三、分析论述题

1.论述职业教育的"三大要旨"及其对当今职业教育的借鉴意义。

【答】黄炎培是中国近代民主革命家和教育家。在职业教育方面，他提出了"三大要旨"，具有重要的现实意义。

（1）职业教育"三大要旨"的主要内容。该主要内容包括：为个人谋生之准备；为个人服务社会之准备；为国家及世界增进生产力之准备。其中，他将"为个人谋生之准备"放在第一位。黄炎培把"谋生"作为现代职业教育思想的基本出发点。他认为人们只有通过职业教育获得谋生的知识和技能，才能立足于社会，成为促进社会发展的有用人才。而且，通过职业教育使人人爱岗敬业，以职业为荣，社会必然会发达。黄炎培强调职业教育对社会的影响在于通过提高国民的职业素质，使学校培养之才无不可用，社会从业者无不得到良好训练，国无不教之民，民无不乐之生。

（2）职业教育"三大要旨"的现实意义。

黄炎培"三大要旨"的现代职业教育目的理论，是从职业对人与社会的双重意义阐述的。对个人来说，职业教育具有求生存、求发展的意义；对社会来说，职业教育具有利国富民的意义。

①职业教育要实现促进个人发展和推动社会进步的双重目的。黄炎培的职业教育目的观体现了社会本位与个人本位的统一，这一点是我们现在应该继续发扬光大的。

②职业教育要实现学生独立个性与全面发展的统一。黄炎培在他的职业教育目的观上把"谋个性之发展"放在职业教育目的的第一位，这是现代职业教育值得继承和学习的。

③职业教育要实现"谋生与乐生"的结合。职业教育应该把受教育者作为具有完整精神和独立人格的真正的人来对待，不仅仅要关怀他的物质所需，更主要的是通过对其心灵的呵护，提升其探寻生活意义的能力。

2.论述要素主义流派的主要观点。（见2016年华东师范大学真题）

3.论述教学过程的特点及学生掌握知识的基本阶段。

【答】（1）教学过程的特点。

①教学过程是一种特殊的认识活动。（特殊认识说）

教学过程是教师有目的地引导学生学习人类积累起来的科学文化知识，能动地认识世界、提升自我的过程。特殊之处在于：a.间接性；b.引导性；c.简捷性；d.制约性。

②教学过程是以交往为背景和手段的活动。（交往说）

持这一观点的人认为教学是以交往为背景的过程，并以师生交往、沟通、交流为重要手段和方法。交往说超越教师中心论和学生中心论，强调师生平等对话，倡导自由民主、相互理解和关爱的人际关系。

③教学过程是一个促进学生身心发展、追寻与实现价值目标的过程。（价值目标说）

教学过程是教师引导学生掌握知识、认识世界、进行交往，以促进学生的身心发展，并追寻与实现价值增值目标的过程。

（2）学生掌握知识的基本阶段。

①传递—接受教学指教师主要通过语言传授、演示与示范使学生掌握基础知识、基本技能，并通过知识授受向他们进行思想情趣熏陶的教学，亦称接受学习。它是学生掌握知识的基本阶段。

基本阶段：a.引起学习动机；b.感知教材；c.理解教材；d.巩固知识；e.运用知识；f.检查知识、技能和技巧。

②问题—探究教学是指在教师引导下，学生主要通过积极参与对问题的分析、探索，主动发现或建构新知，并掌握其方法与程序，培养他们的科研能力、科学态度和品行的教学。简而言之，它是一种引导学生通过探究获得真知与个性发展的教学，亦称探究学习、发现学习。它是学生获取知识的基本阶段。

基本阶段：a.明确问题；b.深入探究；c.做出结论。

四、案例分析题

1. 请问从班杜拉的学习理论出发，怎样消除以上案例中的不良影响？

【答】（1）班杜拉观察学习理论对材料的解释：

①班杜拉认为，观察学习是儿童学习的主要形式，品德学习也是通过观察学习完成的。不同的成人及同辈榜样是导致儿童大部分道德行为获得和改变的主要原因。儿童通过观察学习不仅可以缩短学习过程而迅速掌握大量的整合行为模式，而且还可以避免由于直接尝试错误和失败可能带来的损失或挫折。

②儿童道德行为的习得受到观察者内部和外部因素的影响。内部因素主要指观察者的动机或认知水平。外部因素主要指榜样的示范性特征及其后果。在儿童道德行为的形成过程中，观察者本人、环境和行为三者是相互作用的。班杜拉的道德行为理论强调观察学习的重要性，具有重要的现实意义。美国心理学家班杜拉通过一系列实验证明，攻击是观察学习的结果。

③由于儿童模仿性强，是非辨别能力差，因此，儿童很容易模仿其周围的人或影视作品里人物的攻击行为。有资料表明，经常看暴力影视作品的儿童容易出现攻击行为。也就是说，大众传媒的不良影响是产生攻击行为的一个很重要的原因。如果儿童经常观看暴力影片、武打片，玩暴力电子游戏，会使儿童的攻击性心理得到加强。

（2）改变方法：

①消退法。对儿童的攻击行为，可以采取不加理睬的方法，使他们因得不到强化而逐渐减少。一项在幼儿园中的研究表明，对儿童的攻击行为采取消退法，而对其合作行为进行奖励，可以很快地减少他们的身体攻击和言语攻击，并能增加其亲社会行为。

②暂时隔离法。暂时隔离是为了抑制某种特定行为的发生，而让行为者在一段时间内得不到强化，或远离强化刺激的一种行为干预方法。

③榜样示范法。利用榜样示范法改变儿童的攻击行为有两种做法：a.将有攻击行为的儿童置于无攻击行为的榜样当中，减少他们的攻击行为；b.让有攻击行为的儿童观察其他儿童的攻击行为是如何受到禁止或处罚的。

④角色扮演法。当利用角色扮演法改变儿童的攻击行为时，要注意让他们扮演不同的角色。首先，让他们扮演攻击者的角色；其次，让他们说出自己扮演此角色的心理感受；再次，让他们扮演被攻击者的角色；最后，让他们说出自己扮演此角色的心理感受。多次互换角色，能够提高他们自我控制冲动的能力。

2. 试用有关学生成长的教育理论对此案例进行分析。

【答】（1）学生的成长包括生理成长与心理成长。

一般来说，心理发展与教育的相互关系主要表现在受教育者智能和个性品质的发展两个方面。在案例中我们可以看到，某研究生为摆脱父母的控制去超市偷东西并留下地址，在无人来找后自己主动到警察局自首。我认为这种行为，很大程度上是心理的原因造成的，不论是因为父母做得太过分而导致这位研究生心理压力过大还是其他一些原因导致了犯罪行为。在一个人的个性发展上，教育的影响是很重要的。受教育者的个性品质的发展过程也和智能发展过程一样主要是在生活条件和教育影响下逐步实现的。

（2）学生品行不良的原因，主要分为主观和客观两个方面。

案例中主要体现的是客观原因中家庭方面的原因，其主要包括：家庭成员的溺爱迁就；家庭对孩子的要求过高、过严，又缺乏正确的教育方法；家庭成员教育的不一致；家长缺乏表率作用；家庭结构的巨变。不良行为的产生，家长、老师、学生自身都应该进行反省，并采取相应的措施。

（3）作为家长，应该给予孩子恰当的关爱，防止溺爱孩子和过分要求孩子，给予孩子恰当的自由空间。作为老师，在传授知识的同时还应该对学生的情感意志方面进行训练，平常要与学生多多交流，及时了解学生的心理状况。作为学生，我们应该加强道德认识、道德情感、道德意志和道德行为的教育和培养。

2015年湖南师范大学333教育综合真题·凯程详解

一、名词解释

1.分斋教学（见2014年北京师范大学真题）

2.生活教育（见2012年北京师范大学真题）

3.品德

【答】品德，即品质道德，是指个体依据一定的社会道德准则和规范行动，对社会、对他人、对周围事物所表现出来的稳定的思想行为倾向。

4.美德即知识

【答】（1）苏格拉底认为，知识、智慧和道德具有内在的直接联系。人的行为之善恶，主要取决于他是否掌握有关的知识，只有知道什么是善、什么是恶，人才能趋善避恶。在这个意义上，苏格拉底明确指出，"美德即知识"。从"智德统一"的观点出发，苏格拉底进而提出"德行可教"的主张。

（2）评价：①这个见解可以说是近代教育性教学原则的雏形；②在苏格拉底所处的时代，他提出"智德统一"的见解，相对于贵族阶级的道德天赋的理论来说，是有着明显的进步意义的；③但"美德即知识"的观念也是不完善的，忽略了道德的其他方面，如情感、行为等。

5.教学（见2013年陕西师范大学真题）

6.功能固着

【答】功能固着是指个体在解决问题时往往只看到某种事物的惯常功能，而看不到它的其他功能。这是人们长期以来形成的对某些事物的功能或用途的固定看法。最初看到的功能越重要，就越难看出其他功能。功能固着使人难以发现事物功能的新异之处，因此会阻碍问题的顺利解决。

二、简答题

1.在现代，和学校教育、家庭教育一样，社会教育也发展了起来，社会教育迅速发展起来的原因有哪些？

【答】（1）生产力发展水平的提高促进了社会教育的发展。生产力发展水平决定着教育发展水平，教育发展水平是生产力发展水平的反映。

（2）政治经济制度促进了社会教育的发展。许多国家制定了终身教育法令，一些国家提出了"回归教育""继续教育"的构想，并且正在实施，一定程度上促进了社会教育的发展。

（3）文化水平的提高促进了社会教育的发展。文化对教育的制约和影响具有广泛性、基础性、深刻性和持久性的特点。

（4）科学技术水平的提高促进了社会教育的发展。世界上许多国家的开放大学、老年大学、多种形式的业余大学以及利用无线电、电视、电子计算机网络进行的远距离教学，都是实施社会教育的有效形式。

（5）人口质量促进了社会教育的发展。人口素质高，就会普遍地重视教育，从而积极地发展教育。

2.简述文化对教育的作用。（见2015年湖南师范大学真题）

三、分析论述题

1.论述儒家和墨家教育思想的异同。（见2011年湖南师范大学真题）

2.论述卢梭的自然主义教育理论。（见2012年华东师范大学真题）

3.制定德育目标的主要依据是什么？我国中小学德育目标的要求主要体现在哪些方面？

【答】（1）制定德育目标的主要依据：①时代与社会发展的需要；②国家的教育方针和教育目的；③民族文化及道德传统；④受教育者思想品德形成、发展的规律及心理特征。

（2）德育目标的要求体现在三个方面：①思想、政治、道德准则或规范方面的目标；②思想品德心理发展的目标；③思想品德能力方面的发展目标。

德育实施的序列应与思想品德形成、发展的序列相结合，因此，在思想政治道德准则的教育目标的排列上应按照道德—思想—政治的顺序。

道德品质、思想品质、政治品质相互联系、相互渗透，尤其是思想品质应包括政治思想内容，思想品质和政治品质很难严格区分，故在目标的表述上应将二者结合起来。

四、材料题

1.有人认为，高智商会有高创造力，有高创造力的一定是智商高的人。试从创造力和智商的关系来分析此观点。

【答】（1）创造性指根据一定的目的和任务，运用一切已知信息，开展能动的思维活动，产生出某种新颖、独特、具有社会或个人价值的产品的品质。这里的"产品"，当然包括思想的和物质的两个方面，它既可以是一种新概念、新设想、新理论，也可以是一种新技术、新工艺、新产品。创造性也叫创造力，不是单一的能力，而是以创造性思维为核心的多种能力的综合。

（2）创造性与智力的关系：高创造性者，智商不一定很高；高智商者，创造性可高可低；低智商者，创造性一定低；低创造性者，智商可高可低。

2.结合材料，谈谈教师轮岗制度对教师成长和教育质量提高的影响。

【答】（1）内涵：教师轮岗制度是指各级教育行政部门对所属区域内的教师有计划地进行组织，在不同学校开展定期或不定期的任教交流，通过推行义务教育阶段教师合理、有序地流动，来达到开阔教师视野、提高教学水平以及优化城市与农村、优质与薄弱学校的教师配置结构的目的，实现教育均衡发展的一种制度设计。

（2）教师轮岗制度对教师成长和教育质量提高的影响。

优点：①开阔教师的眼界，促进交流，扩展思维；②让教师克服厌倦感，找到更合适的舞台；③有利于教师更好地进行教学反思；④为教师提供更多的学习与交流的机会；⑤有利于提高教师适应新环境的能力；⑥有利于实现义务教育资源的均衡配置；⑦教师的校际交流是促进地区教育人才资源均衡、教学质量均衡，实现教育公平的重要手段；⑧有利于改善薄弱学校的教学，也为名校注入新的活力；⑨教师轮岗制度落实得好会提高整体教育质量。

缺点：实施过程中会遇到很多的困难和问题，在一定程度上也有可能削弱部分学校的教学质量。一旦教师岗位轮流制度缺乏一定的明确性，就会导致利益相关者进行不良的竞争。学校所关注的重点在于义务教育水平的均衡与提高，如果一些比较优秀的教师或者骨干教师参与到轮岗当中，很可能会造成学校师资力量整体水平下滑，影响学校在教育水平方面的发展。基于这种因素的考虑，部分学校容易出于对自身利益的维护，出现名额替代进行轮岗，会严重影响教师轮岗制度的顺利开展及开展目的的完成。

2016年湖南师范大学 333 教育综合真题·凯程详解

一、名词解释

1. 自我效能感（见 2014 年华东师范大学真题）

2. 上位学习

【答】上位学习是指新概念或新命题具有广泛的包容范围或较高的概括水平，将一系列已有观念包含于其下而获得意义。如先知道松树、柳树等具体概念，然后学习"树"，知道"树"是各种树木的总括概念。

3. "从做中学"（见 2010 年北京师范大学真题）

4. 《教育漫话》

【答】《教育漫话》是洛克教育思想的代表作，是继夸美纽斯的《大教学论》之后西方又一部教育经典著作。它集中反映了洛克的绅士教育思想体系，比较系统地提出了英国资产阶级培养新人的教育思想，包括教育的作用、目的和途径，还提出了绅士教育的内容与方法——体育、德育、智育锻炼法。

5. "活教育"

【答】陈鹤琴是我国近代学前儿童教育理论与实践的开创者。在总结自己以往教育实践和思想的基础上，他明确提出"活教育"的主张。"活教育"的目的是"做人，做中国人，做现代中国人"。"活教育"教学方法的基本原则是"做中教，做中学，做中求进步"。"活教育"思想是一种有吸收、有改造、有创新的教育思想，汲取了杜威的实用主义教育思想，也考虑了中国的时代背景和国情，对中国现代教育产生了重要影响。

6. 《大学》（见 2019 年华中师范大学真题）

二、简答题

1. 简述黄炎培职业教育的主要思想及其对现代教育的启示。（见 2018 年华中师范大学真题）

2. 简述墨家教育思想及其借鉴意义。

【答】墨家的创始人是墨翟。从思想倾向上看，他同情下层人民，自称其学说代表"农与工肆之人"的利益，重视实用，强调下层人民的利益。墨家是第一个批判儒家的学派，其思想以兼爱、非攻为核心，以尚贤、节用为基本点。

（1）"素丝说"与教育作用。①教育的社会作用：墨家主张通过教育建设一个民众平等、互助的"兼爱"社会。

②教育对人的作用：墨子的贡献是"素丝说"，比喻有什么样的环境与教育，就造就什么样的人。"素丝说"从人性平等的立场去认识和阐述教育的作用，较孔子的人性观具有明显的进步性。

（2）以"兼士"为教育目标。

（3）以科技知识和思维训练为特色的教育内容突破了儒家"六艺"的范畴，堪称伟大的创造。①科学与技术教育，包括生产和军事科技知识教育及自然科学知识教育。②培养思维能力的教育，还提出"三表法"。

（4）主动、创造的教育方法。①主动。墨子主张"虽不叩必鸣者也"的"强说人"精神，强调教育者的主动和主导。②创造。墨子批评儒家"述而不作"的主张，认为古代的好东西既要继承，更要创新。③实践。墨家在实践中主张"合其志功"，即动机与效果统一。墨家认为讲效果就是讲实践。④量力。墨子是中国历史上第一个提出量力教育方法的人。这里有两层含义：其一，就学生的精力而言，人不能同时进行几方面的学习；其二，就学生的知识水平而言，应当量力而教。

3.谈谈你对苏格拉底"美德即知识"的理解。

【答】（1）苏格拉底认为，知识、智慧和道德具有内在的直接联系。人的行为之善恶，主要取决于他是否掌握有关的知识，只有知道什么是善、什么是恶，人才能趋善避恶。在这个意义上，苏格拉底明确指出"美德即知识"。从"智德统一"的观点出发，苏格拉底进而提出"德行可教"的主张。

（2）评价：①这个见解可以说是近代教育性教学原则的雏形；②在苏格拉底所处的时代，他提出"智德统一"的见解，相对于贵族阶级的道德天赋的理论来说，是有着明显的进步意义的；③但"美德即知识"的观念也是不完善的，忽略了道德的其他方面，如情感、行为等。

4.简述裴斯泰洛齐"教育心理学化"理论的主要内容及影响。

【答】（1）在世界教育史上，裴斯泰洛齐是第一个明确提出"教育心理学化"口号的教育家。他确信存在一种人的基本心理规律，教育心理学化就是要找到这种规律，把教育提高到科学的水平，将教育科学建立在人的心理活动规律的基础上。专制主义、经院主义的弊端就在于不符合儿童的本性，用不合适的灌输法进行教学，所以应当根除。

（2）教育心理学化的主要内容。

①教育要适应儿童心理的发展。将教育的目的和教育的理论指导置于儿童本性发展的自然法则的基础上。②使得教学内容的选择和编制适合儿童的学习心理规律，即教学内容心理学化。据此，他提出了要素教育理论。③教学原则和教学方法的心理学化。教学程序和学生的认识过程要相互协调，在教学过程中采取循序渐进的方法。④教育者要适应儿童的心理，调动儿童学习的主动性，让儿童成为他自己的教育者。

（3）影响。

裴斯泰洛齐的教育心理学化思想是建立在其丰富的教学经验的基础上的，对教育科学化的发展产生了深远影响，而且他的理论直接为赫尔巴特提出"教育建立在心理学的基础上"的命题做了准备。此后，心理学普遍应用于教育、教学领域，开启了19世纪遍及欧美的教育心理学化运动，推进了教育科学化进程。

三、分析论述题

1.试分析错误的观念及其对教学的启示。

【答】（1）我们可以通过检验观念与其对象的关系来确认观念的正确与否。如果某一观念与其对象的对应关系扭曲脆弱，我们就可以确认该观念是错误的。不以客观事实为依据的观念就是错误观念，错误观念一旦形成便不容易改变，而且也会影响个体对其他事物的认识。

（2）影响学生观念形成的因素有：①已有的知识经验；②个人的主观能动性；③被认识客体的正确性；④他人的影响。

（3）教学中防止教师错误观念形成的方法有：①保证其教学内容的科学性；②保证教学语言的正确性；③关注学生知识与思想状况；④善于与学生交流沟通；⑤及时帮助学生改正其错误观念。

（4）错误的观念对教学的启示：①强调学生是学习的主体，教师要调动学生的学习积极性，实现教师主导作用与学生积极性相结合；②强调学生智力的充分发展，实现系统知识的学习与智力的充分发展相结合；③强调激发学生内在的学习动力，实现内在动力与学习的责任感相结合。

2.教育学理论建设的任务不是逻辑推理和思辨的科学，应该是怎么样的？如何根据教育学研究原则构建教育学逻辑体系？

【答】（1）教育学理论建设的任务：

①揭示教育规律。提示教育规律即揭示不以人们意志为转移的教育内部诸因素之间、教育与其他事物之间的

本质性联系，以及教育发展变化过程的规律性，阐明教育工作的原理、原则、方法与组织形式等问题，为教育工作者提供理论和方法依据。

②注重探讨教育价值观念。由于人们在进行教育活动时，总会自觉或不自觉地把自己对人生意义与社会理想的选择和诉求作为出发点，形成教育价值观念，以引领和规范教育的发展和人的发展，因而在从事教育工作、开展教育活动时，要认真探讨教育的价值问题，选择正确的价值取向，制定合理的教育目的或要求。

③重视探讨教育艺术。教育是教育者与受教育者主体之间的互动。教育者有自己的经历、人生体验、教育风格。受教育者也是活生生的具有个性特征的人。因此，培养人的教育活动是充满灵性、启发探究、自由创造的活动。所以，教育是一种艺术，是最讲究教育方法与睿智，最注重关爱和调动学生内在向上的动力，最具创造性和个性的艺术。

（2）根据教育学研究原则构建教育学逻辑体系应该：

①批判和继承传统的教育理论，立足现实，构建面向未来的教育学逻辑体系。

②学习和消化西方教育学理论，构建有中国特色的教育理论体系。

③学习相邻学科的研究成果和方法，建立科学的教育学理论体系。

④总结和升华教育实践经验，为教育理论的发展，提供坚实的实践基础。

⑤理论联系实际，实事求是。

⑥坚持马克思主义的唯物史观和方法论。

3.论述学校教育在人的身心发展中的特殊作用。根据教育改革，如何发挥学校教育的特殊作用？

【答】（1）特殊作用：

①教育是一种有目的地培养人的活动，它规定着人的发展方向。

②教育，特别是学校教育对人的影响比较全面、系统和深刻。

③学校有专门负责教育工作的老师，他们对学生的思想、学业、身体是全面关心的，而且有明确的教育目的，熟悉教育内容，懂得教育这个转化活动的规律和方法，能自觉地促进学生按照一定的方向去发展。

④学校教育是制度化、规范化、规律化、专门化的教育，它可以让青少年迅速而有效地掌握各方面专业的技能，比起家庭教育、自学、社会教育的诸多局限性来说，具有无可比拟的优越性。

⑤现代社会的竞争是知识的竞争，而学校是传播和创造知识的主要场所。学校教育有利于青少年掌握必要的理论知识，这是一个人踏上社会所必不可少的。

⑥当今的劳动和社会分工，无不是以一个人的能力、技能来分配的，而学校就是专门提供这种人才的场所。因而年轻一代接受学校教育，也是他们优化职业选择的必由之路。

（2）有效发挥的措施。（见2019年华中师范大学真题）

4.（1）中国和英国的基础教育都应该注意什么？

（2）这场教学比赛是一般的教学竞赛吗？请评价教学竞赛。

（3）中英教育应如何互相学习？

【答】（1）①注重学生基础知识与基本技能的掌握；②注重学生情感态度与价值观的培养；③尊重学生的主体性和教师的主导作用；④基础性原则；⑤发展性原则；⑥普及性原则。

（2）这不是一般的教学比赛，而是让五名中国教师在英国南部汉普郡的一所中学实施四周中国式教学实验，体现的是中英不同文化背景、不同教学模式的碰撞。这场教学比赛，在一定程度上反映了中英教学的差异，值得中英双方进行反思。但在某种程度上，其教学比赛带有作秀的痕迹，具有片面性。

（3）中国教育应学习英国教育的民主化，尊重学生的主体性和个性，善于发挥学生的创造才能。英国教育应学习中国教育注重学生基础知识与基本技能的掌握，注重学生情感态度与价值观的培养。英国学生宽松的学习氛围、师生间近距离的关系、终日的乐观态度等，都让中国学生羡慕，值得中国中小学思考甚至借鉴。有人把中国教育看作"圈养"模式，把英式教育看作"放养"模式。在"圈养"的模式下，学生们按部就班，纪律性强，学到的知识多，但也被束缚了手脚，尤其是在未来走向社会"单飞"时，难免缺乏综合搏击的能力。英国学生则在"放养"的模式下，自由散漫，我行我素，各项基本功可能都不理想，但很多天性得以保留和释放，从而为未来的"爆发"赢得了可能的空间。如果让家长和老师选择，许多人会认为中国老师责任心强；而如果让学生选，则会选择环境轻松、身心愉悦的英式教育。

可见，中英教育各有千秋，与自身的发展状况、国别国情和文化传统等因素息息相关，二者并非孰优孰劣的关系。取长补短和相互学习、借鉴，才是正确的态度。

2017年湖南师范大学333教育综合真题·凯程详解

一、名词解释

1.庶、富、教

【答】"庶、富、教"是孔子关于教育的社会作用的论述，孔子是我国最早论述教育与经济关系的教育家。孔子认为经济的发展是教育发展的物质基础，提出众多的人口、富足的财富、发达的教育是立国的三个要素，只有在先庶、先富的基础上才能有效地进行教化，发展教育事业，只有把教育搞好了，国家才算是真正治理好了。

2.《理想国》（见2010年东北师范大学真题）

3.元认知（见2011年北京师范大学真题）

4.顺向迁移（见2014年湖南师范大学真题）

5."五育"并举（见2011年东北师范大学真题）

6.道尔顿制（见2011年北京师范大学真题）

二、简答题

1.简述朱子读书法。（见2016年华东师范大学真题）

2.简述人文主义教育的特征。（见2011年华东师范大学真题）

3.按教育机构划分，教育分为哪几种？

【答】教育机构系统包括两部分：一是教育的施教机构系统；二是教育的管理机构系统。

（1）按教育程度划分，有幼儿教育、初等教育、中等教育、高等教育等机构。

（2）按教育类型划分，有普通教育、专业教育等机构。

（3）按受教育的时间划分，有全日制教育、半日制教育、业余教育等机构。

（4）按主要教育手段和场所划分，有面授、函授、巡回、广播、电视等教育机构。

（5）按教育对象的年龄划分，有学龄期教育、成人教育机构。

（6）按主办单位划分，有国家办、地方办、企事业办和私人办的教育机构。

学校教育制度是整个教育制度的主体。教育制度除包括上述的各种学校外，还包括儿童校外教育机构、成人文化教育机构和各级教育行政组织机构等。

4.根据教育研究对象和任务，谈谈为什么必须对教育问题进行研究？

【答】（1）教育学就是关于"教育"的学问，即通过对教育现象和教育问题的研究，揭示教育规律，指导教育实践，探讨教育艺术和教育价值的一门科学。教育学是教育实践的高度概括和科学抽象，是在人类长期的教学实践活动中形成并发展起来的一门科学。它既是理论科学，又是实践科学。

（2）对教育问题进行研究的原因。

教育学的研究任务是揭示教育规律，探讨教育价值观念和教育艺术，指导教育实践。

①教育规律：教育内部诸因素之间、教育与其他事物之间本质的联系，以及教育发展变化的必然趋势。

②教育价值观念：人们在建构和参与教育活动时，会把自己对生活的理解与态度及对人生意义与社会理想的选择和追求作为出发点，形成教育价值观念，引领和规范人的发展和教育。

③教育艺术：教育者有自己的经历、人生体验、教育风格，受教育者在教育活动中有自己的现实基础和主观意愿，教育活动可能是而且也应该是充满灵性、情感、自由创造的活动。

三、分析论述题

1.结合实际论述教师职业的本质和特点。

【答】（1）教师职业的本质。

①教师职业是一种专业性职业。

作为专门职业，教师具有三个基本特征：一是需要专门技术，在职前必须接受过专门的教育；二是提供专门的社会服务，具有较高的职业道德和社会责任感；三是拥有专业自主权或控制权，根据学术标准衡量，教师职业是一种专门性职业，它需要经过专门的师范教育，掌握专门的知识和技能，通过培养人才为社会服务。

②教师职业是以教书育人为职责的创造性职业。

所谓教书育人，就是教师通过承担各门课程的教学，向学生传授系统的科学文化知识，引导学生树立科学的世界观、人生观，指导学生主动地、有效地进行学习，营造良好的教学氛围来促进学生健康、快速地成长。教书育人是同一过程的两个方面。教书育人反映了教师职业的本质。

③教师是需要持续专业化的职业。

由于人类知识激增对课程内容的持久冲击，由于信息化社会对学生广泛而深入的影响，作为以知识传播、生产为主要任务的教师，必须不断学习，及时更新自己的知识结构；必须善于研究，积累自己的教育智慧，才能适应学生发展的时代要求。培养研究型教师是现代师范教育的一个重要任务，培养教师的终身学习能力和研究能力是现代教师成长的重要条件。

（2）教师职业的特点。（见2015年东北师范大学真题）

2. 简述晏阳初的"四大教育"和"三大方式"。

【答】（1）晏阳初是我国著名的教育家，晏阳初把中国的所有问题归结为"愚、贫、弱、私"四项。在定县乡村进行的平民教育实验中，针对过去教育与社会脱节、与生活实际相背离的弊端，在强调发挥教育的整体功能时，提出了在农村推行"四大教育"和"三大方式"。

（2）"四大教育"。

①以文艺教育攻愚，培养知识力。从文字教育入手，使人民认识基本文字。首要的工作是除净青年文盲，将农村优秀青年组成同学会，使他们成为农村建设的中坚分子。

②以生计教育攻贫，培养生产力。a.在农业生产方面，让农民接受最低程度的农业科学知识，提高生产；b.在农村经济方面，利用合作方式教育农民，组织合作社、自助社等发展农村经济；c.在农村工作方面，除改良农民手工业外，还提倡其他副业，以充裕其经济生产力。

③以卫生教育攻弱，培养强健力。注重大众卫生和健康，及科学医药的设施，建立医疗保健体系，保证农民有科学的治疗机会。

④以公民教育攻私，培养团结力。使农民有最基本的公民常识、政治道德，以立地方自治的基础，培养公共心与团结力。在这"四大教育"中，公民教育最为根本。

（3）"三大方式"。

①学校式教育。以青少年为主要对象，教材以《公民千字课》为主。学校式教育包括初级平民学校、高级平民学校、生计巡回学校，还有改进小学、传习处、公民服务训练班、幼童园等。

②社会式教育。这是向一般群众及有组织的农民团体实施教育的一种方式。主要通过"平民学校同学会"开展的各项活动进行教育，如成立读书会、演新剧等。

③家庭式教育。组织形式主要有家主会、主妇会、少年会等。教学内容的选择标准侧重在家庭需要与身份特点。每个家庭应对其成员进行道德、卫生习惯、家庭预算、妇女保健、生育节制等教育。

（4）评价。

"四大教育"与"三大方式"是针对定县范围内如何具体实施乡村教育来谈的，但晏阳初没有认识到帝国主义的侵略与封建残余的剥削才是造成中国"愚、贫、弱、私"的原因，否认了社会问题的根源是阶级压迫和剥削。乡村建设作为一种社会改革运动，实际上是一个不彻底的资本主义运动，结果以失败告终。

3. 试述夸美纽斯对历史的贡献。（见2016年西南大学真题）

4. 试述学习动机对学习效果的影响。（见2010年湖南师范大学真题）

四、材料题

（1）根据材料，你怎么看待红花和绿叶？

（2）教师应该如何解决红花和绿叶这个问题？

（3）如何与家长沟通？

【答】（1）①在一棵树上，红花与绿叶如影随形，二者密切联系，谁也离不开谁。在教学活动中，每一个孩子也是如此，孩子有其身心发展的阶段性和顺序性，让教育有规律可循。同时，每一个孩子都有其身心发展的个性，其身心发展特点有差异性，兴趣爱好各方面也都有所不同，所以，拥有不同特点的儿童并没有好坏之分。

②儿童身心发展尚未完全，具有很强的可塑性，作为儿童成长路上的引导者，我们应该积极引导孩子的兴趣发展，而不是胡乱地给孩子贴上标签，打击孩子的自尊心、自信心。

（2）师生关系是学校各类人际关系中最基本、最重要的关系。在素质教育观下，构建良好的师生关系应当从以下五个具体的方面展开。

①热爱学生。热爱学生是处理师生关系的基础和根本出发点，教师在具体的教育教学实践中把学生的成长放在第一位，关爱每一位学生，是高尚师德的具体体现。

②尊重学生。尊重学生是教师建立师生之间平等关系的表现。首先，尊重学生就要尊重学生的人格；其次，尊重学生的个别差异；最后，要始终信任学生。

③赏识学生。低年级学生处于特殊的身心发展阶段，具有明显的向师性，因此，小学教师要认识到贯彻教育的意义和无形的作用，用爱和尊重来回报学生的信任，给予孩子希望和满足。

④公平公正地对待学生。公平公正地对待学生是树立正确师生观的核心问题。

⑤严格要求学生。严而有理；严而有度；严而有恒；严而有方。

（3）①建立平等的沟通关系。只有平等才有沟通的可能；只有双方平等才不会落入误区，形成推诿、渎职等状态，才能齐心合力教育好学生。

②形成良好的沟通习惯。教师要积极主动地与家长建立联系；教师要树立服务意识；教师要及时地告知学生的思想、学习、生活的动态；教师要认真听取家长的意见和建议，教师要放下"教育权威"的架子，经常向家长征求意见。

③尊重家长的人格。在教师与家长的关系中，教师起主导作用，但教师和家长在人格上是完全平等的，不存在尊卑之分。因此，教师必须尊重学生家长的人格，特别是尊重社会地位低和所谓"差生"的家长的人格。

④教育学生尊重家长。教师不仅要身体力行地尊重学生家长，还要教育学生尊重自己的父母，特别是那些社会地位和文化水平不高的父母。

2018 年湖南师范大学 333 教育综合真题·凯程详解

一、名词解释

1. **恩物**（见 2012 年北京师范大学真题）

2. **实科中学**（见 2017 年华东师范大学真题）

3. **教学做合一**

【答】教学做合一是陶行知生活教育思想的基本要求之一。教学做合一既是生活法，也是教育法。第一，要求"在劳力上劳心"。针对传统教育将脑力劳动和体力劳动割裂，造成"田呆子、书呆子"两个极端以及"长不出科学的种子"的现象，陶行知提出了教学做合一。第二，"行是知之始"。第三，要求"有教先学"和"有学有教"。第四，这是对注入式教学法的否定，即要求教育要与实践结合。

4. **学在官府**（见 2017 年华中师范大学真题）

5. **功能固着**（见 2015 年湖南师范大学真题）

6. **概念同化**

【答】在知识的建构过程中，学生需要以原有的知识经验为基础来同化新知识。学生对新信息的理解即使源于他们原有的知识和经验，他们也必须通过适当的途径在新信息和原有知识经验之间建立适当的联系，才能获得新信息的意义。这种通过将新知识和原有知识经验相联系，从而获得新知识的意义，并把它纳入原有认知结构而引起认知结构发生量变的过程，叫作知识的同化，即概念同化。

二、简答题

1. **简述《中庸》的学习过程和学习内容。**（见 2018 年陕西师范大学真题 +2020 年北京师范大学真题）

2. **简述裴斯泰洛齐的要素教育思想。**（见 2018 年华东师范大学真题）

3. **简述梁漱溟的乡农学校教学原则和教学内容。**

【答】（1）乡农学校的设立：以教育的力量替代行政的力量。乡农学校分村学和乡学两级。乡农学校的组织结构按农村自然村落及其行政级别形成。

（2）组织原则：政教养卫合一，以教统政；学校式教育与社会式教育融合归一。

（3）乡农学校的教育内容：所有教育内容强调服务于乡村建设，密切结合农村生产生活的需要。课程分两大类：一类是各校共有的课程，包括识字、唱歌等普通课程和"精神讲话"；另一类是各校根据自身生活环境需要而设置的课程。

（4）评价。

乡村建设理论和乡村教育思想本质上是一种中国知识分子通过改造中国农村来改良中国社会的理想，是在探索拯救中国的"第三条道路"。但它否认阶级斗争，体现了消极的一面。它的可取之处在于认识到中国问题是农村问题，立足于传统文化来思考中国社会的改造是有识之风，对农村教育有一定的贡献。

4. 简述 1870 年英国《初等教育法》的基本内容。

【答】（1）19 世纪下半期，随着英国工业革命的完成，普及义务教育的问题成为社会关注的主要问题。1870 年，英国政府颁布了《初等教育法》。

（2）法案的主要内容有：①国家对教育有补助权和监督权；②将全国划分为若干个学区，设学校委员会管理地方教育；③对 5～12 岁儿童实施强迫初等教育；④在没有学校的地方，允许私人在一年内设校，过期由地方委员会设立公立学校；⑤学校中世俗科目与宗教科目分离。该法案的颁布，标志着英国国民初等教育制度的正式形成。从此，英国出现了公、私立学校并存的双轨制局面。

三、分析论述题

维果茨基的"最近发展区"在教学中应该如何发挥作用？

【答】（1）"最近发展区"的内涵：

所谓"最近发展区"的思想，就是认为教学必须要考虑儿童已达到的水平并要走在儿童发展的前面。为此，在确定儿童发展水平及其教学时，必须考虑儿童的两种发展水平：一种是儿童现有的发展水平；另一种是儿童在有指导的情况下借助成人的帮助可以达到的解决问题的水平，或借助他人的帮助可以达到的较高水平。这二者之间的差距，就是"最近发展区"。

（2）"最近发展区"在教学中的作用：

①支架式教学。

a. 内涵：教学支架实际上就是教学者在最近发展区内给学生提供适当的指导和支持，这种指导和支持帮助学生理解知识，随着学生对知识的领悟越来越多，教师的指导成分要逐渐减少，最终要使学生达到独立发现知识的程度。

b. 举例：语文教师在初次教文言文时要提供大量的注释，学生才能理解原文，经过一段时间的学习后，教师给学生的注释越来越少，学生也可以自己完成文言文阅读。

②交互式教学。

a. 内涵：交互式教学是在最近发展区内师生共同协作和对话下的相互作用的学习机制，它促使师生的认知结构得到精细加工和重新建构。

b. 举例：师生在交流合作中对同一个问题提出了不同的观点，而学生最后获得的是学生原有观点和教师观点的联合产物。

③合作学习。合作学习重视同伴交往在完成任务过程中的作用。教师要尽量组织、安排能力水平不同的学生进行合作学习，以使得所有学生都能够接受最有利于自身认知发展的挑战。

④情境认知理论及其教学模式。任何学习都处在一定的社会和文化背景里，这些背景尤其是社会性作用，将通过不同途径影响学习的过程和结果。因此，教师在教学的过程中，要引导学生从旁观者逐渐转变为教学活动的参与者，在社会性互动中获得知识和技能。

四、案例分析题

1. 家庭教育的含义是什么？家庭教育应如何配合学校教育？

【答】（1）家庭教育是指以家庭为单位，父母或主要监护人在家庭里对子女自觉地、有目的地、有意识地进行的教育活动。家庭教育在培养青少年健全人格方面作用重大，是学校教育无法取代的。

（2）家庭教育应配合学校教育：

①在孩子成长关键期与学校教育配合，做好家庭教育。

我们应该牢牢把握孩子人格与个性形成的关键期，最大限度地引导孩子，使孩子的品质、行为、习惯都基本塑形，才能给孩子以后独立的人生打下一个好基础。

②充分信任老师，尽最大可能配合老师的工作。

学校教育是一个系统工程，学校、老师和家长的协作和配合程度决定着孩子的教育效果。协作程度越高，教育效果越好；协作程度越低，教育效果越差。孩子是信任传递的使者，家长信任老师，孩子得到的信息是积极的，他也会对老师产生信任感，进而提升他对学习的兴趣，老师通过孩子也会对家长产生信任感，这种积极的互动产生的是倍增效应。反之，则是倍减效应。

③让孩子爱上学习，而不是讨厌学习。

要做到这一点，前面的两点是基础。如果家长信任老师、信任学校，和老师保持信息畅通，孩子也会信任老师、信任学校。出于对老师的喜爱而爱上一门课程，爱上学习。每个孩子都是一个独特的个体，没有一种教育方法是可以原样复制的，也没有一种教育模式是可以照搬的。我们父母能做的，就是理解孩子，陪伴孩子，以身作则，给孩子足够的空间发展自己，让他成为独立、自信、乐观、独一无二的自己。为人父母是世界上最难的职业，因为它需要终身学习。

2. 班主任权威是什么？班主任应该如何对待告密的学生？（材料缺失）

【答】（1）班主任权威的内涵：班主任权威就是学生对班主任的一种自愿的服从和支持。学生对权力安排的服从可能有被迫的成分，但是对权威的安排的服从，则属于认同。反对者可能不得不服从权力做出的安排，但是服从不等于认同。权威就被认为是一种正当的权力，也可以说是极具公众影响力的威望。

（2）面对告状行为，班主任应该：

①加强班级生活中的民主建设。当更多的交流得以发生，更多的公共问题得以公开讨论和决策，更多的评价公开进行时，"告密"出现的概率就会大大降低。对于教师来说，需要引导学生理解并不断拓展班级、学校生活中的共同利益，形成师生之间、生生之间真实的民主关系。

②促进学生群体文化生活的丰富。"告密"往往涉及同学之间的利益冲突，促成学生之间不够理解、宽容，而矫正不良关系，形成合理的文化生活状态，是教师的责任之一。教师需要借助多元丰富的班级、学校活动，如春秋游、主题活动、各类小队或项目组活动等，促成同学之间如同"兄弟姐妹般情谊"关系的形成。

③构建更丰富的学生发展平台，促成学生组织的完善。当一个班级里有丰富的学生组织时，当丰富多彩的学生活动得以组织时，当学生的安全需要、归属与爱的需要、尊重的需要乃至于自我实现的需要不断得到满足时，当学生的成长需要不断得到拓展时，学生更容易被引导到积极发展的方向与道路上去。

3. 同样是教育公平的问题，人大附中教授与师范大学教授争论的原因是什么？你认为什么是教育公平？

【答】（1）人大附中教授与师范大学教授争论的原因是对教育公平的理解不同。人大附中教授强调的教育公平是提供给学生过多丰富的教育；师范大学教授认为教育公平就是促进学生个性的发展。

（2）我认为教育公平是教育起点公平、教育过程公平和教育结果公平。具体来说：

①确保人人都享有平等的受教育的权利和义务。

②提供相对平等的受教育的机会和条件。

③教育成功机会和教育效果的相对均等，即每个学生接受同等水平的教育后能达到一个最基本的标准，包括学生的学业成绩上的实质性公平及教育质量公平、目标层面上的平等。其中，"确保人人都有受教育的机会"是前提和基础，"提供相对平等的受教育机会和条件"是进一步的要求，也是"教育成功机会"和"教育效果相对均等"的前提。而通常，这三个层次被概括为：起点公平、过程公平和结果公平。

此外，对教育公平的正确认识还包括教育公平的发展有一定的相对性和追求教育公平、效率是统一的这两个方面。

4. 北京市政府发布不允许在幼儿园里教儿童拼音和汉字，也不允许教儿童20以上的加减乘除。请你评价其做法。

【答】我认为这种做法是正确的。

（1）幼儿教育应该尊重幼儿身心成长的规律。

幼儿教育小学化不利于幼儿的身心成长，会增加幼儿的负担。幼儿园阶段应该着重培养幼儿行为习惯与生活自理能力，让幼儿健康快乐成长。

（2）幼儿教育小学化会破坏幼儿的想象力和创造力。

幼儿时期是一个人天性最活泼的时期，这个时期的创造力和想象力也是无限的，这是在以后的人生岁月中都难以企及的。如果这时候给孩子强加灌输应试教育的所谓知识，让孩子学习单调的写字、算数等，只会泯灭幼儿活泼好动的天性，不仅剥夺了他的快乐，也会让他失去探索、创造的机会，如果本身是天才，也会被扼杀在摇篮中。

（3）幼儿教育小学化会危害幼儿的身体健康。

幼儿期机体和神经系统都还比较弱，强制幼儿长时间的集中注意力，大脑容易疲劳，会造成神经系统的伤害，而长期规范地坐着学习也不利于孩子肌肉、骨骼的发育，会导致幼儿近视、驼背、消瘦等身体上的不良症状，这对身体健康是不利的。

（4）幼儿教育小学化忽视了儿童的全面发展。

过多地向幼儿灌输应试教育的知识，而忽略了多智能的全面开发，如音乐欣赏能力、人际交往能力、自我评价能力、空间想象能力、自然观察能力等，这些都是一个健全的社会人所需要的，甚至是终身受益的，简单的应试教育知识只会让孩子丧失更多的潜力。

（开放性试题，言之有理即可。）

2019年湖南师范大学333教育综合真题·凯程详解

一、名词解释

1. 监生历事制度（见2011年湖南师范大学真题）

2. 中世纪大学（见2013年西南大学真题）

3. 化农民和农民化

【答】"化农民"与"农民化"是晏阳初进行乡村建设实验的目标和途径。晏阳初认为改造中国就要从改造农村开始。晏阳初提出"农民科学化，科学简单化"的平民教育目标，并认为欲"化农民"须先"农民化"。所谓"农民化"指知识分子与村民一起劳动和生活，当时人们称为"博士下乡"。所谓"化农民"指实实在在进行乡村改造，教化农民。

4. 绅士教育（见2012年华东师范大学真题）

5. 上位学习（见2016年湖南师范大学真题）

6. 成就动机（见2010年陕西师范大学真题）

二、简答题

1. 简述《学记》的教学原则。（见2011年东北师范大学真题）

2. 简述杜威的教育目的观。（见2016年北京师范大学真题）

3. 简述斯宾塞的生活准备说。（见2018年北京师范大学真题）

4. 简述蔡元培改革北大的内容。（见2013年北京师范大学真题）

三、分析论述题

1. 班集体是什么？如何培养班集体？

【答】（1）班集体的含义：一个真正的班集体，有明确的奋斗目标、健全的组织、严格的规章制度和纪律、强有力的领导核心、正确的舆论导向和优良的作风，能够有计划地开展各种教育活动，能自觉反思、总结经验，使集体自我教育、自我提高，不断向前发展。但不是任何一个班级都能称得上是班集体，集体是群体发展的高级阶段，纪律松弛、涣散的班级不能算班集体。

（2）班集体的培养方法。（见2014年华东师范大学真题）

2. 试述人的发展的规律，并就此论述如何进行教育。（见2010年华中师范大学真题）

3. （1）该材料中老师贯彻了什么德育原则？

（2）试述该德育原则的实施要求。

【答】（1）体现了长善救失的德育原则。

长善救失原则是指进行德育要调动学生自我教育的积极性，依靠和发扬他们自身的积极因素去克服品德上的消极因素，促进他们的道德成长。材料中的学生身上的正义是自身的积极因素，但是却不该用打架这种消极的方式来解决问题。教师先肯定了这一正义行为，又帮助他克服了身上的缺点，向积极的方向转化。

（2）贯彻这一原则要坚持以下几个基本要求：

①一分为二地看待学生，不能只看到他们的缺点而忽略了学生身上的优点。

②发扬积极因素，克服消极因素。肯定学生身上的正面行为，帮助他们克服缺点。

③引导学生自觉评价自己，进行自我教育。

4. 学习策略教学过程中，应遵循的要求与原则有哪些？

【答】学习策略是判断不同学习者差异的重要指标，让学生学会学习的重要方法之一就是对学生进行有效的学习策略训练。在学习策略的训练指导中，教师应遵循以下基本原则和要求。

（1）主体性原则及要求。

主体性原则是指学习策略训练中应该发挥和促进学生的主体作用。在学习策略训练中，要提高学生的主体参与性，不仅要向学生阐明学习策略的目的和原理，更要给他们充分运用学习策略的机会，并指导其分析和反思策略使用的过程与效果，以帮助其进行有效的监控。

（2）内化性原则及要求。

内化性原则是指在学习策略的学习过程中，学生能够不断实践各种学习策略，逐步将其内化成自己的学习能力，从而能够在新的情境中加以灵活应用。内化过程需要学生将所学的新策略与头脑中已有的相关策略知识整合在一起，形成新的认识和能力。

（3）特定性原则及要求。

特定性原则是指学习策略一定要与学习目标及学生的特点相适应。教师要针对学生的年龄、已有的知识水平以及学习动机的类型，帮助学生选择适合的学习策略。同时，还要考虑学习策略的层次，必须给学生大量的各种各样的策略，不仅要有一般的策略，还要有非常具体的策略。

（4）生成性原则及要求。

生成性原则是指在学习过程中要利用学习策略对学习材料重新进行加工，产生新的东西。该原则要求学习者进行高度的心理加工，即学习者应该利用学习策略对学习材料进行生成性加工，而不是简单利用别人已有的知识经验。要想使一种学习策略有效，进行这种内化的心理加工是必不可少的。

（5）有效监控原则及要求。

有效监控原则是指学生应该把注意力集中在学习结果和学习过程的关系上，监控自己使用每种学习策略所产生的学习结果，以便确定所选策略是否有效。经过这样的监控实践，学生就能够灵活把握何时、何地以及如何使用某种策略，甚至在这些策略运作时能将它描述出来。

（6）个人效能感原则及要求。

个人效能感原则是指学生在执行某一任务时对自己胜任能力的判断及自信程度，它是影响学习策略选择的一个重要的动机因素。教师应该给学生创造机会，让学生在完成任务时体会到较高的个人效能感。在学习策略训练中也应该包括动机训练，即让学生相信策略的运用能够提高完成任务的效率。

2020年湖南师范大学333教育综合真题·凯程详解

一、名词解释

1.《劝学篇》

【答】张之洞在《劝学篇》中集中阐述了"中体西用"的思想。《劝学篇》分内篇和外篇，"内篇务本，以正人心；外篇务通，以开风气"，通篇主旨归于"中学为体，西学为用"。"旧学为体，新学为用，不使偏废。""中学"着重强调的是人的品行的修养，具有德育的功能，"中学"治身心，"西学"应世事。如此一来，"西学"是"中学"的补充。"中学为体，西学为用"的思想，对教育的影响是深远的，涉及教育领域的各个方面。

2."六艺"（见2012年华东师范大学真题）

3.苏格拉底法（见2011年北京师范大学真题）

4.《国家处在危险之中：教育改革势在必行》（见2013年北京师范大学真题）

5.资源管理策略

【答】资源管理策略是辅助学生管理可用环境和资源的策略。它有助于学生适应环境和调节环境以适应自己的需要，对学生的学习动机具有重要的作用。主要包括时间管理策略、努力管理策略和学业求助策略等。

6.错误概念

【答】错误概念不是由于理解偏差或遗忘而造成的，它常常与儿童的日常直觉经验联系在一起，根植于一个与科学理论不相容的认知体系。有时，儿童的错误概念恰巧是以前科学界主张过的观点，如"大地是扁平的""太阳围着地球转""重的物体会更快地落地"等。

二、简答题

1.简述孔子的教学原则。（见2013年东北师范大学真题）

2.简述我国二十世纪二三十年代的教育思潮。（见2020年华中师范大学真题）

3.简述夸美纽斯的泛智理论。

【答】泛智思想是夸美纽斯教育体系的指导原则之一，也是其教育理论的核心，是他从事教育实践和研究教育理论的出发点和归宿点。所谓泛智，就是"把一切事物教给一切人"。它包括两个方面的内容：一是教育内容泛智化，掌握对于人类来说必需的一切知识；二是教育对象普及化，他要求学校向全体人民敞开大门，不论贫富贵贱，一切男女都应该进学校。泛智学校实行班级授课制、学年制，编写统一的教材，是面向所有人的学校。夸美纽斯还论述了普及教育的可能性。他认为应从儿童的身心特点出发进行教育，所有儿童都具备接受普及教育的心理素质。因此，普及教育具有可能性。

4.简述《1944年教育法》。

【答】"二战"期间，"人人受中等教育"的观念深入人心，英国政府颁布了由英国教育委员会主席巴特勒提出的《1944年教育法》。

（1）主要内容：

①加强国家对教育的控制和领导，设立教育部，统一领导全国的教育。

②加强地方教育行政管理权限，设立由初等教育、中等教育和继续教育组成的公共教育系统。

③实施5~15岁的义务教育，同时地方教育当局应向义务教育超龄者提供全日制教育和业余教育。

④法案还提出了宗教教育、师范教育和高等教育改革等要求。

（2）影响和意义：

①《1944年教育法》是英国现代教育制度发展史上一个极其重要的法令，建立了初等、中等和继续教育相互衔接的公共教育制度，基本形成了现代英国国民教育制度。

②进一步确立和完善了中央与地方在教育行政管理体制上合作伙伴的关系。一方面完善了地方教育管理体制，另一方面也加强了国家对教育的控制。

③向所有学生提供免费的中等教育。该法案颁布后，基本实现了普及10年义务教育的发展目标。

总之，该法案对英国战后教育发展的基本方针和政策产生了重要的影响。

三、分析论述题

1.试论述人的发展的特点及其对教育的启示。（见2010年华中师范大学真题）

2.试论述直接经验和间接经验的关系。（见2014年华中师范大学真题）

3.试论述教师和人工智能的关系。

【答】（1）人工智能对教育的改革。

人工智能的发展促进了教学的改革，逐步实现了教学内容的呈现方式、学生学习方式、教师教学方式和师生互动方式的变革。利用信息技术可以突破传统的课堂束缚，有利于营造开放的课堂教学环境，实现情境创设，把学生的主动性、创造性充分地调动出来，实现培养创新精神和实践能力的目标。但是我们在获取便利的同时还应看到它带来的挑战：

①父母对子女的教育需要承担更大的责任。人工智能教育技术意味着父母要承担更多的角色，孩子在新的工具和平台上浏览时，父母需要承担教练、管理人和监护人的角色。

②人工智能引入课堂，教师与学生面对面的机会减少，学生就会失去了解教师非学术成果的机会。因为教师除了学术领域的成果外，还会指导学生，如提高学生解决问题的能力和批判性思维的能力等。

③会加速社会的不平等现象。如今的教育制度侧重标准化，能减少学生之间的成就差异。而人工智能辅导系统可以根据不同孩子的需要量身定制课程，这样会造成一些学生的进步速度比其他学生快。

④使学生人际交往能力变差。运用人工智能，学生不用去学校也可以学习，这就间接使得学生与学生之间的交流变少，不利于学生的身心发展。

（2）人工智能不能取代教师。

人工智能进入教育领域，毫无疑问会进一步提高教师的教学水平和学生的学习效率，但是人工智能教育技术很难复制教师的行为模型，所以不能完全取代教师，这是由教师教学的优越性决定的。教师职业具有特殊性、导向性、示范性、崇高性和不可替代性等特点。例如，教师在面对学生进行讲授时，通过肢体语言和面部表情等和学生进行人性化交流，然后根据学生接受的情况及时对教学内容、方法做出相应的调整，帮助学生加深对所学知识的认识，有利于教师对课堂情况的把握，又有利于调动学生学习的积极性。

（3）教师要紧跟时代变化，将教学与人工智能有机结合起来。

①教师可以充分运用多媒体、平板电脑、手机微信等多种方式，把所要讲授的课堂内容直观形象地表现出来。既增加了学习的趣味性，也贴近了学生的实际。

②教学模式从固定教学向线上线下混合型转变，采取课堂授课和网络课堂有机结合的方式进行。教学模式不再是"先教后学"，学生可以不受时空限制进行自主学习，主动通过网络预习课程，提前掌握、了解知识点。

4.（1）试分析其原因。

（2）谈谈在教学中如何运用奖励。

【答】（1）对于年纪小的孩子，应该多给予物质性的奖励，同时还要注意奖励的方式、时机等。随着儿童年龄的增长，应逐渐向精神性的奖励过渡。如果一直用物质性的奖励激励学生，不仅不会激发学生学习的动机，反而会损伤他们学习的持久性以及兴趣。

材料中两组同学对所要完成的任务兴趣都很高，当对其中一组实施奖励时，学生没有继续学习，这是因为学生的学习动机发生了变化，由原来的"为兴趣而学"变成了"为完成任务而学"，极强的内部动机变成了外部动机，导致学生学习兴趣下降；而另一组即使没有奖励仍然继续学习，这是因为他们对学习有浓烈的兴趣，有无奖励对他们的作用不大。所以，在教学过程中当学生的学习动机非常强烈时，可以适当给予精神奖励，没有必要马上给予物质奖励。

（2）谈谈在教学中如何运用奖励。（见 2013 年湖南师范大学真题）

2021 年湖南师范大学 333 教育综合真题·凯程详解

一、名词解释

1. 期会

【答】（1）简介：期会是稷下学宫独有的办学特色，是一种自由灵活的教学组织形式。

（2）含义：期会指定期举行讲演会或辩论会等学术交流会，是一种常规性的教学和学术活动，全校师生和四方游士都可以自由参加。

（3）意义：期会为稷下学宫创造了一种自由灵活、平等开放的学术氛围，体现了当时高等学府讲学的特色，促进了战国时期学术思想的发展，彰显了中国古代士人的独立性精神。

2. 积分法

【答】（1）简介：积分法是元朝国子学的重要特点之一，是累积计算学生全年学业成绩来升级的方法。它始于宋朝太学，至元朝国子学趋于完善，明清继承和发展了该方法。

（2）方法：每月考试一次，依据成绩来积分，积到一定分数可升级，不及格者继续学习。成绩优异者，只要达到计分标准，也可以不受学习年限的制约。

（3）意义：积分法与"升斋等第法"相联系，根据学生的积分和品行依次升舍。由于积分法汇总学生平时成绩，故具有督促学生平时认真学习的积极作用。

3.《理想国》（见 2010 年东北师范大学真题）

4. 新教育运动（见 2019 年华东师范大学真题）

5. 期望—价值理论

【答】（1）含义：期望—价值理论也叫成就动机理论，由阿特金森提出。成就动机指追求卓越、获得成功的动机。个体趋向成就的动机由成就需要、期望水平和诱因价值三者共同决定，用公式表示，即动机强度（Ts）=需要（Ms）× 期望（Ps）× 诱因（Is）。

①成就需要（Ms）：个体稳定地追求成绩的倾向。

②期望水平（Ps）：个体在某一任务上获得成功的可能性。

③诱因价值（Is）：个体成功完成某项任务所带来的价值和满足感。

（2）两种动机分类：阿特金森认为，人在追求成就时存在两种倾向，一种是力求成功的倾向；另一种是避免失败的倾向。

（3）应用：

①对于力求成功者：教师要给他们设置有一定难度的任务，营造竞争的学习环境，并且给予较严格的分数评定。

②对于避免失败者：教师要发挥表扬、激励的作用，营造竞争性较弱的学习环境，给予较为宽松的评分。

③教师需要适当地掌握评分标准，使学生感到要得到好成绩是可能的，但也不是轻而易举的。

6. 有意义学习（见 2014 年华东师范大学真题）

二、简答题

1. 简述荀子的学习过程。（见 2011 年山西师范大学真题）

2. 简述陶行知的六大解放内容。

【答】（1）简介："六大解放"内容是陶行知先生创造教育思想的重要内容，尤其是儿童创造教育的核心内容。他认为我们加入儿童生活中，便发现小孩子有力量，不但有力量，而且有创造力。我们发现了儿童有创造力，认识了儿童有创造力，就需进一步把儿童的创造力解放出来。

（2）内容：一是解放儿童的头脑，使之能思；二是解放儿童的双手，使之能干；三是解放儿童的眼睛，使之能看；四是解放儿童的嘴，使之能讲；五是解放儿童的空间，使之能接触大自然和社会；六是解放儿童的时间，不逼迫他们赶考，使之能学习自己渴望的东西。

（3）评价：

①"六大解放"教育思想是陶行知长期进行创造教育的研究，特别针对小孩子的特点和成长规律总结出来的，具有科学性。

②"六大解放"教育思想抛开了中国传统的教育观念，批评了填鸭式的教学和分数体现一切的思想，从而回答了如何彻底解放儿童的创造力问题，促进了中国教育观念和方式的改革。

3. 简述福禄培尔的地位。

【答】福禄培尔是19世纪著名的教育家，幼儿园的创立者，也是"幼儿园运动"的创始人，近代学前教育理论的奠基人。

（1）理论上，福禄培尔建立了近代幼儿教育理论体系。福禄培尔在幼儿教育领域做出了突出贡献，他首创了"没有书本的学校"——幼儿园，并在长期的幼儿教育实践中摸索、总结出一套幼儿教育的新方法，建立了近代学前教育的理论体系。

（2）实践上，福禄培尔广泛传播建立幼儿园的思想，并在培训幼儿师资方面做出杰出贡献。他积极宣传公共的学前教育思想，广泛拓展幼儿园以及培训幼教师资。19世纪后半期乃至20世纪初期，他的幼儿教育方法一直深刻地影响着欧美各国、日本和其他国家的幼儿教育。1851年幼儿园首先传入英国，1855年传入美国，1876年传入日本，又于1903年传入中国。因此，福禄培尔被誉为"幼儿教育之父"。

4. 简述英国的《1988年教育改革法》。

【答】（1）简介：1988年，英国通过了教育大臣贝克提交的教育改革法案，即《1988年教育改革法》。该法案对英国教育体制进行了全面改革，主要内容涉及普通中小学教育、高等教育、职业技术教育、教育管理和教育经费等。这是英国自第二次世界大战结束以来规模最大的一次改革。

（2）主要内容：

①实施全国统一课程，确定在5～16岁的义务教育阶段开设三类课程（核心课程、基础课程和附加课程）。

②实施全国统一考试，规定在义务教育阶段，学生要参加四次考试（7岁、11岁、14岁、16岁各一次）。英国将考试成绩作为对学生进行甄别和评估的主要依据，也作为对学校工作进行评价的依据。

③改革学校管理体制，实施"摆脱选择"政策。

④赋予家长为子女自由选择学校的权利。

⑤规定建立一种新型的城市技术学校。

⑥在高等教育方面，废除了高等教育的"双重制"。

（3）评价：该法案不仅涉及问题广泛，涉及主题重要，而且在较大程度上动摇了英国教育的某些传统。《1988年教育改革法》被看作自《巴特勒教育法》以后，英国教育史上又一次里程碑式的教育改革法案，对英国教育产生了长远的影响。

三、论述题

1. 论述传递—接受学习的基本阶段。（见2016年南京师范大学真题）

2. 论述情境陶冶法的基本内涵和运用要求。

【答】（1）含义：情境陶冶法指通过创设良好的情境，潜移默化地培养学生品德的方法。它利用暗示原理，让学生通过无意识的心理活动来接受某种影响，该方法寓教育于情境中，通过按教育要求预先设置的情境来感化与熏陶学生，对学生有潜移默化的影响，给学生品德发展以深远影响。它包括人格感化、环境陶冶和艺术陶冶。

（2）基本要求：

①创设良好的情境。良好的情境是陶冶的条件和工具。要有效地陶冶学生，行不言之教，必须创设良好的情境。这种环境包括：美观朴实的学习与生活环境；团结、紧张、严肃、活泼、尊师爱生、文明而有激情、民主而有纪律、自由而有秩序的班风、校风，同时，还要改变和消除对学生可能产生不良影响的各种情境。

②与启发引导相结合。为了有效地发挥情境的陶冶作用，需要教师有意识地引导和启发，使学生感受到情境的美好与可贵，认同、珍视这种良好的情境，并在自己身上培养相应的良好品德。

③引导学生参与情境的创设。良好的情境不是固有的，需要人为的创设；也不能只靠教师去做，应当激励学生自己去创设、优化。例如，组织学生参加学校劳动、环境清扫、教室布置，维护正常的作息制度和教学秩序等。学生在积极创建美好情境的活动中可以得到锻炼，发挥其自主性、创造性，体验到满足、自豪、自尊，更加

严格要求自己，他们的品德也会得到更好的陶冶。

3.谈谈新时代下教师需要具备的素质。（见 2014 年北京师范大学真题）

4.论述建构主义学习观。（见 2013 年华东师范大学真题）

2022 年湖南师范大学 333 教育综合真题·凯程详解

一、名词解释

1.锁院制

【答】宋朝科举制度基本沿袭唐代，但是也根据实际情况做了改革，使科举的规模和制度进一步得到发展。为了维护考试的客观性和公平性，防止作弊，宋朝在科举考试的实践中，逐渐建立了一些新制度，锁院制就是其中一种，即主考官一旦受命，立即住进贡院，与外界隔离，以避免请托。

2.《费舍教育法》

【答】（1）简介：1918 年，英国国会通过了教育大臣费舍提出的关于初等教育的法案，即《费舍教育法》。

（2）内容：加强地方当局发展教育的权力和国家教育委员会制约地方当局的权限；规定 5～14 岁为义务教育阶段，小学一律实行免费教育；地方教育当局应建立和维持继续教育学校，并向 14～16 岁的年轻人免费提供一定的学习课程和教育训练。

（3）评价：该法案在提升国民素质、建立完整的国家公共教育制度方面发挥了重要的作用；调整了中央与地方教育当局的关系，在一定程度上增加了实行全国统一计划的可能性；但是并没有解决面向所有儿童的中等教育问题，并未触及英国的双轨制实质问题。

3.京师大学堂（见 2013 年北京师范大学真题）

4.泛爱主义教育

【答】（1）简介：18 世纪 70 年代，德国出现了以泛爱主义为宗旨、创办泛爱学校的教育活动，创始人是巴西多。

（2）内容：巴西多认为教育的最高目的是增进人类的现世幸福，培养掌握实际知识、具有泛爱思想、健康、乐观的人；重视教授德育、体育、美育、劳动教育、现代语和自然科学知识，反对经院主义和古典主义；主张教育适应自然的原则；提倡实物教学和儿童主动学习，希望寓教育教学于游戏之中，同时严禁体罚。

（3）评价：泛爱主义教育起到了反封建教育的作用，但因过于注重儿童的自由而在后来受到了赫尔巴特等人的批评。

5.先行组织者（见 2010 年北京师范大学真题）

6.酝酿效应（见 2016 年山西师范大学真题）

二、简答题

1.简述彼得一世的教育改革。

【答】为了改变俄国的落后状况，沙皇彼得一世执政期间，引进西欧的科学技术，在国内拉开了俄国近代化的序幕。

（1）教育领域的改革：①改善初等教育，开办俄语学校、计算学校；②设立实科性质的学校，特别是军事技术专门学校，培养国家急需的人才，如航海人才、军医等。③提出创建科学院的设想。

（2）评价：彼得一世的改革对俄国社会和教育的近代化具有一定的推动作用，但由于改革是自上而下进行的，缺乏直接的动力，因而彼得一世去世后改革陷于停滞。

2.简述黄宗羲的"公其非是于学校"。

【答】黄宗羲是我国明末清初具有民主教育色彩的教育家，他认为学校不仅具有培养人才、改进社会风气的职能，而且还应该议论国家政事。"公其非是于学校"是他对中国古代教育理论的独特贡献。这一思想集中反映在《明夷待访录·学校篇》中。

（1）内容：①黄宗羲主张学校应该是大家共同议论国家政事之是非标准的地方。因为学校议政，可以使其上至朝廷命官，下至里巷平民，逐渐养成普遍议政的风气，而不是以天子的是非为标准。②他主张普及教育。③他还强调学校必须要将讲学和议政紧密结合。

（2）意义："公其非是于学校"的思想是中国古代关于学校职能的创新。它要求国家决策民主化，闪烁着民主思想，因为这种性质的学校与近代资本主义制度下的议会相近，所以这种思想也是中国近代议会思想的萌芽，对中国近代资产阶级反对封建教育起到了启蒙作用。

三、论述题

1.论述马克思主义"教育与生产劳动相结合""生产劳动与教育相结合"各自的目的和内涵。

【答】（1）"生产劳动与教育相结合"是马克思主义"教育与生产劳动"的"早期结合"。"生产劳动与教育的结合"，针对的是生产劳动中的工人，解决的是他们受教育的问题，目的是希望生产劳动的工人能够接受到一定的教育，提高生产效率。

（2）马克思由生产部门的"生产劳动与教育相结合"，看到未来教育的萌芽，对于已满一定年龄的儿童来说，就是"教育与生产劳动相结合"。因此，教育领域的"教育与生产劳动相结合"是从社会生产领域的"生产劳动与教育相结合"派生出来的。与"生产劳动与教育相结合"不同，"教育与生产劳动相结合"是对教育领域的学生而言的，解决他们参加劳动的问题，目的在于促进他们的全面发展。一个全面发展的人的基本特征是体力和智力都得到充分自由的发展，是体力劳动和脑力劳动相结合，而实现的唯一方法是实行教育与生产劳动相结合。

2.材料大意：问的是一条德育规律，关于传统节日与开班会的教育实践。（见2016年南京师范大学真题）

3.论述孔子的"不愤不启，不悱不发"方法及在教学中的应用。

【答】（1）含义：孔子是世界上最早提出启发式教学的教育家。他提出"不愤不启，不悱不发，举一隅不以三隅反，则不复也"。教师的启发是在学生思考的基础上进行的，启发之后，应让学生再思考，以获得进一步的领会。这一方法主要解决的是发挥教师主导作用和调动学生积极性之间的矛盾。

（2）在教学中的应用。（见2018年云南师范大学真题）

4.论述教学评价的改革。（见2010年安徽师范大学真题）

5.如何处理关注目标与关注价值的关系？

【答】（1）教学目标是教育者在教育教学的过程中，在完成某一阶段（一个教学单元、一节课、一个学期）的教学任务时，希望受教育者达到的要求或产生的变化结果。教学目标是教育目的最具体化的一个层次。我们在教学过程中需要关注目标，目标是我们进行教学的方向。

（2）价值是指一节课教授的内容是否具有人文价值或者知识价值。

（3）体现价值的时候不一定完成了目标，完成了目标的时候也不一定会体现价值，这两者各有不同，但是有时候目标和价值是可以共同取得的。因此，我们在教学过程中要尽可能的关注目标，目标是我们进行教学的方向。同时我们也要关注价值，价值是一节课的真正的意义之所在。此外，目标和价值并非不可以等同、结合，目标和价值是可以相互转化的，是可以融合在一起的，我们制定目标的时候要关注价值，我们在引领价值的时候，也可以在目标中进行引领。但也要防止两者产生偏向，尽可能将二者结合在课程中，达到统一育人的目的。

华南师范大学

2011年华南师范大学333教育综合真题·凯程详解

一、名词解释

1.广义的教育

【答】凡是有目的地增进人的知识技能，影响人的思想品德，增强人的体质的活动，不论是有组织的还是无组织的，系统的还是零碎的，都是教育。它包括人们在家庭中、学校里、亲友间、社会上所受的各种有目的的影响。每个人的发展普遍受到广义的教育的影响。

2.教学（见2013年陕西师范大学真题）

3.经典性条件反射

【答】经典性条件反射（又称经典性条件作用），是指一个刺激和另一个带有奖赏或惩罚的无条件刺激多次联结，可使个体学会在单独呈现该刺激时，也能引发类似无条件反应的条件反应。经典性条件反射最著名的例子是巴甫洛夫的狗的唾液分泌条件反射。经典性条件反射具有习得、消退、分化、泛化四个特征。以经典性条件反射理论为基础的行为治疗方法主要包括厌恶疗法和系统脱敏法。

4.多元智力理论

【答】加德纳提出了多元智力理论。该理论认为在人类的心理能力中，至少应该包括以下八种不同的智力，即言语智力、数理智力、空间智力、音乐智力、体能智力、社交智力、内省智力、自然智力。这八种智力在人体身上的不同组合使每个人的智力都有独特的表现方式和特点。加德纳智力理论的创新在于突破了传统的智力范畴，在世界范围内对教育理论和教育实践都有极大的影响力。

5.教育制度（见2012年华东师范大学真题）

6.校长负责制（见2016年北京师范大学真题）

二、简答题

1.简述我国教育目的的基本精神。（见2012年北京师范大学真题）

2.简述孔子"有教无类"思想的价值。

【答】（1）孔子对教育对象的基本主张是"有教无类"。其本意是在教育对象上，不分贫富贵贱与种族，人人都可以入学接受教育。孔子躬亲实践"有教无类"的办学方针，广收弟子。"自行束脩以上，吾未尝无诲焉"最能表现孔子的收徒思想，即只要学生有学习的意愿，奉送十条干肉，行师生见面礼，就可以成为他的弟子。

（2）孔子"有教无类"的思想是针对奴隶主阶级垄断学校教育而言的，它打破了"礼不下庶人"的等级制度，把受教育的对象扩大到平民，满足了平民入学受教育的愿望，有利于进一步促进文化下移，对战国时期文化学术的繁荣和百家争鸣的出现起到了促进作用，这是历史性的进步。

3.教学过程中有哪些原则?（见2018年东北师范大学真题）

4.简述斯巴达教育的特点。

【答】①教育由国家控制；②教育具有阶级性；③教育目的是培养英勇果敢、保家卫国的战士；④教育内容只重视军事体育，不重视文化科学知识的学习；⑤教育方法是野蛮训练和鞭笞；⑥重视女子教育。

斯巴达人只重视军事体育训练，不重视文化知识的学习，生活方式狭隘，除了军事作战，不知其他，这种教育很片面，忽视了个人的发展。

三、论述题

1.论述教育的社会流动功能及其意义。（见2010年北京师范大学真题）

2.论述"中体西用"的历史意义和局限性。（见2014年华东师范大学真题）

3.论述杜威教育思想的影响。（见2011年北京师范大学真题）

4.如何培养和激发学习动机?（见2012年华东师范大学真题）

2012年华南师范大学333教育综合真题·凯程详解

一、名词解释

1.**学校管理**（见2015年北京师范大学真题）

2.**学校教育**（见2010年华中师范大学真题）

3.**心理发展**（见2015年华中师范大学真题）

4.**人的发展**（见2019年华中师范大学真题）

5.**课程**（见2019年北京师范大学真题）

6.**学习动机**（见2013年北京师范大学真题）

二、简答题

1.**简述教师劳动的特点。**（见2015年东北师范大学真题）

2.简述教育的社会制约性。

【答】（1）生产力对教育的制约。（见2021年东北师范大学真题）

（2）政治经济制度对教育的制约。

①政治经济制度的性质制约着教育的性质；②政治经济制度制约着教育的目的；③政治经济制度制约着教育的领导权；④政治经济制度制约着受教育权；⑤政治经济制度制约着教育内容、教育结构和教育管理体制。

（3）文化对教育的制约。

文化对教育的制约具有广泛性、基础性、深刻性和持久性的特点。

①文化知识制约教育的内容和水平；②文化模式制约教育背景和教育模式；③文化传统制约教育的传统和变革。

3.简述人文主义教育的特征。（见2011年华东师范大学真题）

4.简述科举制度的影响。（见2019年华中师范大学真题）

三、论述题

1.论述中国古代书院的特点。（见2017年华中师范大学真题）

2.论述赫尔巴特的道德教育理论。

【答】（1）在赫尔巴特看来，教育目的可以分为两部分，即"可能的目的"与"必要的目的"。

①"可能的目的"是指培养和发展儿童多方面的能力和兴趣，使人的各种能力得到和谐发展，以便将来选择职业。

②"必要的目的"是指教育所要达到的最高和最为基本的目的，即道德。

（2）教育性教学原则。

①内涵：知识与道德有直接和内在的联系，教育（即道德教育）是通过而且只有通过教学才能产生实际作用，教学是道德教育的基本途径。

②具体方法：第一，要求教学的目的与整个教育的目的保持一致；第二，为实现这个目的，教学要培养"多方面的兴趣"，"多方面的兴趣"具有一种道德的力量。

③评价：在这个问题上，赫尔巴特的突出贡献在于运用其心理学的研究成果，具体阐明了教育与教学之间的内在的本质联系，使道德教育获得了坚实的基础。但是他把教学完全从属于教育，把教育和教学完全等同起来，具有机械论的倾向。

（3）道德教育（儿童管理和训育）。

赫尔巴特的道德教育包括儿童管理和训育两方面，儿童管理是要防止恶行，训育是要形成美德。赫尔巴特认为教育过程应有一定的顺序，包括管理、教学、训育三个阶段。

①管理的目的：在儿童心里"创造一种秩序"，为以后的教学与训育创造必要的条件，因此，管理应在进行知识和道德教育之前进行。儿童管理的方法有：惩罚性威胁；监督；惩罚；安排紧凑而内容丰富的活动，使儿童无空闲做坏事。

②训育是指有目的地进行培养，其目的在于形成性格的道德力量。其可分四个阶段：道德判断、道德热情、道德决定和道德自制。道德判断是道德的基础，这种道德判断必须转化成"同勇气与智慧相协调的道德热情"，才能把"道德化为性格"。道德决定是指用"道德的眼睛"对事物、环境等进行观察和理解，并依此行动。道德自制是对自我的认识。

③训育的方法有：维持的训育；起决定作用的训育；调节的训育；抑制的训育；道德的训育；提醒的训育。

3.分析学生品德不良的成因。

【答】（1）品德不良是指学生经常违反道德要求或犯有较为严重的道德过错。最初表现为一般的过错行为，如果不及时加以矫正，就会沉积为严重的道德过错，从而酿成不良品德，甚至走上违法道路。

（2）原因。

客观原因：①家庭方面的原因。现在家庭教育环境中存在四个比较突出的问题。a.养而不教，重养轻教；b.宠严失度，方法不当；c.要求不一致，相互抵消；d.家长生活作风不良，给孩子带来潜移默化的影响。②学校方面的原因。a.只抓升学率，忽视对学生思想品德的教育；b.有的教师对学生不能一视同仁，对学习成绩差的学生采用的教育方法简单粗暴；c.少数教职工的不良品德直接对学生的品德产生不良影响。③社会方面的原因。随着学生年龄的增长，他们越来越广泛地接触社会的各个方面，社会对他们的影响也越来越大。

主观原因：①缺乏正确的道德观念和法制观念淡薄。不良品德的形成与学生道德认识上的错误或无知有密切的关系。有的学生分不清是非善恶，甚至以是为非，以非为是。②缺乏道德情感或情感异常。品德不良的学生缺乏道德情感，他们往往爱憎不分，好恶颠倒。③明显的意志薄弱与畸形的意志发展。意志薄弱的学生难以抵挡不良诱惑，更易发生品德不良现象。④养成了不良的行为习惯。行为不良并且经常性发生以至于形成不良习惯，更容易导致品德不良。⑤青少年学生的内部心理矛盾。正在成长中的青少年，他们内部心理因素的发展是不平衡的，往往会产生各种心理矛盾，如果得不到适当解决，就可能产生品德方面的问题。

（3）纠正。

①纠正过程：不良品德的纠正要经历一个由量变到质变的过程。该过程可以划分为三个阶段：a.醒悟阶段；b.转变阶段；c.自新阶段。

②纠正措施：a.培养深厚的师生感情，消除其疑惧心理和对抗情绪；b.培养正确的道德观念，提高明辨是非的能力；c.保护和利用学生的自尊心，培养集体荣誉感；d.锻炼同不良诱因做斗争的意志力，巩固新的行为习惯；e.针对学生的个别差异，采取灵活多样的教育措施。

4.如何推进"依法治校"的工作?

【答】（1）充分认识全面推进依法治校的重要性和紧迫性。

作为奋斗在教育前线的工作者，要高度重视依法治校工作的重要性和紧迫性，增强责任感和使命感，积极推进依法治校工作。

（2）制定和完善学校章程和各项管理制度。

学校要从本校办学层次、办学类型出发，要依法处理好政府与学校的关系。健全校长负责制，进一步完善教职工代表大会制度，实行校务公开制度，接受社区家长的监督，实现依法治校工作的规范化、制度化。

（3）提高教师素质。

第一，学校要选用具有教师资格的教师；第二，要对教师进行多种形式的思想政治业务培训。

（4）依法治校工作要与青少年学生的法制教育结合起来。

学校应坚持育人为本的思想，把法制教育融入教学课程中，开展形式多样的、学生易接受的法制活动，营造良好的法制教育环境，使学生在潜移默化中感受法制精神，增强法律意识。

（5）做好安全防范工作。

要牢固树立"安全第一"的意识，建立完善的安全管理制度，加强对学校教育、生活、活动的安全检查，落实各项安全防范措施，积极维护校园的安全和秩序，保证学生的人身和财产安全，建立应对突发事件的工作预案，增强预防和妥善处理事故的能力，健全学生安全和伤害事故的应急处理机制和报告制度。

（6）加强对推进依法治校工作的领导。

学校要转变观念，明确依法治校的基本原则，制订推进依法治校的工作规划和目标，明确校内职能机构、工作岗位的职责和任务，形成各司其职、各负其责，全方位推进依法治校的工作格局。教育行政部门要切实加强领导，改进工作作风，提高依法行政水平，形成推进依法治校工作的合力。

2013年华南师范大学333教育综合真题·凯程详解

一、名词解释

1.受教育者

【答】受教育者是教育的三大要素之一。教育的四大要素包括教育者、受教育者、教育内容和教育活动方式。教育者是主导性的因素，受教育者是主体性的因素。受教育者是指在各种教育活动中从事学习活动的人，既包括学校中学习的儿童、青少年，也包括各种形式的成人教育中的学生。受教育者是教育的对象，是学习的主体，也是构成教育活动的基本要素，缺少了这一要素，就无法构成教育活动。

2.教学方法

【答】教学方法是为完成教学任务而采用的方法。它包括教师教的方法和学生学的方法，是教师引导学生掌握知识技能、获得身心发展而共同活动的方法。中小学常用的教学方法有：讲授法、谈话法、读书指导法、练习法、讨论法等。

3.道德教育（见2016年东北师范大学真题）

4.学习策略（见2015年北京师范大学真题）

5. 心理健康（见 2013 年北京师范大学真题）

6. 教育目的（见 2015 年北京师范大学真题）

二、简答题

1. 简述现代教育的特点。（见 2013 年北京师范大学真题）

2. 简述长善救失原则及其要求。

【答】（1）长善救失原则是指进行德育要调动学生自我教育的积极性，依靠并发扬他们自身的积极因素去克服他们品德上的消极因素，促进他们的道德成长。

（2）贯彻长善救失原则的基本要求是：①"一分为二"地看待学生；②发扬积极因素，克服消极因素；③引导学生自觉评价自己，进行自我教育。

（3）长善救失的教学原则对今天的教育教学具有十分重要的意义，它是一条重要的教学原则，有利于教师更好地了解学生，促进学生的全面发展。

3. 简述蔡元培的教育独立思想。（见 2013 年北京师范大学真题）

4. 简述基督教教育的特点。

【答】基督教教育是西欧中世纪时期教育的主要形式。其特点有：

（1）教育目的宗教化：主要是为了培养教会人才，扩大教会势力，巩固封建统治。

（2）教育内容神学化：主要课程是神学和"七艺"。神学包括《圣经》、祈祷文、教会的礼仪等。"七艺"是从希腊的教育内容演变而来的，经基督教改造，为神学服务。

（3）教育方法原始、机械、烦琐。为了维护教会、神学的绝对权威，教会学校强迫学生绝对地服从《圣经》和教师，纪律严格，体罚盛行。

总的来说，基督教教育在培养僧侣和其他为教会服务人员的同时，向群众宣传宗教，使劳动群众服从教会和封建统治。因此，西方教育发展中的一个重要主题是教会和学校的分类，即教育的世俗化和国家化。但是，在中世纪时期，在世俗学校普遍消亡、文化衰落的情况下，教会教育在保持、传播古代文化，发展封建文化方面，客观上起了一定的作用。

三、论述题

1. 论述我国基础教育课程改革的目标。（见 2017 年东北师范大学真题）

2. 论述陶行知的"生活教育"理论体系。（见 2014 年北京师范大学真题）

3. 论述《国家处在危险之中：教育改革势在必行》的改革建议。

【答】（1）20 世纪 80 年代初期，美国中小学教育质量问题成为社会关注的中心。1983 年，美国中小学教育质量调查委员会提出《国家处在危险之中：教育改革势在必行》的报告。这个报告也是美国战后第三次课程改革的开端，旨在提高教育质量。

（2）内容：①建议加强中学五门"新基础课"的教学，中学必须开设数学、英语、自然科学、社会科学、计算机课程；②提高教育标准和要求；③通过加强课堂管理等措施，有效利用在校的学习时间；④改进教师的培养，提高教师的专业训练标准、地位和待遇；⑤各级政府加强对教育改革的领导和实施。

（3）影响：

①恢复和确立了学术性学科在中学课程结构中的主体地位。

②加强了课程结构的统一性，对所有学生提出了严格的统一要求。

③增强了公众对教育的信心，重新激发了公众对教育的关注和资助。

④但是，该运动又引发了一些新的问题。例如，因过分强调标准化的测试成绩，导致忽视学生个性的培养；因教学要求过于统一，导致缺乏灵活性；因过于强调提高教育标准和要求，使潜在的辍学人数迅速增加。

4. 论述人格和行为的性别差异。

【答】人格和行为的性别差异表现为：

（1）兴趣的性别差异。男性多指向于物，即所谓的"物体定向"。女性多指向人，一般对人与人之间的关系很注意、很敏感。

（2）自信心的性别差异。一般认为，女性的自信心低于男性。在成败归因上，女性更多地把自己的成功归因于运气，把失败归因于自己的能力。男性更多地把成功归因于自己的能力，把失败归因于任务难。

（3）行为的性别差异。从 2~5 岁开始，男孩在社会性游戏中就表现出比女孩更强的身体侵犯性和言语侵犯性。男性的行为常易受情感支配，缺乏自制力而具有冲动性。

由于每个儿童所接受的环境和教育影响不同，男女心理发展的总体性差异不一定在每一个个体身上都表现出来，因此，提供良好的环境条件和施行科学的、正确的教育，可以使男女两性在心理发展中充分发挥各自的优势，克服劣势，促进人的全面发展。因此，教师只有充分考虑到这种性别差异，才能选择适当的教育教学方式，在实际教育教学过程中"扬长避短"，使学生得到最优发展。

2014年华南师范大学333教育综合真题·凯程详解

一、名词解释

1.设计教学法（见2015年华东师范大学真题）

2.人的全面发展

【答】人的全面发展最根本的是指人的劳动能力的全面发展，即人的智力和体力的充分、统一的发展。同时，也包括人的才能、志趣和道德品质的多方面发展。科学素质是人的全面发展的内在要求。总的来说，人的全面发展就是指人的劳动能力，即人的体力和智力的全面、和谐、充分的发展，还包括人的道德的发展。

3.教育制度（见2012年华东师范大学真题）

4.贝尔－兰卡斯特制（见2012年北京师范大学真题）

5.心理健康（见2013年北京师范大学真题）

6.社会规范学习

【答】社会规范学习是个体接受社会规范，内化社会价值，将规范所确定的外在于主体的行为要求转化为主体内在的行为需要，从而构建主体内部的社会行为调节机制的过程，即社会规范的内化过程。社会规范学习具有情感性、约束性、延迟性等特点。

二、简答题

1.简述德育的教育影响一致性和连贯性原则及要求。（见2010年北京师范大学真题）

2.简述"朱子读书法"的主要内容。（见2016年华东师范大学真题）

3.简述奥苏伯尔关于有意义学习的实质和条件的主要观点。（见2013年北京师范大学真题）

4.简述创造性的心理结构。（见2015年华东师范大学真题）

三、论述题

1.试述教育的相对独立性原理的基本内容，并在此基础上对"教育的发展应先于经济的发展"（"教育先行"）的观点进行分析。

【答】（1）教育的相对独立性。

一方面，教育为适应社会的生存与发展而产生、发展，受社会发展的制约，对社会具有依存性；另一方面，教育又是一种主体性的实践活动，在能动地反作用于社会发展的过程中，具有主体自身的价值取向与行为选择，由此实现着教育的社会功能，并表现出自身的相对独立性。所谓教育的相对独立性，是指作为社会子系统的教育，它对社会的能动作用具有自身的特点与规律性，它的发展也有连续性与继承性。

主要表现为：①教育是有目的地培养人的活动，主要通过培养的人作用于社会。②教育具有自身的活动特点、规律与原理。③教育具有自身发展的传统性与连续性。

（2）教育先行。

教育具有滞后性，即教育对经济、政治、文化、科技等的作用要经过一个较长的时期才能体现出来。这种作用很强大，所以各国看重教育，要求教育优先发展。教育先行是一种发展战略，即教育发展先于其他行业或者经济发展的现有状态而发展。

（3）原因：教育在我国社会主义现代化建设中具有基础性、先导性、全局性意义。落实科学发展观，实现科教兴国战略和人才强国战略，就必然要求把教育摆在优先发展的战略地位。

①基础性，实质上是指人的素质在社会主义现代化建设中的基础性作用。为了开发我国的人口资源，使我国由人口大国转化为人才强国，优先发展教育是一个必然的战略性举措。

②先导性，是指教育的发展对社会主义现代化建设具有引领作用。我国正处于现代化、工业化的进程之中，同时又面临知识时代的到来。知识不仅是力量，而且成了第一资源、第一财富。这对我国既是挑战，也是机遇。

我国要调整产业结构，转变经济增长方式，提高经济增长的质量和效益，使经济社会可持续发展，其关键在于知识创新，掌握核心技术。这在相当大的程度上要依靠教育来传播最新的知识技术，培养创新型人才。

③全局性，是指教育的发展关乎社会主义现代化建设的方方面面。我们不难看出，教育使人的价值得到提升，对我国社会结构的良性演变，对城乡差距、地区差距以及贫富差距的缩小和社会公平的拓展，对人与人、人与自然紧张关系的协调，对和谐社会的建设和完善，都会起到独特的积极作用。我们应当全面发挥教育的功能，促进人的全面发展和社会的全面进步。

（4）教育优先发展不是教育过度地超前发展，也不是教育的盲目发展，而是一种适度发展。要依据一个国家经济的发展水平来确定教育投资，过多的教育投资反而会造成浪费，所以，我国采用教育的适度优先发展战略能更好地保证人才兴国和科教兴国。

2.试述学校教育的特征及其在人的身心发展中的作用。（见2016年东北师范大学真题）

3.试比较杜威与赫尔巴特的教学过程理论。（见2016年陕西师范大学真题）

4.试述科举制的影响。（见2019年华中师范大学真题）

2015年华南师范大学333教育综合真题·凯程详解

一、名词解释

1.广义的教育（见2011年华南师范大学真题）

2.德育

【答】德育的概念有广义和狭义之分。广义的德育包括"政治教育""思想教育""道德教育"和"法律教育"等，是指教育者根据一定社会的要求和学生身心的发展规律，有目的、有计划、有组织地在受教育者身上培养所期望的政治素质、思想素质、道德素质和法律素质的教育过程，促使他们成为合格的社会成员。狭义的德育专指"道德教育"。

3.教育目的（见2015年北京师范大学真题）

4.学校管理（见2015年北京师范大学真题）

5.心理发展（见2015年华中师范大学真题）

6.品德不良

【答】品德不良是指学生经常违反道德要求或犯有较为严重的道德过错。最初表现为一般的过错行为，如果不及时加以矫正，就会沉积为严重的道德过错，从而酿成不良品德，甚至走上违法道路。

二、简答题

1.简述教育在我国社会主义建设中的地位和作用。

【答】（1）科学发展观是指导我国各项事业发展的世界观和方法论的集中体现，内涵极为丰富，对以培养人为特点的教育来说，具有特殊的重要意义。

（2）树立以人为本的教育观。

树立以人为本的教育观，意味着肯定教育的根本主旨在于促进人的全面发展，树立以人为本的教育观，肯定人是自我教育、自我发展的主体。教育的艺术和教育的实效，在很大程度上取决于启发、培养、引导、激励和发挥人的自我教育、自我发展的能动性。

（3）把教育摆在优先发展的战略地位。

教育在我国社会主义现代化建设中具有基础性、先导性、全局性意义。落实科学发展观，实施科教兴国和人才强国战略，就必然要求把教育摆在优先发展的战略地位。

①教育的基础性，实质上是人的素质在社会主义现代化建设中的基础性作用。教育对人的个性素质全面发展的促进，既是个人为人立世的基础，也是社会稳定和发展的基础。

②教育的先导性，是指教育的发展对社会主义现代化建设具有引领作用，社会主义建设要依靠教育来传播最新知识技术，培养创新型人才。

③教育的全局性，是指教育的发展关乎社会主义现代化建设的方方面面，我们应当全面发挥教育的功能，促进人的全面发展和社会的全面进步。

2. 简述教学工作的基本环节。（见 2020 年华东师范大学真题）

3. 简述孔子教育思想的历史影响。（见 2012 年北京师范大学真题）

4. 简述卢梭的自然教育理论。（见 2012 年华东师范大学真题）

三、论述题

1. 论述培养和提高教师素养的主要途径。（见 2020 年华东师范大学真题）

2. 论述张之洞 "中体西用" 思想的历史作用和局限性。（见 2014 年华东师范大学真题）

3. 论述基督教教育的特点。（见 2013 年华南师范大学真题）

4. 论述影响学习动机的因素。（见 2010 年华中师范大学真题）

2016 年华南师范大学 333 教育综合真题·凯程详解

一、名词解释

1. 广义的教育（见 2011 年华南师范大学真题）

2. 学习动机（见 2013 年北京师范大学真题）

3. 德育（见 2015 年华南师范大学真题）

4. 教学（见 2013 年陕西师范大学真题）

5. 教育目的（见 2015 年北京师范大学真题）

6. 知识

【答】知识的定义有狭义与广义之分。狭义的知识是指能储存在语言文字符号或言语活动中的信息或意义，如各门学科的事实、概念、公式、定理等，不包括技能和策略等调控经验。广义的知识是指个体通过与环境相互作用后获得的一切信息及其组织，它将心智技能和认知策略也包含其中，泛指人们所获得的经验。

二、简答题

1. 简述现代教育的特点。（见 2013 年北京师范大学真题）

2. 简述科举制的影响。（见 2019 年华中师范大学真题）

3. 简述班主任的素质要求。（见 2015 年华东师范大学真题）

4. 简述洛克的白板说。

【答】白板说是洛克教育思想的核心概念之一。洛克是一位唯物论者，他反对天赋观念，认为思想及观念是客观物体在人类感官上发生作用的结果。洛克把儿童比作一块白板，认为知识完全是经验的产物。"我们的一切知识都是建立在经验上的，而且最后是源于经验的。"

洛克把经验分为内在经验和外在经验。外在经验是就外面的对象对人类感官的作用而言的，并将其称之为 "感觉"。内在经验，洛克称之为 "反省"。反省是关于心灵本身的活动。洛克把反省看作与感觉并存的认识来源。

三、论述题

1. 论述教学过程中要处理的几种关系。（见 2011 年东北师范大学真题）

2. 论述杜威思想的影响。（见 2011 年北京师范大学真题）

3. 论述陶行知的生活教育体系。（见 2014 年北京师范大学真题）

4. 论述心理健康教育的目标与内容。

【答】（1）心理健康教育的目标。

心理健康教育的总目标是：提高全体学生的心理素质，充分激发他们的潜能，培养学生乐观、向上的心理品质，促进学生人格的健全发展。

心理健康教育的具体目标：①使学生不断正确认识自我，增强调控自我、承受挫折、适应环境的能力。②培养学生健全的人格和良好的个性心理品质。③对少数有心理困扰或心理障碍的学生，给予科学、有效的心理咨询和辅导，使他们尽快摆脱障碍，调节自我，提高心理健康水平，增强自我教育能力。

（2）心理健康教育的内容。

心理健康教育的主要内容包括：普及心理健康基本知识，树立心理健康意识，了解心理调节方法，认识心理异常现象，以及初步掌握心理保健常识。其重点是学会学习、人际交往、升学择业以及生活和社会适应等方面的常识。

中小学心理健康教育，必须从不同地区的实际和学生身心发展特点出发，做到循序渐进，设置分阶段的具体教育内容。

①小学低年级的心理健康教育内容主要包括：帮助学生适应新的环境、新的集体、新的学习生活与感受学习知识的喜悦；乐于同老师、同学交往，在谦让、友善的交往中体验友情。

②小学中、高年级的心理健康教育内容主要包括：帮助学生在学习生活中品尝解决困难的快乐，调整学习心态，提高学习兴趣与自信心，正确对待自己的学习成绩，克服厌学心理，体验学习成功的喜悦，培养积极面对毕业升学的进取态度；培养集体意识，在班级活动中，善于与更多的同学交往，形成开朗、合群、乐学、自立的健康人格，培养自主参与活动的能力。

③初中阶段的心理健康教育内容主要包括：帮学生适应中学的学习环境和学习要求，培养正确的学习观念，发展学习能力，改善学习方法；把握升学选择的方向；了解自己，学会克服青春期的烦恼，逐步学会调节和控制自己的情绪，抑制自己的冲动行为；加强自我认识，客观地评价自己，积极与同学、老师和家长进行有效的沟通；逐步适应生活和社会的各种变化，培养承受挫折的能力。

④高中阶段的心理健康教育内容主要包括：帮助学生培养适应学习环境的能力，发展创造性思维，充分激发学生学习的潜能，获得情感体验；在了解自己的能力、特长、兴趣和社会就业条件的基础上，确立自己的职业志向，进行职业方向的选择和准备；正确认识自己人际关系的状况，正确对待和异性伙伴的交往，建立对他人的积极情感的反应和体验；提高承受挫折和应对挫折的能力，形成良好的意志品质。

2017年华南师范大学333教育综合真题·凯程详解

一、名词解释

1.**狭义的教育**（见2012年西南大学真题）

2.**知识**（见2016年华南师范大学真题）

3.**教科书**

【答】教科书是课程的实施文本之一。教科书是根据课程计划、课程标准和学生接受能力编写的教学用书。教科书是课程标准的具体化，是学生学习的主要材料，是教师进行教学的主要依据。

4.**学习动机**（见2013年北京师范大学真题）

5.**教育目的**（见2015年北京师范大学真题）

6.**德育**（见2015年华南师范大学真题）

二、简答题

1.**简述影响人的发展的基本因素。**（见2015年北京师范大学真题）

2.**简述孔子的教学方法。**（见2013年东北师范大学真题）

3.**简述卢梭的自然教育理论。**（见2012年华东师范大学真题）

4.**简述教师劳动的特点。**（见2015年东北师范大学真题）

三、论述题

1.**论述马克思和恩格斯的教育思想。**

【答】（1）马克思主义关于人的全面发展的科学含义。

①人的全面发展是指人的劳动能力的全面发展。人的全面发展，就其最基本的意义而言，是指人能够适应不同的劳动需求。没有劳动，社会和个人都不可能存在，更谈不上发展。

②人的全面发展是指人的智力和体力的全面发展。马克思分析了资本主义劳动分工中，劳动者智力与体力相分离的片面发展。全面发展的人应是体力与智力劳动相结合，体力与智力上能够协调发展的人。

③人的全面发展是指人的先天和后天的各种才能、志趣、道德和审美能力的充分发展，即人的个性的自由发展。马克思认为人的个性领域的发展是"真正自由的王国"，个人从事自由活动的时间不断扩大，人的个性因此得到自由发展。

（2）马克思主义关于人的全面发展学说的基本思想。

①人的发展是与社会的发展相一致的。人的发展是由整个社会的发展所决定的。

②旧式劳动分工造成人的片面发展。马克思和恩格斯在全面研究人类社会发展历史的基础上指出了个人片面发展的根本原因在于分工。分工是社会的进步，但随着社会分工的日趋精细，人的片面发展的程度也日益加深，劳动成了一种毫无内容的机械运动。

③大工业机器生产要求人的全面发展，并为人的全面发展提供了物质基础。现代大工业生产不仅提出了个人全面发展的必要性，而且也提供了可能性。首先，大工业生产依靠的是先进的科学技术，使劳动者通过学习掌握生产过程的基本原理和基本技能，了解整个生产系统成为可能；其次，大工业的发展，使劳动生产率提高，缩短了劳动时间、减轻了劳动强度，使劳动者有可能学习技术、文化来发展自己的兴趣和特长。

④实现全面发展的人的根本途径是教育与生产劳动相结合。一个全面发展的人的基本特征是体力和智力都得到充分自由的发展，是体力劳动和脑力劳动相结合。实现的唯一方法是实行教育与生产劳动相结合。教育与生产劳动相结合，不是机械的教育与劳动的相加，它的内涵包括理论与实践的结合、学与用的结合、知识分子与劳动人民的结合等。

2.论述品德不良的成因及其纠正方法。（见2012年华南师范大学真题）

3.论述教学工作的基本环节。（见2020年华东师范大学真题）

4.论述蔡元培的教育实践和教育思想。（见2011年北京师范大学真题+2013年北京师范大学真题）

2018年华南师范大学333教育综合真题·凯程详解

一、名词解释

1.广义的教育（见2011年华南师范大学真题）

2.教学（见2013年陕西师范大学真题）

3.德育（见2015年华南师范大学真题）

4.学校管理（见2015年北京师范大学真题）

5.心理发展（见2015年华中师范大学真题）

6.品德不良（见2015年华南师范大学真题）

二、简答题

1.简述生产力对教育的制约。（见2021年东北师范大学真题）

2.简述教师的义务。

【答】（1）履行教学职责的义务；（2）对学生进行有益教育的义务；（3）关心、爱护、尊重学生，促进学生全面发展的义务；（4）保护学生合法权益，促进学生健康成长的义务；（5）遵守法律法规和职业道德的义务；（6）不断提高自身思想政治觉悟和教育教学水平的义务。

3.简述科举制度的影响。（见2019年华中师范大学真题）

4.简述苏格拉底的教育思想。

【答】（1）苏格拉底是古希腊著名的哲学家、教育家，在西方哲学史上开辟了从自然哲学向伦理哲学转变的新阶段。他在教育对象上实行有教无类，吸引了许多学生，因而得到很多有学问的人的欣赏和尊重，影响了很多人，是西方教育史上有长远影响的第一位教育家。

（2）苏格拉底的思想。

①教育的目的：教育的目的应当是培养治国人才。

②智慧即德行：苏格拉底提出了"智慧即德行"，指出道德不是天生的，正确的行为基于正确的判断，所以教人道德就是教人智慧，也就是说德行是可教的。他还提出"自制是德行的基础""守法就是正义""身教重于言传"等重要的道德教育观点，并且以身作则，自己就是高尚道德的典范。

③苏格拉底法。（见2013年东北师范大学真题）

三、论述题

1.论述班主任工作的主要内容。（见2012年西南大学真题）

2. 论述中体西用思想的历史作用和局限性。（见 2014 年华东师范大学真题）

3. 论述杜威的教育思想。（见 2011 年北京师范大学真题）

4. 论述影响学习动机的因素。（见 2010 年华中师范大学真题）

2019 年华南师范大学 333 教育综合真题·凯程详解

一、名词解释

1. 学校教育制度（见 2019 年北京师范大学真题）

2. 课程（见 2019 年北京师范大学真题）

3. 教学评价（见 2015 年北京师范大学真题）

4. 校长负责制（见 2016 年北京师范大学真题）

5. 创造性

【答】关于创造性的内涵，目前说法不一。综合各种观点，创造性是指根据一定的目的和任务，运用一切已知信息，开展能动的思维活动，产生出某种新颖、独特、具有社会价值或个人价值的产品的品质。创造性的基本结构是：创造性认知品质、创造性人格品质、创造性适应品质。

6. 自我效能感（见 2014 年华东师范大学真题）

二、简答题

1. 简述我国教育目的的精神。（见 2012 年北京师范大学真题）

2. 简述教师的素养。（见 2015 年华东师范大学真题）

3. 简述法家的教育思想。

【答】法家的代表人物有魏国人李悝、完全与儒家对立的商鞅、之后完成了法家理论的系统化工作的韩非。

（1）教育目的：实现兵农合一，既保障国家的经济力量，又保障国家的军事力量。

（2）教育作用："人性利己说"。法家主张绝对的"性恶论"，由此提倡法律教育。

（3）教育内容：禁诗书与"以法为教"。

（4）教育方法：禁私学与"以吏为师"。

总之，法家教育思想具有独断主义和功利主义的特点，提倡耕战，轻视文化，降低了社会的文化水平，这是法家文化致命的缺陷，法家的灭亡与此关系重大。

4. 简述明治维新教育改革。

【答】（1）改革的指导思想是"文明开化"和"和魂洋才"。

（2）改革的主要内容。

①建立中央集权式的教育管理体制。在中央设立文部省，主管全国的文化教育事业。1872 年，颁布《学制令》，在确立教育领导体制的基础上，建立全国的学校教育体制，规定全国实行中央集权式的大学区制。

②普及初等义务教育。

③中学分为寻常中学和高等中学两类，分别承担就业和升学的任务。

④努力发展高等教育，建立东京大学，后改成东京帝国大学。明治政府不惜重金从西方国家聘请技术专家和教师来日本工作，并派留学生出国留学。

⑤建立完善的师范教育制度，发展职业教育。

（3）评价：总的来说，日本通过改革，使得封建教育向近代资本主义教育转变，建立并完善了学制，普及了初等义务教育，发展了中等和高等教育，提高了日本国民文化水平，为日本的发展做出了贡献。

三、论述题

1. 论述教育的社会流动功能及重要意义。（见 2010 年北京师范大学真题）

2. 论述梁漱溟的乡村教育建设理论。

【答】（1）乡村教育是梁漱溟乡村建设理论的重要组成部分。所谓乡村建设，是一种力图在保存既有社会的基础上，通过乡村教育的方法，由乡村建设引发社会工商业发展，以实现经济改造和社会改造的手段。

（2）梁漱溟的乡村教育建设理论。

①中国问题的症结：文化的失调。

②如何解决中国的问题：乡村建设。乡村建设是乡村被破坏而激起的乡村自救运动，是重建我国民族和社会的新组织构造的运动。

③乡村建设与乡村教育。乡村建设与乡村教育是一个问题的两个方面。乡村建设以乡村教育为方法，而乡村教育以乡村建设为目标。

④乡村教育的实施：

a.乡农学校的设立：乡农学校分村学和乡学两级。乡农学校的组织结构按农村自然村落及其行政级别形成。组织原则是政、教、养、卫合一，以教统政；学校式教育与社会式教育融合归一。

b.乡农学校的教育内容：强调服务于乡村建设，密切适合农村生产、生活的需要。课程分两大类：一类是各校共有的课程，包括识字、唱歌等普通课程和"精神讲话"；另一类是各校根据自身生活环境需要而设置的课程。

（3）评价。

乡村建设理论和乡村教育思想本质上是中国知识分子通过改造中国农村来改良中国社会的理想，是在探索拯救中国的"第三条道路"。但乡村教育理论否认阶级斗争，体现了其消极的一面。可取之处在于认识到中国问题是农村问题，立足于文化传统来思考中国社会的改造是有识之风，对农村有一定的贡献。

3.论述现代人文主义教育思潮。

【答】（1）现代人文主义教育家的思想集中体现在现代人文主义教育思潮中。现代人文主义教育思潮是20世纪70年代后在美国盛行的以人本主义心理学为理论基础的一种现代教育思潮。该学派试图通过挖掘人类理智与情感诸方面的整体潜力来确立人的价值。代表人物是马斯洛、罗杰斯。

（2）人文主义教育的基本观点：

①强调教育的目标是培养完整的人。教育目的就是人的自我实现、完美人性的形成，以及人的潜能的充分发展。这种人是具有整体性、动态性和创造性人格特征的自我实现的人。

②主张课程人本化。他们提出"一体化"课程，主张课程内容应建立在学生需要、生长的自然模式和个性特征的基础上，体现出思维、情感和行动之间的相互渗透和相互作用。

③学校应该创造自由的心理气氛。在学校中影响学校气氛的因素有三个：教师和管理者；人与人之间的关系；学习过程，提倡以人为中心的教学、非指导性教学、自由学习、自我学习。

（3）评价：

①积极方面：注重人的整体发展，强调认知和情感在教育过程中的作用，主张学校应形成最佳的学习气氛，充分发挥和实现人的各种潜能，给教育理论带来观念上的革新。

②不足之处：立足于人性的发展，过分强调个人的价值观和个人的自我实现，简单把个体的潜能实现与个体的社会价值画上等号，从而忽视了社会环境和学校教育对个体发展的影响。

4.论述社会规范学习的心理过程。（见2014年北京师范大学真题）

2020年华南师范大学333教育综合真题·凯程详解

一、名词解释

1.教育者

【答】教育者指参与教育活动、与受教育者在教学或教导上互动，对受教育者全面发展产生影响的专业人员，主要指教师。教育者是教育活动的领导者、设计者、实施者和组织者，是整个教育活动的主导者。教育者有计划、有目的地用系统的文化知识来促进学生德、智、体、美、劳全面发展，使他们成为社会需要的人。所以，教育者是教育活动的一个基本要素，是教育活动中不可或缺的要素。

2.科教兴国

【答】科教兴国是指全面落实科学技术是第一生产力的思想，坚持教育为本，把科技和教育摆在经济、社会发展的重要位置，增强国家的科技实力及其向现实生产力转化的能力，提高全民族的科技文化素质，把经济建设转移到依靠科技进步和提高劳动者素质的轨道上来，加速实现国家的繁荣强盛。

3.活动课程（见2013年东北师范大学真题）

4. 班级授课制（见 2016 年北京师范大学真题）

5. 有意义学习（见 2014 年华东师范大学真题）

6. 记忆

【答】记忆是人脑对经验过事物的识记、保持、再现或再认，它是进行思维、想象等高级心理活动的基础。记忆的基本过程是由识记、保持、回忆或再认三个环节组成的。记忆作为一种重要的心理过程，贯穿在人的各种心理活动之中，它对保证人的正常生活起着重要的作用。记忆不仅可使人积累经验，学习新知识以适应不断变化的环境，而且记忆在个体的发展以及个性特征的形成中也起着决定性的作用，记忆可使人的心理活动的过去和现在连成一个整体，如果没有记忆，一切心理发展、一切智慧活动都是不可能的。

二、简答题

1. 简述"五育"之间的相互关系。（见 2012 年东北师范大学真题）

2. 简述教师主导作用和学生主动性的关系。（见 2010 年北京师范大学真题）

3. 简述梁启超的教育思想。（见 2015 年华中师范大学真题）

4. 简述《国防教育法》。（见 2014 年华东师范大学真题）

三、论述题

1. 论述培养和提高教师素养的主要途径。（见 2020 年华东师范大学真题）

2. 论述朱子读书法的内容和意义。（见 2016 年华东师范大学真题）

3. 论述苏格拉底法的内容和意义。

【答】（1）苏格拉底法的内容。（见 2013 年东北师范大学真题）

（2）意义。

由于社会历史条件的局限，启发式教学法中所蕴含的教育教学规律并没有得到完全阐发，甚至人们对此还有许多误解，在长期的教学实践中更多采用的也是填鸭式的注入教学法。因此苏格拉底对启发式教学法的探索和实践在今天仍具有一定的意义，给我们的教学以很多的启示。

①建立真正平等和谐的师生关系。教学中教师要像苏格拉底那样以真诚坦率的态度面对学生，尊重学生的人格、情感和意见，并确立学生在教学过程中的主体地位，让学生自始至终主动地参与教学过程，真正成为学习的主人。

②创设问题情境，注重通过问题解决的过程发展学生的思维能力。教学中教师应当注意创设问题情境，让学生了解和参与问题解决的过程，而不是一开始就不留余地地将答案告诉学生。同时在教学中教师要随时捕捉学生在问题解决时出现的思维障碍和萌发的灵感，并适时地开导、启发，唯有如此，才能防止学生思维的僵化、呆滞，有效地促进学生思维能力的发展。

③精讲巧练，举一反三。在教学过程中，教师对自己的讲授内容、方法等要精心设计，突出重点和难点，使自己的讲授成为学生思考、解决问题的模板，并鼓励学生质疑问难，追根究底。

④根据实际需要，采用灵活的教学方式、方法。启发式教学法是选择和应用教学方法的指导思想，它可通过多种教学方式、方法来进行，如讲授法、练习法、演示法、实验法、实习法、讨论法、谈话法等。这些方法虽然各有特定的运用要求、作用，但如果教师能根据自己所处的具体情况而灵活变通，运用得当，都可以起到启发学生思维、促进学生发展的作用。

4. 论述科尔伯格的道德发展阶段理论。（见 2013 年华东师范大学真题）

2021 年华南师范大学 333 教育综合真题·凯程详解

一、名词解释

1. 教育学（见 2011 年陕西师范大学真题）

2. 研究法（见 2010 年西北师范大学真题）

3. 活动课程（见 2013 年东北师范大学真题）

4. 长善救失（见 2020 年西北师范大学真题）

5. 心智技能（见 2016 年北京师范大学真题）

6.最近发展区（见2011年北京师范大学真题）

二、简答题

1.简述教育目的的层次结构和内容结构。（见2010年湖南师范大学真题）

2.简述教学评价的原则和方法。（见2015年辽宁师范大学真题）

3.简述稷下学宫的办学特点。（见2020年东北师范大学真题）

4.简述加尔文教育思想的特点。

【答】（1）简介：加尔文受到路德影响，立志改革基督教教会的面貌，于是，他建立了加尔文派新教。加尔文的教育主张表现在《基督教原理》《教会管理章程》和《日内瓦初级学校计划书》等著作中。

（2）特点：

①教育作用：重视教育对个人生活、社会生活和宗教生活的影响。

②教育原则：提出了普及初等、免费教育的主张，要求国家开办公立学校，实行免费教育，使所有儿童都有机会接受教育，学习基督教教义和日常生活所必需的知识技能。

③教育内容：重视人文学科的价值，将宗教科目和人文科目结合起来。

④教育实践：与路德不同，加尔文不仅提出普及教育的主张，而且还亲自领导了免费、普及教育的实践。有学者称他为"普及教育之父""免费学校的创始人"。加尔文还创立了相对完整的教育体系和日内瓦学院，以培养传教士、神学家和教师为目的，影响了西方高等教育的发展。此外他还创办了法律学校和文科中学。

三、论述题

1.论述我国现行学校教育制度的演变。（见2011年首都师范大学真题）

2.论述杨贤江的"全人生指导"教育理论。（见2018年辽宁师范大学真题）

3.论述赞科夫的发展性教学理论。（见2011年华中师范大学真题）

4.论述加涅的学习阶段及教学设计理论。

【答】加涅认为学习的过程就是一个信息加工的过程，学习是学生与环境之间相互作用的结果。加涅把学习过程分为八个阶段，根据这些阶段进行相应的教学设计，安排相应的教学事件。

（1）学习阶段理论。

①动机阶段：学习者被告知学习目标，形成对学习结果的期望，激起学习兴趣。

②领会阶段：依据其动机和预期对外在信息进行选择，只注意那些与学习目标有关的刺激。

③习得阶段：对信息进行编码和储存。当学生注意或知觉外部情境之后，就可以获得知识。而习得阶段涉及的是对新获得的刺激进行直接编码后将其贮存在短时记忆里，然后对它们进行进一步编码加工后转入长时记忆中。

④保持阶段：学生习得的信息经过复述、强化后，以语义编码的形式进入长时记忆的贮存阶段。对长时记忆，人类至今了解不多，但有几点是清楚的：第一，长时记忆里的信息，其强度并不随时间的进程而减弱，如老人的回忆；第二，有些信息若长期不用会消退；第三，记忆贮存可能会受干扰的影响，如新旧相似信息的混淆。

⑤回忆阶段：根据线索对信息进行检索和回忆。

⑥概括阶段：在变化的情境或现实生活中利用所学知识，对知识进行概括，将知识迁移到新的情境中。

⑦操作阶段：利用所学知识，对各种形式的作业进行反应。

⑧反馈阶段：通过操作活动的结果认识到学习是否达到了预定目标，从而在内心得到强化。

（2）教学设计理论。

①动机阶段：教师要引起学习者的兴趣，激发学生的学习动机。

②领会阶段：教师要采取各种手段引起学生注意，如改变说话声调。

③习得阶段：教师要给学生提供各种编码程序，鼓励学生选择最佳的编码方式。

④保持阶段：教师要避免相似的刺激同时出现，以减少干扰产生的可能性。

⑤回忆阶段：教师要利用各种方式帮助学生提取线索，最重要的是指导学生自己提供线索，成为独立的学习者。

⑥概括阶段：教师要让学生在不同的情境中进行学习，同时要引导学生掌握和概括其中的原理。

⑦操作阶段：教师要布置合理的作业。

⑧反馈阶段：教师要给予适当的反馈，强化学生的学习动机。

2022 年华南师范大学 333 教育综合真题·凯程详解

一、名词解释

1.**教育规律**（见 2019 年山东师范大学真题）

2.**教育制度**（见 2012 年华东师范大学真题）

3.**教学**（见 2013 年陕西师范大学真题）

4.**陶冶**（见 2011 年华中师范大学真题）

5.**人格**

【答】（1）内涵：人格是指人所具有的与他人相区别的独特而稳定的思维方式和行为风格，也指一个人整体的精神面貌，是具有一定倾向性的和比较稳定的心理特征的总和。

（2）发展特点：顺序性和连续性；阶段性和针对性；共同性和差异性；整体性和关联性；稳定性和可变性；社会性。

6.**迁移**（见 2011 年湖南师范大学真题）

二、简答题

1.**简述教育的社会流动功能及对其当代的重要性。**（见 2010 年北京师范大学真题）

2.**简述非正式群体的特点。**

【答】（1）含义：非正式群体是学生自发形成或组织起来的群体。它包括因志趣相同、感情融洽，或因邻居、亲友、老同学等关系以及其他需要而形成的学生群体。

（2）特点：①自愿结合，自发形成，容易变化；②有共同需要；③强者领头，活动频繁，有活力；④没有明确的目的与活动计划；⑤不稳定，有积极的一面，也有消极的一面。

（3）态度：教育者应该组建非正式群体，丰富学生的活动；教师也应该公正、热情地对待非正式群体，真诚地帮助他们，尊重他们，引导他们向积极的方向发展。

3.**简述科举制和学校教育的关系。**（见 2010 年北京师范大学真题）

4.**简述有机教育学校的思想。**

【答】约翰逊是美国教育家、进步主义教育协会的创始人之一。她创办了费尔霍普学校，该校以"有机教育学校"而闻名。杜威把约翰逊的教育实验称作"教育即自然发展的一个实验"。有机教育学校的主要思想：

（1）约翰逊称她的教育方法是"有机的"，因为它们遵循学生的自然生长。

（2）学校的目的在于为学生提供每个发展阶段所必需的作业和活动。所以她主张应该以学生一般的发展作为教育的目标。于是她根据学生的年龄来分班，称作"生活班"，而不是年级。

（3）有机教育学校的整个课程计划以活动为主。强迫的作业、指定的课文和通常的考试都被取消，用体育活动、自然研究、音乐、手工代替一般的课程。

（4）约翰逊重视社会意识的培养。她认为，认识社会的人、发展合适的社会关系应是学校最重要的任务之一，也就是要培养学生无私、坦率、合作等品质。

（5）她反对放纵学生，主张纪律对人的成长很有必要。

三、论述题

1.**论述学校管理的发展趋势。**（见 2020 年华东师范大学真题）

2.**论述陶行知的生活教育思想体系。**（见 2014 年北京师范大学真题）

3.**论述结构主义教育思潮。**（见 2013 年华东师范大学真题）

4.**论述有效解决问题者的特征。**（见 2015 年河南师范大学真题）

首都师范大学

2010 年首都师范大学 333 教育综合真题·凯程详解

一、名词解释

1. **教育**（见 2014 年北京师范大学真题）

2. **苏格拉底方法**（见 2011 年北京师范大学真题）

3. **心理发展**（见 2015 年华中师范大学真题）

4. **1922 年"新学制"**（见 2010 年北京师范大学真题）

5. **《1944 年教育法》**

【答】"二战"期间，"人人受中等教育"的观念深入人心，英国政府颁布了由英国教育委员会主席巴特勒提出的《1944 年教育法》，其又称《巴特勒教育法》。

主要内容有：①加强国家对教育的控制和领导，设立教育部，统一领导全国的教育。②加强地方教育行政管理权限，设立由初等教育、中等教育和继续教育组成的公共教育系统。③实施 5～15 岁的义务教育，同时地方教育当局应为义务教育超龄者提供全日制教育和业余教育。④法案还提出了宗教教育、师范教育和高等教育改革等要求。

二、简答题

1. **简述创造性的心理结构及培养途径。**（见 2015 年华东师范大学真题 +2011 年北京师范大学真题）

2. **简述教学的任务和过程。**

【答】（1）教学的任务。（见 2013 年北京师范大学真题）

（2）教学的过程。

①引起求知欲。学生学习的积极性及其活动，产生于对知识的需要与追求。

②感知教材。学生理解书本知识的过程，是一个感性认识和理性认识相结合的过程。

③理解教材。引导学生把所感知的材料同书本知识联系起来，进行思维加工，把握事物的本质和规律。

④巩固知识。巩固知识既应作为理解教材之后的一个必要的阶段，又是教学过程应始终注意的一个因素。

⑤运用知识。在教学过程中，学生运用知识，掌握技能、技巧，主要通过教学性实践，大多采取反复练习的方法来实现。

⑥检查知识、技能和技巧。学生对知识、技能与技巧的掌握情况，只有通过检查才能确定。

3. **简述新课程改革的基本内容与特点。**

【答】（1）中华人民共和国成立后，我国共进行了八次基础教育课程改革。除了 1966—1976 年间的一次课程改革，中华人民共和国的前六次课程改革均有所成就，但依然存在教育观念滞后、课程内容偏难、课程结构单一、课程评价一元化等诸多弊端。因此，2001 年我国正式启动了新一轮的基础教育课程改革——第八次基础教育课程改革，其也被称为新课程改革。

（2）新课程改革的基本内容：①明确区分义务教育与非义务教育，建立合理的课程结构，更新课程内容；②突出学生的发展，科学制定课程标准；③加强新时期学生思想品德教育的针对性和实效性；④以创新精神和实践能力的培养为重点，建立新的教学方式，促进学习方式变革；⑤建立促进学生发展、教师发展的评价体系；⑥制定国家、地方、学校三级课程管理政策，提高课程适应性，满足不同地方、学校和学生的需要。

（3）新课程改革的特点：①注重课程的发展功能；②实现课程设置的整合性；③关注实施过程与科学评价；④进一步增加课程管理的弹性化。

4. **简述德育的内容与过程。**

【答】（1）德育的内容：基本文明习惯和行为规范教育、基础道德品质教育、爱国主义教育、集体主义教育、民主法制教育和理想信念教育等。在德育内容中，起主导作用的是社会主义核心价值观，即 2012 年由党的十八大提出的"倡导富强、民主、文明、和谐，倡导自由、平等、公正、法治，倡导爱国、敬业、诚信、友善，积极培育和践行社会主义核心价值观"。我们应当把社会主义核心价值观融入国民教育和精神文明建设之中，应当让社会主义核心价值观成为学校德育内容的"主旋律"，并强调将德育内容与学生的实际生活联系起来。

（2）德育的过程。（见2016年南京师范大学真题）

三、论述题

1.试论述教师素养的构成、教师专业发展的过程及途径。

【答】（1）教师素养的构成。（见2014年北京师范大学真题）

（2）教师专业发展，又称教师专业成长，是指教师在整个专业生涯中，依托专业组织、专门的培养制度和管理制度，通过持续的专业教育，习得教育教学专业技能，形成专业理想、专业道德和专业能力，从而实现专业自主的过程。它包括教师群体的专业发展和教师个体的专业发展。

（3）教师专业发展的途径。（见2020年华东师范大学真题）

2.试评述孔子的教育实践与思想。（见2012年北京师范大学真题）

3.试评述建构主义学习理论。（见2013年华东师范大学真题）

4.试评述杜威的教育实践与思想。

【答】（1）杜威的教育实践。

1896年杜威创办"芝加哥大学实验学校"，对教育问题进行实验研究，这对杜威教育理论的形成影响甚大。芝加哥大学实验学校的实验先后进行了八年。1904年，杜威辞职，学校被关闭。杜威实验学校的目的在于检验杜威根据哲学与心理学原理提出的教育学假设。这些假设包括五个方面：①如何使儿童的家庭生活与学校教育密切联系；②如何使儿童在学校中学到的知识与经验相互联系；③如何激发儿童的动机和兴趣；④如何使教材与儿童的活动联系起来；⑤如何处理发展个性与社会合作的关系。基于以上假设，杜威实验学校的基本原则是：①注重教育的社会性；②注重活动；③采用社会性作业课程；④注重应用科学方法。

杜威实验学校的基本方法是活动，活动的具体表现形式则是作业。杜威认为，作业具有多方面的优越性。首先，使学校有可能与生活相联系，学生通过生活学习，使得学校成为儿童生活的地方。其次，使经验的智力方面与实践方面保持平衡，内在活动和外在活动保持统一。最后，激发了儿童真正具有教育意义的兴趣。

杜威实验学校在进步主义教育运动中占有重要地位，其原则、课程和方法都在此后产生了广泛而深刻的影响。通过杜威实验学校的实验，进步主义形成了一套完整而系统的指导思想，也就是杜威的教育理论。对杜威教育理论的贡献，可以说是杜威实验学校最重大的意义。

（2）杜威的教育思想。（见2011年北京师范大学真题）

2011年首都师范大学333教育综合真题·凯程详解

一、名词解释

1.**义务教育**（见2012年东北师范大学真题）

2.**国家课程**

【答】国家课程指的是由国家统一开发和管理、通过国家行政力量在全国范围内推行的课程。它具有合法性、权威性和强制性，也具有多样性。它体现了国家的意志，是专门为未来公民接受基础教育之后所要达到的共同素质而开发的课程。国家课程体现在官方课程文件中，如课程标准、教学大纲、教科书等。国家课程由政府组织专家学者统一开发，在全国范围内实施，对一个国家的基础教育质量起着举足轻重的作用。

3.**最近发展区**（见2011年北京师范大学真题）

4.**学习策略**（见2015年北京师范大学真题）

5.**真实验设计**

【答】真实验设计是教育实验的一种方法，其人为实验性最强，能够随机分派被试，在实验过程中能严格地控制自变量、因变量和无关变量，力求内部效度最高，能够真实、准确地反映因果关系，但是实验控制往往过于严格，影响了外在效度。真实验的实验格式主要有随机分派控制组前后测实验和随机分派控制组后测实验。

6.**测验**

【答】测验主要以笔试方式进行，是考核、测定学生成绩的基本方法。它适用于对学生学习科学文化知识的成绩的评定。但是测验难以测定学生的智力、能力和行为技能的水平。测验的质量指标有信度、效度、难度和区分度。我们在设计测验的试卷时要注意保证试卷的信度和效度。

二、简答题

1.简述赫尔巴特在世界教育学史上的学术贡献。（见2015年北京师范大学真题）

2.简述教育研究范式的发展历程。

【答】（1）教育研究范式是某一专业或学科中的共同信念，这种信念决定了它们共同的基本观点、基本理论、基本方法，以及共同的理论模式和解决问题的框架，从而形成了该专业或学科的一种共同的传统，并为该专业或学科的发展规定了方向。

（2）教育研究范式的三个阶段是：哲学思辨阶段、科学实证阶段和人文的研究范式阶段。

3.如何理解教育行动研究？

【答】（1）教育行动研究是在教育情境中，教育实践工作的参与者与教育理论研究的工作者结合起来解决某一实际问题或提高教师素质的一种方法，是指通过研究真实的学校教育过程与情境，以提高自己的教育行动质量与教育行动效率为目的的研究模式。

（2）作用。

它一方面旨在提高教育实践者自身的专业判断能力与对教育问题的洞察力，另一方面为优化教学实践提供具体策略。这种研究的特点是为教育行动而研究、由教育行动者研究和在教育行动中研究。

（3）意义。

①具有很强的适应性和灵活性；②评价的持续性和反馈的及时性；③较强的实践性与参与性；④有助于提高教师的专业化水平；⑤能够指导教育实践的改进。

4.简述教师个体专业发展的基本内涵。

【答】（1）教师专业发展指的是教师以自身专业素质包括知识、技能和情意等方面的提高与完善为基础的专业成长、专业成熟过程，是教师由非专业人员转向专业人员的过程。教师专业发展包括教师群体的专业发展和教师个体的专业发展。

（2）教师群体专业化发展的途径主要由国家负责。国家通过加强和改革师范教育，为教师的发展提供在职培训，建立健全各项管理教师的制度和法规，在教师入职资格制度等方面加强教师专业化。

（3）教师个体也要有专业化的意识。教师应该有专业发展的观念和意识，寻求自我专业发展的途径。如参加职前培训（师范教育）与在职培训、校本培训、进入教师发展学校学习、制订生涯发展规划、进行教育研究等。

三、论述题

1.试论学生评价的类型及其教育作用。

【答】（1）学生评价是根据一定的标准，通过使用一定的技术和方法，以学生为评价对象所进行的价值判断。它是教育评价的基础和重点，也是学校教育评价的核心。

（2）学生评价的分类：

依据布卢姆的学生评价在教学活动中的不同作用，分为诊断性评价、形成性评价和终结性评价。

①诊断性评价旨在对学生已经形成的知识、能力、情感等发展情况做出合理的评价。

②形成性评价通过及时的反馈信息来调控教学过程，激励学生学习。

③终结性评价是在一个大的学习阶段、一个学期或者一门课程结束时对学生学习结果的评价，也称总结性评价。

依据评价的价值标准的不同，分为相对性评价和绝对性评价。

①相对性评价：依据学生个人的成绩在该班学生成绩序列中或常模中所处的位置来评价和决定成绩优劣。

②绝对性评价：依据教学目标和教材编制试题来测量学生的学业成绩，判断其是否达到了教学目标的要求。

根据评价的主体不同，分为教师评价和学生自我评价。

①教师评价：主要是指任课教师与班主任对学生的学习状况与成果进行的评价。

②学生自我评价：指在教师的引导下学生对自己做的作业、试卷等学习成果进行的评价。

（3）学生评价的教育作用：

①对学校来说，可以记载和积累学生学习情况的资料，定期向家长报告他们子女的成绩，并作为学生升、留级和能否毕业的依据。

②对教师来说，可以及时了解学生的学习情况，获得教学效果的反馈信息，分析自己教学的优缺点，更好地提高教学水平。

③对学生来说，可以及时得到学习效果的反馈信息，明确自己学习中的长处与不足，从中受到激励与警示，扬长避短。

④对学校领导来说，可以了解每个教师、每个班的教学情况，便于及时发现问题与总结经验，改进教学。

⑤对家长来说，可以了解子女的学习情况及其变化，便于配合学校进行教育。

2.试论我国现代学制的演变。

【答】（1）中华人民共和国成立前：我国学制的建立是从清末开始的。"壬寅学制"和"癸卯学制"是中国最早的学制。北洋政府于1922年颁布了"壬戌学制"，即通称的"六三三"制，这一学制是近代中国学制发展史的里程碑。

（2）中华人民共和国成立后：1951年，中共中央人民政府国务院颁布了《关于改革学制的决定》，1958年，发布了《关于教育工作的指示》，此时的教育重在职业教育、工农教育、"三个结合""六个并举"和"两条腿走路"。

（3）1985年以后，我国的学制改革继续发展，主要有1985年颁布的《中共中央关于教育体制改革的决定》，这一文件重在普及九年义务教育和发展职业教育。1993年发布的《中国教育改革和发展纲要》重在"两基""两全""两重"。1999年颁布了《中共中央国务院关于深化教育改革，全面推进素质教育的决定》。2001年颁布了《国务院关于深化基础教育改革与发展的决定》。

（4）如今，我国选择了适应国情的分支型学制，未来将逐步过渡到单轨学制。

3.试论科尔伯格的道德发展阶段理论及其教育应用。（见2013年华东师范大学真题）

4.试论确立教育目的的价值取向时需要考虑的主要问题。

【答】一个社会的整体教育，应把满足社会的需要和人的需要作为基本的价值取向。在这个总的前提下，有必要认识和把握好各自的一些基本问题。

（1）社会价值取向确立中应注意的问题。

①以可持续发展的理念为指导。当代社会教育目的的选择、确立，只有赋予社会全面发展、协调发展和可持续发展的理念，根据这样的要求来培养人，才能使社会的全面发展、协调发展和可持续发展获得强有力的内在把握和坚实的基础。

②适应与超越问题。适应与超越，特指教育对现实社会的两种功能。教育目的的社会价值取向要坚持适应性与超越性的统一。首先，不能局限于在理论上抽象思考二者统一的合理性，还要探索二者统一在实践上的可行性。其次，在实践中要避免主次分明的绝对化思维。最后，在实践中要从现实及未来发展的方向来把握教育的连续性，体现适应与超越的统一。

③功利价值与人文价值问题。教育作为培养人的社会活动，必然要反映和满足社会的要求，这种要求不仅是社会物质和经济发展方面的，而且也是社会精神文化方面的。从社会的这种内在要求来看，教育目的的选择、确立要坚持功利价值与人文价值的有机结合。

④民族性与世界性问题。坚持民族性和世界性相结合的价值取向，在实践中需要对民族性和世界性予以很好的理解和把握。一是对民族性的理解和把握要避免僵化和封闭。二是在理解和把握世界性价值取向时要避免盲目性。一个走向世界的民族，应该对世界有一种取其精华、去其糟粕的借鉴精神和合理选择的能力。一个国家或民族在自身世界性的过程中，必须体现借鉴性和选择性。

（2）人的价值取向确立中应注意的问题。

①人的社会化与个性化问题。失去社会化的个性化极易导致个体的过分自由，失去个性化的社会化极易导致社会创造活力的抑制，单纯强调或重视人的社会化价值或人的个性化价值都是不可取的。人的社会化，应是个性化了的社会化；人的个性化，也应是社会化了的个性化。

②人的理性与非理性问题。首先要避免陷入理性和非理性二者对立的误区。其次，要充分认识理性与非理性的长处与局限性，避免对二者的盲目性。盲目地推崇"理性至上"或"非理性至上"都是不可取的。

③科技素质与人文素质问题。首先要认清和摆脱科学主义和人文主义哲学观的片面性。其次要充分认识和理解科学精神与人文精神的统一性。最后要充分认识科技素质与人文素质有机培养的时代性要求。

2012年首都师范大学333教育综合真题·凯程详解

一、名词解释

1.教师期待效应

【答】教师期待效应又叫"皮格马利翁效应"，也叫"罗森塔尔效应"。罗森塔尔教授等人通过实验发现教师期待效应是一种激发个人心理潜力、提高学习效果的暗示手段。它运用了暗示在心理态度的建立与习惯的养成方面的作用。

2.社会规范学习（见2014年华南师范大学真题）

二、简答题

1.简述教学设计的基本内容与方法。

【答】完整的教学设计应该包括下列内容及相关方法。

（1）教学目标设计。科学合理地确定教学目标，是进行教学设计时必须正确处理的首要问题。在目标的选定上应确立综合发展的要求，自觉坚持教学目标多元化、具体化的原则。

（2）教学起点设计。任何一种教学设计的基本前提都是为了学习者的学习，因此，对学习者进行分析在教学设计中非常重要。

（3）教学内容设计。教学内容的设计过程也就是教学设计者认真钻研课程标准和教科书，从中选择、组织教学内容的过程。

（4）教学方法和媒体设计。在教法上，既要考虑如何教给学习者已经概括了的社会基本经验，又要考虑教给学习者有效地获得这些经验的方法。设计者需要综合考虑几个方面的因素：学习情境的特征、媒体的物质属性、学习本身的特色、学习者的实际。

（5）教学评价设计。主要功能是验证教学是否达到目标。教学评价另一个同样重要的功能是教学功能。学习者通过教学评价来审视自己，对后续的学习活动做出相应的调整。

（6）教学结构设计，也叫作教学过程设计。教学结构是为了完成一定的教学目标，在时间和空间上各种因素的"排列"和"组合"。这需要设计者对教学做出整体的安排。

各程序并不是直线式的，而是彼此相互联系、相互制约组成的一个有机的教学系统。

2.简述奥苏伯尔关于学习性质与特点分类的基本观点。

【答】奥苏伯尔着重讨论了认知领域的学习。他根据两个维度，对认知领域的学习进行了分类。一个维度是学习进行的方式，即是接受还是发现，另一个维度是学习材料与学习者原有知识的关系，即是机械的还是有意义的。这两个维度互不依赖，彼此独立。并且，每一个维度都存在许多过渡形式。如接受学习可以分为机械的接受学习和有意义的接受学习；发现学习也可以分为机械的发现学习和有意义的发现学习。

3.简述教育研究的基本过程。（见2019年西南大学真题）

4.简述当代教师素养的构成。（见2014年北京师范大学真题）

三、论述题

1.论述学习动机的培养与激发。（见2012年华东师范大学真题）

2.论述教育行动研究的特点与意义。

【答】（1）教育行动研究的特点。

①为教育行动而研究。这是教育行动研究的目的（与传统研究"为理论建构而研究"的研究目的相对应），主要体现在三个方面：一是解决教育行动中的实际问题。二是提高教育行动的效率，即将教育教学实践中存在的问题发展为课题，设计出解决方案，并逐个实施，以达到解决问题、提高教育教学质量的目的。研究目的具有实用性，问题的解决具有及时性。三是提高教师的教育行动能力与素养。

②由教育行动者研究。它指出了教育行动研究的主体是教师，而不是外来的专家学者。教育行动研究要求一线教育人员即教育实践工作者要参与研究，对自己从事的实际工作进行反思，在反思中提高理论水平和实践能力。

③在教育行动中研究。这是教育行动研究的情境，一方面要求研究关注研究情境的特殊性；另一方面要证明行动的过程是努力提高行动效率、改善行动质量、提高自我行动能力的过程。

（2）教育行动研究的意义。（见2011年首都师范大学真题）

3.论述学生评价理论与实践的当代走向。

【答】（1）加强学生评价的理论研究。

学生评价理论能鉴别出最重要的评价因素，为系统地、相互联系地开展评价工作提供基本的准则，并通过有关的评价观点、经验性信息整合为一整套的思维框架。毫不夸张地说，丰富发达的评价理论必将有力地推动评价实践的发展。

（2）教学评价要立足于学生的发展。

教学评价是促进学生发展的有效手段。评价不是为了揭示学生在群体中的位置，而是为了让学生展示个性、追求卓越、谋求发展。评价的实质是"创造适合儿童的教育"。

（3）评价指标的多元化。

把课程与教学评价对象扩大为包括课程开发过程的评价、教师组织实施的评价、学生才能的评价、学业成绩的评价、课程决策与管理成效的评价等方面。使学生学业成绩的评价，不只是注重知识和对知识的机械背诵，或只重结果，而是全面关注学生的态度、能力、创新意识，关注学习的过程。

（4）重视量化评价方法和质性评价方法的结合。

量化评价方法科学、客观，并在一定程度上促进了我国现代课程评价体系的建立，但它不能测量一些难以量化的、丰富的内容，如鉴赏力、创造力等。质性评价方法较好地弥补了量化评价方法的不足，是对量化评价方法的一种反思批判和革新。从根本上讲，质性评价方法是为了更逼真地反映教育现实。

（5）教学评价功能的转变。

教学评价从重视鉴定质量、区别优劣、选拔淘汰转向重视诊断、反馈、激励、改进，即强调教学评价的教育性功能，强调通过评价促进学生的主动、全面和可持续发展。

总之，教学评价是在不断发展和完善，不断向综合性、多元性、发展性方向发展，是辩证的、多样综合的过程。

4. 论述教育的个体功能与社会功能的关系。

【答】教育的个体功能与社会功能是两种不同性质的功能。

（1）教育的个体功能就是教育对个体发展的影响和作用。教育的个体功能是在教育活动的内部发生的，也叫作教育的本体功能或固有功能。

（2）教育的社会功能是教育的本体功能在社会结构中的衍生，是教育的衍生功能，也叫作工具功能，即教育对社会生产、科技、经济、政治与文化等社会生活各个领域发挥着重要作用。

（3）教育的个体功能和社会功能的关系是辩证统一的。一方面，要看到教育的个体功能是社会功能衍生的前提和基础，如果教育都谈不上促进人的发展，那么个体也不会对社会做出贡献，就更谈不上教育对社会的功能了；另一方面，教育的社会功能对教育的个体功能的发挥起着制约作用。当社会动荡不安时，如十年"文革"，教育会遭到破坏，使人的发展处于绝对不利的局面。因此，教育的个体功能的发挥依赖教育的社会功能的正常发挥。

2013年首都师范大学333教育综合真题·凯程详解

一、名词解释

1. 实验教育学

【答】实验教育学是19世纪末20世纪初兴起的用自然科学的实验法研究儿童发展及其与教育关系的理论。主要代表人物有德国教育学家和心理学家梅伊曼、拉伊等。

主要观点有：①认为以赫尔巴特为代表的用思辨的方法建立起来的旧教育学缺乏科学性，与实际严重脱节，不能很好地解决教育实践中的问题；②强调实验教育学是以实验的方法为基础的新的独立科学，教育实验与心理实验是有差别的，心理实验是在实验室中进行的，教育实验则是在教学实践和学校环境中进行的；③认为实验教育学必须借助相关学科，采用实验、统计、比较的方法探索研究。

2. 课程标准（见2015年北京师范大学真题）

3. 诊断性评价

【答】诊断性评价是布卢姆根据评价在教学过程中的作用不同提出的，在学期或一个单元教学开始时，为了了解学生的学习准备状况、现有知识水平以及影响学习的因素而进行的评价。它通过各种摸底考试，了解学生学习困难之所在，弄清学生已有的知识和能力发展情况，以及学习上的特点、优点和不足之处。其目的是更好地组织后续的新授课的教学内容和改进教学方法，以便对症下药、因材施教。

4. 有意义学习（见2014年华东师范大学真题）

5. 标准参照测验

【答】标准参照测验又称准则参照测验，是一种精心编制的，在一定的行为领域内按照具体的行为标准水平对被试的测验结果做出直接解释的测验。它为人们提供了有关被试是否达到某种行为标准水平或要求的信息，是一种以经典测验理论为基础的、与常模参照测验相对的测验类型。如英语四六级考试等。

6. 终身教育（见 2011 年华东师范大学真题）

二、简答题

1. 简述教学设计的基本特征。

【答】（1）教学设计是对整个教学系统的规划，是教师教学准备工作的组成部分，是在分析学习者的特点、教学目标、学习内容、学习条件以及教学系统组成部分特点的基础上统筹全局，提出教学的具体方案，包括一节课进行过程中的教学结构、教学方法、教学方式、知识来源与板书设计等。

（2）教学设计的特点有：指导性、统整性、操作性、预演性、突显性、易控性、创造性。

2. 简述班级组织的特点。

【答】（1）班级是学校的细胞，既是学校教导工作的基本单位，也是学生学习、活动的基层集体。只有把一个班的学生很好地组织起来进行教学和教育活动，才能使这个班的学生在德、智、体、美等方面得到发展。

（2）班级组织的特点：①班集体不仅是教育的对象，而且具有巨大的教育力量。②班集体是促进学生个性发展的一个重要因素。③班集体能培养学生的自我教育能力。

3. 简述实验研究的特点。

【答】（1）教育实验研究是研究者按照研究目的，合理地控制或创设一定的条件，人为地影响研究对象，从而验证假设、探讨教育现象因果关系的一种研究方法。

（2）特点：

①因果关系的探讨。与历史研究、调查研究和相关研究相比，实验研究可以系统地变化条件，观察因这些条件所引起的相应变化，从而揭示事物发展过程中各种变量之间的因果关系。

②自变量的操纵。教育实验研究是为了变革现实、探索和创新，是要索取，而不是消极地等待研究现象的自然发生。因此，必须主动操纵自变量的变化，否则，就不能称其为教育实验。

③合理控制无关变量。这是指在实验中应该保持恒定的变量。

4. 简述当代建构主义的学习观。（见 2013 年华东师范大学真题）

三、论述题

1. 论述质性研究对教育的实践意义与影响。

【答】（1）质性研究是以研究者本人为研究工具，在自然情境下，采用多种资料收集方法（访谈、观察、实物分析），对研究现象进行深入的整体性探究，从原始资料中形成结论和理论，通过与研究对象互动，对其行为和意义建构获得解释性理解的一种活动。

质性研究方法发展的最初阶段始于对以价值中立和大样本收集数据为特征的定量研究方法及研究策略的批判，质性研究与定量研究在具体的认识论、研究设计、研究质量评价和研究领域等方面都存在着明显差异。

近年来，人们逐步发现定量研究和质性研究具有各自的优势和特点，具体现为：定量研究适合从宏观层面对研究对象进行大规模的调查和预测；而质性研究适合从微观层面对个别事物进行细致、动态的描述和分析。

（2）意义与影响：

①可以将两种研究方法有效结合或多元混合使用；②可以在研究的不同阶段分别采用质性研究和定量研究等不同方法，如用质性研究发展研究假设，而用定量研究来检验假设；③质性研究的数据可以通过编码等不同形式转化为定量数据。

2. 论述中学生的学校生活对其成长的作用。

【答】（1）学校生活是社会生活的一个重要组成部分，是由教师的教学活动和学生在学校的一切行为的总和共同构成的。学校生活的特点决定了其对学生的成长具有深远的影响，学生在发展过程中可能适应学校生活或者厌恶学校生活。

（2）学校生活对学生成长的作用。

①积极作用。

学生通过学校生活教育，成长为合格的社会公民，具有高尚的品德和较高的专业素养，是学校生活教育对其有利影响的最佳体现，具体来说，表现在以下几个方面。

a. 有利于培养学生集体主义的良好品质。一方面，在集体中学习易于培养学生集体合作的学习生活观念；另一方面，学校不仅是学生学习的场所，而且是学生发展兴趣特长的基地，对学生集体主义良好品质的培养具有重要作用。

b.有利于学生的全面发展。学校教育是有计划、有目的、系统地对学生施加影响的过程，教育目的是培养德、智、体、美、劳全面发展，有社会主义觉悟的建设者和接班人。

c.有利于学生个性的全面张扬。学校是专门将人类丰富的生活经验和生产经验传递给学生的场所，为学生的发展提供了良好的基础，并以其包容性使得学生的个性得到张扬。

②消极作用。

学生是有个性特征、有思想的个体，因此，我们不能像生产物品那样进行标准生产。学校生活的特点必然带有不利于学生发展的因素，具体表现在以下几个方面。

a.学校生活的长期性易使学生产生厌倦心理。学校生活伴随了学生的大部分时光，这种生活具有很强的纪律约束性，加之学生课业负担的不断加重，社会多元文化对其的影响等，使得处于不成熟阶段的学生很难长久地待在学校里安静地读书。

b.学校生活的纪律约束性易使学生产生叛逆心理。学校教育是用制度保证其实施的教育。这种约束性还具有长期性和处罚性，在一定程度上限制了部分学生个性的张扬，故易产生极强的叛逆心理。

c.学校生活的集体性易使学生迷失自我，产生攀比、自卑等心理。学校是一个公众场所，里面的学生因性格、家庭背景条件的差异，而有各种形式的生活习惯，再加上社会文化对校园文化的冲击，学生之间容易产生各种问题进而影响其学习和健康成长。

3.论述皮亚杰的道德认知发展理论对学前教育与课程的启示。

【答】（1）皮亚杰的认知发展理论。（见2012年东北师范大学真题）

（2）启示：

①教育的目的在于发展学生的认知结构，培养学生的创造力和批判力。

教育的首要目的是培养儿童的创造能力和发明兴趣，而不在于只训练重复既有事情的人。第二个目的就是要培养儿童的批评性，使其具有求证的能力，而不只是接受知识。

②课程设计应依据儿童认知发展阶段的特点。

皮亚杰的研究结果表明，儿童智力发展是分阶段的，不同的年龄阶段表现出不同的心理特点。如2~7岁为前运算阶段，这个阶段的儿童发展了符号表征功能，能够进行简单的直接推理，理解简单的因果关系，产生了同一性特征，但自我中心现象还比较严重。为2~7岁儿童设计课程，就必须考虑儿童心理发展的这种特点，使不同的阶段都能顺利地过渡，除此之外，还应注意以下几点：

第一，课程内容不应明显超出儿童的认知发展阶段。第二，课程应具有衔接性，前一阶段应为后一阶段奠定基础，后一阶段应是前一阶段的继续。第三，设计课程应本着循序渐进的原则，由具体到抽象。

③课程组织与实施时应注意的方面。

第一，多创设可供幼儿活动的物质环境。第二，充分利用图画、图表等工具辅助阅读，激发幼儿学习的兴趣。第三，重视语言教学的功能。

④重视游戏和活动，促进幼儿智力发展。

⑤培养幼儿互助、合作、互尊等品德，发展幼儿的社会性。

⑥正确运用认知冲突原理，强调自我调节的平衡作用，发展幼儿的自我调节能力。

4.试论教师的专业及教师专业发展的现实。（见2015年西南大学真题）

2014年首都师范大学333教育综合真题·凯程详解

一、名词解释

1.**学校教育制度**（见2019年北京师范大学真题）

2.**隐性教育功能**

【答】从教育作用的方向划分，教育功能可以分为显性教育功能与隐性教育功能。隐性教育功能是伴随显性教育功能所出现的非预期的且具有较大隐藏性的功能。这种结果既非事先筹划，也很难被察觉到。二者的区分是相对的，一旦隐性的潜在功能被有意识地开发、利用，就会转变为显性教育功能。

3.**国家课程**（见2011年首都师范大学真题）

4.**教学**（见2013年陕西师范大学真题）

5.**学习动机**（见2013年北京师范大学真题）

6.**常模参照测验**

【答】常模参照测验是用常模来解释个人测验分数的一种测验。它是用团体的心理水平来衡量个体的心理水平，目的在于将受测者的表现与该团体中其他受测者相比，从而确定每个受测者的心理水平在总体中的相对位置。测验项目要求具有适当的难度和一定的区分度。常使用的常模参照表有百分等级量表、标准分数量表、T量表、比率智商量表、离差智商量表等。

二、简答题

1.**简述杜威实用主义教育学的基本观点。**

【答】实用主义教育学兴起于19世纪末20世纪初的美国，是在批判脱离儿童生活的、以教师传授书本知识为主的传统教育基础上形成的。其代表人物是美国教育家杜威，他的代表作为《民主主义与教育》。实用主义教育学的基本观点是：

（1）教育即生活，教育即生长，教育即经验的持续不断地改组或改造。

（2）学校即社会。

（3）从做中学，重视儿童的独立探索和经验。

（4）以儿童为中心去组织学校生活。

实用主义教育学对以赫尔巴特为代表的传统教育学派进行了深刻的批判，对20世纪整个世界的教育理论和教育实践都产生了深远的影响。自此以后，西方教育学便出现了以赫尔巴特为代表的传统教育学派和以杜威为代表的现代教育学派的对立局面。

2.**简述教师个体专业性发展的基本内容。**（见2011年首都师范大学真题）

3.**简述元认知与学习策略的关系。**

【答】（1）元认知。在学习的信息加工系统中，存在着一个对信息流动的执行控制过程，它监视和指导着认知活动的进行，负责评估学习中的问题，确定用什么学习策略来解决问题，评价所选策略的效果，并且改变策略以提高学习效果。这种执行控制功能的基础就是元认知。元认知是对认知的认知，具体地说，是个体关于自己认知过程的知识以及调节这些知识过程的能力。

（2）学习策略。学习策略是指在学习过程中，学习者为了达到有效学习的目的而采用的规则、方法、技巧及其调控方法的总和，它能够根据学习情境中的各种变量、变量间的关系及其变化，对学习活动和学习方法的选择与使用进行调控。

（3）元认知与学习策略的关系。根据信息加工过程的模式，学习策略涉及信息流程中所有环节使用的方法和技术，如注意、复述、精细加工、组织等过程，以及对它们的计划、监视和调节等控制过程。其中，复述、精细加工和组织是直接对信息进行加工，属于认知策略；对信息加工的控制过程则控制着信息的流程，监控和指导认知过程的进行，属于元认知策略，包括计划策略、监察策略（注意策略）和调节策略。认知策略和元认知策略的执行过程是在工作记忆中进行的，而学习策略作为元认知知识的一部分是存储在长时记忆中的。

4.**简述教育行动研究的基本特征。**

【答】（1）教育行动研究是在教育情境中，研究人员和实际工作者结合起来解决某一实际问题或提高教师素质的一种方法，一方面旨在提高教育实践者自身的专业判断能力与教育问题的洞察力；另一方面也为优化教学实践提供具体策略。

（2）教育行动研究的特点。（见2012年首都师范大学真题）

三、论述题

1.**试论学校教育对学生人文精神的培养。**

【答】（1）所谓人文精神，是以对人自身的关注为内在规定，以人类共同的生存和发展利益为最高准则的一种价值取向，是人类有史以来不断形成、积淀、丰富的精神文化的总和。人文精神通过人文素质、人文素养显现出来，而人文素质和人文素养的提高滋润着人文精神的完善。随着内在气质、性格、价值观念、个性的积淀和形成，人文素质、人文素养逐渐升华为人文精神。

（2）培养人文精神的作用：①是实施素质教育的需要；②是新课程改革深化的需要；③是学生终身、全面发展的需要。

（3）措施：

①培养科学精神。科学精神是人文精神的一个重要组成部分。人类在认识自然、协调与自然关系的过程中所

表现出来的探索、研究精神，实事求是的态度，百折不挠的意志，为真理献身的勇气等，都是人文精神的具体表现。培养学生科学精神的目的，并不局限在物质生产和社会生活中"解决问题"。

科学精神所体现的客观性，可以矫正我们的态度和行为，克服偏见，使人们在客观事实的基础上共同追求真理；科学精神不承认任何终极性的结论，这是人类得以发展的内源性动力，这同教条主义和形而上学的思想方法是背道而驰的；就人和社会生活而言，科学精神蕴含的相对性和辩证思想可以培养人的民主思想。所以，科学精神是培养学生个性的各个方面和涉足学生个性发展各种需要的具有决定意义的因素。

②增强社会责任感。在增强学生社会责任感方面，爱国主义精神的培养无疑是至关重要的。知识经济的全球化并不能消除国家之间的差异，也不能消除国家之间在政治、经济、文化等社会生活各个领域内的矛盾和斗争，这是一个铁的事实。在信息社会，未来的一代不仅要捍卫国家的领土、领海、领空，而且要抵制西方的文化霸权，捍卫并拓展国家的信息疆域。这同样是关系到国家、民族兴衰存亡的大事。

2.试论移情的内涵及作用。

【答】（1）内涵：移情是精神分析的一个用语。来访者的移情是指在以催眠疗法和自由联想法为主体的精神分析过程中，来访者对分析者产生的一种强烈的情感，是来访者将自己过去对生活中某些重要人物的情感投射到咨询者身上的过程。

（2）作用：关于移情目标的阐述，人会对那些在孩提时代最先在心理给予他们爱的人们的感情进行移情，包括正向转移和负向转移。正向转移的目标会选择那些能带给他们和最开始爱的人一样的行为或感受的人（所谓的物以类聚，人以群分）。正向转移是先发生的，负向转移是后来才发生的。当被给予正向感情的人，被动受到伤害或主动伤害移情者时，负向移情才会开始，而且会泛化并且选择更多类似的目标，也就是所谓的爱得多，恨得更多。这里还存在一种情况——内向转移，即当负向转移也受挫时，感情会移向自己。

3.试论访谈法的适用情形。

【答】（1）访谈法是指以口头形式，根据被询问者的答复收集客观的、不带偏见的事实材料，以准确地说明样本所要代表的总体的一种方式。尤其是在研究比较复杂的问题时，需要向不同类型的人了解不同类型的材料。

（2）适用范围：访谈法收集信息资料是通过研究者与被调查对象面对面直接交谈的方式实现的，具有较强的灵活性和适应性。访谈法广泛适用于教育调查、求职、咨询等，既有事实的调查，也有意见的征询，更多的用于个性、个别化研究。

4.试论教师的职业形象及其实现。

【答】（1）教师的职业形象是教师群体或个体在其职业生活中的形象，是其精神风貌、生存状态和行为方式的整体反映。它既是社会对教师职业及其日常行为的一种总体性评价与概括性认识，也是教师群体内部或个体自身对其职业所持有的价值认识与情感认同。教师的职业形象是通过其内在精神和外显事物显现出来的，其内在精神包括职业的精神风貌、工作态度、敬业精神、创新精神等；外显事物表现为教师节日、教师组织、教师着装等。教师个人的形象包括对学生的态度、对工作的态度、道德水平、教学水平、人际水平等。

（2）教师职业形象的实现。

①教师的道德形象。

教师的职业道德是教师从事教育教学活动的基本行为规范，是教师对职业行为的自觉要求。它是以敬业精神为基础、以协调师生关系为主要内容的道德规范。自古以来，教师的道德形象被视为教师最基本的形象。

②教师的文化形象。

教师以文化为中介与学生发生关联，对学生产生实质影响，以实现对社会的文化功能。文化不仅提供了教师形象确立的源泉、材料，而且使教师的形象设计与塑造具备自己的个性。教师的文化形象是教师形象的核心。

③教师的人格形象。

人格是一个人的整体心理面貌，教师的人格形象是教师在教育教学活动中的心理特征的整体体现，具体包括教师对学生的态度，教师的性格、气质、兴趣等。教师的工作对象是活生生的、复杂多样的人，其劳动是复杂的、富有挑战性的，因此教师必须具有良好的个性心理品质。

总之，教师的职业形象应是道德形象、文化形象与人格形象三者统一的整体，教师的形象建设是一个不断设计与改造的过程，需要全社会对教师职业的地位、功能、条件进行科学认识，需要教师职业内部不断建立起自己的规范，更需要教师个体自觉地建构。

2015年首都师范大学333教育综合真题·凯程详解

一、名词解释

1.教育（见2014年北京师范大学真题）

2.价值性教育目的

【答】价值性教育目的指具有价值判断意义的教育目的，即含有一定价值观实现要求的教育目的，表示人才培养所具有的某种价值取向，是指导教育活动最根本的价值内核。教育目的的价值取向包括社会本位论和个人本位论。一个国家在制定教育目的时，要认识到社会需要与个人发展的辩证关系，从而把两种理论辩证地统一起来，二者的统一在价值取向上最终要落在人的发展上。

3.智育

【答】智育是全面发展教育的基础和重要组成部分。智育是传授学生系统的文化知识和技能，发展他们的智力与非智力因素的教育。智育为其他各育提供了认识基础。在教学中，我们要处理好智育与其他各育的关系，既不放松智育，也不能局限于智育。

4.班级组织

【答】班级是学校的细胞，既是学校教导工作的基本单位，也是学生学习、活动的基层集体。

班主任是班级教育的组织者。班主任对一个班的学生工作负全部责任，组织学生的活动，协调各方面对学生的要求，从而对一个班集体的发展起主导作用。班级组织的培养方法主要有：（1）确定集体的目标，目标是集体的发展方向和动力；（2）健全组织、培养干部以形成集体核心；（3）有计划地开展集体活动；（4）培养正确的舆论和良好的班风。

5.隐性知识

【答】根据知识是否容易被传递，可把知识分为显性知识和隐性知识。隐性知识指难以言传、只能意会的内隐经验类知识，如观念。

6.操作定义

【答】操作定义是指用具体的、可操作的方法或程序来界定变量，使变量成为可观察、可测量、可检验的项目。从本质上说，下操作定义就是描述怎样或用什么办法测量变量。

其特点是：（1）可观测、可重复、可直接操作；（2）能把变量转化成数字化形式，凡是能计数或计算的内容都是可直接观测的；（3）操作定义的指标成分应分解到能直接观测为止；（4）操作定义所提示的测量或操作必须可行；（5）用多种方法形成操作定义，既可以从操作入手，也可以从测量入手。

二、简答题

1.简述实验教育学的基本观点。（见2019年北京师范大学真题）

2.简述学生评价的功能。

【答】（1）学生评价是根据一定的标准，通过使用一定的技术和方法，以学生为评价对象进行的价值判断。它是教育评价的基础和重点，也是学校教育评价的核心。

（2）学生评价的功能有：①准确诊断学生发展情况；②促进学生发展；③对学生的发展起导向作用；④方便学生的管理。

3.简述创造性思维的特点。（见2019年陕西师范大学真题）

4.简述质性研究中的情境分析。（见2019年陕西师范大学真题）

三、论述题

1.试论校本课程的开发。（见2010年南京师范大学真题）

2.试论奥苏伯尔接受学习的特点和性质。

【答】（1）奥苏伯尔的接受学习：接受学习是教师通过直接呈现要传授的知识及其意义，学生通过新旧知识之间的相互作用来获取新知识。与布鲁纳所倡导的发现学习的观点相反，奥苏伯尔认为，学生的学习主要表现为接受学习，是通过教师的传授来接受事物意义的过程，它是一种有意义的接受，而且完全可以是有意义的学习。

（2）有意义的接受学习：在接受学习中，教师所呈现的新知识大多数是现成的、已有定论的、科学的基础知识，包括一些抽象的概念、命题、规则等，学生主要通过利用和这些新知识有关的、认知结构中已经具有的旧知识去同化它们，通过同化（或称相互作用）去理解新知识的意义。

（3）在奥苏伯尔看来，无论是接受学习还是发现学习，都有可能是机械的，也都有可能是有意义的，那种认为接受学习必然是机械的，发现学习必然是有意义的观点是毫无根据的。如果教师教法得当，并不一定会导致机械的接受学习。任何学习，只要符合有意义学习的条件，就是有意义学习。此外，有意义学习和机械学习也不是绝对的，而是处在一个连续体的两端，学校的许多学习，经常处在这两端之间的某一个点上。

3. 试论问卷形成中测验题目的设计原则。

【答】（1）正面肯定提问。不要用假设句，更不要用反问句、否定句或双重否定句。

（2）问题的内容要符合该课题的研究目的和假设的需要，所列项目对研究目的具有较好的覆盖面，答案能较全面地反映所要研究问题的主要方面，且不交叉、不重叠。

（3）问题的数量要适中。防止因题量太多而使作答者产生厌倦情绪，或因题量太少，不能得到有关研究的基本事实材料而影响研究结论。

（4）问题的文字表达要简明扼要、易懂、易回答。结构上，一个问题只含一个疑问，一般不用假设或推测用语，用语应明确具体。总之，每一题只能包括一个清晰而明确的问题，切忌一题多问和模糊不清。

（5）问题的排列顺序要分类清楚、层次分明、合乎逻辑。在封闭式问卷中，划分水平程度的答案，或由低到高，或由高到低，要随机排列，以免使作答者产生定势而不认真作答。

（6）客观严谨。提问时不应该用倾向性或引导性的口吻，避免询问有关社会禁忌和个人隐私的问题，也不宜问敏感或刺激性的问题。

（7）明确问题范围。要弄清楚是用于小范围的典型调查还是用于大范围的统计调查；是了解人们思想态度的意向性问题还是主要了解过程方面的事实材料性问题。

（8）应避免问题中隐含的心理因素而导致的负面影响。第一，问题不应具有暗示倾向性；第二，问题不要涉及太过敏感的个人隐私而使填答者不愿直接回答，措辞要有礼貌。

4. 试论教育的个体谋生和享用功能。

【答】教育的个体谋生和享用功能属于教育的个体正向功能。

（1）个体谋生功能。

教育在传递知识经验的同时，也使人获得了谋生的本领。无论是过去还是现在，人们之所以接受教育，总是有意或无意地基于个体生存与发展的现实需要，教育事实上成为个体生存与发展的基本要求，成为生存与发展的基本手段和途径。以大学生为例，高等教育为学生提供了一个更宽广的平台、一个更精细的学术分类，为的就是让学生学有所长，在将来的工作中能运用自己的专业知识谋生。教育传授"何以为生"的本领，教学生"学会生存"。

（2）个体享用功能。

教育为我们提供了精神食粮，它是幸福的源泉，是现代人生活的一部分，是人性成长的追求。教育从根本上说就是培养人们感受幸福、追求幸福、创造幸福的能力。幸福是完善人性的展示和表现，这种人性融智慧、情感、道德于一体，教育通过使受教育者的人格得到提升和完善，使他们体验到精神上的幸福。心理学人本主义代表马斯洛提出的需要层次理论为我们建立了一个人性需要层次的金字塔，位于塔顶的正是自我实现的需要，也就是说，当人通过教育来得到自我完善，从而实现自我时，人的需要便得到了极大的满足。

2016 年首都师范大学 333 教育综合真题·凯程详解

一、名词解释

1. 制度化教育

【答】根据教育系统的形式化程度，可以将教育形态分为非制度化教育和制度化教育两种类型。制度化教育是从非制度化教育中演化而来的，是指由专门的教育人员、机构及其运行制度构成的教育形态。制度化教育是人类教育的高级形态。它的出现是人类教育文明的一大进步，它也极大地推动了人类总体文明的进步。今天所谈论的种种"教育"和"教育改革"基本上指的就是这种制度化教育。

2. 测验（见 2011 年首都师范大学真题）

3. 学习动机（见 2013 年北京师范大学真题）

4.教学设计

【答】教学设计是在分析学习者的特点、教学目标、学习内容、学习条件以及教学系统组成部分特点的基础上统筹全局，提出教学的具体方案，包括一节课进行过程中的教学结构、教学方法、教学方式、知识来源与板书设计等。

教学设计包括：（1）教学目标设计；（2）教学起点设计；（3）教学内容设计；（4）教学方法和媒体设计；（5）教学评价设计；（6）教学结构设计，也叫作教学过程设计。

5.师生关系（见2017年西南大学真题）

6.显性教育功能

【答】从教育作用的呈现方式划分，可以将教育功能划分为显性教育功能和隐性教育功能。教育的显性功能是依照教育目的、任务和价值，教育在实际运行中表现出的与之相符合的结果。如促进人的全面和谐发展、促进社会的进步等，就是显性教育功能的表现。

二、简答题

1.简述教师职业的基本特征。（见2017年湖南师范大学真题）

2.简述访谈法的基本特征。

【答】（1）访谈法指研究者通过与研究对象进行面对面的交谈，以口头问答的形式搜集资料的一种调查研究方法。

（2）访谈法的特征。

①灵活性强。访谈员可以根据访谈过程中的具体情况灵活地控制问题的选排、重复或解释。

②能够使用比较复杂的访谈提纲。可以利用问卷或访谈提纲了解一些比较复杂的问题。

③能够获得直接、可靠的信息和资料。

④不受书面语言文字的限制，减少理解上的障碍。

⑤容易进行深入调查。访谈者可以根据需要就某个问题补充询问或追问，使之对资料的掌握更全面深入。

3.简述皮亚杰的道德认知发展理论。（见2012年东北师范大学真题）

三、论述题

1.论述解释型教育实验研究。

【答】（1）解释型教育实验研究提出的原因。

实验研究对教育的发展有很大的促进作用，但是在我们真实的教育情境中很难进行教育实验研究，因为进行教育实验研究必须严格地控制无关变量，但无关变量的严格控制又可能会破坏教育的真实环境，使我们的研究远离教育的意义。进行教育实验研究的目的不在于对实验的控制，而在于使实验结果得到合理的解释，并得到推广。因此就有人提出解释型教育实验研究的方式：使实验能够比较有效地在真实的教育环境中得到实现，并且不会使真实的教育环境被改变，同时又能够合理地解释实验结果。

（2）对解释型教育实验研究的理解。

①实质：是用真实情境的详细描述来替代难以实现或改变真实教育环境的实验控制，并以此作为一种等效控制方式来获得解释力，保证实验效度。

②方法论态度：建立控制结构与意义理解的联系。

③原则：在不损害教育意义和真实教育环境的条件下保持实验研究的原貌，以质性研究为基础。

④基本思路：以质性研究的整体的意义理解为前提，整合实验研究规范。

⑤特点：以质性方式对研究的问题、实验假设、实验操作、因变量的预测、被试在实验前后及实验操作过程中的表现、各种无关变量及其影响和控制均做出详细的描述，以质性描述真实呈现实验研究的全过程，使实验结果得到合理的解释，保证实验的效度。

（3）解释型教育实验研究的基本构成。

①提出研究问题和实验假设。②选择被试。③确定研究变量：自变量、因变量、无关变量。④进行实验。⑤得出研究结果。⑥分析结果，得出研究结论。

（4）注意：对研究问题与实验假设的要求与实验研究中对研究问题和假设描述的要求是一致的，要符合实验研究的表述规范。被试的选择也要符合我们的抽样原则，要考虑实验的效度等相关因素。解释型教育实验研究对无关变量的控制，并不是采用我们在实验研究那里学到的几种控制无关变量的方式，而是对实验的整个过程进行详细的描述，最后给予合理的解释。

2. 论述教育学的价值。

【答】（1）反思日常教育经验。

一方面，教育的习俗认识不仅大量存在于家庭生活中，而且存在于学校教育生活中；另一方面，由于现代教育科学的发展和普及，教育理论知识也走出了大学的"象牙塔"，对学校、家庭以及社会日常教育生活产生越来越大的影响。

（2）科学解释教育问题。

①教育学是以教育问题为逻辑起点和对象的，教育学研究的主要任务就是为教育问题提供超越日常习俗认识和传统理论认识的新解释。提出、界定和明确教育问题，是教育科学认识的基本。

②教育学作为对教育问题的科学解释，必须使用专门的语言、概念或符号，而不能使用日常的语言、概念或符号。

③教育学作为对教育问题的科学解释，其解释是有理论视角、根据或预设的，而不是直接建立在感性经验与判断基础上的，因而是一种理性的解释。

（3）沟通教育理论与实践。

①启发教育实践工作者的教育自觉，使他们不断地领悟教育的真谛。

②获得大量的教育理论知识，扩展教育工作的理论视野。

③养成正确的教育态度，培植坚定的教育信念。

④提高教育实践工作者的自我反思和发展能力。

3. 论述书本知识的学习对学生生活经验的意义。

【答】（1）什么是知识。在学校教育中，这种知识主要指的是书本知识。

（2）什么知识最有价值。

①科学知识的价值在人的成长中的意义正在逐渐降低。一方面，游离于人的生活之外，记住了大量的标准知识，却不能获得生活的意义。另一方面，科学知识培养出来的人已经远远不能满足现代社会对人的需求。但学校系统地向学生传递书本知识无疑是具有重大意义的，向年轻一代传授知识和技能是基础教育必须承担的一项不可推卸的职责。

②人类的情感、价值、精神的力量、道德的意义同样也需要在学校里得到培养。

③总之，无论是从如何更好地促进学生发展，还是从人类生存和国家发展的需要而言，那种以传授知识为己任的学校教育都必须进行改革。因此，学校教育的宗旨也必须实现由"教书"向"育人"的转变。

（3）生活经验。

在教学过程中，学生始终处于被动的地位。学校教育忽视了对学生日常生活经验的注意。学生的日常生活经验一直都很少成为传统课程研究的关注中心，但是学生的日常生活以及生活经验均为一种重要的教育经验。这是一种有别于课程、学校文化影响的特殊教育经验。它通过整个教育、教学过程的人际互动，以及自我教育的过程得以传递。

（4）终身学习与学会学习。

终身学习与学会学习不仅关系到受教育者个人未来的发展、成长乃至生存，而且关系到国家和民族的前途和命运。而现代信息科学技术的发展，极大地丰富了人们获取知识与信息的资源、途径和手段。如何有效地获得、辨别、评价、选择和使用这些唾手可得的资料和信息，是社会各界，尤其是教育工作者必须解决的一个重要问题。这些现实使基础教育及教师面临着新的、严峻的挑战。在教育教学的全部过程中，学校教育与教师工作的一个极其重要的任务就是让学生"学会学习"。

四、材料分析题

1. 对《守则》内容进行总结与评价并分析其意义。

【答】（1）采取押韵的形式，叙述语气平和友善，少了居高临下的行政式语句，更加贴近学生。

（2）重理解，如体现时代特征，紧跟社会热点，涉及并强调了一些当今比较常见的青少年问题和社会关心的话题。例如，第二条"爱学习"中增加了"积极发表见解，乐于科学探索，养成阅读习惯"，第三条"爱劳动"中增加了"热心志愿服务"等。而"讲诚信"内容则从旧版的第九条提前至第六条，且明确要求"保持言行一致，不说谎不作弊，借东西及时还，做到知错就改"，体现了建设诚信社会的重要性。

（3）重实际，更加科学可行。对中小学生没有"高大全"式的理想化要求，适合中小学生身心发展的特点，有助于学生在日常生活和学习中遵照执行。

2.对其中一条做深刻分析，谈谈若你是一名中学老师，该如何引导学生做到这一条。

【答】以"爱党爱国爱人民"为例。

（1）将精神贯穿于课堂教学之中。可以将精神潜移默化地渗透在课堂教学中，比如对传统文化的渗透，让学生体会到博大精深的中华文明，从而使其对祖国的骄傲和自豪感油然而生。

（2）采取多种教学手段。比如让学生观看红色影片、纪录片，并在观影后交流感受。

（3）举办多种教学活动。比如爱国经典著作的朗诵、角色表演等。

（4）及时矫正不良行为。如果学生出现不尊重党、国家或人民的行为，应该及时制止。但是不能严厉批评，而应该对学生进行深入的调查，分析其行为背后真正的原因，有针对性地进行教学。

（5）组织学生参观身边的历史遗迹，使学生了解历史遗迹背后的故事，并交流感受。

2017 年首都师范大学 333 教育综合真题·凯程详解

一、名词解释

1.**教育目的**（见 2015 年北京师范大学真题）

2.**义务教育**（见 2012 年东北师范大学真题）

3.**教学策略**

【答】教学策略指建立在一定理论基础上，为实现某种教学目的而制定的教学实施总体方案。在现代，指在一定教学观的指导下，教师根据一定情境，为合理处理教学中各因素关系并组织、调控教学活动而进行的谋划。

4.**教师的专业素质**

【答】教师的专业素质包括教育理论、教育能力、教育研究素养。教育理论素养主要指教师对教育科学基本理论知识的掌握，能应用教育学、心理学的基本概念、范畴、原理恰当地处理教育教学中的各种问题；教育能力素养主要指保证教师顺利完成教育教学任务的基本操作能力；教育研究素养主要指教师运用一定的研究方法，探索教育领域的规律和解决问题的能力。

5.**测量**

【答】测量是按照一定的规则为事物的属性、特征赋值。赋值、对象和规则是测量的三要素。测量的对象是事物的某种属性或特征；测量的实质是赋值或者分配数据；测量的规则是赋值的依据。测量工具统称为量表。教育研究中的主要测量方式包括问卷测量和观察测量。

6.**品德**（见 2015 年湖南师范大学真题）

二、简答题

1.**简述教学设计的依据。**

【答】（1）课程与教学的具体目标和内容，教学设计应该以教学目标为导向，把握教学的整体方向；在对教学目标、学习内容、学习条件以及教学系统组成部分特点的基础上统筹全局。

（2）学生的需要和特点以及学生的已有经验，建构主义学生观强调学生不是空着脑袋走进教室的，教学过程的设计需要以学生现有的经验为固着点，使新知识和已有的经验产生联系，更有益于知识的迁移和运用。

（3）教师的教学经验，不同的教学内容需要教师创造不同的教学情境，教师以往的经验对教学情境的创造有关键作用。

（4）现代教育技术等教学条件，在选择教学媒介时，设计者需要综合考虑几方面因素：学习情境的特征、媒体的物质属性、学习本身的特色、学习者的实际。

（5）教学的其他需要和特点，教学设计要符合社会主义核心价值观，符合社会政治、经济、文化对现代教育的要求。

2.**简述在文献索引中研读文献的基本思路。**

【答】（1）关注研究知识与个人知识的不同价值。

研究知识体现在专业研究人员所看重的专业文献当中，即成为某一领域内专家共同认可的学术成果。这些成果反映了该领域不同研究者的学术贡献，是累积而成的。个人知识是某一个体依据自己的好恶和判断形成的对某一领域内问题的基本看法。二者分别满足不同的目的，具有不同的标准。

（2）寻找文献资料的核心部分。

在阅读文献的时候，应重点关注研究人员对研究成果与研究结论的论述，还要注意研究者的研究设计思路及其研究方法的运用。

3.简述创造性思维的特点。（见2019年陕西师范大学真题）

三、论述题

1.结合实际谈谈日常教育经验的局限，并举例说明如何超越其局限。

【答】（1）局限性。

①在教学原则上，容易厚此薄彼，教师一般只遵循直观性原则、巩固性原则等一些传统教学原则；②在教学内容上，缺乏与实际生活相结合的知识；③在教学方法上，以讲授法为主，方法过于单一；④在教学组织形式上，长期以班级授课制为主，缺乏创新；⑤在教学评价上，过于重视评价的甄别与选拔功能，以分数论英雄；⑥在德育上，德育途径与方法匮乏，德育地位不高；⑦在师生观上，过于强调教师权威，导致专制型的师生关系。

（2）如何超越。

①在教学原则上，重视理论联系实际原则、因材施教原则、启发性原则等新型的科学原则，促进教学原则多元化以提高教学质量；②在教学内容上，加强课程内容与学生生活、现代社会和现代技术发展的联系，关注学生的兴趣与经验，精选终身学习必备的基础知识和技能；③在教学方法上，在讲授法的基础上，综合运用讨论法、实验法、实习法等新型教学方法，以保持学生的积极主动性；④在教学组织形式上，在把班级授课制作为基本教学组织形式的同时，采用综合分组教学等教学组织形式以弥补班级授课制的不足；⑤在教学评价上，将终结性评价与诊断性评价、形成性评价相结合，渗透发展性评价的理念；⑥在德育上，提高德育的地位，开拓德育途径尤其是间接德育途径，把德育渗透到学科教学当中；⑦在师生观上，尊重学生的主体地位，形成新型的师生观，即师生是民主平等的关系。

2.请结合一个具体案例说明主题班会的教育价值。

【答】主题班会是班级教育活动的形式之一，是班主任根据教育、教学要求和班级学生的实际情况确立主题、围绕主题开展的一项班会活动。通过主题班会来澄清是非、提高认识、开展教育，对促进学生的成长和树立人生观都起着重要的作用，是学生的必修课。以"劳动教育"主题班会为例说明主题班会的教育价值。

（1）在教学内容方面，不再局限于书本知识，扩充了教育内容，使教育内容与日常生活、实践日益结合。可以邀请同学们谈谈对"劳动"的认识，丰富劳动教育的内容，使同学们把劳动教育与日常生活密切联系起来。

（2）在教学方法方面，是讲授教学的有力补充，为讨论法等新型教学方法创造了条件。同学们可以自由地发表自己对劳动教育的观点和看法。

（3）在师生观方面，主题班会加强了师生交流互动，有利于形成民主平等的师生观。教师抛出话题，学生积极讨论，教师适时地进行引导与总结，实现了教师主导、学生主体地位。

（4）在德育方面，运用有效、间接的德育途径，促进了德育方法的多元化，如陶冶、实践等。在讨论的过程中，有些不喜欢劳动的学生听到身边伙伴的劳动事迹以及对劳动的新认识，会有所改变。

（5）在教师方面，加强教师尤其是班主任的领导力，这也是其自我教育的重要方式，有利于促进其自我提高。在班会活动中，教师所扮演的角色类似于主持人，要抛出话题，当学生跑偏时，班主任要及时把话题拉回来，还要维持课堂教学秩序，促进了班主任领导力的提高。

（6）在班级管理方面，主题班会有利于构建"开放、多维、有序"的班级活动体系，营造健康向上、丰富活跃的班级文化环境，从而加强班级管理。在班会活动中，学生是有序的自由，可以各抒己见，从不同的角度分析问题，丰富班级文化，增强班级凝聚力。

综上所述，主题班会作为一种新型的教学和活动形式，对学生、教师乃至班级管理都具有不可替代的价值。

四、材料分析题

1.在"互联网＋教育"的思维下，国内近些年出现了大量的互联网教育课程，试分析这类课程对未成年人的影响。

【答】（1）积极影响。

①拓宽了未成年人的视野，可以使其了解到许多书本之外的知识；②提高了学生搜集信息与处理信息的能力，锻炼了未成年人从海量信息中提取并处理有用信息的能力；③加强了未成年人与世界的联系，使未成年人可以通过社交软件迅速地认识世界各地的人。

（2）消极影响。

①对未成年人生理造成不良影响，如视力下降、失眠等；②对未成年人心理造成不良影响，如网络上的不良

信息会误导未成年人形成错误的价值观；③使未成年人上网成瘾，从而影响学生的学习成绩，甚至使其走上违法犯罪的道路。

2.置身于互联网时代，谈谈自己作为未来教师的应对之策。

【答】①在教育环境方面，建立家校联系，家长与学校要共同监督学生，避免学生因不良的网络习惯而误入歧途；②在教学内容方面，增强课程内容的时代感，增添与网络学习有关的教学内容；③在教学媒体方面，灵活运用网络技术，利用学生对网络的兴趣来激发学生学习的积极主动性；④在德育方面，进行道德教育时，要渗透网络成瘾及其他网络不良习惯的危害，从而防微杜渐。

（开放性题目，言之有理即可）

2018 年首都师范大学 333 教育综合真题·凯程详解

一、名词解释

1.学习（见 2013 年陕西师范大学真题）

2.教育要素

【答】教育要素是指构成教育活动的成分和决定教育发展的内在条件。就教育实践活动而言，其构成要素有：（1）教育者，是指能够在一定社会背景下促进个体社会化和社会个性化活动的人。（2）受教育者，是指参与教育活动、与教育者在教学与教导上互动，以期自身在语言、知识、智慧、学业、品德、审美和体魄等方面获得发展的人，主要是学生。（3）教育影响，即教育活动中教育者作用于受教育者的全部信息，既包括信息的内容，也包括信息选择、传递和反馈的形式，是形式与内容的统一。从内容上说，教育影响主要是教育内容、教学材料或教科书；从形式上说，教育影响主要是教育手段、教学方法、教育组织形式。

3.无关变量

【答】无关变量泛指除自变量以外的一切可能影响因变量变化，因而对研究起干扰作用的因素。在教育实验中，为了探索因果关系，证实确实是自变量 X 导致因变量 Y 的变化，就必须排除其他无关因素的影响。

二、简答题

1.简述皮亚杰的认知阶段论。（见 2012 年东北师范大学真题）

2.简述观察法的特征。

【答】教育观察是一种科学观察，研究者通过感官和辅助仪器，有目的、有计划地对教育领域的某一现象及其变化过程进行全面、细致、深入的观察，从而获得比较客观的教育材料、教育规律。它具有以下特点：

（1）观察的目的性：观察是根据研究课题的需要，为解决某一问题而进行的。观察前必须明确观察目的，确定观察的范围、形式、方法。

（2）观察的客观性：教育观察是在自然状态下进行的，研究人员不干预研究对象的活动，不改变对象的自然条件和发展过程。

（3）有翔实的观察记录：在教育观察的过程中，研究人员要通过描述记录法、取样记录法、行为核对表等对观察到的事实或现象进行翔实的记录，以备研究、分析。

（4）观察的能动性：作为研究手段的教育观察是按事先制定的提纲和程序进行的，同时规定了观察的时间和内容，是从大量教育现象中选择典型对象和典型条件，力求全面地把握研究对象的各种属性并用科学理论去分析、判断和理解观察结果，因此同样具有能动性。

三、论述题

1.结合一个具体案例，论述良好的师生关系有助于提升学生学习兴趣与学习成绩。

【答】（1）在现实生活中，很多学生对教师充满戒备，想要取得学生的信任和尊重，作为教师，首先要"目中有人"和"心中有人"，充分尊重学生的人格，充分尊重学生作为一个社会人所应有的权利、尊严，师生之间要相互沟通理解，从而实现彼此尊重、信任。

（2）良好师生关系的标准：

①社会关系：民主平等，和谐亲密。师生之间无论在政治上还是在人格上都是平等的。教师尊重学生的人格，发扬教学民主，有助于教师发挥创造性和主导作用。民主平等是建立良好师生关系的基本要求。

②人际关系：尊师爱生，相互配合。师生之间彼此尊重、相互友爱，教学才会配合默契，这是建立良好师生关系的感情基础。

③教育关系：教学相长，共享共创。指在教育教学过程中教师和学生相互促进、共同提高。

④心理关系：宽容理解。指教师能够对学生的不同特点有充分的认识，能够理解学生之间的差异，宽容学生的不足和错误。

（3）启示：良好的师生关系能够提高学生对学习的兴趣和学业成绩。如教师在上课时坚持学生的主体性地位，就能更好地发挥主导性作用，引导学生更好地掌握知识，从而提高学生的学习动机，激发学生的学习兴趣，形成良性循环。

2.论述同辈群体生活对学生成长的影响。

【答】（1）同辈群体又称同龄群体，是由一些年龄、兴趣、爱好、态度、价值观、社会地位等方面较为接近的人组成的一种非正式初级群体。同辈群体在青少年中普遍存在，他们交往频繁，时常聚集，彼此之间有着很大的影响。同辈群体是一个人成长发展的一个重要的环境因素，尤其在青少年时期，同辈群体的影响日趋重要，甚至有可能超过父母和教师的影响。青少年从家庭逐步走向社会，首先面对的问题就是如何进入同辈群体，并在群体生活中实现某种社会需要。

（2）同辈群体生活对学生成长的影响。

①满足青少年情感交流的需求和促进情感的发展成熟。

同辈群体间的相互理解与支持、关心与尊重，可满足青少年交往的需要、归属的需要及尊重的需要，避免了这些正常需要得不到满足而带来的消极不良的情感，从而促进青少年的身心健康发展。另外，同辈群体是一种特殊的情绪接触形式，意识到自己是哪一个团体的成员，体验到团队精神和同伴间的相互帮助，不仅有助于青少年脱离成年人而自立，而且会使他产生极为重要的情绪安定感。青少年能否得到同伴、同学的尊重和爱戴，对他的自尊心发育具有决定性的意义。

②同辈群体也可促进青少年的学习和兴趣爱好的发展。

同辈群体的成员不仅在生活上、感情上相互支持，在学习上互相帮助、互相启发，有时彼此之间还开展竞赛，这都有利于他们学习成绩的提高。在兴趣爱好上，共同的兴趣爱好不仅使他们有了更多的共同语言，在一起切磋和探讨也进一步促进了他们兴趣爱好的发展。

③同辈群体是青少年获得生活经验和社会信息的主要来源。

与师生之间的交往相比，同辈群体成员之间的交往更直接、更经常、更亲切。他们无话不谈，彼此从对方那里获得大量的生活知识经验和社会信息，而这种信息获得的渠道要比从书本上获得来得更直接、随意，留下的印象也更深。因此，从同辈群体中获得的信息成为学校教育、书本知识的重要补充。

3.根据当代中学生发展的特征，论述如果你是一名教师，你将如何教育现在的中学生。

【答】（1）当代中学生的特征。

①生理特点：中学生正处于第二青春发育期，身体产生巨大变化。

②心理特点：a.生理上的变化会使学生心理上也产生巨大变化，如男女生之间的羞涩情感、亲近同辈群体等；b.部分中学生存在叛逆情绪，喜欢寻求自身独立性、自主性。

③时代特点：a.电子产品的普及使得大部分中学生对手机等电子产品有依赖性；b.科技的迅猛发展使得学生更容易接受新鲜事物，思维的开放性更强。

④认知特点：皮亚杰的认知发展阶段理论说明，中学生已经具有不依赖具体事物的抽象思维，能够进行高级运算。

（2）如何教育中学生。

①提高自身教学水平，让学生对教师产生钦佩情感。②和学生友好、平等地交流，不要压抑、命令和胁迫。③学生出现问题时，采取循循善诱、渗透式的教育方式，杜绝单纯说教。④积极地让自身和学生产生共情，了解学生的身体、心理特点。

四、材料分析题

1.在人工智能兴起的背景下，有网友提出这样的质疑：既然人工智能都能做高考数学题，不仅速度快，而且准确率高，那么其实我们就没必要再让中小学生学习语文、英语、数学等其他各门学科了。针对网友这一观点，请做出你的评价和分析。

【答】我们仍有必要继续学习。

再高明的人工智能也是人类智慧的创造品，人要想驾驭人工智能、发展人工智能，就需要更多优秀的人才，而这类人才必须通过不断地学习才能得以实现。人工智能使得学习者可以在任何时间、任何地点通过多种渠道进行学习，获取知识不再局限于学校教育阶段。此外，人工智能使得认知不仅发生在头脑中，还发生在人与智能工具的交互过程中。人工智能改变了以往学习主体之间、学习主体与环境之间的交互作用，改变了学习生态。无论如何，人工智能都是为了让学生更好地学习，而不是不用学习。

2. 还有网友指出：随着人工智能时代的到来，教师的工作将会被取代。针对网友这一观点，请做出你的评价与分析。

【答】人工智能无法取代教师。

人工智能可以教学、讲题，但是师生之间的关系并不局限于知识的传授，良好师生关系的建立还需要教师与学生之间的情感交流，这一点人工智能还无法做到。师者，传道授业解惑也，未来人工智能不会完全替代教师，但是在人工智能时代，教师的角色会发生比较大的变化。如一些比较重复的劳动，如知识的传递，技能的训练，这些是能够被人工智能取代的。教师角色的变化使他们可以把精力、才华放在更重要的地方，也就是育人、传道的部分。未来人类教师的核心价值更多的是在育人方面。就目前的技术而言，人工智能还没有达到可以不断创新的地步，在许多行业从事的也只是机械性的工作。虽然人工智能教育有取代教师的可能性，但是它实际上还是需要模仿人类的智力行为，在人类智慧的基础上建立各种模型。

2019年首都师范大学333教育综合真题·凯程详解

一、名词解释

1. 教材

【答】教材是根据课程计划、课程标准和学生的接受能力编写的教学用书。教材是课程标准的具体化，是学生学习的主要材料，是教师进行教学的主要依据。

教材的编制原则：具有思想性和科学性；内容具有基础性；在保证科学性的前提下适应我国的发展现状；兼顾学科的逻辑顺序和学生的心理顺序；各年级教材要有衔接性。

2. 程序性知识（见2018年华东师范大学真题）

3. 发现学习（见2017年华东师范大学真题）

4. 实验研究

【答】教育实验研究是研究者根据研究目的，合理地控制或创设一定的条件，人为地影响研究对象，从而验证假设、探讨教育现象因果关系的一种研究方法。它包含三对基本要素：自变量和因变量、实验组和控制组、前测和后测。其特点是：对因果关系进行探讨、对自变量进行操作、合理控制无关变量。

优点：人为地创造实验条件，程序严格，便于重复验证，提高结果的科学性；对变量进行严格控制，实验结论精确可靠；可以极大地发挥研究者的主动性。

缺点：与真实的教育活动相差太远；由实验人员和实验过程带来的负效应；实验不可避免地存在样本不足和被试选择误差等局限性。

5. 访谈

【答】访谈是教育调查研究中经常使用的方法之一，是指研究者通过与研究对象交谈，收集所需要的**客观的、不带偏见的材料的**一种方法。使用访谈法首先要选择访谈对象，其次要准备访谈提纲和访谈计划，最后进入正式访谈，并进行记录。

评价：灵活性强；能够使用比较复杂的访谈提纲以获得更丰富和深入的调查。但样本小，费时费力，效率低；标准化程度低，难以统计；调查过程容易出现偏差；不匿名，影响客观性。

6. 校本课程（见2010年陕西师范大学真题）

二、简答题

1. 请结合实际，阐述学习动机的内涵及其与学习效果的关系。（见2010年湖南师范大学真题）

2. 简述信息技术及其教育特征。

【答】（1）信息化是人类社会进步发展到一定阶段时所产生的一个新阶段，是在计算机技术、数字化技术和生物工程技术等先进技术的基础上产生的，其主要特征有：虚拟性、全球性、交互性、开放性。

（2）信息化技术对教育的影响：①扩大和方便了人们的交流；②有利于发展教育和培训；③对教学方法、教学过程和教学资源等产生影响；④人们获取信息和处理信息的能力对每个人的未来发展都产生十分重要的影响。

（3）在信息化社会下教育的特征：

①教育政策制定上：国家立法或颁布政策将信息教育课程列入正式课程，强调注重教育信息资源的开发和利用。

②教育理念上：培养具有现代化意识的人和具有较高信息素养的人。

③人才培养上：a.具有较强的自主学习能力；b.具有多方面的知识和较强的综合能力；c.具有合作共事能力。

3.阐述教育行动研究的程序。

【答】（1）教育行动研究是在教育情境中，教育实践工作的参与者与教育理论研究的工作者结合起来解决某一实际问题或提高教师素质的一种方法，是指通过研究真实的学校教育的过程与情境，以提高自己的教育行动质量与教育行动效率为目的的研究模式。其旨在提高教育实践者自身的专业判断能力与教育问题的洞察力；也为优化教学实践提供具体策略。

（2）其研究过程：

①计划：发现问题、寻找方案、制订计划（灵活开放）。

②行动：思考之后的行动、与一线工作者一起行动、根据实际情况不断地调整行动。

③观察：观察方式、观察内容。

④反思：整理和描述、评价和解释、写出研究报告（研究日志、教育叙事、教育案例、教学课例）。

三、论述题

1.论述现代教学观的转变。

【答】教学观变革表现在以下几个方面：

（1）从重视教师向重视学生转变：传统的教学观以教师为中心，以教师教为主导，现代教学观转向以学生为本，重视学生的主体性，体现在课堂上就是由满堂灌的教学到合作学习、发现学习等。

（2）从重视教法向重视学法转变：曾经的教法主要为讲授法，如今提倡的学法为创设情境，使师生对话、交流，重视学生的经验与体验。教师更加注重让多种教学方法有机配合，把学生的学放在第一位。

（3）从重视传授知识向重视建构知识、培养能力转变：提倡知识的主动建构、知识的双向互动、多方面能力的发展，而不仅仅是死记硬背。

（4）从重视认知向重视发展转变：传统的教育注重知识的获得与增长，现在则更加主张多元智力理论，逻辑、空间、音乐、人际等各方面智能都要全面发展，以满足我国培养全面发展的人的教育目的的基本精神。

（5）从重视结果向重视过程与方法转变：传统教育以应试教育为主，只重视考试的分数，而忽略了学生的成长与进步，今天的教学观更加注重学生在学习过程与方法上的提升。

（6）从重视继承向重视创新转变：曾经的教学观念是继承前人已有的知识经验，将这些经验进行传播和学习，如今的教学观更加注重培养具有创新精神和实践能力的社会主义建设者和接班人。

（7）创造具有人文关怀、回归生活、具有生命活力的课堂：以前的课堂教师只承担课程实施者和知识传授者的单一角色，今天的课堂更加强调人文性、生活性和生命力。

综上所述，如今教学中提倡的小组合作学习、探究学习、项目式学习等都是新式教学理念下的教学方法和教学组织形式。

2.请结合马克思主义关于人的全面发展学说，谈谈我国教育目的中各育的关系。

【答】（1）马克思主义关于人的全面发展学说的科学含义。（见2017年华南师范大学真题）

（2）德育、智育、体育、美育、劳动教育之间的关系。（见2012年东北师范大学真题）

3.如何培养我国学生的良好品德？

【答】（1）影响品德形成的外部因素：

①家庭环境。可分为客观因素和主观因素两个方面：

客观因素方面：a.家庭经济状况和居住条件。b.家庭结构和主要社会关系。c.家长职业类型与文化程度。

主观因素方面：a.家长品德。b.家长对子女的教养态度及期望。c.家长作风和家庭气氛。

②学校集体：a.班集体的影响。b.学校德育的影响，如学科教学；学校、年级、班级或团队活动；课外和校外活动。c.学校集体中其他因素的影响，如教师的领导方式；集体舆论；校风和班风。d.校园文化的影响。

③社会化（社会环境）。个体正是在和社会环境相互作用的过程中，学会适应环境进而形成相应的人格特征的。因此，品德的形成和发展无疑是在社会化的过程中进行的。

（2）影响品德形成的内部因素：

①道德认识。人的行动总是被人的认识支配，人的道德行为也不例外地受到人的道德认识的制约。道德认识是在实践中逐渐形成的对社会公认的品德准则、社会行为是非善恶标准的了解与掌握。

②个性品质。个性品质对品德发展的作用，主要体现在个性倾向性与个性心理特征两方面。

③适应能力。在社会化过程中，个体通过社会角色、地位的不断变化来掌握相应的社会规范和行为模式，然后形成稳定的道德品质。从社会对个体品德的要求出发，适应能力有两大方面：一是自我教育能力；二是社会生活和工作能力。

四、材料分析题

1.请对当前我国中小学家校合作中存在的问题及其原因进行分析。

【答】当前我国中小学家校合作中存在的问题是：以家长会为主，方式单一，效果甚微。

产生的原因：从教师方面看，教师受工作时间的限制，无法经常通过家访和学生家长沟通，教师也有自己的家庭生活，家校合作要占据教师工作时间之外的空闲时间。从家长方面看，家长同样忙于工作，时间有限；有些家长怯于和老师沟通，不主动；家长对家校合作的不重视也是主要原因，认为只要自己的孩子成绩好就行。

2.如何改进家校共育模式，提升中小学德育的实效性？

【答】①利用新媒体，加强常规教育教学中教师与家长的沟通。学校利用网络平台，建立微信、QQ群等，家长可以和教师自由交流，提高家校合作的可行性。

②教师是关键，以理念为先导，提升教师、家长的认识，德育管理部门是重要的组织者。长期的教育实践表明，家庭教育的不足会对学生产生巨大的负面影响，教师也对家庭教育的重要性认识不足。a.首先我们要转变观念，先改变教师，再改变家长；b.可以在每年的班主任和青年教师培训中，把如何进行家校合作列入培训内容；c.学校的德育管理部门要定期组织对教师的培训，还可以成立家长委员会进行座谈活动等。

③努力营造师生和家长心灵互通的和谐氛围。在家校合作中倡导"三边互动"，即教师和学生，父母和子女，家长和教师之间都有不断的对话。a.召开有效的家长会和家长委员会例会；b.设立家长开放日。

④社会是实现家校合作的重要平台。a.把学校德育纳入社区大系统，建立全社会参与监督管理的机制，形成共管共育之势；b.优化社会环境，发动社会支持，参与社会教育；c.搞好青少年校外教育，充分发挥基地设施的作用；d.通过各种形式的教育活动，推进社区精神文明建设，从而推动社会精神文明建设。

2020年首都师范大学333教育综合真题·凯程详解

一、名词解释

1.活动课程（见2013年东北师范大学真题）

2.混合研究

【答】顾名思义，"混合研究"就是在一项研究中综合使用多种研究方法。从使用范围来看，混合研究方法适用于比较复杂的研究问题和对研究结论的可靠性要求比较高的情况；从使用标准来看，混合研究中的研究方法必须相容但又不相互交叉。

3.建构主义

【答】建构主义更加关注学习者如何以原有的经验、心理结构和信念为基础来建构知识。它强调学习的主动性、社会性和情境性，对学习和教学提出了许多新的见解。它认为学生不是空着脑袋走进教室的，是自己知识的主动建构者，知识并不是现成的答案，强调激发学生的积极性，培养学生的创造性和解决问题的能力。

二、简答题

1.为什么说教师是专业性职业？（见2017年湖南师范大学真题）

2.访谈法的提问环节应当使用什么样的技巧和策略？

【答】（1）为了保证研究结果客观、可靠，访谈的内容、顺序应按照访谈提纲进行；（2）访谈者发问的语气、方式应保持中立；（3）在访谈过程中，要使访谈在轻松、愉悦、友好的氛围中进行；（4）在访谈过程中，不要打断或中止访谈对象的话，以免引起受访者的不良情绪；（5）对访谈对象的回答不要流露出惊讶、赞成、批评等语气和态度，尽量保持不做是非判断的态度；（6）访谈者要保持倾听的注意力；（7）交谈中所提问题要简单明了，易于回答；（8）要善于洞察被访者的心理变化；（9）访谈的时间要恰当；（10）要严守保密性原则，对于被访者的顾虑，可通过对交谈内容保密的承诺来消除；（11）当访谈对象的回答不符合研究要求的情况时，可采取重复提问等方式，弄清问题症结所在。

3. 熟练的技能和习惯有什么样的相同点和不同点？

【答】熟练的技能与习惯既有联系又有区别。

（1）相同点：二者都是自动化了的系统。

（2）不同点：①习惯是实现某种行动的需要，熟练的技能则无所谓需要；②熟练的技能是在有目的、有计划的练习中形成的，而习惯却可以在无意中，通过简单重复养成；③熟练的技能有高级和低级之分，但无好坏之分，而习惯可以根据对个人和社会的意义进行好坏的区分。

三、论述题

1. 试论述标准化测验的优点和缺点。

【答】（1）作为一种重要的测验类型，标准化测验具有明显的优势。①有效性：能保证测试准确地反映测试目的的特质。②可靠性：能保证测试对象在参与其他相同目标的测试（如测量相同的知识和技能）结果是相同的。③高效性：可以在最短的时间内对一个学生的能力做出评价和判断，并得出符合标准的结果。④经济性：节约成本。

（2）当然，标准化测验也不可避免地存在劣势和问题。①测验内容局限于低水平的知识、孤立的内容与技能；②测验仅测出结果，没有考虑学习者的思维与问题解决技能；③测验不能测量出学习者在真实的世界中应用理解的能力。

（3）尽管随着标准化测验的发展，其使用的选择题对理解力、鉴赏力、解决问题的能力和批判性思维等技能的评估产生了重要的甚至是戏剧性的进步，但我们仍然得承认深思熟虑的手写答案和论文能够展示那些无法通过选择题就能有效衡量的素质。

2. 请举例说明教育的正向社会功能表现在哪些方面。

【答】（1）教育的经济功能。

①教育是使可能的劳动力转化为现实的劳动力的基本途径；②现代教育是使知识形态的生产力转化为直接的生产力的一种重要途径；③教育是提高劳动者素质和生产率的重要因素。

（2）教育的政治功能。

①教育通过传播一定社会的政治意识形态，完成年轻一代的政治社会化；②教育通过造就政治管理人才，促进政治体制的变革与完善；③教育通过提高全民文化素质，推动国家的民主政治建设；④教育还是形成社会舆论、影响政治时局的重要力量。

（3）教育的文化功能。

①教育具有文化传承功能（传递、保存）；②教育具有文化融合功能（传播、交流与丰富）；③教育具有文化选择功能（选择、提升）；④教育具有文化创新功能（创造、更新）。

（4）教育的生态功能。

①树立建设生态文明的理念；②普及生态文明知识，提高民族素质；③引导建设生态文明的社会活动。

举例：学习社会主义核心价值观，能够促进个体正确人生观、价值观、世界观的形成。

3. 结合你的研究经历，说明教育研究有哪些步骤。（见2019年西南大学真题）

四、材料分析题

1. 在新时代，我国劳动教育面临着什么样的危机和问题？

【答】（1）没有树立劳动教育的价值目标导向。学校、家长还有学生都没有充分意识到这一点，加上受到"劳心者治人，劳力者治于人""学而优则仕"等传统观念的影响，大家都想做劳心者，不想做劳力者，对劳动在一个人的成长过程中的价值和意义认识不足，客观上忽视了劳动教育。

（2）应试教育挤占了劳动教育的空间。现在的孩子学习负担过重，应试教育压得他们喘不过气来，虽然一再地强调体育、美育，包括劳动教育的重要性，但是大家还是追求分数，唯分数论，把智育放在最重要、最优先的位置。

（3）家长对孩子的教育目标存在错误定位。家长更看重的是孩子的考试成绩和排名，而不是孩子的全面成长。家长认为劳动会耽误孩子的学习时间，所以不让孩子参与劳动，还有一些家长从内心里就不愿意让孩子干体力活、手工活，生怕孩子将来胸无大志。

（4）没有把劳动教育看作青少年成长必须要经历的过程。劳动应该是人生存的一种基本手段，应该像读书一样成为一种基本的生活习惯，但是现在的学校教育并没有做到。

（5）没有相应的评价导向体系。没有建立起一个科学的评价体系，学生的劳动情况不能对其升学、就业等各方面产生实质性的影响，因此阻碍了劳动教育的深入开展。

2. 应当采取什么样的措施，使社会、学校和家庭形成合力促进劳动教育的发展？

【答】（1）在课程建设上，把劳动教育作为必修课纳入中小学的课程方案，从法律上给予保障。在其他学科课程中也应该渗透劳动教育的理念，并且要使小学、中学、大学贯通起来，进行系统化的设计。

（2）在课程设置上，要明确课内外劳动时间，因为劳动教育不能仅仅在课堂上讲，更要让学生有劳动实践的经历。

（3）学校应营造尊重劳动者的文化环境，加强校园文化建设，培养学生优秀的劳动品质。

（4）完善相应的评价方式，应强调对劳动经历的写实记录，把学生的劳动经历实事求是地记录下来，在此基础上对学生进行评价，并把评价的结果与升学等挂钩。

（5）家长要转变心态，鼓励孩子劳动，让孩子参与一定量的家务，体验劳动的快乐。

（6）只有社会、学校和家庭形成合力，才能使劳动教育真正地普及，真正地让儿童德、智、体、美、劳全面健康地发展。

2021年首都师范大学333教育综合真题·凯程详解

一、名词解释

1. **教学设计**（见2016年首都师范大学真题）

2. **教学效能感**（见2018年广西师范大学真题）

3. **参与型观察**

【答】（1）含义：参与型观察指研究者直接参加到所观察对象的群体和活动中去，不暴露研究者的真正身份，在参与活动的过程中进行隐蔽性的研究观察。

（2）优点：不破坏和影响观察对象的原有结构和内部关系，因而能够获得有关深层结构和关系的材料。

（3）缺点：①由于研究者主观因素的影响，处理不当易影响观察的客观性。②观察的样本小，观察结果的代表性不强。

二、简答题

1. **简述教师管理班级组织的主要策略。**

【答】班级管理是一个有目的、有计划、有步骤的教育活动，它是教师根据一定的目的要求，采用一定的手段、措施，带领全班学生，对班级中的各种资源进行计划、组织、协调、控制，以实现教育目标的组织活动过程。

我们可以利用如下策略进行班级组织和管理：

（1）利用班规营造良好的班风、学风。好的班级是建立在良好的班风、学风基础上的。而完善的班级制度是保障良好的班风得以实现的必要条件。教师应该在与学生商量的基础上建立本班的班规或班级契约，明确赏罚措施及监督机制，并定期检查与反馈，使班级规范落到实处，并最终内化成学生自觉遵守的要求。

（2）构建班级文化。班级文化通常是一个班级精神的凝聚与体现，积极向上的班级文化能够激励班级中全体成员的向学性，也是教师管理班级的有效手段。在构建班级文化时要考虑学生的年龄特点，与学生自身的文化相融合，往往会取得事半功倍的效果。

（3）充分发挥班干部的积极主动性。班干部是教师、班级和学生联系的桥梁，是教师营造良好班风的得力助手。教师要善于调动班干部的积极性，发扬民主管理的精神。

（4）利用主题班会教育学生。主题班会是班级教育活动的主要形式之一，形式多样、生动活泼的主题班会，对良好班风的形成起着重要作用。

（5）利用人格魅力引导学生。"教育是用生命影响生命，用人格影响人格。"一个学识渊博、有人格魅力的教师自然会获得学生的尊重与信任。正所谓"亲其师，信其道"。教师要不断地提升自己各方面的修养，利用自己的人格魅力引导学生。

2.简述创造性思维的特征。（见2019年陕西师范大学真题）

3.简述教学理论和课程理论的关系。

【答】对于课程与教学的关系的认识问题，可归纳为三种类型。

（1）大教学小课程：苏联以及我国的一些学者认为，教学这一概念包含课程，课程也往往被具体化为教学计划、教学大纲和教科书三部分。

（2）大课程小教学：美国现代课程论的奠基人泰勒等人支持这种观点，他们认为教学是包含在课程之中的，教学是课程的实施与设计。这种看法在北美较为普遍。

（3）课程与教学是目的与手段的关系：西方一些学者提出，课程是指学校的意图，教学则是指达到教育目的的手段，它们分别侧重于教育的不同方面。

三、论述题

1.谈谈你对教育信息化的看法。（见2010年云南师范大学真题）

2.结合具体案例，说说在教学中如何促进正迁移的发生。（见2014年北京师范大学真题）

3.初学教育研究的同学喜欢凭个人兴趣选择课题。请你简要评述这样的现象，并阐述课题选择和确定的要点。

【答】（1）现象评述：初学教育研究的同学凭个人兴趣选择课题是不恰当的，因为任何一项教育研究都要遵循科学研究的范式，从选题到研究假设的形成，再到研究方法和研究对象的选择，数据和资料的收集，最后到对资料的分析、论述等各个环节都有一套严格的规范和要求。

选题要满足价值性、可行性与现实性的要求，价值性并不是依据个人的兴趣，而是依据现实的需要。如果完全依据个人的兴趣将有可能面临如下问题：第一，前人已经对该问题做过翔实的研究，如果再选择该课题研究将会浪费大量的时间和精力，无益于教育研究成果的增量；第二，当下没有可行的条件支持研究者完成该课题或者该课题已经与时代脱节，不具备可行性和现实性。

（2）课题选择和确定的要点：

①选题主要有三个来源：社会发展中产生的教育问题，学科理论深化、拓展或转型中产生的问题以及教育实践变革中产生的问题。

②课题的选择要遵循如下基本要求：

a.问题有研究价值。选定的题目应该是有价值的，不仅对本学科研究领域具有好的内部价值，而且对其他相关领域，如心理学、哲学等也有较高的外部价值。研究问题的价值主要表现在新颖性上：课题内容是前人未涉及或者探讨不深入的；课题研究角度不同于以往的研究；研究方法上有创新之处。

b.问题的提出有现实性。选题的现实性集中表现为选定的问题要有科学性。选题的科学性首先表现在实践基础上，选题要有一定的事实依据，研究的问题必须源于实践，得出的结论又必须能够指导实践。选题的科学性还表现在理论基础上，选题要以教育科学基本原理为依据。

c.问题表述具体明确。选定的研究问题一定要具体、适度，研究范围要界定明确，宜小不宜大，所包含的研究问题要明晰，不能太笼统。

d.问题研究有可行性。可行性包含客观条件（时间、经费、技术等）、主观条件（研究者原有的知识、能力等）及时机问题三个方面。

4.未来学校在教育理念、教学组织形式、学习方式、学习空间等方面有哪些特征？

【答】（1）在教育理念上，以学习者为中心。朱永新教授认为，未来学校是以学习者为中心的。任何年龄段的人均可以选择自己需要的课程，以学习者为中心彻底实现了学习的终身化，未来学习者中心的课程应该是以生命为基石的真善美课程。以生命教育课程为基础，以智识教育课程（真）、公民教育课程（善）、艺术教育课程（美）为主干，并以特色课程为必要补充。教育的目的不是让人获得一张文凭，而是培养人的责任感、道德感，使人懂得敬畏生命。

（2）在教学组织形式上，更加多样化。慕课、翻转课堂、网络教学等多种教学组织形式将与传统的教学形式相互补充，培养学习者的自学能力，提升学习者的综合素养。

（3）在学习方式上，更加多元化。首先，无处不在的5G网络将满足学生学习的泛在化，教育服务将嵌入学生的日常生活。其次，基于人工智能和大数据的应用将为学习者提供个性化的服务，学生的学习方式从被动学习转为主动学习。

（4）在学习的空间上，更加开放化。学校的布局、教室的格局、校园的环境会更加适应学习方式的变革。信息技术以及其他先进人工智能设施用于教学，将会打破学校的围墙，逐步实现各类教育资源的共享，学习场所更加多元；学习的时间也更加开放，固定的学习时间表可能会被打破，学习时间更加自主；学习者更加开放，可能会打破学籍和年龄的限制，朝着终身学习的方向前进。

（5）在教育评价上，更加合理化。在未来的学校里，将会建立与素质教育理念一致的教育评价与考试制度，这种评价不仅关注学生的学业成绩，而且注重发掘学生多方面的潜能，了解学生发展中的需求，帮助学生认识自我，建立自信。同时对教师的评价体系也会更加地合理、完善。

5. 在未来学校的背景下教师的角色会有怎样的新样态？

【答】（1）未来的教师将与机器人协同教学。朱永新教授认为，未来是能者为师的时代，教师要想不被淘汰，就要做到以下两点：一是学会做智能机器人做不到的事情；二是学会与智能机器人共处，让智能机器人为我所用。这就要求教育者一方面要提高自己的信息素养；另一方面则要不断地提高自身的专业素养和情意素养，这是教师的核心竞争力所在。

（2）未来的教师属性将越来越社会化。未来教师的教学空间将不局限于线下教学，而是线上教育与线下教学相结合。这就意味着教师将不再只服务于本班学生，也会服务于其他区域，教师的智力资源将在不同区域之间流转，促进教育公平。同时，教师的分工也将更加精细化。

2022年首都师范大学333教育综合真题·凯程详解

一、名词解释

1. **课程实施**（见2020年内蒙古师范大学真题）
2. **教师期望效应**（见2012年首都师范大学真题）
3. **开放型访谈**

【答】（1）含义：开放型访谈指只根据一个粗略的访谈提纲或某一题目，由访谈者和访谈对象自由交谈以获取资料的访谈方法。

（2）优点：有利于访谈者和访谈对象充分发挥主动性、创造性，便于全面而深入地搜集资料；有利于拓展和加深对问题的考察，能灵活地处理访谈设计中没有考虑到的事件和问题。

（3）缺点：开放型访谈难度大，需要很高的访谈技巧，访谈耗时，常常不确定，资料的整理和分析难度较大。

二、简答题

1. **简述社会本位论和个人本位论的观点。**（见2010年北京师范大学真题）
2. **简述夸美纽斯班级授课制的理论及其意义。**（见2014年北京师范大学真题）
3. **简述文献检索和查找文献时应注意的问题。**

【答】研究问题确定后，就要进行文献检索。文献检索就是寻找和考察文献，即按照研究问题的要求，遵循科学程序，迅速、准确地获取研究所需的文献的过程。进行文献检索时应该注意：

（1）全面检索：除了检索与研究问题直接相关的文献，也要注意查阅与要研究的课题相关的成果；既要阅读能够验证自己的观点的文献，也要阅读与自己观点不一致甚至相反的资料；中外文文献都要有所涉及。

（2）注意规范：在检索文献的时候，一定要遵循相应的规则。为了保护知识产权和使用者的正当权益，学校图书馆一般会要求使用者遵守电子资源知识产权保护的相关规定。

（3）尽量查阅一手文献：研究者在引用文献时，通常会加入自己的主观理解和解读，所以我们在检索文献时，应聚焦于主流文献，尤其要注意收集一手文献，及时记录有用的信息，以确保阅读的客观性和引用的准确性。

三、论述题

1. **结合实际，说明良好师生关系的特征和建构策略。**（见2017年南京师范大学真题+2019年陕西师范大学真题）
2. **举例论述激发学生的学习动机的方法策略。**（见2012年华东师范大学真题）
3. **论述教育研究范式的演变过程。**（见2011年首都师范大学真题）

四、材料分析题

1. **分析当前我国基础教育的成就和存在的教育问题。**（材料缺失）

【答】（1）成就：

①形成新的教学观：从重视教师向重视学生转变；从重视教法向重视学法转变；从重视传授知识向重视建构

知识、培养能力转变；从重视认知向重视发展转变；从重视结果向重视过程与方法转变；从重视继承向重视创新转变；创造具有人文关怀、回归生活、具有生命活力的课堂。

②形成新的评价观：从侧重于评价的选拔性功能转向发展性和激励性功能；从侧重于终结性评价转向终结性与过程性评价相结合；从侧重于量化评价转向量化与质性评价相结合；从侧重于一元性评价转向多元化评价；从侧重于学生的智育评价转向"五育"并举的评价；从侧重于目标取向的评价转向过程取向的评价和主体取向的评价；强调评价的真实性和情境性，关注学生成长与思维发展。

③形成新的课程观：课程目标注重培养学生的综合素质、思维力、创造力、探索精神等，体现课程目标的整体性；课程内容具有基础性、综合性、生活性、时代性；课程类型具备多样化、均衡化、综合化、选择化的结构；课程实施从忠实取向的课程观转向相互适应取向和创生取向的课程观。

（2）存在的问题：

①我国基础教育的管理体制不合理。我国基础教育所用的管理是呆板、僵硬的行政管理体制，很多管理人员根本不懂教育管理。

②我国基础教育的评价体制有问题。教育评价过分强调甄选与选拔的功能，过分关注对结果的评价，评价内容过于关注学业成绩，评价方法过于关注量的呈现，评价主体过于单一，忽视评价主体的多元化等。

③我国基础教育的教育资源分布不均匀。在我国基础教育中，由于各种原因使得我国有限的教育资源分布不均匀，主要表现在区域分布的不平衡和城乡分布不平衡上。资源的不均衡难免会导致教育的畸形发展。

④我国基础教育背离了教育的初衷。我们国家提倡素质教育已经很多年了，但是应试教育依然根深蒂固，如有的学校还是比较重视升学率。

⑤我国基础教育的教学形式僵硬、固化。学校教育中过分注重知识的传授，忽视了学生的社会性、价值观、创造性。课程内容难、繁、偏、旧。课程体系以学科知识为核心，过于强调学科本位，忽视了学科之间的整合性和关联性。

（结合材料进行回答，言之有理即可）

2.分析"双减"政策下如何加强基础教育建设。（材料缺失）

【答】"双减"政策指有效减轻义务教育阶段学生过重的作业负担和校外培训负担的政策。减轻中小学生过重的课外负担，不仅要严格管理校外培训机构，而且要提高学校的教育质量，让学生在校内学足学好，缓解社会焦虑，降低家长送孩子参加校外培训的冲动。

（1）从学校层面：

①全面压减作业总量和时长，减轻学生过重的作业负担。包括：a.健全作业管理机制。b.分类明确作业总量。c.提高作业设计质量。d.加强作业完成指导。e.科学利用课余时间。

②提升学校课后服务水平，满足学生多样化需求。包括：a.保证课后服务时间。b.提高课后服务质量。c.拓展课后服务渠道。d.做强做优免费线上学习服务。

③提升教育教学质量，确保学生在校内学足学好。包括：a.提升课堂教学质量。b.落实教育质量评价体系。c.严肃查处教师校外有偿补课。

（2）从国家政府层面：

①大力提升教育教学质量。包括：a.促进义务教育优质均衡发展。b.优化义务教育阶段与高中招生改革。

②坚持从严治理，全面规范校外培训行为。包括：a.坚持从严审批机构。b.规范培训服务行为。c.强化常态运营监管。

③强化配套治理体系，提升支撑保障能力。包括：a.保障学校课后服务条件。b.完善家校社协同机制。c.做好培训广告管控。

④合理治理校外培训机构，推进治理的稳步进行。包括：a.坚决压减学科类校外培训。b.合理利用校内外资源。c.强化培训收费监管，坚持校外培训公益属性。（开放性题目，言之有理即可）

上海师范大学

2011 年上海师范大学 333 教育综合真题·凯程详解

一、名词解释

1. 稷下学宫（见 2020 年北京师范大学真题）
2. 最近发展区（见 2011 年北京师范大学真题）
3. 苏格拉底法（见 2011 年北京师范大学真题）
4. 教育目的（见 2015 年北京师范大学真题）
5. 多元智力理论（见 2011 年华南师范大学真题）

二、简答题

1. 简述人文主义教育的特征和历史影响。（见 2019 年华中师范大学真题）
2. 影响个体发展的因素有哪些?（见 2015 年北京师范大学真题）
3. 简述教学过程中直接经验和间接经验的关系。（见 2014 年华中师范大学真题）
4. 简述教师专业发展的内涵。（见 2011 年首都师范大学真题）
5. 简述斯巴达教育的特点。（见 2011 年华南师范大学真题）

三、论述题

1. 论述成败归因理论。（见 2011 年东北师范大学真题）
2. 论述杜威的教育思想。（见 2011 年北京师范大学真题）

2012 年上海师范大学 333 教育综合真题·凯程详解

一、名词解释

1. 教育目的（见 2015 年北京师范大学真题）
2. 教学（见 2013 年陕西师范大学真题）
3. 京师大学堂（见 2013 年北京师范大学真题）
4. 苏格拉底方法（见 2011 年北京师范大学真题）
5. "五育"方针（见 2011 年东北师范大学真题）
6. 德育过程（见 2014 年华东师范大学真题）

二、简答题

1. 简述教学评价的原则。（见 2011 年陕西师范大学真题）
2. 简述董仲舒的三大文教政策。（见 2010 年陕西师范大学真题）
3. 简述洛克的绅士教育思想。

【答】（1）洛克是英国著名的实科教育和绅士教育的倡导者，他在教育代表作《教育漫话》中阐述的绅士教育的主张对西方近代教育和社会发展产生了重要影响。

（2）绅士教育的内容。

绅士教育的内容是德、智、体"三育"并举，以道德教育为中心。

①关于德育，他把德行放在比知识更重要的位置。道德教育要重视早期教育，重视理性领导和榜样作用，不主张体罚。

②关于智育，学问的内容必须是实际有用的广泛知识。

③关于体育，强调体育的重要性，强调生活各方面都要吃苦耐劳。

（3）评价：洛克的教育思想以其世俗化、功利性为显著特点，他的思想在实践中和理论上都对英国以及西欧教育的现代化做出了贡献。但他的教育思想局限于绅士教育，缺乏民主性。

4.简述问题的性质及问题的分类。

【答】（1）所谓问题，就是个体不能用已有的知识经验直接进行处理并因此感到疑难的情境。

（2）任何问题都有三个基本成分：一是初始状态；二是目标状态；三是存在的限制或障碍。现实中的问题多种多样，研究者倾向于将问题分为两类：有结构的问题和无结构的问题。有结构的问题是指已知条件和要达到的目标都非常明确，个体按照一定的思维方式即可获得答案的问题；无结构的问题的已知条件与要达到的目标都比较模糊，问题情境不明确，各种影响因素不确定，也不容易找到解答线索。

三、论述题

1.结合课程改革探讨教师专业素养的问题。（见2019年东北师范大学真题）

2.评述陶行知的生活教育思想体系。（见2014年北京师范大学真题）

3.论述赫尔巴特的教育思想，分析其优点和局限性。（见2015年北京师范大学真题）

4.结合韦纳的三个维度，对考试成功和考试失败进行归因分析。

【答】（1）韦纳在前人的基础上，对行为结果的归因进行了系统探讨，发现人们倾向于将活动成败的原因归结为六个因素：能力高低、努力程度、任务难度、运气好坏、身心状态、外界环境等。他把这六个因素分为三个维度，即内部归因和外部归因、稳定归因和非稳定归因、可控归因和不可控归因。依据这三个维度，把成就行为归因于能力、努力、任务难度、运气这四个有代表性的因素。

（2）学生最终将成败归因为何种因素，受以下几种变量的影响：

①他人操作的有关信息，即个体根据别人行为结果的有关信息来解释自己行为结果的原因。如班上大部分人得高分，则易产生外部归因（老师判卷松）；少数人得高分，则易产生内部归因（能力强、刻苦）。

②先前的观念，即个体以往的经验或行为结果的历史。如果努力做事后来成功了，则归因为稳定因素；经过努力还是失败了，则归因为不稳定因素，如运气不佳。

③自我知觉，即个体对自己能力的看法。自认为有能力者，易将成功归因为能力，将失败归因为老师的不公、偏见。

④此外，教师或权威人物对学生行为的期待、奖惩和归因，学生的性格类型、教育训练等，都可以影响学生的归因。

（3）韦纳的归因理论认为，一个人解释自己行为结果的原因会反过来激发他的动机，影响他的行为、期待和情感反应。例如：把成功归结为内部原因，会使学生感到满意和自豪；归结为外部原因，会使学生产生惊奇和感激的心情。把失败归结为内部原因，会使学生产生内疚和无助感；归结为外部原因，会使学生感到气愤和产生敌意。把成功归因于稳定因素，会提高学习的积极性；归因于不稳定因素，学习的积极性可能会提高也可能会降低。把失败归因于稳定因素，会降低学生学习的积极性；归因于不稳定因素，则可能提高学生学习的积极性。

2013年上海师范大学333教育综合真题·凯程详解

一、名词解释

1.元认知（见2011年北京师范大学真题）

2.苏格拉底法（见2011年北京师范大学真题）

3.教育制度（见2012年华东师范大学真题）

4.教育性教学

【答】赫尔巴特重视教学的作用，并提出了一个非常重要的原则，即教育性教学原则。教育性教学原则的含义：教育（道德教育）是通过而且只有通过教学才能真正产生实际作用，教学是道德教育的基本途径。

5.德育过程（见2014年华东师范大学真题）

二、简答题

1.简述教师劳动的特点。（见2015年东北师范大学真题）

2.简述自然主义。（见2012年华东师范大学真题）

3.简述《学记》的主要内容。（见2011年东北师范大学真题）

4.简述问题的种类并举例。

【答】按照问题的组织程度把问题分为结构良好问题与结构不良问题。结构良好问题是指具有明确的初始状态、目标状态以及解决方法的问题，如从北京出发乘火车去大连，最好的路线是什么；结构不良问题是指没有明确的结构或解决途径的问题，如让学生考察北京市教师的待遇情况。

三、论述题

1.论述赫尔巴特的教育思想。（见2015年北京师范大学真题）

2.试论述蔡元培的"五育"并举的教育方针。（见2016年华东师范大学真题）

3.比较分析陈述性知识和程序性知识的异同。（见2010年陕西师范大学真题）

2014年上海师范大学333教育综合真题·凯程详解

一、名词解释

1.课程标准（见2015年北京师范大学真题）

2.教育目的（见2015年北京师范大学真题）

3.学校管理（见2015年北京师范大学真题）

4.多元智力理论（见2011年华南师范大学真题）

5.骑士教育（见2010年华东师范大学真题）

6.京师同文馆（见2012年北京师范大学真题）

二、简答题

1.简述科尔伯格的道德发展理论。（见2013年华东师范大学真题）

2.教育怎样体现社会流动功能？（见2010年北京师范大学真题）

3.简述教师的专业素养。（见2014年北京师范大学真题）

4.简述百日维新的教育改革。（见2014年陕西师范大学真题）

三、论述题

1.论述卢梭的自然教育理论。（见2012年华东师范大学真题）

2.论述科举制及其影响。（见2019年华中师范大学真题）

3.论述陈述性知识和程序性知识的比较。（见2010年陕西师范大学真题）

4.举例说明"理论联系实际"的教育原则。

【答】理论联系实际原则，是指教学要以学习基础知识为主导，从理论与实际的联系上去理解知识，注意运用知识去分析和解决问题，做到学以致用。要求如下：

（1）切实加强基础知识、基本理论的教学。

教学中的理论联系实际原则，一定要以理论为主导，掌握理论是联系实际的前提。教学中要不要联系实际、联系什么实际、如何联系实际，都要根据学习理论的需要来确定。我们既要防止教育单纯从书本到书本、从概念到概念的教条主义教学，也要防止把教学融于生活，仅仅从做中学等庸俗做法。

（2）根据学科的具体特点和学生的特点来正确、恰当地联系实际。

联系实际的内容十分广泛，包括学生的生活实际和经验，学生的思想实际、社会发展实际、科学上的最新成就等。联系实际常用的方式有三种：一是教师讲解过程中的举例和演示；二是教学实践活动；三是社会实践活动。例如，在讲"正确对待理想与现实"这一课时，可以先让学生讲一下自己的理想，这样就会发现很多学生所谓的理想都是关于学习的近期目标，他们还没有形成完整的人生观、世界观、价值观。因此，教师在教学时，要结合学生所说的理想进行针对性的教育，使他们形成对理想的正确认识。

（3）补充必要的乡土教材。

补充乡土教材是使学校教学与社会生活息息相通的重要措施。我国幅员辽阔，在自然条件、经济和文化发展等方面都有很大的差异，每个地方都有其特有的历史文化、物产资源、风土人情。因此，在使用统一的教材时，必须适当地补充乡土教材，能联系本地实际加以应用，还能培养学生热爱家乡的观念与情感，树立为本地经济建设做贡献的思想。

2015年上海师范大学333教育综合真题·凯程详解

一、名词解释

1. 学校管理目标

【答】学校管理目标是指学校管理主体对学校管理活动的要求和期望，也就是通过学校管理活动所要达到的状态、标准和结果。学校管理目标在学校管理活动中占据重要地位，它既是学校管理活动的指南，也是衡量学校管理工作好坏的标尺。它有下述作用：①导向作用；②激励作用；③调控作用；④评价作用。

2. 教育评价（见2014年西南大学真题）

3. 课程方案（见2013年华东师范大学真题）

4. 德育（见2015年华南师范大学真题）

5. 稷下学宫（见2020年北京师范大学真题）

6. "三艺"

【答】"三艺"是指"七艺"教育中的"前三艺"，即文法、修辞学、辩证法。"三艺"是古希腊的智者先确定下来的。普罗塔哥拉及智者派教师充当了传授辩术的角色，他们周游各城市用游学的方式给贵族青年传授"三艺"，并培养了一批演说家和辩论人才。

二、简答题

1. 简述掌握知识与发展智力的关系。（见2012年东北师范大学真题）

2. 教育如何体现其文化功能？（见2016年北京师范大学真题）

3. 简述卢梭的自然教育思想理论。（见2012年华东师范大学真题）

4. 简述维果茨基"最近发展区"的概念。（见2018年湖南师范大学真题）

三、论述题

1. 结合实际分析教师角色冲突及其解决办法。

【答】由于个人在社会不同群体中所处的地位不同，往往需要同时扮演若干角色。当这些角色对个人的期待发生矛盾、难以取得一致时，就会出现角色冲突。

（1）教师职业常见的角色冲突主要有以下几种：

①社会"楷模"与"普通人"角色的冲突。②"令人羡慕"的职业与教师地位低下实况的冲突。③教育者与研究者角色的冲突。④教师角色与家庭角色的冲突。

（2）解决办法：

为了调适这些冲突，使教师保持心理平衡与协调，应从主客观两个方面着手：

①主观上，首先，要树立自尊、自信、自律、自强的自我意识；其次，要根据实际情况的需要，善于处理多种角色的矛盾冲突，做到有主有辅、有急有缓、统筹兼顾；最后，要善于控制自己的思想、情绪，意志坚定地完成所承担的任务。

②客观上，首先，必须进一步切实提高教师的社会地位与经济待遇，改善教师的生活和工作条件，努力解决教师的实际困难；其次，应努力创造条件，为教师提供进修与发展的机会，并给予教师公正、客观、科学的评价，认可并肯定教师的劳动，满足教师的成就感；最后，加强对教师的思想教育，增强其责任感与使命感。

2. 论述张之洞"中体西用"教育思想的历史作用与局限性。（见2014年华东师范大学真题）

3. 论述赫尔巴特教学思想的教育贡献及其局限性。（见2015年北京师范大学真题）

4. 分析比较流体智力与晶体智力及其对教育的启示。

【答】（1）流体智力与晶体智力。

美国心理学家卡特尔等人在二十世纪六七十年代，根据智力的不同功能，将智力划分为两种：流体智力和晶体智力。

流体智力是指人不依赖于文化和知识背景学习新事物的能力，即与基本心理过程有关的智力，受先天遗传因素影响较大，会随着年龄的老化而减退，如注意力、知识整合力、思维的敏捷性等。晶体智力则是指人后天习得的能力，与文化知识、经验的积累有关，并且不随着年龄的老化而减退，如知识的广度、判断力、常识等。

从时间上看，流体智力在人的成年期达到高峰后，就会随着年龄的增长而逐步衰退，而晶体智力自成年后不但不会减退，反而会上升。

（2）对教育的启示。

通过教育发展学生多方面的能力，扩充晶体智力。

（建议回答角度：需要从人的发展特点和教育的相互关系这个角度回答它们对教育工作的启发，从而延伸到我国现有教育工作的改善方向，适当扩展即可）

2016年上海师范大学333教育综合真题·凯程详解

一、名词解释

1. 负强化（见2019年华中师范大学真题）

2. 学校教育制度（见2019年北京师范大学真题）

3. 稷下学宫（见2020年北京师范大学真题）

4. 课程设计

【答】课程设计是以一定的课程观为指导，制定课程标准、选择和组织课程内容、预设学习活动方式的活动，是对课程目标、教育经验和预设学习活动方式的具体化过程。课程设计的过程中要注重课程目标的设计和课程内容的设计。

5. 苏格拉底法（见2011年北京师范大学真题）

6. 德育过程（见2014年华东师范大学真题）

二、简答题

1. 简述卢梭的主要教育思想。（见2012年华东师范大学真题）

2. 教师的劳动有哪些价值？

【答】教师的劳动对社会、个人的发展都有重要的价值。

（1）教师劳动的社会价值。

从宏观上看，教师劳动的社会价值表现在教师对延续和发展人类社会的巨大贡献上。教师的工作联系着人类的过去、现在和未来。从微观上看，教师的劳动关系到每一个人的发展和幸福。在现代社会，一个人的发展状况如何、前途如何，在很大程度上取决于他所接受的教育，取决于教师的劳动。

（2）教师劳动的个人价值。

教师劳动的个人价值在于这种劳动能够创造巨大的社会价值。因为个人价值的大小主要取决于他对社会的贡献。教师的劳动比一般的劳动更具有自我实现的价值。教师的劳动是培养人，具有特殊的复杂性和创造性。教师在自己的劳动中能够充分发挥个人的才智，促进个人自身的发展和完善，满足个人较高层次的需求。教师劳动还能享受到一般劳动所享受不到的乐趣。

（3）正确认识和评价教师的劳动。

教师的劳动虽然有着巨大的社会价值和独特的个人价值，但也具有自身的特点：a.教师劳动的价值具有模糊性；b.教师劳动的价值具有明显的滞后性；c.教师劳动的价值具有隐蔽性。正因为教师劳动的价值具有模糊性、滞后性和隐蔽性的特点，所以很难被人们充分认识，因此教师的实际社会地位低下也就不难理解了。

"国将兴，必贵师而重傅。"任何一个有远见的政治家，都必须重视教育，尊重教师；任何一个国家欲在世界民族之林立于不败之地，都必须重视教育、尊重教师。我们要致力于把教师职业真正发展为太阳底下最崇高的职业。

3. 简述教育的生态功能。（见2020年华东师范大学真题）

4. 简述"最近发展区"的教育意义。（见2018年湖南师范大学真题）

三、论述题

1. 评述杜威实用主义教育的主要思想。（见2011年北京师范大学真题）

2. 评述蔡元培的"五育"并举教育思想。（见2016年华东师范大学真题）

3.结合实例论述传递 — 接受学习的主要过程。（见2016年南京师范大学真题）

4.评述建构主义。（见2013年华东师范大学真题）

2017年上海师范大学333教育综合真题·凯程详解

一、名词解释

1.课程标准（见2015年北京师范大学真题）

2.教学方法（见2013年华南师范大学真题）

3.苏格拉底法（见2011年北京师范大学真题）

4.学校管理目标（见2015年上海师范大学真题）

5.稷下学宫（见2020年北京师范大学真题）

6.教育制度（见2012年华东师范大学真题）

二、简答题

1.举例说明教师主导性与学生主体性的关系。（见2010年北京师范大学真题）

2.简述教师的专业素养。（见2014年北京师范大学真题）

3.列举中国古代最著名的五大书院。

【答】中国古代最著名的五大书院分别是白鹿洞书院、东林书院、诂经精舍、学海堂和漳南书院。

（1）白鹿洞书院。

南宋时期朱熹修复白鹿洞书院，自由讲学是书院的基本精神。其中最著名的是《白鹿洞书院揭示》，它使学规成为书院教学的总方针，此外在经费制度、管理方面都做了规定，这说明南宋后期书院已经制度化。

（2）东林书院。

东林书院是明朝名声、影响最大的书院，在此形成了著名的东林学派。基本思想是推行程朱，反对王学，并制定了《东林会约》，完善讲会制度。学术与政治相结合，密切关注社会政治。

（3）诂经精舍和学海堂。

诂经精舍和学海堂是由清朝后期学术巨子阮元创办的，书院特点是"以励品学，非以弋功名"。各用所长，因材施教，教学和研究紧密结合，刊刻师生研究成果。

（4）漳南书院。

漳南书院是由清代著名教育家颜元主持的一所讲求实学的书院。颜元在书院中设"文事""武备""经史""艺能""理学""帖括"等六斋，实行分斋教学，各斋教以不同的内容。书院各斋有长，各科有领，均由学生担任。书院主要教学"六德""大行"和"大艺"。在教学中，颜元与弟子读书、讲论、歌诗，讨论兵农钱谷，说古论今，学习自然科学知识，并教学生军事体育技能。

4.简述教育影响的一致性与连贯性原则。（见2010年北京师范大学真题）

三、论述题

1.论述先行组织者及其在学习中的运用。

【答】（1）先行组织者。（见2012年华东师范大学真题）

（2）先行组织者在学习中的运用。例如，学生将要学习"地形"方面的新材料，陈述性组织者就设计为："地形是由各种各样特殊形状的大小陆地构成的总和"。其中，"陆地"是学生已经掌握的上位概念，抽象和概括性高于新概念"地形"，而"地形"又高于将要学习的正式材料"山脉""高原""平原"等。学生事先学习这个组织者之后，便将这些高度抽象概括化的概念移植进认知结构中。再例如，学生学习了"动作技能"的有关材料后，再学习"智力技能"这个新材料，有可能会混淆这两个概念，这时我们应该设计一个比较性组织者，可以设计为："智力技能和动作技能一样，练习得越多就越熟练"。不同的是前者为内化动作，后者为外显动作。

2.论述赫尔巴特的教育思想及其历史作用与局限性。（见2015年北京师范大学真题）

3.论述建构主义中的教学观、学生观及知识观。（见2013年华东师范大学真题）

4.论述张之洞"中体西用"的教育思想及其历史局限。（见2014年华东师范大学真题）

2018年上海师范大学333教育综合真题·凯程详解

一、名词解释

1.教学过程

【答】教学过程是一种特殊的认识过程，也是一个促进学生身心发展的过程。教学过程是教师有目的地引导学生学习人类积累起来的科学文化知识，学生掌握科学文化知识的过程，实质上就是能动地认识世界、提高自我的过程。

2.德育过程（见2014年华东师范大学真题）

3.教育制度（见2012年华东师范大学真题）

4.苏格拉底教学法（见2011年北京师范大学真题）

5.京师同文馆（见2012年北京师范大学真题）

6.卢梭自然主义（见2013年陕西师范大学真题）

二、简答题

1.简述学校心理健康教育的途径。（见2015年华中师范大学真题）

2.简述班级授课制的优缺点。（见2020年北京师范大学真题）

3.简述遗传素质在人的发展中的作用。（见2011年陕西师范大学真题）

4.简述卢梭的自然教育理论。（见2012年华东师范大学真题）

三、论述题

1.评述蔡元培"五育"并举的教育思想。（见2016年华东师范大学真题）

2.结合实例说明和评价班主任工作的内容和方法。（见2012年西南大学真题）

3.结合实例说明学习动机的实质及其在学生学习中的重要作用。

【答】（1）学习动机的实质：学习动机是学习活动的驱动力量，学习动机的性质、指向和水平不仅影响学习活动的积极性，而且制约学习活动的方向。学习动机是激发和维持个体进行学习活动，并使学习活动朝向一定的学习目标，以满足某种学习需要的内部心理状态，它的主要内容包括知识价值观、学习兴趣、学习效能感和成败归因。

（2）在学习中的作用：

①定向作用。学习动机以学习目的为出发点，是推动学生为达到一定的学习目的而努力学习的动力。

②激发和维持作用。学习动机能增强学习的努力程度，使学生积极、主动、持之以恒地学习。

③调节作用。学习动机影响学习效果，学习动机调节学习行为的强度、时间和方向。

4.评述赫尔巴特的教学理论。（见2017年陕西师范大学真题）

2019年上海师范大学333教育综合真题·凯程详解

一、名词解释

1.教育制度（见2012年华东师范大学真题）

2.学校管理（见2015年北京师范大学真题）

3.教学资源

【答】教学资源是为教学的有效开展提供的素材等各种可被利用的条件，通常包括教材、案例、影视、图片、课件等，也包括教师资源、教具、基础设施等。从广义上讲，教学资源可以指在教学过程中被教学者利用的一切要素，包括支撑教学的、为教学服务的人、财、物、信息等。从狭义上讲，教学资源（学习资源）主要包括教学材料、教学环境及教学后援系统。

4.京师同文馆（见2012年北京师范大学真题）

5.骑士教育（见2010年华东师范大学真题）

6.《爱弥儿》

【答】《爱弥儿》是18世纪法国教育家卢梭的代表作，它提出了自然主义教育思想。自然教育的核心是"归于自然"，即教育必须遵循自然，顺应人的自然本性。人所受的教育包括自然的教育、人为的教育和事物的教育，事物的教育和人为的教育要服从于自然的教育。其目的是培养"自然人"，即完全自由成长、身心调和、能自食其力、不受传统束缚、能够适应社会生活的一代新人。其方法原则是：正确看待儿童；给予儿童充分的自由；符合儿童发展的年龄特征。其实施阶段包括：婴儿期（0~2岁），进行体育；儿童期（2~12岁），进行感官教育和身体发育；青年期（12~15岁），进行智育和劳动教育；青春期（15~20岁），进行道德教育。

二、简答题

1.简述环境在教学中的作用。

【答】（1）教学环境对优化教学活动过程的作用。

①优美的教学环境能够使学生在紧张、有序的学习活动中享受求知的快乐。

②生动活泼、积极主动、平等和谐的课堂教学氛围具有较强的感染力。

③在教学活动中，教学环境中精神环境或价值环境的创设，能促使师生之间情感方面的信息交流成为教学活动中不容忽视的要素之一。

（2）教学环境对提高教学活动效率的作用。

①和谐积极的教学环境可以端正学生的学习动机，激发学生的学习兴趣，提高教学活动的效率。

②富有个性的教学情景的创设，有助于照顾学生的个性差异，拓宽学生的知识面，扩展学生的视野，调节学生的心境，提高学生的动手能力和创新意识，挖掘学生的个性特点，从而使每个学生的人格都能获得全面和谐的发展。

③在教学环境的创设中，启发式教学活动能使学生透彻地理解知识、灵活地运用知识。在一定的教学情景中组织和开展各项教学工作，以体现教学活动中师生民主平等的教学思想。

④良好的教学环境可以陶冶学生的情操，净化学生的心灵，指导和纠正学生的道德行为习惯。

2.简述社会心理化的过程。

【答】依从、认同、内化（信奉）是社会规范学习过程中三种最典型的水平。

（1）依从作为社会规范的一种接受水平，一般指主体对他人或团体提出的行为要求的依据或必要性缺乏认识，甚至有抵触情绪，但仍遵照执行的一种遵从现象。具有盲目性、被动性、工具性、情境性的特点。它是整个社会规范学习过程的开端。

（2）认同一般指行为主体在认识、情感、行为上与规范趋于一致，从而产生自愿对规范遵从的现象，主要包括偶像认同和价值认同。这一水平具有自觉性、稳定性、主动性，是社会规范学习及品德形成的关键阶段，也是确立自觉遵从态度的开端。

（3）内化（信奉）是一种高级接受水平，是社会规范学习的最高阶段。表现为主体的规范行为和动机是以规范本身的价值信念为基础的，其规范行为被有社会规范的价值信念驱使。其特点有：高度自觉性；信奉行为的高度主动性；信奉行为的坚定性。从遵从的态度机制的确立来看，遵从态度的内在机制已完备。

3.简述蔡元培"五育"并举的思想。（见2016年华东师范大学真题）

4.简述卢梭的自然教育。（见2012年华东师范大学真题）

三、论述题

1.论述教师主导与学生主体的关系。（见2010年北京师范大学真题）

2.如何培养一个班集体?（见2014年华东师范大学真题）

3.举例并解释上位学习、下位学习和并列学习。

【答】按照新旧知识发生联系的方式，奥苏伯尔提出有意义学习的三种同化模式：

（1）上位学习——新概念或新命题具有广泛的包容范围或较高的概括水平，将一系列已有观念包含于其下而获得意义。如先知道松树、柳树等具体概念，然后学习"树"，知道"树"是各种树木的总括概念。

（2）下位学习——也叫类属学习，将概括程度较低或包容范围较小的新概念或新命题，归属到认知结构中原有的概括程度较高或包容范围较大的适当概念或命题之下，从而获得新概念或新命题的意义。

（3）并列学习——也叫组合学习，新旧知识既无上位关系，又无下位关系，这时发生的学习就是并列学习。如先学习"松树"的概念，再学习"柳树"的概念。

4.论述赫尔巴特的教学思想、意义及局限性。（见2015年北京师范大学真题）

2020 年上海师范大学 333 教育综合真题·凯程详解

一、名词解释

1. 课程标准（见 2015 年北京师范大学真题）

2. 教育的社会流动功能

【答】教育的社会流动功能是指社会成员通过教育的培养、筛选与提高，能够在不同的社会区域、社会层次、职业岗位、科层组织之间转换、调整与变动，以充分发挥其个性特长，展现其智慧才能，实现其人生抱负。教育的社会流动功能按其流向可分为横向流动功能和纵向流动功能。

3. 元认知（见 2011 年北京师范大学真题）

4. 苏格拉底法（见 2011 年北京师范大学真题）

5. 绅士教育（见 2012 年华东师范大学真题）

二、简答题

1. 请简述教师劳动的特点。（见 2015 年东北师范大学真题）

2. 简述学生学习的特点。

【答】（1）接受学习是学习的主要形式。学生学习是在教师的指导下，有目的、有计划、有组织、有系统地进行的，在短时间内接受前人所积累的文化科学知识，并以此促进自己发展和完善的过程。

（2）学习过程是主动建构的过程。学生的学习必须通过一系列的主动建构活动来接受信息，从而形成经验结构或心理结构，这一点越来越成为研究者的共识。

（3）学习内容的间接性。在经验传递系统中，学生主要是接受前人的经验，而不是亲自去发现经验，因此，所获得的经验具有间接性。

（4）学习的连续性。学生的学习是一个连续的过程，前面的学习为后面的学习奠定基础，后面的学习又是前面学习的补充和完善。

（5）学习目标的全面性。学生的学习不仅要掌握知识经验和技能，还要发展智能，形成良好的学习习惯和态度，并增进人的品德与人格发展。

（6）学习过程的互动性。重视教学中教师与学生以及学生与学生之间的社会互动，倡导合作学习、交互教学是当前教学改革的重要趋势。

3. 简述陈鹤琴"活教育"的思想。（见 2015 年北京师范大学真题）

4. 简述裴斯泰洛齐要素教育的基本主张。（见 2018 年华东师范大学真题）

三、论述题

1. 结合现实举例阐述榜样教育的含义、选择及运用要求。

【答】（1）含义：榜样示范法是用他人的高尚品德、模范行为和卓越成就来影响学生品德的方法。

（2）选择：青少年学生的模仿性强，可塑性强，爱效仿父母、师长，向先进同学看齐，尤其喜欢崇拜伟人、英雄、学者。榜样把道德观念和行为规范具体化、形象化、动态化，具有极大的感染力。在良好的环境里，榜样能给予学生正确的方向和巨大的动力。但在缺乏正确舆论的地方，榜样的作用则将受到干扰及影响。榜样多种多样，既有好的榜样，也有不好的榜样。教师应为学生提供好榜样，主要有：历史伟人，现实的英雄模范，优秀教师、家长，优秀学生。

（3）运用榜样示范法要注意以下几点要求。

①榜样必须是真实可信的。选好榜样是学习的前提。从古至今，人们都习惯拔高榜样，甚至编造一些美德故事来美化榜样，这是不可取的。尤其是当学生有了自己的判断能力之后，这样只会令人反感，适得其反。

②激起学生对榜样的积极情感。学生是通过模仿榜样的言行举止来习得其中的道德价值和行为方式的，这种模仿的倾向有赖于学生对榜样的积极情感，如果没有这种积极情感，那么模仿的行为是不会发生的。因此，需要引导学生深入了解榜样，包括榜样的身世、奋斗的经历、卓越的成就，尤其是那些感人至深之处，能使他们在心灵深处对榜样产生惊叹、爱慕、敬佩之情。

③为不同年龄段的学生树立不同的榜样。中小学时期长达 12 年，跨度大，学生的道德发展也经过了多个不同阶段，因此要为学生树立不同的榜样。比如，小学低年级的学生，处于道德发展的他律阶段，模仿性较强，应该多树立师长一类的榜样；到了少年期，他们崇拜英雄人物、文艺明星、体育明星，应该多树立正面、积极的偶像性榜样；高中学生志向高远，可为他们树立历史伟人与当代名人的榜样。

④要注重教师自身的示范作用。德育的教育效果，在很大程度上取决于教师本人的以身作则。尤其是低年级学生，视教师为说一不二的权威，这就更需要教师加强自身的修养，要求学生做到的，教师自己一定要先做到。

2.结合实例说明直观性教学原则的含义与实施要求。（见2018年华中师范大学真题）

3.举例说明如何在教学中为迁移而教，促进知识的正迁移。（见2014年北京师范大学真题）

4.论述蔡元培"五育"并举的内容及历史影响。（见2016年华东师范大学真题）

2021年上海师范大学333教育综合真题·凯程详解

一、名词解释

1."六艺"（见2012年华东师范大学真题）

2."七艺"（见2016年华东师范大学真题）

3.课程设计（见2016年上海师范大学真题）

4.学习动机（见2013年北京师范大学真题）

5.学校教育制度（见2019年北京师范大学真题）

6.苏格拉底法（见2011年北京师范大学真题）

二、简答题

1.简要评述个人本位论的教育目的观。（见2013年北京师范大学真题）

2.简答朱子读书法的主要内容。（见2016年华东师范大学真题）

3.简答夸美纽斯教育适应自然原则的主张及其意义。（见2012年西南大学真题）

4.简述当代教师在教学中的主要角色。（见2018年东北师范大学真题）

三、论述题

1.结合现实举例说明德育中奖惩的含义、具体方法与运用要求。（见2013年福建师范大学真题）

2.请举例说明教学巩固性原则的含义与运用要求。（见2018年东北师范大学真题）

3.阐述张之洞《劝学篇》中"中体西用"教育思想的历史作用和局限性。（见2014年华东师范大学真题）

4.在论述教学与发展的关系时，维果茨基提出了"最近发展区"的概念。（1）举例说明什么是最近发展区；（2）举例说明教学与最近发展区的关系是什么。（见2018年湖南师范大学真题）

2022年上海师范大学333教育综合真题·凯程详解

一、名词解释

1.教科书（见2017年华南师范大学真题）

2.广义的教育（见2011年华南师范大学真题）

3.道尔顿制（见2011年北京师范大学真题）

4.高原现象（见2010年杭州师范大学真题）

5.朱子读书法（见2015年东北师范大学真题）

6.稷下学宫（见2020年北京师范大学真题）

二、简答题

1.简述社会本位论的教育目的观。（见2010年北京师范大学真题）

2.简述杨贤江的全人生指导思想。（见2018年辽宁师范大学真题）

3.简述永恒主义教育。（见2010年华东师范大学真题）

4.简述问题解决的几个阶段。（见2010年山东师范大学真题）

三、论述题

1.举例论述长善救失的德育原则。（见2013年华南师范大学真题）

2.举例论述谈话法的含义、具体方法、基本要求。

【答】（1）含义。（见2015年中央民族大学真题）

（2）具体方法：谈话法可分为复习谈话和启发谈话。复习谈话是根据学生已学教材，向学生提出一系列问题，通过师生问答的方式来帮助学生复习、深化、系统化已学的知识。启发谈话则是通过向学生提出未解决的问题的方式，一步一步地引导他们去思考和探取新知识。

（3）基本要求。（见2015年中央民族大学真题）

（4）举例：在学习《将相和》一文中蔺相如举起宝玉撞向柱子时，老师提问"蔺相如会不会往柱子上撞？"有的同学说："蔺相如不会往柱子上撞。因为他深知秦王很爱这块玉，他正是抓住了这一心理，所以才这样说的，这是一种斗争策略。"有的同学说："蔺相如会撞，因为他在离开赵国时，已做好了牺牲的准备。如果秦王不守信用，他就会为了赵国的利益撞死在柱子上。"这种提问，激发了学生的兴趣，发展了学生的想象，启发了学生的策略思维，加深了学生对课文的理解，也提高了学生的语言表达能力。

3.论述洛克的绅士教育思想。（见2012年上海师范大学真题）

4.论述发现学习、有意义的接受学习以及它们的优点和缺点。

【答】（1）发现学习。

①含义：发现学习是指学习者用自己的头脑亲自获得知识的一切形式。发现不只限于发现人类尚未知晓的事物，还包括发现人类现有的知识。布鲁纳认为发现是教育儿童的主要手段，是学生掌握学科基本结构最好的方法。

②优点：有利于提高智力的潜力；有利于使外部奖赏向内部动机转移，学生能在发现过程中获得较大的满足感和求知欲；有利于学会将来进行发现的最优方法和策略，学生会学到如何发现和利用新信息的方法；有利于信息的保持和检索，按照一个人的兴趣和认知结构组织起来的材料就是最有希望在记忆中"自由出入"的材料。

③缺点：夸大了学生的学习能力；运用范围有限，只有少数学生能够使用，只适用于自然科学的某些知识教学；对教师的要求很高；从教学效率看，耗时耗力，不适合在短时间内传授大量知识，学习效率低。

（2）有意义的接受学习。

①含义：接受学习也叫讲授教学，是教师通过讲授，引导学生接受和理解事物意义的学习。学生通过新旧知识之间的相互作用来获得新知识。

②优点：接受学习突出了学生的认知结构和有意义的学习在知识获得中的主要作用，使学生在知识的获得中更注意使用方法，注重认知结构，而不是死记硬背，机械学习；可以更好地运用到教学实践中，教学时可以先呈现引导性材料，为新的学习任务提供观念上的固着点，增加新旧知识之间的可辨别性，以促进类属性的学习。

③缺点：偏重对知识的掌握，忽视了创造性的培养，过于强调接受学习，没有给予发现学习应有的重视。

浙江师范大学

2010年浙江师范大学333教育综合真题·凯程详解

一、名词解释

1.个人本位论

【答】个人本位论的代表人物有卢梭、裴斯泰洛齐等。个人本位论者主张教育目的的制定应该依据个人需要。主要观点：第一，教育目的应当从受教育者的本性出发，而不是从社会出发；第二，重视人的价值、个性发展和需要；第三，教育的目的在于帮助人们充分地实现他们的自然潜能；第四，人的本性在于"自然性"，个人价值高于社会价值，个人本位论倡导人的自由与个性，提升人的价值与地位，这也是对人性的一种解放。但是将个人利益凌驾于社会利益和国家利益之上，最终会毁坏教育的社会基础或前提。

2. **教学策略**（见2017年首都师范大学真题）

3. **监生历事制度**（见2011年湖南师范大学真题）

4. **中体西用**（见2011年北京师范大学真题）

5. **苏格拉底法**（见2011年北京师范大学真题）

6. **骑士教育**（见2010年华东师范大学真题）

二、简答题

1. 简述教育的要素及其相互关系。（见2015年北京师范大学真题）

2. 在人的发展中，哪四个方面的因素是最重要的？每个方面的基本内容是什么？（见2015年北京师范大学真题）

3. 什么是学校教育制度？有哪些类型？

【答】（1）学校教育制度：简称学制，是指一个国家各级各类学校的系统及其管理规则，它规定着各级各类学校的性质、任务、入学条件、修业年限以及它们之间衔接与分工的关系，是现代教育制度的核心内容。

（2）现代学校教育制度主要有三种类型：

①双轨学制。18、19世纪的西欧，由古代演变而来的带有等级特权痕迹的学术性现代学校和新产生的供劳动人民子女入学的群众性现代学校，都得到了比较全面的发展，于是形成了欧洲现代教育的双轨学制。一轨自上而下，其结构是大学、中学；另一轨自下而上，其结构是小学及其之后的职业学校。这两轨之间既不相通，也不相接。

②单轨学制。单轨学制产生于美国。19世纪，由于产业革命，在短时间内发展起来的群众性小学和中学将等级特权淹没，从而形成美国单轨学制。美国单轨学制的结构是：小学、中学，而后可以升入大学。美国学制的特点是一个系列，多种分段。

③分支型学制。十月革命后，苏联形成了既有单轨学制特点又有双轨学制特点的苏联型学制。这种学制一开始并不分轨，而且职业学校的毕业生也有权进入对口的高等院校。但它又和美国单轨学制不同，因为它进入中学阶段则开始分支，这就是苏联的分支型学制。

4. 简述自我效能论。（见2017年东北师范大学真题）

三、论述题

1. 根据学科课程的课程性质和课程特点，谈谈中小学设置学科课程的合理性。

【答】（1）性质：学科课程指根据各级各类学校的培养目标和学生的发展水平，分门别类地从各学科中选择知识，并按照学科的逻辑组织学科内容的课程。各科目都有特定的内容、一定的学习时数、一定的学习期限和各自的逻辑系统。

（2）特点：学科课程具有结构性、系统性、简约性等。

（3）优缺点。优点：学科课程提高了教学效率，这种课程按照严谨的知识结构进行组织，非常有助于学生学习和巩固基础知识；学科课程最能体现知识的系统性；学科课程能够突出教师的引导性和价值性，易于教师教学，也易于进行评价。缺点：容易造成学科分离；不利于联系学生的生活实际和社会实践；不重视学生的兴趣和需要，限制了学生的主体性。

（4）合理性：学科课程是每门学科知识体系的科学安排，易于使各级学校的相同或相近学科领域的知识连接起来，使它们成为一个体系，如初中的物理、高中的物理直至大学的物理，实际上是一个逐步递进的连续系列。学科课程易于保证所授知识与技能的完整性、连续性和严密性。同时，学科课程也给教师的教学带来了方便，教师具备学科专业知识和借助课本往往就不难完成教学任务。因此，在古今中外的教育发展中，学科课程一直居于显要地位。

2. 论述孔子的教育实践与教育思想。（见2012年北京师范大学真题）

3. 评述杜威的教育思想。（见2011年北京师范大学真题）

4. 论述建构主义关于学习的基本观点。（见2013年华东师范大学真题）

2011年浙江师范大学333教育综合真题·凯程详解

一、名词解释

1. 城市学校（见2014年华东师范大学真题）
2. 知识（见2016年华南师范大学真题）
3. 苏格拉底教学法（见2011年北京师范大学真题）
4. 监生历事制度（见2011年湖南师范大学真题）
5. 有教无类（见2010年北京师范大学真题）
6. 学习动机（见2013年北京师范大学真题）

二、简答题

1. 简述独尊儒术。

【答】（1）"罢黜百家，独尊儒术。"汉武帝在董仲舒的建议下，下令国家政策和文化教育皆以儒术为本，儒学成为统一的指导思想。以儒家经典为教育内容，用严格的师法代替自由讲学，书本知识在教学中占主要地位，长句古训代替了对现实问题的探讨，这便是"独尊儒术"政策对教育的重大影响。

（2）兴办太学。兴太学以养士，这是落实"独尊儒术"教育政策的重要步骤。汉武帝下令为五经博士设弟子，标志着太学正式成立，以经学教育为内容的中国封建教育制度正式确立。

2. 简述我国的教育目的。（见2012年北京师范大学真题）

3. 简述陶行知的生活教育理论对现行教育体系的意义。（见2014年北京师范大学真题）

4. 简述你对学校管理的认识。

【答】（1）含义：学校管理是管理者通过一定的组织形式和工作方式实现学校教育目标的活动。它有以下几个显著特性：学校管理以育人为中心，具有教育性；学校管理的目的在于促进学生发展，具有服务性；学校管理在特定的文化环境中进行，具有文化性；学校管理是对校内外各种资源的有效整合，具有创造性。

（2）学校管理的构成要素：学校管理者；学校管理对象；学校管理手段。

（3）学校管理的内容：

①教学管理：包括教学思想管理、教学组织管理和教学质量管理。

②教师管理：包括教师的选拔、任用、培养和考评。

③学生管理：包括学生思想品德的管理、学习管理、健康管理、组织管理、课外活动管理等。

④总务管理：包括财务管理、生活管理、校产管理和环境管理等。

（4）发展趋势：学校管理法治化；学校管理人性化；学校管理校本化；学校管理信息化。

三、论述题

1. 请结合实际，谈谈你对教师师德的认识。（见2012年陕西师范大学真题）

2. 请结合实际，针对课堂教学改革中存在的某一个问题谈谈你的建议。

【答】（1）课堂教学改革的问题。

①教师的教学观念问题。大多数教师仍然把工作重心放在知识的传授和讲解上，和传统的课堂没有本质上的区别。

②预习过程中的问题。对学生的预习不够重视，流于形式。

③课堂教学的监控问题。学校没有对教师工作细节做明确要求，对课堂管理比较宏观。

④反馈过程中的问题。及时性不足，教学目标达成度低。

⑤学习评价问题。以学习结果为评价依据，评价方式单一，学生之间的评价没有应有的作用。

（2）针对课堂教学评价问题的改革建议。

①注重过程评价。将终结性评价与过程性评价相结合，注重过程性评价。不能只将分数作为评价学生的唯一标准，而应该把评价实施在教学过程的每一个环节中。

②评价内容多元化。不仅应该包括学科知识还应包含实践能力和创新精神等各方面素质。

③注重学生自评。学习评价不仅仅是对学生学习过程的检测，更重要的是让学生学会评价和监控自己的学习过程，让学生对其他学生进行点评，发现别人的优缺点，从而反思自身的问题，真正发挥学生的主体地位。

④评价目的发展化。课堂教学应该将评价作为学生攀登的台阶，作为学生发展的平台，即给学生成就与自

信，视学生的不足为其发展中的正常现象，是其成长的基础。只有这样才能让学生更好地在评价中成长。在评价学生时，教师要尊重每一个学生的愿望，让每一次评价都成为学生前进的动力。

总之，课堂教学应注重学习评价过程，超越目标取向的评价，走向过程取向和主体取向的评价，尊重学生的主体价值，运用多元价值标准，真正发挥学习评价的激励、纠正、导向、指导、深化等方面的作用，促进学生的发展。

3.请谈谈你对培养学生创造性的认识。（见2011年北京师范大学真题）

4.**请论述对我国教育改革具有启示意义的相关外国教育思想。（列举三个以上相关思想内容，可以结合卢梭、杜威、苏霍姆林斯基等人的思想进行论述）**

【答】对我国教育改革具有启示意义的相关外国教育思想包括布鲁纳的结构主义教育思想、美国行为主义教育思想、杜威"从做中学"的教育思想、终身教育思想、现代人文主义教育思潮、永恒主义、要素主义、改造主义教育等。

（1）布鲁纳的结构主义教育思想。（见2013年华东师范大学真题）

（2）杜威的"从做中学"教育思想。

"从做中学"是杜威全部教学理论的基本原则，是对传统教育的教学进行全面否定的一个中心论据。其主要观点包括：

①以经验为基础。杜威以其经验论为基础，要求从做中学、从经验中学，要求用活动性、经验性的主动作业来取代传统书本式教材的统治地位。这既能满足儿童的心理需要，又能满足社会性的需要。

②教材心理化。把直接经验和间接经验统一起来，认为必须以儿童个人的直接经验为起点，并强调对直接经验进行组织、抽象和概括。

（3）终身教育思想。

终身教育是一种旨在强调终身学习、教育整体化、教育民主化和教育革新，建立学习化社会的国际教育思潮。它于20世纪60年代在国际上流行，主要理论包括以下几点：

①终身教育是现代社会的需要。它是贯穿人的一生以及发展各个阶段的持续不断的过程，教育和训练的过程并不随学校学习的结束而结束。

②终身教育没有固定的内容和方法。

③终身教育是未来教育发展的战略。未来的教育就其整体和自我更新的能力来看将取决于终身教育。终身教育对实现教育机会均等和建立学习化社会有着积极的意义，各个国家都应该根据自己国家的具体情况来提出其终身教育的模式。

2012年浙江师范大学333教育综合真题·凯程详解

一、名词解释

1.**社会性发展**（见2015年北京师范大学真题）

2.**学习的实质**

【答】学习是指个体在特定情境下由于反复练习或经验而产生的行为或行为潜能比较持久的变化。学习有以下几个特点：第一，学习的发生是由经验引起的。第二，只有当个体在经验的作用下发生了行为上的变化时，才能认为学习发生了。第三，只有当行为的变化是由反复练习或经验导致的时，才能视为学习。第四，学习是一个广泛的概念，它不仅是人类普遍具有的，而且在动物中也存在。

3.**学习策略**（见2015年北京师范大学真题）

4.**社会规范学习**（见2014年华南师范大学真题）

5.**科举制度**（见2016年西南大学真题）

6.**公学**（见2017年东北师范大学真题）

二、简答题

1.教育的基本要素有哪些？它们在教育活动中发挥怎样的作用？（见2015年北京师范大学真题）

2.简述教育的文化功能。（见2016年北京师范大学真题）

3.简述夸美纽斯教育思想的主要观点。（见2016年西南大学真题）

4.列举五种现代欧美教育思潮。

【答】（1）改造主义教育。

改造主义教育以社会改造为教育的主要目的，既批判继承了实用主义教育，又吸收了要素主义、永恒主义教育的一些思想。所以，改造主义无疑是具有折中主义性质的思想。

（2）要素主义教育。

1938年，"要素主义者促进美国教育委员会"的成立是要素主义教育形成的标志。其代表人物有美国教育家巴格莱、科南特和里科弗等。要素主义教育从产生起就是一个有组织和有纲领的运动，主要针对美国教育实际中存在的问题和弊病，寻求解决问题和克服弊病的出路。

（3）永恒主义教育。

永恒主义教育是一种强调理性训练以及人的理性和教育基本原则的永恒性的教育思潮。代表人物有美国的赫钦斯、阿德勒，英国的利文斯通和法国的阿兰等。它强调人的理性，强调阅读经典名著，有突出的复古主义倾向，在教育实践领域影响不大。

（4）终身教育思潮。

终身教育思潮于20世纪60年代在国际上流行，其代表人物是保罗·朗格朗。终身教育是教育领域中正在进行的一场广泛而深刻的革命，很多国家将终身教育作为教育改革和发展的战略重点。

（5）现代人文主义教育思潮。

现代人文主义教育试图通过挖掘人类理智与情感诸方面的整体潜力来确立人的价值，代表人物有美国的马斯洛、罗杰斯，它主张学校应形成最佳的学习氛围，充分发挥和实现人的各种潜能。

三、论述题

1.结合实际，谈谈在教育过程中如何处理直接经验和间接经验的关系。（见2014年华中师范大学真题）

2.请你针对我国当前学校道德教育中存在的某个问题，谈谈你的看法。

【答】道德教育是教育者按照一定社会或阶级的要求，有目的、有计划、系统地对受教育者施加思想、政治和道德影响，通过受教育者积极的认识、体验、身体力行，以形成他们的品德和自我修养能力的教育活动。对学生进行道德教育是学校的一项重要工作。当前学校的道德教育中存在着一些问题，这些问题也是导致社会上一些极端事件频繁发生的根源之一。现就其中的"德育内容和方法简单"问题进行论述：

（1）存在的问题：德育内容和方法简单。这主要体现在以下两个方面：

①教育内容单一，缺乏全面性。

a.在观念规范方面，不仅缺少现代人才品德规范，而且缺乏普通社会公民层次的观念规范和中华民族的传统美德观念规范；b.在行为规范方面，缺少全面养成行为规范的训练；c.目前我国的道德教育尚未从单一的政治教育转变为政治理论、思想修养、伦理道德、民主意识、公民意识、文明行为、生活方式和健康心理的全面养成教育。

②教育方法简单，缺乏人文关怀。

a.长期以来，我国学校道德教育的方法主要采用讲授法，教师极少与学生进行思想及情感上的沟通，极少了解学生在知、情、意、行各方面的变化。b.教学内容枯燥乏味，教学手段缺乏新意，不能引起学生的兴趣和共鸣，也就不能将教育要求转化为学生的信念和行为品质。这也是导致道德教育时效性差的一个重要原因。

（2）解决措施。

①改变德育内容单一化倾向。

a.德育内容应包含中华民族优秀文化与道德，在德育内容上应改变德育教育政治化的倾向；b.把德育从单一的政治教育转变为政治理论、思想修养、伦理道德等多方面的教育，继承和发扬本民族道德教育的精华，丰富道德教育的内容。

②改进德育教育方法。

a.在德育教学中，应注重人文关怀。学生的学习需要情感的支撑，因此教师应对学生有充分的爱心和尊重，了解和理解学生，创造出一种民主的德育氛围。b.在德育教学中，要注重双向沟通。德育的目的不仅仅是使学生获得正确的观念，更重要的是使学生形成良好的道德行为习惯。因此，教师必须注重教与学的双向沟通，采取平等对话的教学方式。

3.论述加德纳的多元智力理论及其教育含义。（见2019年华东师范大学真题）

4.论述洋务教育改革。（见2013年湖南师范大学真题）

2013年浙江师范大学333教育综合真题·凯程详解

一、名词解释

1. 学在官府（见2017年华中师范大学真题）
2. 监生历事制度（见2011年湖南师范大学真题）
3. 观察学习（见2019年北京师范大学真题）
4. 苏格拉底方法（见2011年北京师范大学真题）
5. 知识（见2016年华南师范大学真题）
6. 城市学校（见2014年华东师范大学真题）

二、简答题

1. 简述汉初三大文教政策。（见2010年陕西师范大学真题）
2. 简述新文化运动时期的教育思潮和运动。（见2020年华中师范大学真题）
3. 简述现代教育发展的基本趋势。

【答】（1）培养全面发展的个人正由理想走向现实。（2）教育与生产劳动相结合成为现代教育的规律之一。（3）教育民主化向纵深发展。（4）人文教育与科学教育携手并进。（5）教育普及制度化，教育形式多样化。（6）终身教育成为现代教育中一个富有生命力和感召力的教育理念。（7）实现教育现代化是各国教育的共同追求。

4. 简述教育目的的基本精神。（见2012年北京师范大学真题）

三、论述题

1. 论述杜威的思想。（见2011年北京师范大学真题）
2. 联系实际谈谈创造性的培养。（见2011年北京师范大学真题）
3. 结合实际，谈谈在教学过程中如何处理好直接经验和间接经验的关系。（见2014年华中师范大学真题）
4. 谈谈人的发展规律及教育如何适应人的发展规律。（见2010年华中师范大学真题）

2014年浙江师范大学333教育综合真题·凯程详解

一、名词解释

1. 先行组织者（见2010年北京师范大学真题）
2. 自我效能感（见2014年华东师范大学真题）
3. "六艺"教育（见2012年华东师范大学真题）
4. 《颜氏家训》（见2019年北京师范大学真题）
5. 智者派（见2018年东北师范大学真题）
6. 公立学校运动

【答】从19世纪20年代起，贺拉斯·曼推动了美国公立学校运动。公立学校运动主要是指依靠公共税收维持，由公共教育机关管理，面向所有公众的、免费的义务教育运动。公立学校运动的主要特点：（1）建立地方税收制度，兴办公立小学；（2）颁布义务教育法，实行强迫入学；（3）采用免费教育的手段促进普及义务教育运动的开展。

二、简答题

1. 简述朱子读书法的含义。（见2016年华东师范大学真题）
2. 简述蔡元培"五育"并举的思想。（见2016年华东师范大学真题）
3. 简述现代教育的发展趋势。（见2013年浙江师范大学真题）
4. 简述教师劳动的特点。（见2015年东北师范大学真题）

三、论述题

1. 论述裴斯泰洛齐的教育思想。（见2020年东北师范大学真题）

2.结合教学实际论述如何培养学生解决问题的能力。（见2010年华中师范大学真题）

3.论述教育在人的发展中的作用。（见2016年东北师范大学真题）

4.论述教学过程的性质。（见2013年陕西师范大学真题）

2015年浙江师范大学333教育综合真题·凯程详解

一、名词解释

1.元认知策略（见2011年北京师范大学真题）

2.中体西用（见2011年北京师范大学真题）

3.学在官府（见2017年华中师范大学真题）

4.创造力

【答】创造力是个体利用一定的内外条件，产生新颖独特、有社会和个人价值产品的能力与相应的人格特征的心理品质。这种心理品质不是单一的而是综合的，不是线形的而是多维的，它包括与创造活动密切联系的认知品质、人格品质和适应性品质。创造力表现在创造活动（过程）之中，其结果以"产品"为标志，其水平以"产品的价值"为标准。

5.苏格拉底教学法（见2011年北京师范大学真题）

6.泛爱学校

【答】泛爱学校是在夸美纽斯和法国启蒙学者的教育观影响下出现的新式学校。泛爱学校的创始人是巴西多，泛爱学校采用"适应自然"的教学方式，在教学中注重直观教学，学生常在游戏、表演、诵读、交谈和心算等活动中学习。学习的内容十分广泛，本族语和实科知识占有重要地位，还有外语、体育、音乐、舞蹈和农业劳动、手工劳动等。巴西多还为泛爱学校编写了包括多种基础科学知识的《初级读本》。

二、简答题

1.简述"独尊儒术"的文教政策。（见2011年浙江师范大学真题）

2.简述蔡元培教育实践的具体内容及教育思想。（见2011年北京师范大学真题+2013年北京师范大学真题）

3.简述学校管理的主要方面。（见2017年西南大学真题）

4.简述教学的不同组织形式及内涵。

【答】（1）教学组织形式的内涵：教学组织形式是根据一定的教学思想、教学目的和教学内容，以及教学主客观条件组织安排教学活动的方式。

（2）教学的不同组织形式：在教学史上先后出现的影响较大的教学组织形式有个别教学制、班级授课制、分组教学制、道尔顿制和特朗普制等。其中教学的基本组织形式是班级授课制。班级授课制是一种集体教学形式，它把一定数量的学生按年龄与受教育程度编成固定的班级，根据周课表和作息时间表，安排教师有计划地给全班学生集体上课。同一班级的学生学习内容和进度必须一致。此外，还有辅助的教学组织形式，如参观、讲座等。

三、论述题

1.论述杜威的思想及其对我国学校教育改革的启示。

【答】（1）杜威的思想。（见2011年北京师范大学真题）

（2）结合我国当前的教育改革，杜威的思想给了我们很大的启示。

①教育改革中要重视教育与生活的紧密联系。当前，我国的教育现状是儿童学习负担太重，大部分学生只知道埋头苦读，很少参与社会生活，导致很多学生高分低能。同时，家长为了让孩子考出好成绩，把孩子关在书房里，使其很少参与家务劳动，很少了解现实生活，很少动手，结果严重限制了儿童的发展，也使学生的厌学情绪与日俱增。杜威早已在理论中强调，学习者在学习间接经验的同时，也要重视直接经验。学习必须"从做中学"，只有把教育与生活紧密联系起来，才有利于儿童的健康成长。如今，我们的课程设置在类型和内容上，都要想办法让学校生活和儿童生活、校内外生活相吻合。

②教育目的不能只要求儿童为遥不可及的未来做准备，而是要让儿童积极地适应当前的生活。教育的内容既要充分考虑和照顾儿童当下的生活，也要让儿童在教育中感受到快乐，愿意去探索新知。

③重视儿童的兴趣和需要，了解儿童的生活特点。当我们设置的学校生活和教育内容符合儿童的生活世界时，儿童就愿意学习，千万不可以把儿童当作小大人，所以，了解儿童和研究儿童是进行教育改革的一个基础。

④杜威倡导的教育改革由于过分注重以学生为中心，忽视了教师的主导性、知识的逻辑性和系统性，导致教育质量严重下滑。在我国的教育改革中必须避免这种极端的做法，以免产生严重的后果。我国的教育改革既要汲取前人的理论精华，站在巨人的肩膀上，也要寻找合理的切合点。

2. 论述学习动机的培养和激发策略。（见2012年华东师范大学真题）

3. 论述教育的社会功能。（见2014年北京师范大学真题）

4. 论述教师劳动的特点和价值。（见2015年东北师范大学真题+2016年上海师范大学真题）

2016年浙江师范大学333教育综合真题·凯程详解

一、名词解释

1. **学习动机**（见2013年北京师范大学真题）

2. **流体智力**（见2012年东北师范大学真题）

3. **经学教育**

【答】汉武帝"罢黜百家，表章六经"之后，儒学取得定于一尊的地位，带来了儒家经学教育与研究的繁荣局面，因此出现了众多传授儒学的经师。经学教育主要有两大学术流派：今文经学和古文经学。汉朝经学教育中多采用章句的形式教学。章句之学体现了不同经师的学术风格，所谓师法、家法正是体现在不同的章句之学之中。

4. **苏湖教法**（见2014年北京师范大学真题）

5. **实科中学**（见2017年华东师范大学真题）

6. **初级学院运动**

【答】初级学院运动是指19世纪后半期美国为解决中等中学与大学的衔接问题而进行的教育改革。初级学院运动的产生和发展，是美国高等教育大众化和民主化进程的产物，它适应美国社会政治、经济和文化发展的需要，成为美国高等教育的重要组成部分。"二战"后，美国初级学院运动得到了更大的发展，并影响到其他发达国家，有力地推动了高等教育的普及和发展。

二、简答题

1. 简述《学记》的教学思想。（见2014年东北师范大学真题）

2. 简述"五育"并举的方针。（见2016年华东师范大学真题）

3. 简述教师劳动的特点。（见2015年东北师范大学真题）

4. 简述我国教育目的的精神。（见2012年北京师范大学真题）

三、论述题

1. 论述夸美纽斯的教学思想及其对后世理论的影响。（见2016年西南大学真题）

2. 论述皮亚杰的认知发展阶段理论及影响认知发展的因素。

【答】皮亚杰的认知发展阶段理论。（见2012年东北师范大学真题）

影响认知发展的因素：皮亚杰认为，影响个体发展的因素有成熟、练习与习得经验、社会性经验、平衡化。

（1）成熟：指机体的成长，为认知发展提供生理基础。

（2）练习与习得经验：指个体对物体施加动作过程中的练习和习得的经验。

（3）社会性经验：指社会环境中人与人的相互作用和社会文化的传递，主要涉及教育、学习和语言等方面。

（4）平衡化：指个体与环境相互作用过程中的自我调节，是智力发展的内在动力。

3. 论述教师的素养。（见2014年北京师范大学真题）

4. 论述教学过程的性质。（见2013年陕西师范大学真题）

2017年浙江师范大学333教育综合真题·凯程详解

一、名词解释

1. **自我效能感**（见2014年华东师范大学真题）

2.陈述性知识

【答】根据知识的不同状态和表述形式，可分为陈述性知识与程序性知识。陈述性知识主要反映事物的状态、内容及事物发展变化的原因，主要指是什么、怎么样，也称描述性知识，一般可以用口头或书面语言进行清楚明白的表述。

3.苏格拉底法（见2011年北京师范大学真题）

4.学在官府（见2017年华中师范大学真题）

5.监生历事制度（见2011年湖南师范大学真题）

6.进步主义教育运动（见2014年北京师范大学真题）

二、简答题

1.简述《学记》的教学思想。（见2011年东北师范大学真题）

2.简述世界各国课程改革的趋势。

【答】当代世界各国的课程改革，尽管各有特色，但都存在着一些共同的发展趋势：

（1）重视课程内容的现代化、综合化。各国的课程改革都注意删除陈旧内容，增添反映现代科技成果的新内容，为适应当代科学综合化趋势加强的需要，许多国家开设了综合性课程。

（2）重视基础学科知识的结构化。把各门学科中的基本概念、定理和原理等基本结构教授给学生，保证在减轻学生负担的同时，使学生掌握基本知识和基本技能。

（3）重视能力的培养。为适应培养新型人才的要求，当代各发达国家在课程内容组织过程中，都把培养学生研究、探讨和创造态度与能力作为一项重要原则。

（4）重视个别差异。各国的课程设置都有较大的弹性，既有共同形式和内容，也有个别化的形式和内容，以适应不同学生的需要和发挥教师的创造性，有利于教师对学生进行个别指导。

3.简述教学的任务。（见2013年北京师范大学真题）

4.简述中体西用的历史作用和缺陷。（见2014年华东师范大学真题）

三、论述题

1.论述杜威的教育思想，并且思考其能否作为我国的课程改革的理论基础。

【答】（1）杜威的教育思想。（见2011年北京师范大学真题）

（2）结合我国当前的教育改革，杜威的教育思想给了我们很大的启示。任何理论都不能直接嫁接，都需要进行一个本土化的过程，杜威的部分理论可以作为我国课程改革的基础之一，但是要辩证地对待，取其精华，去其糟粕，在中国化的基础上进行参考。教育改革中要重视教育与生活的紧密联系。当前，我国的教育现状是儿童学习负担太重，大部分学生只知道埋头苦读，很少参与社会生活，导致很多学生高分低能。同时，家长为了让孩子考出好成绩，把孩子关在书房里，使其很少参与家务劳动，很少了解现实生活，很少动手，结果严重限制了儿童的发展，也使学生的厌学情绪与日俱增。杜威早已在理论中强调，学习者在学习间接经验的同时，也要重视直接经验，学习必须"从做中学"，只有把教育与生活紧密联系起来，才有利于儿童的健康成长。如今，我们的课程设置在类型和内容上，都要想办法让学校生活和儿童生活、校内外生活相吻合。当然，由于杜威倡导的教育改革过分注重以学生为中心，忽视了教师的主导性、知识的逻辑性和系统性，导致教育质量严重下滑。在我国的教育改革中必须避免这样极端的做法，以免产生严重后果。我国的教育改革既要汲取前人的理论精华，站在巨人的肩膀上，也要寻找合理的切合点。

2.论述学生品德不良的纠正机制。（见2012年华南师范大学真题）

3.联系实际，论述教师的素养。（见2014年北京师范大学真题）

4.联系实际，论述人的发展的规律性以及如何实现人的发展。（见2010年华中师范大学真题）

2018年浙江师范大学333教育综合真题·凯程详解

一、名词解释

1."三纲领八条目"

【答】《大学》是《礼记》中的一篇，是"四书"之首，也是儒家学者论述大学教育的一篇论文，它着重阐明"大学之道"，主要内容是"三纲领八条目"。"三纲领"是"大学之道，在明明德，在亲民，在止于至善"，这是儒家对大学教育目的和为学做人目标的纲领性表述。"八条目"即"格物、致知、诚意、正心、修身、齐家、治国、平天下"，这是实现"三纲领"的具体步骤。

2. 全人生指导

【答】指导青年树立正确的人生观是杨贤江青年教育思想的核心。他提出通过对人类有所贡献来促进人生幸福的人生目的。所谓"全人生指导"，就是对青年进行全面关心、教育和引导，即不仅要关心他们的文化知识学习，而且要对他们生活中的各种实际问题给予正确的指点和疏导，使之在德、智、体诸方面都得以健康成长，成为一个"完成的人"，以适应社会改进之所用。

3. 昆西教学法

【答】昆西教学法指美国进步教育运动的先驱帕克在昆西学校和芝加哥库克师范学校进行的教育改革实验所采取的新的教育方法和措施。其主要特征有：（1）强调儿童应处于学校教育的中心；（2）重视学校的社会功能；（3）将学习的内容与儿童的日常生活相联系，并围绕一个核心安排相互联系的科目；（4）强调培养儿童自我探索和创造的精神。

4. 泛爱学校（见2015年浙江师范大学真题）

5. 问题解决（见2011年南京师范大学真题）

6. 学校心理素质教育

【答】学校素质教育就是培养和提高学生素质的教育。学校素质教育分为三个层次：身体素质教育、心理素质教育和社会素质教育。心理素质教育是学校素质教育面临的新任务，旨在帮助学生解决生活、学习和交往中出现的心理问题，促进心理健康。

二、简答题

1. 简述班级授课制的优点。（见2020年北京师范大学真题）

2. 简述世界各国的课程改革趋势。（见2017年浙江师范大学真题）

3. 简述孟轲的性善论对教育的作用。

【答】孟子从社会和个人两个角度论述了教育的作用。孟子的"性善论"可归纳为以下几个方面：

（1）"性善论"说明了人性是人类独有的、区别于动物的本质属性。

（2）人性本质上的平等性。人皆可以为"尧舜"，从人性论上肯定了每个人发展的可能性。

（3）孟子肯定人性本善，"人性"表现为"四心"，即恻隐之心、羞恶之心、恭敬之心、是非之心。"四心"是仁、义、礼、智的基础，又称为"四端"。"恻隐之心"是最基本的，是人类发展"仁"的基础。

（4）教育对个人的作用：扩充"善端"。一方面，教育要"存心养性"；另一方面，"求放心"。要寻求失落、放任的心灵，把丧失的"善端"找回来，发扬光大，成为道德上的完人。

（5）教育对社会的作用：教育是"行仁政，得民心"最有效的手段。

4. 简述严复的"体用一致"的文化教育观。

【答】在确立中国未来文化教育发展的基本原则上，严复批判"中体西用"思想，主张"体用一致"的文化教育观，主要包括：

（1）严复肯定了西方文化的先进性和优越性，认为洋务派所学的西学不过是抄袭了西方资本主义的皮毛，真正的西学包括西方民主、政体、科学等。他倡导对西方的自然科学和社会政治学说进行一体学习，此时他的"体用一致"思想有"全盘西化"和西学自成体用的倾向。

（2）后来严复改变了以前"全盘西化"的倾向，提出了构建一种融会中西、兼备体用的新文化体系的设想。他认为本民族文化中经淘汰、选择保留下来的文化精华代表了民族的特色，也是吸纳西学、孕育新文化体系的母体。

（3）从"体用一致"等观点出发，严复设想的各阶段的教学内容和方法应该是：小学阶段用十分之九的时间学习"中学"，教学法应"减其记诵之功，益以讲解之业"；中学阶段"西学"占十分之七的时间，"中学"占十分之三的时间，主要教授"西学"，并且一切功课皆用洋文授课；高等学堂先经预科后进入专业学习，只设"西学"教习，不设"中学"教习。

"体用一致"的文化教育观具有较强的系统性，并初具理论形态。

三、论述题

1. 联系实际，试述教师的素养。（见2014年北京师范大学真题）

2. 试述教育在人的发展过程中的重要作用。（见2016年东北师范大学真题）

3.试述苏霍姆林斯基的个性全面和谐发展教育观。（见2016年北京师范大学真题）

4.结合态度形成与改变的条件，试述形成与改变态度的方法。

【答】（1）态度形成与改变的条件。

态度教学不同于认知教学、技能教学。态度教学既可以使学生形成新的态度，也可以使学生改变已有的态度。影响态度形成与改变的条件可分为主观条件和客观条件。

①主观条件：a.对态度对象的认识。b.认知失调，假设人类需要维持自己的观念或信念一致，从而获得心理平衡。如果处于认知失调状态，那么个体会努力改变自己的观点或信念以求得新的平衡，因此，认知失调就成了进行态度教学的必要条件。c.有形成或改变态度的意向。d.对教育者的信任度。学生对教育者的信任度是关键。

②客观条件：a.所传递信息的可信度。b.榜样人物的选择。c.外部强化，可分为直接强化和间接强化两种。

（2）态度形成与改变的方法。

教师可以综合运用一些方法来帮助学生形成或改变某种态度。通常可运用的方法有提供榜样法、说服性沟通法、角色扮演法等。

①提供榜样法。在学校情境中，教师应根据学生心目中有关榜样的特点，按照班杜拉的社会学习理论来选择榜样、设计榜样、示范榜样行为，以及运用有关的奖惩，引导学生学习某种合乎要求的态度。

②说服性沟通法。有效的说服技巧主要有以下几种：选择证据；情理服人；逐渐缩小态度差距。

③角色扮演法。角色扮演常会在改变个体原有态度方面产生奇效。关于角色扮演的研究也指出，人们在角色扮演中所花费的力气越大，改变态度的效果就越好。在态度教学中，让学生尝试扮演不同的角色，会产生神奇的效果。

2019年浙江师范大学333教育综合真题·凯程详解

一、名词解释

1.“尊德性”与“道问学”

【答】“尊德性”与“道问学”出自《中庸》。《中庸》是《礼记》中的一篇，是“四书”之一，也是儒家思孟学派的作品。它主要阐述了先秦儒家的人生哲学和修养问题，提出了“中庸之道”。它指出人们可以从两条途径得到完善：（1）发掘人的内在天性，进而达到对外部世界的体认，这就是“自诚明，谓之性”，或者“尊德性”。（2）通过向外部世界求知，以达到人的内在本性的发扬，这就是“自明诚，谓之教”，或者“道问学”。人无非是通过向外求知以完善本性和向内省察以助于求知来完善自身的。

2.小先生制

【答】“小先生制”是陶行知受学生的启发而提出的方法。是为了解决普及教育中师资缺乏、经费匮乏，女子教育困难等问题而提出的。即“即知即传”，人人将自己所识的字和所学的知识随时随地地教给别人，儿童是这一过程的主要承担者，陶行知认为小孩也能做大事，“小先生”不仅教别人识字、学知识，也教别人做“小先生”，由此知识不断得到推广。“小先生制”是贫穷国家普及教育最重要的钥匙。

3.快乐之家

【答】维多里诺是文艺复兴时期影响较大的人文主义教育家，他创办的宫廷学校 ——“快乐之家”成为当时欧洲最好的宫廷学校和欧洲大陆人文学校的范例，被认为是人文主义学校的发源地。维多里诺的贡献主要包括以下几个方面：倡导“自由教育”，培养全人；开设以古典语文为中心、内容十分广泛的人文主义课程；发展了新的教学方法体系；强调尊重儿童的身心特征和个性差别，提倡启发学生的学习兴趣和主动性；主张发展儿童的个性和特长，反对惩戒，禁止体罚。

4.贝尔－兰卡斯特制（见2012年北京师范大学真题）

5.内隐学习

【答】内隐学习是在不知不觉中获得某种知识，学习了某种规则，学习的效果可以通过某种测试表现出来，但是意识层面无法觉知也不能外显地把这种规则说出来。它主要应用和体现在语言类、动作类和书法类的学习中。优点是只要给学习者不断“暴露”学习材料，它就会产生外显学习不具备的神奇效果，缺点是有实验证明内隐学习所获得的规则仅仅是基于统计、基于相同情况多次呈现而造成的。

6.成就动机（见2010年陕西师范大学真题）

二、简答题

1. 简述宋朝书院的教育特点。（见2017年华中师范大学真题）

2. 简述革命根据地教育的基本经验。（见2020年华中师范大学真题）

3. 简述我国教育目的的理论基础。

【答】马克思主义关于人的全面发展学说是我国教育目的的理论基础。

（1）马克思主义关于人的全面发展的科学含义。（见2017年华南师范大学真题）

（2）马克思主义关于人的全面发展学说在教育学上的重要意义。

①确立了科学的人的发展观。全面发展学说把人的发展历史归结为生产方式发展的历史，确定了"人怎样表现自己的生活，他们自己也就怎样"的科学发展观，从而在人的发展问题上提供了一种全新的方法论的指导。

②指明了人的全面发展的历史必然。全面发展学说所揭示的人的发展方向，是一种建立在生产发展普遍规律基础之上的自然历史过程。

③为我国教育目的的制定奠定了理论基础。

4. 简述教师劳动的价值。（见2016年上海师范大学真题）

三、论述题

1. 论述卢梭的自然教育理论及其影响。（见2012年华东师范大学真题）

2. 结合实际，谈谈教育的社会功能。（见2014年北京师范大学真题）

3. 结合实际，谈谈对德育过程的认识。（见2019年北京师范大学真题）

4. **结合儿童友谊发展的五阶段理论，论述同伴关系的发展及其配演策略。**

【答】（1）儿童友谊发展的五阶段理论。

阶段1（3～7岁）：尚不稳定的友谊。朋友只是一个玩伴，友谊就是在一起玩。儿童还没有形成友谊的概念。

阶段2（4～9岁）：单向帮助关系。这个阶段的儿童，要求朋友能够服从自己，如果顺从自己就是朋友，否则就不是朋友。

阶段3（6～12岁）：双向帮助关系。这个阶段的儿童能相互帮助，但还不能共患难，儿童对友谊的交互性有一定的了解，但带有明显的功利性。

阶段4（9～15岁）：亲密的共享。儿童发展了友谊的观念，认为朋友之间可以分享，相互信任和忠诚，能同甘共苦。

阶段5（12岁以后）：友谊发展成熟。随着年龄的增长，儿童对朋友的选择性逐渐增强，由于选择朋友更加严格，所以，建立起来的朋友关系持续的时间都比较长。

（2）同伴关系是儿童在交往过程中发展起来的一种儿童之间，特别是同龄人之间的人际关系，存在于整个人类社会；同伴关系在儿童生活中，尤其是在儿童个性与社会性发展中起着成人无法取代的独特作用，是不容忽视的环境因素之一。

①转变教育观念和重心。从以往只注重语言和逻辑培养到多元智能观的转变，培养儿童人际交往能力。

②提高亲子交往和师生互动的质量。高质量的亲子互动有助于儿童同伴关系的发展。

③为儿童创造交往的机会。让儿童走出家门，多与周围人接触，在实践中逐渐学会协调自己与他人的关系。

④帮助儿童获得有效的交往技能和策略。家长和教师有必要教儿童一些交往策略，如轮流、商量、交换、加入活动等。

⑤家校合作为儿童创造良好的生态环境。家长和教师都应打消顾虑，平等交流，为儿童的发展创造更为和谐的生态环境。

2020年浙江师范大学333教育综合真题·凯程详解

一、简答题

1. **简述人的发展的规律。**（见2010年华中师范大学真题）

2. **简述隋唐学校教育制度的特点。**

【答】（1）建立中央和地方分级管理的教育行政体制。中央设立国子监，加强对教育的领导，采用两种教育管理模式：一是中央和地方分级管理；二是统一管理与对口管理并举，以统一管理为主。

（2）形成完备的教育管理制度。各学校从入学到毕业都有制度化的规定。唐代开始，明文规定入学之始学生行束脩之礼；按照专业与课程的难易程度规定修业年限，考试制度；还规定了假期制度。

（3）增添教育内容，扩大知识范围。学校的主要学习内容仍是儒经，此外还有各种专科性知识，但无论学什么知识，其范围和程度都远远超过了前代。

（4）教育等级制明显。教育的等级性是封建社会阶级关系的体现，唐朝政府明文规定各级各类学校招生的身份标准，将教育的等级性用法令的形式进行制度化。

（5）学校类型多样化。隋唐时期，形成了以经学为主、专科性学校为辅的隋唐教育体系，学校类型多、数量多、涉及面广，远甚于前代。

（6）学校分布面广，这意味着教育普及程度高。隋唐时有中央官学，还广设地方学校，甚至在乡这种基层组织也鼓励人们兴办学校；还有私学与家学，尤其是唐朝依据州县面积和人口数量而设学，使学校的分布在制度上有了规定和保证。

（7）重视医学教育。唐代在中央和地方都设有医学，尤其是地方上的医学校，说明唐代已经有了丰富的医学知识和较高的医疗水平，具备了普遍设立医学校的条件，这在当时是走在世界前列的。

（8）教育、研究、行政机构三者合为一体。唐代很多教育机构或行政机构担负着多种职能，如弘文馆和崇文馆既整理、校正图书，又教授学生；太医署兼有行政机构、教育机构、研究机构的性质。行政机构中派生出教育和研究的功能，是唐朝教育的一大特色。

3. 简述美国《国防教育法》的内容。（见2014年华东师范大学真题）

4. 简述亲社会行为习得的途径。

【答】（1）移情反应的条件化。亲社会行为使助人者感到愉快或减轻了移情的痛苦，因而强化了亲社会行为。

（2）直接训练。操作学习理论认为，在不期待即时报酬的条件下表现出亲社会行为是由于先前的奖赏已经使其得到内部强化。如成人的奖赏和教诲产生的积极情感经过一段时间逐渐与得到奖赏的亲社会行为相联系，亲社会行为成为二级强化物。

（3）观察学习。班杜拉认为对儿童亲社会行为影响最大的是社会榜样。

二、论述题

1. 论述赫尔巴特的课程与教学论。（见2011年华东师范大学真题+2015年北京师范大学真题）

2. 论述蔡元培的教育实践与教育思想。（见2011年北京师范大学真题+2013年北京师范大学真题）

3. 论述学习策略的教学训练因素及途径。

【答】（1）影响学习策略的教学训练因素。

策略的学习和训练包括教与学两个方面，因此策略教学的影响也相应地源于这两个方面。

①学生因素。学习策略的掌握和运用在很大程度上取决于学习者自身。来自学习者的因素主要有年龄特征、原有的知识背景、学习动机、学习归因方式、自我效能感等。

②教师因素。教师也是影响学习者掌握和运用学习策略的重要因素，主要包括教师运用学习策略的水平、策略教学经验和策略教学方法。

（2）学习策略的教学训练途径。

①课程式教学训练模式。

这就是所谓的学习策略的课程化。它通过开设专门的学习课程，讲授教与学的策略的有关常识，包括教与学的模式、方法、手段等。这种策略训练的基础在于学习策略本身具有一定的概括性和抽象性，它能够从具体的学习内容和情境中脱离出来，形成独立于具体认知任务和学习任务的策略，如适合任何课程学习的复述策略、精细加工策略、组织策略等。

②学科渗透式教学训练模式。

它是指将学习策略的训练与特定学科的学习内容相结合，在具体学科知识的学习过程中传授学科学习的方法与技巧。学科渗透式教学训练模式可以贯穿整个教学活动，它要求教师在教学前就应该具有教与学的策略观，以**教学策略**为指导，进行备课、讲课、评课等。

③交叉学习式教学训练模式。

这种模式往往是先独立地教授学习策略，包括学习策略的意义、适用范围、条件及具体操作程序等。简短的教学之后，将它与具体的学科内容结合起来，根据具体学习情境的差异，要求并帮助学生把所学的策略运用于具体的学习活动。如这类训练可能会减缓教学进度等。

4. 论述教学过程的环节。（见2010年首都师范大学真题）

三、材料分析题

结合班主任的工作方法和原理，谈谈你的看法。（材料缺失）

【答】班主任的工作内容和方法。（见2012年西南大学真题）

班主任的工作任重而道远，需要持之以恒。我们只要有一颗博大的爱心，真正做好学生的引路人，就无愧于我们的职业——人类灵魂的工程师。让我们共同编织一条爱的河流，让那涓涓细流流入每个学生的心田。

2021年浙江师范大学333教育综合真题·凯程详解

一、论述题

1.请论述陶行知的生活教育思想和实践。（见2014年北京师范大学真题）

2.试论述福禄培尔的幼儿教育理论。

【答】福禄培尔是19世纪德国著名的教育家，近代学前教育理论的奠基人。福禄培尔首创"没有书本的学校"——幼儿园，并在幼儿教育实践中摸索，总结了一套教育幼儿的新方法，建立了近代学前教育的理论体系。

（1）幼儿园教育的意义与任务。①幼儿园教育的意义：幼儿园教育可以协助家庭更好地教育孩子，作为家庭教育的"补充"而非"代替"。②幼儿园教育的任务：幼儿园通过各种游戏和活动，培养儿童的社会性及道德，使之认识自然和人类，促进其德、智、体等的初步发展，为下一阶段的发展做准备。

（2）幼儿园教育方法。幼儿园教育方法的基本原理是自我活动或自动性。他重视儿童的亲身观察，并把游戏看作儿童内在本质向外的自发表现。

（3）幼儿园课程。福禄培尔依据感性直观、自我活动与社会参与的思想，建立起一个以活动与游戏为主要特征的幼儿园课程体系，包括游戏与歌谣、恩物、作业、运动游戏、自然研究。

（4）幼儿园到学校的过渡。福禄培尔认为，儿童在离开幼儿园进入普通学校前应有所准备。这中间的"中间学校"的任务就是帮助儿童顺利实现从感觉直观到抽象思维的转变。

（5）影响：

①理论上，福禄培尔建立了近代幼儿教育理论体系。

②实践上，福禄培尔广泛倡导建立幼儿园，并在培训幼儿师资方面做出了杰出贡献。他积极宣传公共的学前教育思想，广泛拓展幼儿园以及培训幼教师资，他的幼儿教育方法一直深刻地影响着欧美各国、日本及我国，因此福禄培尔被誉为"幼儿教育之父"。

③局限性：福禄培尔的教育思想学说中有着浓厚的神秘主义色彩，把宇宙万物包括人在内都看成上帝精神的象征和揭示，这是有时代局限性的。

二、材料分析题

（1）结合布鲁纳和奥苏伯尔的学习理论，评析学者的观点，并说明理由。

（2）请结合建构主义学习理论，分析如何在当前新课程改革中实现传统课堂教学与发现式教学的有机结合。

【答】（1）①布鲁纳倡导发现学习法。发现学习法是指学习者用自己的头脑亲自获得知识的一切形式。发现不只限于发现人类尚未知晓的事物，还包括发现人类现有的知识。布鲁纳认为发现学习法是教育学生的主要手段，是学生掌握学科基本结构最好的方法。发现法有突出的优点，例如，有利于提高学生智力的潜能，有利于调动学生的积极主动性，有利于信息的保持和检索。但布鲁纳的发现法也有其局限性。例如，从学习主体来看，只有少数学生才能使用发现法，用发现法替代传统教学，夸大了学生的能力；从学科领域来看，发现法只适用于自然科学的某些知识的教学，其他科目不完全适用；从教师来看，对教师的要求很高，一般的教师难以掌握，容易弄巧成拙；从教学效率来看，发现法耗时耗力，不适合在短时间里传授大量知识，学习效率低。发现法的局限性也是其在美国的课程结构改革中失败的原因。

②奥苏伯尔倡导有意义学习。所谓有意义学习，就是将符号所代表的新知识与学习者认知结构中已有的适当观念建立非人为的和实质性的联系。传统的教学模式在奥苏伯尔这里被称作接受学习。接受学习也叫讲授教学，是教师通过讲授，引导学生接受和理解事物意义的学习，学生通过新旧知识之间的相互作用来获得新知识。在奥苏伯尔看来，不管是接受学习还是发现学习，都有可能是机械的，也都有可能是有意义的。任何学习，只要符合有意义学习的条件，就是有意义学习。有意义学习和机械学习不是绝对的，二者处在一个连续体的两端，学校的许多学习经常都是处在这两端之间的某一个点上。同时，奥苏伯尔强调，学生的学习主要表现为接受学习。接受学习是通过教师的传授来接受事物意义的过程，它是一种有意义的接受，而且完全可以是有意义的学习。

③结合上述两位学者的观点可以发现，材料中的观点是错误的。传统的课堂有其弊端，但也有发现教学模式无法替代的优势。教师如果善于运用传统教学法同样能调动学生学习的积极性，培养学生获取新知识、分析和解决问题的能力，让学生在生动活泼的状态中学习。因此，不应该摒弃传统教学法，而是应该根据教材性质和学生的特点来灵活的选择与安排不同的教学模式，应努力地实现传统课堂教学与发现式教学的有机结合。

（2）①建构主义学习理论的主要内容：

a.知识观：

知识的动态性。建构主义认为知识是人们在社会实践中建立起来的暂定性的解释和假设。它具有相对性、不确定性，是不断发展的。

知识的情境性。建构主义强调知识应用的情境性，认为人在面临现实问题时，不可能仅靠提取已有的知识就能解决问题，而是需要针对具体情境中的具体问题，对已有的知识进行改组、重组甚至创造才能更好地解决问题。

知识学习的主动建构性。个体的知识是由人建构起来的，对事物的理解不仅取决于事物本身，还取决于我们原来的知识经验背景。不同的人由于原有经验的不同，对同一种事物会有不同的理解。

b.学生观：

学生的经验世界的丰富性。学生并不是空着脑袋走进教室的，他们在日常生活、学习中已经形成了丰富的经验。

学生的经验世界的差异性。每个学生的现有经验都不相同，教学要把学生现有的知识经验作为新知识的生长点，引导学生从原有的知识经验中"生长"出新的知识经验。

c.学习观：

建构主义认为学习是学习者主动地赋予信息意义，建构自己的知识经验的过程，即通过新经验与原有知识经验的相互作用，来充实、丰富和改造自己的知识经验。学习者这种知识建构过程具有三个重要特征：

主动建构性。学习是学习者积极主动地利用先前的经验，建构起自己对新知识的理解。面对新信息、新概念和新命题，每个学生都在以自己原有的知识经验为基础建构自己的理解。学习是个体建构自己的知识的过程，这意味着学习是主动的，要对外部信息做出主动的选择和加工。

社会互动性。学习任务是在真实实践活动中通过各成员的沟通交流和共同分享学习资源完成的。这一过程常常需要通过一个学习共同体的合作互动来完成。

情境性。学习应该与情境化的社会实践活动结合起来。知识存在于具体的、情境性的、可感知的活动中。它不能脱离活动情境抽象地存在，而只有通过实际情境中的应用活动才能真正地被人理解。

d.教学观：

教学要促进学生的知识建构活动。教师要尽可能地激发学生原有的相关知识经验，促进知识经验的"生长"。

教学要为学生创设理想的学习情境。教学要激发学生的推理、分析、鉴别等高级的思维活动，同时为学生提供丰富的信息资源、处理信息的工具、适当的帮助和支持，促进他们自身建构意义以及解决问题的活动。

②实现传统课堂教学与发现式教学相结合的策略：

a.在课程设置上：完善课程体系，学校的课程中既要有学科课程也要有活动课程、综合课程。学科课程注重讲授法，活动课程和综合课程偏重发现法。不同的课程类型将不同的学习方法相结合，既注重了教学的效率，也调动了学生自主合作探究的积极性，体现了学生对知识的自主建构性，符合建构主义理论。

b.在教师教学上：教师可以在自己的教学过程中采用灵活多样的教学模式和方法，即将传统教学模式与翻转课堂、在线教学等多种教学模式相结合；将讲授法、讨论法、发现法等多种方法相结合。不同的教学模式与教学方法增强了师生、生生之间的互动性，有利于班级学习共同体的形成，促使学生在共同的交流、分享与探讨中深化对知识的理解与建构。

c.在教学评价上：无论是传统课堂教学还是发现式教学都需要教师将学生当作学习的主体，对学生的学习进行积极的评价。在教学中，教师要时刻谨记建构主义提出的，学生不是空着脑袋走进教室的，他们在日常生活中已经形成丰富的、独特的经验。因而，教师应将学生当作独立的学习主体，秉持多元化、开放式的评价原则，这样的教学评价对学生来说才是"言之有物"的，并能进一步激发他们的学习动力。

三、综合应用题

（1）谈谈你对理论联系实际原则的理解，以及如何在教学中贯彻这一教学原则。

（2）依据理论联系实际原则，就如何对以下教学内容进行教学谈谈你的设想。

【答】（1）①含义：教学要以学习基础知识为主导，从理论与实际的联系上理解知识，注意学以致用，发展动手能力，领悟知识的价值。

②理论与实际结合的重要性：理论联系实际是人类认识或学习活动的普遍规律之一，是教育教学中必须遵守的一个原则。古往今来，很多教育家都对这一原则做了论述。例如杜威提出的"从做中学"、陶行知倡导的"教学做合一"都强调了这一原则的重要性。当下的国际评估工具PISA测验也旨在测量在义务教育即将结束的阶段，学生将知识应用到实际生活中的能力。理论与实际相结合实质上是注重书本上的知识与学生的生活经验相结合，注重知识与社会发展相结合。这一原则契合学生的兴趣、经验与认知规律，有利于培养学生运用所学知识解决实际问题的能力。

③在教学中贯彻理论联系实际的策略：

a.书本知识的教学要注重联系实际。教师要善于通过演示、举出具体事例、回忆生活体验，想方设法地联系学生的生活实际，唤醒他们的经验，才能让他们主动理解和掌握抽象的概念。

b.重视引导学生运用知识。首先，要重视教学中的知识的应用，如解决实际问题的讨论、作业、实验等教学性实践。其次，要组织学生开展一些实际的学习活动。

c.初步培养并使学生形成综合运用知识的能力。在教学中坚持理论与实践相结合的原则，培养学生学以致用的能力，是一个学生综合运用知识的过程。

d.面向生活现实，培养学生解决实际问题的能力。问题来源于生活。在教导学生向书本学习时，还需要把学生的目光引向现实，培养其解决实际问题的能力。

（2）①教学理念。《数学课程标准》中指出：数学教学，要紧密联系学生的生活实际，从学生的生活经验和已有的知识出发，执教"生活中的大数"这堂课时要着重体现"数学生活化"的课标理念。

②教学过程。

a.导入，感受生活中的大数：借助实例，让学生体会到生活中有大数，感受学习大数的必要性，激发学习数学的兴趣。例如，可以展示有大数的图片，让学生发现这些数比过去学过的数都要大，引导学生发现在生活中有很多这样的大数。接着让学生自己说一说生活中的大数并在组内与同伴交流，让学生体会到数学与生活的密切相关，鼓励学生用数学的眼光看待周围事物。

b.借助模型，认识计数单位：可以借助正方体的模型和图片，使学生对一千、一万有初步直观的感受。教师要鼓励学生通过学具操作，认识新的计数单位。展示数位序列表，使学生认识计数单位之间的关系。

c.联系生活实际，具体感受千与万的大数：例如，可以具体地举例说明一千和一万的大小。显示一千页的书，展示大约一千名学生的学校图片、千人体操的图片、万人天安门周年庆典图、万里长城图等。通过学生身边熟悉的事物，让学生对一千和一万这两个数的大小有一个明确的认识，这不但能训练学生的估算技能，还能发挥学生的数感。

d.应用拓展，解决问题：运用所学的知识，解答课后的习题。教师也可以出一些与生活密切相关的习题，让学生练习。

2022年浙江师范大学333教育综合真题·凯程详解

一、论述题

1.中国封建社会读经做官的教育模式是如何形成的？

【答】（1）秦代：为了实现以法治国的目的，采取以法为教，以吏为师的教育政策，规定教育的内容限于法令，培养了一大批知法、执法的封建官吏。

（2）汉代：①在教育管理上，"罢黜百家，独尊儒术"的文教政策肯定了孔子的地位，儒经成为国家的正式课程。实现了私学的统一、教育的儒学化，也标志着封建统治阶级树立起了符合自身利益的意识形态。

②在育士制度上，官学和私学发展，官学分为中央官学和地方官学。汉武帝下令为五经博士设弟子，标志着太学正式成立，也标志着以经学教育为基本内容的中国封建教育制度正式确立。太学制定统一的教材，学习儒家经典"五经"，为国家培养"经明行修"的官吏。在地方设立郡国学培养了地方官吏，促进了当地经济的发展。

③在选士制度上，察举的科目以孝廉为主，在选拔考试中儒家受到特别优待，开创了以儒术取士的局面。在察举的基础上加强考试是汉代察举制的主要特点，察举制使孔子"举贤才"和"学而优则仕"的观念从汉代开始获得了制度上的落实。

（3）魏晋南北朝：开设"四馆"，是对经学课程的突破。四馆的建立打破了自汉代以来经学教育独霸官学的局面，使玄学、史学、文学与儒学并列，这是学制上的一大改革，也反映出当时思想文化领域的实际变化。

（4）隋唐：隋唐的文教政策可以归纳为"重振儒术，兼容佛道"，隋唐封建教育的核心是经学教育体系，经学课程的再度统一，成为封建社会成型的课程模式。《五经正义》是国家规定的统一经学教材，它的出现扫除了儒学内部关于经学的异说异见。

（5）宋代：北宋的三次兴学，改革科举考试。停帖经、墨义，着重策论、诗赋和经学。为了统一经学，熙宁六年设经义局，王安石亲自修撰《诗经》《尚书》《周礼》三经义。由朝廷正式颁行，成为官方考试、讲经所依据的标准教材。

（6）明代：王守仁反对紧紧围绕经学内容进行学习，主张"六经皆史"，王守仁并不是摒弃以"六经"为核心的经学课程，而是希望拓展学习的范围，超越之前规定的机械的课程。

（7）清代前期：统治者标榜理学，强调学为圣贤；不断兴盛的实学思想家们则主张培养经世致用的实才实德之士。

2.比较卢梭和夸美纽斯的自然教育思想。（见2021年山西师范大学真题）

二、材料分析题

根据心理健康教育的基本任务和基本特点，结合材料，分析材料中的问题并提出对策。

【答】心理健康教育是根据学生生理、心理发展的规律和特点，运用心理学的教育方法和手段，培养学生良好的心理素质，促进学生整体素质全面提高的教育。其基本任务是提高全体学生的心理素质，充分激发他们的潜能，培养学生乐观、向上的心理品质，促进学生人格的健全发展。

（1）心理健康教育也是一种教育，是培养学生良好的心理素质，促进学生整体素质全面提高的教育，并不是为学习成绩服务的。所以，学校要正确看待心理健康教育，通过拓宽心理健康教育的途径，丰富心理健康教育内容，加强心理教师师资队伍建设等一系列措施完善学校的心理健康教育，培养学生良好的心理素质。

（2）心理健康教育的任务不能全部推给心理老师，学校应该完善心理健康教育体制。班主任、学校的危机干预组、学生等都可以作为心理健康教育的一些积极资源，学校要利用好这些资源，开展心理健康教育，不能让心理老师一个人唱"独角戏"。

（3）心理问题不等于心理疾病，心理问题持续发展到一定程度，达到一定的标准才能够被确诊为心理疾病。而且心理问题能够在一定程度上调节，但是心理疾病要看医生。所以，学校要重视并且上好心理健康教育课程，积极解决学生的心理问题，避免发展成为心理疾病。

三、综合应用题

请你自主选择一个教育主题，阐述第一种教学模式（传授接受式）学生掌握知识的基本阶段。

【答】《圆的认识》教学设计。

（1）引起学习动机。由生活中的现象引发学生的思考。通过提问的方式让学生讨论生活中见到的圆，由此引出本节课的主题。例如："对于圆，同学们一定不会感到陌生吧？生活中，你们在哪儿见过圆形？今天这节课，就让我们一起走进圆的世界，去探寻其中的奥秘。"

（2）感知教材。①动手操作：自己尝试用圆规画圆。②同桌两人交流，说说画圆的基本方法。③全班交流：让学生说一说用圆规画圆的方法并到黑板上把圆画出来。④根据学生的回答，概括用圆规画圆的基本方法。

（3）理解教材。①分组自学，认识有关圆的基本概念。②分组汇报自学成果。③及时练习，巩固对概念的理解。④再次操作，发现规律。

（4）运用知识。运用刚刚所学的知识解决问题："大家会用圆规画圆，而生活中很多时候都无法用圆规画圆，比如学校要建一个直径为10米的圆形花坛，该怎么办呢？"

（5）检查。先提问这节课大家有什么收获，从获得的知识和获得知识的过程方面给予自己评价，随后做题进行课堂检测。

2010年杭州师范大学 333 教育综合真题·凯程详解

一、名词解释

1.班级授课制（见 2016 年北京师范大学真题）

2.学制（见 2019 年北京师范大学真题）

3.教育目的（见 2015 年北京师范大学真题）

4.学科课程（见 2017 年华东师范大学真题）

5.德育（见 2016 年东北师范大学真题）

6.高原现象

【答】练习到一定阶段往往会出现进步暂时停止的现象，此现象被称为高原现象。高原现象出现的原因主要有两个：（1）当练习达到一定水平时，继续进步需要改变现有的活动结构和完成活动的方式方法。（2）经过较长时间的练习，学生的练习兴趣有所下降，甚至产生厌倦情绪等。克服的关键是教师要帮助学生寻找原因，严格要求学生，改善练习方法和练习环境，利用学生对进步的憧憬，增强他们努力的信心和学习的兴趣。

二、简答题

1.简述我国科举制度的主要特点及其对教育的影响。

【答】（1）我国科举制度的主要特点。

科举制度产生于隋朝，发展于唐朝，是我国封建社会中持续时间最长、影响范围最广的选士制度。科举制度是隋代的一大创举，经唐、宋、明、清各朝代的发展逐渐完备，到清末 1905 年被废除，共存在了 1300 年，对封建社会产生了重大的影响。隋朝进士科的设置，标志着科举制度的正式产生。我国科举制度主要有以下几个特点：

①设立科目，分科举人。

②严格考校，择优录取。

③士人自由报名，不论出身、地位、家业，不必由官员举荐。唐代参加科举考试的考生主要有两个来源：一是生徒；二是乡贡。

④有严格的考试程序：乡试 — 由尚书省礼部举办的省试 — 吏部试。

⑤有固定的考试内容：帖经、墨义、口试、策问、诗赋。

（2）科举制度对教育的影响。（见 2019 年华中师范大学真题）

2.简述文艺复兴时期人文主义教育的主要特征及其对教育的贡献。（见 2019 年华中师范大学真题）

3.简述启发性教学原则的含义及贯彻这一原则的基本要求。（见 2012 年北京师范大学真题）

4.简述马斯洛的需要层次理论。（见 2013 年西南大学真题）

三、论述题

1.试述陶行知的生活教育理论。（见 2014 年北京师范大学真题）

2.评述杜威的儿童中心论的主要观点。

【答】（1）杜威倡导儿童中心主义，认为"教育就是生长；在它自身以外，没有别的目的"。他反对脱离儿童的本能、需要、兴趣、经验而对教育和儿童的发展过程强加外在的目的。他认为这是对儿童生长过程和教育过程的外部强制，是对儿童个性的粗暴干涉。

（2）杜威提倡一种新的儿童发展观和教育观。杜威针对当时的教育无视儿童的天性，消极地对待儿童，不考虑儿童的需要和兴趣的现象，提出了"教育即生长"，要求一切教育和教学都要适合儿童的心理发展水平和兴趣、需要，并通过教育引起儿童内在的变化和发展。杜威认为虽然要尊重儿童但也要反对放纵儿童。

（3）杜威认为，学校生活应成为儿童生活和社会生活的契合点，从而使教育既合乎儿童需要亦合乎社会需要，这实质上是要改造不合时宜的学校教育和学校生活，使之更富有活力、更有乐趣、更具实效、更有益于儿童的发展和社会的改造。

（4）杜威要求从做中学、从经验中学，要求用活动性、经验性的主动作业来取代传统书本式教材的统治地位。这些活动既能满足儿童的心理需要，又能满足社会性的需要，还能使儿童对事物的认识具有统一性、完整性。其中，杜威并没有把个人的直接经验与人类的间接经验对立起来，而是看到了个人的直接经验的局限性，强调在使儿童最终获取比较系统的知识的同时也能在学习过程中顾及儿童的心理水平。

3.结合实际，谈谈如何利用注意的规律组织课堂教学。

【答】注意的规律主要是指注意和金钱、能源一样，是一种有限的资源，在某一时刻，只能注意有限的事物，当教师要求学生将他们有限的注意力全部花在他所说的每一件事情上时，学生只能放弃对其他刺激的注意。当学生的注意力转向其他活动时，教师需要及时地把学生的注意力吸引回来。

（1）根据注意的外部表现了解学生的听课状态。

（2）运用无意注意的规律组织课堂教学。

①创造良好的教学环境；②注重讲演、板书技巧和教具的使用；③注重教学内容的组织和教学形式的多样化。

（3）运用有意注意的规律组织课堂教学。

①经常进行学习目的的教育，目的越明确，注意力就越容易集中；②合理地组织课堂教学活动，采取具体的措施促使学生保持有意注意，如课堂提问；③着重培养学生的间接兴趣和坚强的意志品质；④运用多种教学手段。

（4）运用两种注意相互转换的规律组织课堂教学。

①在教学中，教师应充分运用两种注意相互转换的规律组织课堂教学。如在一堂课中，上课之初教师通过组织课堂教学活动把学生的注意力转移到本节课上来，以形成有意注意；在讲授新的教学内容时，教师设法让学生对教学内容产生无意注意；当讲授重点、难点时，充分地调动学生的学习热情，使他们维持有意注意；期间，教师要改变教学方式，使学生适当地放松一下，让学生由有意注意转为无意注意；在课堂要结束时，教师要提出明确的要求，使学生保持有意注意，然后布置作业。

②教师应有意识地培养学生的有意后注意，提高学生的学习效率。

4.请联系实际谈谈在教师专业化要求的背景下，教师应具备怎样的职业素质。（见2014年北京师范大学真题）

2011年杭州师范大学333教育综合真题·凯程详解

一、名词解释

1.学校教育（见2010年华中师范大学真题）

2.社会本位论（见2011年华东师范大学真题）

3.苏格拉底法（见2011年北京师范大学真题）

4.贝尔－兰卡斯特制（见2012年北京师范大学真题）

5.教学做合一（见2018年湖南师范大学真题）

6.《学记》（见2013年东北师范大学真题）

二、简答题

1.简述教育的相对独立性。（见2010年华中师范大学真题）

2.影响问题解决的主要因素有哪些?（见2017年陕西师范大学真题）

3.简述书院教育的特点。（见2013年华东师范大学真题）

4.简要评述孔子的道德教育思想。（见2012年东北师范大学真题）

三、论述题

1.如何正确理解掌握知识与发展智力的关系?（见2012年东北师范大学真题）

2.自古以来，关于教师的角色有许多隐喻，如"教师是蜡烛，燃烧自己、照亮别人""教师是人类灵魂的工程师，塑造着学生的精神世界"等。请从"蜡烛论"和"工程师论"中任选一种教师角色的隐喻分析其蕴含的意义。

【答】首先，我认为"教师是蜡烛，燃烧自己、照亮别人"这一句话有积极意义的一面，它强调的是教师的一种奉献精神。教师要对学生的成长负责，处处关心学生。这是教师的一种崇高品德。它的价值取向是，教师要像"蜡烛"一样，为学生的成长而贡献毕生精力。

但是，我认为"教师是蜡烛，燃烧自己、照亮别人"这一句话也有消极意义的一面，它过分地强调了教师的奉献精神，而忽视了教师自身的成长和专业成就。比如，目前教师队伍中存在的职业倦怠现象就是这种消极情绪的反映。

意义：在新课程理念下教师角色的定位，应该是既要坚持强调教师的这种奉献精神和爱心、责任心，全心全意地把学生教育好、管理好、服务好，又要密切地关注广大教师的专业成长，为教师不断创造自我发展和自我追求的成长机会及平台，让教师觉得工作虽然比较辛苦，但是自己也在不断成长，精神上会有满足感。

3.试述建构主义学习理论的基本观点。（见2013年华东师范大学真题）

4.论述赫尔巴特的教育性教学理论。

【答】（1）"教育性教学"是指通过教学来进行教育的原则。在西方教育史上，赫尔巴特第一次明确、系统地提出并论证了"教育性教学"的思想，把教学作为道德教育最基本的途径和手段。赫尔巴特认为，知识和道德有着直接和内在的联系，所以道德教育只有通过教学才能产生实际作用，教学是道德教育的基本途径。不存在无教学的教育，也不存在无教育的教学。在他看来，教学如果没有进行道德教育，就是一种没有目的的手段，道德教育如果没有教学，就是一种失去了手段的目的。因此，要通过教学传授知识，形成各种道德观念，并在此基础上使学生养成各种品德。教学的目的要与整个教育的目的保持一致，教学的最高目的在于养成德行。为了这个目的，教学要培养多方面的兴趣，改变个性。多方面的兴趣也因此具有道德的力量。

（2）在赫尔巴特之前，教育家们通常把道德教育和教学分开进行研究，教育和教学通常被规定了不同的任务和目的。在这个问题上，赫尔巴特的突出贡献在于运用其心理学的研究成果，具体阐明了教育和教学之间的本质联系，使道德教育获得了坚实的基础，其思想有合理性。但是，他把教学完全从属于教育，把教育和教学完全等同起来，具有机械论的倾向。因为除了教学，道德教育还有其他多种途径，尤其是道德实践。

（3）我国目前学校常常用思想教育课、政治教育课等直接的道德教育途径进行一切德育。长期以来，我国的学校德育将活动性、实践性、情境性很强的道德教育变成了机械的、僵化的知识教育。课堂上教道德知识，课后学生背道德知识，最后考道德知识，其结果自然是培养出有较高道德知识的人，而不一定是真正具有美德品质的人。其实，孔子早就提出，道德评价不仅要"听其言"，而且要"观其行"。可见，我国目前大部分的学校德育都是不合理的，不能满足真正的德育要求和目标。所以，从我国目前道德教育实施的情况来看，要科学、合理地认识和运用"教育性教学理论"。

2012年杭州师范大学333教育综合真题·凯程详解

一、名词解释

1.**教学**（见2013年陕西师范大学真题）

2.**学校管理**（见2015年北京师范大学真题）

3.**有教无类**（见2010年北京师范大学真题）

4.**"五育"并举**（见2011年东北师范大学真题）

5.**《大教学论》**

【答】夸美纽斯所著的《大教学论》的问世标志着教育学开始成为一门独立的学科。在《大教学论》中，夸美纽斯提出了班级授课制与学年制、教育适应自然原则、统一学制思想，以及德育论和教育管理思想。其教学理论包含了大量宝贵的教学经验，在一定程度上反映了教学工作的客观性、规律性，具有普遍的指导意义，奠定了近代教育理论的基础。但是他的思想中也存在着一些缺陷，主要的缺陷是认识和时代的局限性。

6.**终身教育**（见2011年华东师范大学真题）

二、简答题

1.简述教师劳动的特点。（见2015年东北师范大学真题）

2.简述加德纳的多元智力理论。（见2019年华东师范大学真题）

3.简述陶行知生活教育理论中的"社会即学校"思想。（见2014年北京师范大学真题）

4.简述新文化运动影响下的教育思潮。（见2020年华中师范大学真题）

三、论述题

1.试论述教育与社会生产力、社会经济发展的相互关系。（见2021年东北师范大学真题+2019年华东师范大学真题）

2. 如何理解德育过程是培养学生知、情、意、行的过程?(见 2015 年北京师范大学真题)

3. 人本主义心理学的理论和实践具有什么贡献与局限性?

【答】人本主义心理学以马斯洛、罗杰斯为代表,人本学派强调人的尊严、价值、创造力和自我实现。最大的贡献是看到了人的心理与人的本质的一致性,主张心理学必须从人的本性出发研究人的心理。

马斯洛的主要观点:有七种基本的需要,即生理的需要、安全的需要、归属与爱的需要、尊重的需要、求知与理解的需要、审美的需要和自我实现的需要,前四种属于缺失需要,后三种属于成长需要。罗杰斯的主要观点:在心理治疗实践和心理学理论研究中发展出人格的自我理论,并倡导"患者中心疗法"的心理治疗方法,认为人类有"自我实现"的动机。

(1)主要贡献:

①把人的本性与价值提到了心理学研究对象的首位;②突出人的动机系统与高级需要的重要作用;③提出实验客观范式与经验主观范式统合的新构想,突出了开放研究、整体分析和多学科式跨学科研究方法的重要意义。

(2)意义:

①相信儿童的潜能 —— 自然人性论。人本主义心理学提出了基于自然的人性论,认为有机体均有一定的内在倾向,有助于用维持和增强机体的方式来发展自我潜能,强调人的基本需要均由人的潜能决定。

②注重儿童的需要 —— 实现"各自"的自我。

③儿童共同成长 —— 知情统一的教学观。罗杰斯认为,生活是一个使个体不断成长并达到完美的进程,这个进程指向个体的成长。

(3)局限性:

①缺乏明确的目标,抽象概念较多,缺乏实际的操作性。

②缺乏周详的设计,过于强调自由、开放,忽视了控制性的教学设计,使得教师缺乏明确的教学指导。

③缺乏评价的依据,虽然更加注重情感教育,但在这方面评价标准的制定还不成熟,所以难以将认知与情感的因素区分开来并加以评价。

④理念缺乏共识,当学生的价值观与社会规范矛盾时,教师难以选择是遵从社会规范还是尊重学生的意愿。

4. 试论述卢梭的自然主义教育观。(见 2012 年华东师范大学真题)

2013 年杭州师范大学 333 教育综合真题·凯程详解

一、名词解释

1.《学记》(见 2013 年东北师范大学真题)

2. 学校教育制度(见 2019 年北京师范大学真题)

3. 复式教学

【答】复式教学是把两个以上年级的学生编在一个教室里,由一位教师在同一课堂内分别对不同年级的学生进行教学的组织形式。其主要特点是直接教学和学生自学或做作业交替进行。

4. 情感陶冶法

【答】情感陶冶法是德育的方法之一,是通过创设良好的情境,对学生进行潜移默化的熏陶和感染,使其在耳濡目染中受到感化的方法。它包括人格感化、环境陶冶和艺术陶冶。运用情感陶冶法要注意以下几点要求:①创设良好的情境;②与启发引导相结合;③引导学生参与情境的创设。

5. 教学评价(见 2015 年北京师范大学真题)

6. 教师专业发展(见 2011 年华东师范大学真题)

二、简答题

1. 简要评述教育的社会流动功能。(见 2010 年北京师范大学真题)

2. 简述教师期望效应(皮革马利翁效应)及其对教育的启示。

【答】(1)教师期望效应又叫"皮格马利翁效应""罗森塔尔效应"。罗森塔尔教授等人通过实验发现教师期望效应是一种激发个人的心理潜力、提高学习效果的暗示手段。它运用了暗示在心理态度的建立与习惯的养成方面的作用。

（2）对教育的启示：

①教师应该尽量用开放、灵活的态度看待儿童的发展。

在儿童的早期教育阶段，教师应该相信学生具有发展的潜力，尽量用开放的态度看待儿童的发展变化，灵活地调整自己对儿童的看法与期望，以达到促进儿童全面健康发展的目的。

②教师应对所有儿童持有积极期望。

以往的研究成果已经表明，教师对儿童持有积极期望可以促进儿童发展，相反，教师的消极期望则会对儿童产生阻碍，特别是处于弱势地位的儿童。因此，在儿童的早期教育阶段，教师更应尽量避免对儿童进行优差等级的区分，减少区别对待行为，对所有儿童持有符合其个人实际的积极期望，创设公平、合理的学习环境。可以利用罗森塔尔的四因素理论模型，创设一个温和的社会情感氛围，帮助儿童解决更多的问题，给予儿童更多的帮助。

3. 简述孔子的人性观及其教育意义。

【答】孔子关于人性的观点是："性相近，习相远"。"性"指先天素质，"习"指后天习染，包括教育与社会环境的影响。他认为人们的先天素质是很相近的，人们在成长中有了千差万别是后天"习染"的结果。这一观点肯定了人不论等级贵贱，在天赋素质上是生来平等的，这也说明教育是一种特殊的环境，需要承认教育的必要性和关键性。从"习相远"的观点出发，孔子强调人的一生都要受教育，还要重视居住环境和社会交往的选择。"性相近，习相远"的思想是孔子人性论的组成部分，是人人有可能受教育和应该受教育的理论依据，具有一定的科学性。

4. 简述20世纪60—70年代的现代人文主义教育思想。（见2019年华南师范大学真题）

三、论述题

1. 学科课程、活动课程、综合课程各有哪些特点？谈谈当前我国教育实践中学科课程、活动课程、综合课程方面的现状。

【答】（1）学科课程的特点。

学科课程也叫分科课程，是指以分门别类的学科知识体系为基础的课程。分科课程强调各门课程各自的逻辑体系，教学以各个学科的知识为中心分科进行。分科课程重视每门学科的知识体系的科学安排，有助于教学科目的设计与管理，也易于教师的教学，同时还有利于学生简捷有效地获取系统的知识，形成一定的知识体系。因此，分科课程在古今中外的教育发展中一直居于显要位置。

（2）活动课程的特点。

活动课程以杜威为代表，他反对以书本、教师和教室为中心的传统教育，主张以儿童的兴趣或需要为基础，根据心理逻辑顺序编排课程。活动课程具有生活性、实用性、开放性（因为学生的兴趣和需要没有边界，所以课程也没有边界，是开放的）等特点。各种形式的活动作业居于课程中心地位，通过活动把学生校内外的生活联系在一起。活动课程可以是课堂教学的一部分，也可以是课堂教学的一种补充。活动课程种类繁多，如探索学习、实地考察、社会实践、社会服务、户外教育、消费教育、健康教育等。目前，我国新课程改革中也开始了对活动课程的探索。但是活动课程夸大了儿童个人的经验，忽视了知识本身的逻辑顺序，影响了对系统知识的学习，导致教育质量低。

（3）综合课程的特点。

综合课程也叫统合课程，是指突破了学科界限，体现某类知识体系之间内在联系的课程。综合课程体现了这样一种课程取向：它有意识地运用两种或两种以上学科的知识观和方法论来考察和探究一个中心主题或问题。综合课程克服了由学科细分导致的知识零散问题，它可以消除学校课程拥挤的现象，使课程中分裂的知识有机地联系起来。

（4）我国基础教育课程的现状。

我国新一轮基础教育课程改革整体设置九年义务教育课程。

①小学阶段以综合课程为主。小学低年级开设品德与生活、语文、数学、体育、艺术（音乐、美术）等课程；小学中高年级开设品德与社会、语文、数学、科学、外语、综合实践活动、体育、艺术（音乐、美术）等课程。

②初中阶段设置分科与综合相结合的课程。主要包括思想品德、语文、数学、外语、科学（物理、化学、生物）、历史与社会（历史、地理）、体育与健康、艺术（音乐、美术）以及综合实践活动。积极倡导各地选择综合课程；学校应努力创造条件开设选修课程；在义务教育阶段的语文、艺术课中要加强写字教学。

③高中阶段以分科课程为主。高中阶段在开设必修课程时，需设置丰富多彩的选修课程，开设技术类课程，积极实行学分制管理。课程设置注重基础性、时代性和选择性。

④从小学至高中设置综合实践活动并作为必修课程。综合实践活动课程是新的基础教育课程体系中设置的必修课程，从小学三年级开始设置，每周平均 3 个课时。《基础教育课程改革纲要（试行）》中规定：从小学至高中设置综合实践活动并作为必修课程，其内容主要包括信息技术教育、研究性学习、社区服务与社会实践以及劳动与技术教育。

2. 评述布鲁纳的认知 — 发现学习理论。

【答】（1）认知学习观。第一，布鲁纳认为学习的实质是学习者主动地形成认知结构，即学习者不是被动地接受知识，而是主动地获取知识，通过将新获得的知识和已有的认知结构联系起来，积极地建构起知识体系。第二，学习包含三个几乎同时发生的过程：新知识的获得、知识的转换和知识的评价。即学生在获得新知识以后，运用各种方法将其变成另外的形式以适合新任务并获得更多的知识，最后对知识的转换进行检查。

（2）结构教学观。第一，教学的目的是理解学科的基本结构。知识结构是某一学科的基本概念，它不仅包括掌握一般原理，而且包括学习的态度和方法。学生只有掌握了知识结构，才能很好地掌握整个学科，记忆学科知识，促进知识迁移，并促进学生智力和创造力的发展。第二，为了让学生学习和掌握学科的基本结构，布鲁纳提出了四条基本的教学原则：动机原则 —— 内部动机是维持学生学习、活动的基本动力；结构原则 —— 教师可以用动作、图像和符号三种形式来呈现知识结构，但必须采用最佳的知识结构进行教学；程序原则 —— 教学就是通过一系列有条不紊的步骤来陈述知识结构；强化原则 —— 教师要适时地给予学生反馈，强化学生的学习。

（3）提倡发现学习法。布鲁纳认为掌握学科知识最好的方法就是发现学习法。学生在教学过程中是一个积极的探究者，他们在教师提供的学习情境中独立探究，主动思考并获得知识。

3. 试论述斯宾塞的教育科学化思想。

【答】斯宾塞是 19 世纪英国著名的哲学家、社会学家和教育家。他反对英国学校古典主义教育，是科学教育的代表人物。他的代表著作是《教育论》。

（1）教育目的与课程。

斯宾塞认为，教育的目的是"为完满生活做准备"。

他在《什么知识最有价值》一文中指出，要满足每种生活的需要，实现教育目的，就必须向学生传授最有价值的知识，并明确地提出科学知识是最有价值的卓越见解。就此制定了以科学知识为核心的学校课程体系，推动了英国初等教育、中等教育和高等教育的以科学知识为核心的课程改革。

根据生活准备说和知识价值论，斯宾塞提出学校应开设以下五类课程。

第一类是生物学和解剖学，这是直接保全自己的知识，是合理的教育中最重要的一部分。

第二类是逻辑学、数学、力学、化学、天文学、地质学、生物学和社会学，这是间接保全自己的知识，是使文明生活成为可能、一切过程能够正确进行的基础。

第三类是生理学、心理学和教育学，这是履行父母责任必需的知识。

第四类是历史，它有利于调节人们的行为，维持正常的社会关系。

第五类是文学、艺术等，它是满足人们闲暇时休息和娱乐需要的知识。

（2）教学原则与方法。

①教学应符合儿童心智发展的自然顺序；②儿童所接受的教育必须在方式和安排上同历史上人类的教育一致；③教学的每个部分都应该从实验到推理；④引导儿童自己进行探讨和推论；⑤注重学生的学习兴趣；⑥重视实物教学。

与传统教育采用的照本宣科、死记硬背、无视学生的身心规律和学习主动性的教学方法相比，斯宾塞更重视心理规律、兴趣、实验等，这无疑是历史的进步。这种教学方法被进步主义教育家普遍采用，在今天也有借鉴意义。

4. 试分析我国 1922 年"新学制"的标准、特点、意义以及对当前教育改革的启示。（见 2014 年东北师范大学真题 +2015 年陕西师范大学真题）

2014 年杭州师范大学 333 教育综合真题·凯程详解

一、名词解释

1. **产婆术**（见 2011 年北京师范大学真题）

2. **教育目的**（见 2015 年北京师范大学真题）

3. 课程标准（见2015年北京师范大学真题）

4. 学校教育制度（见2019年北京师范大学真题）

5. 教学模式

【答】教学模式是指在一定的教学思想或教学理论的指导下建立起来的较为稳定的教学活动结构框架和活动程序。教学模式既是教学理论的具体化，又是教学经验的一种系统概括。

6. 教育机智

【答】教育机智是指教师在教育教学活动中对新的、意外的情况准确而迅速地做出判断并巧妙地解决的能力。这也体现了教师劳动的灵活性。

二、简答题

1. 简述知、情、意、行的相互关系。（见2015年北京师范大学真题）

2. 当前中小学开展心理健康教育的基本途径有哪些？（见2015年华中师范大学真题）

3. 简述美国1958年的《国防教育法》并给予简要评价。（见2014年华东师范大学真题）

4. 简要评述我国革命根据地教育的基本经验。（见2020年华中师范大学真题）

三、论述题

1. 有人说："讲授法就是注入式教学，发现法就是启发式教学。"请运用教学的有关原理评析这一观点。

【答】（1）讲授法是指教师将知识作为定论用系统性的方式传授给学生的过程，是我国教育理论和实践中常用的教学方法。讲授法在教育实践中久盛不衰不仅与其自身的特点有关，还与我国的国情和教育传统有关。我国是一个人口大国，学生数量多以及师资缺乏的情况长期存在，在这样的情况下，讲授法因其快速、高效的特点而成为教师有效传达教学信息的首选。

（2）发现法是指学习者用自己的头脑亲自获得知识的一切形式。发现不只限于发现人类尚未知晓的事物，还包括发现人类现有的知识。布鲁纳认为发现是教育儿童的主要手段，是学生掌握学科基本结构最好的方法。他主张学习的目的在于用发现学习的方式，使学科的基本结构转变为学生头脑中的认知结构。

（3）讲授法和发现法实际上并不矛盾。发现法强调学生用自己的头脑亲自获取知识，讲授法强调原有的认知结构和同化的作用。学生发现新知识并不是建立在空中楼阁之上，而是利用认知结构中原有的适当知识作为基础的。学生对新知识的同化，不是被动地接受教师所传授的知识，而是通过自己的头脑积极、主动地反应才得以实现的。应该说，发现法和讲授法虽侧重点不同，但都重视学生认知结构的构建及其作用。因此，讲授法和发现法不是相互对立的，而是相互促进的，题干的说法是错误的。我们在日常教学中，应该以讲授法为主，在讲授的过程中注重引导学生主动探究，同时也要增加活动课程，让学生有机会去发现、去创造，充分地利用讲授法和发现法的优势。

2. 试述建构主义学习理论的基本观点以及对教学的启示。

【答】（1）建构主义学习理论。

建构主义学习理论在知识观、学生观、学习观等方面提出了许多新观点，给传统的课程和教学理论带来了巨大的挑战，其主要观点包括：

①知识观。知识并不是对现实世界的准确表征，它只是一种解释、一种假设，并不是问题的最终答案。不同学习者对同一问题会有不同的理解，理解只能由个体基于自己的经验背景建构起来，它取决于特定情境下的学习历程。

②学生观。学生并不是空着脑袋走进教室的，他们在日常的生活、学习中，已经形成丰富的经验。所以，教学不能无视学生的这些经验，而是要把学生现有的知识经验作为新知识的生长点，引导学生从原有的知识经验中，生长出新的知识经验。

③教学观。教学要促进学生的知识建构活动，要为学生创设理想的学习情境。学生不是被动的信息接收者，而是意义的主动建构者，这种建构不可能由其他人代替。

④学习观。学习者的知识建构过程具有三个重要的特征：学习的主动建构性、学习的社会互动性、学习的情境性。

（2）对我国当前教学的启示。

建构主义者强调学习过程中学习者的主动性、建构性；对学习者做了初级与高级学习的区分，批评传统教学中把初级学习的教学策略不合理地推及到高级学习中；提出合作学习、情境性教学等，对深化当前的教育教学改革具有深远意义。

但是，传统教学重视知识的确定性和普遍性，注重分析和抽象，这在学习的初级阶段是必要且具有合理性的。全盘否定它，同样会以偏概全，而且用特殊代替一般的错误会引起教学的混乱。

3.试述杜威和赫尔巴特的教学思想，并比较二者的异同。（见2016年陕西师范大学真题）

4.试述中国古代教育家的道德修养方法，并谈谈对今天德育改革的启示。

【答】（1）古代教育家的道德修养方法：

①立志。古人讲道德，首先讲立志。所谓"立志"，就是要确立宏大、坚定的志向，明确自身的责任和奋斗的目标。孟子提出"尚志"。齐国王子垫问孟子："士何事？"孟子曰："尚志。"又问："何谓尚志？"孟子曰："仁义而已矣。""居仁由义，大人之事备矣。"

②明理。即明白道理。孔子曾对子路说："好仁不好学，其蔽也愚；好知不好学，其蔽也荡；好信不好学，其蔽也贼；好直不好学，其蔽也绞；好勇不好学，其蔽也乱；好刚不好学，其蔽也狂。"

③克己。孔子最早提出"克己内省"。"克己"是指严格地要求自己，约束和克制自己的言行，使之合乎一定的道德规范。

④强志。墨子提出"强志达智"。他说："志不强者智不达。"

⑤慎染。孔子很注重指导学生择友。他提倡"乐多贤友""友其士之仁者"，即选择"贤"和"仁"者为友，以达到"以友辅仁"的目的。

⑥力行。孔子对道德实践是非常重视的，他主张"敏于事而慎于言"。

（2）对今天德育改革的启示：

①从德育地位方面：要重视德育的地位。

②从德育目的方面：我们今天对人才的选拔也不能仅仅以学识为主，应该重视人才的综合素质。

③从德育内容方面：孔子的德育思想以"仁""礼"为主。它们同样是我们当今社会中应推崇的核心价值理念。

④从德育方法方面：古代德育强调持志、克己、中庸、力行、内省、改过等。我们在对学生进行德育时也需要采取多种德育途径和方法，使学生知、情、意、行均衡发展。

2015年杭州师范大学 333 教育综合真题·凯程详解

一、名词解释

1.学校教育（见2010年华中师范大学真题）
2.教育目的的个人本位论（见2010年浙江师范大学真题）
3.德育（见2016年东北师范大学真题）
4.校本课程（见2010年陕西师范大学真题）
5.最近发展区（见2011年北京师范大学真题）
6.教学评价（见2015年北京师范大学真题）

二、简答题

1.如何理解教育的相对独立性？认识教育的相对独立性有何意义？

【答】（1）教育的相对独立性。（见2010年华中师范大学真题）

（2）意义。

①我们说教育的相对独立性，并不是说其绝对独立，"超经济""超文化""超政治"的教育是不存在的。如果错误地认为教育有绝对独立性，那么将会丧失教育发展的社会基础和动力。

②教育具有滞后性，即教育对经济、政治、文化、科技等的作用不是立竿见影的，总是要经过一段较长的时间才能体现它的功效，这就是蔡元培所说的"教育是求远功的"。这种长效性作用强大，所以各国都重视教育，要求教育优先发展。

③教育有其自身发展的特点和规律。教育是培养人的活动，而人具有天生的能动性、可塑性和创造潜能等特点，并具有特殊的身心发展和成熟的规律。教育、教学及其相关活动，必须认识、遵循和创造性地运用这些基本特点与规律，才能有效地培养人才。

④教育具有其自身发展的传统与连续性。我们无论是办学校、发展教育事业，还是进行教育改革，都要重视

与借鉴教育的历史经验，都应在原有的基础上积极改进、稳步向前。

2.简述班杜拉的观察学习理论及其教育应用。（见2016年东北师范大学真题）

3.简析颜元的"习行"教学法。

【答】明末清初的教育家颜元在漳南书院教学中重视"习行"教学法。一方面，同他朴素的唯物主义认识论有密切关系，他认为"理"存在于客观事物之中，只有接触事物，躬行实践，才能获得真正有用的知识。另一方面，他重视"习行"教学法是为了反对理学家静坐读书、空谈心性的教学方法。

颜元所说的"习行"，虽然讲的是个人行动，忽视了"知"对"行"的指导作用，看轻了理论思维的重要性。但他强调接触实际，重视练习，从躬亲实践中获得知识，这可以说是中国古代教学法发展史上一次手足解放的运动。"习行"这种反对脱离实际的、注入式的、背诵教条的教学方法，可以说是教学法理论和实践上的一次重大革新。这在当时以读书为穷理功夫，以讲说著述为穷理事业，脱离实际的"文墨世界"中，无疑具有进步意义。我们在日常教学中也要重视"习行"的作用，鼓励学生在实践中学习，并学以致用。比如在学习方程时，要让同学们用方程解决一些实际生活中的问题等。

4.简析帕克赫斯特的道尔顿制。

【答】道尔顿制是由美国进步主义教育家帕克赫斯特创立的。它是一种针对班级授课制的弊端而提出的个别教学制度，又称"道尔顿计划"。

（1）主要特点：

①学校废除课堂教学、课程表和年级制，代之以"公约"或"合同式"的学习。

②将教室改为作业室或实验室，按学科性质陈列参考用书和实验仪器，供学生学习之用。各作业室配一名教师负责指导学生。

③用"表格法"来了解学生的进度。既可增强学生学习的动力，也可使学生的管理简单化。

④该制度有两个原则：自由、合作。要使学生自由学习，允许他们根据自己的需要安排学习，培养他们独立工作的能力。

⑤强调师生之间、学生之间的合作，以培养学生的社会意识。

（2）优点：重视学生自学和独立作业，在良好的条件下，有利于调动学生学习的主动性，培养他们的学习能力和创造才能。

（3）缺点：大多数学生尚不具备独立学习和作业的能力，如果没有教师的讲解，往往会浪费时间，学不到系统的知识，且一般不具备要求的良好的教学设施与条件。

三、论述题

1.如何理解教师职业是一种需要人文精神的专业性职业？其专业性表现在哪里？其人文精神又表现在哪里？

【答】（1）专业性。

教师职业的专业性体现在教师劳动的特点上。教师劳动的特点。（见2015年东北师范大学真题）

教师职业的专业性还体现在教师的素养上。体现教师职业专业性的素养有：

①深厚的文化素养。教师要对自己所教的专业知识融会贯通，能从整体上系统把握，这样才能深入浅出，高瞻远瞩，达到运用自如的境界。

②专门的教育素养。a.教育理论素养；b.教育能力素养，具体包括课程开发能力、语言表达能力、组织管理能力、引导与创新能力；c.教育研究素养。

（2）人文精神。

教师职业的人文精神也体现在教师的素养上。体现教师职业人文精神的素养有：

①高尚的师德。a.教师要热爱教育事业，富有献身精神和人文精神。b.热爱学生，诲人不倦。c.热爱集体，团结协作。d.严于律己，为人师表。

②健康的心理素质。教师的心理健康问题不仅会直接影响教育工作的成败，而且会影响学生的心理健康水平。因此，教师应该具备健康的心理素质。健康的心理素质体现在心理活动的方方面面，概括起来主要指教师要有轻松愉快的心境、昂扬振奋的精神、乐观幽默的情绪以及坚韧不拔的毅力等。

2.接受学习和发现学习各有何特点？应当怎样处理二者的关系？（见2014年华中师范大学真题）

3.试述蔡元培关于"养成共和国民健全之人格"的思想，分析它对民国初年教育方针的制定及学制改革的影响。

【答】（1）"养成共和国民健全之人格"的思想包括：①私德为立身之本，公德为服务社会国家之本。②人生所必需的知识技能。③强健、活泼的体格。④优美和乐的感情。

这一思想主要强调了：①教育要促进个人德、智、体、美、劳全面发展。②教育要注重公民道德的培养，为国家服务。③注重儿童的兴趣需要和个性发展，体现了实用主义教育的思想。

（2）对民国初年教育方针的制定的影响：

蔡元培在1912年发表的《对于教育方针的意见》中，从"养成共和国民健全之人格"的观点出发，提出了"五育"并举的教育思想。"五育"包括军国民教育、实利主义教育、公民道德教育、美感教育和世界观教育。蔡元培强调"五育"不可偏废，前三者偏于现象世界之观念，隶属于政治教育；后二者以追求实体世界之观念为目的，为超越政治之教育。军国民教育为体育，实利主义教育为智育，公民道德教育为德育，美感教育可以辅助德育，世界观教育将德、智、体合而为一，是教育的最高境界。"五育"中也有重点，即必须以公民道德教育为根本。在民国初年，将军国民教育、实利主义教育、公民道德教育和美感教育作为中华民国临时政府的教育方针。

（3）对民国初年学制改革的影响：

"壬子癸丑学制"：在课程上，取消"忠君、尊孔"的课程，增加自然科学课程和生产技能的训练，改进教学方法，反对体罚，使教育与儿童的实际联系更为紧密，适应儿童身心发展特点。

"壬戌学制"：①从学制的七项标准上看，七项标准中，强调了教育要适应社会进化需要、谋个性之发展、注意生活教育，与陶行知的思想具有一致性。②从学制的内容上看，a.采用美国的"六三三"学制，基本上是依据我国青少年的身心发展特点划分的，这在中国近代学制发展史上是第一次。b.重视职业教育，考虑到了我国民族工业发展对教育的要求。c.在课程设置上，学习国语、算术、公民、自然、园艺、音乐、体育等课程，设置必修课和选修课，力求促进学生个性的全面发展。

4.试论述夸美纽斯在西方教育史上的贡献。（见2016年西南大学真题）

2016年杭州师范大学333教育综合真题·凯程详解

一、名词解释

1.《民主主义与教育》

【答】《民主主义与教育》是美国著名教育家杜威的代表作，它与柏拉图的《理想国》和卢梭的《爱弥儿》一起被称为教育史上三个里程碑式的著作。该书全面阐述了杜威的实用主义教育理论，包括"教育即生长""教育即生活""教育即经验的持续不断地改造"的教育本质论和杜威的教育目的论、课程与教学论、德育论、反省思维理论等。

2.班级授课制（见2016年北京师范大学真题）

3.美育（见2010年东北师范大学真题）

4.隐性课程（见2018年北京师范大学真题）

5.教师专业发展（见2011年华东师范大学真题）

6.思维定势

【答】定势是指由先前的活动所形成的并影响后续活动的一种心理准备状态。它在思维活动中表现为一种易于用习惯的方式解决问题的倾向，即思维定势。思维定势在问题的解决中既有积极影响，也有消极影响。当问题情境不变时，思维定势对问题的解决有积极影响，有利于问题的解决；当问题情境发生变化时，思维定势对问题的解决有消极影响，不利于问题的解决。

二、简答题

1.简述宋元时期蒙学教材的种类、特点与影响。

【答】（1）宋元时期蒙学教材的种类、特点。（见2016年东北师范大学真题）

（2）宋元时期蒙学教材的影响。

①宋元时期的蒙学教材开始按专题分类编写，使蒙学教材在内容和形式上呈现多样化。

②一些著名学者，如朱熹、吕祖谦、王应麟等人亲自编撰蒙学教材，对提高蒙学教材的质量起了重要作用。

③蒙学教材注重儿童的心理特点，采用韵语形式，文字简练，通俗易懂，并力求将识字教育、基本知识教育和伦理道德教育有机地结合起来，这些经验是值得我们认真研究的。

2.简述德育过程中的"平行教育影响原则"思想。

【答】马卡连柯是苏联早期著名的教育理论家和实践家，他强调集体和集体教育。马卡连柯教育理论的重要组成部分是集体教育，其核心思想是"在集体中，为了集体，通过集体"，即教育工作的对象是集体，教育的主要方式是集体教育。换句话说，集体既是教育的主体，也是教育的客体。集体教育原则又叫作"平行教育影响原则"，意思是教师对集体和集体中每一个成员的影响是同时的，教师和整个班集体对每一个成员的影响也是同时的。

马卡连柯认为，集体与个人关系密切，教育个人和教育集体既可以同时作为教育目的，又可以同时作为教育对象。他说："每当我们给个人一种影响的时候，这种影响同时也是给集体的一种影响。相反地，每当我们涉及集体的时候，同时也应成为对组成集体的每一个个人的教育。"马卡连柯后来用"平行教育影响"来概括他的上述思想，强调教育个人与教育集体的活动应同时进行，每一项针对集体开展的活动应收到既教育集体又教育个人的效果。

3.简述英国的《1944年教育法》。（见2020年湖南师范大学真题）

4.简述斯腾伯格的成功智力理论。

【答】（1）所谓成功智力就是为了完成个人的以及自己群体的或者文化的目标而去适应环境、改变环境和选择环境。智力是适应、选择和塑造环境背景所需的心理能力。

（2）成功智力具有三种基本成分：分析性智力、创造性智力、实践性智力。人取得成功不仅需要具备这三种能力，而且需要在这三种能力之间取得平衡。

（3）强调智力不应仅仅涉及学业，更应指向真实世界的成功。

三、论述题

1.在欧美教育思想"六三三"制的影响下，分析我国教育制度改革的经验与不足，说说其对我国现代教育改革的启示。（见2014年东北师范大学真题+2015年陕西师范大学真题）

2.论述马克思关于人的全面发展学说以及劳动与教育相结合的意义。（见2017年华南师范大学真题）

3.在新课程改革的背景下，教师应该树立什么样的课程观？

【答】教师的课程观是指教师对课程的各种认识和看法的总称，包括对课程的概念、课程的编制、课程的实施、课程的评价等各个方面的认识。在新课程改革的背景下，教师的课程观体现在以下几个方面。

（1）课程的功能方面，认为课程的功能是让学生形成积极主动的学习态度，使学生在获得基础知识与基本技能的过程中学会学习并形成正确的价值观。

（2）课程的结构方面，认为应设置九年一贯的课程门类和课时比例，并且设置综合课程，以体现课程结构的均衡性、综合性和选择性。

（3）课程的内容方面，认为课程的内容应与学生的生活以及现代社会的科技发展相联系，关注学生的学习兴趣和经验。

（4）课程实施方面，倡导学生主动参与、乐于探究、勤于动手，培养学生搜集和处理信息的能力、获取新知识的能力、分析和解决问题的能力，以及交流与合作的能力。

（5）课程评价方面，认为不应过分强调其甄别与选拔功能，应发挥评价促进学生发展、教师能力提高和改进教学实践的功能。

（6）课程管理方面，认为应增强课程对地方、学校及学生的适应性，应实行国家、地方、学校的三级课程管理模式。

4.元认知是什么？举例说明元认知策略的运用对学习的促进作用。（见2014年华东师范大学真题）

2017年杭州师范大学333教育综合真题·凯程详解

一、名词解释

1.班级授课制（见2016年北京师范大学真题）

2.《爱弥儿》（见2019年上海师范大学真题）

3.综合课程（见2012年华东师范大学真题）

4.教育目的（见2015年北京师范大学真题）

5.学习定势（见2010年湖南师范大学真题）

6.形式教育论与实质教育论

【答】（1）形式教育论的代表人物有英国教育家洛克、瑞士教育家裴斯泰洛齐。形式教育论认为，教学的主要任务在于通过开设希腊文、拉丁文、逻辑、文法和数学等学科发展学生的智力，至于学科内容的实用意义则是无关紧要的，形式教育以官能心理学为基础。

（2）实质教育论的代表人物有德国教育家赫尔巴特、英国教育家斯宾塞。实质教育论认为，教学的主要任务在于传授学生对生活有用的知识，至于学生的智力则无须进行特别的培养和训练，实质教育以联想主义心理学为基础。

二、简答题

1. 如何正确看待学校教育中的惩罚问题？

【答】一方面，惩罚有一定的积极意义，它可以在一定程度上抑制学生的不良行为；另一方面，我们也要看到惩罚的消极意义。

（1）对学生而言，惩罚不仅会带来生理伤害，而且会带来心理创伤，伤害学生的自尊心，甚至使其对学习和生活失去兴趣和信心。

（2）对教师而言，常用惩罚的教师容易形成错误的师生观，认为自己有绝对权威，对学生有"生杀大权"，从而忽视了学生在学习过程中的主体地位。

（3）对学校而言，一个惩罚盛行的校园势必会受到舆论的讨伐，失去社会的信任，造成学校的教育质量和信誉低下。

（4）总之，我们要一分为二地看待学校教育中的惩罚问题，既要肯定惩罚的积极意义，也要避免惩罚的消极意义。合理地运用"教师惩戒权"，对规范学生的行为起到一定的教育作用，但不应该矫枉过正。

2. 简述启发性教学原则。（见2012年北京师范大学真题）

3. 简述古希腊雅典教育的特点。

【答】（1）在教育目的上，主张培养身心和谐发展的公民。

（2）在教育方法上，提倡温和、民主。

（3）在教育体制上，婴儿出生后由父亲决定是否养育。7岁以前，在家里接受教育，重视游戏和玩具的教育作用。7岁以后，男孩开始接受学校教育。7～12岁，进入文法学校和弦琴学校。18岁，开始接受军事训练。20岁，通过一定的仪式成为公民。

4. 简要分析《白鹿洞书院揭示》以及书院教育宗旨。（见2013年华东师范大学真题）

三、论述题

1. 教师劳动的特殊性表现在哪些方面？教师劳动的特殊性会对教师提出什么样的要求？

【答】（1）教师劳动的特殊性主要表现在以下四个方面。

①复杂性。首先，劳动的对象是具有各种独特品质的社会成员。其次，教师的劳动是一种以知识信息的传递为主要形式的过程。最后，教师劳动的根本任务是教书育人。

②劳动手段的创造性和灵活性。这是由教育对象的复杂性和特殊性决定的。首先，表现在教师对教育、教学方法和原则的运用上。其次，表现在教师对教材内容的处理和加工上。最后，表现在教育机智上。

③劳动整体的示范性。教育是培养人的活动这一本质特点决定了教师的劳动必须带有强烈的示范性。

④劳动过程的长期性和长效性。第一，人才培养的周期长，见效慢。第二，教师对学生的影响不会随着学生学业的结束而消失，而是会在学生长期的实践中趋于完善和成熟，同时，这种影响也是深远的、长效的。

（2）要求。教师劳动的特殊性，要求教师必须具备一定的专业素质。专业素质是教师作为专业人员应该具备的多方面的专业要求，是顺利进行教育活动的前提，也是教师胜任工作的基本条件。

①先进、科学的教育理念。

②合理的专业知识。主要包括：a.本体性知识，即特定学科及其相关知识；b.条件性知识；c.实践性知识，即课堂情景知识，体现教师个人的教学技巧、教育智慧和教学风格。

③复合型的专业能力。主要包括处理教学内容的能力、设计教育教学活动的能力、良好的表达能力、教学研究能力等。

④崇高的专业道德。主要包括爱岗敬业、甘为人梯、热爱学生、诲人不倦、以身作则等。

⑤强健的身体素质。主要包括健康的体魄、旺盛的精力、有节律的生活方式等。

⑥健康的心理素质。包括认真负责的教学态度、积极丰富的教学情感、坚韧不拔的教学意志。

此外，教师劳动的特殊性还要求教师应该建立民主平等的师生观。

2. 创造性与智力并非简单的线性关系，阐述二者的种种关系，并结合实际谈谈如何培养学生的创造性。

【答】创造性是指根据一定的目的和任务，利用一切已知的信息，开展能动的思维活动，产生某种新颖、独特、具有社会或个人价值的产品的一种能力品质。它包括创造性认知品质、创造性人格品质和创造性适应品质。

（1）关系。（见2015年湖南师范大学真题）

（2）培养学生的创造性。（见2011年北京师范大学真题）

3.试论述赫尔巴特教育学思想的心理学基础。（见2013年陕西师范大学真题）

4.试论述陈鹤琴的儿童教育思想。（见2015年北京师范大学真题）

2018年杭州师范大学333教育综合真题·凯程详解

一、名词解释

1.《论语》（见2010年东北师范大学真题）

2.义务教育（见2012年东北师范大学真题）

3.教学方法（见2013年华南师范大学真题）

4.特朗普制

【答】特朗普制是由美国学者特朗普提出的一种新的教学组织形式。这种教学形式试图把大班、小班和个人三种教学形式结合起来。大班进行上课，就是把两个以上的平行班合在一起上大课。小班进行研究，就是每个小班大约有20人，由教师带领进行研究和讨论大班授课的材料。同时还有个别教学，由学生独立完成作业，部分作业指定，部分作业自选。在时间分配上，大班教学占40%，小班研究占20%，个别教学占40%。特朗普制力图在教学组织形式中结合学生自学和大班授课的优势。目前，很多学校在实验这种方法。

5.学制（见2019年北京师范大学真题）

6.教育行动研究（见2014年南京师范大学真题）

二、简答题

1.简述你对校园欺凌的看法。

【答】校园欺凌，不能看作只是一个"开过分了的玩笑"。目前可以说，事件发生前的有效预防，事件发生时的及时、妥善处理，事件发生后的惩戒和科学教育，都还缺乏有效的措施。

（1）校园欺凌的影响因素。①个人因素：年龄、不良嗜好、学业成绩、性格。②家庭因素：家庭收入、父母受教育程度。③学校因素：学校的管理规范程度、学校的法制教育效果、教师的法治素养、学校的文化建设、学校的硬件建设等。例如，国外有研究证明，如果一所寄宿制学校晚间照明好，那么学校发生欺凌事件的概率就会明显降低。④社会因素：网络、影视、动漫等；学生的社会不公平待遇。

（2）校园欺凌防治的对策与建议。①建立完备的法律规范。②完善三级工作体系。第一，预防体系：法制教育、心理健康教育、沟通协助教育。第二，应对体系：建立报告与举报渠道；准备应急预案，及时制止，避免事情扩大；强制通报。第三，善后体系：建立心理辅导室；跟踪指导。③矫正问题学生。"以教代刑"的教育措施，即用合理的教育代替刑事处罚，绝不能不了了之。

2.简述美国的"返回基础"教育运动。

【答】（1）背景：20世纪70年代，由于公众对公立学校的教育质量普遍不满，美国掀起了"返回基础"教育运动，主要是针对中小学校基础知识教学和基本技能训练薄弱的问题。

（2）内容：

①小学阶段：强调阅读、写作和算术教学，学校教育应将精力集中在这些方面的基本技能训练上。

②中学阶段：主要应把精力集中在英语、自然科学、数学和历史的教学上。

③教师作用：教师应当在学校教育的一切阶段起主导作用。

④教学方法：教学方法应当涵盖练习、背诵、日常家庭作业以及经常性测验等。

⑤考试制度：通过考试证明学生确已掌握所要求的基本技能和知识后，方可升级或毕业，取消只凭学满课程所要求的时间就予以升级或毕业的做法。

⑥课程设置：取消选修课，增加必修课。

⑦班级管理：严明纪律等。

（3）评价："返回基础"教育运动曾在美国教育界引起一场激烈的争论。提倡者和赞同者甚至把这场运动视为拯救美国基础教育的"灵丹妙药"，但也有许多人对其严厉指责。这场运动从实质上讲是一种恢复传统教育的思潮。

3.简述陶行知的儿童创造教育思想。

【答】陶行知的儿童创造教育思想即"小先生制"。"小先生制"是陶行知受学生的启发而提出的方法。为了解决普及教育中师资缺乏、经费匮乏、女子教育困难等问题，又因为儿童是中国实现普及教育的重要力量，所以他提出了"小先生制"，即"即知即传"，人人将自己所识的字和所学的文化随时随地地教给别人，儿童是这一过程的主要承担者，陶行知认为小孩也能做大事，"小先生"不仅教别人识字、学文化，还教别人做"小先生"，由此知识不断地得到推广。"小先生制"是贫穷国家普及教育最重要的钥匙。

4.简述维果茨基的"最近发展区"带给我们的教育启示。（见2010年北京师范大学真题）

三、论述题

1.论述中国古代教育家的教师观及其"尊师重道"的思想。

【答】（1）孔子的教师观。教师应该做到学而不厌，诲人不倦。强调教师要尽职尽责，热爱学生，还要以身作则，教学相长。

（2）荀子的教师观。

①荀子特别推崇教师的地位和作用，竭力倡导尊师。学生必须无条件地服从教师，教师在教学过程中处于绝对的主导地位。

②荀子把教师提高到与天地、祖宗并列的地位。教师的作用是与国家的前途命运相连的。

③荀子认为当教师应具备四个条件：一要有尊严和威信；二要有崇高的威信和丰富的经验；三要具备传授知识的能力；四要能体会"礼法"的精微道理，且能阐发。

（3）《学记》中的教师观。教学相长原则：本意并非指教与学的相互促进，仅指教这一方以教为学，后人引申为在教学过程中教师与学生相互促进，共同提高。

（4）韩愈的教师观。（见2018年北京师范大学真题）

综上所述，中国古代教育家的教师观已经逐步向民主的方向发展。

2.论述卢梭的儿童教育观。（见2012年华东师范大学真题）

3.论述科尔伯格的道德发展阶段论。（见2013年华东师范大学真题）

4.论述课程和教师的关系，以及开发校本课程需要教师具有怎样的教师素养。

【答】（1）课程和教师的关系：

教师是课程改革中主要课程的研究者、设计者、实施者和评价者。课程改革最终体现在教师的教育教学实践中，任何教育改革，没有教师的积极参与和支持都是不可能取得成功的。在传统的教学中，教学与课程是彼此分离的。教师被排斥在课程之外，教师的任务只是教学，只是按照教科书、教学参考资料去教；课程游离在教学之外，教学内容和教学进度是由教学计划规定的。因此，在课程改革中，应该充分体现出教师在课程中的作用，让教师参与具体课程的设计和评价，使课程更能适应实践教学。就我们的高等数学课程而言，课程内容大致相同，但对于不同的专业，侧重点就要有所不同，只有这样，高等数学这门课程才能发挥它作为基础课程的作用。同时，对于课程的改革，应及时地普及，这就需要对教师进行新课程培训。教师对与新课程有关的知识、技能和理念应急需"充电"。所以，要通过各种途径、采取各种办法切实加强在职教师的培训。

（2）开发校本课程教师应具备的素养：

①全新的课程开发意识。

校本课程开发注重课程的个性与开放性、多样性、灵活性，尤其注重受教育者的个性发展。校本课程的出现，使教育基本要求的统一性与人才的多样性有机结合，国家课程、地方课程、校本课程结合，相互补充，实现课程的"最原始愿望"。正确的、全新的课程开发意识，是开发校本课程中教师不可缺少的思想装备。

②卓越的课程开发能力。

课程开发能力是指课程开发者对课程的参与、实施、评价与创造的能力，这是课程意识观的外化与表现，最终在校本课程开发中起决定性作用。作为教师，要深刻地认识和领悟课程资源开发与利用对新一轮课程改革以及提高教育教学质量的重大意义，要不断探索课程资源开发与利用的有效方式方法。没有新的课程设计理念，就没有地方课程的开发；同样，空有课程设计理念，没有课程开发的能力，校本课程开发仍然无法进行。提高教师的课程开发能力，已经成为当前校本课程开发最基础、最紧迫的工作。

2019年杭州师范大学333教育综合真题·凯程详解

一、名词解释

1.终身教育（见2011年华东师范大学真题）

2. 认知风格

【答】认知风格一般被认为是个体组织和加工信息时所习惯的独特方式，是学习风格的组成部分，具有个体差异性和相对稳定性。与学习风格相比，认知风格具有更多的先天成分，与智力不相关或相关不显著。在认知风格的所有要素中，场独立型与场依存型是核心。

3. 全面发展教育

【答】全面发展教育是指教育者根据社会的政治、经济需要和人的身心发展的规律和特点，有目的、有计划、有组织地对受教育者实施的旨在促进人的素质结构全面、和谐、充分发展的系统教育。全面发展的教育由德育、智育、体育、美育、综合实践活动等组成。

4. 儿童中心论

【答】儿童中心论的出发点是儿童。主张按照儿童的需要、兴趣、能力及经验来设计课程，提倡活动课程、经验课程。强调课程的主要目的是顺应和满足儿童自然发展的需要，应根据儿童的心理发展特点和心理发展要求来确定课程；强调从儿童的直接经验出发，按照个体经验发展的逻辑来组织课程，强调儿童通过活动来获得知识经验。儿童中心论能够满足儿童的需要，却在一定程度上忽视了知识本身的系统性。

5. 课程资源

【答】课程资源是指课程要素来源以及实施课程的必要而直接的条件。课程资源包括校内课程资源和校外课程资源。校内课程资源，除了教科书，教师、学生，师生不同的经历、生活经验、学习方式，教师教学策略都是非常宝贵、非常直接的课程资源，校内各种专用教室和各种活动也是重要的课程资源。校外课程资源，主要包括校外图书馆、科技馆、博物馆、网络资源、乡土资源、家庭资源等。

6. 教育现代化（见2020年北京师范大学真题）

二、简答题

1. 简述信息技术对教育的影响。

【答】（1）信息技术改变着人们关于知识的观念。

（2）信息技术改变着人们关于学习和教育的观念。

（3）信息技术的日益成熟和普及为实现教育的个性化、民主化和自主化提供了平台。

2. 简述尝试错误学习理论对教学的启示。

【答】在教学中，教师应该允许学生犯错误，并鼓励学生从错误中学习，只有这样获得的知识，学生才会终生不忘。在实际的教学过程中，教师应努力使学生的学习得到自我满意的积极结果，防止毫无所获。同时，应注意在学习过程中加强合理的练习，并注意在学习结束后不时地进行练习。任何学习都应该在学生有准备的状态下进行，而不能经常搞"突然袭击"。

3. 简述孔子的"学而优则仕"思想及其历史影响。

【答】从平民中培养德才兼备的从政君子，这条培养人才的路线可概括为"学而优则仕"。这句话是子夏说的，但是也代表了孔子的教育观点。

（1）含义：学习是通向做官的途径，培养官员是教育最主要的目的，"学而优则仕"与"任人唯贤"的路线配合一致，把读书和做官紧密联系在一起，成为封建统治者维护统治和笼络人才的手段。

（2）意义：它反映了封建制度兴起时的社会需要，成为知识分子学习的动力，为封建官僚制度的建立提供了准备条件，适应了当时社会发展的要求，直到现在依然有实际意义。

4. 简述要素主义教育思想的主要观点。（见2016年华东师范大学真题）

三、论述题

1. 从教育的词源分析入手谈中西教育的差异。

【答】（1）在我国，一般认为"教育"一词最早见于《孟子·尽心上》中的"得天下英才而教育之，三乐也"。但由于20世纪以前，人们很少把这两个字合起来作为一个词使用，所以这里的"教育"主要指"教"或"育"。按东汉许慎所著的《说文解字》的解释，即"教，上所施，下所效也""育，养子使作善也"。在我国古代思想家的教育论说中，与"教"相伴出现的字多为"学"。这与古代的"教"主要指"教学生学有关的知识"，"学"主要指"儿童在房子里学习有关的知识"，"教"与"学"只是从不同的角度描述同一种活动有关系。

（2）在现代英语中，教育是"education"；在法语中，教育是"éducation"；在德语中，教育是"erziehung"，三个词都来源于拉丁文"educare"。"educare"是名词，它是由动词"eduère"转换而来的。"educěre"是由前缀"e"与词根"ducère"合成的。前缀"e"有"出"的意思，词根"ducère"有"引导"的意思，合起来即为"引出"。意思是借助一定的办法，把潜藏于儿童内心的东西（知识、智慧等）引导出来。

（3）中西教育的差异。我国的教育主要是教师通过传授的方式教学生知识与技能，教师是传授者；西方的教育主要是教师引导学生掌握知识与技能，教师是引导者。

2.联系实际谈谈促进迁移的有效教学策略。（见2014年北京师范大学真题）

3.论述蔡元培对近代中国教育发展的贡献。（见2013年北京师范大学真题）

4.评述洛克的绅士教育思想。（见2012年上海师范大学真题）

2020年杭州师范大学333教育综合真题·凯程详解

一、名词解释

1.**产婆术**（见2011年北京师范大学真题）

2.**虚拟教学**

【答】虚拟教学是利用虚拟现实技术把教学过程做成动画的形式，但是相较于动画，有更多的互动性和真实性，可以达到完全模拟的程度。

3.**教师专业发展**（见2011年华东师范大学真题）

4.**教育方针**

【答】教育方针是国家或政党根据一定的政治、经济发展的总路线、总任务规定的教育工作的发展思路和发展方向。教育方针是教育工作的总方向和根本指针，是教育政策的总体概括。我国的教育方针为：坚持教育为社会主义现代化建设服务、为人民服务，把立德树人作为教育的根本任务，全面实施素质教育，推进教育公平，培养德智体美劳全面发展的社会主义建设者和接班人，加快推进教育现代化、建设教育强国，努力办好令人民满意的教育。

5.**练习的高原时期**（见2010年杭州师范大学真题）

6.**学校教育制度**（见2019年北京师范大学真题）

二、简答题

1.**简述《费里法案》。**

【答】19世纪70年代，法国基本完成了工业革命，国民教育引起了人们的重视，普及初等教育成为教育发展的重点。1881年和1882年，法国教育部长费里两次颁布有关义务教育的法令，合称《费里法案》。

（1）内容：该法案不仅确立了国民教育义务、免费、世俗化三大原则，而且把这些原则的贯彻实施予以具体化。

①儿童6～13岁为法定义务教育阶段，接受家庭教育的儿童须自第三年起每年到学校接受一次考试检查，对不送儿童入校学习的家长予以罚款。

②免除公立幼儿园及初等学校的学杂费，免除师范学校的学费、膳食费与住宿费。

③废除教会监督学校及牧师担任教师的特权，取消公立学校的宗教课，改设道德与公民教育课。

（2）意义：《费里法案》的颁布与实施，为这一时期初等教育的发展提供了必要的法律保障，指明了进一步努力的方向，标志着法国初等教育步入一个新的历史发展阶段。

2.**简述晏阳初的乡村教育思想。**（见2017年湖南师范大学真题）

3.**简述态度与品德的关系。**

【答】态度是个体对特定对象（人、观念、情感或者事件等）持有的稳定的心理倾向。这种心理倾向蕴含着个体的主观评价以及由此产生的行为倾向性。品德即道德品质，是指个体依据一定的社会道德准则和规范行动时，对社会、他人、周围事物所表现出来的稳定的心理特征或倾向。

相同点：二者的实质是相同的；二者的结构也是一致的，都是由认知、情感和行为三个方面构成。

态度和品德这两个概念也有区别。第一，涉及的范围不同。态度涉及的范围较大，只有涉及道德规范的那部分稳定的态度才能被称为品德。第二，价值的内化程度不同。价值内化的各级水平实际上也就是态度变化的水平，但只有价值观念经过组织且已成为个人性格的一部分时的稳定态度才能被称为品德。

总之，态度和品德有一定的区别，但又有着密切的联系，二者属于同质的问题。

4.**简述基础性课程与拓展性课程的关系。**

【答】（1）基础性课程主要培养学生终身发展和适应未来社会所需的共同基础；拓展性课程主要满足学生的个性化学习需求，开发和培育学生的潜能和特长，培养学生的自我认知和自我选择能力。

（2）拓展性课程和基础性课程在课程价值、课程目标、课程实施方式等方面具有相通性。二者都涉及三级课程的所有学科和学习领域，都反映学校的办学理念，彰显办学特色。二者都不是专业或职业教育，而是属于启蒙教育范畴。二者的实施目的都指向发展学生的核心素养。拓展性课程开发应基于基础性课程的目标和要求，课程内容是对基础性课程的延伸、补充、拓展和整合。

（3）义务教育的基本特性是基础性、全面性和公平性，学校课程设置不能过于随意和松散。拓展性课程的开设与开发除了要考虑教师特长、课程资源和学生兴趣，更重要的是要关注课程对实现本校育人目标的贡献和价值。

三、论述题

1.论述新课程中"自主、合作、探究"的学习方式。

【答】（1）含义。

①自主学习：指学习者在学习活动中具有主体意识和自主意识，不断激发自己的学习激情或积极性，发挥自我能动性和创造性的一种学习方式。自立、自为、自律是自主学习的三种支柱。

②合作学习：指促进学生在异质小组中彼此互助，共同完成学习任务，并以小组总体表现为奖励依据的教学理论和策略体系。这种学习方式有利于激发学生的学习动机，有利于经验的分享和知识的生成，有利于学生之间的互动，有利于合作和尊重的人际关系的生长，有利于增强信心和提高能力。合作学习应该注意引导学生积极地相互协作，强调个人责任制，在合作中培养学生的社会能力。

③研究性学习（也是一种探究性学习）：指学生在教师的指导下，从学习生活和社会生活中选择和确定研究专题，用类似科学研究的方式，主动地获取知识并运用知识解决问题的学习活动。研究性学习是指学习者以解决问题为主要内容，以发展研究能力为主要目的的一种新型学习方式。它有三种组织形式：个人独立研究、小组合作研究和个人研究与集体讨论相结合。学习程序是：进入问题情境阶段—实践体验阶段—表达、交流阶段。

（2）"自主、合作、探究"学习方式的目标与意义主要体现在：帮助学生获得参与和探索的经验；帮助学生培养发现、探索和解决问题的能力；帮助学生形成合作与分享的意识；有利于培养学生科学的态度和道德；有利于培养学生对社会、自然的责任感；有利于培养学生搜集、处理信息和综合运用知识的能力。

2.分析论述"讲授法会造成机械性学习"的观点。

【答】这种观点是错误的。

一种学习是机械的还是有意义的，主要取决于学习材料的性质和学习是如何进行的，也就是说，有意义学习的产生既受客观条件（学习材料的性质）的影响，也受主观条件（学习者自身的因素）的影响。

（1）从客观条件来看，有意义学习的材料必须能够与学生认知结构中的有关知识建立实质性和非人为的联系。也就是说：①材料必须具有逻辑意义，是学生可以理解的；②材料应该在学生学习的能力范围之内，符合学生的心理年龄特征和知识水平，是学生可以理解的。

（2）从主观条件来看，主要包括三点：①学习者要有有意义学习的意向或倾向，简单地说，学生必须通过理解新旧知识之间的相互作用获得这些知识，而不是靠死记硬背；②学习者认知结构中必须具有适当的知识基础；③学习者必须积极主动地使具有潜在意义的新知识与认知结构中有关的旧知识发生相互作用，从而加强对新知识的理解，使认知结构或旧知识得到改善，使新知识获得实际意义。这种相互作用越充分，就越有利于掌握新知识，使新知识获得实际意义，也就是使其具有个人的心理意义，从而把外在的知识变成学生自己的知识。

而具有启发性的讲授法是一种蕴含着人的高级心理变化的教学方法，只有学生有积极的思维活动才能使教学活动得以继续进行。因此，该教学方法适合复杂的人类认知情境，应对蕴含复杂情境的创新精神和实践能力的培养具有一定的作用。

因此，只有机械的讲授法才会造成机械性的学习，而有意义的讲授法则会让学生更好地理解知识，掌握知识。

3.论述赫尔巴特的道德教育理论。（见2012年华南师范大学真题）

4.论述1922年"新学制"。（见2014年东北师范大学真题）

2021年杭州师范大学333教育综合真题·凯程详解

一、名词解释

1.布鲁纳的《教育过程》

【答】（1）简介：《教育过程》是美国心理学家、教育学家布鲁纳的代表作。

（2）内容：全书分为引论、结构的重要性、学习准备、直觉思维和分析思维、学习动机、教学辅助工具六个部分。在书中，布鲁纳主要提出了使学生理解学科的基本结构，帮助每个学生获得最好的智力发展等主张。

（3）评价：《教育过程》一书被誉为"现代最主要的、影响最大的教育著作之一"。布鲁纳作为美国教育改革运动的倡导者，他的影响远远超过了国界。他在书中提出的"发现法教学理论、发掘学生智慧潜力、调动学生思维"的教学主张，正日益为各国教育界所认识，并产生了积极影响。

2. 教育均衡发展

【答】（1）简介：教育均衡发展是义务教育的战略性任务。教育均衡发展现阶段主要指义务教育阶段均衡发展。

（2）具体内容：义务教育阶段均衡发展主要包括两个维度。一个是横向均衡，主要指经费、设备、师资等教育资源配置的均衡；另一个是纵向均衡，主要指教育机会、过程和结果的均衡。

（3）意义：深入推进义务教育均衡发展，对促进人的全面发展，促进教育公平，构建和谐社会，具有重大的现实意义和深远的历史意义。

（4）注意：教育均衡发展不是限制发展，而是共同发展；教育均衡发展不是平均发展，而是持续发展；教育均衡发展不是统一发展，而是特色发展。

3. 壬戌学制（见 2010 年北京师范大学真题）

4. 教学设计（见 2016 年首都师范大学真题）

5. 平行教育影响原则

【答】（1）简介：这一原则由苏联教育家马卡连柯提出，是集体教育原则中的一项重要原则。

（2）内容：教育个人与教育集体的活动应同时进行，每一项针对集体开展的教育活动，应收到既教育集体又教育个人的效果。也就是说以集体为教育对象，通过集体来教育每个个体。教育者对集体和集体中的每个成员的教育影响是同时的、平行的。

（3）评价：平行教育影响原则充分发挥了学生集体的教育作用。

6. 正规教育与非正规教育

【答】按照教育活动的规范程度，教育可分为正规教育和非正规教育，二者合称为正式教育。

（1）正规教育：国家教育部门认可的教育机构（学校）所提供的有目的、有组织、有计划、由专职人员承担的以培养学生的身心发展为直接目标的全面系统的教育活动，如各级各类学校教育。正规教育具有统一性、连续性、标准化、制度化的特点，最有利于促进国家普及教育和提高教育效率。

（2）非正规教育：在正规教育系统外进行的有组织、有计划的教育活动及国家教育行政部门统一学制要求范围（初等教育、中等教育、高等教育）以外的各类教育活动，如扫盲教育、技术培训、政治学习、业务训练、专题讲座、岗位培训和继续教育等。它与正规教育相对，具有未充分制度化、未常规化、结构松散、组织灵活的特点。

随着社会的发展，正规教育、非正规教育与非正式教育一起构成终身教育的体系。

二、简答题

1. 试举一例你所熟悉的校本课程，从校本课程内涵的角度加以简要评述。

【答】清华附小开设的丁香戏剧课程是该校富有特色的校本课程。该校认为，戏剧是儿童的第二重生活。因此，该校开设了专时专用的戏剧课程，对儿童进行全人格的审美雅趣素养教育。该校的校本戏剧课程内容包括校史剧、主题情景剧、经典读本剧等。它按学段划分，低学段侧重于课本剧，中学段侧重于校园剧，高学段侧重于校史剧。

（1）校本课程是以学校为课程编制主体，自主研发与实施的一种课程，是相对国家课程和地方课程而言的。清华附小开设的丁香戏剧课程正是在符合国家课程的标准下由该校教研团队的教师们共同创设的适合儿童的个性课程。该课程是专门针对清华附小的学生开设的课程，并且注重满足不同学段学生的需求。同时，在教育部所颁布的核心素养基础上，该校结合本校的历史文化提出了"身心健康、善于学习、学会改变、审美雅趣、天下情怀"五大校本核心素养，而丁香戏剧课程的开设正是以提升学生审美雅趣为目标。由此可见，该校的校本课程是依据该校的办学理念开发的，这也体现了校本课程开发的科学性。

（2）校本课程的开发通常要有利于满足本校学生的需要，提高教师专业发展水平和学校的办学水平，体现国家课程管理的灵活性，做到因地制宜。清华附小的戏剧课程为学生提供了一种塑造自我、展现自我的平台，满足了该校学生的需要，并提高了教师的专业化水平。

2. 当今中小学进行心理健康教育的基本途径有哪些？（见 2015 年华中师范大学真题）

3.简述夸美纽斯的教育适应自然的原则。（见 2012 年西南大学真题）

4.简述"朱子读书法"。（见 2016 年华东师范大学真题）

三、论述题

1.结合中小学教育实际，谈谈如何更好地发挥德育隐性课程的作用。

【答】（1）含义：德育的课程分为直接的德育课程和隐性的德育课程。直接的道德教育即开设专门的道德课（比如思想品德课和时事政治课）系统地向学生传授道德知识和道德理论。间接的道德教育即隐性的德育课程，是指在学科教学、学校与课程管理、辅助性服务工作和学校集体生活等各个层面对学生进行道德渗透的教育。

（2）德育隐性课程的作用：在传统道德教育中，以教师讲解为主，在课堂上教师用灌输的方式，将道德规范、原则、价值以知识的形式灌输给学生。在这种教育方式的作用下，学生参与道德学习的积极性不高。而隐性的德育课程则凸显了学生在道德学习中的主体性地位，有效地提高了学生参与道德学习的积极性，使学生将外在的道德要求自觉内化为内在的道德规范。

（3）德育隐性课程的途径：教学育人（道德课程以外的其他学科课程，如语文课等）；指导育人（如班主任工作、职业指导、就业讲座、心理咨询等）；管理育人（如校风建设、教学理念对学生的影响、学生守则、共青团与少先队活动等）；活动育人（如劳动教育和各种社会实践、课外活动、校外活动、少先队活动等）；环境育人（如校园环境建设、校园生活等）。

（4）发挥德育隐性课程的策略：

①重视校园环境建设。校园环境建设应包括两个方面，即物质环境和文化环境。良好的校园环境可以使学生产生舒适之感，引起学生对学校集体的认同感和归属感，进而使学生形成积极向上的生活态度，有助于学生形成正确的人生观。

②重视教师的思想觉悟建设。当下的教育倡导全员育人，对学生实施道德教育不再只是对思想品德、政治教师的要求，而应成为全体教师的自觉追求。要想使德育形成合力就要重视提升全体教师的思想觉悟和道德水平。

③重视学校制度建设。学校制度方面的德育隐性课程是指班级和学校教育中的领导机制、规章制度、领导风格、教学组织形式等存在的非预期的德育影响。良好的学校制度对学生道德修养的养成同样具有重要作用。以师生关系为例，民主型的教师更有利于创设一个平等、友爱的班级，更有利于学生健全人格的形成，专制型的教师则与之相反。因而，重视学校制度建设是有效发挥德育隐性课程的有效途径。

2.影响问题解决的因素有哪些？据此谈谈如何在教学实践中提高学生的问题解决能力。（见 2017 年陕西师范大学真题 +2010 年华中师范大学真题）

3.试论述陶行知的"生活教育思想"。（见 2014 年北京师范大学真题）

4.试论述永恒教育思潮的主要观点。（见 2010 年华东师范大学真题）

2022 年杭州师范大学 333 教育综合真题·凯程详解

一、名词解释

1.新教育运动（见 2019 年华东师范大学真题）

2.全人生指导（见 2018 年浙江师范大学真题）

3.教学评价（见 2015 年北京师范大学真题）

4.道尔顿制（见 2011 年北京师范大学真题）

5.课程方案（见 2013 年华东师范大学真题）

6.学习动机（见 2013 年北京师范大学真题）

二、简答题

1.简述洋务运动的学堂类型。（见 2013 年西北师范大学真题）

2.简述西欧中世纪世俗学校的类型。（见 2018 年华东师范大学真题）

3.简述问题的含义以及如何培养问题解决能力。（见 2021 年内蒙古师范大学真题 +2010 年华中师范大学真题）

4.简述人的发展规律性及其内涵。（见 2010 年华中师范大学真题）

三、论述题

1.论述罗杰斯自由学习的原则。（见 2010 年东北师范大学真题）

2.论述改造主义理论。（见 2014 年山东师范大学真题）

3.论述我国的教育目的及其基本精神。（见 2012 年北京师范大学真题）

4.论述《学记》中的基本原则。（见 2011 年东北师范大学真题）

山东师范大学

2010 年山东师范大学 333 教育综合真题·凯程详解

一、名词解释

1.教育目的（见 2015 年北京师范大学真题）

2.教学（见 2013 年陕西师范大学真题）

3.教育制度（见 2012 年华东师范大学真题）

4.学校管理（见 2015 年北京师范大学真题）

5.最近发展区（见 2011 年北京师范大学真题）

6.精细加工策略（见 2016 年东北师范大学真题）

二、简答题

1.简要回答《大学》中"三纲领""八条目"的内容及含义。（见 2016 年陕西师范大学真题）

2.简述人文主义教育的主要特征。（见 2011 年华东师范大学真题）

3.简述问题解决的过程。

【答】（1）发现问题阶段。这是问题解决中最困难也是最富有挑战性的环节，需要解题者有创造性和坚持性。只有真正意识到问题的存在，才可能出现一系列问题解决的行为。

（2）理解和表征问题阶段。这一阶段包括识别问题的相关信息，理解问题中信息的含义，表征问题，并进行归类。

（3）选择恰当策略的阶段。这一阶段就是利用一定的问题解决策略来解决问题。问题解决策略主要有两种类型：算法式策略和启发式策略。

（4）应用策略阶段。当表征某个问题并选好某种解决方案后，下一步就要执行计划、尝试解答。

（5）评价结果阶段。当选择并完成某个解决方案后，应对结果进行评价，以确定对问题的分析是否正确、选择的策略是否合适、问题能否得到解决等。

4.简要分析罗杰斯的学习理论。（见 2017 年华中师范大学真题）

三、论述题

1.有人认为"近墨者黑"，有人认为"近墨者未必黑"。请联系相关理论和个体实践谈谈你对这一问题的看法。

【答】（1）"近墨者黑"肯定了环境在人的发展中的作用，但夸大了环境的作用。一方面，环境是人发展的外部条件。环境人为提供发展所需的物质和社会条件，构成人发展的巨大动力，影响人发展的价值方向，影响人的发展内容，对人的发展具有广义的教育作用。另一方面，环境的给定性与主体的选择性。环境的给定性指由自然与社会、历史遗产与他人为儿童个体创设的生存环境，它们对儿童来说是客观的、先在的、给定的。但人具有能动性，人可以选择环境、适应环境，还可以创造环境。环境对人的发展的作用离不开人对环境的能动活动。二者的相互作用蕴含着人的多种多样的发展可能性。所以，"近墨者黑"的观点具有片面性。

（2）"近墨者未必黑"的观点具有一定的道理。人的发展除了受环境的影响还受遗传、教育、个体的主观能动性等因素的影响。

①遗传素质在人的身心发展中的作用：a.遗传素质是人的身心发展的物质基础和生理前提，为人的身心发展提供了可能性；b.遗传素质的成熟程度制约着人的身心发展过程及年龄阶段；c.遗传素质的差异性对人的身心发展有一定的影响作用；d.遗传素质具有可塑性。

②个体的主观能动性在人的身心发展中的作用：a.个体的主观能动性在个体发展中起着最终的决定作用；b.个体的主观能动性制约着环境影响的内化与主体的自我建构；c.个体通过能动的活动选择，建构自我的发展。

③学校教育在人的发展中起主导作用：学校教育主要通过文化知识的传递来培养人，促进个体的社会化和个性化发展。

所以，我们需要辩证地看待各种因素在人的发展中的作用。

2.中国当前的教育不公平主要表现在哪几个方面？请你选择某一方面并分析其产生的原因，尝试提出解决的对策。

【答】（1）中国当前教育不公平的表现：

①城乡之间的教育不公平；②区域之间的教育不公平；③性别之间的教育不公平；④学校之间的教育不公平；⑤群体之间的教育不公平。

（2）区域之间的教育不公平的原因：

①改革开放以来，由于我国的经济发展采取的是差异性政策，东部地区率先发展起来，中部和西部地区相对落后的经济和文化条件制约了当地教育的发展。

②教育政策的不公。重点学校制度加剧了教育领域内部资源配置的失衡，入学机会不公平。各省之间采取分省定额划线录取的办法，录取分数高低不一。

③校长和教师素质的影响。多数高校毕业生优先选择去大城市，导致农村基层地区的教育不公平现象很普遍。

（3）对策：

①树立公平正义的教育理念，提高政府科学决策能力。现阶段教育政策的价值取向应坚持"效率优先，兼顾公平"，同时，各级政府要加大改革力度，通过一系列的政策、法规来调整地区、城乡、阶层之间的收入，逐渐缩小贫富差距，为教育公平创造良好的客观环境。

②加大教育投入力度，实现教育的均衡发展。政府应以法律法规形式确定教育投入的总量和比例，要在发达地区和欠发达地区之间找到教育公平与效率的均衡点。要大力发展民办教育，以缓解政府财力不足。

③建立有效完善的教育补偿机制。要做好制度建设，建立补偿机制，使不公平减少到最低。

④注重教育、廉洁自律，消除教育特权、腐败根源。要从机制、制度上把关，通过相关的法律来规范招生，真正做到规范化、公平、公正。

⑤完善教育立法，加快制度创新。

⑥合理进行资源配置，努力提高教师素质，促进教育过程公平。

3.试论述陶行知"生活教育"理论的主要内容。（见2014年北京师范大学真题）

4.试论述杜威的教育本质论。（见2018年东北师范大学真题）

2011年山东师范大学333教育综合真题·凯程详解

一、名词解释

1.教育目的（见2015年北京师范大学真题）

2.教育的社会变迁功能

【答】教育的社会变迁功能是指教育通过开发人的潜能、提高人的素质、促进人的社会化、引导人的社会实践，不仅能使人适应社会的发展，而且能够推动社会的改革与发展。教育的社会变迁功能表现在社会生活的各个领域，如教育的经济功能、政治功能、文化功能、生态功能等。

3.学校管理（见2015年北京师范大学真题）

4.教学（见2013年陕西师范大学真题）

5.《理想国》（见2010年东北师范大学真题）

二、简答题

1.简述先秦时期私学的兴起及意义。

【答】（1）私学兴起的原因。

①生产力的发展。春秋时期，封建私有制逐渐取代了井田制，促进了奴隶制的解体。

②官学衰落，学术下移。世袭制导致贵族不重视教育；王权衰落致使学校荒废；战争动乱。

③"士"阶层的出现。

（2）私学兴起的意义。

①打破了"学在官府"的教育垄断局面，使政教分设、官师分离，教师成为独立的职业，教育成为独立的活动。

②更新了教育内容和方式。私学不局限于"六艺"，而是培养各类人才。教学场所不固定，人才培养与学术研究相结合。

③扩大了教育对象的范围，使学校向平民开放，进一步促进了"学术下移"。

④促进了"百家争鸣"。各家各派在教育理论和教育经验方面都有辉煌的成就。

⑤讲求自由原则，主要表现为自由讲学、自由就学、自由办学、自由竞争，发展教育事业，开辟教育史新纪元。

2.简述杜威关于教育本质的认识。（见 2018 年东北师范大学真题）

3.简述夸美纽斯在教育史上的贡献。（见 2016 年西南大学真题）

4.简述清末的四次留学。

【答】（1）幼童留美：最早提出的人是容闳。拟计划 4 年选送 120 名 12～16 岁的幼童赴美留学，在国外学习英语、自然科学知识，也学习儒家经典。由于诸多矛盾，中途夭折，但它开创了中国留学教育的先河，为近代留学积累了宝贵的经验，培养了一批新型的知识分子。

（2）派遣留欧：始于船政大臣沈葆桢的建议，并以船政学堂的学生为主，主要学习造船和航海技术。留欧学生成为近代中国第一代海军的重要将领；推动了中国近代军舰制造技术的发展，为中国海军教育事业做出了贡献；在外交、实业等领域均有建树，是中国近代第一代实业人才。

（3）留日高潮：甲午中日战争的刺激，使中国士大夫开始认识到要学习日本，认为应将日本作为派遣留学生的首选国。废除科举制后，士人为寻求新的出路，涌向日本，形成了留日高峰。留日学生充实了新式学堂师资，壮大了人才的队伍，传播了资产阶级思想，形成了资产阶级革命派群体，促进了辛亥革命的爆发，对中国近代社会的变革产生了重大影响。

（4）"庚款兴学"与留美教育：美国决定从 1909 年开始，将中国"庚子赔款"中的一部分用先赔后退的方式退还给中国，并和中国政府达成默契，将这笔钱用来发展留美教育，史称"庚款兴学"。通过这次兴学，美国的确把中国的留学潮引向了美国，中国留学生的流向从此发生了变化。

5.简述教育的经济功能。（见 2019 年华东师范大学真题）

6.简述晏阳初关于"四大教育"的思想。（见 2017 年湖南师范大学真题）

三、论述题

1.依据你所掌握的教育理论和自身的教育实践，谈谈我们新一轮基础教育改革对教师提出了哪些新的要求。（见 2015 年西南大学真题）

2.论述影响问题解决的因素，以及教学实际中问题解决能力的培养。（见 2017 年陕西师范大学真题 + 2010 年华中师范大学真题）

2012 年山东师范大学 333 教育综合真题·凯程详解

一、名词解释

1.课程（见 2019 年北京师范大学真题）

2."三纲领八条目"（见 2018 年浙江师范大学真题）

3.苏格拉底方法（见 2011 年北京师范大学真题）

4.修道院学校

【答】修道院学校是中世纪最典型的教会教育机构，由一开始的训练教会成员转为传授知识。修道院最初只接受志在侍奉上帝、对准备充当神职人员的人进行教育。早期的修道院主要强调对宗教信仰的培养，教育内容不过是简单的读、写、算，之后课程逐渐增多加深，"七艺"（文法、修辞学、辩证法、算术、几何、天文、音乐）成为主要的课程体系。

5.**德育**（见2015年华南师范大学真题）

二、简答题

1.简要叙述稷下学宫的性质与特点。（见2020年东北师范大学真题）

2.简述教育的政治功能。（见2012年北京师范大学真题）

3.简述裴斯泰洛齐的"教育心理学化"理论。（见2016年湖南师范大学真题）

4.简要分析影响自我效能感形成的因素。（见2017年东北师范大学真题）

5.简述陶行知生活教育的主要内容。（见2014年北京师范大学真题）

6.简述皮亚杰的认知发展阶段理论。（见2012年东北师范大学真题）

三、论述题

1.中国当前的教育不公平主要表现在哪几个方面？请您选择某一方面并分析其产生的原因，尝试提出解决的对策。（见2010年山东师范大学真题）

2.什么是教育的社会制约性和相对独立性？怎样协调二者的关系？

【答】（1）教育的社会制约性。

教育的社会制约性是指教育作为社会大系统中一个重要的子系统，其目的、制度、内容与方式，以及发展的规模与速度，无一不受到一定的社会生产力发展水平、政治经济制度与科学文化等因素的影响和制约。

（2）教育的相对独立性。

教育的相对独立性是指教育作为社会大系统中的一个子系统，对社会的能动作用具有自身的特点和规律，它的发展也有其连续性和继承性。主要表现为：教育是培育人的活动，主要通过所培育的人作用于社会；教育具有自身的活动特点、规律与原理；教育具有自身发展的继承性与连续性。

（3）二者关系的协调。

①关注教育的相对独立性。

由于教育具有相对独立性，在分析、研究教育问题时，不能单就社会生产力的发展水平、经济与科技发展水平、政治制度与文化要求来考察教育，还应当重视教育的相对独立性，注重发挥教育特有的社会功能，注意遵循教育自身的规律和发展的连续性。

②不能把教育的相对独立性理解为绝对独立性。

教育归根到底是由社会生产力的发展水平和政治经济制度的性质决定的，是受民族文化的发展状况与需求制约的，教育的社会制约性仍是其根本特性。如果把教育的相对独立性看作绝对独立性，就会使教育走向"超经济""超政治""超文化"的错误道路，从而丧失教育发展的社会基础和动力。

③在重视教育的社会制约性的基础上尊重教育的相对独立性。

教育是一定社会中的教育，社会制约性是其根本特性，而教育又具有自身的特点和规律，具有相对独立性。因此，应在重视教育的社会制约性的基础上尊重教育的相对独立性，使教育适应社会的需要，符合自身的规律，健康、合理地发展。

总之，教育要与这一时代的社会生产力发展水平、政治经济制度状况和民族文化发展状况相适应，同时又要尊重教育的相对独立性，做到二者的辩证统一。

2013年山东师范大学333教育综合真题·凯程详解

一、名词解释

1.**中体西用**（见2011年北京师范大学真题）

2.**朱子读书法**（见2015年东北师范大学真题）

3.**京师同文馆**（见2012年北京师范大学真题）

4. 导生制（见2012年北京师范大学真题）

5. 学习风格（见2019年华东师范大学真题）

二、简答题

1. 简述北宋的三次兴学及其结果。

【答】（1）庆历兴学。范仲淹于庆历四年主持，主要措施：①令州县立学，规定应科举者，需在州县学校读书三百日方准应试；②改革科举考试，罢帖经墨义，着重策论和经学；③创建太学，诏令下湖州取胡瑗之"苏湖教法"为太学改革的模式。

"庆历兴学"由于范仲淹被排挤出朝廷而宣告失败，但它对北宋教育事业的发展起了促进作用，且其余波一直荡漾不息。

（2）熙宁兴学。王安石于熙宁年间主持，主要措施：①改革太学，创立"三舍法"；②恢复和发展州县地方学校；③编撰《三经新义》作为统一教材；④恢复与创立武学、律学、医学等专门学校，以培养拥有一技之长的人才。

王安石变法推行教育改革，发展官学，将北宋教育事业推进了一大步。虽然第二次兴学又以失败告终，但对北宋教育制度的形成及宋代中后期教育产生了深远的影响。

（3）崇宁兴学。蔡京于崇宁年间主持，主要措施：①全国普遍设立地方学校；②建立县学、州学、太学三级相关的学制系统；③新建辟雍，发展太学；④恢复设立医学，创立算学、书学、画学等专科学校；⑤罢科举，改由学校取士。

北宋的三次兴学，虽然前两次均未能取得预期的效果，但都不同程度地将北宋教育事业向前推进了一大步。崇宁兴学对宋朝教育事业发展所起的促进作用更是超过了前两次。因此，这三次兴学是宋朝"兴文教"政策最直接、最重要的体现。

2. 简述学生的学习特点。

【答】（1）学生的学习过程是掌握间接经验的过程，学生可以从学习现有的经验、理论、结论开始，同时补充感性经验。虽然学生的学习也要求个人有一定的经验基础，但学生的实践活动主要表现在他们的目的性上，而且从总体上说，间接经验的学习形式是主要的，学生的学习不可能事事从直接经验开始。在教学组织和教学方法上，特别要求教师能把学校学习与实际生活和学生的原有经验相联系。

（2）学生的学习是在有计划、有目的、有组织的情况下进行。学生的学习必须在有限的时间内完成，并达到社会的要求，因此需要在教师的指导下实现。由于教师既掌握所教知识的内在联系，又了解学生学习过程的特点，因此，能够保证在较短的时间内，采用特殊有效的方法，帮助学生学会学习，完成掌握前人经验和建构自己的认知结构的学习过程。

（3）学生的学习具有一定程度的被动性。学生的学习是一个主动建构的过程，但他们的学习又不是为了适应当前的环境，而是为了适应将来的环境。当学生意识不到他当前的学习与将来的生活实践的关系时，就不愿为学习付出努力。因此教师要注意用各种方法来培养和激发学生的学习动机，提高其学习的主动性和积极性。

3. 简述人文主义教育的主要特征。（见2011年华东师范大学真题）

4. 简述要素主义教育学派的理论。（见2016年华东师范大学真题）

5. 简述教学过程的性质。（见2013年陕西师范大学真题）

6. 简述问题解决的含义及心理过程。

【答】（1）问题解决一般指形成一个新的答案，超越过去所学规则的简单应用，而产生一个新的解决方案。当常规或自动化的反应不适应当前的情境时，问题解决就发生了。其中原有知识经验和当前问题的组成成分必须重新改组、转换或联合，才能达到既定目标。问题不同于简单的习题，问题解决是由认知成分参与的、有目的的一系列运算。

问题解决主要包括以下三个特征：第一，问题解决具有目的性；第二，问题解决包括一系列的运算；第三，问题解决具有认知性。

（2）问题解决的心理过程。（见2010年山东师范大学真题）

三、论述题

1. 结合实际谈谈教师应具备哪些素质。应该怎样培养？

【答】（1）教师应具备的素质。（见2014年北京师范大学真题）

（2）培养途径包括：

①加强和改革师范教育。a.必须采取有效的政策性措施，鼓励和吸引大批优秀学生报考师范院校。b.要改革现行的师范教育，紧密联系时代对教师的新要求，使未来教师能获得与之相适应的专业教育。c.要让师范生形成正确的教育理念，加强职业能力的训练，使其能胜任教师的职责。

②实施教师资格考察制度。教师资格制度包括三层含义：a.教师资格制度是国家实行的一种职业资格制度；b.教师资格制度是法律规定的，必须依法实施；c.教师资格是教师的职业许可。

③加强对在职教师的培训。a.必须制订计划，通过有效的途径，专门为新教师提供系统的帮助，使他们尽快适应新环境，顺利地担当起一个教师应尽的职责。b.关心新教师的成长，比如通过实践学习、教学反思、校本培训、校外支援和交流合作等形式，使他们不断地得到提高与完善。

2.评价教育目的价值取向中的个人本位论和社会本位论。（见2010年北京师范大学真题）

2014年山东师范大学333教育综合真题·凯程详解

一、名词解释

1.综合实践活动

【答】综合实践活动是指在教师的引导下，密切联系学生自身生活和社会实际，让学生自主进行综合实践，积累解决实际问题的经验，提高综合知识应用于实践的能力教育。其主要内容包括研究性学习、社区服务、社会实践、劳动技术和信息技术等。

2.学园（见2015年华中师范大学真题）

3.骑士教育（见2010年华东师范大学真题）

4.潜伏学习

【答】潜伏学习又称隐匿学习，是一种无明显的强化，其结果在一定时间后通过作业显示出来的学习过程。潜伏学习的特点有：（1）学习的结果不太明显，是"潜伏"的；（2）潜伏学习是在没有强化的条件下发生的，一旦受到强化，具备了操作的动机，这种结果就会明显地通过操作表现出来。

二、辨析题

1.人的身心发展的不平衡要求教育要循序渐进。

【答】错误。依据人的身心发展的顺序性，要求教育必须遵循量力性原则，循序渐进地促进青少年的发展。依据人的身心发展的阶段性与不平衡性，要求教育工作者必须重视研究不同时期个体的成熟状况及其特征，了解成熟期，抓住关键期，不失时机地采取有效的教育措施，积极地促进青少年身心健康的发展。

2.学习可以引起个体的行为发生变化，因此，一个人行为发生了变化可以判定发生了学习。

【答】错误。（1）学习的含义：学习是个体在特定情境下由于练习或反复经验而产生的行为或行为潜能的比较持久的变化。

（2）个体行为变化与学习的关系。

①学习的发生是由经验引起的，只有当行为变化是由练习或反复经验导致的，才能被视为学习。②学习导致行为或行为潜能的变化。③行为的变化不等同于学习的存在。由学习导致的行为变化是比较持久的，这种变化会使行为水平提高。

3.促进学生的全面发展与培养学生的个性发展是相对立的。

【答】错误。培养受教育者的独立个性，就是要使受教育者的个性自由发展，增强受教育者的主体意识，使其形成开拓精神和创造才能，提高受教育者的个人价值。全面发展与独立个性二者并不相互排斥。所谓"全面发展"，说的是受教育者必须在德、智、体、美诸方面都得到发展，不可或缺，即个性的全面发展；所谓"独立个性"，说的是德、智、体、美等素质在受教育者个体身上的特殊组合，不可一律化，即全面发展的个性。二者是辩证统一的关系。全面发展的过程，必然是个人的个性形成过程。

4.卡特尔认为，流体智力是在实践中获得的，因此人的一生流体智力都是在生长的。

【答】错误。流体智力是指人不依赖于文化和知识背景学习新事物的能力，指与基本心理过程有关的智力，受先天遗传因素的影响较大，会随年龄的老化而衰退，如注意力、知识整合力、思维的敏捷性等。晶体智力则是指人后天习得的能力，与文化知识、经验的积累有关，并且不随着年龄的老化而衰退，如知识的广度、判断力、常识等。从时间上看，流体智力在人的成年期达到高峰后，就会随着年龄的增长而逐步衰退，而晶体智力自成年后不但不衰退，反而会上升。

三、简答题

1.简述政治经济制度对教育的影响。（见 2018 年南京师范大学真题）

2.简述教师劳动的特点。（见 2015 年东北师范大学真题）

3.简述清朝末期的教育改革。

【答】（1）壬寅学制和癸卯学制的颁布。

①壬寅学制：这是中国近代第一个以中央政府的名义制定的全国性学制系统，学制划分为三段七级，规划为义务教育性质。它虽然正式公布了，但是没有实行。

②癸卯学制：这是中国近代由中央政府颁布并首次得到施行的全国性法定学制系统。在纵向方面把整个学程分为三段七级，横向方面除直系各学堂外，另有师范教育及实业教育两个系统。

（2）废科举，兴学堂。

废除原因：考试步骤烦琐，形式主义严重。科举制导致新式学堂成了科举的附庸，败坏、毒害风气。废除过程：①改革科举内容；②递减科举中额；③停止科举。

（3）建立教育行政体制。中央：成立学部，作为统辖全国教育的中央教育行政机关。地方：各省设提学使司。

（4）制定教育宗旨。"忠君、尊孔、尚公、尚武、尚实"这个宗旨体现了"中体西用"的思想，是中国近代第一次正式宣布的教育宗旨。

（5）留日高潮与"庚款兴学"。

①留日高潮：甲午中日战争的刺激，以及科举制的废除导致士人为寻求新的出路而涌向日本。留日学生充实了新式学堂师资，壮大了人才的队伍，传播了资产阶级思想，形成了资产阶级革命派群体，促成了辛亥革命的爆发，对中国近代社会的变革产生了重大影响。

②"庚款兴学"：美国从 1909 年开始，将中国"庚子赔款"中的一部分用先赔后退的方式退还给中国，并和中国政府达成默契，将这笔钱用来发展留美教育，史称"庚款兴学"。通过这次兴学，美国的确把中国的留学潮引向了美国，中国留学生的流向从此发生了变化。

4.简述《国防教育法》的主要内容及意义。（见 2014 年华东师范大学真题）

5.简述改造主义流派的主要观点。

【答】改造主义流派的代表人物有康茨和拉格、布拉梅尔德。主要内容是：

（1）教育应该以"改造社会"为目标。

（2）教育要重视培养"社会一致"的精神。"社会一致"指不分阶级的人与人之间的合作关系，即通过协商消除阶级分歧的一致意见，并在行动上一致。

（3）强调行为科学对教育工作的指导意义。

（4）教学上应该以社会问题为中心。主张课程应以人文社会学科为主，教学应以问题为重，重视学科之间的联系。如四年制学院的课程围绕经济、政治、文化和心理四个领域中的有关问题展开。

（5）教师应进行民主的、劝说的教育。

评价：改造主义以社会改造为教育的主要目的，既批判继承了实用主义教育，又吸收了要素主义、永恒主义教育的一些思想。所以，改造主义无疑是具有折中主义性质的思想。由于它停留在空泛的理论上，而没有提出切实可行的方案，在美国教育实践中的影响不大，20 世纪 60 年代后受到冷落和批评。

6.在维果茨基的理论中，低级心理机能向高级心理机能的转化主要表现在哪几个方面？

【答】维果茨基认为，心理发展是指一个人的心理（从出生到成年）在环境与教育的影响下，由低级心理机能逐渐向高级心理机能转化的过程。低级心理机能向高级心理机能转化的主要表现有以下五个方面：

①随意机能的不断发展。随意机能指心理活动的主动性、有意性，是由主体按照预定的目的自觉引发的。儿童心理活动的随意性越强，心理水平越高。

②抽象—概括机能的提高。随着词汇、语言的发展以及知识经验的增长，儿童各种心理机能的概括性和间接性得到发展，最终形成最高级的意识系统。

③各种心理机能之间的关系不断变化、重组，形成间接的、以符号为中介的心理结构。儿童的心理结构越复杂、越间接、越简缩，心理水平越高。

④心理活动的个性化。个性的形成是高级心理机能发展的重要标志，个性特点对其他机能的发展具有重要作用。

⑤心理活动的社会文化历史制约性。它是指心理活动是社会文化历史发展的产物，是受社会规律制约的。随着年龄的增长，儿童不断地社会化，其心理发展才能趋向成熟，儿童才能成为社会的人。

四、论述题

1. 在教学过程中，如何正确处理直接经验和间接经验的关系？（见2014年华中师范大学真题）

2. 论述孟子和荀子的教育思想的异同。

【答】（1）共同点。

①在教育作用上，二者都重视教育在社会发展和个人成长中的作用。

孟子认为教育对个人的作用是扩充"善端"或"求放心"，启发人们恢复天赋的善良本性。教育的社会作用则是"行仁政""得民心"。

荀子也高度重视教育的作用。教育作用是"化性起伪"。主要包括两个方面：一方面是人的主观能动性；另一方面是环境的作用。"化性起伪"是环境、教育和个体共同努力的结果。

②在教育目的和教育内容上，二者都认为培养统治人才是教育的最高目标，强调道德教育。

孟子认为教育的目的在于"明人伦"。"父子有亲，君臣有义，夫妇有别，长幼有序，朋友有信。""明人伦"的教育目的决定了他的教育内容以伦理道德教育为主体。以伦理道德为基本教育内容，以"孝悌"为伦理道德基础。荀子要求教育培养推行理法的"贤能之士"。荀子整理"六经"作为教育内容，与孟子"孝悌"的教育内容是一脉相承。

（2）不同点。

①人性论上的分歧。

孟子肯定"性善论"，认为人人都先天具有仁、义、礼、智四个"善端"，人人皆可为尧舜。但是，仅有这些"善端"是不够的，必须加以扩充，使之达到完善的境地，成为圣人。

荀子主张"性恶论"，认为与生俱来的本能是"性"，而后天习得者为"伪"。他认为人的本性是恶的，而人的善德是后天习得的。这一点较孟子具有更多的唯物主义色彩。

②教学思想上的差异。

孟子主张"内发"，而荀子更倾向于"外铄"。在学与思的关系上，孟子强调"思"，主张深造自得，专心致志；而荀子提倡"学"。

③教学过程上的差异。

孟子将其视为"存养""内省""自得"的过程，把它看成发扬人善性的过程，唯心主义的倾向较重；而荀子把教学过程看成闻见、知、行三个环节，更可贵的是他强调学要落到实践上，充分反映其唯物主义的思想，具有较强的客观性。

以上就是孟子与荀子教育思想的异同，应该说，他们都有值得我们吸收、发扬的可贵之处。

2015年山东师范大学333教育综合真题·凯程详解

一、名词解释

1. 个人本位论（见2010年浙江师范大学真题）

2. 三舍法（见2013年北京师范大学真题）

3. 学在官府（见2017年华中师范大学真题）

4. 智者（见2018年东北师范大学真题）

二、辨析题

1. "近朱者赤，近墨者黑"，所以说明环境在人的身心发展中起决定作用。

【答】错误。一个人发展到什么程度，都与他所处的环境有关，"近朱者赤，近墨者黑"就是这个道理。这个观点肯定了环境在人的发展中的作用。环境泛指个体存在于其中，在个体的活动交往中，与个体相互作用并影响个体发展的外部世界。环境在人的身心发展中的作用：（1）环境是人的发展的外部条件，为个体的发展提供了可能性和限制；（2）环境对个体身心发展的影响既取决于环境的给定性，又取决于主体的选择性；（3）我们不能过分地夸大环境的作用，环境虽然重要，但不是决定人发展的根本因素。人的主观能动性在人身心发展中起决定作用。

2. 教师劳动具有专业性。

【答】正确。教师劳动具有专业性。

当今，国内外教育普遍认为教师是履行教育教学职责的专业人员，这从根本上肯定了教师劳动的专业性。（1）教师工作的领域主要是针对培养学生的教育教学领域。（2）教师需要专业化的教育学、心理学以及学科专业知识来培养学生。（3）教师需要专门的教学技能来授课和培养学生。（4）教师对教育工作要有足够的情怀，才能做好这份工作。

3. 法家的绝对"性恶论"否定了教育的价值。

【答】错误。"性恶论"是荀子最先提出的，法家发展了荀子人性恶的理论，提出了"人性利己说"，韩非认为人的本性都是"为己""利己"的，这是一种绝对的"性恶论"。基于这样的人性说，法家在教育上提倡法律教育，认为没有必要运用道德教育，但也重视教育的社会作用。

4. 经典性条件反射和操作性条件反射没有实质性的区别。

【答】错误。它们有实质性的区别：

（1）就条件反射的实质来看，经典性条件反射的顺序是"无条件刺激"在"反应"之前；而操作性条件反射相反，"反应"在前，"无条件刺激"在后。

（2）从个体反应性质来看，经典性条件反射中条件反射和无条件反射极其相似；但操作性条件反射中截然相反。

（3）从条件反射来看，经典性条件反射中条件是诱发性行为，是被动的，是反应性行为；操作性条件反射中条件则属于自发性行为，是主动的，是操作性行为。

（4）在经典性条件反射过程中，动物往往是被动接受刺激的；而在操作性条件反射过程中，动物是自由活动的，通过自身的主动操作来达到目的。

三、简答题

1. 简述现代教育的特征。（见2013年北京师范大学真题）

2. 简述学科课程的特点。

【答】学科课程指根据各级各类学校培养目标和学生的发展水平，分门别类地从各学科中选择知识，并按照学科的逻辑组织学科内容的课程。各科目都有特定的内容、一定的学习时数、一定的学习期限和各自的逻辑系统。学科课程具有结构性、系统性、简约性等特点。

（1）依据知识的门类分科设置；（2）它是将人类活动经验进行抽象、概括、分类整理的结果；（3）它往往是相对独立、自成体系的；（4）它通常按特定知识领域的内在逻辑体系来组织；（5）逻辑性、系统性和简约性是学科课程最大的特点。

3. 简述汉代"独尊儒术"的文教政策。（见2011年浙江师范大学真题）

4. 简述《巴特勒教育法》。（见2020年湖南师范大学真题）

5. 简述奥苏伯尔的认知同化理论。

【答】当学生把教学内容与自己的认知结构联系起来时，有意义学习便发生了。学习者接受知识的心理过程就是概念的同化过程。具体表现为：首先，在认知结构中找到能同化新知识的有关观念，这些观念能够对新知识起到挂钩（固定点）的作用；其次，找到新知识与起固定作用的观念的相同点；最后，找到新旧知识的不同点，使新概念与原有概念之间有清晰的区别，并在积极的思维活动中融会贯通，使知识不断系统化，即有意义学习就是新知识与学生认知结构中已有的观念发生相互作用，这种作用导致了新旧知识有意义地同化。

按照新旧知识发生联系的方式，奥苏伯尔提出有意义学习的三种认知同化过程：

（1）下位学习——也叫类属学习，将概括程度或包容范围较低的新概念或命题，归属到认知结构中原有的概括程度较高或包容范围较广的适当概念或命题之下，从而获得新概念或新命题的意义。

（2）上位学习——新概念或新命题具有广泛的包容范围或较高的概括水平，将一系列已有观念包含于其下而获得意义。如先知道松树、柳树等具体概念，然后学习"树"，知道"树"是各种树木的总括概念。

（3）组合学习——也叫并列学习，新旧知识既无上位关系，又无下位关系，这时发生的学习就是并列学习。如先学习"松树"的概念，再学习"柳树"的概念。

6. 简述规范学习的心理过程。（见2014年北京师范大学真题）

四、论述题

1. 如何理解教学中的掌握知识与发展智力的关系？（见2012年东北师范大学真题）
2. 对卢梭的自然主义教育进行述评。（见2012年华东师范大学真题）

2016年山东师范大学333教育综合真题·凯程详解

一、名词解释

1. 活动课程（见2013年东北师范大学真题）
2. 致良知（见2017年华东师范大学真题）
3. 大学区制

【答】1806年，法兰西第一帝国时期，拿破仑颁布了《关于创办帝国大学及其全体成员的专门职责的法令》等，设立帝国大学为政府管理全国教育的机构，并实行大学区制，划分全国为27个大学区，每一个学区设总长一人，并设由10人组成的学区评议会，负责管理大学区内的各级学校。区内设大学一所，中小学若干所。

南京国民政府时期，蔡元培在法国教育改革思想的影响下，提出了在中国实行"大学区制"的设想，但是基于中国积贫积弱的现实情况，这一设想难以实行。

4. 自我效能感（见2014年华东师范大学真题）

二、辨析题

1. 教育目的是人制定的，所以是主观的。

【答】错误。一般来说，教育目的是由人提出来的，它在形式上是主观的；但人们提出的教育目的有其现实的社会根源，它的内容是客观的。人们提出形形色色的教育目的，不管他们承不承认，实际上都是社会对其成员质量规格的客观需求在他们意识中的反映，是他们所处时代的产物。教育目的受一定的生产力和生产关系及以此为基础的政治观点与制度的制约。教育目的的制定要考虑受教育者的身心特点，但它不影响教育目的的性质和方向。

2. 教师在教学过程中担任多种角色。

【答】正确。教师的"角色丛"是指与教师特定的社会职业和地位相关的所有角色的集合。仅就教师与学生的关系而言，教师就要扮演丰富多彩的多重角色：（1）"家长代理人"和"朋友、知己"的角色；（2）"传道、授业、解惑者"的角色；（3）"管理者"的角色；（4）"心理调节者"的角色；（5）"研究者"的角色。

3. 新教育运动是19世纪末20世纪初兴起于美国的教育革新运动。

【答】错误。"新教育运动"亦称"新学校运动"，这场教育改革运动于19世纪末20世纪初在欧洲兴起，主要内容是在教育目的、内容、方法上建立与旧式的传统学校完全不同的新学校，以建立不同于传统学校的新学校作为新教育的"实验室"为特征。

新教育运动始于19世纪80年代的英国，后扩展到欧洲其他国家，如德国、法国、瑞士、比利时、荷兰和奥地利等国。早期代表人物有英国教育家雷迪、德国教育家利茨、法国教育家德莫林等。20世纪的代表人物有爱伦·凯、德可乐利、罗素、怀特海和沛西·能等。

4. 场独立型的人适合学习人文知识，场依存型的人适合学习数理知识。

【答】错误。场独立型、场依存型与学生的学习有着密切的关系。研究表明，场独立型学生一般偏爱自然科学，且成绩较好，二者呈显著正相关，他们的学习动机往往以内在动机为主。场依存型学生一般较偏爱社会科学，他们的学习更多地依赖外在反馈。场独立型学生善于运用分析的知觉方式，而场依存型学生则偏爱非分析的、笼统的或整体的知觉方式，他们难以从复杂的情境中区分事物的若干要素或组成部分。

另外，场独立型学生与场依存型学生对教学方法也有不同偏好。场独立型学生易于为无结构的材料提供结构，比较易于适应结构不严密的教学方法。场依存型学生喜欢有严密结构的教学，因为他们需要教师提供外来结构，需要教师的明确指导与讲解。

三、简答题

1. 简述教育的政治功能。（见2012年北京师范大学真题）
2. 简述教学的任务。（见2013年北京师范大学真题）

3.简述"九品中正制"。

【答】"九品中正制"是魏晋南北朝时期重要的选官制度,是魏文帝曹丕制定的,至西晋渐趋完备,南北朝时又有所变化。它上承两汉察举制,下启隋唐科举制,在中国古代政治制度史上占有十分重要的地位,是中国封建社会三大选官制度之一。

(1)其主要内容为:在各州设中正,以家世、道德、才能评议人物,评议结果上交司徒府复核批准,然后送吏部作为选官的根据。三年调整一次,但中正对所评议人物也可随时予以升品或降品。

(2)评价:"九品中正制"创立之初,家世、道德、才能三者并重。但随着发展,门阀世族完全把持了官吏选拔之权。到西晋时终于形成了"上品无寒门,下品无士族"的局面。"九品中正制"不仅成为维护和巩固门阀统治的重要工具,而且本身就是门阀制度的重要组成部分。到了隋代,随着门阀制度的衰落,此制终被废除。

4.简述基督教教育的特点。(见2013年华南师范大学真题)

5.简述严复的"三育论"。

【答】严复是中国近代从德、智、体三要素出发构建教育目标模式的第一人,他在《原强》(又称《国富论》)中首次阐发了他的"三育论",认为中国要改变积贫积弱的现状,就必须从提高国民这三方面的素质入手,"鼓民力""开民智""新民德"才可谓是真国民。

"鼓民力",就是提倡体育,包括禁止吸鸦片和废除女子缠足等陋习,使国民拥有强健的身体。

"开民智",就是要全面开发人民的智慧,提高人民的文化教育水平,但实际牵涉对传统教育体制、教育内容、学风和教学方法的改革,其核心是改革科举制度,废除八股取士和训诂辞章之学,讲求西学。

"新民德",就是要改变传统德育内容,用西方的民主、自由、平等取代封建伦理道德,培养人民忠爱国家的观念和意识,改变人民的奴隶地位。严复认为"新民德"最难。

评价:严复提出的德、智、体三育兼备的教育目标体系,无论是结构要素,还是各育的内容,都基本上确立了中国教育目标体系的近代化模式。

6.简述明治维新的教育改革。(见2019年华南师范大学真题)

四、论述题

1.论述教师主导与学生主动性的关系。(见2010年北京师范大学真题)

2.联系实际说明促进学习迁移的措施。(见2014年北京师范大学真题)

2017年山东师范大学333教育综合真题·凯程详解

一、名词解释

1.教学评价(见2015年北京师范大学真题)

2.上位学习

【答】按照新旧知识发生联系的方式,奥苏伯尔提出有意义学习的三种不同的同化模式:上位学习、下位学习和并列学习。上位学习是指新概念、新命题具有较广的包容面或较高的概括水平,将一系列已有观念包含于其下而获得意义。如先知道松树、柳树等具体概念,然后学习"树",知道"树"是各种树木的总括概念。

3.成就动机(见2010年陕西师范大学真题)

4.教育准备说

【答】斯宾塞在《什么知识最有价值》中,论述了教育目的就是"为完满生活做准备",即教育准备生活说。

斯宾塞论述了什么是"完满的生活",并据此确定了课程:直接保全自己的活动;获得生活必需品而间接保全自己的活动;目的在于抚养、教育子女的活动;与维持正常社会政治关系有关的活动;在生活中的闲暇时间满足爱好和情感的各种活动。

5.苏湖教法(见2014年北京师范大学真题)

6.平民教育思潮

【答】平民教育思潮倡导平民教育,是新文化运动中的民主思潮在教育领域里的反映和重要组成部分。其主张是批判传统的贵族主义等级教育,破除千百年来封建统治者独占教育的局面,使普通平民百姓享有受教育的权利,获得知识,改变生存状况。

该思潮使平民受到了一定程度的文化知识教育，扩大了教育对象的范围，在一定范围内普及了教育，但在城市收效不大。

二、辨析题

1.课程内容即教材内容。

【答】错误。（1）课程是一个发展的概念，它是为实现各级各类学校教育目标而规定的学科及其目的、内容、范围与进程的总和，包括为学生全面发展而营造的全部教学内容。（2）教材是根据课程计划、课程标准和学生接受能力编写的教学用书。教材是课程标准的具体化，是学生学习的主要材料，是教师教学的主要依据。（3）因此，课程内容不等于教材内容。课程内容是教材内容编制的依据，教材内容是课程内容的具体化反映。

2.智力水平高的人创造力也高。

【答】错误。创造力高的人，一般智力较高。但是高智力者，创造力可高可低；低智力者，创造力一定低。也就是说，智力是创造力的必要条件而不是充分条件。智力是创造力的一个影响因素，但不是唯一的影响因素，创造力还受到知识、人格特征、动机等因素的影响。所以，智力水平高的人创造力不一定也高。

3.蔡元培在改革北大时提出的指导思想"思想自由，兼容并包"指所有的思想无所不包。

【答】错误。蔡元培提出的"思想自由，兼容并包"并不等同于所有的思想无所不包。蔡元培认为："无论为何种学派，苟其言之成理，持之有故，尚不达自然淘汰之命运者，虽彼此相反，而悉听其自由发展。"这句话既反映了兼容并包的内涵，又暗示了兼容并包的条件——言之成理，持之有故，不达自然淘汰之命运。因此言之无理，持之无故，已达自然淘汰之命运的思想观点在北京大学也是不被接受的。

因此，"思想自由，兼容并包"并不是指所有的思想无所不包。

三、简答题

1.简述教师角色冲突的主要表现。

【答】（1）社会"楷模"与"普通人"的角色冲突。社会对教师的期望很高，希望教师是道德的楷模，很多年轻的教师认为自己是社会的普通一员，认为教师无须正襟危坐，一板一眼。

（2）"令人羡慕"的职业与教师地位低下的实况冲突。教师虽然是一个"令人羡慕"的职业，但教师的社会地位仍然低下，经济上捉襟见肘。这使得许多教师的心理及生活处于尖锐的矛盾冲突之中。

（3）教育者与研究者的角色冲突。人们普遍认为教师就应该教书育人，研究是专家的事情，但要想教育好学生，就需要研究学生。很多教师没有意识到自己可以进行教育研究，他们往往埋头苦干，缺乏思考，无暇顾及研究。

（4）教师角色与家庭角色的冲突。教师在学校工作艰辛，下班后还要继续工作，有时教师照顾了其他人的子女，却往往忽略了自己的子女，为此引发家庭矛盾，从而陷入苦恼。

2.简述文化对教育的制约与影响。（见2015年湖南师范大学真题）

3.课程目标有哪几种基本表述方式？

【答】完整的课程目标体系包括三类：结果性目标、体验性目标与表现性目标。

（1）结果性目标的表述方式：所谓结果性目标，即明确地告诉人们学生的学习结果是什么。对课程设计所采用的行为动词，要求具体明确、可观测、可量化。这种指向结果性的课程目标主要应用于各种"知识"领域。

（2）体验性目标的表述方式：所谓体验性目标，即描述学生自己的心理感受、情绪体验应达成的标准。它在设计中所采用的行为动词往往是历时性、过程性的。这种指向体验性的课程目标主要应用于各种"过程"领域。

（3）表现性目标的表述方式：所谓表现性目标，即明确安排学生各种各样的个性化的发展机会和发展程度。它在课程设计中所采用的行为动词通常与学生表现什么有关或者结果是开放性的。这种指向表现性的课程目标主要应用于各种"制作"领域。

4.简述有意义学习的条件。（见2013年北京师范大学真题）

5.简述夸美纽斯的教育内容。（见2016年西南大学真题）

四、论述题

1.根据下面的材料，说明教育对人的发展作用。（见2016年东北师范大学真题）

2.述评苏格拉底法。（见2020年华南师范大学真题）

2018 年山东师范大学 333 教育综合真题·凯程详解

一、名词解释

1.教育中介系统

【答】教育中介系统是构成教育的三个基本要素之一。教育中介系统是为了实现教育目的所采取的办法，包括教育内容和教育活动方式。教育内容是教育者用来作用于受教育者的影响物，它是根据教育目的，经过选择和加工的影响物。教育活动方式是教育者和受教育者在教育活动中所采用的教和学的方式方法。

2.正迁移

【答】从迁移的影响效果方面看，迁移并非总是产生积极的影响。这种影响既可以是积极的，也可以是消极的。通常积极的影响被称为正迁移，消极的影响被称为负迁移。如学习阅读理解有助于提高写作能力，就是一种正迁移。教学中要积极利用知识的正迁移。

3.庚款兴学

【答】清末新政时期，留日高峰使美国决定将中国"庚子赔款"中的一部分用先赔后退的方式退还给中国，并和中国政府达成默契，将这笔钱用来发展留美教育，史称"庚款兴学"或"退款兴学"。这一举动被相关国家效仿，但通过这次兴学，美国的确把中国留学潮引向了美国。期间政府设立的留美预备学校——清华学堂，是现在清华大学的前身。

4.课程内容

【答】课程内容是根据课程目标从人类的经验体系中选择出来，并按照一定的逻辑序列组织编排而成的知识体系和经验体系。选择课程内容时，要注重选择两方面的知识，即间接经验和直接经验。组织课程内容时，要充分考虑直线式和螺旋式、横向组织和纵向组织，以及学生的心理逻辑和知识逻辑这三对课程组织方式。

5.认知风格（见 2019 年杭州师范大学真题）

6.社会本位论（见 2011 年华东师范大学真题）

二、辨析题

1.人的发展不总是按照相同的速度直线发展，这表明人的发展具有阶段性。

【答】错误。人的发展具有阶段性是指人在不同的年龄阶段表现出不同的特征，前后相邻的阶段是有规律地更替的，在前一阶段内准备了向后一阶段的过渡，每一发展阶段都经历着一定的时间。在每个阶段，人的心理的发展表现出一般的、典型的、本质的特征。人的身心发展具有差异性是指由于遗传、环境及教育等因素，即使在同一年龄阶段，不同个体之间的身心发展也存在着个别差异性，这种差异主要表现在两个方面：一是不同个体身心发展的速度不同；二是不同个体身心发展的程度可能不同。比如有的早慧，有的大器晚成。因此，人的发展速度不同，说明人的发展具有差异性，而不是阶段性。

2.法国教育体系是中央集权。

【答】正确。法国是教育体制高度集权的国家，它实行帝国大学与大学区制。其特点是：第一，教育管理权力高度集中。拿破仑在巴黎设立帝国大学，作为全国教育行政的最高权力部门。第二，全国的教育实行学区化管理。第三，开办任何学校教育机构必须得到国家的批准。第四，一切公立学校的教师都是国家的官吏。因此，法国教育体制是中央集权制，不是地方分权式。

3.负强化就是惩罚。

【答】错误。负强化是指当某种刺激在有机体环境中消失或减少时，反应概率增加。这种刺激也称消极强化。惩罚是指当有机体做出某种反应后，呈现厌恶刺激，以消除或抑制此类反应的过程。可见，惩罚与负强化的不同之处在于负强化是通过厌恶刺激的排除使良好反应在将来发生的概率增加，而惩罚是通过厌恶刺激的呈现来降低不良反应在将来发生的概率。比如，某学生因为打架被学校留校察看，这里的"留校察看"是一种惩罚，目的是抑制学生打架这种不好的行为表现。此学生在留校察看期间意识到错误，当学校的这个处分被撤销后，他再也没有打过架，这里的"撤销处分"就是对学生受到惩罚之后的行为表现表示肯定或赞扬，是一种负强化。应该说，负强化是通过消除惩罚来鼓励积极行为的过程。因此，题目的说法是错误的。

三、简答题

1.简述直接经验与间接经验的关系。（见 2014 年华中师范大学真题）

2.简述中世纪大学的意义。（见 2018 年南京师范大学真题）

3.简述影响问题解决的因素。（见2017年陕西师范大学真题）

4.简述永恒主义教育的原则。

【答】永恒主义教育是20世纪30年代形成的一种提倡复古的教育理论。其代表人物有美国的赫钦斯、阿德勒，英国的利文斯通和法国的阿兰。

具体内容：（1）教育的性质永恒不变；（2）教育的目的是要引出我们人类天性中共同的要素，对人施以人性的教育，达到人性的自我实现、人的进步和完善；（3）永恒的古典学科应该在学校课程中占中心地位；（4）提倡通过教学进行学习。

对当代世界教育实践的影响：（1）重视古典学科的教育内容；（2）重视教师教学的重要性；（3）重视人性，在教育实践中，提倡人性化的教育，最终达到人性的自我实现和完善。

作为一种教育哲学思想的永恒主义教育，在教育理论上有一定的影响，但在教育实践中影响范围不大，主要限于大学和上层知识界中的少数人。永恒主义教育思潮遭到了许多人的批判，他们的思想和做法脱离了现实社会。

5.简述察举制与九品中正制的异同。

【答】（1）察举制。

察举制在汉武帝时期得以确立，它是先经考察举荐，再经考试，最后根据考试成绩选拔人才的制度，是对太学养士选才的补充。其实是保障了读书做官、以儒术取士的落实，被称为科举制度的先导。

（2）九品中正制。

九品中正制是魏晋时期的选士制度。按门第授予官职，只授予"士族"，限制庶族。但是这种做法挫伤了人们的求学积极性。

（3）相同点。均为选士制度。

（4）不同点。①公平性：察举制不问出身，而九品中正制限制庶族。②影响：察举制提高了人们的求学积极性，九品中正制挫伤了人们的求学积极性。③考试制度：察举制设立考试，有"孝廉"等科目，九品中正制不设考试科目。

6.简述理论联系实际的原则。（见2014年上海师范大学真题）

四、论述题

1.论述教师的素质。（见2012年陕西师范大学真题）

2.论述王守仁的儿童教育思想。（见2016年北京师范大学真题）

2019年山东师范大学333教育综合真题·凯程详解

一、名词解释

1.教育规律

【答】教育学的研究任务是揭示教育规律，探讨教育价值观念和教育艺术，指导教育实践。教育规律指教育内部诸因素之间、教育与其他事物之间的本质联系，以及教育发展变化的必然趋势。

2.教学策略（见2017年首都师范大学真题）

3."六艺"（见2012年华东师范大学真题）

4.鸿都门学（见2011年北京师范大学真题）

5.品德不良（见2015年华南师范大学真题）

6.智者派（见2018年东北师范大学真题）

二、辨析题

1.所有接受学习都是机械的。

【答】错误。接受学习是教师通过直接呈现已有知识、经验的方式传授知识及其意义，学生通过新旧知识之间的相互作用来获得新知识的过程。在奥苏伯尔看来，不管是接受学习还是发现学习，都有可能是机械的，也都有可能是有意义的，那种认为接受学习必然是机械的、发现学习必然是有意义的观点是毫无根据的。如果教师教法得当，并不一定会导致机械的接受学习，任何学习，只要符合有意义学习的条件，就是有意义学习；此外，有意义学习和机械学习也不是绝对的，而是处在一个连续体的两端，学校的许多学习经常处在这两端之间的某一个点上。

2. 教师专业性最突出的特征是教师资格证。

【答】错误。教师专业性最突出的特征是教师专业能力。

（1）教师专业能力是教师综合素质最突出的外在表现，也是评价教师专业性的核心因素，即专门的教育素养，具体包含：

①教育理论素养。主要指教师对教育科学基本理论知识的掌握，能恰当地运用教育学、心理学的基本概念、范畴、原理处理教育教学中的各种问题。

②教育能力素养。主要指保证教师顺利完成教育、教学任务的基本操作能力。具体包括以下几种能力：课程开发能力、语言表达能力、组织与引导教学的能力、机智地应变与创新能力。

③教育研究素养。一线教师既有资格，也有条件进行教育科学研究，尤其是他们从事的教育或教学研究，教师应富有问题意识、反思能力，善于总结工作中的经验与教训，创造性地解决或改进各种教育问题。

（2）教师资格证制度只是教师行业的准入制度，确定了教师职业的专业地位，一定程度上代表了教师的专业性，但不是其最突出的特征。

3. 朱熹关于小学教育的目的是培养"圣贤坯璞"。

【答】正确。朱熹认为小学的教育任务是培养"圣贤坯璞"，是打基础的阶段，必须抓紧、抓好。在教育内容上，以"学事"为主，知识力求浅近、具体，从具体的行为训练入手，使学生懂得基本的伦理道德规范，形成良好的生活习惯，学到初步的文化知识技能，教育与生长发育融为一体，在实践中得到锻炼。在教育方法上，一主张先入为主，及早施教；二要求形象生动，激发兴趣；三首创《须知》《学则》的形式来培养儿童的道德行为习惯。

三、简答题

1. 简述孔子的德育内容及方法。（见 2012 年东北师范大学真题）

2. 简述《费里教育法》。（见 2020 年杭州师范大学真题）

3. 简述学习知识与发展智力的关系。（见 2012 年东北师范大学真题）

4. 简述加里培林关于智力技能的发展阶段。

【答】加里培林将心智技能的形成分成五个阶段：

（1）活动定向阶段。这是一个准备阶段，在从事某种活动之前需要先了解做什么和怎样做，从而在头脑中形成对活动本身和活动结果的表象，进行对活动本身和活动结果的定向。

（2）物质活动或物质化活动阶段。物质活动指运用实物的教学活动，而物质化活动则是物质活动的一种变形，是指利用实物的模象进行的教学活动。

（3）有声的言语活动阶段。这一阶段是指学生的学习活动已不直接依赖实物或模象而借助自己出声的外部言语活动来进行的阶段。

（4）无声的外部言语活动阶段。这一阶段是出声的言语活动向内部言语活动转化的开始，是不出声的外部言语活动。

（5）内部言语活动阶段。这是智力活动完成的最后阶段。

加里培林关于智力活动按阶段形成的理论，对进一步探索智力活动和心智技能形成的规律还是很有价值的，对当前我国学校实施的素质教育具有一定的参考意义。

5. 简述启发式教学原则的要求。（见 2012 年北京师范大学真题）

6. 简述环境对人的发展的作用。

【答】环境泛指个体存在于其中，在个体的活动交往中，与个体相互作用并影响个体发展的外部世界。环境包括自然环境和社会环境，社会环境对人的发展的影响作用比自然环境大。

环境在人的身心发展中的作用：（1）环境是人的发展的外部条件，为个体的发展提供了可能性和限制；（2）环境对个体身心发展的影响既取决于环境的给定性，又取决于主体的选择性；（3）我们不能过分地夸大环境的作用，环境虽然重要，但不是决定人发展的根本因素。

四、论述题

1.试论述个别教学、班级授课制、分组教学的优缺点。

【答】（1）个别教学是教师面对个别或少数学生进行教学的一种教学组织形式。在个别教学中，每个学生的学习内容和进度都可以有所不同，教师教每位学生的方法和对每个学生的要求也有所区别，所以每个学生学习的成效各不相同，甚至差距极大。

因此，个别教学最显著的优点：教师能够根据每个学生的特点，包括天赋、接受能力和努力程度，加强教学的针对性，比较充分地发展每个学生的潜能、特长和个性。

（2）班级授课制是一种集体教学形式，它把一定数量的学生按年龄与知识程度编成固定的班级，根据周课表和作息时间表，安排教师有计划地给全班学生集体上课。同一班级的学生学习内容和进度必须一致。今天，我国的教学仍以班级授课制为基本组织形式。

班级授课制的优点：①有利于促进教育普及和提高教学效率；②形成严格的制度保证教学制度化、规范化，有利于提高教学质量；③使学生获得系统的科学知识；④充分发挥教师的主导作用；⑤有利于促进学生的社会化和个性化。

班级授课制的缺点：①难以照顾到学生的个别差异与个性发展；②学生的主体地位或独立性受到一定的限制；③实践性不强，容易脱离实际；④学生的探索性、创造性不易发挥，主要接受现成的知识结果。

（3）分组教学是指按学生的能力或学习成绩把他们分为水平不同的组进行教学。分组教学的类型主要有能力分组和作业分组。能力分组，是根据学生的能力发展水平来分组教学，各组课程相同，学习年限则各不相同；作业分组，是根据学生的特点和意愿来分组教学，各组学习年限相同，课程则各有不同。

分组教学还可以分为内部分组与外部分组两种形式。内部分组是在传统的按年龄编班的前提下，根据学生的能力或学习成绩发展变化情况来分组教学；外部分组则打破了传统的按年龄编班的做法，而按学生的能力或学习成绩来分组教学。

2.论述洪堡的教育改革。

【答】（1）初等教育。

初等教育的目的是发展学生的理性，陶冶学生的道德情操，培养学生的宗教情感，为进一步的学习做准备。为此采取了以下措施：

①在学科内容上，减少了宗教神学课，增设了实用知识的学科。

②在教学方法上，废除了体罚和死记硬背，采用实物直观教学。

③改进师资培训工作，一方面从瑞士邀请席勒为普鲁士办师范学校；另一方面派遣教师到瑞士向裴斯泰洛齐学习，德国的师范教育因受到裴斯泰洛齐的影响有了较大的发展。

而这一改革对今天德国教育的发展亦有深远影响，教师具有很高的专业素养，且与同阶级相比，德国教师的工薪待遇与社会地位都位于世界前列。

（2）中等教育。

在中等教育改革上，1810年，洪堡编制了教学计划，削减了古典学科的内容，以拉丁文、希腊文、德文和数学为主课，重视历史、地理和自然科学的教学，此外还规定只有通过国家考试成绩合格的才给予中学教师的称号。

洪堡的改革使文科中学的办学方向、课程内容、教学方法乃至教师的质量都有了较大的起色。改革改变了文科中学的教师只能由神学家、牧师担任的现象，打破了文科中学对僧侣依赖的局面。

（3）高等教育。

在高等教育方面，洪堡提出了学术自由的原则、教学与科研相结合的原则。洪堡认为，大学不是一般的职业养成所，而是要造就胸襟开阔、目光长远、领导世界新潮流的人才；大学要特别重视人文科学，应将大学办成培养人道主义精神的基地；教学和科研结合为一体，学术自由是神圣的办学原则等。他认为，传授高深知识是大学的基础，但这种知识不是实用的、专门化的知识，而是一种"纯科学的知识"，即一种脱离社会需要，超越社会现实的理念性知识。

2020年山东师范大学333教育综合真题·凯程详解

一、名词解释

1. 双轨制（见2017年北京师范大学真题）
2. 先行组织者（见2010年北京师范大学真题）
3. 《大学》（见2019年华中师范大学真题）
4. 《爱弥儿》（见2019年上海师范大学真题）
5. 进步主义教育理论（见2014年北京师范大学真题）
6. 逆向迁移

【答】迁移是指已经获得的知识、动作技能、情感和态度等与新的学习之间的相互影响。根据迁移方向的不同可以分为顺向迁移与逆向迁移。其中逆向迁移是指后继学习对先前学习的影响，如发展心理学和教育心理学的学习对先前普通心理学的学习产生影响。无论是顺向迁移还是逆向迁移，其产生的影响都有正负现象。

二、辨析题

1. 学校管理没有育人功能。

【答】错误。学校管理是管理者通过一定的组织形式和工作方式来实现学校教育目标的活动。它具有教育性、服务性、文化性与创造性等显著特性。现代学校管理既要法治化，又要人性化，即依法治校和以德治校并重。人性化管理是指学校管理工作要关注人的情感、满足人的需要、崇尚人的价值、开发人的潜能、尊重人的主体地位和人格。要转变管理观念，改变管理方式，贯彻管理即育人、管理即服务的思想。所以学校管理有育人功能。

2. 组织策略和计划策略同属于认知策略。

【答】错误。组织策略指整合所学新知识之间、新旧知识之间的内在联系，形成新的知识结构的策略。计划策略指根据认知活动的特定目标，在一项认知活动之前计划各种活动，预计结果、选择策略，想出各种解决问题的方法，并预估其有效性。认知策略是学习者信息加工的方法和技术，能使信息有效地从记忆中提取出来。认知策略包括注意策略、复述策略、精细加工策略和编码组织策略。计划策略属于元认知策略，不属于认知策略。

3. 公学就是公立学校。

【答】错误。（见2020年南京师范大学真题）

三、简答题

1. 简述教育目的的社会本位论。

【答】社会本位论也称国家本位论，其代表人物有柏拉图、凯兴斯泰纳、涂尔干、赫尔巴特、孔德等。社会本位论者主张教育目的要根据社会需要来确定。

主要观点：（1）教育目的的制定应该由社会需要来决定，无关人的潜能和个性的需要；（2）个人的一切发展有赖于社会，社会价值高于个人价值；（3）教育的最高目的在于使个人成为国家的合格公民，具有起码的政治品格、生产能力和社会生活素质；（4）教育的效果用社会功能的发挥程度来衡量。

评价：

（1）积极方面：社会本位论将对教育目的的考察角度从宗教神学转移到国家和社会事业上来，这是一个很大的进步。这种视角的转换在近代有助于教育与教会的分离，在当代有助于动员国家和社会资源来发展教育事业。

（2）不足之处：忽视了个体的价值，否认了个体在社会和国家生活中的积极能动作用，完全将受教育者当成等待被加工的"原料"，违背了教育的人道主义原则。

2. 简述直观性教学原则。（见2018年东北师范大学真题）
3. 简述孔子的教学方法。（见2013年东北师范大学真题）
4. 简述要素主义理论。（见2016年华东师范大学真题）
5. 简述归因理论及其对学习动力培养的作用。

【答】韦纳对行为结果的归因进行了系统探讨，发现人们倾向于将活动成败的原因归结为六个因素：能力高低、努力程度、任务难度、运气好坏、身心状态、外界环境。他把这六个因素归为三个维度，即内部归因和外部归因；稳定归因和非稳定归因；可控归因和不可控归因。归结为不同的原因会带来相应的心理变化，表现为对下一次成就结果的期待与情感的变化，进而影响以后的成就行为。

（1）个体对自己的行为及其结果有寻找原因的倾向，个体解释自己行为结果时的归因是复杂且多维度的，不同的归因方式会影响个体今后的学习动机。

（2）成败归因的内外源维度影响个体对成败的情绪体验；成败归因的稳定性维度影响个体对未来成败的预期；成败归因的可控性维度影响个体今后努力学习的行为。

（3）在教学实际中，学生往往将学业失败归因为能力不足，从而产生习得无助感，导致学习动机降低。教师在归因训练过程中，对于那些学业失败的学生，应引导其将失败的原因归结为努力不足；同时，也应对学生的努力给予反馈，让他们感受到自己努力的收获、体验到自己努力的有效性。

6. 简述教师角色。

【答】教师角色指社会对教师职能和地位的期望和要求。它规定了教师在教育情境中应该表现的心理和行为方式。

教师角色主要有：

（1）教书育人的角色。这是教师最基本与最突出的角色。教师是知识与技能的传授者。教师在传授知识的同时还必须对学生进行思想品德方面的教育，塑造学生的个性。

（2）学生团体的领导角色。由于教师的地位、知识、年龄等，人们普遍认为教师是学生团体的领导者。民主型教师的领导效果最佳。

（3）家长的代理人角色。教师在扮演家长代理人的角色时有优于父母的地方，即教师既扮演了父母温暖与关怀的角色，又扮演了一般父母所不具备的严格要求的角色。

（4）心理工作者的角色。教师在教育教学过程中应随时随地帮助学生讲究心理卫生，保持心理健康。当好这一角色，教师既要指导学生健康地生活，也要治疗学生的心理创伤。

四、论述题

1. 试述德育原则中的理论与实际相结合的原则。（见2013年北京师范大学真题）

2. 试述蔡元培改造北京大学的实践。（见2011年北京师范大学真题）

2021年山东师范大学333教育综合真题·凯程详解

一、名词解释

1. 形成性评价（见2013年华中师范大学真题）

2. 结构不良领域知识

【答】（1）简介：斯皮罗将知识分为结构良好领域知识和结构不良领域知识。

（2）含义：结构不良领域知识是将结构良好领域知识应用于具体问题情境时产生的知识，即关于知识被应用的知识。结构不良领域知识具有两大特性：概念的复杂性和实例的不规则性。

（3）结构不良领域知识的学习：要求学生在各种情境下通过应用知识解决问题，把握概念的复杂性以及概念之间的联系，最终能够广泛而灵活地将知识应用到各种具体的情境中。

3. 精细加工策略（见2016年东北师范大学真题）

4. "七艺"（见2016年华东师范大学真题）

5.《学记》（见2013年东北师范大学真题）

6.《莫雷尔法案》（见2010年华东师范大学真题）

二、辨析题

1. 教育内容即课程、教科书、参考资料中的内容。

【答】错误。

教育内容是指教育者引导受教育者在教育活动中学习的前人积累的经验，主要是根据教育目的和学生发展的特点选编的、最有价值的科学文化基础知识，一般体现为课程、教科书、教学参考资料。但在教育教学活动过程中，教育者自身所拥有的知识、经验、言谈举止、思想品质和工作作风，以及师生、生生之间所探讨的各种经验、见闻与事物也都是影响受教育者的重要内容。

因此，教育内容不仅仅指课程、教科书和参考资料中的内容。

2. 负迁移就是逆向迁移。（见2015年沈阳师范大学真题）

3.赫尔巴特提出了"五段教学法"。（见 2017 年陕西师范大学真题）

三、简答题

1.简述现代教育的主要特征。（见 2013 年北京师范大学真题）

2.简述活动课程的特点。（见 2010 年北京师范大学真题）

3.简述当代学校管理的发展趋势。（见 2020 年华东师范大学真题）

4.简述学习动机与学习效果的关系。（见 2010 年湖南师范大学真题）

5.简述革命根据地教育的基本经验。（见 2020 年华中师范大学真题）

6.简述斯宾塞教育科学化思想的主要内容。（见 2013 年杭州师范大学真题）

四、论述题

1.如何理解和贯彻德育的教育影响一致性与连贯性原则？（见 2010 年北京师范大学真题）

2.试论述陶行知的生活教育理论及其现实意义。（见 2014 年北京师范大学真题）

2022 年山东师范大学 333 教育综合真题·凯程详解

一、名词解释

1.书院（见 2017 年东北师范大学真题）

2.产婆术（见 2011 年北京师范大学真题）

3.骑士教育（见 2010 年华东师范大学真题）

4.品德（见 2015 年湖南师范大学真题）

5.附属内驱力（见 2014 年湖南师范大学真题）

6.诊断性评价（见 2013 年首都师范大学真题）

二、辨析题

1.学生认识的主要任务是学习直接经验。

【答】错误。

学生认识的主要任务是学习间接经验。在教学过程中，坚持学生以掌握间接经验为主，可以减少认识过程的盲目性，节省时间和精力，有效地避免人类历史上的偶然性和曲折性，从而大大提高认识效率；使学生尽快获得大量的科学文化知识，在此基础上为更加深入、广泛地认识世界和改造世界创造有利条件。

综上所述，题干表述错误。

2.晏阳初的平民教育主张以文艺教育攻愚，培养知识力。

【答】正确。

晏阳初提出了在农村推行"四大教育"来解决"愚、贫、弱、私"的问题。其中他主张以文艺教育攻愚，培养知识力，即从文字及艺术教育入手，使人民认识基本文字。其首要工作是除净青年文盲，将农村优秀青年组成同学会，使他们成为农村建设的中坚分子。

综上所述，题干表述正确。

3.奥苏伯尔的有意义学习和罗杰斯的有意义学习的本质相同。

【答】错误。

奥苏伯尔和罗杰斯均提出过有意义学习的概念，但二者意义不同。奥苏伯尔的有意义学习主要指将符号所代表的新知识与学习者认知结构中已有的适当观念建立非人为的和实质性的联系。罗杰斯的有意义学习是一种全人参与的学习，是人的情感和认知因素共同参与的有意义学习。

综上所述，题干表述错误。

三、简答题

1.简述贯彻德育影响的一致性和连贯性原则的基本要求。（见 2010 年北京师范大学真题）

2.简述活动课程和学科课程的区别与联系。（见 2015 年陕西师范大学真题）

3.简述教育的社会制约性。（见 2012 年华南师范大学真题）

4.简述柏林大学的办学理念。

【答】（1）提倡纯科学研究，排斥职业性和功利性学科。柏林大学注重纯粹的科学，包括哲学和人文科学，反对古典语文学校和古典专科学校，直到20世纪初，柏林大学几乎不开设有关技术或实用科学的课程。此外，柏林大学非常重视哲学的地位，认为哲学是一切学科的总学问。

（2）鼓励学习自由和教学自由。"学习自由"即学生在学习内容和大学生活方面的选择自由。"教学自由"即教师的教学和科学研究活动不受干涉，能自由地传授和研究知识，探索真理。

（3）教学与研究相结合，培养研究人才。为了落实这种理念，柏林大学借鉴了哥廷根大学的教学方法——"习明纳"（这种师生共同参与、融教学与研究活动于一体的组织形式），并建立了众多研究所，主要培养学生的研究能力。

（4）聘请既有学术造诣又有高超教学技能的教授。聘请一批学术造诣深厚、教学技术精湛的教授到校任教，切实提高柏林大学的教学质量和学术声望。

5.简述赫尔巴特的教育性教学原则。（见2011年杭州师范大学真题）

6.结合动机理论，简述学习动机的培养及激发策略。（见2012年华东师范大学真题）

四、论述题

1.论述班级授课制的局限性及改进策略。（见2020年北京师范大学真题）

2.论述魏晋玄学教育思潮的主要特点。

【答】玄学是兼融儒道的一种新的思想体系。它在形式上复活了老庄思想，并以此诠释儒家经典。虽然玄学不是一种教育理论，但玄学家对现实社会和世俗教育的批评，包含着对理想教育的向往与追求，成为一种教育思潮。"自然"是其教育主张的灵魂，"自然主义"是其教育思潮的主要特征。

（1）以顺应天性，自然发展为教育宗旨。首先，玄学家秉持自然无为观，认为教育在本质上是顺应人的自然本性、任其发展的。教育不可能改变人的自然本性，也不需要改变人的自然本性，顺应人的自然本性的发展是教育的最终归宿。其次，他们从个体自然本性的正当性看，认为人的自然本性本身便是合理的，根本不需要后天教育的改造。

（2）以"真性""无为"为理想人格。玄学家们以自然为准则，对真性人格的追求，试图通过自然主义教育的超越性赋予传统理想人格新的精神内涵，以适应时代的思想需求。

（3）顺应自然的道德教育论。玄学家的道德教育论可以从道德起源论及顺应自然的道德教育法则等方面予以归纳。他们从本末的关系出发，认为就道德教育而言，"本"便是无欲无求，不是用功名激励人有为，而是让其回归无欲无求的自然本性。

西北师范大学

2010年西北师范大学333教育综合真题·凯程详解

一、名词解释

1.班级

【答】班级是学校的基本单位，也是学校行政管理的最基层组织。班级是学校为实现一定的教育目的，将年龄相同、文化程度大体相同的学生按一定的人数规模建立起来的教育组织。班级不仅是学生接受知识教育的资源，也是学生社会化以及进行自我教育的资源。

2.研究法

【答】研究法是学生在教师的指导下通过独立地探索，创造性地解决问题，获取知识和发展能力的方法。研究法的基本要求有：（1）正确选定研究课题；（2）提供必要的条件；（3）让学生独立思考与探索；（4）循序渐进、因材施教。

3. 勤工俭学运动

【答】勤工俭学运动始于辛亥革命前后，最初是以教育救国和实业救国为主要要求，以工读结合为手段的教育运动，后来逐渐转变为寻求革命救国道路，以马克思主义为指导的新民主主义文化运动和革命运动。勤工俭学运动对西方教育思想的引进、对留学教育事业的发展、对中国现代多方面专业人才的培养，都产生了积极影响。

4. 学习策略（见2015年北京师范大学真题）

5. 监生历事制度（见2011年湖南师范大学真题）

6.《国防教育法》（见2010年湖南师范大学真题）

二、简答题

1. 教育对生产力发展的作用表现在哪些方面？

【答】教育对生产力发展的作用即教育的经济功能。（见2019年华东师范大学真题）

2. 环境在人身心发展中的作用是什么？（见2019年山东师范大学真题）

3."百日维新"中教育改革的主要措施是什么？（见2014年上海师范大学真题）

三、论述题

1. 为什么教育在人的身心发展中起着重要作用？

【答】（1）教育是一种有目的地培养人的社会活动。

人的发展有两种不同的状态，主要的区别在于发展的目的性。教育作为一种有目的地培养人的社会活动，就是在一定的教育目的的引领下，通过人的主体选择把人的发展中蕴含的某一种或几种符合教育目的的可能因素在人的现实的发展过程中呈现出来，改变人在自然状态下自发的发展过程，以期形成教育目的所规定的理想品质。

（2）教育主要通过文化知识的传递来培养人。

文化知识蕴含着有利于人的发展的多方面价值。

①知识的认识价值。人们常说认识是思维对信息的加工、建构、重组，知识就是这些信息的重要形态。学生认识的发展依赖于对知识资料、资源的思维加工，由不知转化为已知，由旧知通向新知，在头脑里构思和想象现实中尚不存在的东西。

②知识的能力价值。知识是心理操作与行为操作的认识结晶。学生学习知识的过程，要经历知识的展开过程和知识的发现过程，对知识进行心理操作和行为操作。这种操作方式的定型和积淀过程，就是学生心理的认识能力和行为操作技能的形成过程。

③知识的陶冶价值。知识蕴含着科学精神和人文精神，科学精神引导人尊重事实，实事求是，追求真理。人文精神引导人追问人生意义，追求人的价值、尊严、自由、权益和社会平等。经过科学精神和人文精神的陶冶，人才能真正形成人生智慧，具有人生理想，担当起社会责任。

④知识的实践价值。知识具有社会实践的有用性或有效性。学生通过学习获取知识，认识事物的特性，也就获得了通过社会实践改造事物的可能性。对学生来说，大体上是一个将外在知识转化为内在素质，又由内在素质外显为社会实践的过程。人们常说学习的目的在于运用，其实在很大程度上就是强调知识的实践价值。

（3）教育对人的发展的作用越来越大。

与古代社会相比，现代社会对人的发展和教育提出了越来越高的要求，教育对人的发展的作用也越来越大，这在人的现代化发展方面表现得尤为明显。我国正在进行社会主义现代化建设，人的现代化是社会现代化的重要基础和前提条件。我们应当自觉地优先发展教育，高度重视并充分发挥教育对人的现代化的促进作用。

2. 论述黄炎培的职业教育理论。（见2018年华中师范大学真题）

3. 试论述杜威的"从做中学"。（见2014年东北师范大学真题+2011年浙江师范大学真题）

4. 试论述马斯洛的需要层次理论。（见2013年西南大学真题）

2011年西北师范大学333教育综合真题·凯程详解

一、名词解释

1. 教育学（见2011年陕西师范大学真题）

2.课程标准（见 2015 年北京师范大学真题）

3.研究教学法

【答】研究教学法是通过研究进行教学的方法，分为个案研究法、调查研究法、行动研究法、实验研究法和质的研究法。其中个案研究法和行动研究法最为常用。个案研究法是当今教育研究中运用广泛的定性研究方法，也是描述性研究和实地调查的一种具体方法。行动研究法是指实际工作者（如教师）基于解决实际问题的需要，与专家、学者及本单位的成员共同合作，将实际问题作为研究的主题，进行系统研究，以解决实际问题的一种研究方法。

4.德育（见 2015 年华南师范大学真题）

5."六艺"教育（见 2012 年华东师范大学真题）

6."七艺"教育（见 2016 年华东师范大学真题）

二、简答题

1.简述我国教育目的的基本要求（精神）。（见 2012 年北京师范大学真题）

2.简述教学过程中直接经验与间接经验的关系。（见 2014 年华中师范大学真题）

3.简述"百日维新"中的教育改革措施。（见 2014 年上海师范大学真题）

4.简述行为主义的教育理论。

【答】（1）桑代克的联结—试误说。

桑代克的"联结—试误说"的主要内容有：①学习的实质。桑代克把动物和人类的学习过程定义为刺激与反应（S—R）之间的联结，认为知识和技能的获得必须经过"尝试—错误—再尝试"这样一个过程。②一定的联结需要通过试误来建立，并遵循一定的规律，不需要以观念为中介。为此，他提出了学习的三大定律：准备律、练习律、效果律。

（2）巴甫洛夫的经典性条件作用说。

所谓经典性条件反射，就是一种刺激替代过程，即由一个新的中性刺激（称为条件刺激）替代了原先自然引发反应的无条件刺激。由条件刺激引发的反应，就称为条件反应。经典性条件作用的主要规律有：①习得、强化、消退；②泛化、分化（辨别）；③高级条件作用；④两个信号系统理论。

（3）斯金纳的操作性条件作用说。

通过研究，斯金纳认为，学习实质上是一种反应概率的变化，而强化是增强反应概率的手段。他认为人和动物的行为有两类：应答性行为和操作性行为。应答性行为是由特定刺激引起的，是不随意的反射性行为，又称引发反应，如风吹眨眼。操作性行为则不与特定刺激相联系，是有机体自发做出的随意反应，又称自发反应，如婴儿喃喃自语。操作性条件作用的规律包括：①强化——正强化和负强化；②逃避条件作用与回避条件作用；③惩罚、消退与维持；④程序教学；⑤行为矫正。

三、论述题

1.论述教师应具备的素养。（见 2015 年华东师范大学真题）

2.论述《学记》中的主要教学原则。（见 2011 年东北师范大学真题）

3.论述结构主义教育的代表人物及主要思想。（见 2013 年华东师范大学真题）

4.试论述自我效能感理论及其对学习活动的意义。

【答】（1）自我效能感的定义及影响因素。（见 2017 年东北师范大学真题）

（2）自我效能感理论对学习活动的意义：①决定人们对活动的选择及对该活动的坚持性；②影响人们在困难面前的态度；③影响新行为的获得和习得行为的表现；④影响活动时的情绪。

2012 年西北师范大学 333 教育综合真题·凯程详解

一、名词解释

1.教育目的（见 2015 年北京师范大学真题）

2.发现法（见 2017 年华东师范大学真题）

3.课程（见 2019 年北京师范大学真题）

4.骑士教育（见 2010 年华东师范大学真题）

5.教师专业发展（见2011年华东师范大学真题）

6.朱子读书法（见2015年东北师范大学真题）

二、简答题

1.简述马斯洛的需要层次理论。（见2013年西南大学真题）

2.简述教育的文化功能。（见2016年北京师范大学真题）

3.简述学校教育制度确立的依据。（见2015年陕西师范大学真题）

4.简述"百日维新"中的教育改革措施。（见2014年上海师范大学真题）

三、论述题

1.有研究根据教师的领导方式将教师分为强制专断型、仁慈专断型、放任自流型和民主型。假如你是一名教师，你会选择哪种领导方式对待学生？为什么？

【答】我会选择民主型的领导方式对待学生。

（1）良好师生关系的标准。（见2018年首都师范大学真题）

（2）民主型师生关系符合良好师生关系的标准。

民主型师生关系是当今社会理想的并正在努力实践的师生关系类型。学生信任教师，教师尊重学生，这样的教师会充分地调动学生的学习积极性，不搞一言堂，学生在教师面前也没有太大的压力和反感情绪，班级的任何活动，也会得到学生的响应和支持。师生之间如朋友一般融洽。能建立这种师生关系的教师，一般在学生的思想工作和心理疏导方面，有自己的方式方法，能得到众多学生的理解、信服、配合。民主型师生关系模式对学生的发展最有利，学生成绩是比较稳定的，容易使学生形成良好的人格特征，新课程理念倡导的师生关系应当为民主型师生关系。

2.论述贺拉斯·曼的教育思想。

【答】贺拉斯·曼是19世纪上半叶美国著名的教育实践家，是美国公立学校运动的主要领导者，被誉为美国"公立教育之父"。他积极推动公立学校运动，强调普及教育的重要性。

（1）论教育作用与目的。

①教育是维持现存社会安定的重要工具；②教育是使人民摆脱贫穷的重要手段；③用建立免费学校的办法实施普及教育是共和政府继续存在必不可少的保证。

（2）论普及教育。

①造就良好公民。主张实施普及的、免费的和世俗的国民教育，提倡大力发展由公众管理和支持的公立学校，强调儿童应上一样的学校，要建立一个免费的学校系统。从道德培养、智育、体育、政治常识教育、宗教教育等方面来实施公民教育。

②智育是创造财富的重要条件。贺拉斯·曼认为，文字的学习是获取知识的基础与前提，智育是消除贫困和确保丰裕的一种手段。

③道德培养。贺拉斯·曼认为普及教育最重要的是养成公民良好的道德品质。道德教育的任务主要是使人能分辨善恶，与人为善，从而形成良好的人际关系。应抓住早期儿童性格的可逆潜能，熟悉儿童倔强、任性和乖顺易教的特点，利用最有利的机会对儿童进行教育。

④体育。贺拉斯·曼认为个人身体的好坏关系到自己能否幸福，个人身体的衰弱就是对社会财富的一种损害，所以每个合格的公民都必须有健康的身体。

⑤政治教育。贺拉斯·曼认为，缺乏与责任相应的知识会给任何一个部门带来灾难。共和国的公民——统治者、被统治者都应该具有政治知识。

⑥宗教教育。贺拉斯·曼认为宗教知识不可缺少，应该对儿童灌输以《圣经》为基础的一切基督教道德。但是他反对政府、教会干涉、压制或强迫宗教信仰。

（3）论师范教育。

贺拉斯·曼认为师范教育是提高公立学校教育质量的重要手段。他提倡设立"师范学校"来培训未来的教师。他指出师范教育是一种新的进步的方法，它的发展能推动各项事业的全面进步。

3.《学记》中的主要教学原则有哪些？试对其进行简述。（见2011年东北师范大学真题）

4.说明建构主义的基本观点及其对教育改革的意义。

【答】（1）建构主义的基本观点。（见2013年华东师范大学真题）

（2）对教育改革的意义。

社会建构主义学习理论启示后人在教学中重视情境的作用，并以"情境"为核心推出很多教学模式，对教学应用有很大的帮助。

①情境性教学：强调与实际情境类似的教学，强调以事例、问题为基础。学生完成真实的任务，加深对知识的理解和应用。

②支架式教学：起初助学者为学习者提供某种外部支持，随着活动的进行，逐步减少外部支持，直到完全由学生独立完成任务为止。

③抛锚式教学：将学习活动与某种有意义的情境挂钩，让学生在真实的情境中学习。

④合作学习：这是一种教学策略，同一小组的学生通过合作，共同完成小组的学习目标。

2013年西北师范大学333教育综合真题·凯程详解

一、名词解释

1. 学校教育制度（见2019年北京师范大学真题）

2. 谈话教学法（见2017年华中师范大学真题）

3. 课程标准（见2015年北京师范大学真题）

4. 教师专业发展（见2011年华东师范大学真题）

5.《白鹿洞书院揭示》

【答】白鹿洞书院位于江西庐山，原为唐后期李渤、李涉兄弟隐居读书之处。南宋时期朱熹对其进行修复，征集图书，筹措经费，任洞主，亲自掌教并制定《白鹿洞书院揭示》（也叫《白鹿洞书院学规》《白鹿洞书院教条》）。《白鹿洞书院揭示》作为书院的学规和教育宗旨，其内容为：（1）"父子有亲，君臣有义，夫妇有别，长幼有序，朋友有信"为教育目的。（2）"博学之，审问之，慎思之，明辨之，笃行之"为治学顺序。（3）"言忠信，行笃敬，惩忿窒欲，迁善改过"为修身之要。（4）"正其义不谋其利，明其道不计其功"为处事之要。（5）"己所不欲，勿施于人，行有不得，反求诸己"为接物之要。

6. "六艺"教育（见2012年华东师范大学真题）

7. 骑士教育（见2010年华东师范大学真题）

二、简答题

1. 简述教师劳动的特点。（见2015年东北师范大学真题）

2. 简述全面发展教育各组成部分的关系。（见2012年东北师范大学真题）

3. 简述观察学习理论并对其进行评论。（见2016年东北师范大学真题）

4. 隋唐时产生的科举制度的积极意义是什么？（见2019年华中师范大学真题）

5. 举例说明洋务学堂的类型。

【答】19世纪60至90年代，洋务派创办的洋务学堂约有三十余所，它们是随着洋务运动的开展而逐渐开办的，大致可以分为外国语（"方言"）学堂、军事（"武备"）学堂和技术实业学堂三类。

（1）外国语（"方言"）学堂：京师同文馆、上海广方言馆、广州同文馆、新疆俄文馆、台湾西学馆、珲春俄文馆、湖北自强学堂。

（2）军事（"武备"）学堂：福建船政学堂、上海江南制造局操炮学堂、广东实学馆、广东水陆师学堂、天津武备学堂、山东威海卫水师学堂、江南水师学堂。

（3）技术实业学堂：福州电报学堂、天津电报学堂、上海电报学堂、天津西医学堂、湖北矿务局工程学院、山海关铁路学堂、南京储才学堂。

以上洋务学堂中，京师同文馆是开端，福建船政学堂办得最有成效。

三、论述题

1. 有人认为教学的目标是传授知识，有人认为教学的目标是发展学生的智力。关于这一问题谈谈你的看法。

【答】教学过程既要重视知识的传授，又要重视智力的发展，要将二者辩证地统一于教学活动中。（见2012年东北师范大学真题）

2.影响道德品质的因素有哪些？学校应该采取哪些方式培养学生的道德品质？

【答】（1）影响道德品质的外部因素。

①家庭环境。

客观因素：a.家庭结构和主要的社会关系；b.家长的职业类型与文化程度。

主观因素：a.家长的品德；b.家长对子女的教养态度及期望；c.家长的作风和家庭氛围。

②学校集体。

a.班集体的影响。班集体信念对集体成员品德的形成起作用；班集体情感对集体成员的道德情感有很大的影响；班集体坚定的意志行为不仅直接增强了集体成员形成良好品德的决心，而且提高了他们形成良好品德克服困难的自觉性，并使集体成员统一行动，保持和维护良好的道德风尚，自觉地约束自己的行为；班集体的行为习惯水平对集体成员品德的形成有影响。

b.学校德育的影响。它主要是通过三条途径实现的：学科教学；全校、年级、班级或团队活动；课外和校外活动。

c.学校集体中其他因素的影响。如教师的领导方式；集体舆论；校风、班风。

d.校园文化的影响。

③社会文化。

社会文化对人格和品德形成的影响，明显地表现为以下三个方面：

a.社会文化是人类创造出来的，是人类适应环境和改造环境的工具，人们在创造自己文化的同时，也塑造出了自己人格的品德。

b.人类积累的文化遗产又成为塑造新的人格和品德的依据和范式，并力图用这种文化遗产塑造新生的一代。

c.新生的一代是在吸收文化遗产和自己的创造活动中成长的，他们对社会文化有着自己的选择，这就是造成新的人格和各自不同的品德的原因。

（2）影响道德品质的内部因素。

①道德认识。②个性品质。③适应能力：a.自我教育能力；b.社会性工作能力。

（3）培养学生道德品质的方式。

①进行有效的说服；②树立良好的榜样，促使更多学生模仿；③利用群体的约定来制约部分学生个体的不良行为；④赏罚分明；⑤进行价值辨析。

3.论述贺拉斯·曼的教育思想。（见 2012 年西北师范大学真题）

2014 年西北师范大学 333 教育综合真题·凯程详解

一、名词解释

1.**学校教育制度**（见 2019 年北京师范大学真题）

2.**课程标准**（见 2015 年北京师范大学真题）

3.**有效教学**（见 2014 年南京师范大学真题）

4.**隐性教学**

【答】隐性教学可以包括正式课程以外的任何一种或全部的能够影响人的教育活动，如学生之间的交往、师生之间的交往、班级的管理方式，以及教风、学风。它能通过心理的无意识层面使学生得到教育，获得一些非预期的教育性经验，并引导学生综合发展知、情、意、行等，达到完善自身的目的。

5.**学习策略**（见 2015 年北京师范大学真题）

6.**泛智教育**（见 2010 年陕西师范大学真题）

7.**要素教育**（见 2017 年陕西师范大学真题）

8.**创造性**（见 2019 年华南师范大学真题）

二、简答题

1.**列举教育学独立时期的 10 位代表人物及其著作。**

【答】（1）1632 年，捷克著名的教育家夸美纽斯写了《大教学论》。这是近代最早的一部教育学著作。（2）1762 年，法国启蒙思想家卢梭出版了《爱弥儿》，系统地阐述了他的自然主义教育思想。（3）赫尔巴特于

1806年出版了《普通教育学》。它标志着教育学已经成为一门独立的学科。（4）在英国学者培根于1623年发表的《论科学的价值和发展》中，结合他对科学的分类，首次把教育学作为一门独立的学科提了出来。（5）斯宾塞的《教育论》。（6）洛克的《教育漫话》。（7）裴斯泰洛齐的《林哈德与葛笃德》。（8）陶行知的《中国教育改造》。（9）杜威的《民族主义与教育》。（10）德国教育学家特普拉担任哈勒大学教育学教授，这是德国也是世界上第一位教育学教授。1780年，他出版了《教育学研究》，这本书是西方历史上第一本以"教育学"命名的专著，它标志着作为学科的教育学已基本形成。

2.学校教育在个体发展中有什么特殊的价值？实现这些价值需要什么条件？（见2019年华中师范大学真题）

3.简述"百日维新"中教育改革的主要措施。（见2014年上海师范大学真题）

4.简述美国《国防教育法》的主要内容。（见2014年华东师范大学真题）

5.简述《中小学心理健康教育指导纲要（2012年修订）》规定的心理健康教育的总目标。（见2016年华南师范大学真题）

6.简述教育与认知发展的关系。

【答】（1）认知发展制约教学的内容和方法。皮亚杰的认知发展阶段论强调儿童的认知发展水平对学习的制约性，认为它不仅制约着学习内容的深浅，还制约着学习方法的选择。

（2）教学促进学生的认知发展。教学方法适当，教学内容恰当，系统的学校教学能够起到加速认知发展的作用。因此，在教学中，一方面要依据儿童的心理发展水平进行教学；另一方面，应通过精心组织的教学内容与方法促进儿童的认知发展。

（3）最近发展区是指儿童"实际的发展水平与潜在的发展水平之间的差距。前者由个体独立解决问题的能力而定，后者指在成人的指导下或与更有能力的同伴合作时解决问题的能力"。

实际上这是两个邻近发展阶段之间的过渡状态。该理论指出教育者不应该只看到儿童已经达到的水平，而应该看到儿童正在形成的状态和正在发展的过程。

三、论述题

1.党的十八大政策提到"单独生二胎"，请谈谈人口和教育的关系是什么。

【答】（1）教育与人口数量。

人口数量影响教育发展的规模、结构和质量。人口数量决定着教育需求的大小，因此也就决定着教育事业的可能规模。人口的增长必然要求扩大教育规模。由于人口的增长不是匀速而是波浪式推进的，所以人口的波峰与波谷的反复出现对学制和学校内部结构也产生很大的影响。同样，教育也会影响人口的数量。当国家的整体教育水平发生改变时，具体到个人身上，必然会造成受教育水平导致其个人观念的改变。

（2）教育与人口质量。

人口质量是指人口的身体素质、文化修养和道德水平。前者是人口质量的物质要素，后二者构成人口质量的精神要素。人口质量对教育质量的直接影响是指人口已有的水平对教育质量的总影响。间接影响是指年长一代的人口质量影响新一代的人口质量，从而影响以新一代为对象的学校教育的质量。反过来，国家的教育水平必然通过个人的受教育水平来体现，而个人受教育水平的高低集中反映在人口的素质上，包括物质的与非物质的，而从宏观上讲就是人口的质量。

（3）教育与人口构成。

①人口的年龄构成代表着需要接受各级教育的实际人数。人口的年龄结构会影响各级各类学校在教育结构中的比例。

②人口的性别结构不同，也会给教育带来一定的影响。

③人口的阶级构成会对受教育者在权利的享有上产生影响。

④人口的地域分布会制约学校的布局，人口分布是指在一定区域内的人口增长状况和实居地的人口密度。

"单独生二胎"政策会使人口数量、质量和构成都发生变化，我们必须正确地处理教育与人口的关系，只有处理好人口与教育的关系才能保障实现教育的三个"面向"。

2.论述蔡元培北大改革的措施并对其进行评价。（见2011年北京师范大学真题+2013年北京师范大学真题）

3.论述日本明治维新时期的教育改革措施。（见2019年华南师范大学真题）

2015年西北师范大学333教育综合真题·凯程详解

一、名词解释

1. 课程标准（见2015年北京师范大学真题）
2. 德育（见2015年华南师范大学真题）
3. 分斋教学法（见2014年北京师范大学真题）
4. 生活教育理论（见2012年北京师范大学真题）
5. 导生制（贝尔－兰卡斯特制）（见2012年北京师范大学真题）
6. 恩物（见2012年北京师范大学真题）
7. 元认知（见2010年华中师范大学真题）
8. 品德（见2015年湖南师范大学真题）

二、简答题

1. 中小学常用的教学方法有哪些？（见2018年北京师范大学真题）
2. 学校管理的发展趋势是什么？（见2020年华东师范大学真题）
3. 简述《学记》中的教育教学原则及其含义。（见2011年东北师范大学真题）
4. 简要陈述颜元学校改革的思想。（见2018年华东师范大学真题）
5. 简述文艺复兴时期人文主义教育的基本特点。（见2011年华东师范大学真题）
6. 简述夸美纽斯在教育史上的贡献和地位。（见2016年西南大学真题）
7. 联系实际，谈谈教师如何激发学生的学习动机。（见2012年华东师范大学真题）
8. 简述《中小学心理健康教育指导纲要（2012年修订）》提出的学校开展心理健康教育的途径。（见2015年华中师范大学真题）

三、论述题

1. 依据以下资料说说一名合格的教师应该具备什么样的专业素养。

【答】（1）教师的专业素养是教师作为专业人员应该具备的多方面的专业要求，是顺利进行教育活动的前提，也是教师胜任工作的基本条件。教师的专业素养不仅具有多样性、时代性特征，而且具有结构性特征。一名合格的教师要有：

①高尚的师德。a.热爱教育事业，富有献身精神和人文精神。b.热爱学生，诲人不倦。c.热爱集体，团结协作。d.严于律己，为人师表。

②宽厚的文化素养。教师的主要任务是通过传授学生科学文化知识，培养其能力，促进学生生动活泼地发展。教师要能够对自己所教的专业融会贯通，能从整体上系统把握，只有这样才能深入浅出、高瞻远瞩，达到运用自如的境界。同时，教师还应具有比较深厚的文化修养。

③专门的教育素养。

a.教育理论素养。主要指教师对教育科学基本理论知识的掌握，能恰当地运用教育学、心理学的基本概念、范畴、原理处理教育教学中的各种问题。

b.教育能力素养。主要指保证教师顺利完成教育教学任务的基本操作能力。具体包括以下几种能力：课程开发能力、语言表达能力、组织管理能力、引导与创新能力。

c.教育研究素养。主要指教师运用一定的研究方法，探索教育领域的规律和解决问题的能力。

④健康的心理素质。健康的心理素质体现在心理活动的方方面面，概括起来主要指教师要有轻松愉快的心境、昂扬振奋的精神、乐观幽默的情绪以及坚韧不拔的毅力等。

（2）材料中的教师公然向学生索要礼物，并对学生进行辱骂，违反了教师职业道德。教师职业道德，又称"教师道德"或"师德"，是教师在从事教育劳动中所应遵循的行为准则和必备的道德品质。它是社会职业道德的有机组成部分，是教师行业特殊的道德要求。它从道义上规定了教师在教育劳动过程中以什么样的思想、感情、态度和作风去待人接物，处理问题，做好工作，为社会尽职尽责。它是教师行业的特殊道德要求，是调整教师与教师、教师与学生、教师与学校领导、教师与学生家长以及教师与社会其他方面关系的行为准则，是一般社会道德在教师职业中的特殊体现。爱与责任是师德的核心与灵魂。当前教师职业道德的时代特征主要有爱国守法、爱岗敬业、教书育人、关爱学生、为人师表、终身学习。

2.请论述教育对人的发展起什么作用，为什么?（见2016年东北师范大学真题）

2016年西北师范大学333教育综合真题·凯程详解

一、名词解释

1.素丝说

【答】"素丝说"是墨子提出来的。他以素丝和染丝为例来说明人性在教育下的改变和形成。"染于苍则苍，染于黄则黄，所入者变，其色亦变。"墨子认为，人性不是先天生成的，生来的人性不过如同待染的素丝，下什么色的染缸，就成什么颜色的丝，以此来比喻有什么样的环境与教育，就造就什么样的人。墨子的"素丝说"从人性平等的立场去认识和阐述教育作用，较孔子的人性观有明显的进步性。

2.班级授课制（见2016年北京师范大学真题）

3.最近发展区（见2011年北京师范大学真题）

4.自我效能感（见2014年华东师范大学真题）

5.快乐之家（见2019年浙江师范大学真题）

6.六等黜陟法

【答】清朝实施的一项地方官学对学生定级考试的制度，即"六等黜陟法"。该法有相应的奖惩措施。学生的考试成绩被分为六等：一等补廪膳生，二等补增广生，三等无奖无罚，四等罚责，五等降级，六等除名。"六等黜陟法"对学生进行动态管理，其等级不是固定的，而是根据学生的学业成绩进行升降，其等级与学业成绩紧密挂钩，有利于调动学生学习的积极性，提高学校的教育质量。

7.义务教育（见2012年东北师范大学真题）

8.公学（见2017年东北师范大学真题）

二、简答题

1.简述洛克的体育教育思想。

【答】（1）洛克是英国著名的实科教育和绅士教育的倡导者。洛克认为一国之中绅士教育是最应该注意的。洛克注重的绅士教育就是培养既具有封建贵族遗风，又具有新兴资产阶级特点的新式人才的教育。他主张把社会中上层家庭的子弟培养成身体强健，举止优雅，有德行、智慧和实际才干的事业家。

（2）《教育漫话》中把体育作为第一个问题进行论述。关于体育，洛克首先强调体育的重要性，认为人们要能工作、要有幸福，必须先有健康；针对当时贵族子弟娇生惯养的风气，他强调生活各方面都要忍苦耐劳。洛克希望每个绅士的身体都能适应一个事业家在对外开拓活动中可能遇到的艰苦环境。他认为身体强健的主要标准是能忍苦耐劳，而学会忍苦耐劳则须从小逐步养成习惯，不能间断。洛克关于体育教育思想的见解内容十分丰富，其新颖与系统，在西方教育史上没有先例。

2.简述斯宾塞的科学教育思想。（见2013年杭州师范大学真题）

3.简述1922年"新学制"的特点。（见2014年东北师范大学真题）

4.简述资源管理策略。

【答】资源管理策略是辅助学生管理可用环境和资源的策略。它有助于学生适应环境和调节环境以适应自己的需要，对学生的学习动机起着重要作用。主要有以下策略：

（1）时间管理策略，指学习者通过一定的方法合理地安排时间，有效地利用学习资源。主要包括：①统筹安排学习时间；②高效利用最佳时间；③灵活利用零碎时间。

（2）努力管理策略，指学习者为了维持或促进意志努力，通过调整心境、自我谈话、坚持不懈、自我强化等方式，激发学习积极性的策略。目的是使学习者能够更有效地将精力放在学习上。主要包括：情绪管理、动机控制、环境管理以及自我强化等策略。

（3）学业求助策略，就是学习者在学习中善于寻求老师、同学的帮助，或者通过小组中同学之间的合作与讨论来促进自己的学习，加深对学习内容的理解和记忆。主要包括：①工具利用策略；②社会性人力资源的利用策略。

（4）环境管理策略，指善于选择安静、干扰较小的地点学习，充分利用学习情境的相似性等。主要包括：①要注意调节自然条件；②要设计好学习的空间。

5.简述现代教育的发展趋势。（见2013年浙江师范大学真题）

6.简述"熙宁兴学"。

【答】"熙宁兴学"由王安石在宋神宗熙宁年间主持，主要内容如下：

（1）改革太学，创立"三舍法"。"三舍法"是将太学分为外舍、内舍和上舍，学生依据成绩依次升舍的制度。

（2）恢复和发展州县地方官学。一是设置学官全权负责管理当地教育，地方当局不得随意干预学校事务；二是朝廷为地方学校拨充学田，从而在物质条件上为州县学校的维持提供保障。

（3）恢复与创立武学、律学、医学等专科学校，以培养具有一技之长的人才。

（4）编撰《三经新义》，作为统一教材。为了统一经学，熙宁六年设经义局，王安石亲自修撰《诗经》《尚书》《周礼》"三经"，通称《三经新义》，并由朝廷正式颁行，成为官方考试、讲经所依据的标准教材。

"熙宁兴学"因王安石被逐出朝廷而半途夭折，但它将北宋的教育事业推进了一大步，并对后来的兴学运动产生了深远的影响。

7.简述影响知识理解的因素。（见2015年北京师范大学真题）

三、论述题

1.论述中小学班主任工作的主要内容及班集体建设。（见2012年西南大学真题+2014年华东师范大学真题）

2.为什么要坚持教师的主导作用和学生的积极性相结合？（见2010年北京师范大学真题）

2017年西北师范大学333教育综合真题·凯程详解

一、名词解释

1.教育目的（见2015年北京师范大学真题）

2.公学（见2017年东北师范大学真题）

3.分支型学制（见2013年华东师范大学真题）

4.要素教育（见2017年陕西师范大学真题）

5.罗森塔尔效应（见2012年首都师范大学真题）

二、简答题

1.简述教师劳动的特点。（见2015年东北师范大学真题）

2.简述德育的途径。（见2014年北京师范大学真题）

3.简述晏阳初的农村教育实验。（见2020年杭州师范大学真题）

4.简述国民政府时期的教育方针。

【答】1937年，抗日战争爆发后，国民政府提出了"战时须作平时看"的教育方针，颁布了以"一切仍以维持正常教育"为主旨的《总动员时督导教育工作办法纲领》，他们一方面采取了一些战时的教育应急措施，另一方面强调维持正常的教育和管理秩序。

这一方针政策是一项并不短视的重要决策，它既顾及了教育为抗战服务的近期任务，也考虑到了教育为战后国家建设重建和发展服务的远期目标。但也因为国民党强调"教育目的与政治目的的一贯性"，教育同样成为国民党搞反共、闹摩擦与压制民主、控制思想的工具。

5.简述教育对人的主导作用。（见2016年东北师范大学真题）

6.简述促进知识迁移的措施。（见2014年北京师范大学真题）

7.简述学习动机和学习效率的关系。（见2010年湖南师范大学真题）

三、论述题

1.（1）论述教育对经济的影响。（见2017年华中师范大学真题）

（2）论述经济对教育的影响。（见2017年华中师范大学真题）

2.比较斯巴达教育和雅典教育的特点。（见2019年东北师范大学真题）

2018年西北师范大学333教育综合真题·凯程详解

一、名词解释

1. **综合实践活动**（见2014年山东师范大学真题）

2. **学校教育制度**（见2019年北京师范大学真题）

3. **学校德育**

【答】学校德育是根据一定社会的思想政治观点、道德行为规范和学生的身心发展规律，有目的、有计划地塑造儿童与青少年心灵的教育活动。它主要是通过三条途径实现的：①学科教学；②全校、年级、班级或团队活动；③课外和校外活动。

4. **五段教学法**

【答】五段教学法是德国教育家戚勒和莱因基于赫尔巴特的形式教学阶段提出的教学理论。戚勒将赫尔巴特形式教学阶段的第一阶段——"明了"发展为"分析""综合"，从而形成分析、综合、联想、系统和方法五段教学法，在初等学校推行。继而莱因又将赫尔巴特的"明了"发展为"预备""提示"，并将赫尔巴特所称的"联想"改为"联合"，"系统"改为"总结"，"方法"改为"应用"，构成预备、提示、联合、总结和应用五段教学法。

5. **普雷马克原理**

【答】普雷马克原理是指利用频率较高的活动来强化频率较低的活动，促进低频活动的发生。由于祖母常用这种方法对付孙子，因此又被称为祖母原则，即"先把你的蔬菜吃了，然后你就可以吃甜点"，就是先让孩子做一些不太喜欢的事情，然后"柳暗花明"，就可以做自己喜欢的事情了。但要注意，对一个学生有效的强化物可能对另一个学生并不适用。如果过度使用强化物，那么强化物可能会失去原有的效力。

6. **稷下学宫**（见2020年北京师范大学真题）

二、简答题

1. **简述影响知识理解的因素。**（见2015年北京师范大学真题）

2. **简述学科课程与活动课程的关系。**（见2015年陕西师范大学真题）

【答】（1）学科课程：从各门学科中选取最基本的内容，组成各种不同的学科，分学科安排教学顺序、学习时数和期限的课程。

（2）活动课程：以儿童活动为中心来组织教学过程。课程应是儿童自己组织的一系列活动，儿童通过活动获得经验，从而培养学习兴趣，学会独立解决问题，锻炼问题解决能力。

（3）联系与区别：

联系：学科课程与活动课程，在总体上都服从于整体的课程目标，二者都是学校课程结构中不可缺少的要素。

区别：

①从目的来看，学科课程主要向学生传递人类长期创造和积累起来的种族经验的精华；而活动课程则主要让学生获得包括直接经验和直接感知的新信息在内的个体教育性经验。

②从编排方式来看，学科课程重视学科知识逻辑的系统性；而活动课程则强调各种有教育意义的学生活动的系统性。

③从教学方式来看，学科课程主要是以教师为主导去认识人类的种族经验；而活动课程则主要是以学生自主的实践交往为主导去获取直接经验。

④从教学评价来看，学科课程强调终结性评价，侧重于考查学生学习的结果；而活动课程则重视过程性评价，侧重于考查学生学习的过程。

3. **简述王阳明的"致良知"及其意义。**

【答】（1）"致良知"的含义。

王阳明从其主观唯心主义出发，提出了"学以去其昏蔽"，他认为万事万物都靠心的认识而存在。万事万物都不在心外，而在心中。所以他不承认有客观存在的"理"，认为"心即理"。他又继承和发展了孟子的"良知"学说，认为"良知即是天理"，是"心之本体"。"良知"不仅是宇宙的造化者，也是伦理道德观念。

（2）"致良知"的意义。

作为伦理道德观念的"良知"与生俱来，不能自学，不教自会，它是人人所具有的，不分圣愚，而且不会泯灭。但是"良知"在与外物的接触中，由于受物欲的引诱，会受昏蔽。所以，教育的作用在于除掉物欲对"良知"的昏蔽，去"明其心"。这就是说教育是"致良知"或者"学以去其昏蔽"的过程。王守仁认为人人都有"良知"的思想，说明人都有受教育的天赋条件，都会自觉地去恶为善，强调人的主观能动性。

4.简述支架式教学与最近发展区的关系。

【答】（1）支架式教学应当为学习者建构对知识的理解提供一种概念框架。

这种框架中的概念是为发展学习者对问题的进一步理解所需要的，为此，要事先把复杂的学习任务进行分解，以便把学习者的理解逐步引向深入。这种教学思想来源于"最近发展区"理论。儿童独立解决问题时的实际发展水平和在教师指导下解决问题时的潜在发展水平之间的差距，叫作最近发展区。

可见儿童的第一个发展水平与第二个发展水平之间的状态是由教学决定的，教学可以创造最近发展区。教学绝不应消极地适应儿童智力发展的已有水平，而应当走在发展的前面，把儿童的智力从一个水平引导到另一个更高的水平上。

（2）建构主义者正是从维果茨基的思想出发，借用建筑行业中的"脚手架"作为上述概念框架的形象化比喻。

其实质是利用上述概念框架作为学习过程中的"脚手架"。如上所述，这种框架中的概念是为发展学生对问题的进一步理解所需要的，该框架应按照学生智力的"最近发展区"来建立，因而可通过"支架作用"不停顿地把学生的智力从一个水平提升到另一个更高的水平上，做到使教学走在发展的前面。

在运用支架式教学时，要保证提供的支架一直使学生处其最近发展区之内，在学生能力有所发展的时候，随着学生认知发展的变化而进行调整。

同时，为了实现有效教学，教学支架既不能太难，也不能太容易。教师应常在学生学习有一定挑战性的内容时使用教学支架。

5.简述乌申斯基的民族性教育及对中国的意义。

【答】（1）乌申斯基的民族性教育。

乌申斯基在其教育活动和教育理论中都重视民族性原则，教育的民族性思想是乌申斯基颇具特色的教育思想之一。他的民族性原则是指一个国家有一个国家的具体情况，一个民族有一个民族的传统。而这些特点和传统，是在长期生活过程中形成的，它们随着民族历史文化遗产的传递而传递，随着民族的发展而发展。乌申斯基将民族性理解为每个民族由其历史、地理和自然条件所形成的特点，主张以教育的民族性原则为教育学体系的基础，指出教育的民族性原则的特征是具有本民族特色，不盲目抄袭（但不排斥借鉴）别国的教育制度，将祖国语言置于教学的基础，教育权应还之于民等。

（2）乌申斯基的民族性教育对中国的意义。

我国的教育也应该具有本民族特色，不盲目抄袭（但不排斥借鉴）别国的教育制度，对外来文化进行甄别、选择和改造，以适应本土文化。

三、论述题

（1）结合材料分析王老师所教的班级为什么会出现这种现象。试分析其原因。

（2）作为班主任，如何才能达到好的教育效果？

【答】（1）材料中的王老师要求学生不扔垃圾，自己却没有做到。王老师没有以身作则，没有为学生树立好榜样。"榜样的力量是无穷的"，榜样可以为学生提供范例。作为班主任，应该为学生树立一个好的榜样。班主任与学生接触的时间最长，是学生能看见的好榜样。因此，要管理好学生，一个好的办法就是凡事躬行，如果要求学生做到什么，班主任自己首先就要做到。

（2）作为班主任应当做到以下几点：

①班主任的心地一定要善良，用高尚的师德影响学生。古人云："桃李无言，下自成蹊。"当我们真正地时时、事事、处处为学生着想的时候，在无形之中，学生自然会明白班主任是一个怎样的老师。有人说："诚挚的心灵，是学生情感的钥匙；高尚的师德，是学生心灵的明镜。"我们要真心诚意地为学生着想。时间久了，一个不断提升自我修养的老师，是真正能令学生爱戴敬仰的。因为这样的老师会从内心深处真正地爱每一个学生。反之，如果一个老师心术不正，动机不良，甚至人格与心理都不健全，那么没有学生会喜欢，更不用说让学生接近老师或者听话了。

②凡事躬行，可以很好地拉近与学生的距离。一个学校制定一些规章制度，是为了学生向良好的方向成长。如果硬性要求学生做什么不做什么，这种说教是起不到太大作用的。如果班主任只是做一个监督者，不管什么事情，只是动嘴说说，抬手指指画画，那么，学生就会视这样的老师为监工，冷冰冰的，没有亲切的感觉。同时，

为了使学生有好的行为习惯，班主任还应该在礼仪、谈吐、外表、衣着等方面，做出表率与示范，只有这样学生才会形成好的行为习惯。老师以身作则，学生就会模仿，并下定决心去做好，同时还能使学生感觉老师平易近人，和蔼可亲，从而使师生关系融洽，增强老师的威信，正所谓"喊破嗓子，不如做出样子"。

2019 年西北师范大学 333 教育综合真题·凯程详解

一、名词解释

1. 终身教育（见 2011 年华东师范大学真题）

2. 教学策略（见 2017 年首都师范大学真题）

3. "三舍法"（见 2013 年北京师范大学真题）

4. 八股文

【答】八股文，是明清科举考试的一种文体，也称作制义、制艺、时文、八比文。八股文就"四书五经"取题，不允许自由发挥，而句子的长短、字的繁简、声调的高低等都要相对成文，字数也有限制。文体有固定的格式，由破题、承题、起讲、入题、起股、中股、后股、束股八部分组成，这造成了科举制度与学校教育的僵化。

5. 乌托邦

【答】乌托邦是文艺复兴时期英国空想社会主义思想家托马斯·莫尔描述的理想社会。乌托邦实行生产资料公有，人人参加劳动，有劳有得，民主政治，公职人员通过选举产生，重大问题通过讨论决定。莫尔在书中批判了封建社会和资本主义社会的罪恶，第一次设想了共产主义蓝图。但没有指明实现这种理想社会的阶级力量和途径。《乌托邦》一书对后人的影响较大，"乌托邦"一词也成了空想的代名词。

6. 客体永恒性

【答】客体永恒性，即当某一客体从儿童视野中消失时，儿童知道该客体并非不存在了，儿童大约在 9～12 个月时获得客体永恒性，在此之前，儿童往往认为不在眼前的事物就不存在了，并不再去寻找。客体永恒性是后期认知活动的基础。

7. 学习迁移（见 2011 年湖南师范大学真题）

二、简答题

1. 教育的独立性主要体现在哪些方面？（见 2010 年华中师范大学真题）

2. 简述教育的启发性原则及其要求。（见 2012 年北京师范大学真题）

3. 简述教学过程中常见的教学评价种类。（见 2011 年首都师范大学真题）

4. 简述裴斯泰洛齐的要素教育思想。（见 2018 年华东师范大学真题）

5. 简述卢梭的自然主义教育思想。（见 2012 年华东师范大学真题）

6. 动机归因的方式有哪些？教师如何教育学生进行正确归因？（见 2020 年华中师范大学真题）

7. 简述奥苏伯尔的有意义学习及其条件。（见 2013 年北京师范大学真题）

8. 简述稷下学宫的性质与影响。（见 2020 年东北师范大学真题）

三、论述题

1. 试述教学过程中掌握知识与发展智力的关系。（见 2012 年东北师范大学真题）

2. 试述王守仁的儿童教育思想的内容及其意义。（见 2016 年北京师范大学真题）

2020 年西北师范大学 333 教育综合真题·凯程详解

一、名词解释

1. 终身教育（见 2011 年华东师范大学真题）

2.《巴特勒教育法》（见 2010 年首都师范大学真题）

3. "三纲领八条目"（见 2018 年浙江师范大学真题）

4.程序性知识（见2018年华东师范大学真题）

5.校本培训

【答】校本培训是中外教育专家和学校所崇尚的有效的在职培训方法，这种培训是由学校发起并组织实施，旨在提高教师的教育教学能力，使教师得到专业发展的一种方式。简而言之，校本培训就是为了学校，在学校中，基于学校的培训。

6.发现学习（见2017年华东师范大学真题）

7.长善救失原则

【答】长善救失原则是指进行德育要调动学生自我教育的积极性，依靠并发扬他们自身的积极因素去克服品德上的消极因素，促进他们的道德成长。基本要求：（1）"一分为二"地看待学生；（2）发扬积极因素，克服消极因素；（3）引导学生自觉地评价自己，进行自我教育。

8.深造自得

【答】孟子认为学习只有经过自己主动自觉地学习和钻研，有自己的收获和见解，才能形成稳固而深刻的智慧，遇事能左右逢源。基本要求是要有正确的办法，深入学习和钻研。尤其主张独立思考和独自见解，不轻信盲从，读书不拘于文字表层意思，而应通过思考，体会其深层意蕴，由感性学习上升到理性思维。孟子十分强调理性思维。

二、简答题

1.简述《国防教育法》。（见2014年华东师范大学真题）

2.简述前运算阶段儿童思维发展的特点。（见2012年东北师范大学真题）

3.简述韩愈《师说》中的教育思想。（见2018年北京师范大学真题）

4.杜威的"教育即生长"与斯宾塞的"教育是为未来生活做准备"存在不同，你认为哪个正确？你认为教育与生活的关系是怎样的？（见2012年北京师范大学真题+2018年北京师范大学真题）

5.简述教学过程的性质。（见2013年陕西师范大学真题）

6.简述自我效能感及其影响因素。（见2017年东北师范大学真题）

7.简述《学记》的教育教学原则。（见2011年东北师范大学真题）

三、材料分析题

（1）材料中老师的做法对吗？你认为应该怎么做？

【答】不对。老师应该跟梦辰单独聊天、进行家访，进一步了解她上课迷迷糊糊的原因，要及时安慰她、鼓励她，尽可能地帮助她解决问题，而不是当众嘲笑她。这只会适得其反，不但解决不了问题，还有可能令梦辰对学习产生消极态度，不利于教育教学的进行，不利于梦辰的健康发展。

（2）在教育教学过程中，教师应该怎样和学生交往？（见2017年南京师范大学真题+2019年陕西师范大学真题）

四、论述题

述评赫尔巴特的教育思想。（见2015年北京师范大学真题）

2021年西北师范大学333教育综合真题·凯程详解

一、名词解释

1.分支型学制（见2013年华东师范大学真题）

2.德育过程（见2014年华东师范大学真题）

3.《国防教育法》（见2010年湖南师范大学真题）

4.图式（见2010年辽宁师范大学真题）

5.贝尔－兰卡斯特制（见2012年北京师范大学真题）

6.心智技能（见2016年北京师范大学真题）

二、简答题

1. 简述赫尔巴特的教学阶段论。（见2017年东北师范大学真题）
2. 简述朱熹的读书法并对其进行评价。（见2016年华东师范大学真题）
3. 简述裴斯泰洛齐的要素主义。（见2018年华东师范大学真题）
4. 简述教学的基本原则。（见2018年东北师范大学真题）

三、论述题

1. 中小学常见的教学方法有哪些？谈谈网络对教学方法改革的影响。

【答】教学方法是为了完成教学任务而采用的办法。它包括教师教的方法和学生学的方法，是教师引导学生掌握知识技能、获得身心发展而共同活动的方法。

（1）常见的教学方法。（见2018年北京师范大学真题）

（2）网络对教学方法改革的影响。

①网络促使教学方法多样化。网络作为一种技术，它对教学的直接影响便是带来了教学方法的多样化。网络化教学系统能提供很大的时空自由度，不仅可以从事CAI领域的个别化教学，而且能开展远距离集体化教学和小组合作学习，更重要的是，多媒体计算机网络具有较强的交互性。在网络化校园中，学生可以向教师学习知识，也可以向知识系统、专家系统学习知识；可以依据自己的兴趣、爱好、学习目的选择学习内容和教师，也可以利用电子邮件和网上交流园地与教师、同学共同探讨问题。对教师而言，通过网络，可以传输图文并茂的多媒体信息，虚拟演示教学实验，与学生快捷沟通，实现远距离教学、交互式教学、多元化教学和形象化教学。多种教学方法的运用有助于激发学生的学习兴趣，提高教学效率，最终形成教师教得轻松、学生学得愉快，教与学和谐统一、互为促进的良性循环。

②网络促使教学方法的个性化。传统的课堂教学是集体化的教学方式，学生始终处于被动的学习环境中，无法满足其个性需要。网络下的教育方式则是集体化和个体化的有机结合。利用网络，学生可参加各种类型的专题讨论组，对感兴趣的问题进行自由讨论和发言，发挥各自的特点，相互争论、相互帮助、相互提示或分工合作，最终通过讨论达成一致，这就使得课堂学习、小组讨论和协作学习等教学方式交相辉映。网络技术应用于教育，改变了传统的教育教学方法，促使教学方法更加个性化。

2. 论述班主任工作的内容，以及如何进行创新管理。

【答】（1）班主任工作的内容。（见2012年西南大学真题）

（2）进行创新管理的方法。

①成立教学管理共同体，即"班级组制度"，把所有的教师都纳入班级管理，使"教书"与"育人"紧密结合，构建全员参与的班级管理模式。其具体做法是由两个班级（也可以是一个班级的全体科任教师）组成班级组，班级组集体对班级管理负责。班级组内居民主选举组长，按照要求实施组织自我考核、自主分工班级组的工作，使学校对班级组集体考核和组内对个人考核相结合。在班级组管理的班级内，组成不同类型的学习共同体，班级组成员分别担任学习共同体的指导教师，将教师对班级的管理深入到学习共同体，在教师的指导下通过学习共同体建立学生自主发展、自我管理的机制；建立基于班级考核和学生学业成绩考核的教师综合工作绩效制度。

②利用大数据平台辅助班主任管理。当下学校可以利用大数据平台建立每个学生的成长档案，并对每个学生的学习、健康情况进行追踪，利用信息技术对学生的成绩进行分析，从而减轻班主任的工作负担，促使班主任对学生的评价更加科学合理。

3. 论述1922年"新学制"的特点并对其进行评价。（见2014年东北师范大学真题）
4. 论述建构主义的基本观点及其对教育实践的意义。（见2019年华中师范大学真题）

2022年西北师范大学333教育综合真题·凯程详解

一、名词解释

1. 教育中介系统（见2018年山东师范大学真题）
2. 教育的质的规定性

【答】（1）简介：教育是一种有目的地培养人的社会活动，这是教育与其他社会活动的本质区别，也是人类社会生活不可或缺的重要组成部分。

（2）内容：教育是有目的地培养人的社会活动；教育是引导受教育者学习、传承、践行人类经验的互动活动；教育是激励与教导受教育者自觉学习和自我教育的活动。

3.学园（见 2015 年华中师范大学真题）

4.《莫雷尔法案》（见 2010 年华东师范大学真题）

5.认知内驱力（见 2020 年安徽师范大学真题）

6.学习策略（见 2015 年北京师范大学真题）

二、简答题

1.简述教学过程中应当处理好的关系。（见 2011 年东北师范大学真题）

2.简述中世纪大学在教育史上的地位及影响。（见 2018 年南京师范大学真题）

3.简述凯兴斯泰纳的劳作学校理论及影响。

【答】（1）在凯兴斯泰纳的教育理论体系中，劳作学校理论既是公民教育理论的有机组成部分，又是一个相对独立的部分。他主张为了实现公民教育的目的，必须将德国的国民学校由"书本学校"改造成"劳作学校"。

（2）劳作学校的三项任务：①"职业陶冶的准备"要求帮助学生将来能在国家的组织团体中担任一种职务或做某种工作，这是劳作学校的基本任务。②"职业陶冶的伦理化"要求把自己的任务看作郑重的公事，不仅为自己更为社会进步而完成任务，把职业陶冶与性格陶冶相结合。③"团体的伦理化"要求学生在个人伦理化的基础上，将学生组成工作团体，培养其互助互爱、团结工作的精神。

（3）影响：改革了国民学校的教育和工人的进修教育，努力培养学生的合作精神和创造性的劳动能力；促进科学事业、技术训练和智力专业化，以适应日益进展的技术革命；对德国和世界上许多国家的学校教育都产生了较大的影响。

4.简述隋唐学校教育制度的特点。（见 2020 年浙江师范大学真题）

三、论述题

1.论述班杜拉的观察学习理论及影响。（见 2016 年东北师范大学真题）

2.论述王守仁的儿童教育思想。（见 2016 年北京师范大学真题）

3.论述教育应当具备的素养及如何培养。

【答】（1）教师应当具备的素养及培养途径。（见 2014 年北京师范大学真题 +2020 年华东师范大学真题）

（2）学生的素养及培养途径：

①学生的素养主要是指学生发展核心素养，即学生应具备的、能够适应其终身发展和社会发展需要的品格和关键能力。研究制定中国学生发展核心素养，根本出发点是将党的教育方针具体化、细化，落实立德树人的根本任务，培养全面发展的人，提升 21 世纪国家人才的核心竞争力。

②核心素养教育的落实：

a.包括研制基于核心素养的课程标准，编写指向核心素养的教材，然后基于学科核心素养的落实而实施发展学生核心素养的课内外教育活动，最后在课程教学、学校教育、学业评价、升学考试等环节贯彻落实发展学生核心素养的要求，从而实现全面的核心素养教育。

b.习近平同志 2018 年在全国教育工作会议上指出，教育必须把培养社会主义建设者和接班人作为根本任务；教育要在坚定理想信念上下功夫，要在厚植爱国主义情怀上下功夫，要在加强品德修养上下功夫，要在增长知识见识上下功夫，要在培养奋斗精神上下功夫，要在增强综合素质上下功夫，提高学生审美和人文素养，引导学生长大后辛勤劳动、诚实劳动、创造性劳动；培养德、智、体、美、劳全面发展的社会主义建设者和接班人。

4.有人认为当代年轻一代是垮掉的一代，有人认为当代年轻一代有担当，请结合教育学知识评述。

【答】我认为"当代年轻一代有担当"。

（1）从理论上看：教育是有目的地培养人的社会活动。学校依据社会要求和学生的身心发展规律，有目的、有计划、有组织、有系统地传授学生知识技能，培养学生的思想品德，发展学生的体力与美感，增进其劳动能力并发扬其个性，把受教育者培养成一定社会需要的人才。同时，我们国家努力践行"教育为本"这一观念，在教育制度、教育理念、教育内容等方面不断改革发展，学生通过多年的学校教育的影响，在德、智、体、美、劳诸多方面得到了发展。

（2）从实践上看：年轻一代的担当有很多例子，如疫情防控期间，各个领域有很多的志愿者积极响应，投入到疫情防控中去，其中很多是 90 后甚至是 00 后，他们的表现十分出色。

（开放性题目，言之有理即可）

天津师范大学

2010年天津师范大学333教育综合真题·凯程详解

一、名词解释

1. 教育目的（见2015年北京师范大学真题）

2. 课程（见2019年北京师范大学真题）

3. 守恒

【答】守恒由皮亚杰提出，是指在具体运算阶段儿童能理解一组材料或别的刺激物在其量的方面，不受自身表现形式的影响或不因它的转换而发生改变的现象。儿童认识到，关键的量的特征是不会因情境的人为改变而发生变化的。皮亚杰认为，这种观念的获得是由于儿童出现了可逆的心理运算。虽然这一观念的获得可认为是单一的认知运算（可逆性）在起作用，但皮亚杰也指出，儿童对这一原理的各种运用还需要不同的经验。

4. 成就动机（见2010年陕西师范大学真题）

5. 苏格拉底方法（见2011年北京师范大学真题）

6.《1988年教育改革法》

【答】《1988年教育改革法》被看作自《巴特勒教育法》以来，英国教育史上又一次里程碑式的教育改革法案，它强化了中央集权式的教育管理体制。该法案主张实施全国统一课程，确定在5～16岁的义务教育阶段开设三类课程（核心课程、基础课程和附加课程）；建立与课程相联系的考试制度，规定在义务教育阶段，学生要参加四次考试；改革学校管理体制，实施"摆脱选择"政策；规定建立一种新型的城市技术学校；加强对高等教育的控制等。

二、简答题

1. 简述人的身心发展的一般规律。（见2010年华中师范大学真题）

2. 简述人文主义教育的特征。（见2011年华东师范大学真题）

3. 简述美国公立学校运动的主要内容。

【答】贺拉斯·曼被誉为"美国公立学校之父"。美国公立学校运动是指广泛建立由公共税收维持、公共教育机关监督、向所有儿童免费开放的初等学校制度的运动，主要包括以下几个方面：

（1）建立以州为主的教育领导体制。州政府对公立学校的监督和组织成为公立学校运动的主要组成部分，从而保证了教育领导部门的专业化，推动了公共教育的制度化。

（2）确立征收教育税制度。以贺拉斯·曼为代表的教育改革家主张通过征收公共教育税来兴办公立初等学校。

（3）促进师范教育的兴起。马萨诸塞州在贺拉斯·曼的领导下建立了美国历史上第一所师范学校。谢尔顿发起了"奥斯威哥运动"，使公立师范学校迅速发展起来。

（4）加快学校内部的教学改革。在美国公立学校运动中，导生制学校受到青睐，而且从19世纪40年代开始，北部大多数城市的小学进行了教育改革，提高了公立学校的可信度。

4. 简述宋朝历史上三次著名的兴学运动。（见2013年山东师范大学真题）

三、论述题

1. 试论述掌握知识与发展智力的关系。（见2012年东北师范大学真题）

2. 联系实际分析学校管理的发展趋势。（见2020年华东师范大学真题）

3. 分析论述蔡元培的大学教育思想和对北大的改革。（见2011年北京师范大学真题+2013年北京师范大学真题）

4. 举例说明加里培林的智慧技能按阶段形成的理论。（见2019年山东师范大学真题）

2011 年天津师范大学 333 教育综合真题·凯程详解

一、名词解释
1. 教育制度（见 2012 年华东师范大学真题）
2. 教学策略（见 2017 年首都师范大学真题）
3. 校本课程（见 2010 年陕西师范大学真题）
4. "六艺"（见 2012 年华东师范大学真题）
5. 中体西用（见 2011 年北京师范大学真题）
6. 自我效能感（见 2014 年华东师范大学真题）

二、简答题
1. 简述教学过程中应处理好的教学关系。（见 2011 年东北师范大学真题）
2. 简述我国教育目的的基本教育精神。（见 2012 年北京师范大学真题）
3. 简述我国 20 世纪 20 年代新文化运动时期的教育思潮。（见 2012 年华东师范大学真题）
4. 简述欧洲文艺复兴人文主义教育的基本特征。（见 2011 年华东师范大学真题）

三、论述题
1. 论述教师劳动的特点。（见 2015 年东北师范大学真题）
2. 论述孔子的道德修养思想及其现实意义。（见 2012 年东北师范大学真题）
3. 论述终身教育思潮以及影响。（见 2015 年北京师范大学真题）
4. 如何培养学生的学习动机?（见 2012 年华东师范大学真题）

2012 年天津师范大学 333 教育综合真题·凯程详解

一、名词解释
1. 范例教学模式

【答】范例教学模式由德国教育家瓦·根舍因、克拉夫基等人创立，是运用精选的知识经验以及事实范例作为教学内容，使学生掌握一般的、具有普遍意义的知识，它能使学生所学的知识迁移到别的地方，形成独立的主动学习能力和独立判断能力。操作程序为：范例性地阐明"个"的阶段；范例性地阐明"类"的阶段；范例性地理解规律性的阶段；范例性地掌握关于世界的经验和生活经验的阶段。

2. 因材施教原则（见 2010 年东北师范大学真题）
3. 自我效能感（见 2014 年华东师范大学真题）
4. 学习策略（见 2015 年北京师范大学真题）
5. 科举制度（见 2016 年西南大学真题）
6. 苏格拉底

【答】苏格拉底是古希腊著名的哲学家、教育家，在西方哲学史上开辟了由自然哲学向伦理哲学转变的新阶段。他的一生以探讨伦理哲学和从事公众教育为乐，从不收取学费。在教育对象上，他做到了有教无类，吸引了许多学生，提出了著名的"产婆术""知识即美德""把一切知识教给一切人"等教育见解，是西方思想史上第一位有深远影响的教育家。

二、简答题
1. 浅析课程实施的概念及其运行结构。

【答】（1）课程实施的概念。

课程实施是指把课程计划付诸实践的过程，它是达到预期的课程目标的基本途径。课程实施是落实课程改革、实施学校培养目标的重要措施。

（2）课程实施的运行结构。

①安排课程表。课程表的安排应遵循以下几条原则：a. 整体性原则；b. 迁移性原则；c. 生理适宜原则。②分析

教学任务。③研究学生的学习特点。④选择并确定教学模式。⑤规划教学单元和课。⑥组织教学活动。⑦评价教学活动的过程与结果。

2. 简述陶行知的"生活教育"思想。（见2014年北京师范大学真题）

3. 简述赫尔巴特的教学阶段论。（见2017年东北师范大学真题）

4. 简述杜威教学方法的五个阶段。

【答】（1）反省思维五步法的创立。

①反省思维的含义。所谓反省思维，指对某个经验情境中的问题进行反复的、严肃的、持续不断的思考，其功能在于求得一个新情境，把困难解决、疑虑排除。

②反省思维教学法的五个步骤：

a. 要有一个真实的经验情境。教师要创设一个儿童感兴趣的、与儿童实际生活相联系的情境。

b. 在情境中产生一个真实的问题。教师要引导学生在情境中发现必须要解决的问题，这个问题是很实际、很真实的，这个问题将是学生接下来思考的思维刺激物。

c. 提出解决问题的种种假设。关于如何解决这个问题，教师可以请学生开动脑筋想出种种假设。

d. 推断哪个假设能解决这个困难。学生可以通过活动和操作排除不相干的假设，推翻不能解决问题的假设，并找到可以解决问题的假设或方法。

e. 验证这个假设。学生需要通过检验的方法，验证解决问题的结论或假设，使这个结论变得明确、有意义。在这一过程中，学生自己探索知识，得出结论，从中感受到学习的意义。

这五个步骤顺序不固定，可合并。

（2）评价：杜威强调在教学中要重视学生的主动性和创造性，使学生主动地活动，积极地思考，并注意学生的兴趣与需要，这是很有见地的，为"发现法"的教学方法奠定了基础。但是，杜威忽视了系统知识的传授，降低了知识的地位，过于重视活动，泛化了问题意识，简化了认知途径，影响了教育质量。

三、论述题

1. 如何看待普通中小学的性质与任务？

【答】（1）普通中小学的性质：普通中小学教育的性质是基础教育。

（2）普通中小学的任务：培养全体学生的基本素质，为学生学习做人和进一步接受专业（职业）教育打好基础，为提高民族素质打好基础。我国中小学全面发展的教育由德育、智育、体育、美育、综合实践活动等部分组成。五个组成部分都有自己的特点、规律和功能，是相对独立、缺一不可的，不能互相替代。它们又是相互联系的，互为目的和手段，在实践中，共同组成统一的教育过程。德育对其他部分起着保证方向和动力的作用；智育为其他部分提供了认识基础；体育是实施其他部分的机体保证；美育与综合实践活动是德育、智育、体育的具体运用与实施。要坚持"五育"并举，处理好它们的关系，使其相辅相成，发挥教育的整体功能。

2. 如何理解教师专业发展的内涵及发展途径？（见2015年西南大学真题+2020年华东师范大学真题）

3. 说明班杜拉的观察学习过程及其对教学工作的启示。（见2016年东北师范大学真题）

4. 论述蔡元培"五育"并举的教育方针。（见2016年华东师范大学真题）

2013年天津师范大学333教育综合真题·凯程详解

一、名词解释

1. 教学模式（见2014年杭州师范大学真题）

2. 课程标准（见2015年北京师范大学真题）

3. 元认知策略（见2011年北京师范大学真题）

4. 技能（见2011年华中师范大学真题）

5.《学记》（见2013年东北师范大学真题）

6. 教育性教学原则

【答】赫尔巴特重视教学的作用，并提出了教育性教学原则。教育性教学的含义是：教育（道德教育）通过而且只有通过教学才能真正产生实际作用，教学是道德教育的基本途径。首先，要求教学的目的与整个道德教育的最高目的保持一致，即养成德行；其次，为了实现这个目的，要设立一个近期的、较为直接的目标，即培养

"多方面的兴趣"。赫尔巴特运用心理学的研究成果具体阐明了教育和教学之间的本质联系，使德育获得了坚实的基础。

二、简答题

1. 简述教育与文化的关系。（见 2016 年北京师范大学真题 +2015 年湖南师范大学真题）
2. 简述建立良好师生关系的途径与方法。（见 2019 年陕西师范大学真题）
3. 简述书院教育的特点。（见 2013 年华东师范大学真题）
4. 简述美国"八年研究"主要涉及的问题。

【答】1930 年，美国进步教育协会成立了"大学和中学关系委员会"。该委员会制定了一项为期八年的大规模的高中教育改革实验研究计划，即"八年研究"计划，主要涉及以下问题：

（1）关于教育目的。在一个民主社会中，中学教育的目的除升学外，还应有其他的目的，即实现个人的发展，为走向社会做准备。

（2）关于教育管理。大学和中学关系委员会下设专门的咨询机构，负责课程设计、教育评估以及实验研究人员的培训。

（3）关于课程、方法的选择。设计新的课程和教学方法。如：按单元组织课程；在教学方法上，强调学生的思考及学生与教师之间的合作等。

（4）关于评估工作。实验指导委员会下设的一个评估委员会设计了两百多种用于各种过程和目的的标准测验，并提出了一整套新量表以及评估的理论。

"八年研究"通过对高中教育和高等教育关系的实验，研究了高中教育发展中过去没有涉及的许多问题，推动了美国教育改革向纵深发展。

三、论述题

1. 如何看待班级授课制？（见 2014 年北京师范大学真题）
2. 论述陈鹤琴"活教育"思想体系。（见 2015 年北京师范大学真题）
3. 评述结构主义教育及其影响。（见 2013 年华东师范大学真题）
4. 如何提高学生解决问题的能力？（见 2010 年华中师范大学真题）

2014 年天津师范大学 333 教育综合真题·凯程详解

一、名词解释

1. 京师同文馆（见 2012 年北京师范大学真题）
2. 朱子读书法（见 2015 年东北师范大学真题）
3. 道尔顿制（见 2011 年北京师范大学真题）
4. 教育心理学化

【答】在西方教育史上，裴斯泰洛齐是第一个明确提出"教育心理学化"口号的教育家。他认为教育心理学化就是要找到人的基本心理规律，把教育提高到科学的水平，教育科学应该建立在人的心理活动规律的基础上。教育心理学化的具体要求是：教育目的心理学化；教学内容心理学化；教学原则和教学方法心理学化；教育者要适应儿童的心理，让儿童成为自己的教育者。

5. 最近发展区（见 2011 年北京师范大学真题）
6. 成功智力理论

【答】所谓成功智力，就是为了完成个人的以及自己群体的或者文化的目标而去适应环境、选择环境和改变环境，即智力是适应、选择和塑造环境背景所需的心理能力。成功智力具有三种基本成分：分析性智力、创造性智力、实践性智力。人取得成功不仅需要具备这三种能力，而且需要在三种能力之间取得平衡。强调智力不应仅仅涉及学业，更应指向真实世界的成功。

二、简答题

1. 简述教育与政治制度的关系。

【答】（1）政治制度对教育的制约。

①政治制度的性质决定着教育的性质。

②政治制度决定着教育的领导权。

③政治制度决定着受教育的权利和机会。

④政治制度决定着教育宗旨和教育目的的性质。

⑤政治制度制约着部分教育内容、教育结构和教育管理体制。

（2）教育对政治有一定的功能。

①教育通过培养人才为社会政治服务。

②教育可以促进政治民主化。教育通过传播科学文化思想，加强人的民主观念，使公众具有民主意识。教育是使政治走向民主化的助推器。教育民主化是政治民主化的重要组成部分。

③教育通过宣传统治阶级的思想意识，创造一定的社会舆论来为政治服务。

④教育通过传播一定的社会政治意识形态，完成年轻一代的政治社会化。政治社会化是指引导人们接受一定社会的政治意识形态，形成适应一定社会政治制度的政治态度和政治认同感，以及积极参与政治、监督政治的政治习惯与能力的过程。这一过程是确保把他们培养成国家公民的过程，对年轻一代尤为重要，政治社会化主要通过教育进行。

2.简述课程内容的设计。

【答】课程内容是根据课程目标从人类的经验体系中选择出来，并按照一定的逻辑序列组织编排而成的知识体系和经验体系。

（1）课程内容的选择。

①间接经验选择的依据是科学理论知识内在的逻辑结构。

②直接经验选择的依据是学生的现实社会生活需要和学生社会性发展的要求。

（2）课程内容的组织。

泰勒明确提出了课程内容编排和组织的连续性、顺序性、整合性三条逻辑规则。课程内容组织除应遵守这些逻辑规则外，还应处理好以下几个逻辑组织形式的关系：①直线式与螺旋式；②纵向组织与横向组织；③学科的逻辑与心理的逻辑。

3.简述掌握知识和发展智力的关系。（见2012年东北师范大学真题）

4.简述德育的途径与方法。（见2014年北京师范大学真题）

三、论述题

1.论述教师应具备的基本素养。（见2015年华东师范大学真题）

2.论述陶行知"生活教育"的理论体系。（见2014年北京师范大学真题）

3.评述赫尔巴特的课程理论。（见2011年华东师范大学真题）

4.论述学习动机的培养与激发。（见2012年华东师范大学真题）

2015年天津师范大学333教育综合真题·凯程详解

一、名词解释

1.《颜氏家训》（见2019年北京师范大学真题）

2.绅士教育（见2012年华东师范大学真题）

3.学习策略（见2015年北京师范大学真题）

4.有意义学习（见2014年华东师范大学真题）

5.学校教育制度（见2019年北京师范大学真题）

6.德育过程（见2014年华东师范大学真题）

二、简答题

1.简述孔子的教学思想。（见2012年北京师范大学真题）

2.简述泰勒的课程原理理论。（见2012年华东师范大学真题）

3.简述教学过程的实质。（见2013年陕西师范大学真题）

4.简述教师的权利和义务。

【答】（1）教师的权利。

①公民权利：人身权利；人格权利；女教师的特殊权等。

②职业权利：教育教学权；进修培训权；管理学生权；民主管理权；科学研究权；获得报酬待遇权。

（2）教师的义务。

①公民义务：维护国家统一和民族团结；遵纪守法、遵守社会公德；维护国家安全、荣誉、利益；保卫祖国；依法纳税。

②职业义务：履行教学职责；对学生进行有益教育；关心、爱护、尊重学生，促进学生全面发展；保护学生合法权益，促进学生健康成长；守法和遵守职业道德；不断提高自身思想政治觉悟和教育教学水平。

三、论述题

1.论述蔡元培的教育思想与实践。（见2011年北京师范大学真题+2013年北京师范大学真题）

2.论述环境、教育、遗传素质在人的身心发展中的作用。（见2015年北京师范大学真题）

3.论述创造性及其培养措施。（见2011年北京师范大学真题）

4.论述杜威关于教育本质的教育理论。（见2018年东北师范大学真题）

2016年天津师范大学333教育综合真题·凯程详解

一、名词解释

1.互联网＋教育

【答】"互联网＋教育"即智慧教育，是教育信息化的一个重要表现，指在教育领域（教育管理、教育教学和教育科研）全面深入地运用现代信息技术来促进教育改革与发展的过程。其技术特点是数字化、网络化、智能化和多媒体化，基本特征是开放、共享、交互、协作。以教育信息化促进教育现代化，用信息技术改变传统模式。

2.恩物（见2012年北京师范大学真题）

3.昆西教学法（见2018年浙江师范大学真题）

4.孔子的"六经"

【答】孔子继承发展了"六艺"教育，创设了新学科，充实了教学的内容，编订了《诗》《书》《礼》《易》《乐》《春秋》，这些书被统称为"六经"，后被奉为儒家经典。"六经"代表了先秦时期的一切文化知识领域，如文化、历史、哲学、政治、经济、文学、教育等，作为历史材料，其价值无可比拟，对中华民族有着深远的影响。在西汉时期，随着社会的变迁、思想的演进、诠释的不同，"六经"的地位越来越高，对封建社会的影响越来越大。

5.课程设计（见2016年上海师范大学真题）

6.苏湖教学法（见2014年北京师范大学真题）

二、简答题

1.简述认知发展与教学的辩证关系。（见2014年西北师范大学真题）

2.简述德育过程的特点。（见2019年北京师范大学真题）

3.简述卢梭的自然教育理论。（见2012年华东师范大学真题）

4.简述教学的基本环节。（见2020年华东师范大学真题）

5.简述教师劳动的特点。（见2015年东北师范大学真题）

三、论述题

1.论述教育的社会变迁功能。（见2014年北京师范大学真题）

2.论述促进知识应用与迁移的措施。（见2014年北京师范大学真题）

3.比较杜威和陶行知的教育思想理论。

【答】杜威是美国民主主义教育家，陶行知是我国著名的教育家，受杜威思想的影响创立了生活教育理论。这两种教育思想的异同主要表现在以下几个方面：

（1）相同点：

二者都重视教育与生活、学校与社会、理论与实际的紧密联系，重视学生的主体性，重视学生的做在学生成长中的作用，要求在教育中做与学合一。

（2）不同点：

①杜威的"教育即生活"和陶行知的"生活即教育"。a.对"生活"的理解不同。杜威的生活是体现社会精神的学校生活和儿童生活；陶行知强调人们的实际生活。b.对"教育"的理解不同。杜威强调学校教育；陶行知强调社会意义上的教育。

②杜威的"学校即社会"和陶行知的"社会即学校"。a.杜威强调学校本身就是一个小型社会；陶行知强调社会本身就是一所学校。b.杜威重视维护民主社会，陶行知重视学校对社会的改造功能。

③教育作用和目的观不同。杜威强调"教育即生长"，教育只有一个内在的目的，即促进个体的生长发展，重视教育的个体作用；陶行知强调的是教育服务于民族解放和独立的作用，重视教育的社会作用。

④儿童观不同。杜威过分重视儿童中心论，忽视了教师的作用和必要的学校管理；陶行知主张教育儿童全身心的解放，重视全面发展。

⑤教育内容和方法观点的主张不同。a.教育内容：杜威重视学生直接经验的获得，但忽视了系统知识的学习；陶行知提倡知、行统一观，间接经验和直接经验都得到了重视。b.教育方法：杜威强调"从做中学"；陶行知主张"教学做合一"。

2017年天津师范大学333教育综合真题·凯程详解

一、名词解释

1. 学校教育（见2010年华中师范大学真题）

2. 产婆术（见2011年北京师范大学真题）

3. 活动课程（见2013年东北师范大学真题）

4. 程序教学

【答】程序教学是以课本或教学机器的形式向学生呈现程序化的教材，使学生按规定的程序自学教材内容。其中要遵循四大原则：（1）小步子原则；（2）积极反应原则；（3）及时强化（反馈）原则；（4）自定步调原则。具体操作方法：把一门课程的教学总目标分为许多个小步骤，学习者每完成一步都会及时得到强化，然后进入下一步骤的学习；在学习过程中，学生可以自定步调，自主进行反应，逐步达到总目标。

5. 稷下学宫（见2020年北京师范大学真题）

6. 观察学习（见2019年北京师范大学真题）

二、简答题

1. 简述"三纲领八条目"。（见2016年陕西师范大学真题）

2. 简述德育的基本原则。（见2011年湖南师范大学真题）

3. 简述杜威的五步教学法。（见2012年天津师范大学真题）

4. 简述文艺复兴时期人文主义教育的特征。（见2011年华东师范大学真题）

三、论述题

1. 论述赞科夫的发展性教学原则。（见2017年北京师范大学真题）

2. 如何提高学生的问题解决能力？（见2010年华中师范大学真题）

3. 论述教师的角色冲突及解决方法。（见2015年上海师范大学真题）

4. 教育应如何适应个体的身心发展规律？（见2010年华中师范大学真题）

2018年天津师范大学333教育综合真题·凯程详解

一、名词解释

1. **课程标准**（见2015年北京师范大学真题）

2. **德育原则**

【答】德育原则指教育者在德育过程中必须遵守的基本要求。德育原则对德育工作具有直接的、具体的指导作用。常用的德育原则有理论与实际相结合原则、疏导原则、长善救失原则、因材施教原则等。

3. **结构主义教育**

【答】20世纪60年代，布鲁纳把儿童认知结构发展理论应用到教学和课程改革上，创立了结构主义教育理论。具体观点是：（1）强调教育和教学应重视学生的智能发展；（2）注重教授各门学科的基本结构；（3）主张学科基础的早期学习；（4）提倡发现学习法；（5）教师是结构教学中的主要辅助者。

4. **学习策略**（见2015年北京师范大学真题）

5. **多元智能理论**（见2011年华南师范大学真题）

6. **创造性**（见2019年华南师范大学真题）

7. **智力多因素论**

【答】智力多因素论认为人的智力是由两种或两种以上的因素构成的。智力多因素理论有很多，其中主要有斯皮尔曼的二因素论、瑟斯顿的群因素论、卡特尔的流体智力和晶体智力理论、吉尔福特的智力三维结构理论、加德纳的多元智力理论和斯腾伯格的成功智力理论。这些理论中如斯皮尔曼认为智力由两个因素组成，即普遍因素和首要因素，多元智力理论认为人的智力可以分为很多种。虽然每种理论的具体说法不同，但是多因素论已经突破了单因素论的局限性，从而能够更加具体地研究智力的特点与构成。

二、简答题

1. **简述教育的生态功能。**（见2020年华东师范大学真题）

2. **简述我国教育目的的基本精神。**（见2012年北京师范大学真题）

3. **简述王守仁的儿童教育思想。**（见2016年北京师范大学真题）

4. **简述新时代教师的基本素养。**（见2014年北京师范大学真题）

三、论述题

1. **论述选择教育方法的依据。**

【答】（1）课题（或单元）与课时、教学目的和任务，以及该学科内容的教学方法特点。

（2）教学过程、教学原则和班级上课的特点。

（3）学生的兴趣、可接受水平、智力的发展状况、学习态度、学风与学习习惯。

（4）教师本身的条件，包括思想业务水平、实际经验与能力、个性与特长。

（5）教师与学生活动的配合、互动，教师主导性与学生主动性的动态平衡。

（6）讲与练，学与用，班级、小组与个人活动，课堂教学与课外作业等方面的结合。

（7）教学过程中的交往、沟通、合作与竞争。

（8）学校与地方可能提供的条件，包括社会条件、自然环境、物资设备等。

（9）教学的时限，包括规定的课时，以及其他可利用的时间，如早自习、晚自习等。

（10）对可能取得的效果的慎重预计与考量。

2. **论述孔子的教育内容和教学方法。**（见2012年北京师范大学真题）

3. **论述赫尔巴特的教育思想。**（见2015年北京师范大学真题）

4. **论述皮亚杰的认知发展阶段理论及其对教育的启示。**

【答】（1）皮亚杰的认知发展阶段理论。（见2012年东北师范大学真题）

（2）对教育的启示。

①提供活动。教师要为学生提供大量的、丰富的、在真实环境中发生的活动。

②创设最佳的难度。教师创设或提供的教学情境应该是恰好合适的，这种情境既能引起学生的认知不平衡，又不过分超越学生已有的认知水平和知识经验。

③了解儿童如何思考。学生在与周围的人的相互作用中获得知识，检验自己的思维并不断地得到反馈。教师

只有了解儿童的思考方式，才能更好地引导学生的认知发展。

④认识儿童认知发展水平的有限性。教师认识到各年龄阶段的儿童认知发展所达到的水平，在教学过程中就会更主动。

⑤让儿童多参与社会活动。皮亚杰特别强调社会活动对儿童认知发展的作用。

2019 年天津师范大学 333 教育综合真题·凯程详解

一、名词解释

1. 课程（见 2019 年北京师范大学真题）

2. 教育目的（见 2015 年北京师范大学真题）

3. 产婆术（见 2011 年北京师范大学真题）

4. 心智技能（见 2016 年北京师范大学真题）

5. 循序渐进原则

【答】循序渐进原则又叫系统性原则，是指教学依据所传授的学科知识的内在逻辑结构、学生能力发展和掌握知识的顺序，循序渐进地进行。基本要求：（1）按教材的系统性进行教学。（2）抓主要矛盾，解决好重点和难点。（3）教学内容的安排应由浅入深、由易到难、由简到繁。（4）将系统连贯性与灵活多样性结合起来。

6. 学习动机（见 2013 年北京师范大学真题）

二、简答题

1. 简述教学方法选择的依据。（见 2018 年天津师范大学真题）

2. 简述科尔伯格的道德理论。（见 2013 年华东师范大学真题）

3. 简述中小学德育的培养途径。（见 2014 年北京师范大学真题）

4. 简述《学记》中的教育教学原则。（见 2011 年东北师范大学真题）

三、论述题

1. 论述教师的职业道德素养。（见 2014 年北京师范大学真题）

2. 论述建构主义学习理论。（见 2013 年华东师范大学真题）

3. 论述杜威的教育本质论与教育目的论。（见 2018 年东北师范大学真题 +2016 年北京师范大学真题）

4. 论述个体能动性在人身心发展中的作用。（见 2017 年华中师范大学真题）

2020 年天津师范大学 333 教育综合真题·凯程详解

一、名词解释（当年未考名词解释）

二、简答题

1. 简述教育的质的规定性。

【答】教育是一种有目的地培养人的社会活动，这是教育与其他社会活动的本质区别，也是人类社会生活不可或缺的重要组成部分。

（1）教育是有目的地培养人的社会活动。

教育不是盲目的、自发的活动，而是一种自觉的、有目的的活动。教育的目的是有目的地选择目标、组织内容及活动方式来培养人、促进人的发展。

（2）教育是引导受教育者学习、传承、践行人类经验的互动活动。

教育需要由有经验的父母、年长一代，或学有专长的教师有目的地进行引导才能有效地发展他们的智能和品行，把他们培养成促进社会发展的人和各种专门人才。

（3）教育是激励与教导受教育者自觉学习和自我教育的活动。

教育者与受教育者的教学互动是以激励学生之学为基础和动力的，旨在使青少年学生积极主动地成为自觉学习、自我教育的人。

2. 简述班主任的基本素养。（见 2015 年华东师范大学真题）

3. 简述裴斯泰洛齐的教育心理学化。（见 2016 年湖南师范大学真题）

4. 简述蒙学教材的分类及特点。（见 2016 年东北师范大学真题）

5. 简述创造性的含义及培养。（见 2011 年北京师范大学真题）

三、论述题

1. 分析论述学生学习知识的两种方式。（见 2010 年陕西师范大学真题）

2. 论述德育的过程。（见 2016 年南京师范大学真题）

3. 论述苏霍姆林斯基的教育理论。（见 2016 年北京师范大学真题）

4. 论述陶行知的生活教育理论。（见 2014 年北京师范大学真题）

5. 论述应如何激发和培养学生的学习动机。（见 2012 年华东师范大学真题）

2021 年天津师范大学 333 教育综合真题·凯程详解

一、名词解释

1. 教学评价（见 2015 年北京师范大学真题）

2. 苏格拉底方法（见 2011 年北京师范大学真题）

3. 教育目的（见 2015 年北京师范大学真题）

4. 最近发展区（见 2011 年北京师范大学真题）

5. 元认知（见 2010 年华中师范大学真题）

6. 朱子读书法（见 2015 年东北师范大学真题）

二、简答题

1. 简述教学过程中应当处理好的几种关系。（见 2011 年东北师范大学真题）

2. 简述德育的途径和方法。（见 2014 年北京师范大学真题 +2020 年陕西师范大学真题）

3. 简述教育的经济功能和政治功能。（见 2019 年华东师范大学真题 +2012 年北京师范大学真题）

4. 简述蔡元培的教育实践和教育思想。（见 2011 年北京师范大学真题 +2013 年北京师范大学真题）

三、论述题

1. 论述教师的素养。（见 2014 年北京师范大学真题）

2. 论述布鲁纳的认知 — 发现说。（见 2013 年杭州师范大学真题）

3. 论述赫尔巴特的道德教育理论。（见 2012 年华南师范大学真题）

4. 论述书院的产生与发展及其特点。（见 2017 年华中师范大学真题）

2022 年天津师范大学 333 教育综合真题·凯程详解

一、名词解释

1. 骑士教育（见 2010 年华东师范大学真题）

2. 形成性评价（见 2013 年华中师范大学真题）

3. 社会性发展（见 2015 年北京师范大学真题）

4. 教育的相对独立性

【答】教育的相对独立性是指作为社会的一个子系统的教育，它对社会的能动作用具有自身的特点，即规律性、连续性和继承性。一方面，教育对社会具有依存性；另一方面，教育是一种主体性的实践活动，能动地反作用于社会发展的过程。

教育的相对独立性的主要表现：①教育是培养人的活动，主要通过所培养的人作用于社会；②教育具有自身的活动特点、规律和原理；③教育具有自身发展的传统与连续性。

5. 设计教学法（见2015年华东师范大学真题）

6. 先行组织者（见2010年北京师范大学真题）

二、简答题

1. 简述培养班集体的方法。（见2014年华东师范大学真题）

2. 简述梁启超的教育思想。（见2015年华中师范大学真题）

3. 简述操作技能的训练要求。

【答】（1）指导与示范。包括：掌握相关的知识；明确练习目的和要求；形成正确的动作映象；获得一定的学习策略。

（2）必要而适当的练习。包括：过度练习是必要的，但不是越多越好，要防止疲劳、错误定型；集中练习和分散练习相结合；身体练习和心理练习相结合。练习曲线表明，学生的动作技能形成过程符合以下练习规律：①练习成绩逐步提高；②练习中的高原现象；③练习成绩的起伏现象；④练习中有个别差异。

（3）充分而有效的反馈。包括：①结果反馈。让学习者及时地了解自己的练习结果，有利于练习效率的提高。②情境反馈。真实的情境不仅能帮助学生学会技能，而且能帮助学生明白使用这个技能的原因以及何时使用该技能。③分情况反馈。在练习初期和练习后期分情况进行反馈。④内在的动觉反馈。促进学生实现以动作的动觉控制替代视觉控制，建立运动与肌肉之间的联系。

4. 简述人格发展的一般规律。（见2013年华中师范大学真题）

三、论述题

1. 论述孔子的道德教育思想。（见2012年东北师范大学真题）

2. 论述结构主义教育思想。（见2013年华东师范大学真题）

3. 教师在教学过程中应如何认识和处理掌握知识与发展智力的关系？（见2012年东北师范大学真题）

4. 结合实例，论述德育原则中的说服法。

【答】（1）含义：说服法是通过引导学生摆事实、讲道理，经过思想情感上的沟通与互动，让他们认识道理的真谛，并自觉地践行的方法。说服法包括讲解、谈话、沟通、报告、讨论、参观等。

（2）举例：一位中学老师发现班里有个女生经常化妆，便把她叫到办公室，很和蔼地对她说："今天我们来讨论一下化妆的学问吧！"学生："化妆还有学问？"老师："当然了，你认为中学生要怎么化妆才最漂亮呢？"学生："不知道，老师您说吧！"老师："我认为，中学生应该朴素自然、整洁大方、健康又充满活力，化妆切忌浓妆艳抹，那样会使同学之间和师生之间产生隔阂；青少年应有自然朴素的美，过分的化妆会掩盖你脸上的青春活力和红润的肤色，让人觉得你矫揉造作、不伦不类。"学生听后羞愧地低下头，说："老师，您讲得很有道理，我以后再也不化妆了。"

这个案例中，教师采用与学生对话的方式与学生讲道理，这样拉近了教师和学生的距离，从而更容易触动学生的心灵。在整个谈话过程中，教师并没有批评的话语，却得到了比批评更好的教育效果。

曲阜师范大学

2010年曲阜师范大学333教育综合真题·凯程详解

一、简答题

1. 为什么说学校教育在人的身心发展中起主导作用？（见2010年西北师范大学真题）

2. 简述文化对教育的影响和制约作用。（见2015年湖南师范大学真题）

3. 简述教师专业化的内涵。（见2015年西南大学真题）

4. 1958年美国《国防教育法》的基本内容和意义是什么？（见2014年华东师范大学真题）

5.简述裴斯泰洛齐的要素教育论。（见2018年华东师范大学真题）

二、论述题

1.试论述教育的优先发展战略。（见2014年华南师范大学真题）

2.评述陶行知的"生活教育"理论。（见2014年北京师范大学真题）

3.有人说："现在是建构主义学习时代了，结构主义学习理论落后了。"试评析此观点。

【答】我认为此观点是错误的。

（1）建构主义认为，世界是客观的，但对世界的解释和赋予意义是由个体自己决定的。建构主义更加关注学习者如何以原有的经验、心理结构和信念为基础来建构知识。它强调学习的主动性、社会性和情境性。建构主义学习理论的基本观点有：①知识观。知识是一种关于各种现象的较为可靠的解释和假设，并且处于不断的发展中。②学生观。学生是以自己的经验背景或经验来建构对事物的理解的。③学习观。学习是学习者主动建构内部心理表征的过程。

（2）结构主义以布鲁纳为代表，主要观点有：①强调教育和教学应重视学生的智能发展；②注重教授各门学科的基本结构；③主张学科基础的早期学习；④提倡"发现学习法"；⑤认为教师是结构教学中的主要辅助者。

（3）学习学科知识的基本结构有如下几个好处：有助于理解这门学科；有助于把学习内容迁移到其他情境中；有助于学生记忆具体细节的知识；如果给予学生适当的学习经验和对结构的合理陈述，即便是年幼的儿童也可以学习高级的知识，从而缩小高级知识与初级知识之间的差距。

结构主义也提倡发现教学法，学生不是被动地接受知识，而是积极主动地在教师创设的学习情境中发现知识。发现法强调学习过程、直觉思维、内在动机和信息提取。

（4）评价：建构主义与结构主义都有其可取之处，不管在什么时代，都要根据学生的身心发展特点以及学生原有的认知基础、思维方式、性格特点等因材施教。因此，在这个时代，结构主义并没有落后于建构主义。

2011年曲阜师范大学333教育综合真题·凯程详解

一、名词解释

1.教育（见2014年北京师范大学真题）

2.教育目的（见2015年北京师范大学真题）

3.学校教育制度（见2019年北京师范大学真题）

4.监生历事制度（见2011年湖南师范大学真题）

5.设计教学法（见2015年华东师范大学真题）

6.学习策略（见2015年北京师范大学真题）

二、简答题

1.影响人发展的基本因素是什么？（见2015年北京师范大学真题）

2.简述教师劳动的特点。（见2015年东北师范大学真题）

3.简述苏格拉底方法。（见2013年东北师范大学真题）

4.简述建构主义的理论取向。

【答】建构主义并不是一种学习理论流派，而是一种理论思潮，目前正处于发展阶段，尚未达成一致意见，存在不同的取向。对教育实践具有一定影响的主要有以下四种理论：

（1）激进建构主义：是在皮亚杰思想的基础上发展起来的建构主义，以冯·格拉塞斯菲尔德和斯特菲为代表。有两条基本原则：①知识是由认知主体积极建构的；②认识的功能是适应自己的经验世界，帮助自己的经验世界。

（2）信息加工建构主义：代表人物有斯皮罗等人，强调外部信息与已有信息之间存在双向的、反复的相互作用。信息加工建构主义也被称为"温和的建构主义"。其代表理论有斯皮罗等人的认知灵活性理论。

（3）社会建构主义：以维果茨基的理论为基础，以鲍尔斯菲尔德和库伯为代表，认为世界是客观的，但对世界的解释和赋予意义是由个体自己决定的，关注学习者如何以原有的经验、心理结构和信念为基础来建构知识。它强调学习的主动性、社会性和情境性。

（4）社会文化取向建构主义：受维果茨基的影响，把学习看作建构的过程，关注学习的社会性，认为心理活动是与一定的文化、历史和风俗习惯背景密切联系的，提倡师徒式的教学。

三、论述题

1.论述世界各国课程改革发展的趋势。（见2017年浙江师范大学真题）

2.论述科举制的历史影响。（见2019年华中师范大学真题）

3.论述结构主义教育思想的主要内容。（见2013年华东师范大学真题）

4.结合实际，谈谈学生创造性的培养措施有哪些。（见2011年北京师范大学真题）

2012年曲阜师范大学333教育综合真题·凯程详解

论述题

1.试述教育与文化的关系。（见2013年天津师范大学真题）

2.试述教育研究中定量研究与定性研究的特点。

【答】由于方法论上的不同取向，导致了在实际应用中定量方法与定性方法存在着明显的差别。这主要体现在以下几个方面：

（1）研究者的角色定位：定量研究者力求客观，脱离资料分析；定性研究者则是对资料进行分析。对后者而言，没有研究者的积极参与，资料就不存在。

（2）研究设计：定量研究中的设计与假设在研究开始之前就已确定；定性研究中的计划则随着研究的进行而不断发展，并可进行调整和修改。

（3）研究环境：定量研究运用实验方法，尽可能地控制变数；定性研究则在实地和自然环境中进行，力求了解事物在常态下的发展变化，不控制外在变数。

（4）测量工具：定量研究中，测量工具相对独立于研究者之外，事实上研究者不一定亲自从事资料筹集工作；而在定性研究中，研究者本身就是测量工具，任何人都代替不了他。

（5）理论建构：定量研究的目的在于检验理论的正确性，最终结果是支持或者反对假设；而定性研究的理论则是研究过程的一部分，是资料分析的结果。

3.试述全纳教育的观念与主要议题。

【答】（1）全纳教育。

全纳教育作为一种教育思潮，兴起于20世纪90年代。全纳教育是在国际教育民主化浪潮中，尤其是在国际组织的大力推动下兴起和发展的，其中有三次国际性教育大会发挥了直接作用。

（2）观念与主要议题。

联合国教科文组织将全纳教育定义为：全纳教育是通过增加学习、文化与社区参与，减少教育系统内外的排斥，关注并满足所有学习者多样化需求的过程。全纳教育以覆盖所有适龄儿童为共识，以正规系统负责教育所有儿童为信念，它涉及教育内容、教育途径、教育结构、教育战略的变革与调整。全纳涉及在正式与非正式的教育环境中为多样化的学习需要做出适当的回应。全纳教育不是一个如何让部分学生融入主流的小问题，它是考察如何改革教育系统和其他学习环境以适应学习者多样性的一种方法，其目的是使教师和学生都能接纳多样性并视之为机会，视之为学习环境的丰富，而不是问题。

4.论述要素主义的核心内容及其在当代的意义。（见2016年华东师范大学真题）

2013年曲阜师范大学333教育综合真题·凯程详解

一、名词解释

1.教育制度（见2012年华东师范大学真题）

2.说服教育（见2017年东北师范大学真题）

3.元认知（见2010年华中师范大学真题）

4.学习策略（见 2015 年北京师范大学真题）

5.学科课程（见 2017 年华东师范大学真题）

二、简答题

1.简述马克思主义全面发展教育的主要内容。（见 2017 年华南师范大学真题）

2.简述创造性的基本结构。（见 2015 年华东师范大学真题）

3.简述赫尔巴特的教学阶段理论。（见 2017 年东北师范大学真题）

4.简述人本主义的教学意义。（见 2017 年华中师范大学真题）

三、论述题

1.论述孔子的教学方法及其现代意义。（见 2013 年东北师范大学真题）

2.论述班级授课制。（见 2014 年北京师范大学真题）

3.论述杜威实用主义教育思想的主要内容。（见 2011 年北京师范大学真题）

2014 年曲阜师范大学 333 教育综合真题·凯程详解

一、名词解释

1.教育（见 2014 年北京师范大学真题）

2.课程（见 2019 年北京师范大学真题）

3."四书五经"

【答】"四书五经"是"四书"和"五经"的合称，是中国儒家经典书籍，是南宋以后儒学的基本科目，儒生学子的必读之书。"四书"指《论语》《孟子》《大学》《中庸》，而"五经"是《诗》《书》《礼》《易》《春秋》。

4.1922 年"新学制"（见 2010 年北京师范大学真题）

5.学习动机（见 2013 年北京师范大学真题）

6.学习策略（见 2015 年北京师范大学真题）

二、简答题

1.教师的素养有哪些？（见 2015 年华东师范大学真题）

2.简述学校心理健康教育的基本途径。（见 2015 年华中师范大学真题）

3.简述福禄培尔的教育思想的主要内容。

【答】福禄培尔是德国著名的教育家，是幼儿园的创立者和近代学前教育理论的奠基人，他被称为"幼儿教育之父"，主要著作有《人的教育》。

（1）万物有神论：这是福禄培尔思想的基础，具有宗教色彩。他认为世界万物统一在上帝的精神之中，教育的目的就是通过认识自然、认识人性而逐渐认识上帝。

（2）顺应自然的原则：教育要顺应儿童的天性，即生理和心理特点。但是，福禄培尔并没有绝对地否认强制性、干预性的教育。他的教育顺应自然思想是建立在性善论的基础上的。

（3）幼儿园：幼儿园教育是家庭教育的补充，是完善教育必不可少的条件。幼儿园既是幼儿教育机构，又是幼儿师资培训机构、幼儿教育宣传机构和幼儿教育研究机构。

（4）恩物与作业：福禄培尔建立了一个以活动和游戏为主要特征的幼儿园课程体系。其包括游戏和歌谣、恩物、作业、运动、自然研究等。其中比较重要的是恩物和作业。

4.简述建构主义学习理论的主要内容。（见 2013 年华东师范大学真题）

三、论述题

1.论述教育对人的发展的重要作用。（见 2016 年东北师范大学真题）

2.论述教学过程的性质。（见 2013 年陕西师范大学真题）

3.论述孟子的教育思想。（见 2015 年北京师范大学真题）

4.论述夸美纽斯的教育思想。（见 2016 年西南大学真题）

2015 年曲阜师范大学 333 教育综合真题·凯程详解

一、名词解释

1. 教育目的（见 2015 年北京师范大学真题）
2. 教学方法（见 2013 年华南师范大学真题）
3. 学习动机（见 2013 年北京师范大学真题）
4. 学习策略（见 2015 年北京师范大学真题）
5. 知识（见 2016 年华南师范大学真题）
6. 技能（见 2011 年华中师范大学真题）

二、简答题

1. 简述教育学的研究对象和研究任务。（见 2017 年湖南师范大学真题）
2. 简述福禄培尔的教育思想的主要内容。（见 2014 年曲阜师范大学真题）
3. 影响问题解决的因素有哪些？（见 2017 年陕西师范大学真题）
4. 简述蔡元培的教育思想的主要内容。（见 2013 年北京师范大学真题）

三、论述题

1. 论述教育对人的发展的重大作用。（见 2016 年东北师范大学真题）
2. 论述教师劳动的特点。（见 2015 年东北师范大学真题）
3. 论述孔子的教育思想。（见 2012 年北京师范大学真题）
4. 论述夸美纽斯的教育思想。（见 2016 年西南大学真题）

2016 年曲阜师范大学 333 教育综合真题·凯程详解

一、名词解释

1. 教育目的（见 2015 年北京师范大学真题）
2. 教育制度（见 2012 年华东师范大学真题）
3. 自我效能感（见 2014 年华东师范大学真题）
4. 短时记忆

【答】根据记忆的结构，可把记忆分为瞬时记忆、短时记忆和长时记忆。短时记忆也叫工作记忆，是指个人当时注意着的信息为现实进行加工、操作服务的记忆过程。它具有记忆容量有限、储存时间短、对信息进行有意识加工的特点，还具有语音听觉、视觉形象、语义等多重编码的特点。

5. 书院（见 2017 年东北师范大学真题）
6. 自然后果法

【答】自然后果法是法国启蒙思想家和教育家卢梭倡导的道德教育方法。他提出在教育方法上，应该用"自然后果法"，即让儿童承受由自己的过失导致的后果，从而自己纠正错误行为。自然后果法有其积极合理的方面，但并非在任何情况下都是适用的。

二、简答题

1. 简述教育的相对独立性。（见 2010 年华中师范大学真题）
2. 简述奥苏伯尔有意义学习的实质和条件。（见 2013 年北京师范大学真题）
3. 简述皮亚杰认知发展的实质及阶段。

【答】（1）认知发展的实质：皮亚杰用图式、同化、顺应、平衡四个概念来解释认知发展的过程。

①图式是指儿童对环境进行适应的认知结构，图式的发展水平是人的认知发展水平的重要标志。

②同化是指个体利用已有的图式把新的刺激纳入已有的认知结构的认知过程。同化是图式发生量变的过程，它不能引起图式的质变，但能影响图式的生长。

③顺应是儿童通过改变已有的图式或形成新图式来适应新刺激的认知过程。顺应是图式发生质变的过程，通

过顺应，儿童的认知能力达到新的水平。

④平衡指同化和顺应之间的"均衡"。个体心理发展是个体通过同化和顺应环境而达到平衡的过程，并在平衡与不平衡的交替中不断建构和完善其认知结构，实现认知发展。

皮亚杰认为，有机体的认知发展过程就是不断地与环境进行同化和顺应进而达到平衡的过程。

（2）认知发展的阶段。（见2012年东北师范大学真题）

4.简述孔子"性相近，习相远"的教育思想。（见2013年杭州师范大学真题）

三、论述题

1.论述人的未完成性与教育的关系。

【答】教育作为有目的地培养人的社会活动，与人的发展有着密切的联系，在人的发展过程中起着重大作用。

（1）教育是一种有目的地培养人的社会活动。

教育是一种有目的地培养人的社会活动，这是教育的质的规定性。

（2）教育主要通过文化知识的传递来培养人。

①知识的认识价值：学生掌握知识的广度和深度，制约着他对事物和世界认识的广度和深度。学生掌握知识，还意味着掌握认识的资料和资源。

②知识的能力价值：学生学习知识，不仅要掌握知识的内容，而且要掌握知识的形式；不仅要获得对事物的认识，而且要养成从心理上和行为上操作事物的方法和能力；不仅要学会善于传承文化知识、技能，而且要养成探究、发现与创新知识的意向。

③知识的陶冶价值：知识蕴含着科学精神和人文精神，学生只有经历科学精神和人文精神的陶冶，才能真正地形成人生的智慧。

④知识的实践价值：知识具有对社会实践的有用性或有效性。学生通过学习获取知识，认识事物特性，也就获得了通过社会实践改造事物的可能性。

（3）教育对人的发展的作用越来越大。

在社会发展的不同阶段，教育对人的发展所起的作用并不是完全相同的。与古代社会相比，现代社会对人的发展和教育提出了越来越高的要求，教育对人的发展的作用也越来越大。我国正在进行社会主义现代化建设，人的现代化是社会现代化的重要基础和前提条件。我们应当自觉地优先发展教育，高度重视并充分发挥教育对人的现代化的促进作用。

2.论述教师的基本素养。（见2014年北京师范大学真题）

3.论述1922年"新学制"的特点并进行评价。（见2014年东北师范大学真题）

4.评述赫尔巴特的教育性教学原则。（见2011年杭州师范大学真题）

2017年曲阜师范大学333教育综合真题·凯程详解

一、名词解释

1.个体发展（见2019年华中师范大学真题）

2.学校教育制度（见2019年北京师范大学真题）

3.元认知（见2010年华中师范大学真题）

4.道尔顿制（见2011年北京师范大学真题）

5.学习（见2013年陕西师范大学真题）

6.赫尔巴特的教育性教学原则（见2013年天津师范大学真题）

二、简答题

1.简述孔子"有教无类"的主张。（见2011年华南师范大学真题）

2.简述杜威的教育本质思想。（见2018年东北师范大学真题）

3.简述心理健康的标准。（见2014年华中师范大学真题）

4.简述教学中应该处理的几对关系。（见2011年东北师范大学真题）

三、论述题

1.现代教师应具备怎样的专业素养?（见 2014 年北京师范大学真题）
2.影响我国课程改革的主要因素有哪些?（见 2020 年南京师范大学真题）
3.评述陶行知的生活教育理论。（见 2014 年北京师范大学真题）
4.论述教育中应如何培养学生的问题解决能力。（见 2010 年华中师范大学真题）

2018 年曲阜师范大学 333 教育综合真题·凯程详解

一、名词解释

1.教育（见 2014 年北京师范大学真题）
2.品德（见 2015 年湖南师范大学真题）
3.教学（见 2013 年陕西师范大学真题）
4.学习动机（见 2013 年北京师范大学真题）
5.学习策略（见 2015 年北京师范大学真题）
6.学习（见 2013 年陕西师范大学真题）

二、简答题

1.简述夸美纽斯的教育思想。（见 2016 年西南大学真题）
2.简述影响问题解决的因素。（见 2017 年陕西师范大学真题）
3.简述蔡元培的教育思想和教育实践。（见 2011 年北京师范大学真题 +2013 年北京师范大学真题）
4.简述教师劳动的特点。（见 2015 年东北师范大学真题）

三、论述题

1.试述德育过程的规律。（见 2019 年北京师范大学真题）
2.试述教育对人的作用。（见 2016 年东北师范大学真题）
3.试述孔子的教育思想。（见 2012 年北京师范大学真题）
4.试述杜威的教育思想。（见 2011 年北京师范大学真题）

2019 年曲阜师范大学 333 教育综合真题·凯程详解

一、名词解释

1.地方课程

【答】地方课程是指地方各级教育主管部门根据国家课程政策，以国家课程标准为基础，在一定的教育思想和课程观念的指导下，根据地方经济、政治、文化的发展水平及其对人才的特殊要求，充分地利用地方课程资源而开发、设计、实施的课程。它是不同地方对国家课程的补充，反映了地方和社区对学生素质发展的基本要求，具有鲜明的地域色彩，地方课程服务于地方，立足于地方，归属于地方。

2.苏格拉底法（见 2011 年北京师范大学真题）
3.先行组织者（见 2010 年北京师范大学真题）
4.精细加工策略（见 2016 年东北师范大学真题）
5.设计教学法（见 2015 年华东师范大学真题）
6.教学评价（见 2015 年北京师范大学真题）

二、简答题

1.简述癸卯学制的内容及意义。（见 2017 年北京师范大学真题）
2.简述环境对人的发展的作用。（见 2019 年山东师范大学真题）

3. 简述个人本位教育目的论。（见 2013 年北京师范大学真题）

4. 简述中小学德育的途径。（见 2014 年北京师范大学真题）

三、论述题

1. 论述教师的责任与义务。（见 2015 年天津师范大学真题）

2. 评析卢梭的教育思想。（见 2012 年华东师范大学真题）

3. 评析《学记》的教育管理教育原则。（见 2011 年东北师范大学真题）

4. 论述皮亚杰的认知发展阶段理论。（见 2012 年东北师范大学真题）

2020 年曲阜师范大学 333 教育综合真题·凯程详解

一、名词解释

1. 陶冶法（见 2011 年华中师范大学真题）

2. 活教育（见 2010 年华东师范大学真题）

3. 白板说（见 2013 年北京师范大学真题）

二、简答题

1. 简述马克思关于人的全面发展学说。（见 2017 年华南师范大学真题）

2. 简述影响学习动机的因素。（见 2010 年华中师范大学真题）

3. 简述教师的基本素养。（见 2014 年北京师范大学真题）

4. 简述我国现代教育制度的发展趋势。

【答】（1）基本普及学前教育。随着我国义务教育和高中阶段教育的逐渐普及，我国的学前教育也将普及。

（2）均衡发展义务教育。目前我国正倡导实行"公平而有质量的教育"，促进义务教育均衡发展已成为我国现阶段教育改革和发展的重大任务。

（3）努力普及高中阶段教育。在普及九年义务教育后，普及高中阶段教育就成为教育发展的重要趋势。同时也要注重职业教育与普通教育综合化。

（4）大力发展高等教育。我国的高等教育处于大众化阶段。高等教育具有多层次、多类型、向在职人员开放的特点。

（5）终身教育体系的建构。终身教育思想于 20 世纪 60 年代在国际上流行，后来成为指导未来教育的时代理念。

三、论述题

1. 论述赫尔巴特的教学阶段论。（见 2017 年东北师范大学真题）

2. 论述朱子读书法的内容和对现代的意义。（见 2016 年华东师范大学真题）

3. 论述攻击行为产生的原因和解决办法。

【答】攻击行为是一种经常有意地伤害和挑衅他人的行为，对儿童、青少年的人格和品德的发展有着消极的影响，严重的甚至会导致儿童、青少年走上犯罪道路。

（1）攻击行为产生的原因。

①遗传因素：有一些攻击性强的儿童可能存在某些微小的基因缺陷。

②家庭因素：有些家长惯用暴力惩罚的方式来教育孩子，结果使孩子也表现出攻击行为。

③环境因素：美国心理学家班杜拉通过一系列实验证明，攻击是观察学习的结果。

（2）改变攻击行为的方法。

①消退法。对儿童的攻击行为，采取不予理睬的方法，使他们的攻击行为因得不到强化而逐渐减少。

②暂时隔离法。暂时隔离法是为了抑制某种特定行为的发生，而让行为者在一段时间内得不到强化，或远离强化刺激的一种行为干预方法。

③榜样示范法。第一，将有攻击行为的儿童置于无攻击行为的榜样当中，减少他们的攻击行为；第二，让有攻击行为的儿童观察其他儿童的攻击行为是如何受到禁止或处罚的。

④角色扮演法。利用角色扮演法改变儿童的攻击行为时，要注意让他们扮演不同的角色。首先，让他们扮演

攻击者的角色；其次，让他们说出自己扮演此角色的心理感受；再次，让他们扮演被攻击者的角色；最后，让他们说出自己扮演此角色的心理感受。多次互换角色，能够提高他们控制自我冲动的能力。

2021年曲阜师范大学333教育综合真题·凯程详解

一、名词解释

1.学制（见2019年北京师范大学真题）

2.骑士教育（见2010年华东师范大学真题）

3.课程方案（见2013年华东师范大学真题）

4.白板说（见2013年北京师范大学真题）

5.最近发展区（见2011年北京师范大学真题）

6.操作技能

【答】（1）分类依据：技能通常按其本身的性质和特点分为操作技能和心智技能两种。

（2）含义：操作技能又叫运动技能、动作技能，指由一系列的外部动作以合理的程序组成的操作活动方式。如骑车、做体操、书写等。

（3）特点：

①动作对象具有客观性（物质性）。操作技能的活动对象是物质性客体或肌肉。

②动作进行具有外显性。操作动作的执行是通过外部显现的肌体运动实现的。

③动作结构具有展开性。操作活动的每个动作都必须切实执行，不能合并、省略。

二、简答题

1.简述实验教育学的观点。（见2019年北京师范大学真题）

2.简述个体活动在人的发展中的作用。（见2017年华中师范大学真题）

3.简述陈鹤琴的"活教育"思想。（见2015年北京师范大学真题）

4.简述马克思主义关于人的全面发展学说。（见2017年华南师范大学真题）

三、论述题

1.述评结构主义教育思想。（见2013年华东师范大学真题）

2.试述王守仁的教育思想。（见2016年北京师范大学真题）

3.论述学习动机的影响因素及培养措施。（见2010年华中师范大学真题+2012年华东师范大学真题）

4.论述教师的素质。（见2012年陕西师范大学真题）

2022年曲阜师范大学333教育综合真题·凯程详解

一、名词解释

1.走班制（见2020年华东师范大学真题）

2.布卢姆的教育目标分类学

【答】（1）含义：美国心理学家布卢姆于20世纪50—60年代建立起教育目标分类学。他将教育目标分为认知领域（记忆、理解、应用、分析、评价、创造）、情感领域（接受、反应、价值化、组织、价值体系个性化）、动作技能领域（知觉、模仿、操作、准确、连贯、习惯化）。

（2）优点：布卢姆的教育目标分类学是经典原理，它确定了教育目标的设计思路；操作性强；突出了知识的连续性和系统性；重视目标的作用；适用范围广，任何学科均可使用；突出教师的主导性。

（3）缺点：课程开发过程简单、机械；不易于发挥教师的灵活性。

3.生活教育（见2012年北京师范大学真题）

4.绅士教育（见2012年华东师范大学真题）

5.功能固着（见 2015 年湖南师范大学真题）

6.概念同化（见 2018 年湖南师范大学真题）

二、简答题

1.简述人的发展规律。（见 2010 年华中师范大学真题）

2.简述班主任工作的主要内容。（见 2012 年西南大学真题）

3.简述孔子的教育思想。（见 2012 年北京师范大学真题）

4.简述永恒主义教育。（见 2010 年华东师范大学真题）

三、论述题

1.试述学校教育传承的科学文化知识对人的影响。

【答】学校教育主要通过传承科学文化知识来培养人。

（1）它促进人的认识的发展。知识是人类长期认识与实践的成果，是前人留给我们的精神财富。学生若能够掌握和运用前人的知识，也就等于继承和掌握了前人认识的资源和工具，就能比较便捷地认识世界，能看到前人看不到的事实，发现前人发现不了的问题，解释前人解释不了的疑问，重组前人不能重组的经验。

（2）它促进人的精神的发展。知识蕴含着科学精神和人文精神，学生只有在学习过程中经历科学精神和人文精神的陶冶，体会到什么是实事求是、坚持真理，感悟到人何以生存，为何生存，才能真正地形成人生智慧，具有人生理想和抱负，担当起社会责任、人类使命。

（3）它促进人的能力的发展。知识及其运用能力是前人在认识事物、解决具体问题、进行心理操作与行为操作的过程中提炼形成的结晶。因此，要有效地发展学生认识问题和处理问题的能力，不仅仅要引导他们学习、理解知识，更为重要的是引导他们运用知识与实际，提高自身的探究、发现、改进、建构与创新的兴趣和能力。

（4）它促进人的实践的发展。这主要指促进人运用知识指导、推进社会实践的发展。当学生通过学习获取了知识，认识了某种事物特性，就能获得改造某种事物的可能性，也就推动了人们在这一领域的社会实践的发展。人们常说，学习的目的在于运用，在很大程度上就是强调知识对促进人的实践发展的价值。

2.试比较荀子和孟子的教育思想。（见 2014 年山东师范大学真题）

3.试述文艺复兴时期人文主义教育的特征。（见 2011 年华东师范大学真题）

4.试述班杜拉自我效能感的主要内容。（见 2010 年浙江师范大学真题）

辽宁师范大学

2010 年辽宁师范大学 333 教育综合真题·凯程详解

一、名词解释

1.课程标准（见 2015 年北京师范大学真题）

2.班级授课制（见 2016 年北京师范大学真题）

3.苏格拉底法（见 2011 年北京师范大学真题）

4.导生制（见 2012 年北京师范大学真题）

5.创造性（见 2019 年华南师范大学真题）

6.图式

【答】图式是指儿童对环境进行适应的认知结构。儿童最初的图式是由遗传带来的一些本能反射行为，如吸吮反射。儿童在与环境的相互作用中，不仅表现为知识的增加，而且表现为认知结构的完善。图式的发展水平是人的认知发展水平的重要标志。

二、简答题

1.什么是教育目的？我国教育目的的基本精神是什么？（见2012年北京师范大学真题）

2.简述《学记》关于教育教学原则的思想。（见2011年东北师范大学真题）

3.简述培养和激发学习动机的措施。（见2012年华东师范大学真题）

4.如何矫正品德不良的学生？（见2012年华南师范大学真题）

三、论述题

1.举例说明学生的身心发展规律有哪些。教育应怎样适应？（见2010年华中师范大学真题）

2.评论蔡元培的大学教育思想和对北京大学的改革。（见2011年北京师范大学真题+2013年北京师范大学真题）

3.这段话体现了德育过程的哪一规律？并进行分析。

【答】苏霍姆林斯基的这段话体现了德育过程自我教育的规律。（见2012年北京师范大学真题）

4.这是《学校与社会·明日之学校》中的话，试以这段话为例评述杜威的课程与教学思想。（见2013年东北师范大学真题+2014年东北师范大学真题）

2011年辽宁师范大学333教育综合真题·凯程详解

一、名词解释

1.价值澄清法

【答】价值澄清的理论假设是人们处在充满冲突的价值观的社会中，这些价值观深刻地影响着人们的身心发展，而现实社会中根本就没有一套公认的道德原则或价值观。根据这一假设，价值澄清学派认为，教师不能把价值观直接教给学生，而应该通过分析评价等方法，帮助学生形成适合本人的价值观体系。所以，价值澄清可被定义为利用问题和活动来教学生评价的过程，而且可以帮助他们熟练地将评价过程应用于他们生活中价值丰富的领域。

2.多元文化教育

【答】多元文化教育一般是指在多民族国家中，为了保障拥有各种各样民族文化背景的人特别是少数民族和移民等的子女，能有平等的受教育机会并使他们独有的民族文化及特点得到应有的尊重而实施的教育。它始于20世纪60—70年代的欧洲大陆国家，主要解决异文化人群的平等教育问题，以期实现各种文化在和平中共同存在，不因文化各异而产生碰撞引发不必要的民族纠纷和冲突。

3.有教无类（见2018年北京师范大学真题）

4.癸卯学制（见2018年东北师范大学真题）

5.《国防教育法》（见2010年湖南师范大学真题）

6.教育性教学（见2013年天津师范大学真题）

二、简答题

1.什么是个性？教育促进人的个性发展主要表现在哪些方面？

【答】人的个性就是在一个人身上经常而稳定地被表现出来的个性心理特征和品质倾向的综合。一般包括两个部分：（1）个性心理特征，即气质、性格、能力；（2）个性品质倾向，即需要、动机、兴趣、态度、理想、信念等。

教育促进人的个性发展主要表现在以下几个方面：（1）教育通过学生学习知识，促进学生认知的发展；（2）教育利用班级荣誉、校纪班规、社会实践活动，培养学生独立的人格，使学生的个性和谐完整；（3）教育注重学以致用，使学生学会创造。

2.简述朱子读书法。（见2016年华东师范大学真题）

3.简述陶行知"生活教育理论"的基本内涵，并分析其历史价值和现实意义。（见2014年北京师范大学真题）

4.影响问题解决的因素有哪些？如何培养学生解决问题的能力？（见2017年陕西师范大学真题+2010年华中师范大学真题）

三、论述题

1.现代教育有哪些基本特征？在这些特征中，你能看出当前中国教育有哪些亟待改革和发展的方面？试提出解决的对策。

【答】现代教育的基本特征。（见2013年北京师范大学真题）

（本题后两问属于开放式问题，故无标准答案，考生结合实际教育现象进行论述即可。如终身教育可参考2015年北京师范大学真题）

2.什么是教学评价？教学评价有哪些类型？分析我国目前教学评价中存在的问题。（见2020年西南大学真题）

3.请结合这段话评述卢梭的自然教育理论，并谈谈对目前教育改革的启示。（见2012年华东师范大学真题）

4.人们通常不会把学生在写字时能熟练控制自己的手部运动，称为动作技能的学习。

（1）请你对何时才会出现动作技能的学习做出确认。

（2）就动作技能获得的阶段及其影响因素逐一做描述。

【答】（1）技能总是在人们完成的某种操作或动作中表现出来的。动作技能形成的标志是熟练操作。熟练操作具有以下几个主要特征。

①意识调控减弱，动作自动化。在技能形成的初期，人们完成每一个技能动作，都要受到意识的调节与控制。随着技能的形成，意识对动作的控制逐渐减弱，整个技能或技能中的大多数动作逐渐成为一个自动化的动作系统。

②能利用细微的线索。任何动作都受情境中的线索指导。指导动作的线索可分为三类：基本线索、有助于调节反应的线索、无关线索。随着练习的增多，学习者能觉察到自己动作的细微差别，能运用细微的线索，使动作日趋完善。

③动觉反馈作用增强。在动作技能中，反馈可分成外反馈与内反馈两种。随着技能的形成，动觉反馈在动作技能的调节中起着越来越重要的作用。

④形成运动程序的记忆图式。技能是由一系列动作构成的，技能动作的协调化运动程序表现在两个方面：a.连续性的统一协调，这是动作在执行时间上的协调。b.同时性的统一协调，这是动作在空间上的协调。许多技能，既需连续性的统一协调，又需同时性的统一协调，从而构成一个协调化的运动程序的记忆图式。形成运动程序的记忆图式是完成技能的重要条件。

⑤在不利条件下能保持正常的操作水平。表现出同样操作水平的人，其熟练程度可能不同，检验谁是最熟练的操作者最好的方法是看谁在条件变化时能保持正常的操作水平。

（2）操作技能的形成过程。

操作技能的形成过程是通过领悟和联系逐步掌握某种动作操作程序的过程。复杂的操作技能的形成一般要经历四个主要阶段。每一个阶段，学习者学习的重点及表现的特征都不同。

①认知阶段（知觉阶段）。这是操作技能形成的开始阶段。传授者主要是讲解和示范。学习者主要是理解学习任务，形成目标表象和目标期望。准确的认知可以有效地调节实际的操作活动，缺乏认知的操作活动经常是盲目地尝试，且效率低下。不应忽视该环节在操作技能形成过程中的作用。

②分解阶段。传授者将整套动作分为若干个动作，学习者做初步尝试，逐个学习，把组成新运动技能的动作所构成的整体逐一分解，试图发现它们是如何构成的，最好尝试性地完成所学新技能中的各个动作。学习者的注意力只能集中在个别动作上，不能统观全局和注重动作的细节。

③联系定位阶段。这是操作技能的巩固阶段。这一阶段的重点是使适当的刺激与反应形成联系固定下来，整套动作连为整体，变成固定程序式的反应系统。整合是操作技能形成过程中的关键环节，它是从模仿到熟练的过渡阶段，也为熟练的活动方式的形成打下基础。

④自动化阶段。操作的熟练是指所形成的动作方式对各种变化的条件具有高度的适应性，动作的执行达到高度的完善化和自动化。操作的熟练是操作技能形成中的一个重要阶段，也是由操作技能转化为能力的关键环节，各种技术能力的形成都是以操作的熟练为基础的。

2012年辽宁师范大学333教育综合真题·凯程详解

一、名词解释

1.学校教育制度（见2019年北京师范大学真题）

2.启发性原则

【答】启发性原则反映了学生的认识规律。教师在教学过程中要对学生进行启发，而不是告诉学生现成的答案。这有利于调动学生学习的主动性，促使学生在教师的引导下积极思考，自觉地掌握科学知识并提高分析问题和解决问题的能力。基本要求有：（1）调动学生学习的主动性；（2）善于提问激疑，引导教学步步深入，启发学生独立思考，发展学生的逻辑思维能力；（3）注重通过在解决实际问题中启发学生获取知识；（4）发扬教学民主。

3.壬戌学制（见2010年北京师范大学真题）

4.苏湖教法（见2014年北京师范大学真题）

5.发现学习（见2017年华东师范大学真题）

6.学习策略（见2015年北京师范大学真题）

二、简答题

1.简述教育的社会功能。（见2014年北京师范大学真题）

2.简述教学模式的基本特点。

【答】教学模式是指在某一教学思想和教学原理的指导下，为了实现教学目标而形成的相对稳定的规范化教学程序和操作体系。教学模式的特点：（1）简约性；（2）针对性；（3）操作性；（4）中介性；（5）稳定性；（6）完整性。

3.简述我国基础教育课程改革的六大具体目标。（见2017年东北师范大学真题）

4.简述斯宾塞的课程论思想。

【答】斯宾塞把人类的活动分为五个部分，把与之相对应的课程也分为五类：（1）生理学和解剖学，是直接保全自己的知识，是合理的教育中最重要的一部分。（2）逻辑学、数学、力学、化学、天文学、地质学、生物学和社会科学，是间接保全自己的知识，是使文明生活成为可能，一切过程都能够正确进行的基础。（3）生理学、心理学和教育学，是履行父母责任必需的知识。人们养育子女之后才可能有国家，家庭福利是社会福利的基础。（4）历史学，实际上是一门描述性的社会学，有利于人们调节自己的行为，履行公民的职责。（5）文学、艺术等，是满足人们闲暇时休息和娱乐的知识。

三、论述题

1.论述德育过程的基本规律。（见2019年北京师范大学真题）

2.论述孔子的道德教育思想观点，并列出反映其思想的四条至理名言。

【答】（1）道德教育内容。

"礼"与"仁"是孔子道德教育的主要内容，"礼"为道德规范，是人必须接受的外在社会行为规范，"仁"是最高道德准则，是对生命及其价值的珍视和关爱，即"仁者，爱人也"。"仁"的实行最重要的两项是"孝"与"忠"。"礼"与"仁"的关系是形式与内容的关系，有了"仁"的精神，"礼"才能真正充实。"仁"被孔子作为最高的道德准则，是其学说的中心思想。

（2）道德修养的方法。

①立志："三军可夺帅也，匹夫不可夺志也。"志向的确立和坚持，取决于个人的信仰和自觉努力。孔子教育学生要坚持自己的志向，不能过多地计较物质生活，要为社会尽义务。

②克己：在处理人际关系时，孔子主张重在严格要求自己，约束和克制自己的言行，使之合乎道德规范，即"君子求诸己，小人求诸人"。

③力行："言必信，行必果。"孔子提倡言行一致，重视"行"，即重视道德实践。

④中庸："中庸者，不偏不倚，无过不及，而平常之理也。"孔子认为待人处事都要中庸，防止发生偏向，一切行为都要中道而行，做得恰到好处。正如子曰："过犹不及。"

⑤内省："见贤思齐焉，不见贤而内自省也。"内省是日常修养方法之一。内省就是对日常所做的事自觉进行反思。

⑥改过："君子之过也，如日月之食焉：过也，人皆见之；更也，人皆仰之。""人非圣贤，孰能无过？"孔子认为人要敢于正视自己的错误，勇于改正。

3.阐述夸美纽斯教育思想体系的构成，并分析其历史贡献。（见2016年西南大学真题）

4.论述建构主义的知识观、教学观、学生观，并谈谈对教育的影响。（见2013年华东师范大学真题）

2013 年辽宁师范大学 333 教育综合真题·凯程详解

一、名词解释

1. 教育制度（见 2019 年北京师范大学真题）
2. 教学评价（见 2015 年北京师范大学真题）
3. 贝尔－兰卡斯特制（见 2012 年北京师范大学真题）
4. 白板说（见 2013 年北京师范大学真题）
5. 学习动机（见 2013 年北京师范大学真题）
6. 元认知策略（见 2011 年北京师范大学真题）

二、简答题

1. 现代教育有哪些基本特征?（见 2013 年北京师范大学真题）
2. 简述隋唐时期科举制对社会和教育发展的影响。（见 2019 年华中师范大学真题）
3. 何谓创造力? 其培养模式有哪些?（见 2011 年北京师范大学真题）
4. 简述自我效能感理论。（见 2010 年浙江师范大学真题）

三、论述题

1. 论述德育过程的知、情、意、行统一规律。（见 2015 年北京师范大学真题）
2. 评述陶行知生活教育理论的基本内容及现实启示。（见 2014 年北京师范大学真题）
3. 论述杜威的教育思想及现实意义。（见 2011 年北京师范大学真题）
4. 就以下案例谈谈你对教师教学观与学生观的看法。

【答】案例 1 中的教师没有树立正确的教学观与学生观。案例 2 中的教师把学生看作一个发展的个体，这体现了教师正确的学生观，允许学生在教室中犯错，让学生勇于表达，树立了正确的教学观。

学生观是指对学生正确的认识态度和看法。正确的学生观主要包括：学生是有独立意识的人；学生是有个性差异、独特性的人；学生是学习的主体；学生是有巨大的发展潜能并处于发展中的人；在教学过程中，教师与学生的位置是可以相互转化的，学生可以是教师，教师也可以是学生，师生之间要建立民主平等的关系；教师要及时地反思自己的教育教学行为（心中有学生，增强服务意识）；教师要正确地评价学生。案例 1 中的教师没有看到学生的发展潜能，直接对学生进行终结性评价，也没有反思自己的教学方法是否适合学生。案例 2 中的教师把学生看作一个发展的个体，允许学生出错，体现了正确的教学观及学生观。

2014 年辽宁师范大学 333 教育综合真题·凯程详解

一、名词解释

1. 课程标准（见 2015 年北京师范大学真题）
2. 学校管理人性化

【答】学校管理人性化是指学校管理工作要关注人的情感，满足人的需要，崇尚人的价值，开发人的潜能，尊重人的主体人格和地位。实行人性化管理，要做好以下几项工作：一切从人的实际出发；在分配工作任务时，要考虑人的个体差异；强调人的内在价值；构建充满尊重、理解和信任的人际环境；加强校园文化建设，充分发挥校园文化的管理和育人功能；转变管理观念，改变管理方式，贯彻"管理即育人，管理即服务"的思想。

3. 稷下学宫（见 2020 年北京师范大学真题）
4. 《学记》（见 2013 年东北师范大学真题）
5. 《莫雷尔法案》（见 2010 年华东师范大学真题）

二、简答题

1. 简述孔子的"有教无类"及其现实意义。（见 2011 年华南师范大学真题）
2. 简述北宋的三次兴学。（见 2013 年山东师范大学真题）
3. 简述建构主义学习理论。（见 2013 年华东师范大学真题）

4.简述严格要求与尊重学生相结合的原则。（见2018年华东师范大学真题）

三、论述题

1.有的教师没有学过教育学，却培养了一代又一代的学生。孔子没有学过教育学，却为万世师表。用教育学原理分析以上观点。

【答】（1）有些教师认为没有教育理论，一样有教育实践，这忽略了理论与实践之间的密切联系。历史经验告诉我们，没有实践依据的理论是空洞的理论，没有指导的实践是盲目的实践，教育工作者应该在正确理论的指导下进行实践，只有这样才能避免盲目摸索，才能更有效地实现教育目的。

（2）教育理论对每一个教育工作者的意义都十分重大。从理论功能上讲，掌握教育原理有助于解释教育实践，指导教育实践，推动教育改革；从实践意义上讲，掌握教育原理有助于树立科学的教育观，提高教育质量，总结经验，探索规律，还可以为学习其他相关学科提供坚实的理论根基。缺少理论的指导，教育实践就难以取得成效。

（3）孔子是一个实践经验非常丰富的教师。他不仅有经验，而且有丰富的教育理论。"不愤不启，不悱不发""学而时习""温故知新""学而不思则罔，思而不学则殆"等，都是孔子总结教学经验而提出来的教育理论。这些理论反过来直接指导了教育教学实践。因此，真正重视教育实践的人，是不应该也不会轻视教育理论的。

2.论述重视发展智力的重要性以及掌握知识与发展智力的关系。（见2012年东北师范大学真题）

3.论述卢梭自然教育理论及其现实意义。（见2012年华东师范大学真题）

4.有的学生努力学习却往往事倍功半，用教育心理学分析此观点。

【答】学习事倍功半是因为学生没有掌握有效的学习策略。学习策略是指学习者为了提高学习的效果和效率，有目的、有意识地制定有关学习过程的复杂的方案。学习策略包括认知策略、元认知策略和资源管理策略。

（1）认知策略。①注意策略指的是诸如注意的广阔性训练、稳定性训练，注意分配训练和注意转换训练等。通过这些训练，提高学生集中注意的能力，优化他们的注意品质。②精细加工策略，就是通过把所学的信息和已有的知识联系起来，以此增加新信息的意义。通常精细加工就是我们所称的记忆方法、记忆术。③复述策略是在工作记忆中为了保持信息而对信息进行反复重复的过程。常用的复述策略有：排除干扰；抑制和促进；首因效应和近因效应等。④编码和组织策略是学习和记忆新信息的重要手段，其方法是将学习材料分成一些小的单元，并把这些小的单元置于适当的类别之中，从而使每项信息和其他信息联系在一起。

（2）元认知策略大致可分为以下三种：①计划策略包括设置学习目标，浏览阅读材料，产生待回答的问题，以及分析如何完成学习任务。②监控策略包括阅读时对注意进行跟踪、对材料进行自我提问，考试时监督自己的速度和时间。③调节策略与监控策略有关。调节策略能帮助学生矫正他们的学习行为，使他们弥补理解上的不足。

（3）资源管理策略。①时间管理策略包括：统筹安排学习时间；高效利用最佳时间；灵活利用零碎时间。②努力管理策略包括：激发内在动机；树立为了掌握而学习的信念；选择有挑战性的任务；调节成败的标准；正确认识成败的原因；自我奖励。③学业求助策略包括：工具利用策略；社会性人力资源的利用策略。

综上，只有在多种策略上下功夫才能真正做到事半功倍。

2015年辽宁师范大学333教育综合真题·凯程详解

一、名词解释

1.教育的社会流动功能（见2020年上海师范大学真题）

2.教育制度（见2019年北京师范大学真题）

3.课程设计（见2016年上海师范大学真题）

4.学校德育（见2018年西北师范大学真题）

5.自我效能感（见2014年华东师范大学真题）

6.最近发展区（见2011年北京师范大学真题）

二、简答题

1.简述教学评价的原则和方法。

【答】教学评价是依据一定的客观标准，对教学活动及其结果进行测量、分析和评定的过程。

（1）教学评价的原则：①客观性原则；②发展性原则；③指导性原则；④计划性原则。

（2）教学评价的方法。

①观察法。观察法是直接认知被评价者行为最好的方法。它适用于在教学中评价不易量化的行为表现和技能性的成绩。

②测验法。测验法主要以笔试进行，是考核、测定学生成绩的基本方法。它适用于对学生学习文化科学知识的成绩的评定。

③调查法。调查法是为了了解学生的学习情况，评定学生成绩而搜集资料的一种方法。

④自我评价法。它可以帮助学生更好地理解教学目标，正确地评价自己，从而自觉地改进学习。常用的自我评价方法有运用标准答案，运用核对表以及运用录音机、录像机等。

2.简述教师职业常见的角色冲突及其解决方法。（见2015年上海师范大学真题）

3.简述夸美纽斯关于班级授课制的设想。（见2014年北京师范大学真题）

4.简述晏阳初的"四大教育"和"三大方式"。（见2017年湖南师范大学真题）

三、论述题

1.论述现代学校管理的发展趋势。（见2020年华东师范大学真题）

2.论述朱子读书法及其现实意义。（见2016年华东师范大学真题）

3.论述创造性人格特质及创造性的培养措施。（见2015年华东师范大学真题+2011年北京师范大学真题）

2016年辽宁师范大学333教育综合真题·凯程详解

一、名词解释

1.**教育制度**（见2019年北京师范大学真题）

2.**学校管理**（见2015年北京师范大学真题）

3.**最近发展区**（见2011年北京师范大学真题）

4.**发现学习**（见2017年华东师范大学真题）

5.**朱子读书法**（见2015年东北师范大学真题）

6.**癸卯学制**（见2018年东北师范大学真题）

二、简答题

1.简述科学性与思想性统一的选择。

【答】（1）充分利用已有经验，形成知识结构体系。扎实的专业知识、良好的知识结构是有效解决特定领域问题最重要的条件之一。

（2）分析问题的构成，把握问题解决的规律。在分析和理解有关问题的已知条件、解题条件以及存在问题的基础上，形成对有关问题的整体认识。

（3）开展研究性学习，发挥学生的主动性。学生在教师的指导下，用类似于科研的方式，主动选择学习，并对社会生活中的某些问题进行研究，从而获取知识，增长见识，发展能力。

（4）教授问题解决策略，灵活变换问题。教师应该教学生全面完整的知识，注重知识的融会贯通，注意具体问题和抽象模式的灵活转换，还应教学生解决问题的思维策略。

（5）允许学生大胆猜想，鼓励实践验证。培养学生的探究意识，鼓励学生进行猜想。但须让学生明白猜想并非正确答案，只有经过实践检验、求证，才能成为科学的答案。

2.简述学习动机的强化理论。

【答】学习动机的强化理论是由联结主义学习理论家提出来的，他们不仅用强化来解释学习的发生，而且用它来解释动机的产生。

（1）原理：人的某种学习行为倾向完全取决于先前的这种学习行为与刺激因强化而建立起来的稳固联系，强化可以使人在学习过程中增强某种反应重复可能性的力量。

（2）观点：联结学习理论的核心是刺激与反应之间的联结，而不断地强化则可以使这种联结得到加强和巩固。

（3）应用：在引导学生开展学习活动时，需要有效地增加正强化和合理地利用负强化，以此激发学生的学习动机，改善他们的学习行为及其结果。采取各种外部手段，如奖赏、评分、竞赛等，可以激发学生的学习动机。

（4）局限性：这一理论过分强调引起学生行为的外部力量（外部强化），忽视甚至否定了人的期望、信念、自觉性与主动性（自我强化）以及其他想法，因而这一学习理论有较大的局限性。

3. 简述赫尔巴特的教育性教学原则。（见 2011 年杭州师范大学真题）

4. 简述问题解决能力的培养。（见 2010 年华中师范大学真题）

三、论述题

1. 论述孔子的教育思想。（见 2012 年北京师范大学真题）

2. 结合实例谈谈教师劳动的价值。（见 2016 年上海师范大学真题）

3. 评述卢梭的自然教育理论，谈谈对现代教育改革趋势的影响。

【答】（1）卢梭的自然教育理论。（见 2012 年华东师范大学真题）

（2）对现代教育改革趋势的影响。

①遵循儿童的自然天性，实行自由教育。卢梭提倡尊重儿童的自由，给予儿童充分自由活动的时间和机会，让他们能用自己所持的观点和方法去看、去想、去感受一切事物。②教育要以开发学生的天性禀赋为目的。教师的作用不只是传授知识，更多的是引导学生认识人生、养成品格、获取幸福。③教育要注意人的年龄特征。按照儿童的身心发展水平、接受能力和自然进程进行教育。针对不同年龄的人，教育应该具有不同的特点。

4. 论述德育过程是提高自我教育能力的过程。（见 2012 年北京师范大学真题）

2017 年辽宁师范大学 333 教育综合真题·凯程详解

一、名词解释

1. 课程设计（见 2016 年上海师范大学真题）

2. 最近发展区（见 2011 年北京师范大学真题）

3. 学校管理（见 2015 年北京师范大学真题）

4. 教学评价（见 2015 年北京师范大学真题）

5. 教育制度（见 2019 年北京师范大学真题）

6. 社会规范内化

【答】社会规范内化是规范的一种高级接受水平或高度遵从态度，是品德形成的最高阶段。社会规范内化表现为主体规范行为的动机是以规范本身的价值信念为基础的，其规范行为是由社会规范的价值信念驱动的。社会规范的内化行为是一种高水平的接受和遵从态度，因而具有较强的自觉性、主动性、坚定性。

二、简答题

1. 简述中世纪大学的特点。（见 2018 年南京师范大学真题）

2. 简述清末新政中的教育措施。

【答】（1）学制的建立。1902 年，在张百熙的主持下拟定了一系列学制系统文件，统称《钦定学堂章程》，因该年为壬寅年，又称壬寅学制。1904 年 1 月，清政府公布了由张百熙、荣庆、张之洞主持重新拟定的一系列学制系统文件，统称《奏定学堂章程》，因公布时为癸卯年，又称癸卯学制。

（2）废科举，兴学堂。光绪帝于 1905 年 9 月 2 日宣布废科举，这宣告了自隋代起实行了 1300 年之久的科举考试制度终结。

（3）改革教育行政体制，厘订教育宗旨。

（4）留学教育勃兴。首先是 1906 年前后形成了规模巨大的留日高潮，其次是 1908 年美国实行"退款兴学"政策后，留美潮流逐渐兴起。

3. 简述活动课程的特点。（见 2010 年北京师范大学真题）

4. 简述学校德育的基本原则。（见 2017 年天津师范大学真题）

三、论述题

1. 论述书院的特点及现实意义。（见 2013 年华东师范大学真题）

2. 论述卢梭的自然教育思想及影响。（见 2012 年华东师范大学真题）

3.论述影响问题解决的因素和培养方法。（见 2017 年陕西师范大学真题 +2010 年华中师范大学真题）

4.论述教育的社会流动功能及对人的影响。（见 2010 年北京师范大学真题）

2018 年辽宁师范大学 333 教育综合真题·凯程详解

一、名词解释

1.学校管理体制

【答】学校管理体制也称学校教育体制。教育实施机构与一定的规范相结合，就构成了学校教育体制。在教育体制中，学校教育体制是整个教育体制得以构成和运行的基础，它是教育管理体制直接运行的对象。

2.相对性评价

【答】相对性评价是用常模参照性测验对学生成绩进行的评定。它依据学生个人的成绩在该班学生成绩序列中或常模中所处的位置来评价和决定他的成绩优劣，而不考虑他是否达到了教学目标的要求，故相对性评价也称常模参照性评价。

3.昆西教学法（见 2018 年浙江师范大学真题）

4.《莫雷尔法案》（见 2010 年北京师范大学真题）

5.创造性思维

【答】创造性思维是指用超常规方法，重新组织已有的知识经验，产生新方案和新成果的心理过程，是创造性认知品质的核心。其主要特征有：流畅性、变通性、独特性、综合性、突发性。现在多数研究者认为，创造性思维是一个复合体，它是由多种思维有机组成、协同作用的。第一，创造性思维是发散思维与聚合思维的统一；第二，创造性思维是逻辑思维与非逻辑思维的统一。

6.资源管理策略（见 2020 年湖南师范大学真题）

二、简答题

1.简述教育的社会流动功能和现实意义。（见 2010 年北京师范大学真题）

2.简述教育目的的结构层次。（见 2010 年湖南师范大学真题）

3.简述自我教育能力的内容和作用。

【答】（1）自我教育能力的内容。

自我教育大致是由四个环节组成的动态结构与过程——在自我认识的基础上提出自我要求；在自我要求目标的引导下不断地通过实践过程中的自我监控、调节，力求达到一定的预期效果；用自己认可的价值观对自己进行评价，通过评价形成新的自我肯定；在新的基础上又开始了新的自我教育循环上升、不断超越的过程。

（2）自我教育能力的作用。

自我教育能力在德育过程中的作用：①自我教育能力是德育的一个重要条件，只有注意培养与提高学生的这种能力，学生品德的内部矛盾才能转化，德育才能进行得更顺利、更有效；②学生的自我教育能力也是学生品德发展过程的重要标志。

4.请简述唐代的学校管理制度。

【答】唐代的学校管理制度最重要的是以下六项。

（1）入学制度。中央官学实行等级入学制度，凡申请入国子监的学生，对年龄有一定的限制。

（2）学礼制度。束脩之礼、国学释奠礼、贡士谒见及使者观礼，这些定期性的礼仪活动使学生受到崇儒尊师、登科从政的教育，受到一定的思想熏陶。

（3）教学制度。各种类型的学校教学内容具有具体性和专业性，如国子学、太学、四门学主要学习儒家经典，律学主要学习唐律令。各类学校都规定了各门课程的修业时限。

（4）考核制度。主要有旬试、月试、季试、岁试和毕业试。

（5）督责与惩戒制度。国子监主簿负责执行学规，督促学生勤学，保证国子监的教学和生活秩序。

（6）休假制度。常规的休假有旬假、田假和授衣假，反映了农业社会的人性关怀。

三、论述题

1.请论述教育对人的重大作用。（见2016年东北师范大学真题）

2.述评杨贤江的马克思主义教育理论。

【答】杨贤江是中国最早的马克思主义教育理论家和青年教育家，他撰有第一部运用历史唯物主义分析世界教育历史的著作《教育史ABC》和第一部运用马克思主义论述教育原理的专著《新教育大纲》，他还翻译了《家庭、私有制和国家的起源》。

（1）论教育本质。

①教育起源于实际生活的需要。②教育是社会的上层建筑之一。③未来社会的教育将是"社会所需要的劳动领域之一"，未来社会教育与劳动相结合，教育的普及将促成真正平等的教育。④教育由经济、政治决定，对经济和政治也有影响。

（2）"全人生指导"与青年教育。

①对青年问题的分析：青年问题不仅关系到个体的身心发展，也是社会问题最集中最尖锐的反映。产生青年问题的原因：一是青年期是身心发生显著变化的时期，身心的急剧变化导致诸多身心问题；二是社会动荡剧变更易导致青年问题。

②全人生的指导：指导青年树立正确的人生观是杨贤江青年教育思想的核心。他提出通过对人类有所贡献来促进人生幸福的人生目的。a.所谓"全人生的指导"，就是对青年进行全面关心、教育和引导。b.主张青年要干预政治，投身革命。c.强调青年必须学习，学习是青年的权利与义务。d.对青年生活提出了指导性意见。完满的青年生活是多方面的，主要包括：健康生活（体育生活）；劳动生活（职业生活）；公民生活（社会生活）；文化生活（学艺生活）。具有正确生活态度的青年应有的特征是：活动性、奋斗性、多趣性、认真性。e.宗旨：要有强健的体魄和精神，要有工作的知识和技能，要有服务人群的理想和才干，要有丰富的风尚和习惯。

杨贤江的"全人生指导"思想的核心是指导青年树立正确的人生观，并引导他们走上革命道路。"全人生指导"最重要的原则是提倡自动自律，培养青年的主动精神，让青年做自己的主人，教育只居于指导地位，不应包办和强制。其思想对青年的影响很深远。

3.论述昆体良的教育思想。

【答】昆体良是古罗马帝国时期著名的修辞学家和教育家，他对古罗马的教育实际情况进行了总结，写出了《雄辩术原理》。昆体良的教育思想主要有以下几点。

（1）关于教育目的。他提出教育应培养善良而精于雄辩术的人，认为德行是雄辩家的首要品质。

（2）在人的发展和教育过程中，他认为学校教育要优于家庭教育。学校教育可以激励学生的学习；可以为儿童提供多方面的知识；可以培养儿童适应公共生活、参加社会活动的能力。

（3）关于学前教育，他提出了许多重要的观点。如注意幼儿道德教育，重视儿童说话能力的训练，认为幼年期的学习是在为青年期的学习打基础。

（4）关于教育、教学方法的见解。他主张教育者要认真了解学生的天赋、倾向和才能，根据学生的特点，因材施教。①在教学上，昆体良最早提出了班级授课制的思想，他认为分班教学不仅可能而且必要；②在课程的设置上，他认为专业教育应当建立在广博的知识学习的基础上，为此，他提出了包括文法、修辞学、音乐、几何、天文学、辩证法等在内的学科计划；③在教学方法上，他强调要经常利用提问法激发学生的学习兴趣，还要注意学生的休息，使学习和休息交替进行。

（5）关于教师问题。他强调教师应以德才兼备、宽严相济、因材施教、以身作则等高标准来要求自己。

4.根据中外学者的研究阐述人的品德发展的实质。

【答】（1）品德的含义。

品德作为个体社会行为的内在调节机制，是合乎社会规范要求的稳定的心理特性，是使得行为产生的内因，又被称为德性。品德的实质是人际交往经验结构，根本内容为对人、对事、对己方面的社会规范的遵从经验。它是与道德有关的概念，其心理结构包括道德认知、道德情感、道德意志和道德行为。

（2）品德发展的实质。

品德是在人际交往经验获得的过程中形成和发展起来的。通过接受社会规范，执行社会规范，并从行为结果的反馈中强化个体对规范的必要性认识，获得执行规范行为的体验，确立自觉执行规范的动机，从而使品德得以形成和发展。这就是品德发展的实质。

①品德发展是社会道德内化为个人品德的过程。

品德发展过程就是把外在的社会道德规范内化为个体内在的道德行为观念，进而依据个人的道德价值取向，表现出稳定的道德规范行为的过程。

②品德发展是在内部矛盾的推动下内外因共同作用的结果。

一般认为，品德发展过程的基本矛盾是指教育者依据社会道德向儿童提出的道德要求与儿童道德发展现状之间的矛盾，这一矛盾推动了儿童品德的发展。

③品德发展是知、情、意、行协调发展的过程。

品德包含道德认识、道德情感、道德意志和道德行为四个基本心理特征。品德发展是这四个因素协调、统一的发展，其中道德认识是基础，道德情感是动力，道德意志起调控作用，道德行为是前三者的综合表现，也是个体品德发展水平的主要标志。

2019 年辽宁师范大学 333 教育综合真题·凯程详解

一、名词解释

1. 教育目的（见 2015 年北京师范大学真题）
2. 课程标准（见 2015 年北京师范大学真题）
3. 学校管理（见 2015 年北京师范大学真题）
4. 教学评价（见 2015 年北京师范大学真题）
5. 发现学习（见 2017 年华东师范大学真题）
6. 创造性思维（见 2018 年辽宁师范大学真题）

二、简答题

1. 简述教育的政治功能。（见 2012 年北京师范大学真题）
2. 简述直接经验和间接经验的关系。（见 2014 年华中师范大学真题）
3. 简述朱子读书法。（见 2016 年华东师范大学真题）
4. 简述卢梭的自然教育思想。（见 2012 年华东师范大学真题）

三、论述题

1. 论述德育为什么能够培养学生的知、情、意、行。（见 2015 年北京师范大学真题）
2. 论述陶行知的生活理论教育的基本内涵，并分析其历史价值和现实意义。（见 2014 年北京师范大学真题）
3. 论述夸美纽斯的教育思想体系，并分析其历史贡献。（见 2016 年西南大学真题）
4. 谈一谈建构主义的知识观、学习观、学生观，并分析其对教育的影响。

【答】（1）建构主义的知识观、学习观、学生观。（见 2013 年华东师范大学真题）

（2）对教育的影响。

建构主义者强调学习过程中学习者的主动性、建构性；对学习者做初级学习与高级学习的区分，批评传统教学中把初级学习的教学策略不合理地推及到高级学习中的现象；提出合作学习、情境性教学等，对深化当前的教育教学改革具有深远的意义。但是，传统教学重视知识的确定性和普遍性，注重分析和抽象，这在初级学习阶段是必要的且具有合理性的。全盘否定它，同样会犯以偏概全、用特殊代替一般的错误，会引起教学混乱。

2020 年辽宁师范大学 333 教育综合真题·凯程详解

一、名词解释

1. 课程设计（见 2016 年上海师范大学真题）
2. 学校管理体制（见 2018 年辽宁师范大学真题）
3. 相对性评价（见 2018 年辽宁师范大学真题）
4. 启发性原则（见 2012 年辽宁师范大学真题）

5. 角色扮演法

【答】角色扮演法指模拟现实社会中的某些情景，让儿童扮演其中的角色，尝试从该角色的立场分析问题、处理问题，体验情感，并通过及时的反馈和教师的指导，了解别人的需求和感受，从而更好地掌握与角色相适应的行为及规范。

6. 学习策略（见2015年北京师范大学真题）

二、简答题

1. 简述学生品德不良行为的矫正。（见2012年华南师范大学真题）

2. 如何培养问题解决能力？（见2010年华中师范大学真题）

3. 简述杜威的教育思维和教学理论。（见2011年北京师范大学真题）

4. 简述孔子的教学原则及影响。（见2013年东北师范大学真题）

三、论述题

1. 结合实际论述学校德育如何促进学生知、情、意、行的发展。（见2015年北京师范大学真题）

2. 试论述1922年"新学制"的产生背景、内容及对现代教育的影响。（见2014年东北师范大学真题）

3. 什么是人的发展？有什么规律？教育对人的发展有什么作用？

【答】（1）人的发展。

"人的发展"一般有两种释义。一种是将它看成人类的发展或进化的过程。另一种是将它看成人类个体的成长变化过程。个体发展也有广义和狭义之分。广义的个体发展是指个人从胚胎到死亡的变化过程，其发展持续人的一生。狭义的个体发展则是指个人从出生到成人的变化过程。

人的发展是整体性的发展，大体可以分为三个层面：一是生理发展，包括机体的正常发育，体质的不断增强，神经、运动、生殖等系统的生理功能的逐步完善；二是心理发展，包括感觉、知觉、注意、记忆、思维、想象、言语等认知的发展，需要、兴趣、情感、意志等意向的形成，能力、气质、性格等个性的完善；三是社会性发展，包括社会经验和文化知识的掌握，社会关系和行为规范的习得，使人不断社会化、提高社会性，发展成为具有社会意识、人生态度和实践能力的现实的社会个体，能够适应并促进社会发展的人。人的发展的三个方面，既有一定的相对独立性，又密切地联系在一起，相互制约、相辅相成，有机地促进人的体、智、德、美及实践能力的全面发展。

（2）人的发展的规律以及教育对人的发展的作用。（见2010年华中师范大学真题）

4. 论述赫尔巴特的教学理论及对当代教育的影响。（见2015年北京师范大学真题）

2021年辽宁师范大学333教育综合真题·凯程详解

一、名词解释

1. 课程方案（见2013年华东师范大学真题）

2. 稷下学宫（见2020年北京师范大学真题）

3.《巴尔福法案》（见2014年福建师范大学真题）

4. 中世纪大学（见2013年西南大学真题）

5. 教师劳动的创造性

【答】（1）简介：教师劳动的创造性是教师劳动的特点之一。

（2）含义：教师劳动的创造性，是由教育对象的特殊性和复杂性决定的。具体表现在：教师对教育教学原则和方法的选择和运用上；教师对教材内容的处理和加工上；教师的教育机智上。所谓教育机智，是指教师在教育教学活动中表现出来的对新的、意外的情况准确而迅速地做出判断并巧妙地解决的能力。这其中也体现了灵活性。

（3）产生条件：教师劳动的创造性并不意味着它会自动产生，一位教师要创造性地开展工作必须经过艰苦的劳动和长期的积累，善于反思与探究，机智地开展工作，才能涌现出创造性。

6. 科学教育思潮（见2013年云南师范大学真题）

二、简答题

1. 简述韩愈的教师观。（见2018年北京师范大学真题）
2. 简述人格发展的一般规律。（见2013年华中师范大学真题）
3. 简述教育的经济功能。（见2019年华东师范大学真题）
4. 简述蔡元培"五育"并举的教育思想。（见2016年华东师范大学真题）

三、论述题

1. 结合实际说说德育原则。（见2011年湖南师范大学真题）

2. 论述学生学习的特点，并说说考取研究生之后应怎样学习。

【答】学习是个体在特定情境下由于练习或反复经验而产生的行为或行为潜能的比较持久的变化。所以，学习的实质是行为的持久改变，是学习者心理结构质变、重建的过程。

（1）学生学习的特点：

①学生的学习是以掌握间接知识经验为主的。学生主要学习和掌握前人积累起来的各门科学知识，即间接的知识经验，是在较短的时间内接受人类的认识成果。学生的学习不需要也不可能事事从头实践。当然，学生为了更好地理解、巩固和运用所学知识，有时也会通过实践获取一定的直接经验，但学生的实践是服从于一定的学习目的的，与科学家探索尚未发现的客观真理的实践活动是不同的。

②学生的学习是在教师有目的、有计划、有组织地指导下进行的。教师在学生的学习中起着极其重要的作用，教师通过系统地指导和传授，使学生在学习上少走了许多弯路，使学生能够在较短的时间内取得更好的学习效果。

③学生学习的主要任务是掌握系统的科学知识、技能，形成科学的世界观和良好的道德品质。学生科学的世界观和良好的道德品质的形成过程，也是一个学习的过程，是在掌握系统的科学知识和技能的基础上，通过各种有计划、有组织的教育活动实现的。

④学生的学习是在学校班集体中进行的。班集体这一特殊团体中的人际交往、人际关系等对学生的学习有重要影响。

（2）考取研究生之后应该这样学习：

①广泛深入地阅读专业书籍，打好专业基础，提升科研能力。在考取研究生之后首先要通过广泛而深入地阅读本专业的书籍，奠定专业基础。同时，研究生期间的学习已不同于本科期间的学习，研究生期间的学习更注重培养学生的思维能力，因此，在学习中要注重对知识的深度加工并有意识地培养自己的创造性或创新性思维。此外，在读研期间，要积极主动地参与科研项目，提升自己的学术素养。

②广泛地阅读各类书籍，成为通识型人才。研究生不仅要成为一个专才，而且要成为一个通才，研究生的知识面应该是广而深的。因此，在读研期间应广泛地阅读各类书籍，汲取各类知识。唯有如此，在学习中才能触类旁通，为自己的研究开拓新的视野。

③注重与他人的合作与交流。在读研期间，要注重与老师、同学的交流，注重团队的合作，同时要有意识地培养自己的公共服务精神，唯有如此，个人的学术成果才能真正地有利于学术共同体。

3. 阅读下面一段材料，说明其反映的思想和启示。

【答】（1）思想：材料中反映的是杜威的"教育即生活"的思想。杜威在批判传统教育远离儿童生活、学校与社会脱节的基础上提出了"教育即生活"的理念。其主要内涵有：教育是生活的过程，学校是社会生活的一种形式；教育不是为学生未来的生活做准备，而是为学生当下的生活做准备；学校生活应与儿童自己的生活相契合；学校生活应与学校以外的社会生活相契合；学校生活应是充满现代精神的理想生活。

（2）启示：

①课程目标：要实现儿童完整生活的整合。在杜威的教育理论中，现实生活与未来生活具有同样重要的地位。"于是，随着现在于不知不觉中进入未来，未来也就被照顾到了。"可以说，杜威的教育理论真正做到了"人是教育的对象"，它既注重人现在的需要，也没有忽视人将来的生活。而在我国，长期以来中小学课程目标指向的是单一的认知领域，课程目标的设计是把学生当作"未来的人"。这样的课程目标最大的缺陷是忽视了儿童的实际生活状况，忽视了儿童作为一个完整的人的存在，而牺牲儿童当前的生活是无法真正为其将来生活做准备的。依据杜威的理论，我们在设计课程目标时，必须考虑到儿童的现实生活与可能生活，将两种生活整合起来。

②课程内容：要体现科学世界与生活世界的整合。杜威十分重视个体的日常生活经验，并提出要实现日常生活世界与科学世界的整合。当前我国中小学的课程内容指向"科学世界"，脱离了学生的日常生活世界。因此，

联系日常生活世界和科学世界，促使两个世界的内容整合，同样是课程观转向的重要体现。

③教学过程：要注重学生的体验性。传统的课堂教学被看成教师传授知识、学生接受知识的过程，学生个体的体验在教学过程中的重要性一直没有得到应有的重视。在杜威看来，教学过程是儿童不断体验的过程，体验能帮助学习者不断地积累经验而走向深度学习。因此，在教学中，我们要注重学生的体验性。

4.课程内容设计应符合哪三对逻辑？

【答】课程内容设计应符合直线式与螺旋式、学科逻辑与心理逻辑、纵向组织与横向组织三对逻辑。（见2014年华东师范大学真题）

2022年辽宁师范大学333教育综合真题·凯程详解

一、名词解释

1.教学评价（见2015年北京师范大学真题）

2.课程方案（见2013年华东师范大学真题）

3.美育（见2010年东北师范大学真题）

4.班级授课制（见2016年北京师范大学真题）

5.最近发展区（见2011年北京师范大学真题）

6.自我效能感（见2014年华东师范大学真题）

二、简答题

1.简述教育的社会流动功能。（见2010年北京师范大学真题）

2.简述教育目的的社会制约性。

【答】（1）教育目的受社会交往范围的制约。任何一个国家的教育目的，都不可能离开它所在的时代。人类社会不同发展阶段的交往影响着这个时代人的发展的一般特征。今天已经进入全球化的时代，全球化把国与国之间紧密联系起来。因此，教育目的也必须将"人类命运共同体"纳入视野。

（2）教育目的受社会生产力发展水平的制约。生产力的发展是人的发展的促进因素。生产力发展的不同要求体现在教育目的上就是不同社会对人才的核心、素质和质量规格要求不同，使教育目的表现出不同的社会特点。

（3）教育目的受社会政治制度的制约。社会政治制度决定着人才培养的性质，决定着教育为谁培养人，培养的人为谁服务。不同国家培养为不同国家政治服务的人，中国是社会主义制度的国家，教育要为社会主义建设服务，为人民服务，培养社会主义的建设者和接班人。

（4）教育目的受社会传统文化的制约。文化具有整体上育人的功能，对人的影响是潜移默化的全方位渗透。因此，在制定教育目的时，必然要结合自己民族的传统文化，在消化、吸收和弘扬本民族优秀传统文化的过程中，重塑本国公民的思想、道德、文化价值观，使教育培养的人体现出一国所特有的民族性。

总之，不同社会、不同时代、不同国家的政治、经济和文化传统，通过影响一定时期的人的发展来影响教育目的，使教育目的成为社会要求的集中反映，呈现社会制约性。

3.简述宋代书院教育的发展及其特点。（见2017年华中师范大学真题）

4.简述文艺复兴时期人文主义教育的特征。（见2011年华东师范大学真题）

三、论述题

1.基于对教师职业特点的理解，论述如何更好地促进教师的专业发展。（见2015年西南大学真题）

2.试述科尔伯格的道德发展阶段理论和启示。（见2013年华东师范大学真题）

3.试述陶行知生活教育思想体系的主要内容及其启示。（见2014年北京师范大学真题）

4.试述结构主义教育的主要特点及影响。（见2013年华东师范大学真题）

哈尔滨师范大学

2010 年哈尔滨师范大学 333 教育综合真题·凯程详解

一、名词解释

1. 教育目的（见 2015 年北京师范大学真题）
2. 义务教育（见 2012 年东北师范大学真题）
3. 教育制度（见 2019 年北京师范大学真题）
4. 学校管理（见 2015 年北京师范大学真题）
5. 课程目标

【答】课程目标是课程要实现的具体目标和意图。它规定了某一教育阶段的学生通过课程学习以后，在发展德、智、体等方面期望实现的程度。它是确定课程内容、教学目标和教学方法的基础。课程目标是指导整个课程编制过程最关键的准则。

6. 新教育运动（见 2019 年华东师范大学真题）

二、简答题

1. 简述教育的功能。（见 2014 年北京师范大学真题）
2. 简述问题解决的过程。（见 2010 年山东师范大学真题）
3. 简要分析罗杰斯的学习理论。（见 2017 年华中师范大学真题）
4. 简述教师专业化的内涵。（见 2015 年西南大学真题）

三、论述题

1. 有人认为"近墨者黑"，有人认为"近墨者未必黑"。请联系相关理论和个体实践谈谈你对这个问题的看法。（见 2010 年山东师范大学真题）
2. 中国当前的教育不公平主要表现在哪几个方面？请你选择某一方面并分析其产生的原因，尝试提出解决的对策。（见 2010 年山东师范大学真题）
3. 试述陶行知"生活教育"理论的主要内容。（见 2014 年北京师范大学真题）
4. 试述评杜威的教育本质论。（见 2018 年东北师范大学真题）

2011 年哈尔滨师范大学 333 教育综合真题·凯程详解

一、名词解释

1. 学校教育（见 2010 年华中师范大学真题）
2. 美育（见 2010 年东北师范大学真题）
3. 遗传素质

【答】遗传是指人从上代继承下来的外在的和内隐的生理解剖上的特点，如机体的结构、形态、感官和神经系统的特点等。这些遗传的生理特点也叫作遗传素质。遗传素质是人的身心发展的物质基础和生理前提，为人的身心发展提供了可能性。遗传素质的成熟程度制约着人的身心发展过程及年龄阶段；遗传素质的差异性对人的身心发展有一定的影响作用；遗传素质具有可塑性。

4. 因材施教（见 2010 年东北师范大学真题）
5. 课的结构

【答】课的结构是指一堂课的基本组成部分，各部分之间的相互联系与相互作用，以及安排的顺序与时间分配等。课的类型不同，其结构就不同。同一类型的课，由于学生的年龄特点与运用的教学方法不同，其结构也有所差异。一般来说，课的结构包括：（1）组织教学；（2）复习过渡；（3）讲授新教材；（4）巩固新教材；（5）布置课外作业。

6. 实习作业法

【答】实习作业法是学生在教师的指导下进行一定的实践活动，以培养学生的专业操作能力的方法。运用实习作业法的要求有：（1）做好实习作业的准备；（2）做好实习作业的动员；（3）做好实习作业过程中的指导；（4）做好实习作业的总结。

二、简答题

1. 简述建构主义理论的基本观点。（见2013年华东师范大学真题）

2. 教师如何上好一堂课?（见2010年华中师范大学真题）

3. 简述"百日维新"中教育改革的内容。（见2014年陕西师范大学真题）

4. 简述智者派的教育实践与教育主张。

【答】"智者"又称诡辩家或智术之师，是指一些以收费传授辩论术和其他知识，并以此为职业的巡回教师。智者学派的代表人物包括：普罗塔哥拉（人是万物的尺度）、高尔吉亚、普罗狄克斯。

（1）智者派的教育实践。

智者的教育活动也具有高等教育性质，而且开始了集体讲学，目的是教人学会从事政治活动的本领，即训练公民和政治家。辩证法、修辞学、文法（"三艺"）成为智者主要的教学科目，自然科学也被纳入智者的教学科目和研究范围。

（2）智者派的教育主张。

智者派共同的思想特征有：相对主义、个人主义、感觉主义和怀疑主义。在智者看来，一切知识、真理和道德都是相对的，都有赖于具体的感知者。没有客观真理，只有主观意见。

智者作为西方最早的职业教师，对古希腊教育实践和教育思想的发展做出了重大贡献，其思想具有朴素的人文主义价值取向，对此后的教育具有重要的价值。

三、论述题

1. 试论述促进知识迁移的措施。（见2014年北京师范大学真题）

2. 结合实际谈谈德育在工作中如何实施严格要求与学生相结合的原则。（见2018年华东师范大学真题）

3. 论述《学记》中"豫、时、孙、摩"的教学原则。

【答】（1）预防性原则。"禁于未发之谓豫"，要求预计到学生可能出现的种种不良倾向，预先采取防治措施。

（2）及时施教原则。"当其可之谓时""时过而后学，则勤苦而难成"，教育应该按照学生的年龄特征和心理状况安排适当的教学内容。

（3）循序渐进原则。"不陵节而施之谓孙"，学习内容要有先后顺序，要求教师根据知识的难易程度和逻辑结构来施教。

（4）学习观摩原则。"相观而善之谓摩"，在学习过程中，同学之间要相互切磋研究，共同提高，既要专心学习，又要融入集体。

4. 论述近代科学革命兴起的根源。

【答】（1）科学革命是基督教兴起以来最重要的事件，也是西方文明得以在现代世界占据文化主导地位的根本原因。这个时期确立了现代科学的很多技术、重要信条和世界观。近代科学革命的兴起，不仅是对科学的一次深刻探索，而且是对人们认识自然的理性思考的一次冲击。现代科学的开始，包括哥白尼、伽利略、开普勒、牛顿的重大发现，为我们更深入地看待自然开启了一扇大门。

（2）古希腊的理性自然观认为，万物都是遵循数学模型的。古希腊、罗马的哲学家凭着对自然现象的观察和思考总结出了论断，如泰勒斯的学说：万物的根源是水。但是他们的方法凭天才的臆测、思维与辩论，被称为思辨哲学。到了中世纪，经院哲学统治欧洲。科学、哲学沦为神学的奴婢。到了15、16世纪，哥白尼、伽利略等人坚持不懈地与教会斗争，挣脱了侍奉上帝的桎梏，对自然现象的观察、测量和实验的风气逐渐形成了。而在他们的基础上，牛顿又提出了自己完善的科学理论体系，为近代科学革命画上了圆满的句号。可见，近代科学革命是踩在众多科学巨匠的肩上举步维艰地登上历史舞台的。

2012 年哈尔滨师范大学 333 教育综合真题·凯程详解

一、名词解释

1. 教育学（见 2011 年陕西师范大学真题）
2. 教学（见 2013 年陕西师范大学真题）
3. 课程（见 2019 年北京师范大学真题）
4. 德育（见 2015 年华南师范大学真题）
5. 教育目的（见 2015 年北京师范大学真题）
6. 学校教育制度（见 2019 年北京师范大学真题）

二、简答题

1. 简述教学过程中应当处理好的几种关系。（见 2011 年东北师范大学真题）
2. 简述孔子的道德教育思想。（见 2012 年东北师范大学真题）
3. 简述古希腊教育的传播对古罗马教育的影响。

【答】古希腊是西方文明和教育的摇篮，古希腊教育（特别是雅典教育）在世界教育史上占有非常重要的地位。以人的身心和谐发展为目的的自由教育理想，以及由此组织起来的多样化教育制度，是古希腊教育对世界教育发展的重要贡献。

古罗马教育的特性是注重实际和功用，强调实践和技术而不注重思辨。这种特性与古希腊教育的特性在一定程度上形成了对比，已成为西方教育中实用与自由教育冲突的来源之一。

但是古罗马教育受到古希腊教育的影响开始建立学校，促进了学校的发展。

4. 简述学习策略教学的条件。

【答】（1）学生的自身条件。

①学生的动机状况。②学生的智能水平。③学生的学习策略的发展水平（梅耶的研究）：早期阶段，大致在学前时期；过渡阶段，大致在小学时期；成熟阶段，大致在初中和高中时期。

（2）教学条件。

①要根据学生掌握学习策略的过程规律进行训练。②要以元认知学习策略为中心组织策略训练。③要制定一套学习策略操作技术。④要结合学科教学进行实例训练。⑤要做到学习策略练习的一致与变化统一。

三、论述题

1. 联系实际论述教育应如何适应年轻一代身心发展的客观规律。（见 2010 年华中师范大学真题）
2. 试论卢梭的自然主义教育观。（见 2012 年华东师范大学真题）
3. 试述蔡元培的完全人格教育思想。（见 2015 年杭州师范大学真题）
4. 试述皮亚杰的认知发展阶段理论及其对教学的启示。（见 2012 年东北师范大学真题 +2018 年天津师范大学真题）

2013 年哈尔滨师范大学 333 教育综合真题·凯程详解

一、名词解释

1. 教育（见 2014 年北京师范大学真题）
2. 教学方法（见 2013 年华南师范大学真题）
3. 陶冶（见 2011 年华中师范大学真题）
4. 课程标准（见 2015 年北京师范大学真题）
5. 体育（见 2013 年华中师范大学真题）
6. 教学原则

【答】教学原则是有效进行教学必须遵循的基本要求和原理。它既指导教师的教，也指导学生的学，应贯穿于教学过程的各个方面和始终。我国中小学常用的教学原则有：科学性与思想性统一原则、理论联系实际原则、直观性原则、启发性原则等。

二、简答题

1.简述教师劳动的特点。（见2015年东北师范大学真题）

2.简述《颜氏家训》的家庭教育思想。

【答】颜之推写出了我国封建社会第一部系统完整的家庭教科书——《颜氏家训》，向我们展示了一幅封建士族教育腐败的图画。

（1）重视儿童教育。

颜之推非常重视儿童教育，尤其是儿童的早期教育。他主张及早对幼儿进行教育，而且越早越好。重视儿童早期教育的原因有：一是儿童年幼，心理纯净，各种思想还没有形成，可塑性强，容易受到教育和环境的影响；二是儿童年幼，受外界的干扰少，精神专注，记忆力好。

（2）教育的原则与方法。

第一，尽量早教；第二，严与慈相结合；第三，给予所有子女相同的爱与教育标准，不偏宠；第四，重视通用语言，不应强调方言；第五，注重道德教育，以"孝悌"与"立志"为主要内容；第六，主张可以体罚孩子，严格的教育才能使子女成器。

（3）教育内容：言语教育、道德教育和立志教育。

3.简述斯巴达的教育特点。（见2011年华南师范大学真题）

4.简述创造性的影响因素和培养措施。（见2020年陕西师范大学真题+2011年北京师范大学真题）

三、论述题

1.举例论述榜样法。

【答】榜样法是德育的方法之一，是用他人的高尚思想、模范行为和卓越成就来影响学生品德的方法。运用榜样法的要求有：选好学习的榜样，激起学生对榜样的敬慕之情；引导学生用榜样来调节行为、提高自身修养。

榜样对个体的影响是巨大的。学校所能提供的榜样一般来自教材和教师。就教材而言，有关教材的内容提供今人、古人的生活方式，或有意、无意地表达作者的态度以及前人所推崇的态度。就教师而言，学生所仰慕、模仿的教师通常是品德高尚、知识渊博、兴趣广泛、授课得法、关心学生的教师。例如，教师要求学生讲礼貌，在教育教学过程中，教师就要以身作则，文明用语，为学生树立一个良好的榜样。

在学校情境中，教师应根据学生心目中有关榜样的特点，按照班杜拉的社会学习理论来选择榜样、设计榜样、示范榜样行为，以及运用有关的奖惩，引导学生培养某种合乎要求的态度。

2.论述黄炎培的职业教育思想。（见2018年华中师范大学真题）

3.论述班杜拉的社会学习理论。

【答】（1）社会认知论。

班杜拉认为，儿童通过观察他们生活中重要人物的行为而习得社会行为。这些观察以心理表象或其他符号的形式储存在大脑中，来帮助他们模仿行为。

（2）交互作用论。

学习不仅受到外部环境的影响，而且受到认知的调节和自我调节。班杜拉的学习理论强调人的行为是内部因素和外部环境相互作用的产物，坚持了多因素相互作用共同决定行为的观点。

（3）观察学习论。

班杜拉认为，人类的学习有两种形式：一种是直接学习，另一种是间接学习。观察学习包括四个阶段：注意过程、保持过程、复制过程和动机过程。注意过程影响观察者对榜样行为的探索和知觉过程，决定观察者的观察内容。保持过程使观察者将示范行为以某种形式储存在头脑中，以便今后指导操作。复制过程是观察者以内部表征为指导，将榜样行为再现。动机过程决定个体复现榜样行为的具体内容，即决定哪一种经由观察习得的行为得以表现。

（4）自我效能论。

自我效能论是指个人对影响其生活的事件能够施加控制的信念。自我效能感与人的行为和动机有着密切的关系，这是因为人们对自己能力的判断影响着人们对自己将来行为的期待。

4.论述斯宾塞的教育科学化。（见2013年杭州师范大学真题）

2014年哈尔滨师范大学333教育综合真题·凯程详解

一、名词解释

1. **狭义的教育**（见2014年北京师范大学真题）

2. **课程**（见2019年北京师范大学真题）

3. **德育**（见2015年华南师范大学真题）

4. **教科书**（见2017年华南师范大学真题）

5. **教学手段**

【答】教学手段是指为了完成教学任务，配合某种教学方法而采用的器具、资料与设施。随着科学技术的发展，教学手段经历了口头语言、文字和书籍、印刷教材、电子视听设备和多媒体网络技术等五个使用阶段。

6. **讨论法**

【答】讨论法是学生在教师的指导下为了解决特定问题而进行探讨，以辨明是非、获取知识、锻炼思维和独立思考能力的方法。运用讨论法的要求有：（1）讨论的问题要有吸引力；（2）在讨论中善于启发诱导；（3）做好讨论总结。

二、简答题

1. **简述学校教育对人的身心发展的作用。**（见2016年东北师范大学真题）

2. **简述布鲁纳的发现学习理论。**（见2013年杭州师范大学真题）

3. **简述卢梭的自然主义教育。**（见2012年华东师范大学真题）

4. **抗战时期国民政府"战时须作平时看"的政策说明了什么？**

【答】抗日战争爆发后，国民政府提出了"战时须作平时看"的教育方针，颁布了以"一切仍以维持正常教育"为主旨的《总动员时督导教育工作办法纲领》。一方面采取了一些战时的教育应急措施；另一方面强调维护正常的教育和管理秩序。还提出了战时教育的九大方针和十七项要求，具体规定了教育实施原则。"战时须作平时看"的教育方针是一项并不短视的重要决策，它既顾及了教育为抗战服务的近期任务，也考虑了教育为战后国家建设和发展服务的远期目标，使得教育事业在艰苦卓绝的战争环境中仍能有所发展。

内容：（1）战争期间，学校课程、学制、秩序和教育经费都要以平时为准；（2）为了适应抗战的需要和符合战时的环境，需要对教材进行适当修改，推行战时教材，为抗战培养人才；（3）进一步加强思想政治教育和传统文化教育，教育学术坚定三民主义信仰。

三、论述题

1. **论述教师应具备的基本素养。**（见2014年北京师范大学真题）

2. **论述皮亚杰的儿童认知发展理论。**（见2012年东北师范大学真题）

3. **论述第斯多惠的教育观。**

【答】第斯多惠是19世纪德国著名的资产阶级民主主义教育家。

（1）第斯多惠的教育思想。

①论影响人的发展的因素。第斯多惠认为有三个因素影响着人的发展，其分别为天性或天资、教育和自由自主。在天资、教育和自由自主三者的关系中，他首先非常重视自主学习，提出人必须主动掌握知识、占有知识。其次，又强调教育必须遵循人的天资，教师不能过早或过晚激发天资。

②论教育目的。第斯多惠从人生观的角度论述教育目的，认为教育目的与人类的目的是一致的。教育的最高目标或最终目的就是激发学生的主动性，培养独立性，使人实现自我完善。

③教学论。在形式教学和实质教学的问题上，他认为形式教学和实质教学是相辅相成的，不能把二者分开。但形式教学和实质教学之间是有主次之分的，相比之下，形式目的应该在教学中占首位，是最终的目的。

他还提出了一系列相互联系的教学原则，主要有遵循自然原则、遵循文化原则、连续性与彻底性原则以及直观教学原则。

④论教师。他十分重视教师的地位和作用，竭力提倡形成尊师重教的社会风尚，并对教师提出了一些要求，包括自我教育、有崇高的责任感、有良好的素养和教学技能等。自我教育要求教师首先要进行自我修养，不断进行自我培养、自我完善。教师要有崇高的责任感，教师要恪尽职守。此外，教师还要具备高尚的情操和有效的教学技能。

（2）第斯多惠教育思想的历史意义。

第斯多惠是德国"近代学校"的维护者和近代教育学的理论代表。他的思想在政治上具有鲜明的时代进步意义。他努力把他的思想运用到教师的培训中，推动了德国师范教育的发展。他提倡的教学原则和方法，对我们今天的教学工作仍然具有指导意义。

4.论述张之洞"中学为体，西学为用"的教育思想及其对制定"癸卯学制"的影响。

[答]（1）张之洞"中学为体，西学为用"的教育思想。（见2014年华东师范大学真题）

（2）"中学为体，西学为用"的教育思想对制定"癸卯学制"的影响。

①洋务运动的过程实质上是一场对西方文明文化成果的移植过程，洋务派提出的典型的方案就是"中学为体，西学为用"，在"中学"的主导下肯定"西学"的辅助作用和器用价值。

②洋务运动时期，封建传统教育仍然居于中国教育的主体地位。洋务派提出的"中体西用"在不危及"中体"的前提下侧重于强调西学，这既是洋务派的文化教育观，也是洋务派应对守旧派的策略。其促进了资本主义文化在中国的传播，给僵化的封建教育体制打开了缺口，改变了单一的传统教育结构。

③癸卯学制是中国近代第一个正式施行的学制，它的指导思想是"中学为体，西学为用"。在课程设置上，特别注重读经，具有浓厚的封建性，排除了对女子的教育。但是它毕竟是中国废除科举制以后第一个正式施行的新式学制，对旧中国学校教育的影响还是比较大的。

2015年哈尔滨师范大学333教育综合真题·凯程详解

一、名词解释

1.广义的教育（见2011年华南师范大学真题）

2.课程（见2019年北京师范大学真题）

3.智育（见2011年华中师范大学真题）

4.班级授课制（见2016年北京师范大学真题）

5.教学模式（见2014年杭州师范大学真题）

6.谈话法（见2017年华中师范大学真题）

二、简答题

1.简述人的身心发展的重要特点及对教育的制约作用。（见2010年华中师范大学真题）

2.简述学生学习的特点。（见2020年上海师范大学真题）

3.简述学校产生的条件及东方古文明国家的学校类型及教学方法。

[答]（1）学校产生的条件（见2014年湖南师范大学真题）

（2）东方古文明国家的学校类型：教育机构种类繁多，形态各异，具有等级性。这有助于满足不同统治阶层的需要，既有森严的等级性，也有强大的适应性。具体如下：

①古中国的学校类型多种多样，有庠、序、大学、小学等。

②古巴比伦的学校为泥板书舍。

③古埃及的学校教育较为发达，学校种类主要有宫廷学校、僧侣学校、职官学校和文士学校。

④古印度的教育等级分明，婆罗门教育的主要形式是家庭教育；佛教教育的主要场所是寺院。

⑤古希伯来最早的初级学校是犹太会堂，后学校从中分离出来。

（3）东方古文明国家的教学方法：教学方法简单机械，体罚盛行。各国通过丰富的教育实践，在教育方法上不乏创新之举，但总的来说，教学方法简单，体罚盛行，实行个别施教，尚未形成正规的教学组织。

4.简述稷下学宫在中国教育史上的影响。

[答]（1）稷下学宫促进了战国时期思想学术的发展。它是各派思想的聚集地，各家学者云集于此，争鸣于此，极大地促进了思想学术的繁荣。

（2）稷下学宫彰显了中国古代知识分子的独立性和创造精神。当时的学者敢于藐视王公大臣，能在学术和政治领域发表观点，无所顾忌，最大限度地发挥了知识分子阶层作为整体的独立性和创造精神，创造了辉煌的稷下时代和战国文化。

（3）稷下学宫创造了一个出色的教育典范。它独创了官方举办、私家主持的办学形式，集讲学、著述、育才与咨政议政为一体的职能模式，自由讲学和自由听讲的教学方式，学术自由和鼓励争鸣的办学方针，尊重、优待知识分子的政策。这些都彰显了它的成功。

三、论述题

1. 论述教育和各种社会现象的关系。

【答】（1）教育的社会制约性。

①生产力对教育发展的影响和制约：a.生产力制约着人才培养的规格；b.生产力制约着教育事业发展的速度、规模和教育结构；c.生产力制约着课程的设置和教育内容的沿革；d.生产力制约着教学组织形式、教育教学手段和方法的沿革。

②政治经济制度对教育发展的影响和制约：政治经济制度的性质制约着教育的性质、教育目的、教育的领导权、受教育权、教育内容、教育结构和教育管理体制。

③文化对教育发展的影响和制约：a.文化知识制约教育的内容和水平；b.文化模式制约教育背景和教育模式；c.文化传统制约教育的传统和变革。

④科学技术对教育发展的影响和制约：a.科学技术影响教育者的教育观念，提高其教育能力；b.科学技术影响教育对象；c.科学技术渗透到教育影响的所有环节之中。

⑤人口对教育发展的影响和制约：a.人口数量和自然增长率影响着教育的规模和速度，也影响着教育发展的质量；b.人口结构制约着教育结构；c.人口的地域分布制约着学校布局和办学形式，影响着教育的效果和发展速度；d.人口质量影响教育质量。

（2）教育的社会功能。（见2014年北京师范大学真题）

2. 如何培养学生的创造性？（见2011年北京师范大学真题）

3. 论述苏格拉底的教学方法及对当代教育的启示。（见2013年东北师范大学真题+2020年华南师范大学真题）

4. 论述清末书院的改革。

【答】书院产生于唐末，元代以后书院日益官学化，发展到清末已历时千年。清代书院大致有四种类型，第一类以讲求义理之学为主，第二类以博习经史辞章为主，第三类以学习制艺为主，第四类以学习"经世致用"之学为主。上述四类书院中，第一、三类书院设置最普遍，尤以第三类为甚，但一般学术地位不高，第四类书院反映了当时书院发展的新趋势，但社会影响并不大，第二类书院虽然数量不多，但学术影响较大，对清朝文化学术的发展起了积极作用。到了清末，书院和学堂一样，空疏腐化。

清末，书院已经不适应当时社会的需要，到了非改革不可的阶段。1884年，郑观应在《盛世危言》中提出书院改革的建议，大致有三个阶段：一是整顿和改良旧书院；二是另建新型书院；三是改书院为学堂。

1896年6月，李端棻认为把原有的书院改为学堂，发展学校，是最省费用、最简便的方法。戊戌变法期间，维新派把书院改为了学堂。1901年，清廷推行"新政"，又重申改书院为学堂的命令。

2016年哈尔滨师范大学333教育综合真题·凯程详解

一、名词解释

1. **广义的教育**（见2011年华南师范大学真题）
2. **教育目的**（见2015年北京师范大学真题）
3. **教师**（见2016年东北师范大学真题）
4. **课程标准**（见2015年北京师范大学真题）
5. **学生**

【答】学生也称受教育者，是教育活动的另一个主体。没有学生，教育活动就无从谈起，教师也不能被称为教师。学生是在国家法律认可的各级各类学校或其他教育机构中接受教育的有学籍的人。简而言之，学生就是在教师的指导下从事学习的人，主要指在校的儿童和青少年。

6.演示法

【答】演示法是教师向学生展示各种直观教具、实物，或让学生观察教师的示范实验，或让学生观看幻灯片、电影、录像等，从而使学生认识事物、获得知识或巩固知识的方法。运用演示法的要求有：①做好演示前的准备；②让学生明确演示的目的和要求；③讲究演示的方法。

二、简答题

1.简述班级授课制的主要特征。

【答】（1）含义。

班级授课制是一种集体教学形式，它把一定数量的学生按年龄与知识程度编成固定的班级，根据周课表和作息时间表，安排教师有计划地给全班学生集体上课，同一班级的学生学习内容和进度必须一致。今天，我国的教学仍以班级授课制为基本组织形式。

（2）主要特征。

①学生固定。同一个班的学生年龄和学习程度大致相同，并且人数固定。

②内容固定。全班学习的内容与进度一致，采用多科并进、交错授课的方式。

③时间固定。规定每一节课在固定的单位时间内进行，这一单位时间被称为"课时"。

④教师固定。学校根据教师的专长和工作能力分配教学任务。

⑤场所固定。各班教室相对固定，学生座位也相对固定。

2.简述学习的复述策略。

【答】复述策略是在工作记忆中为了保持信息而对信息进行反复重复，以便将注意力维持在学习材料上的策略。长时记忆中也会用到复述策略。常用的复述策略有：

（1）排除干扰。（2）抑制和促进。前后所学的信息之间存在相互影响。（3）首位效应和近位效应。（4）及时复习。（5）集中复习和分散复习。（6）部分学习和整体学习。（7）自问自答或尝试背诵。（8）过度学习。（9）自动化。自动化主要是通过操练和练习获得的。（10）亲自参与学习。（11）情境相似性和情绪生理状态的影响。（12）心向、态度和兴趣的影响。这一点是指对自己感兴趣的事记得牢，不感兴趣的事记得不牢。

3.简述文艺复兴时期的人文主义特征。（见2011年华东师范大学真题）

4.简述书院讲学、研究及组织结构特点。

【答】书院是我国古代一种重要的教育组织形式。它的名称始于唐代。书院作为一种教学机构，是从北宋开始的。宋代书院有私办、官办、私办公助等多种形式。书院的讲学多力求通义理，而不是参加科举考试，因而在教学上形成了与官学不同的显著特点。

（1）书院既是教学机构，又是学术研究机构；（2）书院的培养目标，首先要求士子学做人，它追求学生人格的完善，强调道德与学问并进；（3）书院实行开放的教学；（4）书院教学以学生读书钻研为主，注重培养学生的自学能力；（5）书院内师生关系比较融洽；（6）书院实行山长负责制，经费来源多样化；（7）实行讲会制度，提倡百家争鸣。

以上这些特点成为书院的优良传统，它对书院的教学工作、学术研究都起了积极作用，它对今天的学校教育仍有启迪作用。

三、论述题

1.论述影响人的发展诸因素及其作用。（见2015年北京师范大学真题）

2.阅读材料并结合实际论述如何进一步激发学生的学习动机。（材料缺失）（见2012年华东师范大学真题）

3.论述夸美纽斯的教育思想及对当今教育实践的作用。（见2016年西南大学真题）

4.论述蔡元培"思想自由，兼容并包"的大学办学思想及其实践。（见2011年北京师范大学真题）

2017年哈尔滨师范大学333教育综合真题·凯程详解

一、名词解释

1.教育学（见2011年陕西师范大学真题）

2.教育（见2014年北京师范大学真题）

3. 教育手段

【答】教育手段是指教育者为了达到一定的教育目的所采用的活动方式和方法的总称。主要指各种教育工具、教育方法和教育组织形式等。随着现代科学技术的发展，现代教育技术在教育领域得到广泛运用，教育手段也不断丰富和发展，并使教育方法和组织形式发生了革命性变化。

4. 学校管理（见 2015 年北京师范大学真题）

5. 教学组织形式

【答】教学组织形式是指为了完成特定的教学任务，教师和学生按照一定的要求组合起来进行活动的结构。教学组织形式总是随着社会的发展不断地改进和发展，包括个别教学制、班级授课制、分组教学制。

6. 说服法（见 2017 年东北师范大学真题）

二、简答题

1. 简述柏拉图的教育思想。

【答】柏拉图在《理想国》中精心设计了一个他心目中的理想国家，并针对这个理想国家的实现提出了完整的教育计划。其中的内容有：

（1）教育目的。理想国中教育的最高目标是培养哲学家兼政治家——哲学王，教育的最终目的是促使"灵魂转向"，实际上就是看问题的立脚点和世界观的转变。

（2）教育作用。柏拉图非常重视教育的作用。他认为理想的建立和维持主要通过教育来完成，要通过教育来培养合格的人才，培养执政者、军人、工农商。教育应该由国家集中管理，取消私人办学，对全体公民实施强迫教育。

（3）教育内容。柏拉图充分地肯定了教育塑造人的作用，系统论述了教育与政治、教育与智力发展的关系。他强调男女平等，提出了广泛的教育内容（算术、几何、天文、音乐），并将其与智者的"三艺"合称为"七艺"。另外，他还提出了各门学科的作用。

（4）教育阶段。柏拉图较早地提出了理智、情感、心灵、意志等心理活动的概念范畴，确定了后人的思考范围；同时他重视身心和谐发展。他把哲学王的培养过程分为三个阶段：①学前教育。②普通教育。③高等教育。

（5）论男女平等的教育。柏拉图认为女子应当和男子受同样的教育，从事同样的职业。

2. 简述教学工作的基本环节。（见 2020 年华东师范大学真题）

3. 简述维果茨基的心理发展标志。（见 2014 年山东师范大学真题）

4. 简述《国防教育法》。（见 2014 年东北师范大学真题）

三、论述题

1. 论述问题解决的措施。（见 2010 年华东师范大学真题）

2. 论述孔子的教师观。（见 2018 年华中师范大学真题）

3. 论述荀子关于教师作用与地位的思想。

【答】在先秦儒家诸子中，荀子最提倡尊师，并表达了与孔孟颇为不同的见解。

（1）教师的作用与地位：荀子将教师视为治国之本，把国家兴亡与教师的关系作为一条规律总结出来，把教师的地位提高到与天地、祖宗并列。

（2）师生关系：他在强调尊师的同时，片面地强调学生对教师的无条件服从，主张"师云亦云"，教师在教学过程中居于绝对的主导地位。

（3）教师是如此尊贵和重要，自然不是人人都可以做教师的。对教师的要求：①有尊严和威信；②有丰富的经验和崇高的信仰；③能循序渐进，诵说不凌不乱；④见解精深而表述合理。这些观点对后世中国封建社会"师道尊严"的形成有很大的影响。

4. 用德育过程的规律分析我国德育的现状。

【答】（1）德育过程的规律。（见 2019 年北京师范大学真题）

（2）我国德育的现状。

①德育目标过于政治化、理想化，阶段目标不明确。我国的德育以满足政治需求为主，而忽视了道德对个人的影响。学生的成长阶段不同，接触社会的程度不同，心理承受能力不同，用统一的目标要求学生是不现实的。这样的德育产生不了真正的效果。

②德育内容脱离实际。我国的德育主要通过"两课"，给学生灌输"三观"、爱国主义、社会主义和集体主义教育、"三德"教育。这些德育内容早已被学生熟悉，到了高校，这些理论老生常谈，引发学生的抵触心理。再

者，在教学上，重视学习的结果而不是学习的过程，学生为了得到良好的考试成绩，只能死记硬背。

③良好的德育环境尚未成熟。放眼当下，高校教师的道德素养参差不齐，新形势下，受社会各种思潮的冲击，部分教师育人观念淡薄、奉献精神淡化、缺乏敬业精神和责任感。甚至有部分教师的行为不符合教师的身份，部分教师对社会问题的研究不够深入或者缺少主见，无法结合德育的理论分析社会上出现的新情况、新问题。

2018年哈尔滨师范大学333教育综合真题·凯程详解

一、名词解释

1. 教育学（见2011年陕西师范大学真题）

2. 教育目的（见2015年北京师范大学真题）

3. 学制（见2019年北京师范大学真题）

4. 德育（见2015年华南师范大学真题）

5. 教师（见2016年东北师范大学真题）

6. 锻炼法

【答】锻炼法是指有目的地组织学生进行一定的实践活动以培养他们的良好品德的方法，包括练习、执行、委托任务和组织活动等。基本要求：（1）调动学生的主动性；（2）教师给予适当的指导；（3）坚持严格要求学生；（4）及时检查并长期坚持。

二、简答题

1. 简述德育途径。（见2014年北京师范大学真题）

2. 简述儿童友谊发展的阶段。（见2019年浙江师范大学真题）

3. 简述进步主义教育运动的特征。

【答】19世纪末到20世纪50年代的美国兴起了进步主义教育运动，1944年，美国的进步主义教育运动进入衰落阶段。进步主义教育运动的特征有：

（1）民主性。进步主义教育运动强调以儿童为中心，要求发展儿童的主动性和创造性。进步主义教育理论反对传统教育中教师所具有的专断性的主导作用。在进步主义教育家看来，教师的"权威"只能体现在他的经验和学识上。强调"儿童中心论"，反对教师的权威，不仅适应了美国社会转型的历史要求，而且培养了学生的民主意识，使进步主义教育运动呈现出鲜明的民主性特点。

（2）多元性。进步主义教育运动的多元性是美国工业化发展的必然产物。进步主义教育运动的多元性也意味着运动中教育改革与实验形式的多元性，其表现为指导思想的多元性，理论基础的多元性，不同文化背景与思想来源的进步主义教育家以及运动形式的多元性等。

（3）实用性。美国教育的实用性起源于殖民地时代，进步主义教育运动在发展过程中继承并发扬了这一特点。进步主义教育的理论家主张通过"解决问题"进行学习，而不是灌输教材知识。进步主义教育的理论家主张"从做中学"。进步主义教育运动的实用性还体现在其目的上，也就是说，要努力使教育适应美国社会对教育改革的要求，教育要为社会发展服务。在这一点上，进步主义教育运动的实用性表现得极其明显。

4. 简述宋代书院的特点。（见2013年华东师范大学真题）

三、论述题

1. 论述教育的社会制约性。（见2012年华南师范大学真题）

2. 结合程序性知识的获得和迁移理论进行分析。

【答】（1）程序性知识的表征方式是产生式结构。现代认知心理学运用产生式理论来解释程序性知识获得的心理机制。产生式由条件和行动两部分组成，产生式的基本原则是"如果条件是A，那么实施行动B"，即当一个产生式的条件得到满足时，则执行该产生式规定的某个行动。解决一个简单的问题需要一个产生式，解决一个复杂的问题就需要若干个产生式，这些产生式组成产生式系统。所谓产生式系统，就是人所能执行的一组内隐的智力活动。

程序性知识的学习本质是掌握一个程序，即在长时记忆中形成一个解决问题的产生式系统，以后遇到同一类型的问题，就按这个产生式系统行动。产生式的提出为程序性知识的教学提供了便于操作的科学依据。

（2）迁移理论。（见2014年北京师范大学真题）

3.论述古罗马百科全书派教学活动的特点。

【答】古罗马百科全书派的核心是以狄德罗为首的唯物论者，他们反对封建特权制度和天主教会，向往合理的社会，认为迷信、成见、愚昧无知是人类的大敌。主张一切制度和观念都要在理性的审判庭上受到批判和衡量。他们推崇机械工艺，孕育了资产阶级务实谋利的精神。

4.论述唐代教育制度的特点。

【答】（1）建立中央和地方分级管理的教育行政体制。中央设立国子监，加强对教育的领导，采用两种教育管理模式。一种是中央和地方分级管理，另一种是统一管理与对口管理并举，以统一管理为主。

（2）形成完备的教育管理制度。各学校从入学到毕业都有制度化的规定。唐代开始，明文规定入学之始学生行束脩之礼；按照专业与课程的难易程度规定修业年限，形成旬考、岁考、毕业考试三种考试形式；唐代还规定了假期制度，有长假和短假两种，短假是旬假（十天一休），长假分为田假（五月份放假一个月）和授衣假（九月份放假一个月）。

（3）增添教育内容，扩大知识范围。学校的主要学习内容仍是儒经，此外还有各种专科性知识。但无论学习什么知识，其范围和程度都远远超过了前代。

（4）教育等级性明显。教育的等级性是封建社会阶级关系的体现，唐朝政府明文规定各级各类学校招生的身份标准，将教育的等级性以法令的形式制度化。

（5）学校类型多样化。隋唐时期，形成了以经学为主、专科性学校为辅的隋唐教育体系，学校类型多、数量多、涉及面广，远甚于前代。

（6）学校分布面广，教育普及程度高。隋唐时有中央官学，还广设地方学校，甚至在乡、里也鼓励人们兴办学校；还有私学与家学，尤其是唐朝依据州县面积和人口数量设学，使学校的分布在制度上有了规定和保证。

（7）重视医学教育。唐代在中央和地方都设有医学，尤其是地方上的医药学校，这说明唐代已经有丰富的医学知识和较高的医疗水平，具备了普遍设立医药学校的条件，这在当时是走在世界前列的。

（8）教育、研究、行政机构三者合为一体。唐代很多教育机构或行政机构担负着多种职能，如弘文馆和崇文馆既整理、校正图书，又教授学生；太医署兼有行政机构、教育机构、研究机构的性质。行政机构中派生出教育和研究的功能，是唐朝教育的一大特色。

2019年哈尔滨师范大学333教育综合真题·凯程详解

一、名词解释

1.**教育学**（见2011年陕西师范大学真题）

2.**课程**（见2019年北京师范大学真题）

3.**教育内容**

【答】教育内容是教育者基于一定的社会生产力和科学文化技术发展水平，向学习者传授的知识和技术，灌输的思想和观点，培养的习惯和行为的总和。教育内容在学校教育中的具体表现形式是课程标准和教科书。

4.**班级授课制**（见2016年北京师范大学真题）

5.**榜样法**（见2016年北京师范大学真题）

6.**教学方法**（见2013年华南师范大学真题）

二、简答题

1.**简述古代教育的特点。**

【答】奴隶社会和封建社会的教育被称作古代教育。其主要特征为：

第一，阶级性和等级性；第二，教育与生产劳动相分离；第三，学校成了统治阶级培养统治人才的场所；第四，学校的教学内容主要是古典人文科学和治人之术；第五，象征性；第六，在西方还具有鲜明的宗教性；第七，无系统性；第八，无理论性；第九，道统性；第十，刻板性与保守性。

　　2.简述皮亚杰的认知发展因素。（见2016年浙江师范大学真题）

　　3.简述德国的实科中学。

　　【答】受经济和科学技术发展的影响，德国实科教育在18世纪得以兴起并得到发展。实科中学是一种既具有普通教育性质，又具有职业教育性质的新型学校。18世纪末到19世纪中叶，以实科教学为主的学校纷纷建立。实科中学是近代德国着重讲授自然科学和实用知识的学校。

　　4.简述稷下学宫的办学特点。（见2020年东北师范大学真题）

三、论述题

　　1.论述教育的社会变迁功能及启示。

　　【答】（1）教育的社会变迁功能。（见2014年北京师范大学真题）

　　（2）启示：教育的社会变迁功能随着社会的发展而变化，到了现代社会，单纯的经济发展并不能为人类带来幸福感。人们要求高科技与人文关怀并行，人与自然和谐发展，社会全面进步，其核心在于人的合理生存与人的全面发展。因此社会的进步越来越要求我们充分认识和全面发挥教育的多种社会变迁功能。我们要重视教育对政治、经济、文化、科技、人口的影响，也要努力提高社会生产力，建设和谐社会，发展科技，提高人口质量，更好地促进教育的发展。

　　2.论述建构主义。（见2013年华东师范大学真题）

　　3.论述马丁·路德的义务教育思潮。

　　【答】马丁·路德在宗教改革运动中提出了人人在上帝面前享有平等的权利和地位的因信称义思想，这一思想延伸到教育领域就是全民都应接受教育的普及义务教育思想。16世纪，马丁·路德在宗教改革运动中基于宗教平等观念提出了普及义务教育的主张。具体内容包括：

　　①普及义务教育思想的理论基础——"因信称义"说。马丁·路德的教育改革思想是在欧洲宗教改革运动过程中产生的，马丁·路德宗教改革的核心思想是"因信称义"说，根据马丁·路德的"因信称义"思想，人人在上帝面前享有平等的权利和地位，每个人都可以通过宗教虔诚来获得拯救。

　　②从"因信称义"到普及义务教育。马丁·路德不仅认为应普及教育，而且特别强调应普及义务教育，按照新教的精神塑造下一代，强迫儿童入学受教。根据"因信称义"的理论，只要人们真正信仰上帝，就可以享有平等的权利和义务，这实际上是倡导了一种宗教上的平等观念。这种观念反映到教育上，就表现为儿童受教育权利的平等。

　　③面对现实中存在的种种问题，为了改变人们因不能得到原有的利益而不愿接受教育的现状，马丁·路德认为必须依靠实施强迫教育的措施来保障普及教育的实现。首先，实施普及义务教育是世俗国家的职责；其次，对儿童实施教育也是市政当局不可推卸的责任；最后，父母有义务使子女接受教育。

　　评价：宗教改革运动中，马丁·路德提出了推行普及义务教育的思想与举措。尽管限于当时的社会条件，他的普及义务教育主张并没有收到立竿见影的效果，然而这种主张教育权利平等、国家办教育的思想为德意志国家掌握教育权力提供了基础，在一定意义上促进了中世纪垄断性教育向现代普及性教育的转化，同时也为后世国民教育理论的发展、完善奠定了基础。

　　4.论述孔子教育内容的特点。

　　【答】（1）偏重社会人事。他的教材都关于社会历史、政治伦理方面的文化知识，注重的是现实的人事，而不是崇拜神灵。他虽不是无神论者，但对鬼神持怀疑态度。他不谈"怪、力、乱、神"，不宣传宗教迷信思想，不把宗教内容列为教学科目。这种明智的态度成为中国古代非宗教性教育传统的开端。

　　（2）偏重文事。他虽要求从政人才文武兼备，但在教学内容的安排上仍偏重文事，有关军事知识技能的教学居于次要地位。孔子偏重文事源于他的教学目的，即培养政治管理人才，也源于当时科学技术发展的水平。再者，孔子毕竟不是无所不知的全才、天才。所以，我们要求孔子教授学生自然科学知识不免有些苛刻。

　　（3）轻视科技与生产劳动。他所要培养的是从政人才，不是从事农工的劳动者，他不强调掌握自然知识和科学技术，他既没有手工业技术可传授，也没有农业技术可传授。他认为，社会分工有君子之事，有小人之事，"君子谋道不谋食"，君子与小人职责不同，君子不必参与小人的物质生产劳动，所以他从根本上反对弟子学习生产劳动技术。例如，樊迟要学种田、种菜，被他当面拒绝。

（4）重视思想品德。他教育学生要勤奋、吃苦耐劳、谦虚谨慎、少说多做、勤俭爱民、廉洁公道、正直无私、诚实守信、深谋远虑、孝顺父母、尊重师长。这些内容在《论语》中随处可见，对当今教育事业的发展仍有重要的现实意义。他教育学生做官要端正品行。他说："政者，正也。子帅以正，孰敢不正？""其身正，不令而行；其身不正，虽令不从。""苟正其身矣，于从政乎何有？不能正其身，如正人何？"

2020年哈尔滨师范大学333教育综合真题·凯程详解

一、名词解释

1. 教育学（见2011年陕西师范大学真题）
2. 课程（见2019年北京师范大学真题）
3. 德育（见2015年华南师范大学真题）
4. 班级授课制（见2016年北京师范大学真题）
5. 教学手段（见2014年哈尔滨师范大学真题）
6. 陶冶法（见2011年华中师范大学真题）

二、简答题

1. 简述教师的素养。（见2015年华东师范大学真题）
2. 简述科尔伯格的道德发展阶段理论。（见2013年华东师范大学真题）
3. 简述昆体良的教育思想。（见2018年辽宁师范大学真题）
4. 简述陈鹤琴的教育目的论。（见2015年北京师范大学真题）

三、论述题

1. 结合中小学实际，论述启发性教学原则。（见2012年北京师范大学真题）
2. 论述蔡元培的教育方针的内涵及影响。（见2016年华东师范大学真题）
3. 论述教育心理学化运动。

【答】教育心理学化运动是18世纪初在欧洲兴起的一场旨在将教育建立在心理学的基础上的教育思想革新运动。其代表人物包括洛克、裴斯泰洛齐、赫尔巴特等。

（1）发展阶段。

①裴斯泰洛齐首次提出教育心理学化的概念，开启了教育心理学化的思潮。他主张将教育理论研究建立在儿童本性发展的自然法则上，这里的儿童本性其实就是指儿童的心理发展。他根据教育心理学化的思想，又提出了要素教育论和初等教育教学的实践方法。

②赫尔巴特为教育心理学化奠定了理论基础，从而使教育心理学化思想系统化。赫尔巴特提出了统觉的概念，遵循儿童心理发展的规律，培养儿童多方面的兴趣，并根据儿童兴趣的分类和阶段提出了相应的课程论和教学论。

③福禄培尔将心理学应用于幼儿教育，使教育心理学化思潮进一步深化。他提出儿童心理发展具有"自动性"。

（2）评价。

①教育心理学化思潮的主旨包含两个方面：一是一切教育教学活动都必须真切地尊重儿童的心理发展特点和规律，以达到最好的教育效果，促进人的完美发展；二是主张将教育学建立在心理学的基础上，使教育学成为真正全面反映教育规律的科学。

②教育心理学化思潮促进了教育理论的科学化，推动了教育过程与方法的研究，宣告了单纯的以思辨和经验提炼的教育研究时代的终结。

③教育心理学化思潮推动了心理学和教育学的结合，使其成为未来训练教师的必修课，提高了教师培训的质量。

4. 论述加德纳的多元智力理论。（见2019年华东师范大学真题）

2021年哈尔滨师范大学333教育综合真题·凯程详解

一、名词解释

1.因材施教的德育原则
【答】（1）含义：德育工作要根据青少年学生不同的年龄段、不同的个性特点来确定教育侧重点。在德育过程中，德育的要求、内容、形式、方法要与学生的年龄特点和个性特点相适应，以有的放矢地进行教育。

（2）基本要求：①深入了解学生的个性特点和内心世界。②根据学生个人特点有的放矢地进行道德教育。③根据学生的年龄特征有计划地进行道德教育。

2.教学方法（见2013年华南师范大学真题）

3.活动课程（见2013年东北师范大学真题）

4.受教育者（见2013年华南师范大学真题）

5.京师同文馆（见2012年北京师范大学真题）

6.先行组织者（见2010年北京师范大学真题）

二、简答题

1.简述世界各国基础教育课程改革的趋势。（见2017年浙江师范大学真题）

2.简述《学记》中的教学原则。（见2011年东北师范大学真题）

3.简述要素主义教育的主要观点。（见2016年华东师范大学真题）

4.简述加涅的学习结果分类。
【答】加涅认为，学习结果就是各种习得的能力或性情倾向，可以分为五种类型。

（1）言语信息的学习：解决"是什么"的问题，言语信息指学习者掌握的是用言语信息传递的内容，或者学习者的学习结果是用言语信息表达出来的。如学习皮亚杰提出的认知发展阶段理论。

（2）智慧技能的学习：解决"怎么做"的问题，智慧技能指个体运用符号或概念与环境交互作用的能力。如学习下棋、心算。

（3）认知策略的学习：认知策略指个体调控自己的注意、学习、记忆和思维等内部心理过程的技能。如画出本章的知识框架。

（4）态度的学习：态度指对人、事和物采取行动的内部状态。加涅提出了三类态度：①儿童对家庭和其他社会关系的认识；②对某种活动所表现的积极的、喜爱的情感；③有关个人品德的某些方面，如爱国等。

（5）动作技能的学习：动作技能又称运动技能，指个体通过身体动作质量的不断改善而形成的整体动作模式。如骑自行车、修鞋子等。

三、论述题

1.试述马克思关于人的全面发展学说的现实意义。（见2017年华南师范大学真题）

2.试述康有为《大同书》中的教育思想。
【答】（1）社会愿景：《大同书》是康有为的代表作之一。书中康有为描述了一个"大同"的理想社会，是一个"无邦国，无帝王，人人平等，天下为公"的社会。"大同"社会根除了愚昧无知，教育昌盛，文化繁荣，主张废除私有制和等级制，也消灭了家庭，儿童是整个社会的儿童，对儿童的抚养和教育均由社会承担。

（2）教育体系：康有为设计了一个前后衔接的完整的教育体系，包括人本院、育婴院、慈幼院、小学院、中学院、大学院。

①人本院（出生前）：为怀孕妇女设立，对胎儿进行胎教。院内环境优雅，有书画、音乐等供孕妇欣赏，工作人员有女医、女傅、女师、女保。

②育婴院（0~3岁）：婴儿断乳后，送入育婴院抚养。

③慈幼院（3~6岁）：儿童3岁后被送入慈幼院。慈幼院主要承担幼儿教育工作，保育目标是"养儿体，乐儿魂，开儿知识"，教育内容有语言、歌曲、手工等。工作人员均为女性。

④小学院（6~11岁）：以德育为先，坚持"养体为主而开智次之"的原则。小学教师专用"女傅"，兼有慈母的职责。教师的言行举止、音容笑貌等应善良、规范，让儿童从小模仿，以培养影响儿童终身的善良德性。

⑤中学院（11~15岁）：人生的关键期，德、智、体兼重，但尤以育德为重。教师男女均可，但一定要选择

"有才有德者"充任，课程要根据学生的禀赋和个性来设置。

⑥大学院（15～20岁）："专以开智为主"，注重实验，校址的选择应结合专业实际，学生自由选择专业，教师不限男女，应选择"专学精深奥妙，实验有得者"担任。

（3）评价：

①批判和冲击了传统教育，主张新式教育。《大同书》重视学龄前教育，主张男女教育平等，指出应对儿童实行德、智、体、美等诸方面的教育，在当时给人耳目一新的感觉，对传统封建教育是一个很大的冲击。

②乌托邦色彩浓厚。《大同书》教育理想的观念背景是中国传统的大同思想和近代空想社会主义的综合体，带有浓厚的未来乌托邦色彩。

3.试述东方文明古国的教育特点。

【答】（1）作为世界文化的摇篮，东方产生了最早的科学知识、文字以及学校教育。

（2）教育具有强烈的阶级性和等级性。

（3）教育内容较丰富，包括智育、德育及宗教教育等。

（4）教育机构种类繁多，形态各异，具有等级性。这有助于满足不同统治阶层的需要，既有森严的等级性，也具有强大的适应性。

（5）教学方法简单机械，体罚盛行。各国通过丰富的教育实践，在教育方法上不乏创新之举，但总的来说，教学方法简单，体罚盛行，实行个别施教，尚未形成正规的教学组织。

（6）知识常常成为统治阶级的专利，故教师的地位较高。

（7）文明及文化教育甚为古老，但失于早衰或有过断层期，唯独中国的文化和这种文化所哺育的教育绵延不断，源远流长。这是中国教育史的独特之处和优异之处，也是其他文明古国所不及之处。

4.试述审美化的教学设计。

【答】（1）含义：课堂教学的审美设计是重在用教学艺术的视角来设计课堂教学。更进一步说，课堂教学的审美设计是将教学技术和教学艺术整合起来，对课堂教学进行审美考量。

（2）意义：在审美的教学环境中能培养学生的学习兴趣，在审美的教学方式下能培养学生的审美意识，从而帮助学习者构建完整的人格，满足人类对真、善、美的内在追求。

（3）策略：在整个教学系统的设计中，应从头到尾与美相伴，将审美原则贯穿整个教学系统。

①教学准备阶段的审美设计。教学的前期分析阶段对以后的教学过程起着至关重要的指向作用，这一阶段的教学设计主要考虑教学目标、学习者的特征和学习环境等方面。在教学目标的设置上，应包含知识目标、技能目标和情感目标。情感目标的设置就是要培养学生的审美心理；对学习者特征的分析，应从其知、情、意统一发展的角度考虑；对教学环境的分析，应考虑如何创设一个舒适宜人的教学环境，以帮助学生达到最好的学习状态。

②教学实施过程阶段的审美设计。教学实施过程要考虑教学中的教学形式美、教学布局艺术美、教学组织艺术美、教学交流艺术美、教学语言艺术美，以达到审美境界。教师在教学过程中可借助教学媒体，教学媒体的恰当使用，可使学生在感官上获得审美享受。

③教学评估阶段的审美设计。教学评估过程包括形成性评估和总结性评估两个阶段，评估的过程不仅需要对知识、技能等认知性知识进行考评，而且需要对学生进行情境性测评，以判断学生是否已达到设立的情感目标。智能测评与情感测评的双重测评方式是教学轨道在认知、道德、情感的轨道上并驾齐驱的有力保障。

2022年哈尔滨师范大学333教育综合真题·凯程详解

一、名词解释

1.**学校教育**（见2010年华中师范大学真题）

2.**谈话法**（见2017年华中师范大学真题）

3.**教学质量管理**

【答】（1）含义：教学质量管理是学校管理者依据一定的质量标准，运用科学的手段和方法，对学校的教学过程及其结果进行全面监控、检验和评估的活动，其目的是提高教和学的质量。教学质量管理在教学管理中居于核心地位。

（2）基本内容：制定科学的教学质量标准；对教学质量进行检查和分析；对教学质量进行调控。

（3）基本要求：坚持全面教学质量管理；坚持全过程教学质量管理；坚持全员教学质量管理；坚持全因素教学质量管理。

4. 课程设计（见2016年上海师范大学真题）

5. 教学原则（见2013年哈尔滨师范大学真题）

6. 教育制度（见2012年华东师范大学真题）

二、简答题

1. 简述影响个体身心发展规律的因素。（见2015年北京师范大学真题）

2. 简述宋代书院的教学特点。（见2013年华东师范大学真题）

3. 简述裴斯泰洛齐的教育心理学化的基本主张。（见2016年湖南师范大学真题）

4. 简述布鲁纳的结构教学理论。（见2013年杭州师范大学真题）

三、论述题

1. 论述教育的社会功能。（见2014年北京师范大学真题）

2. 论述孔子的道德教育思想。（见2012年东北师范大学真题）

3. 论述《巴特勒教育法》的基本内容。（见2020年湖南师范大学真题）

4. 论述学生创造性的影响因素和培养措施。（见2020年陕西师范大学真题+2011年北京师范大学真题）

江苏师范大学

2010年江苏师范大学333教育综合真题·凯程详解

一、名词解释

1. 教育学（见2011年陕西师范大学真题）

2. 教学评价（见2015年北京师范大学真题）

3. 有教无类（见2010年北京师范大学真题）

4. 学在官府（见2017年华中师范大学真题）

5. 骑士教育（见2010年华东师范大学真题）

6. 加德纳的多元智能理论（见2019年华东师范大学真题）

二、简答题

1. 简析班级授课制的优势与局限。（见2020年北京师范大学真题）

2. 简析《学记》中的"道而弗牵，强而弗抑，开而弗达"的思想。

【答】"道而弗牵，强而弗抑，开而弗达"是指教师引导学生，但又不牵着学生的鼻子走；督促、勉励学生，但又不勉强、压抑学生；打开学生的思路，但又不提供现成的答案。它反映的原则是启发性原则，要求是：（1）调动学生学习的主动性。（2）启发学生独立思考或者提问激疑，引导教学步步深入。（3）让学生动手，培养学生独立解决问题的能力。（4）引导学生反思学习过程。（5）发扬教学民主。

3. 简述孔子学思结合的教育思想。

【答】"学而知之"是孔子进行教学的主导思想，学是求知的途径，也是唯一手段。孔子强调要在学习的基础上深入思考，把学习与思考结合起来，他精辟地论述了学与思的关系——"学而不思则罔，思而不学则殆"。如果读书只是记诵不去思考，就不能抓住事物的要领，茫然不知所措；如果只思考，不读书吸收实际知识，就不能解决问题，容易倦怠。学习与思考不宜偏废，应当结合起来，学是思的基础，思有助于深入认识，这种见解符合人的认识规律，初步揭示了学习与思考的辩证关系。孔子还强调学习知识要"学以致用"，学是手段，不是目的，行才是终极目的，行比学更重要。由学而思进而行，是孔子探索的学习过程，也是教育过程，基本符合人的一般认识过程。

4. 简述建构主义学习理论的基本观点。（见 2013 年华东师范大学真题）

三、论述题

1. 怎样认识义务教育的先导性、全局性、基础性地位？

【答】义务教育是依据法律规定，适龄儿童和青少年必须接受，国家、学校、家庭和社会必须予以保障的国民教育。义务教育是世界各国现代化进程中或迟或早都要经历的一个过程，是教育普及化的一种普遍形式，具有强制性、免费性、公共性、义务性和基础性等特征。

义务教育对个人的影响和作用：小学教育和初中教育的结构是符合我国国情的，是适龄儿童、青少年最先接触到的正规性的、具有启蒙性质的教育，义务教育不仅能让学生掌握基本的知识技能，还对学生的道德认知、性格，甚至人格的发展都会产生巨大的影响，为其以后的发展奠定基础。

义务教育对后续教育以及社会的影响和作用：义务教育阶段的学习为后续阶段的教育奠定了基础并具有一定的导向作用。这一时期的知识覆盖面比较广泛，具有全局性的视角，为以后培养专业性人才和综合性人才都提供了保障。

2. 分析间接经验与直接经验的关系。（见 2014 年华中师范大学真题）

3. 试论杜威的教育本质观。（见 2018 年东北师范大学真题）

4. 论述学生品德不良的成因及其矫正策略。（见 2012 年华南师范大学真题）

2011 年江苏师范大学 333 教育综合真题·凯程详解

一、名词解释

1. 教育制度（见 2012 年华东师范大学真题）

2. 教育策略

【答】广义上的教育策略既包括教的策略又包括学的策略，而狭义上则专指教的策略，属于教学设计的有机组成部分，即在特定教学情境中为完成教学目标和适应学生认知需要而制定的教学程序计划和采取的教学实施措施。

3. 《学记》（见 2013 年东北师范大学真题）

4. 中学为体，西学为用（见 2011 年北京师范大学真题）

5. 苏格拉底教学法（见 2011 年北京师范大学真题）

6. 洛克的绅士教育（见 2012 年华东师范大学真题）

二、简答题

1. 简析教育是一种社会现象。

【答】教育是一种培养人的社会活动。广义上的教育指凡是增进人们的知识和技能，影响人们的观念的活动都具有教育作用；狭义的教育主要指学校教育。教育是一种社会现象，其具体分析如下：

（1）教育是人类所特有的有意识的活动。

教育是人类所特有的社会现象，与其他动物对下一代的爱护、照顾存在着本质的区别。这是因为动物对下一代的爱护、照顾只是一种本能的活动。

（2）教育是人类社会所特有的传递经验的形式。

通过教育来进行经验的传递是人类社会所特有的。但其他动物在种系的发展过程中对于怎样适应周围的环境更有利于自身的生存，也有一种信息的储存和传递。

（3）教育起源于人类的生产劳动。

人类社会与动物界的本质区别在于劳动，而教育就是在劳动中产生的。

2.简析荀况的教师观。

【答】（1）关于教师的地位，荀子将教师视为治国之本，把国家兴亡与教师的关系作为一条规律总结出来，把教师的地位提高到与天地、祖宗并列的地位。

（2）关于教师的作用，一是人性本恶，需要教师帮助学生"化性起伪"；二是实现礼法兼治的社会，离不开教师正礼的作用。

（3）关于教师从业标准，荀子提出了严格的要求。教师具备以下基本条件：有尊严，使人肃然起敬；有崇高的威信和丰富的教学经验；表达问题清楚，逻辑性强，语言精练；能体会礼法的精微之处并恰当地阐发。

（4）关于师生关系，荀子有更加精辟的见解。荀子继承了孔子教学相长的思想。"青取之于蓝而胜于蓝"，强调师生之间应该建立朋友式的尊师重教、教学相长的新型师生关系。

3.简述科举考试制度对学校教育的影响。

【答】科举考试制度对学校教育的影响是十分深刻的。隋唐以前荐举做官，隋唐以后，若想做官必须经过科举的选拔，才能取得参加吏部考试的资格，经吏部考试及格者才能授官。所以学校的培养目标和教学内容都围绕科举而进行。宋朝统治者只重视科举选拔人才而忽视了兴建学校培养人才，把人才的培养和选拔完全割裂开来。

（1）学校成为科举的预备机关或附庸，学校的培养目标就是准备参加科举。

（2）科举考试的内容必然成为学校教学内容。

（3）对学习观和教育观的形成影响深远，"官本位"思想根深蒂固。

（4）科举本身就是一种应试教育。科举考试就像一根灵通的指挥棒，科举考什么，士人就学什么。这种应试教育的最大弊病是束缚了人们的聪明才智。科举不考体能，许多士人就不重视体育锻炼，长期以来身体弱不禁风，容易造成英年早逝。

4.简述人本主义学习理论的基本观点。（见2017年华中师范大学真题）

三、论述题

1.试论教学过程的性质。（见2013年陕西师范大学真题）

2.联系实际，分析教育影响的一致性和连贯性原则的意义及实施要求。（见2010年北京师范大学真题）

3.论述终身教育思想及其对当今学习型社会建设的意义。

【答】（1）终身教育思想。（见2015年北京师范大学真题）

（2）什么是学习型社会。

学习型社会是美国学者罗伯特·哈钦斯首次提出的。联合国教科文组织的著名报告《学会生存——教育世界的今天和明天》特别强调终身教育和学习型社会两个概念，把学习型社会作为未来社会形态的构想和追求目标。从此，终身教育和学习型社会的理念成为许多国家、地区、社会团体推进和实施教育改革和发展的指导原则，成为社会发展和社会进步追求的一个重要目标。

（3）如何建设学习型社会。

①充分发挥教育的功能：建立比较完善的现代国民教育体系，是建立学习型社会的题中应有之义。②做到让学习成为一种生活习惯和生活方式：a.活到老，学到老，终身学习；b.充分发挥网络的作用。③国家要为人们的学习提供物质条件和手段，推动教育信息化和构建终身教育体系，使每个公民随时随地地接受教育。

（4）建设学习型社会的意义。

建设学习型社会是我国全面建设小康社会的重要战略目标，具有重要的理论和实践意义。①学习型社会是社会发展形态层次上更高级的社会形态。②学习型社会是与体制创新相适应的社会体系。③学习型社会是21世纪人们新生活的家园。④各类学习型组织是学习型社会的基石。⑤学习型社会是更适应先进生产力发展的组织模式。

4.论述影响创造力发展的主要因素与开发培养策略设计。

【答】（1）创造力，是人类特有的一种综合性本领，是由知识、智力、能力及优良的个性品质等复杂多因素综合优化构成的。创造力是指产生新思想，发现和创造新事物的能力。它是成功地完成某种创造性活动所必需的心理品质。

（2）影响创造力发展的主要因素。（见2020年陕西师范大学真题）

（3）创造力开发培养策略设计。（见2011年北京师范大学真题）

2012 年江苏师范大学 333 教育综合真题·凯程详解

一、名词解释

1.教育目的（见 2015 年北京师范大学真题）

2.教学原则（见 2013 年哈尔滨师范大学真题）

3.稷下学宫（见 2020 年北京师范大学真题）

4.学而优则仕（见 2012 年东北师范大学真题）

5.夸美纽斯

【答】夸美纽斯是捷克近代著名的教育理论家和改革家，其思想代表着近代独立形态的教育学的开端，主要著作有《大教学论》，是教育史上第一位系统地总结教学原则的教育家。他的教育思想中具有明显的民主主义、人文主义色彩。他在继承前人经验的基础上，提出了系统的教育思想；论述了教育的作用；呼吁开展普及教育，试图使所有人都能接受普及教育；详细制定了学年制度和班级授课制度；提出各级学校要进行课程设置，编写了许多教科书；系统地阐述了教育的基本原则和方法等。

6.美国的《国防教育法》（见 2010 年湖南师范大学真题）

二、简答题

1.简析教师劳动的特点。（见 2015 年东北师范大学真题）

2.简析荀况的"闻见、知、行"的学习观。

【答】战国时期荀子提出了关于教学过程或学习过程的几个环节。荀子认为，学习当始于"闻"，完成于"行"。他提出："君子之学也，入乎耳，箸乎心，布乎四体，形乎动静。"他又说："不闻不若闻之，闻之不若见之，见之不若知之，知之不若行之，学至于行而止矣，行之，明也。"这段话表明了学习过程中阶段与过程的统一，也表达了学习的初级阶段必然向高级阶段发展，而学习的高级阶段又必然依赖于初级阶段的思想。荀子认为闻见、知、行每个阶段都有充分的意义，它们构成了一个完整的学习过程。

3.简述陶行知的生活教育思想。（见 2014 年北京师范大学真题）

4.简述加涅的信息加工学习理论。（见 2020 年华中师范大学真题）

三、论述题

1.试论教育与人的发展的关系。（见 2010 年华中师范大学真题）

2.推进教育公平是《国家中长期教育改革与发展规划纲要（2010—2020 年）》提出的重大任务之一。谈谈你对教育公平的理解和实施策略的构想。

【答】（1）对教育公平的理解。（见 2019 年东北师范大学真题）

（2）实施策略的构想。

①生产和创造更多的教育资源。

教育不公平主要体现在资源的分配不公平，而资源不足是教育资源分配不公的主要原因。培养更多的高素质教师，加大教育投入，促进教育均衡发展等，这些都是个人无法做到的，但是生产和创造更多的教育资源这件事人人可做，而且在网络时代可以做得更好。

②找到更好的方法分享和传输教育资源。

在信息时代，依赖于互联网技术的发展，我们数千年的教育理想开始转变为现实。据统计，MOOC（慕课）让哈佛的教师一年教授的学生数量就超过自己过去 40 年教授的学生数量，使世界上热爱学习的人有更多机会接触到世界一流大学一流教授的优质课程。这样的课堂教学模式不仅为二、三、四线的孩子们提供了一线优质的教育资源，同时也促进了当地教师教学水平的提高。通过这种形式，进一步实现了教育公平。同时，也借助互联网的方式把更先进的教育理念、知识持续传递给了二、三、四线城市。

3.试论卢梭的自然主义教育思想。（见 2012 年华东师范大学真题）

4.试论影响问题解决的因素与问题解决能力的培养。（见 2017 年陕西师范大学真题 +2010 年华中师范大学真题）

2013年江苏师范大学333教育综合真题·凯程详解

一、名词解释

1. 德育原则（见2018年天津师范大学真题）

2. 学校管理（见2015年北京师范大学真题）

3. 性相近，习相远

【答】"性"指先天素质；"习"指后天习染，包括教育与社会环境的影响。孔子认为人们的先天素质是很接近的，但是人们之所以在成长中有了千差万别，是后天"习染"的结果。这一观点肯定了人不论等级贵贱，生来在天赋素质上是平等的，这就说明教育是一种特殊的环境，要承认教育的必要性和关键性。从"习相远"的观点出发，孔子强调人的一生都要受教育，还要重视居住环境的选择和社会交往的选择。"性相近，习相远"的思想是孔子人性论的组成部分，是人人有可能受教育和应该受教育的理论依据，具有一定的科学性。

4. 陶行知的"教学做合一"（见2018年湖南师范大学真题）

5. 认知策略

【答】认知策略是学习者加工信息的一些方法和技术，其基本功能有两个方面：一是对信息进行有效的加工与整理；二是对信息进行分门别类的系统储存。

6. 社会建构主义

【答】社会建构主义是以维果茨基的理论为基础，以鲍尔斯菲尔德和库伯为代表的建构主义。他们认为，世界是客观存在的，对每个认识世界的个体来说是共通的。知识是在人类社会范围里建构起来的，它不断地被改造以尽可能地与世界本来的面目一致，尽管永远达不到一致。另外，他们也认为学习是个体建构自己的知识和理解的过程，但他们更关心这一建构过程的社会性的一面。此外，他们还将知识分为自上而下和自下而上两种。

二、简答题

1. 简析综合实践活动课程的基本特征。

【答】（1）综合性：综合实践活动课程与其他学科课程区别最大的特点就是综合性。综合性是在综合实践活动中由学生所面对的完整的生活世界决定的。它不仅表现在内容上，而且表现在学生能力、课程目标、学习活动方式、活动空间各个方面。

（2）实践性：综合实践活动以学生的现实生活和社会实践为基础开发与利用课程资源，以活动为主要形式，强调学生的亲身体验，而非在学科知识的逻辑序列中建构课程和实施课程。

（3）开放性：综合实践活动面向每个学生的个性发展，尊重每个学生发展的特殊需要，其课程目标、课程内容、活动方式都有开放性特点。

（4）生成性：综合实践活动的课程价值就在于学生在活动过程中不断地形成良好的行为意识、情感、态度和价值观，并不断地建构自我的整个精神世界，发展实践能力。学生参与综合实践活动的过程，就是学生自我生成的过程。

（5）自主性：在综合实践活动中，学生是实践的主体，是自我发展的主体。指导教师只对学生进行必要的指导，不包揽学生的活动。

2. 简析王守仁的道德教育观。

【答】（1）在道德教育和修养的方法上，王守仁以"知行合一"思想为指导，针对程朱理学知而不行，知行脱节的"空疏谬妄"，强调道德践履和实际行动对于道德教育和修养的重要性。具体而言，他提出下列四个基本主张：

①静处体悟。这是王守仁早年提倡的道德修养方法。他认为道德修养的根本任务是"去蔽明心"。因而，道德修养无须"外求"，而只要做静处体悟的功夫。

②事上磨炼。这是王守仁晚年提出的道德修养方法。他认识到一味强调静坐澄心，会产生各种弊病，容易使人"喜静厌动，流入枯槁之病"，甚至使人变成"沉空守寂"的"痴呆汉"。

③省察克治。他主张要不断地进行自我反省和检察，自觉克制各种私欲，这是对儒家传统的"内省""克己"修养方法的继承和发展。

④贵于改过。王守仁认为，人在社会生活中总会发生这样或那样一些违反伦理道德规范的过错，即是大贤人，也难以避免。这种"贵于改过"的主张，体现了求实精神和向前看的态度，是可取的。

（2）评价：王守仁道德教育思想的根本目的虽然是维护明王朝的统治，但他对于道德教育的某些主张，反映了学校道德教育和道德修养某些规律性的东西，对我们是有启发的。

3. **简析蔡元培的教育独立思想。**（见 2013 年北京师范大学真题）

4. **简析斯宾塞的教育科学化思想。**（见 2013 年杭州师范大学真题）

三、论述题

1. **试论知识的价值。**（见 2018 年华中师范大学真题）

2. **试述怎样才能有效发挥学校教育在个体发展中的作用。**（见 2014 西北师范大学真题）

3. **试述 1957 年"人造卫星事件"与西方教育改革的关系。**

【答】（1）1957 年，苏联卫星上天之后，美国朝野为之震惊，开始反思自身的教育问题，并将教育提高到保卫国家的国防高度，要求对教育进行改革。在此背景下，1958 年颁布了《国防教育法》。法案的主要内容如下：①加强普通学校的自然科学、数学和现代外语（即"新三艺"）的教学；②加强职业技术教育；③强调"天才教育"；④增拨大量教育经费，设立国防研究奖学金。

1964 年，国会又通过《国防教育法修正案》。美国认识到教育在国际竞争中的重要性，教育与国家的安危和前途命运息息相关。该法的颁布有利于美国教育的发展，有利于教育质量的提高，有利于培养科技人才。

（2）1959 年，联邦德国受苏联卫星上天的冲击，继美国《国防教育法》之后，做出了一个重要反响，即公布实施《改组和统一公立普通学校教育的总纲计划》，简称《总纲计划》。《总纲计划》主要探讨如何改进普通初等教育和中等教育。内容如下：

①在初等教育上，建议所有儿童均应接受四年制的基础学校教育，然后再接受两年的促进阶段教育。②在中等教育上，建议设置三种中学，即主要学校、实科学校和高级中学，分别培养不同层次的人才。

《总纲计划》既保留了德国传统的等级性，又适应了战后德国社会劳动分工对学校人才培养规格和档次的不同要求。这一计划标志着联邦德国全面教育改革的开始。

4. **分析导致中小学生品德不良的原因及其矫正策略。**（见 2012 年华南师范大学真题）

2014 年江苏师范大学 333 教育综合真题·凯程详解

一、名词解释

1. **疏导原则**

【答】疏导原则也称为循循善诱原则，是指进行德育要循循善诱、以理服人，从提高学生认识入手，调动学生主动性，使他们积极向上。贯彻疏导原则的基本要求如下：（1）讲明道理、疏通思想；（2）因势利导、循循善诱；（3）以表扬、激励为主，坚持正面教育。

2. **相对性评价**（见 2018 年辽宁师范大学真题）

3. **有教无类**（见 2010 年北京师范大学真题）

4. **陶行知的"教学做合一"**（见 2018 年湖南师范大学真题）

5. **最近发展区**（见 2011 年北京师范大学真题）

6. **流体智力**（见 2012 年东北师范大学真题）

二、简答题

1. **简述苏格拉底的教育作用观。**（见 2018 年华南师范大学真题）

2. **简述文艺复兴时期人文主义的"全人"理想。**

【答】人文主义教育复兴了古典的培养身心全面和谐发展的完人的教育理想，要求培养资产阶级绅士。

（1）弗吉里奥是第一个表达文艺复兴教育思想的人。在《论绅士风度与自由学科》一文中，他全面概括了人文主义教育的目的和方法。

（2）维多里诺创办了"快乐之家"宫廷学校，培养身心和谐发展的人，即"受过良好教育的完全公民"。他倡导"自由教育"，培养全人。

（3）伊拉斯谟被称为"欧洲的导师"。主要教育思想有：人性有潜在的能力，可经过后天教育充分地、完美地实现；家庭、国家、教会都要重视教育，主张国家和教会应重视教师培养；强调古典文化的教育价值，反对形式主义，要求因材施教，尊重儿童，反对体罚和羞辱。

（4）莫尔提出了空想社会主义的教育思想，主张实行公共教育制度，即普及教育。所有儿童都要受到良好的初等教育，男女享有平等的教育权利。

（5）蒙田认为教育目的是培养一种"全新的绅士"，反对经院哲学的学究。

3.简述杜威的五步探究教学法。（见2012年天津师范大学真题）

4.简析直接经验和间接经验的关系。（见2014年华中师范大学真题）

三、论述题

1.论述个人本位论。（见2013年北京师范大学真题）

2.《国家中长期教育改革和发展规划纲要（2010—2020年）》提出"教育家办学"。请运用教育学原理，阐述你对该政策的理解。

【答】（1）"教育家办学"符合教育专业化的规律，符合教育发展的原则。教育要符合受教育者的身心发展规律，因为办学是专业化行为，教育有着自身的发展规律。"教育家办学"的核心是建设教育强国必须按照教育规律办事，尊重教育管理的专业特性。"教育家办学"为校长专业化发展指明了前进方向。对于提高办学水平，办真正的教育，培养全面发展的高素质人才具有重要意义。

（2）凡是对受教育者在知识、技能、思想、品德等方面起到教育影响作用的人，都可称为教育者。教育者是社会人与教育者的统一，必须具有明确的教育观念，能够体察社会发展对受教育者发展的需要，了解受教育者发展的规律及受教育者对自身成长的希望，热爱教育事业和受教育者，并注重积累和创新从事教育活动的经验，促进受教育者个性素质的全面发展。

（3）教师的素养之一就是高尚的师德，热爱教育事业，富有献身精神和人文精神；热爱学生，诲人不倦；热爱集体，团结协作；严于律己，为人师表。教育家要有卓越的追求，对教育有着毕生的追求，充满热情，有强烈的使命感和责任感，以高度的事业心和进取心投入到教育事业中去，不断超越，用大爱来诠释教育的全部。

（4）教师的教育理论素养主要指教师对教育科学基本理论知识的掌握，能恰当处理教育教学中的各种问题，总结、概括自己的教育教学经验并使之升华，能清晰、准确地表达自己的教育思想和教学设想。教育家要有战略思想，熟悉国家的政策方针，把握办学方向，高瞻远瞩，有先进办学理念，敏锐地洞悉教育的发展趋势，站在教育改革的前沿，有革新精神。

（5）教师的教育能力素养主要指保证教师顺利完成教育教学任务的基本操作能力。这要求教师善于从事各种教育、教学活动，成为教育方面的"临床专家"，解决教育教学中的各种问题。具体包括以下几种能力：①课程开发能力；②良好的语言表达能力；③组织管理能力；④引导与创新能力。

3.试述问题解决的基本过程。（见2010年山东师范大学真题）

4.论述科举考试制度对学校教育的影响。（见2011年江苏师范大学真题）

2015年江苏师范大学333教育综合真题·凯程详解

一、名词解释

1.启发性原则（见2012年辽宁师范大学真题）

2.人的发展的整体性

【答】教育面对的是一个个活生生的、整体的人，他们既具有生物性和社会性，还表现出个体的独特性。不从整体上把握教育对象的特征，就无法教育人。事实上，人的生理、心理和社会性等方面的发展是密切地联系在一起的，并在人的发展过程中相互作用，使人的发展表现出明显的整体性。人的发展的整体性要求教育要把学生看作复杂的整体，促进学生在体、智、德、美等方面全面和谐地发展，把学生培养成为完整和完善的人。

3.素丝说（见2016年西北师范大学真题）

4.实验教育学（见2013年首都师范大学真题）

5.夸美纽斯（见2012年江苏师范大学真题）

6.同化（见2016年东北师范大学真题）

二、简答题

1.简述洋务学堂。（见 2013 年西南大学真题 +2013 年西北师范大学真题）

2.简述朱子读书法及其意义。（见 2016 年华东师范大学真题）

3.简述泰勒原理。（见 2012 年华东师范大学真题）

4.简述皮亚杰的认知发展阶段论及其对教育的启示。（见 2012 年东北师范大学真题 +2010 年南京师范大学真题）

三、论述题

1.分析论述我国中小学生课业负担过重的表现和原因。

【答】（1）表现。中小学生课业负担过重的问题以各种不同的形态存在于我国中小学教育的过程中，主要表现为：作业多，耗时长；考试多，压力大；教辅多，书包重；培训多，休息少；身心弱，承受力差。

（2）原因。①家长望子成龙的迫切愿望。②教师压力向学生的传导。③社会大众对教育观念的错误引导。④依法治教的精神未落到实处。

（3）积极促进教育制度的转变，完善教育评价标准。①我们应当促进素质教育核心内容的完善，使得学校和社会对学生的人文关怀、心理素养的培养、情绪调整等进入教育过程中，贯穿学生的整个学习生活；②社会应当引导学校、家长和学生形成正确的价值观念，不唯分数论。我们应当尽快促进教育模式由应试教育向素质教育的转变，将把我们的学生培养成全面健康发展的人作为工作目标。

2.分析论述教师劳动的特点及其对教师素质的要求。（见 2015 年东北师范大学真题 +2014 年北京师范大学真题）

3.论述杜威的教育本质论和教育目的论以及对我国的教育启示。（见 2011 年北京师范大学真题）

4.论述韦纳的成败归因理论以及教师如何对获得成功的学生进行归因。

【答】（1）韦纳的成败归因理论。（见 2019 年北京师范大学真题）

（2）引导学生正确归因。

不同的归因对学生的学习动机和积极性起不同的作用。正确的归因有利于激发学生的学习动机，提高学习积极性，指导学生"对因下药"，提高学习效率，同时还可以维持学生心理平衡。为此，作为教育工作者应该指导学生对自己的学习行为和学习结果进行正确的归因。

当学生学习取得成功时，可把其归因于"自己的努力"这一不稳定但可控的因素，这样会启发自己今后想进一步取得成功还必须继续努力；还可归因于自己的能力强，从而使自己产生一定的满意感，增强成功学习的信心，但应该注意不能过分肯定这一点，因为此归因属于内部的、稳定的、不可控的因素，易产生自负、骄傲情绪。除此之外，还要考虑取得成功是不是由于任务容易或这次运气好。因为这些都属于外部因素且不可控，从而提醒自己不要骄傲自满，要更加努力，使自己的潜力充分发挥出来。

2016 年江苏师范大学 333 教育综合真题·凯程详解

一、名词解释

1.课程计划

【答】课程计划也称课程方案，是课程设置的整体规划，即国家在教育目的和方针的指导下，为实现各级基础教育的目标，由国家教育主管部门制定的有关课程设置、顺序、学时分配以及课程管理等方面的政策性文件。

2.学校教育（见 2010 年华中师范大学真题）

3.最近发展区（见 2011 年北京师范大学真题）

4.元认知（见 2010 年华中师范大学真题）

5.学校制度

【答】学校制度是指能够适应向知识社会转轨及知识社会形成以后的社会发展需要，以完善的学校法人制度和新型的政校关系为基础，以现代教育观为指导，学校依法民主、自主管理，能够促进学生、教职工、学校、学校所在社区的协调和可持续发展的一套完整的制度体系。

6.学习动机（见 2013 年北京师范大学真题）

二、简答题

1. 简述布鲁纳的发现学习的步骤。（见2012年南京师范大学真题）
2. 简述遗传素质的含义及其在个体身心发展中的作用。（见2011年陕西师范大学真题）
3. 简述人文主义教育的特征。（见2011年华东师范大学真题）
4. 简述科举制度的影响。（见2019年华中师范大学真题）

三、论述题

1. 试述私学产生的原因及其对教育发展的贡献。（见2011年山东师范大学真题）
2. 论述杜威对教育本质的认识，并解析其儿童观。
【答】（1）杜威的教育本质观。（见2018年东北师范大学真题）
（2）儿童观。（见2010年杭州师范大学真题）
3. 论述启发性教学原则及其在教学中运用的基本要求。（见2012年北京师范大学真题）
4. 论述教学过程的特点。（见2014年湖南师范大学真题）

2017年江苏师范大学333教育综合真题·凯程详解

一、名词解释

1. 教师劳动的复杂性

【答】教师劳动的复杂性主要表现在：首先，教师的劳动不是一个单向灌输的过程，而是一个双向运动的过程。其次，教师的劳动过程是一种以知识信息的传递和转化为主要形式的过程，这是一个复杂的脑力劳动过程。最后，教师的劳动任务是多方面的。

2. 教育目的的层次结构

【答】教育目的的层次结构是指在国家教育总目标的指导下，由各级各类学校的培养目标以及实现这些目标所必需的课程和教学目标构成的教育目标系统，它们由抽象到具体形成了一个完整的目标体系结构。一般来说，这一目标体系由四个层次构成：（1）国家或社会所规定的教育目的；（2）各级各类学校的培养目标；（3）课程目标；（4）教学目标。

3. 美德即知识（见2015年湖南师范大学真题）

4. 自然后果律

【答】自然后果律是法国启蒙思想家和教育家卢梭所倡导的道德教育方法。他提出在教育方法上，应该用"自然后果法"，即让儿童经受由自己的过失而招致的后果，从而自己纠正错误行为。这种自然后果法有其积极合理的方面，但并不是在任何情况下都是适用的。

5. 心理过程

【答】心理过程是指在客观事物的作用下，心理活动在一定时间内发生、发展的过程。通常包括认知过程、情绪情感过程和意志过程三个方面。认知过程指人以感知、记忆、思维等形式反映客观事物的性质和联系的过程；情绪情感过程是人对客观事物的某种态度的体验；意志过程是人有意识地克服各种困难以达到一定目标的过程。三者有各自发生发展的过程，但并非完全独立，而是统一心理过程中的不同方面。

6. 观察学习（见2019年北京师范大学真题）

二、简答题

1. 简述教育的政治功能。（见2012年北京师范大学真题）
2. 与儒家相比较，墨家教育方法的特点有哪些？
【答】墨子和墨家的教育方法表现出鲜明的学派特色，而与儒家相比有较大不同。

（1）主动。墨子不赞成儒家"叩则鸣，不叩则不鸣"的方法，主张"虽不叩必鸣者也"的"强说人"精神。墨子强调教育者的主动和主导，但忽视了启发式的方法，忽视了学习必须具备知识和心理上的准备。

（2）创造。孔丘曾自述是"述而不作，信而好古"，这表明孔丘的特点是"述"，而非"作"。墨翟批评儒家的"述而不作"，主张"古之善者则述之，今之善者则作之，欲善之益多也"。墨翟学于儒而能自成一家，墨家的科学和逻辑学，都是这种创造精神的结果。

（3）实践。儒家所强调的"行"主要是指道德实践，而且十分强调思想动机问题，要求慎其独处，或者以为一心一意于善，善就来了。墨翟则提出"合其志功而观焉"。墨家更着眼于"功"或效果，讲效果也就是讲实践。墨家重"行"，是出于实现兼爱天下的社会理想。墨家对"行"的理解与儒家有很大区别，其内涵广泛得多，也有价值得多。

（4）量力。墨翟是中国教育史上首先明确提出"量力"这一教育方法的，他十分注意施教时考虑学生的力之所能及。

3. 简述终身教育思想。（见 2015 年北京师范大学真题）

4. 简述需要层次理论。（见 2013 年西南大学真题）

三、论述题

1. 结合事例，论述严格要求与尊重信任相结合的原则。

【答】严格要求与尊重信任相结合原则是指尊重学生与进行必要的指导、监督相结合，信任、爱护学生与对其错误和缺点进行严肃批评相结合。贯彻本原则要求：

（1）在尊重、信任学生时，坚持严格要求，防止无原则的迁就和放任；在严格要求学生时，相信他们的力量和能力。

（2）根据学生年龄特征和原有道德水平提出合理、明确、具体、适度的要求。

（3）有统一的要求，同时尊重学生的个别差异，不强求一致。（事例略，言之有理即可）

2. 论述多元智力理论及其现实启示。（见 2019 年华东师范大学真题）

3. 论述孔子对教师素质的要求及其当代意义。（见 2018 年华中师范大学真题）

4. 论述我国基础课程改革对教学过程的要求。

【答】（1）教师要正确认识教学过程。教学过程是教师有目的地引导学生学习人类积累起来的科学文化知识的过程，实质上就是学生能动地认识世界、提高自我的过程。教师要遵循以下规律：首先，要明确学生是能动的生命体、学习主体，教学应激发学生的主动性、创造性；其次，要遵循"从生动的直观到抽象的思维，并从抽象的思维到实践"这个认识真理、认识客观实在的辩证的途径；最后，要重视认识是个体的经验改造和建构的过程，也是与群体交互作用的过程。

（2）教师要转变教学观。从重视教师的教向重视学生的学转变；从重视知识传授向重视能力培养转变；从重视教法向重视学法转变；从重视认知向重视发展转变；从重视继承向重视创新转变。

（3）在课程改革方面要做到：

①提升课程改革的理念水平和理论品位。

②在课程政策上，要实现国家课程、地方课程与校本课程的整合。

③在课程内容上，要实现学科知识与个人知识的内在整合。

④在课程结构上，要更新课程种类，恰当分析必修课程与选修课程的关系，努力实现课程的综合化。

⑤在课程实施上，要超越忠实取向，走向相互适应取向和课程创生取向。

⑥在课程评价上，要超越目标取向的评价，走向过程取向和主体取向的评价。

2018 年江苏师范大学 333 教育综合真题·凯程详解

一、名词解释

1. 探究教学

【答】探究教学是指在教师的引导下，学生主动参与到发现问题、寻找答案的过程中，以培养学生探究兴趣和问题解决能力的一种教学活动。探究教学的实质就是按照提出科学结论和检验科学结论的结构方式去揭示科学结论。探究教学的程序包括：发现问题—收集资料—处理与解释资料—问题解决。探究教学有利于科学概念的形成，有利于培养学生的探究能力，掌握科学的思维方法。它的产生背景包括社会背景和思想渊源两个方面。

2.陶冶（见 2011 年华中师范大学真题）

3.有意义学习（见 2014 年华东师范大学真题）

4.学习动机（见 2013 年北京师范大学真题）

5.六等黜陟法（见 2016 年西北师范大学真题）

6.绅士教育（见 2012 年华东师范大学真题）

二、简答题

1.如何上好一堂课？（见 2010 年华中师范大学真题）

2.简述孔子"有教无类"的思想。（见 2011 年华南师范大学真题）

3.简述杜威的教育无目的论。（见 2016 年北京师范大学真题）

4.简述朱子读书法。（见 2016 年华东师范大学真题）

三、论述题

1.自古以来，对教师的角色有许多隐喻，如"教师是蜡烛，燃烧自己、照亮别人""教师是人类灵魂的工程师，塑造着学生的精神世界"等。请从"蜡烛论"和"工程师论"中任选一种教师角色的隐喻分析其蕴含的意义。（见 2011 年杭州师范大学真题）

2.我国新基础教育课程改革中的"六大目标"是什么？如何在课堂中落实？

【答】（1）"六大目标"。（见 2017 年东北师范大学真题）

（2）"如何在课堂中落实"方面请考生结合自己的实际经验作答。

3.论述赫尔巴特的"教育性教学"在实际教育中的应用。（见 2011 年杭州师范大学真题）

4.怎样提高学生解决问题的能力？

【答】（1）问题解决能力的培养与学科知识教学有机结合，形成知识结构体系。

①要丰富学生的观念性知识。②要提出多种变式，促进知识的概括。③要重视知识间的联系，建立网络化结构。

（2）问题的难度要适当，注重对结构不良问题的训练。

①教师要求学生完成的问题必须要有一定的难度，问题应该是要求学生通过对已有知识、方法进行重新组合后能够解决的。②学生在学科领域中遇到的问题大多属于结构良好的问题，而在现实中可能遇到的问题，绝大多数情况下都是结构不良问题。

（3）分析问题的构成，帮助学生正确地表征问题。

①问题解决需要一个过程，掌握问题解决的基本程序有利于问题解决。②在教学中教给学生一些通用的问题解决的方法和思维策略，会有效提高他们问题解决的能力。

（4）强调一般思维方法和具体的问题解决技能相结合，帮助学生养成分析问题和策略性思维的习惯。

（5）加强对学生解决问题态度的训练，培养和激发学生主动提出问题和解决问题的内在动机。

①注意加强态度的训练。②注意培养学生解决问题的自信心。③要求学生严谨地思考问题。在课堂教学中要鼓励学生提问，尽量减少观念上的限制，在班级上形成一种自由探索的气氛。同时教师也需要多给学生提供一些解决结构不良问题的机会，以便更好地激发他们的内在动机。

2019 年江苏师范大学 333 教育综合真题·凯程详解

一、名词解释

1.鸿都门学（见 2011 年北京师范大学真题）

2.壬戌学制（见 2010 年北京师范大学真题）

3.自然主义教育思想（见 2013 年陕西师范大学真题）

4.顿悟说

【答】顿悟说即完形—顿悟说，是由德国的格式塔心理学派提出的一种学习理论。格式塔心理学又称完形心理学，苛勒、考夫卡、魏特海默是其重要的代表人物。1913—1917 年，苛勒在德国对黑猩猩的学习和解决问题进行了较多研究，由此认为，学习是通过顿悟实现的，以此与桑代克的尝试错误说相对抗。人在遇到问题时，会重组问题情境的当前结构，以弥补问题的缺口，达到新的完形，从而联想到一种可行的解决方案。其突出特点是顿悟。

5. **文纳特卡制**（见 2010 年湖南师范大学真题）

6. **课程方案**（见 2013 年华东师范大学真题）

二、简答题

1. 简述德育过程的疏导原则及其要求。（见 2011 年北京师范大学真题）

2. 简述陶行知的生活教育思想。（见 2014 年北京师范大学真题）

3. 简述自然主义教育思想。（见 2016 年东北师范大学真题）

4. 简述科尔伯格的道德认知理论。（见 2013 年华东师范大学真题）

三、论述题

1. 论述新时期教育的生态功能。（见 2020 年华东师范大学真题）

2. 我国古代著名教育家墨子认为"染于苍则苍，染于黄则黄，所入者变，其色亦变"。请指出这种思想所代表的教育观念，并进行评述。

【答】（1）素丝说。

墨子以染丝为例来说明人性在教育下的改变和形成。墨子认为，人性不是先天所成，生来的人性不过如同待染的素丝，下什么色的染缸，就成什么样的颜色，比喻有什么样的环境与教育，就造就什么样的人。墨子的"素丝说"从人性平等的立场去认识和阐述教育作用，较孔子的人性观具有明显的进步性。

（2）环境决定论。

墨子认为在儿童的发展中真正起着绝对影响作用的力量是儿童的生活环境和后天所获得的教育引导。环境决定论虽然否定遗传生物因素在儿童发展中的决定性作用，但仍认为儿童的发展是受某种外在于儿童主观控制的某种因果关系的制约。"严师出高徒""棍棒底下出孝子"等谚语就反映了人们选择教育方式受环境决定论的影响。环境决定论在肯定了儿童发展的可塑性的同时，也将儿童个体在发展过程中的地位牢牢地固定在失去自主性的被塑造地位上。

（3）评析。

墨子认为人处在什么样的环境下就会成为什么样的人，此观点忽略了人的主观能动性对个体发展的决定影响。环境和教育是影响人身心发展的外部因素，其中学校教育对人的身心发展起主导作用，对人的身心发展具有重要的影响。个体在与环境的相互作用中所表现出来的个体主观能动性，是促进个体从潜在可能状态转向现实状态的决定性因素。

3. 论述杜威的教育无目的论。（见 2016 年北京师范大学真题）

4. 论述课程和教学的辩证关系。

【答】课程与教学之间既有区别又有联系。

（1）区别。

从静态的角度理解课程，可以说课程是目标，是学科或教材，是计划。这时，课程与教学既有本质上的区别，又有实践上的联系。课程作为目标、学科（教材）、计划，体现着教育目的的要求，反映人类文明的成果，代表着社会各阶层的利益与需求，并且最终必然体现为物质形态的文件和材料。它是预期的，先于教学实践而有所规划。教学作为课程实施的有效途径，是一种动态的活动过程。因此，从这一点来看二者是不同的。

（2）联系。

①相互制约：教学活动一旦展开便与课程发生了联系。教师必然以各种课程为中介，与学生进行互动与沟通，从而促进学生的发展。教学目标的确定源于课程目标；教学方法的设计也必然因教学内容和学生情况的不同而产生差异，不同的教育阶段，不同的学科内容，教学方法也应该不同；教学评价也必然要参照课程中的教育目的和目标来进行。而课程实践在选择、确定目标，编排内容时也必须考虑教学实践的规律和可操作性。因此课程编制的过程也是对教学的规划过程；课程评价也必然将重点放在教学实践中实际运行的课程上，从而与教学评价密切相关。

②相互融合：其一，教学作为课程开发过程。教学的传统内涵是，教学基于教育心理学原理有效传递内容的过程，是忠实地实施既定课程计划的过程；教学的重心是有效传递内容，而不是变革内容，教学研究也因而成为关于内容传递的工效学。"学会教学"的核心问题是学会如何在复杂的教学情境中与学生共同创生课程。其二，

课程作为教学事件。当"体验课程"取代"制度课程"而处于教育的核心时，课程不再仅仅是书面文件（教科书、教学指南等），而是教师与学生在教育情境中不断生成的活生生的经验。从这个意义上说，课程是动态的过程，是不断变化的课堂教学事件。

2020 年江苏师范大学 333 教育综合真题·凯程详解

一、名词解释

1. 教育的社会流动功能（见 2020 年上海师范大学真题）

2. 读书指导法

【答】读书指导法是教师指导学生通过阅读教科书、参考书以获取知识或巩固知识的方法。运用读书指导法的要求：（1）提出明确的目的、要求和思考题；（2）教给学生读书的方法；（3）善于在读书中发现问题与解决问题；（4）适当组织学生交流读书心得。

3. 小先生制（见 2019 年浙江师范大学真题）

4. 致良知（见 2017 年华东师范大学真题）

5. 自我效能感（见 2014 年华东师范大学真题）

6. 社会规范学习（见 2014 年华南师范大学真题）

二、简答题

1. 简述个体能动性对个体发展的作用。（见 2017 年华中师范大学真题）

2. 简述书院教育的特点。（见 2013 年华东师范大学真题）

3. 简述陈鹤琴的"活教育"目的论。（见 2015 年北京师范大学真题）

4. 简述杜威的教育本质论。（见 2018 年东北师范大学真题）

三、论述题

1. 论述分科课程和综合课程的关系以及基础教育课程改革的趋势。

【答】（1）分科课程是以学科逻辑为中心编排的课程，重视教材的逻辑组织，学习材料清楚，易于学生学习。综合课程克服了分科课程的封闭性，把若干门教材组织在一门学科中综合而成，注重知识的融合，有利于学生整体把握世界，开阔视野，有利于课程的内在联系。

（2）基础教育课程改革的发展趋势。

①以学生发展为本，促进学生全面发展与培养个性相结合。注重全体学生全面发展与个体差异相统一，把学生的发展作为课程开发的着眼点和目标，强调学生是能动实践的主体。"为了每位学生的发展"是我国基础教育课程改革的核心理念，也是未来课程改革的基本趋势。

②稳定并加强基础教育。基础教育课程十分注重加强课程与社会、生活与自然的联系，增加学生的实践性学习环节，改变理论脱离实际的现状，培养学生的动手能力和创新精神。因此，我国中小学课程改革不仅要巩固现有的教育基础，培养学生基础性学习的能力，还要进一步加深基础教育，促进学生的发展性学习和创造性学习。

③加强道德教育和人文教育，加强课程科学性与人文性的融合。道德教育绝不只是政治思想品德课的责任，而是各科教学和活动都应承担的责任。不仅要重视正式课程的作用，也要重视非正式课程即隐性课程潜移默化的作用，进而形成学校、社会、家庭三位一体的局面。

④加强课程综合化。综合化课程既是为了避免增设新学科造成学生课业负担的需要，也是学生认识和把握科学知识基础的需要。学生在学习综合化课程中不仅可以初步建立合理的认知结构，而且可以养成综合思维能力，培养自主创新的品质。

⑤课程与现代信息技术相结合，加强课程个性化和多样化。现代信息技术在学校教育中的普遍运用，为课程个性化和教学过程的因材施教提供了技术支持。多样化是统一性前提下的多样化，它是与特色化、层次性、可选择性结合在一起的。

⑥课程法制化。随着我国法制建设的日益完善，我国基础教育课程教材改革也必然会沿着法制化的轨道健康前进。目前，我国已经制定了一系列关于课程教材建设的政策与法规。

2.有人说:"教学有法,教无定法。"谈谈你的理解。

【答】(1)教学有法:抓住教育规律,关注教法。教学有法,指的是教学活动是有着一定的规律可循的,有着一定的法则和模式,有着一定的基本方法。

例如,我们强调的学生的间接经验与直接经验相结合、掌握知识与发展智力相统一等,都是我们在教学中要注重的基本方法和基本规律。良好的教学方法可以发挥教学智慧,不妥的方法可能达不到预期的教学效果。

(2)教无定法:教学方法必须机动灵活。教无定法意味着关注情景体验,教学生活化。教无定法,指的是教学的模式、方法、技能等不是机械的、教条的,而是灵活多变的,富有个性、充满灵性的。也就是我们的教育教学活动必须根据教学内涵、学校条件、教师特点来展开,更重要的是根据学情来合理地使用、选择适用于学生的方法。不同的学情、环境、条件等,使得我们在差不多相同的教学内容方面所确定的教学目标不一定相同,对于科学知识、技能方法、情感态度等具体目标的考虑也会有很多区别。由此引起的教学方法和策略必定不尽相同。因此要贵在得法,围绕方法渗透,教学方法科学化。贵在得法是我们教育教学活动的灵魂,是指教师将各种教学方法、手段、技巧等恰如其分、灵活巧妙地应用于具体的教学情景中。

例如,数学课堂的引入既可以运用与生活实际相类比的方法,也可以运用数学史小故事、小定理的方法。这些方法的适当选择和运用要符合学生的生理和心理发展规律。科学的学习方法是指能使人快乐地学习,轻松地学习,能突出重点、化难为易地学习,能提高学习效率的学习方法。

(3)教学有法是走向教无定法的前提,教无定法是对教学有法的升华。从无法到有法,这是进步,从有法到无定法,这是突破,从无定法到创新法,贵在得法,这是飞跃。从无法为有法,需要我们付出艰苦的劳动;使有法为无定法,需要我们抛洒辛勤的汗水;从无法、定法到创新法,更需要我们呕心沥血、鞠躬尽瘁,至此方能达到循法而不拘泥于定法。

3.论述清朝洋务运动和日本明治维新的实践指导思想和具体实施的差别。

【答】(1)实践指导思想的差别。

1868年,倒幕派建立资产阶级联合执政的明治政府,为抵御外患、富国强兵,实施了一系列改革,史称"明治维新",其指导思想是"文明开化"和"和魂洋才"。洋务运动时期虽然名义上有清政府的各项政令及总理衙门的管理,但实际上只是李鸿章等人在地方上的各自为政,兴办"洋务",以扩大自己的势力,但力量分散,难以对清政府的统治构成威胁。改革中,政治领导集团并没有彻底的决心和勇气,在改革上处于两难境地,一方面在内忧外患的情况下必须改革,另一方面又必须巩固原有的体制,以至于难以形成坚强的领导核心。

(2)具体实施的差别。

①1871年,明治政府在中央设立文部省,主管全国的文化教育事业。1872年颁布《学制令》,在确立教育领导体制的基础上,建立全国的学校教育体制,规定全国实行中央集权式的大学区制。此时洋务运动在政治上则毫无建树,根本没有触动封建专制制度,尤为重要的是政府的腐败日趋严重。

②1879年日本颁布的《教育令》,将普及初等教育的年限缩短为4年。1886年颁布的《小学令》,又根据国力承受水平把初等教育受教育年限规定为8年,分两段实施,前4年为寻常小学阶段,实施义务教育;后4年为高等小学阶段,实行收费制。而洋务派虽然也很重视教育改革,设立了外国语学堂、军事学堂和技术学堂等30多所学校,但是始终没有统一的学制来对教育进行管理,没有触及封建专制及其相关联的封建教育制度,改革流于形式,新式学堂没有得到发展。

总的来说,日本通过改革使得封建教育向近代资本主义教育转变。但明治维新自上而下进行,带有很大的不彻底性,使得日本近代资本主义教育的发展从一开始就带有浓厚的封建主义和军国主义的色彩。中国的洋务运动则是一场封建地主阶级的自救运动。

4.(1)用学习动机的理论分析材料。

(2)如何培养学习动机?

【答】(1)学习动机是激励并维持学生朝向某一目的的学习行为的动力倾向。学习动机与学习兴趣、学习需要、个人价值观、态度、志向水平、外来鼓励、学习结果等都有密切联系。张海学习成绩不好的原因是多方面的,从学习动机理论角度来分析,张海的家庭没有为他提供一个支持,所处的外界条件不好,他自己又不做基础题,追求高难度的题。因此他成绩不好是内外因素共同造成的。家庭因素是外部的、不稳定的、不可控的因素,任务难度是外部的、稳定的、不可控的因素,努力程度是内部的、不稳定的、可控的因素。根据韦纳的成败归因理论,张海把不做作业的原因归结于不可控的外部因素,久而久之,会使张海学习积极性降低,对自己越来越没有信心,会有无奈的情绪,也很容易成为"坏学生"。张海若想提高学习成绩,应该努力学习,降低任务难度,做一些基础题。

(2)如何培养学习动机?(见2012年华东师范大学真题)

2021年江苏师范大学333教育综合真题·凯程详解

一、名词解释

1. 积分法（见2021年湖南师范大学真题）
2. 元认知（见2010年华中师范大学真题）
3. 品德不良（见2015年华南师范大学真题）
4. 教学做合一（见2018年湖南师范大学真题）
5. 螺旋式课程（见2015年云南师范大学真题）
6. 生计教育（见2015年华东师范大学真题）

二、简答题

1. 简述教育的社会流动性。（见2010年北京师范大学真题）
2. 简述布鲁纳的结构教学观。（见2013年杭州师范大学真题）
3. 简述杜威的思维与教学方法。（见2012年天津师范大学真题）
4. 简述创造性心理。（见2015年华东师范大学真题）

三、论述题

1. 试述基础教育中新课改对教师提出的要求，结合你的感受谈一谈。

【答】课程是组织各级各类教育教学活动最主要的依据，基础教育改革则是教育改革的基础。纵观中外基础教育改革，无不把课程改革放在突出的位置。而课程改革的关键在于教师。新课改中新的课程理念、新的教材、新的课程评价观、新的学习方式等方面的要求，都强烈地冲击着现有的教师教育体系，对广大教师的素质提出了更新、更高的要求。

（1）新课改对教师教育观念提出的新要求。新课改方案提出要改变过去过于强调接受学习、死记硬背和机械训练的状况，倡导学生自主合作探究式的学习，同时注意培养学生解决问题的能力，这就要求教师要更新自身的教育观念。

我认为，教育观念的更新具体表现在教师要由知识的传授者转变为学生学习的促进者、由管理者转变为学生学习的引导者、由居高临下的人师转变为"平等中的首席"，建立起以学生为本的新观念。

（2）新课改对教师知识结构提出的新要求。此次新课改整体设置了九年一贯的课程门类和课时比例，设置了综合课程。在课程内容上，改变了过去繁、难、偏、旧和过于偏重书本知识的状况，加强了课程内容与学生生活以及与现代社会的联系，精选了学生终身学习所必备的基础知识和基本技能，这就对教师的知识结构提出了更高的要求。

传统上，教师只需要懂得一门学科的基本知识就能胜任教学工作，但新课改要求教师不但要有扎实的学科基本知识，还要不断地扩大自己的知识面，提升自己的学术能力。也就是说，对教师知识结构的要求，已不再局限于"学科知识＋教育学知识"的传统模式，而是更加强调多层次的复合的知识结构。

（3）新课改对教师能力提出的新要求。新课改实行国家、地方、校本三级课程管理模式，这对教师的研究能力提出了新要求。

我认为，在新课改背景下，教师要努力成为研究者，要善于把教学实践和教学研究结合起来，善于对自己的教学活动进行反思和探究。

（4）新课改对教师身心素质提出的新要求。新课改要求教师要胜任多种角色，面对多种挑战，因此，良好的身心素质必不可少。

良好的身心素质是指教师不但要有健康的身体，还要有良好的心理素质，如良好的意志品质、良好的性格特征、稳定的情绪和清晰的自我意识等。在教育教学中，只有教师自身具有良好的身心素养，才能对学生的成长起到积极的影响。

2. 试述中小学教育中自我教育在德育中的地位和作用。（见2018年辽宁师范大学真题）

3. 试比较梁漱溟与晏阳初的教育思想。

【答】（1）二者的乡村教育方案：

①晏阳初提出"四大教育"与"三大方式"："四大教育"是指以文艺教育攻愚，培养知识力；以生计教育攻穷，培养生产力；以卫生教育攻弱，培养强健力；以公民教育攻私，培养团结力。"三大方式"是指学校式教育，

以青少年为对象设置初级平民学校、高级平民学校和生计巡回学校；社会式教育，以一般群众和农民团体为对象开展读书、演讲等活动；家庭式教育，以家庭中各成员为对象的生活、生产常识教育。

②梁漱溟提出建立行政系统与教育机构合一的乡农学校。学校由学众、教员、学董、学长组成；学校按自然村落和行政级别分村学与乡学两级，实行"政教养卫合一""以教统政"，将学校式教育与社会式教育合一；学校课程分两类，一类为以知识教育和"精神讲话"为内容的共有课程，另一类为各校根据自身生活环境而设置的个别课程。

（2）二者的异同：

①相同点：晏阳初与梁漱溟均注重乡村教育在乡村建设中的作用，并将教育与乡村经济、文化、道德等方面结合起来共同建设，在方式上均注意学校教育与社会教育的结合。

②不同点：

a. 对中国问题的认识不同。晏阳初对中国农村问题的分析更多的是对中国"社会病"具体表象的归结；梁漱溟着力以中国传统文化的根为出发点寻找中国乡村问题的病因。

b. 乡村教育的理论和方案设计的指导思想不同。晏阳初更注重乡村具体问题的解决，并引进现代民主意识和西方社会治理模式；梁漱溟则主要借鉴中国古代乡约制度并加以改造，更注重弘扬传统道德。

4. 论述期望—价值理论。

【答】（1）代表人物：阿特金森。

（2）含义：指追求卓越、获得成功的动机。他认为个体趋向的成就动机由成就需要、期望水平和诱因价值三者共同决定，用公式表示，即动机强度（Ts）=需要（Ms）× 期望（Ps）× 诱因（Is）。

①成就需要（Ms）：个体稳定地追求成绩的倾向。

②期望水平（Ps）：个体在某一任务上获得成功的可能性。

③诱因价值（Is）：个体成功完成某项任务所带来的价值和满足感。

（3）两种动机分类：阿特金森认为，人在追求成就时存在两种倾向，一种是力求成功的倾向，另一种是避免失败的倾向。

①力求成功者：敢于冒风险去尝试并追求成功，阿特金森经计算认为，力求成功者倾向于选择成功概率为50%的任务。

②避免失败者：倾向于选择非常容易或非常难的任务。

（4）应用。①对于力求成功者：教师要给他们设置有一定难度的任务，营造竞争的学习环境，并且给予较严格的分数评定。②对于避免失败者：教师要发挥表扬、激励的作用，营造竞争性较弱的环境，给予较为宽松的评分。③教师需要适当地掌握评分标准，使学生感到要得到好成绩是可能的，但也不是轻而易举的。

（5）评价。

优点：成就动机理论把人的动机的情感方面与认知方面统一起来。用数学模型来简明地表达，揭示了影响成就动机的一些变量和规律，并用大量的实证研究证实和检验了其理论假设的合理性和客观性，在动机理论研究上取得了突破性的进展。

缺点：成就动机的理论模型还不够完善，如过分重视内部因素的作用而忽视了外部因素的作用，成就动机与整个人格特征的关系尚缺乏充分的研究等。

2022 年江苏师范大学 333 教育综合真题·凯程详解

一、名词解释

1. 长善救失原则（见 2020 年西北师范大学真题）

2. 教育的相对独立性（见 2022 年天津师范大学真题）

3. 山海工学团

【答】（1）背景：1932 年，陶行知在上海郊区大场创办山海工学团（取宝山和上海的第二个字）。提出"工以养生，学以明生，团以保生"，力图将工场、学校、社会打成一片，进一步探索中国教育之路，以达到普及教育的目的。

（2）训练内容：军事、生产、科学、识字、民权和生活。

（3）教材：陶行知编写的《老少通千字课》。此外，工学团还组织修路、筑堤、赈灾和开办信用社等活动。

4. 学、问、思、辨、行

【答】（1）简介：《中庸》中的"博学之，审问之，慎思之，明辨之，笃行之"，把学习过程具体概括为学、问、思、辨、行五个先后相续的步骤。这一表述概括了知识获得过程的基本环节和顺序，《中庸》强调，五个步骤是一个完整的过程，只有充分实现每个步骤，才能有个人学习的进步。

（2）评价：学、问、思、辨、行是对从孔丘到荀况先秦儒家关于学习过程思想——学、思、行的发挥和完整表述，被后世学者引为求知的一般方法与途径，朱熹曾称之为"为学之序"，将其列为《白鹿洞书院揭示》的重要规定，因此产生了很大影响。

5. 发现学习（见2017年华东师范大学真题）

6. 亲社会行为（见2012年山西师范大学真题）

二、简答题

1. 简述德育、智育、体育、美育、劳动教育的关系。（见2012年东北师范大学真题）

2. 简述颜元的"义利合一"。

【答】传统教育在伦理道德教育方面把"义"和"利"，"理"和"欲"对立起来。董仲舒提出"正其谊不谋其利，明其道不计其功"，理学家主张"明天理，灭人欲"。颜元针锋相对地做了批判，明确指出义利对立是违背人性的思想。

（1）内容："正其谊以谋其利，明其道而计其功"。"义"和"利"两者并非截然对立，而是能够统一起来的。

① "利"是"义"的基础。"正义""明道"的目的就是"谋利"和"计功"。

② "利"不能离开"义"，而且"利"必须符合"义"。

（2）评价：颜元针对传统教育的偏见，继承和发展了南宋事功学派（该学派主张重事功、讲实际）的思想，明确提出了"正其谊以谋其利，明其道而计其功"的命题，冲破了传统的禁锢，使中国古代对于义利关系问题的认识近乎科学。

3. 简述晏阳初的"四大教育"和"三大方式"。（见2017年湖南师范大学真题）

4. 简述赫尔巴特的教育性教学思想。（见2011年杭州师范大学真题）

三、论述题

1. 请用相关教育理论分析材料反映了什么问题。

【答】材料中，家长认为学生考上大学、成才是家长自己的功劳；专家认为学生考大学、成才是各级学校教育、老师的作用。这两种说法都是片面的。这反映了他们对受教育者和人的教育影响因素的认识不足。

（1）从教育者看，家长和教师都是教育者，都对受教育者有一定的影响。从广义的教育的角度来看，一切能够增进人们知识和技能、影响人们思想品德的活动都是教育，任何人都可以是教育者。可以说父母是一个人最早的教育者。从狭义的教育即学校教育的角度来理解，教育者主要指拥有教师职业身份的人。

（2）从教育活动的存在范围看，教育有社会教育、家庭教育、学校教育三种。每种教育有其各自特点，对人的发展产生着不同的作用。家校关系、校校关系以及学校社区关系是培养合格人才的重要合力。

（3）从对人的身心发展的影响因素来看，人的身心发展是复杂的，是多种因素共同作用的结果，包括遗传素质、个体的主观能动性、环境、实践活动、学校等都对人的身心发展产生影响，这些因素对人的影响不是孤立的，而是相互的、有机联系的，需要相互配合，共同促进人的身心发展。

（4）从学校教育在人的身心发展中起主导作用看，教育的主导作用不是万能的，因为教育既不能超越它所依存的社会条件，也不能违背学生身心发展的客观规律，任意决定人的发展。学校教育必须与社会教育、家庭教育有力配合，才能发挥主导作用。

（5）从学生在学习中的地位来看，学生在学习中具有主体地位，学生在教育活动中具有自主性和能动性。家长的作用在于培养学生的健全人格，为学生学习主体的实现打下基础。学校与教师的作用是为学生的发展提供资源，调动学生学习的积极性，引导学生独立学习，自主发展。

总的来说，"教育者"是一种资格，不是一个具体的、固定的人，而是那些能够根据个体身心发展和社会发展状况及趋势，在人的发展中起引导、促进、规范作用的人。学生成长、成才是多方面因素共同作用的结果，不能以偏概全。

2. 试根据加涅的学习层次理论，就如何改善这位学生的数学学习情况给该老师提出建议，并思考此教学案例带来的启示。

【答】材料中老师教会插班生"7+1"，但遇到"8+1""9+1"时，学生还是不会，这是由于插班生基础差，不能灵活运用、融会贯通知识。

（1）加涅的学习层次理论中，按学习的繁简水平不同，分为八类学习：信号学习、刺激—反应学习、连锁学习、言语联想学习、辨别学习、概念学习、规则（原理）的学习、解决问题的学习。该系统中每个简单层级的学习都是复杂层级学习的先决条件，复杂层级的教学都必须以简单层级的教学为基础。所以，对于插班生的教学指导，应先了解学生的基础掌握水平，再针对性地进行教学内容安排，先安排简单层级的教学，然后在此基础上进行相应的复杂层次的学习。帮助学生掌握知识，快速跟上班级学习进度。

（2）加涅的学习层次理论中，根据学习结果，将学习分为五种类型：言语信息的学习、智慧技能的学习、认知策略的学习、态度的学习、动作技能的学习。因此。教师所陈述的教学目标还应是对学生学习经验变化的适宜预期，在规定学生"该干些什么"的同时，准确表述学生"能干什么"，即阐明学生在不同层次或难度水平上要完成的心智和行为操作。教师应结合学生的特点及基础、具体的教学内容和情境，准确表述学生在认知、情感和动作技能等领域产生内在能力或情感变化的条件和标准。

3.试述"双减"政策背景下，如何通过课堂教学变革促进教育过程公平。

【答】"双减"政策背景下，从课堂教学的角度看，要促进教育公平，应从以下几方面进行：

（1）提升课堂教学质量。学校要开齐、开足、开好国家规定课程，严格按课程标准零起点教学，做到应教、尽教，确保学生达到国家规定的学业质量标准。着重培养学生的核心素养和解决现实问题的能力，探索建设以学习者为中心、以核心素养为本的课堂教学模式。

（2）变革教育教学方式。基于信息技术，支持学生个性化学习，实现分类分层教学。引进线上线下的智能系统，提供多样化的学习工具、学习支架，丰富媒体学习资源。搭建功能强大的交互式学习平台，推进线上线下有机结合的混合式学习，支持学生个性化学习、自主合作探究学习。

（3）改变学生学习方式。课堂教学要给学生留下一定的自主时间，尽可能增加学生在课堂中的参与度，让他们有更多的个体思考与体验，更自觉的学习选择与尝试，更灵活的大胆想象与探讨，让学生主动学习、能动学习、合作学习、探究学习、跨学科学习、实践性学习、问题导向性学习等。促进学生知识与技能、过程与方法、情感态度与价值观的整体发展。

（4）提高教师队伍的素质。课堂教学成败关键在教师，好的课堂要求教师设计好每一个教案，上好每一堂课，做好课后辅导，因材施教。留好每一次课后作业，做好隐性和显性作业的管控，科学布置作业，不增加学生负担，增强学生的学习兴趣和自主学习的动机。

（5）深化课堂教学评价体系。对学生的评价上，不完全以学业成绩作为唯一评价标准，建立促进学生全面发展的科学评价体系。对教师的评价上，学校不能把考试成绩作为对评价教师的唯一标准，要注重对教师整个教学过程的评价。

4.结合我国基础教育改革背景，论述杜威的教育观及其现实意义。

【答】（1）杜威的教育观。（见2018年东北师范大学真题）

（2）现实意义。（见2015年浙江师范大学真题）

装　订　线

装　订　线

全国硕士研究生入学统一考试

招生单位自命题科目答题纸

招生单位代码及名称：＿＿＿＿＿＿＿＿＿＿

考试科目代码及名称：＿＿＿＿＿＿＿＿＿＿

题号	分数	阅卷人
一		
二		
三		
四		
五		
六		
七		
八		
九		
十		
十一		
十二		
十三		
十四		
十五		
十六		
总分		

注意事项

1.考生编号、姓名、报考专业必须写在装订线内指定位置。

2.所有答案必须写在答题纸上，写在试题纸或草稿纸上的一律无效。

3.答题时必须写清题号。

4.字迹要清楚、保持卷面清洁。一律使用黑色或蓝色字迹的钢笔或签字笔（同一科目答卷的字迹必须是一种颜色）作答。

5.考生答完试题后，在"共　　页"处填写答卷的总共页数。

6.全国统考、全国联考科目不得使用此答题纸，否则，答题结果一律无效。

7.禁止做任何与考试无关的标记。

装　订　线

装　订　线

装　订　线

全国硕士研究生入学统一考试

招生单位自命题科目答题纸

招生单位代码及名称：＿＿＿＿＿＿＿＿＿＿＿＿＿

考试科目代码及名称：＿＿＿＿＿＿＿＿＿＿＿＿＿

考生编号

姓名

报考专业

装　订　线

题号	分数	阅卷人
一		
二		
三		
四		
五		
六		
七		
八		
九		
十		
十一		
十二		
十三		
十四		
十五		
十六		
总分		

注意事项

1. 考生编号、姓名、报考专业必须写在装订线内指定位置。

2. 所有答案必须写在答题纸上，写在试题纸或草稿纸上的一律无效。

3. 答题时必须写清题号。

4. 字迹要清楚、保持卷面清洁。一律使用黑色或蓝色字迹的钢笔或签字笔（同一科目答卷的字迹必须是一种颜色）作答。

5. 考生答完试题后，在"共　　页"处填写答卷的总共页数。

6. 全国统考、全国联考科目不得使用此答题纸，否则，答题结果一律无效。

7. 禁止做任何与考试无关的标记。